Iwan Turgenjew

Gesammelte Werke in Einzelbänden

Herausgegeben
von Klaus Dornacher

Iwan Turgenjew

Briefe

Deutsch
von Günter Dalitz

Aufbau-Verlag

Herausgegeben von Christa Schultze

Die französischen Briefe übersetzte Irene Zimdahl,
die englischen Friedrich Baadke

Briefe

I

An N. W. Stankewitsch Neapel, 26. April 1840

Lieber Stankewitsch, ich schreibe Ihnen aus der Maison garnie Nr. 28, Santa Lucia – abends, nach einem anstrengenden Tag. Jefremow begibt sich gerade zu Bett und sagt und begeht verschiedene Unziemlichkeiten, was ich zum Teil den Bildern mit halbnackten Mädchen zuschreibe, die das Kopfende seines Bettes säumen. Er war heute in höchst seltsamer Geistesverfassung – und machte Kalauer, daß mir die Haare zu Berge stiegen. Doch alles schön der Reihe nach ... NB: Heute hat sich Jefremow mit *Seife* gewaschen; und gerade befiehlt er hinzuzufügen, er habe sich außergewöhnlich fein gemacht; sogar weiße Handschuhe habe er angezogen, genauer gesagt, *einen* – den linken, während er den anderen der Kontenance wegen in der Hand trug. – Also, alles schön der Reihe nach, und sei es nur in einem Brief, der in schlaftrunkenem Zustand geschrieben wird. Der Blick auf Neapel ist von unseren Fenstern aus unbeschreiblich schön – besonders schön aber vom Castell Sant'Elmo aus. Direkt vor unserem Haus, auf der anderen Seite der Bucht, steht der Vesuv; nicht das kleinste Rauchwölkchen schwebt über seinem Doppelgipfel. Entlang den Rändern der halbkreisförmigen Bucht drängen sich Reihen weißer Häuschen in ununterbrochener Kette bis hin nach Neapel; dort liegen Stadt und Hafen und das Castell dell'Ovo: auf einem hohen grünen Hügel steht – fast in der Mitte der Bucht – das Castell Sant'Elmo. Doch diese Farbe, dieser Glanz des Meeres, das silbern leuchtet, wo sich die Sonne in ihm spiegelt, und weiter draußen von langen violetten Streifen durchschnitten wird, um am Horizont in dunkles Blau überzugehen, mit einem Nebelschimmer um die Inseln Capri und Ischia – dieser Himmel, dieser Duft, diese Seligkeit …

*Wer einmal in Neapel gewesen ist, kann nie ganz unglücklich sein** (Goethe). Kommen Sie nach Neapel, bei Gott, hier ist es schön. Während ich Neapel genoß, war Jefremow bei Frau Djakowa; er wollte Ihnen morgen schreiben, aber wer soll sich in ihm auskennen; er sagt, sie sei noch schöner geworden, wäre gesund und erwarte Sie; er dagegen ist nachdenklich, sanft, sauertöpfisch und verwundert. – Ob ich mich nun den Bastionen zu sehr genähert hatte, jedenfalls wollte man mich festnehmen – ließ mich aber dann in Frieden ziehen. Auf dem Schloßplatz traf ich Jefremow; wir besichtigten das Castell Nuovo und den Hafen – und gingen Mittag essen. Hier ißt man weit besser als in Rom. Nach dem Mittagessen fuhren wir mit der Eisenbahn nach Portici; wir glaubten, Pompeji läge ganz in der Nähe, und irrten uns: Pompeji ist von dort acht Meilen entfernt. Wir stiegen hinab – unter die Erde –, um uns das Theater von Herculaneum anzusehen. Die Lava hat das gesamte Bauwerk unter einer fünfundsiebzig Fuß dicken Schicht begraben und sich in festen Stein verwandelt. Beim Graben eines Brunnens ist man auf die Steinbänke des Theaters gestoßen. Alles auszugraben war unmöglich, man begnügte sich, enge Korridore anzulegen, die das Theater in allen Richtungen durchqueren. Es war außergewöhnlich groß; die Bühne wurde in ihrer ganzen Breite freigelegt und übertrifft San Carlo beträchtlich. Ich sah die Postamente, auf denen, durch Inschriften gekennzeichnet, die Statuen der Balbi standen; die Gemächer der Schauspieler, an einer Stelle in der Lava den Abdruck einer Bronzemaske. Auf der Rückfahrt saß uns ein lieb anzusehendes Mädchen gegenüber, das an Schuschu erinnerte – und, nach meiner Meinung, besser aussah als sie; ich erfreute mich schweigend an ihrem Anblick – Jefremow versuchte, Eindruck zu machen, aber ohne rechten Erfolg; wir kamen an; da tauchte ihr schwarzes Hütchen in der Menge unter; und dann war sie verschwunden – für immer. Doch für einige Augenblicke hatte sie mein Herz erobert, und ich werde mich ihrer immer mit Freude erinnern. – Entschuldigen Sie mich jetzt – bis morgen;

der Wind heult entsetzlich; im Haus klappen Türen und Fenster; das Meer tost und schäumt – den englischen Schiffen ergeht es schlecht.

Falls Sie mir antworten wollen, schreiben Sie nach Frankfurt. Leben Sie wohl, bleiben Sie gesund und vergessen Sie nicht Ihren ergebenen

I. Turgenjew

2

An A. P. Jefremow Frankfurt, 17. Mai 1840

Lieber Alexander Pawlowitsch!

In Wiesbaden angekommen
Schaut' ich meine Hosen an
Und gedachte fast beklommen
Ihrer goldnen Locken dann.

NB: Meine Hosen sind auch goldgelb. Spaß beiseite, es wäre mir sündhaft erschienen, so nahe an Wiesbaden vorbeizufahren und keine Nachricht zu senden. Was habe ich in diesen dreizehn Tagen nicht alles erlebt! Wo bin ich nicht überall gewesen! In Livorno, in Pisa, in Genua; das ganze Königreich Sardinien habe ich durchfahren, das Standbild des heiligen Karl Borromäus gesehen, bin auf dem Lago Maggiore gefahren, mit dem Schlitten auf dem St. Gotthard gewesen – der Teufel soll ihn holen; war, glaube ich, in Luzern, Basel, Kehl, Mannheim und Mainz – verlor nacheinander Schirm, Mantel, Schatulle, Spazierstock, Lorgnette, Hut, Kissen, Messer, Brieftasche, drei Handtücher, zwei Seidentücher und zwei Hemden und fahre jetzt im Galopp nach Leipzig mit einem Koffer, sacco di vuotte, den Paß in der Tasche und ... in den Hosen – das ist alles, was mir geblieben ist! Ich könnte lachen und weinen! Und weiß Gott, ich übertreibe kein bißchen. Ich möchte nicht versäumen, Ihnen eine für mich sehr erfreuliche Nachricht zukommen zu lassen: mein Geld wird wohl bis Berlin reichen; ich hatte nämlich wirklich schon Angst, man könnte mich irgendwo ins Gefängnis stecken, und ich wüßte dann nach all den Verlusten nicht, wie ich mich freikaufen sollte! Jedoch

„Pfui! Soviel Prosa auf die Dauer!“

Wo ist sie? Was ist mit ihr? Weiß Gott, ein anderer würde sagen: „er ist verliebt“ – und hätte unrecht. Das ist nicht Liebe, sondern einfach Leere, Wehmut, Sehnsucht – das, was zum Beispiel diesen Brief durchzieht – doch was durchzieht ihn? Allmählich regt sich in mir der Verdacht, daß ich gestern zuviel Rheinwein getrunken habe – als ich in Mainz war; denn ich bin sentimental und spottlustig zugleich und neige zu Zweideutigkeiten. Ja, und heute habe ich mir ein Fläschchen Assmannshäuser besorgen lassen und es heimlich und leise in einem stillen Winkel ausgepichelt. Infolge all dieser Ereignisse habe ich mich soeben bei einer seltsamen Beschäftigung ertappt: ich betrachtete eine Deutsche, die mir gegenübersaß (ich schreibe diesen glorreichen Brief in einem der hiesigen cafés, beim Lärm von Billardkugeln), und brütete über dem Gedanken: Woher kommt die Warze auf ihrer Nasenspitze? Wahrhaftig eine Warze, bei Gott, eine Warze. Und ich kann keine Erklärung dafür finden – warum hat sie nur diese Warze?

Was für ein komisches Wort: Warze.

Machen Sie einmal den Versuch und sprechen Sie es mehrmals hintereinander aus, mit langem rollendem „r“ – bei geöffneten Mundwinkeln – und blicken Sie dann, ohne zu lächeln, in einen Spiegel. Es sieht sehr merkwürdig aus.

Ich rede wohl Unsinn? Ihr betrunkener Freund umarmt Sie.

I. Turgenjew

Ich werde Ihnen aus Berlin schreiben. Kann ja schließlich nicht immer betrunken sein.

3

An T. N. Granowski Berlin, 30. Mai 1840

Ich bin schon acht Tage in Berlin, lieber Granowski, habe mich bereits umgesehen und ein wenig eingelebt und spüre das Bedürfnis, Ihnen zu schreiben. Von Neapel bin ich fast ohne Aufenthalt (in nur fünfzehn Tagen) hierher gefahren, und so heftig war meine Sehnsucht, nach Berlin zurückzukehren, daß ich Italien ohne großes Bedauern verließ. Zugegeben, jetzt, da ich durch die staubigen Straßen Berlins streife, in Regen und kaltem Wind, kommt es mir geradezu unglaubhaft vor, daß ich vor nicht mehr als zwanzig Tagen in Sorrento warme, saftige Apfelsinen von den Bäumen gepflückt und dem Plätschern des Mittelmeeres gelauscht habe. Hier fand ich weder Bellawsky noch Trithen vor – der eine ist nach Baden gefahren, der andere nach England. Matthiesen ist hier. Nur wenig Russen – und die kenne ich noch nicht. In Italien habe ich mich an Gesellschaft gewöhnt. Abend für Abend verbrachten wir (Stankewitsch, Markow, der Maler und ich) bei den Chowrins, die Sie gewiß dem Namen nach kennen... die Tochter zog uns an, ein liebes, gescheites Mädchen. Unwillkürlich entsinne ich mich des Winters, den ich mit Ihnen hier verbrachte ... doch mir scheint, ich vermag nicht vollkommen glücklich zu sein. – Schicksal, mein Bester! Sie und Stankewitsch fanden aneinander völlig Genüge: Sie waren durch langjährige Bekanntschaft und Gedankenaustausch sowie durch gemeinsames Streben verbunden; was sollte Ihnen da ein Dritter? Dazu meine Krankheit – und die vielen Ungereimtheiten in meinem *Wesen**, mit dem ich noch immer nicht zufrieden bin und an dem ich wohl mein ganzes Leben lang arbeiten werde, bis ich „in cold obstruction" liege, wie Vater Shakespeare sagt. In Rom bin ich Stankewitsch ein wenig nähergekommen, und es wäre von mir verteufelt undankbar, wäre ich nicht froh und zufrieden, mit ihm und mit Ihnen wenigstens befreundet zu sein! *„Du bleibst doch immer was du bist!"**, hat Goethe gesagt. *„Nur seine Grenzen erkennen"**, sagt Werder. Er gibt mir übrigens Privatstunden. Die Sache läßt sich Gott sei Dank gut an. Mit Tränen in den Augen sprach er zu mir vom verstorbenen Altenstein: *„Er war ein großer Geist im höchsten Sinne des Wortes … nur hatt' er bleierne Fessel zu tragen."** Ich glaube, Sie wissen schon, daß die Leitung des Ministeriums *zunächst* dem Sohn des Verstorbenen übertragen wurde – Ladenberg. Der König ist noch immer sehr schwach. Die Löwe sieht ein klein wenig älter aus – und singt noch ebenso schön … mit den gleichen Mängeln wie früher. Besser ist gestern von der Leipziger Messe zurückgekommen – dort bereitet man ein *Buchdruckerfest** vor. In Mainz wird nichts stattfinden – und fast überall bemüht man sich, dies zu vertuschen. Sie sind im Recht, wenn Sie von mir viel über Italien verlangen, aber ich weiß selbst noch nicht genau, was ich von dort mitgebracht habe: doch daß ich es reicher verlassen als betreten habe, davon bin ich überzeugt. Mir ist es so ergangen wie dem Armen, der eine große Erbschaft macht: es ist schwierig und verwirrend. Eine ganze mir unbekannte Welt, die Welt der Kunst, ist auf meine Seele eingestürmt, doch wieviel Herrliches und Erhabenes ist meinen Blicken entgangen, wie einfältig habe ich das Schöne noch aufgenommen! Aber trotzdem, der *Formen- und Farbensinn** ist in mir erwacht und zur Entfaltung gekommen: allmählich fand ich in der bildenden Kunst einen Genuß, der mir bis dahin unbekannt war. Und ganz unter uns: vor meiner Italienreise war der Marmor einer Statue für mich nur Marmor, und den geheimen Reiz der Malerei habe ich nie ganz zu begreifen vermocht. Doch andererseits hat mich die Lage des Volkes in Rom irritiert, die Scheinheiligkeit, die systematische Versklavung, das Fehlen echten Lebens … keine der Bewegungen, die Nord- und Mitteleuropa erschüttern, gelangt über die Apenninen. Nein! Das russische Volk ist unermeßlich reicher an Hoffnungen und Kraft als die Italiener – besonders die Süditaliener – sie haben ihre Zeit überlebt und sind von der Bühne der Geschichte abgetreten. Vielleicht ist in Norditalien hie und da der stolze Sinn, die Freiheitsliebe der italienischen Republiken des Mittelalters noch nicht geschwunden – vielleicht; ich kenne weder Piemont noch das Lombardisch-Venezianische Königreich – aber Rom, aber Neapel! Man braucht nur einmal abends auf dem Molo spazierenzugehen: hier predigt mit kreischender Stimme ein Abt und zeigt dabei auf einen Christus, der überall an den Gelenken mit Blut beschmiert ist – und kleine Münzen aus den Taschen der Rechtgläubigen häufen sich auf dem Teller, den ein Kapuzinermönch herumträgt; da steht ein Scharlatan; dort ein Stegreifdichter; ein pulcinello. Das Volk, das nahezu den ganzen Tag im glänzenden Sand am Meer gelegen hat, sitzt jetzt lauschend, bekreuzigt sich und betet; inzwischen hat man dir aber dein Tuch gestohlen, die Brieftasche und, wenn möglich, die Uhr. Blickt man nach oben – übers Meer, in die Runde: oben auf dem Berg steht ein Schloß; am Meer ein zweites ... ein drittes; Trommeldröhnen, überall Soldaten – le roi de Naples se précautionne. Unter den Stegreifdichtern finden sich ganz hervorragende: besonders einer, ohne Beine – er ist Mirabeau außerordentlich ähnlich. Schade, daß ich den neapolitanischen Dialekt nicht verstand: in den Possen der pulcinelli findet sich viel echte Komik.

Werder riet mir, die kürzlich erschienenen Werke Ludwig *Achim von Arnims** zu lesen; er versichert mir, das Mittelalter sei nirgends so wahr und lebendig dargestellt wie in seinem Roman *„Die Kronenwächter“**. Ich verfolge die zeitgenössische deutsche Literatur: bis jetzt ist mir noch nichts Gutes unter die Hände gekommen. Ihr Marggraffs, Marlows, Mundts, ihr Dräxler-Manfreds, gehabt euch wohl, meine Freunde! Dabei ist das alles, was die Sache nur noch ärgerlicher macht, nicht einfach Unsinn; nein, aber man fragt sich, wie undankbar wohl ein Boden sein muß, der durch neue Ideen befruchtet wurde und sie so kärglich, so kläglich gedeihen läßt! Kein Huhn legt hier goldene Eier, sondern ein goldenes Huhn bringt überhaupt kein Ei zustande. Übrigens habe ich einen *tüchtigen Mann – Chamisso** kennengelernt, ich kannte ihn noch nicht (ich spreche von seinen Werken). Lesen Sie, wenn Sie es haben, seine *„Frauenliebe und Leben“*; *„Die Klage der Nonne“*; *„Das Dampfroß“*; *„Die Jungfrau von Stubbenkammer“**. Von historischen Büchern habe ich Le Glays sehr interessante Broschüre „Maximilien I-r“ begonnen – zu Ende gelesen habe ich *„Philosophie und Christenthum“** von Feuerbach! Bei Gott, ein großartiger Mensch, dieser Feuerbach! Sagen Sie Draschussow (bestellen Sie ihm und Krjuger einen Gruß), er möge mir den Gefallen tun und meine

Bücher – *Hugo, Heine** (und wohl noch andere?) – ins Haus meiner Mutter in die Samotjoka in der Pfarrgemeinde des Erlösers-auf-dem-Sand bringen und dort dem Diener Kiril Tabalenkow übergeben.

Leben Sie wohl; bleiben Sie gesund. Stankewitsch war, als ich ihn verließ, nicht in der besten Verfassung. Nachrichten habe ich von ihm noch nicht erhalten, auch nicht von Jefremow, den ich kennengelernt habe. Gesundheitlich geht es mir gut: vergessen Sie mich nicht und schreiben Sie mir einmal.

Ihr Ihnen von Herzen zugetaner

I. Turgenjew

4

An T.N. Granowski Berlin, 16. Juli 1840

Uns hat ein großes Unglück getroffen, Granowski. Kaum bringe ich die Kraft auf zu schreiben. Wir haben einen Menschen verloren, den wir liebten, an den wir glaubten, der unser Stolz und unsere Hoffnung war... Am 24. Juni ist in Novi Stankewitsch verschieden. Hier könnte, hier müßte ich meinen Brief beenden ... Was bleibt mir noch zu sagen – was sollen Ihnen jetzt noch meine Worte? Nicht Ihretwegen, mehr meinetwegen schreibe ich weiter: Ich bin in Rom näher mit ihm bekannt geworden: jeden Tag war ich mit ihm zusammen und lernte seinen klaren Verstand, sein warmes Herz, die ganze Anmut seiner Seele schätzen... der Schatten des nahenden Todes lag schon damals auf ihm ... Wir sprachen oft vom Tod: er sah in ihm die Grenze des Denkens, und mir schien, insgeheim erzitterte er davor. Der Tod hat tiefe Bedeutung, wenn er letzter Akt eines erfüllten, zu voller Reife gelangten Lebens ist: dem Greis ist er Versöhnung; für uns aber, für ihn ist er ein Gebot des Schicksals. Mußte gerade er sterben? Er hat die Heiligkeit des Lebens so tief, so aufrichtig bejaht und geliebt, hat trotz seiner Krankheit das Glück, denken, handeln und lieben zu dürfen, so genossen: er wollte sein Leben einer Arbeit widmen, die für Rußland dringend notwendig ist ... Die kalte

Hand des Todes fiel auf sein Haupt, und eine ganze Welt ging unter. Da ist sie, *die kalte Teufelsfaust, die sich – nicht vergebens tükkisch ballt**. Aus Florenz erhielt ich von ihm einen Brief vom 11. Juni. Hier einige Stellen daraus: „… In Florenz kann ich bisweilen ausruhen, habe mich überhaupt erholt, und anscheinend *geht es vorwärts* … Endlich ist entschieden worden, daß ich den Sommer am Comer See verbringen soll … Als Mme. Djakowa in Neapel von meiner Krankheit hörte …, kam sie mit ihrem Sohn hierher, und wir werden den Sommer zusammen verbringen." – Hier vertraut er mir sein Verhältnis zur verstorbenen Schwester der Djakowa an. Erinnern Sie sich an Kljuschnikows Choral: „Für immer schloß sich ein herrlich Augenpaar"? Auch *er*, auch Stankewitsch ist nun tot! „In der Djakowa habe ich eine echte Schwester gefunden, wie früher; ihre Fürsorge und Anteilnahme tragen am meisten zur Wiederherstellung meiner Kräfte bei." Das bedrückende Verhältnis zu Berta quälte ihn: er trug mir auf, zu ihr zu gehen, nachzufragen usw. „Ich habe viele Pläne – aber wann wäre dies nicht der Fall gewesen? Im Winter will ich an einer Geschichte der Philosophie arbeiten. Auch einige Aufsätze sind im Kopf schon konzipiert. Gott weiß, *wie* das alles werden soll." … „Schreiben Sie mir über Werder; übermitteln Sie ihm meine Hochachtung; sagen Sie ihm, seine Freundschaft wird mir für ewig heilig und teuer sein, und alles, was an Positivem in mir steckt, ist untrennbar mit dieser Freundschaft verknüpft … Leben Sie wohl *einstweilen*!"

Und noch eine Stelle: „Die Frolows habe ich hier noch angetroffen. Lisaweta Pawlowna war entsetzlich krank; jetzt geht es mit ihr zum Glück bergauf; ich denke, sobald sie wieder gesund ist, werden sie nach Neapel fahren. Kenneys haben hier ein Haus für ein ganzes Jahr gemietet."

Vierzehn Tage später ist er in der Nacht in Novi gestorben. Am 12. Juli bekam ich den folgenden Brief von Jefremow:

„Novi, 27. Juni

Iwan Sergejewitsch! Nachdem ich ein wenig zu mir gekommen bin, möchte ich Sie schnellstens von dem großen Unglück benachrichtigen, das uns alle getroffen hat. In Novi, einem rund vierzig Meilen von Genua entfernten Städtchen, ist auf der Fahrt nach Mailand in der Nacht vom 24. zum 25. Stankewitsch gestorben. Er wollte nach Como. Ich weiß nicht, was ich schreiben soll, in meinem Kopf dreht sich alles, ein Chaos. Sobald ich in Genua alles erledigt habe, beabsichtige ich, direkt nach Berlin zu fahren, falls mich nichts zurückhält. Jetzt bemühe ich mich darum, alles für die Überführung seiner Leiche nach Rußland zu arrangieren. Leben Sie wohl. Hoffe, wir sehen uns bald. Leben Sie wohl, Ihr A. Jefremow."

Ich erwarte ihn mit Ungeduld, und sobald ich alles erfahren habe, schreibe ich Ihnen sofort. Großer Gott! Wie wird dieser Schlag Sie treffen – Sie, Newerow, die Frolows, die Kenneys und die Bakunins, alle seine Bekannten und Freunde! Ich konnte mich nicht entschließen, es Werder zu sagen: Ich schrieb ihm einen Brief. Wie tief war er erschüttert! Bei einer persönlichen Begegnung sagte ich zu ihm: *„In ihm ist auch ein Teil von Ihnen gestorben."** Es fehlte nicht viel, und er hätte geschluchzt. Er sagte zu mir: *„Ich fühle es. Ich bin auf dem halben Wege meines Lebens: meine besten Schüler, meine Jünger sterben ab – ich überlebe sie!"** Er laß mir ein wundervolles Gedicht vor, *„Der Tod"**, das er gleich nach Erhalt der Nachricht geschrieben hat. Wenn er einverstanden ist, schreibe ich es ab und schicke es Ihnen. – Ich blicke mich um, suche – vergebens. Wer aus unserer Generation kann diesen Verlust ersetzen? Wer ist würdig, das Vermächtnis der erhabenen Gedanken des Toten zu übernehmen und zu verhüten, daß sein Einfluß schwindet, wer wird seinen Weg gehen, in seinem Geiste, mit seiner Kraft? Oh, hat mich schon bisher manches an der Zukunft zweifeln lassen, jetzt, da ich Stankewitsch überlebt habe, ist meine letzte Hoffnung dahin. Warum konnte nicht ein anderer, konnten nicht tausend andere sterben, ich zum Beispiel? Wann endlich kommt die Zeit, da ein entwickelter Geist unabdingbare Voraussetzung für höchste körperliche Entwicklung sein wird und unser Leben selbst Bedingung und Frucht der Schöpferfreude, warum darf das Schöne auf Erden untergehen oder leiden? Bislang schien es, der Gedanke sei Lästerung, und Strafe harre unabwendbar all dessen, was das gesegnete Mittelmaß übersteigt. Oder regt sich der Neid der Gottheit – wie früher der Neid der griechischen Götter? Oder sollen wir glauben, alles Schöne und Heilige, alles Lieben und Denken sei nur kalte Ironie Jehovas? Was soll dann unser Leben? Doch nein – wir dürfen nicht verzagen und kleinmütig sein. Kommt alle – reichen wir einander die Hände, schließen wir die Reihen dichter: Einer von uns ist gefallen – vielleicht der Beste. Allein andere stehen auf und werden sich erheben; Gottes Hand pflanzt auch fürderhin die Keime großer Bestrebungen in die Seelen, und früher oder später wird das Licht die Finsternis besiegen. Ja, doch für uns, die wir ihn kannten, ist er unwiederbringlich dahingegangen. Rahel hätte wohl gesagt: *„Wäre noch nie ein junger Mann gestorben, hätte man nie die Wehmut gekannt."** Dem Herzen des Schöpfers entströmen Freude und Leid. – *Freude und Leid**; häufig ertönen ihre Laute in verwandtem Widerhall und verschmelzen: das eine ist nicht vollkommen ohne das andere. Jetzt ist das Leid an der Reihe ...

Leben Sie wohl; bleiben *Sie* gesund. Schreiben Sie mir eine Zeile als Antwort. Mir scheint, seit Stankewitschs Tod habe ich Sie noch mehr ins Herz geschlossen.

Ihr I. Turgenjew

5

An M. A. Bakunin und A. P. Jefremow

Dresden, 30. September 1840

In einem Märchen Fouqués wird einem Mörder von einem Geist verkündet, jeder Tag seines Lebens werde schlimmer sein als der vorhergegangene: und gleich am ersten Tag stürzt sein ganzes Haus in sich zusammen – angenehme Aussichten! Das könnte über mich geschrieben sein, wenn ich auch niemanden wirklich umgebracht habe – in Gedanken vielleicht, und auch dann nur im ersten Zorn. Vorgestern bin ich in Dresden angekommen, und seitdem geht es mir gesundheitlich immer schlechter, und ich bin wieder hilflos. Heute zum Beispiel bin ich völlig erschlagen, und an eine Rückfahrt nach Berlin ist nicht zu denken, nicht einmal auf die Straße traue ich mich.

Ich würde Euch diese traurigen Neuigkeiten nicht mitteilen, wäre mir nicht eingefallen, daß Ihr mich nach meinen Briefen mit vollem Recht übermorgen zurückerwartet. Das Schicksal ist mir eine rechte ... tochter! Sie gönnt mir keine Ruhe – was soll ich mit ihr anfangen? Ausschimpfen? Dann macht sie mir vielleicht völlig den Garaus. Und nach der Backpfeife, die sie mir verabreicht hat, ist mir nicht danach zumute, ihr die Hand zu küssen und vor ihr auf dem Bauche zu kriechen. Ist das nicht erstaunlich? Noch gestern abend habe ich mich immerhin als Mensch schlafen gelegt, und heute morgen fühle ich mich schlechter als der erste beste Jefremytsch. Ich fürchte, mich wieder selbst zu behexen, daher sage ich Euch nicht, wann ich komme: wann Gott es fügt. Ich traf Golz hier; er fährt heute nach Berlin – ich war nur wenig mit ihm zusammen: er lief seinen verschiedenen Bekannten nach. In aller Heimlichkeit sage ich Euch: ich hoffe bestimmt, in etwa zehn Tagen zurück zu sein, falls mir das Schicksal nicht wieder einen Streich spielt. Mein Schicksal humpelt nämlich in Gestalt eines alten, häßlichen Weibes mit dicker Nase und einem Knüppel in den Händen ständig hinter mir her: auch jetzt hockt es zusammengekrümmt in der Ecke, brütet Unheil und droht mir – gleich wird es zuschlagen. Und ich bin, welches Ansehen ich mir auch immer geben mag, ehrlich gesagt, ein wenig bange. Was soll ich mit einem alten Weib anfangen? Bei anderen ist das Schicksal ein junges, launiges Frauenzimmer: manchmal zaust es einen, manchmal aber streichelt es einem auch den Kopf. Meins aber ist ein richtiges Miststück. Schlimmer als die Hexe von Kiew, die mit dem Großvater in der Hölle Karten spielte. Mein Domizil ist das Hôtel de Russie, schreib wenigstens Du mir einmal ein paar Zeilen, dicker Jefremytsch, oder Du, langer Michel. Auch über das Rennen, wer wen überholt hat.

Grüßt Warwara Alexandrowna von mir.

Lebt wohl.

An Pogrebow den üblichen Naturwissenschaftlergruß.

Euer böser, kranker, mißgelaunter und grollender Freund

Turgenjew

Der Arzt war da, hat Tabak geschnupft, den Kopf geschüttelt und mich in näselndem Diskant gefragt: „Sie werden sich doch nicht erkältet haben?“ Woher soll ich das wissen? Wirklich eine alberne Frage.

6

An A. P. Jefremow Dresden, 14. Oktober 1840

Erinnerst Du Dich, liebster Jefremytsch, mein letzter Brief war unerlaubt bitter und vorwurfsvoll, und obgleich ich noch immer das Bett hüte (nun schon ununterbrochen dreihundertfünfundzwanzig Stunden), scheint es mir endlich besser zu gehen, so daß ich heute hoffentlich aufstehen kann. Wenn mir das Schicksal nicht wieder einen Strich durch die Rechnung macht, könnt Ihr mich am 25. erwarten. Ich war höchst erstaunt, weder Dich noch Bakunin in der Liste der Würdenträger zu finden, die an der morgigen Zeremonie teilnehmen; sogar unter den Kutschpferden habe ich nachgesehen; doch dort heißt es nur: *der Wagen des Königs mit 6 weißen Pferden angespannt**, Namen dagegen sind nicht aufgeführt. Bin nahezu überzeugt, daß Deine badauderie über Deine Faulheit siegt und Du Dir morgen vor dem Schloß sechs Stunden lang die Beine in den Bauch stehen und schließlich das Vergnügen haben wirst, durch die Kutsche irgendeines *Landesherrn** von Kopf bis Fuß bespritzt zu werden und gemeinsam mit dem Herold in den Ruf auszubrechen: *„Es lebe der König Friedrich Wilhelm IV.!“** Ich dagegen werde mich, pour fêter dignement ce grand jour, morgen um zehn Uhr früh rasieren; mein Bart, seit sechs Wochen ungeschoren, versetzt mich selbst in Schrekken. Meine Ungeduld, Euch zu sehen, übersteigt alle Grenzen: Ihr erscheint mir ständig im Traum, besonders Du, Jefremow, im Schlafrock, die Hände über dem Leib gefaltet, ein süßlichfettiges nachdenkliches Lächeln um die Lippen, mit zugekniffenen Augen und ungekämmten Haaren, ein Graus! Trotzdem siehst Du auch dann noch nicht so gräßlich aus wie an dem unvergeßlichen Tag Deines ersten Besuchs bei Warwara Alexandrowna in Neapel. Ich sah Dir nach und rief innerlich aus: „O du, von keinem Raum umschlossen, lebend'ger Geist im Weltenall", wo hattest Du diesen schäbigen, schwindsüchtigen, wehleidigen Frack her, dessen Kragen wie ein altes Pferdekummet aussah, mit Schößen wie eine Sterletnase und mit diesen verblichenen, abgezehrten Knöpfen? Welcher ungenießbare melancholische alte Pilz hatte sich in Deinen erschrockenen, aufgeregten Hut verwandelt? Warum ringelten sich Deine Hosen so krampfhaft in die Höhe und gaben Deine ausgetretenen Halbstiefel den Blicken aller Schaulustigen preis? Eine hohe, breite blauschwarze Halsbinde umgab ehrerbietig Dein fettes Kinn, und die bresthafte Weste hing wie ein Rüssel auf Deinem ungeschnürten Bauch; die linke Hand prangte im Schmucke eines steifledernen, enganliegenden, glänzenden weißen Handschuhs, und Deine Finger, an derartige Gefangenschaft nicht gewöhnt, erstarrten vor Verwunderung und Schrecken und konnten den anderen, nicht übergezogenen Handschuh nur mit Mühe halten; an der rechten Hand baumelte feierlich und nachdenklich Dein berühmter Stock. Und wie schaut es jetzt aus? Die Gassenjungen, die Dir in den ersten Tagen Deiner Ankunft in Berlin nachliefen, reißen, wenn sie Dir begegnen, in einem unwillkürlichen Anfall von Respekt ehrerbietig die Mützen vom Kopfe ...

Du wirst es nicht glauben, lieber Jefremow, die Zeit, die wir in Neapel verbracht haben, wird mir für alle Zeiten teuer sein. Entsinnst Du Dich unserer Zimmerchen im vierten Stock der Santa Lucia, des Meeres, der Apfelsinen, des Vesuvs, der Austern, Bajas und der Corona di ferro? Und Sorrento, der 1. Mai ...

Ach, Jefremytsch, Jefremytsch, warum sind wir beide nicht verliebt?

Ich schrieb an Skatschkow, Pulvergeruch läge in der Luft. Das war Unsinn, eine mißglückte politische Geistreichelei; mir scheint, die Luft ist liebesschwanger. Es ist für mich eine sehr, sehr verhängnisvolle Zeit; ich bin nun mal ein Sonderling: für andere ist es der Frühling, mir aber legen sich diese stille Schwermut der Natur, der blaßblaue Himmel, die gelben Blätter auf den langen Alleen, die kahlen dunkelbraunen Zweige und der Ruf der Meisen, der ganze Reiz des Herbstes unwiderstehlich aufs Gemüt, und ich bin voller Sehnsucht und bereit zu lieben.

Ich komme ins Schwatzen. Leb wohl. Wenn Du mir bei Erhalt dieses Briefes noch nicht geschrieben hast, was mit dem Gelde ist, und es nicht auf der Stelle tust, dann quos ego! … Spaß beiseite, schreib mir: ich möchte beruhigt darüber sein, ob es angekommen ist.

Dein I. Turgenjew

7

An A. P. Jefremow und M. A. Bakunin Dresden, 28. Oktober 1840

Meine Verehrten! Ich hatte gehofft, den heutigen Tag, meinen Geburtstag, bei Cymbalklängen und Vivatrufen inmitten rosenbekränzter Freunde zu feiern (man stelle sich Jefremytsch in der Chlamys und mit Sandalen vor, die Arme bis zu den Schultern entblößt und Rosen auf dem Haupt) und dem Dionysos und der Aphrodite reiche Trankopfer zu spenden – und wie sieht die Wirklichkeit aus? Ich sitze im Zimmer eines gottserbärmlichen Wirtshauses und spüle bittere Pillen mit einer widerlich süßen Mixtur hinunter. Doch die Göttin der Hoffnung tröstet mich: sie tanzt vor mir, nickt mir mit ihrem grünen Kranze zu und scheint jetzt gar nicht fern; wenn ich die Hand ausstrecke, kann ich sie erhaschen. Sollte ich tatsächlich am Ersten in Berlin eintreffen, errichte ich den spanischen Fliegen einen Altar und zünde ihnen zu Ehren Räucherkerzen an. Skatschkow werde ich nach meiner Ankunft in Berlin gehörig ausschelten. Warum hat er mir den *Vorlesung's Catalog** nicht geschickt? Nun? Bakunin, richte bitte meiner Wirtin aus, zu vergolden brauche sie mein Zimmer zum 1. November zwar nicht, aber sie soll es schön heizen, säubern, Reseden auf den Tisch stellen und mich vor Liebe bebend erwarten. Leider ist mir bis mindestens Neujahr befohlen, mich ordentlich aufzuführen: keinen Wein zu trinken etc. Sonst würde ich ein prächtiges Symposion veranstalten. Ich habe noch immer Angst vor diesem alten Weib, meinem hundsföttischen Schicksal – hoffentlich wischt sie mir nicht wieder eins aus. Der Arzt hat mir verkündet, *das war die vierte Recidive**. Warum sollte es keine fünfte, sechste, fünfundfünfzigste und sechsundsechzigste und so weiter geben? Doch alles hat einmal ein Ende, selbst die Geduld des deutschen Volkes; und der Deutsche ist ja bekanntlich nicht nur geduldig, sondern selbst im Dulden noch ehrerbietig. Die *allerhöchste Herrschaft** drischt ihn beispielsweise mit einem großen Rutenbündel; in der Hitze des Gefechts fallen einige Ruten aus dem Bündel; der Deutsche wendet sich augenblicks an seinen Peiniger: *„O Allerallerhöchster!** Vier Ruten sind herausgefallen." Wenn also selbst solche Geduld ein Ende hat, dann vermutlich auch meine Krankheit. Noch etwas muß ich beichten: außer Rötscher und der „Logik" habe ich fast nichts Vernünftiges gelesen, immer nur französische Romänchen verschlungen. Und, bei Gott, wenn einem das Blut im Schädel hämmert, kann man sich mit keiner anderen Lektüre befassen. Am bemerkenswertesten waren im endlosen Meer der französischen Schmöker: „La dernière Aldini" von Sand, die „Mémoires d'un sansculotte Breton" von Souvestre, „Une folle histoire" von Karr und „Le Capitaine Pamphile" von Dumas. Hienach lebt wohl. Auf Wiedersehen. Von Herzen

Euer I. Turgenjew

8

An Alexej und Alexander Bakunin Petersburg, 15. (3.) April 1842

Ich habe Euch zwar keinen Brief versprochen, o Kinder, doch ich schreibe Euch und nehme an, Ihr werdet mir deswegen nicht böse sein. Außerdem schicke ich Euch noch heute, allerdings mit der Paketpost, Goethes Briefe an die Stolberg. – Ich bin seit dem 30. März hier. Nächste Woche habe ich Philosophieprüfung – ich bereite mich vor und sehe niemanden. Bei Rshewski bin ich übrigens gewesen und traf dort Kljuschnikow, der mir gefallen hat, sogar sehr. Er ist ein ganz anderer geworden. Mein Bruder hat mir ein prächtiges Zimmer mit Kamin und *drei* – wohlgemerkt drei – Lehnstühlen zur Verfügung gestellt: und eine unvorstellbare Menge von Kissen. Wir wohnen in einer stillen Straße – zu keiner Tageszeit hört man Lärm –, und mein Bruder ist fast nie zu Hause; ich trinke früh herrlichen Tee – mit köstlichen Brezeln – aus wundervollen großen englischen Tassen; auch eine Lampe steht auf meinem Tisch. Mit einem Wort, ich bin wunschlos glücklich und genieße freudebebend und mit geheimem Entzücken das Alleinsein – und arbeite – arbeite viel. Gestern beispielsweise habe ich mir auf einen Schlag Descartes, Spinoza und Leibniz zu Gemüte geführt; Leibniz rumort mir noch im Magen herum – aber Kant ist mir wohl bekommen – und so habe ich mich dann über Fichte hergemacht: allein der ist ein wenig zäh, und daher schreibe ich zur Erholung an Euch diesen Brief.

Schon tausendmal habe ich Euch wiederholt, Ihr seid Kinder – und habt noch nichts erlebt; zum Beispiel habt Ihr noch nie das Glück der Einsamkeit genossen; auch sich der Einsamkeit hinzugeben will gekonnt sein; Ihr hingegen ... Doch genug von Euch – ich will lieber von mir als einem weit interessanteren Gegenstand sprechen. – Also:

„Ich“

sitze im Sessel vor dem Kamin und lese Fichte; und meine Gedanken nehmen folgenden Lauf:

... *Wir sollen einen absoluten Grundsatz finden** ... ha ... ha ... ich müßte etwas Holz nachlegen (wird ausgeführt ...), *das Ich setzt sich als Nicht Ich** ... ha ... ha ... Stumm sitze ich am Fenster meines Verlieses ... gleich darauf ein ganzer Wirbelsturm von Gedanken ... (was für welcher – geht Euch nichts an). *Fichte behauptet** – fünfundzwanzigmal hintereinander lese ich diese zwei Wörter und verstehe sie nicht – schließlich schüttle ich den Kopf und fange noch einmal an ... Gähne; stehe auf – trete ans Fenster und summe: ta-ri-tam, taritam, tarita ... ra-ra (eine Sonate von Grund) ... Blicke zehn Minuten in die fallenden Schneeflocken ... gehe auf und ab: stelle mir vor, ich sei Minister – „es wäre längst an der Zeit“ –, setze mich wieder an

Fichte – sehe zuerst lächelnd fünf Minuten ins Feuer – und dann: *im Ich ist das Prinzip sich zu setzen und das Prinzip – sich auch nicht zu setzen ...**

O Glück, unvorstellbares Glück zurückgezogener, gemächlicher Arbeit, bei der man träumen und dummes Zeug nicht nur denken, sondern sogar schreiben kann.

Ich habe ein schönes Gedicht, „Auf der Station" – wenn ich zu Euch nach Moskau komme, lese ich es Euch vor.

Übrigens, seid mir nicht böse wegen all dieses dummen Zeugs. Schreibt mir, wenn Ihr Lust habt. Meine Anschrift: *„Grafskigasse, Frau Kassowskajas Haus."* Grüßt Tatjana Alexandrowna von mir und schreibt mir bitte, wie es ihr gesundheitlich geht.

Ich habe ein Liedchen, es fängt so an:

O Kinder, teure Kinder,
Ihr Lieben, lebet wohl!
Wollt ihr – dann vergeßt mich,
Wollt ihr – denkt an mich!
Und so weiter.

Addio, signori miei, e voi Alexeo (wie heißt Alexej auf italienisch?), o Alessio, o Alexiso, e voi, Alessandro, e tutti quanti.

Turgenjew

9

An P. A. Bakunin Petersburg, 7. Oktober (25. September) 1843

Lieber Pawel!

Ich bin in Deiner und überhaupt in Euer aller Schuld; glaubt aber bitte nicht, ich liebte Euch nicht mehr; im Gegenteil, ich denke häufig an Euch – verschiedene Umstände haben mich gehindert, Euch zu schreiben. Bitte, sage mir, lieber Pawel, hast Du irgendeine Nachricht über Michel – wo er ist und so weiter? Wenn ja, schreib mir schnellstens. Ist er in Zürich oder nicht? Ich würde gern mit einem von Euch persönlich sprechen... Apropos – da fällt mir ein – Alexej wollte nach Petersburg kommen ... Was ist nun? Hat er seine Absicht geändert? Oder was sind überhaupt seine Absichten? Was macht sein Befinden? Soll er doch ruhig nach Petersburg kommen – wir werden eine Stelle für ihn finden. Die kleinste Nachricht über einen von Euch wird mich immer sehr interessieren. Lieber Pawel, vergiß bitte nicht, mir über Michel zu schreiben. – Wie wäre es, wenn Du einmal nach Petersburg kämest? Bring mich Deinen Schwestern in Erinnerung.

Dein Dich aufrichtig liebender

I. Turgenjew

10

An Pauline Viardot Petersburg, 21. (9.) Mai 1844

Vor vier Tagen erst bin ich aus Moskau zurückgekehrt, meine liebe und teure Madame Viardot, und ich mache mir den Platz zunutze, den Eugène mir in seinem Briefe eingeräumt hat, um mich Ihnen in Erinnerung zu bringen. Mein Aufenthalt in Moskau war nicht der angenehmste, eine Lungenentzündung hielt mich ganze zwei Monate in meinem Zimmer fest und so weiter und so fort, aber endlich bin ich wieder zurück. Mit Freuden las ich in der *„Allgemeinen Theater Zeitung"**, daß Sie gesund in Wien eingetroffen sind; ich hoffe, nachdem Sie sich in Frankreich ausgeruht haben, werden Sie zu uns kommen und sich genauso wohl fühlen, Sie werden wieder zu uns kommen, nicht wahr? Ihre *liebe Stadt* Petersburg erwartet Sie mit Ungeduld; sagen Sie selbst, was sollen Ihre engsten Freunde, Ihre Getreuen, Ihre alte Garde denken. Ich habe alle wiedergesehen; wir haben geplaudert oder, um mit Pizzo zu sprechen, gelästert: ich würde nicht sagen, daß wir uns eine Menge Einzelheiten ins Gedächtnis zurückgerufen haben, denn wir hatten nichts vergessen, aber wir haben uns das Vergnügen gemacht, sie einander wieder zu erzählen. Ich habe vor allem viel mit Pizzo geschwätzt; er ist ein nobler und anständiger Bursche, der Ihnen aufrichtig zugetan ist. Ich ließ ihn alles vorsingen, bis er heiser war: sowohl die letzte Szene des *Romeo* und die *„Stadt“** und das *„Ya se ha muerto“*. Wissen Sie übrigens, daß ich Ihnen böse bin, weil Sie mir nicht aus Ihrem *Album** vorgesungen haben? Wissen Sie, daß bewunderungswürdige Sachen in diesem Album stehen? *„La Chapelle“* zum Beispiel oder *„L'Ombre et le Jour“*, vor allem aber die *„Adieux aux beaux jours“*; es herrscht darin eine leidenschaftliche, düstere und sanfte Traurigkeit, die einen zittern und weinen macht, und dann welche Wahrheit im Ausdruck! Ich kann das beurteilen. Pizzo reist am 27. dieses Monats nach Wien; ich bleibe hier... meine Reisepläne... denken wir nicht mehr daran. In sechs Wochen werden Sie in Frankreich sein; ich freue mich schon jetzt über Ihre Freude beim Wiedersehen mit Ihrer Mutter, Ihrem Kind und allen Ihren guten Bekannten; wenn aber Ihre Gedanken jemals gen Norden wandern, dann fürchten Sie doch nicht mehr, wie vor Ihrer ersten Reise, dort keine aufrichtigen und wahren Freunde zu finden? Ich muß Ihnen sagen, daß Sie hier noch in guter Erinnerung sind; man spricht von Ihnen, man liebt Sie; einzig Mademoiselle Wolkow ist Ihre erklärte Feindin: aber um Sie zu trösten, will ich Ihnen schnell berichten, daß deren Bruder, Monsieur de Calembourg, Ihnen gnädig sein Wohlwollen schenkt ... Es gibt im Bolschoi-Theater keinen freien Platz mehr.

Den Sommer werde ich in der Umgebung von Petersburg verbringen und nichts als jagen vom Morgen bis zum Abend; es tut so gut, den ganzen Tag in den Feldern zu sein, man kann dort nach Herzenslust träumen, und Sie wissen, daß ich ein wenig träumerisch veranlagt bin. Da wir von der Jagd reden: ich hoffe, Viardot hat erfolgreich gejagt; sollte mein Brief ihn in Wien treffen, grüßen Sie ihn von mir; bitten Sie ihn, mir einige Zeilen zu schreiben, die er nur an das Ministerium des Innern zu adressieren braucht. Ich habe Pizzolato gebeten, mir Nachricht über Sie zu geben, wenn er in Wien ist. Ich habe unsere lieben kleinen Zimmer wiedersehen wollen, aber sie sind von ich weiß nicht wem bewohnt – verzeihen Sie, daß ich Ihnen mit alldem komme – aber was wollen Sie? Arme Ausgehungerte wie wir ernähren sich von Erinnerungen.

Adieu also oder vielmehr auf Wiedersehen. Seien Sie glücklich. Sehen Sie, wenn ich Ihnen dies sage, habe ich nichts hinzuzufügen, denn ich sage es Ihnen aus tiefstem Herzen, und ich sage es Ihnen oft, weil mir scheint, daß solche Wünsche erhört werden müssen. Noch einmal also adieu, und gestatten Sie mir, Ihnen wie früher die Hand zu drücken.

Ihr sehr ergebener Freund

I. Turgenjew**

II

An A. A. Bakunin Petersburg, 21. (9.) Januar 1845

Lieber Alexej!

Erst gestern erhielt ich Ihren Brief, hatte aber schon vor einigen Tagen selbst die Absicht, Ihnen zu schreiben. Über Ihren Brief habe ich mich sehr gefreut; er brachte mir eine Zeit in Erinnerung, über die ich gewiß nicht spotten will, an die ich aber auch nicht allzu gern zurückdenke. Die Gründe, die mich veranlaßten, die Bekanntschaft mit Ihrer Familie gleichsam zu lösen, waren recht natürlich; wenn Sie einmal selbst darüber nachdenken, werden Sie mir wohl zustimmen; aber ich habe nie aufgehört, Ihrer aller – zumindest Ihrer, Pawels und Tatjana Alexandrownas mit Liebe zu gedenken. Bisweilen empfand ich Schmerz bei dem Gedanken, Sie alle könnten vielleicht zu falschen Schlüssen über mich gelangen, obwohl ich fühlte, daß Sie alles Recht dazu hatten; doch in letzter Zeit habe ich nicht mehr der Phantasie gelebt, wie früher, sondern mehr der Wirklichkeit, und daher hatte ich keine Zeit, viel an das zu denken, was für mich in jeder Hinsicht Vergangenheit geworden ist. – In zwei Monaten etwa verlasse ich Rußland – möglicherweise für lange; meine Augen sind sehr schlecht geworden; und nur eine gründliche Behandlung kann mir gewisse Erleichterung bringen; doch von den wenigen Menschen, die ich hier geliebt habe, möchte ich nicht scheiden, ohne ihnen zumindest ein Abschiedswort gesagt zu haben ... Ich würde mich sehr freuen, wenn wir uns noch einmal sehen könnten; doch falls uns dies vor meiner Abreise nicht beschieden sein sollte – reichen Sie mir Ihre Hand; empfangen Sie die aufrichtige Versicherung meiner ehrlichen Sympathie; und helfe Ihnen Gott, mannhaft voranzuschreiten – nicht um der Erringung irgendwelcher Güter – der Wahrheit oder des Wissens – willen, sondern um bis zum Ende das kraftvolle Gefühl menschlicher Würde zu bewahren, ohne welches das Leben garstig und freudlos ist. Schreiben Sie mir, wie es Ihnen, wie es all Ihren Angehörigen geht – grüßen Sie alle von mir ... Ich hoffe, Ende Februar einmal nach Moskau zu kommen, um vor der Abreise meine Mutter zu besuchen. Vielleicht sehen wir uns noch irgendwie ... Auf jeden Fall ist dieser Brief nicht der letzte. Also dann – auf briefliches Wiedersehen. – Ich schicke Ihnen ein Büchlein, das vielleicht für einen Augenblick Ihr Interesse findet.

Ihr I. Turgenjew

12

An W. G. Belinski Moskau, 9. April (28. März) 1845

Lieber Belinski!

Nekrassow bittet mich durch meinen Bruder, ihm, wie versprochen, den „Gutsbesitzer" zu überlassen, und erwartet eine Antwort. Ich stelle diese Angelegenheit ganz Ihrem Ermessen anheim, obwohl ich sagen muß, ich möchte dieses Poem nicht gern gesondert veröffentlichen; mir scheint sogar, es eignet sich überhaupt nicht für eine Einzelveröffentlichung. Die Holzschnitte mögen ihm vielleicht einen guten Absatz sichern – doch damit ist mir nicht geholfen. Tun Sie, was Sie für richtig halten.

Ich schreibe jetzt an zwei Dingen: erstens an einem Beitrag für die „Otetschestwennyje sapiski" anläßlich der beiden Aufsätze Kirejewskis im „Moskwitjanin", zweitens an einem Poem mit dem Titel „Eine kurze Liebe", von dem ich schon Nekrassow erzählt habe. Ich arbeite gerade an seinem Schluß – und *dieses* Poem bin ich bereit entweder einzeln zu veröffentlichen oder Ihnen zu überlassen (falls der Plan, von dem Sie mir sprachen, Wirklichkeit wird).

Entschuldigen Sie, daß ich sonst nichts weiter schreibe; ich bin in keiner guten Geistesverfassung. Bleiben Sie gesund, und schreiben Sie mir ein paar Zeilen, wenn Ihnen danach zumute sein sollte.

Ihr I. Turgenjew

13

An Pauline Viardot Petersburg, um den 17. (5.) Mai 1846

Ich schicke Ihnen diese Arbeit nur, liebe und teure Madame Viardot, weil Ihre Erwartungen vielleicht enttäuscht würden, wenn Sie sie nicht erhielten. Aber beim Überlesen habe ich gemerkt, wie unvollständig, übereilt und mangelhaft sie ist. Ich habe mir eine zu umfangreiche Aufgabe gestellt. Ich muß zu meiner Entschuldigung sagen, daß ich sie nie dazu ausersehen hatte, von Ihnen allein gelesen zu werden: ich habe eine Menge notwendiger Erörterungen weggelassen, die ich mündlich ergänzen wollte (ich habe die Hoffnung noch nicht verloren, dies eines Tages in Petersburg oder anderswo zu tun). Aber ich rechne mit Ihrer Nachsicht. Meine Autoreneitelkeit, die sich Ihnen widerstandslos ausliefert, wagt Sie dennoch zu bitten, die Arbeit keiner anderen Kritik als der Ihrigen auszusetzen.

Ich schreibe Ihnen am Abend vor meiner Abreise aufs Land. Ich fahre ab, ohne Ihre Entscheidung zu kennen, die ich mit Ungeduld erwarte. Ich werde vier Monate in der absolutesten Abgeschiedenheit verbringen, inmitten dieser Steppen, die ich so liebe. Ich nehme ein paar gute Bücher mit; mit meinen Erinnerungen, meinen Plänen, meinen Arbeiten und mit der Jagd hoffe ich die Zeit recht angenehm zu verbringen. Ich wage zu glauben, daß Sie nicht versäumen werden, mir von Zeit zu Zeit Nachricht zu geben. Lassen Sie es sich gut gehen – seien Sie glücklich, sosehr Sie es können. Arbeiten Sie viel, und denken Sie ein wenig an diejenigen, die Sie lieben. Solowoi wird Ihnen dies Paket überbringen; er ist ein vortrefflicher Bursche, der Ihnen aufrichtig ergeben ist; seine Ratschläge können nur sehr gut sein.

Ich hätte Ihnen so viele Dinge zu sagen, daß ich es vorziehe zu schweigen, und übrigens können Sie den größten Teil erraten. Ich habe Solowoi gebeten, mir aus Courtavenel zu schreiben; werden Sie die Güte haben, seinem Brief ein paar Worte hinzuzufügen? Mir ist, als sähe ich Sie in Ihrem kleinen Arbeitszimmer. Ich meinerseits habe jetzt eine ziemlich große Arbeit vor mir; ich weiß nicht, was daraus werden wird. Ich war die ganze Zeit sehr nachdenklich, manchmal ein wenig traurig; indessen hoffe ich, daß sich alles geben wird. Sie sind natürlich der Meinung, ich entdecke immer dieselben Stimmungen bei mir; aber es bereitet mir ein geheimes Vergnügen, dies sagen zu können. Ich wiederhole: seien Sie glücklich; das ist ein Wunsch, den ich sehr oft ausspreche. Bitten Sie Ihre Frau Mutter, mir gewogen zu bleiben. Wenn Sie Maurice Sand sehen und er sich meiner noch erinnert, grüßen Sie ihn von mir. Was Ihren Bruder angeht, so ist er eine meiner Passionen.

Bald drei Monate ist's her, daß Sie abgereist sind ... wieviel werden es sein bis zu Ihrer Rückkehr? ... Werden Sie wiederkommen?

Adieu, Madame. Kehren Sie wieder, wie Sie abgereist sind (ausgenommen die Gesundheit, die tausendmal besser sein muß). Sie werden hier alles ganz so wiederfinden, wie Sie es verlassen haben. Auf Wiedersehen also, *bald oder später.* Ihr sehr ergebener

I. Turgenjew

PS: Grüßen Sie Ihren Mann und Ihre Familie von mir. Die kleine Arbeit, die ich Ihnen schicke, muß aus einem anderen Grunde geheim bleiben: so unschuldig sie auch ist, kann ich mir durch sie doch große Unannehmlichkeiten zuziehen. Man hat gerade mehrere Passagen aus einem Artikel Ihres Mannes in der „Illustration" gestrichen. Adieu: ich küsse Ihnen und Ihrer Frau Mutter die Hand. Sie vergessen doch nicht den 1. Oktober?**

14

An W. G. Belinski Berlin, 17. April 1847

Ich wollte Ihnen schon böse sein, lieber Belinski, weil Sie auf meine zwei Briefe nicht antworten, da brachte mir ein gestern eingegangener Brief Tjutschews die Erklärung für Ihr Schweigen. Ich brauche Ihnen wohl nicht zu sagen, wie schmerzlich mich die darin enthaltene Nachricht getroffen hat und welch innigen Anteil ich an Ihrem Verlust nehme; doch fast ebenso betrübte mich, ehrlich gesagt, daß Ihre Gesundheit wieder einen Knacks bekommen hat. Schonen Sie sich, und passen Sie auf, daß es Sie nicht völlig erwischt (soweit dies von Ihnen abhängt) – bis zum *ersten* Dampfer; wenn Sie das schaffen, werden Sie – dafür möchte ich mich geradezu verbürgen – völlig genesen. Sobald ich Sie in Stettin vor mir sehe, werde ich Ihretwegen beruhigt sein. – Ich nehme an, Sie werden zwei bis drei Wochen nach Erhalt dieses Briefes aufbrechen können; ordnen Sie aber alle Ihre Angelegenheiten so, daß Ihrer Abreise nichts im Wege stehen kann. Nur um eins bitte ich Sie inständig: haben Sie meinetwegen keine Bedenken und verfügen Sie über meine Person. Sobald Sie Ihren Dampferplatz haben, setzen Sie mich bitte unverzüglich in Kenntnis; und richten Sie sich darauf ein, mich in Stettin am Kai zu treffen. Und im übrigen – geben Sie sich nicht gar zu sehr der Trauer hin, passen Sie auf sich auf wie auf ein kleines Kind – und machen Sie sich keine überflüssigen Sorgen. Ich könnte Ihnen einiges darüber schreiben, was hier geschieht; doch vermutlich steht Ihnen jetzt nicht der Sinn danach. Daher – auf Wiedersehen; ich drücke Ihnen fest die Hand und beende meinen Brief mit der wiederholten Bitte: Verfügen Sie über mich. – Grüßen Sie alle Ihre Angehörigen von mir. Und versichern Sie bitte Marja Wassiljewna meiner aufrichtigen Teilnahme. Auf Wiedersehen.

Ihr I. Turgenjew

15

An W. G. Belinski Berlin, 3. Mai 1847

Ich beeile mich, Ihren letzten Brief zu beantworten, lieber Belinski. Von der Vergangenheit zu reden lohnt sich nicht – wir müssen an die Zukunft denken. Ich werde Sie auf jeden Fall in Stettin erwarten. Daran dürfen Sie nicht zweifeln. Nur schreiben Sie mir bitte noch einmal *eine Woche* vor Ihrer Abreise, das heißt vor dem von der Schiffahrtsgesellschaft festgesetzten Tag. Sollte Sie das Eis ein paar Tage länger aufhalten, so macht das gar nichts. Ich werde diese Tage genausogern in Stettin wie in Berlin verbringen; werde alle möglichen Seefische essen, auf dem Meer herumgondeln und auf Sie warten. Und seien Sie überzeugt, hier werden Sie wieder völlig gesund. Sie werden bei mir in meiner Berliner Wohnung Quartier nehmen, ich bringe Sie zu Schönlein – und dann fahren wir nach Schlesien. – Also, auf baldiges Wiedersehen.

NB: Die Dampfer brauchen von Petersburg bis Stettin nicht fünf Tage, wie Sie schreiben, sondern nur zweimal vierundzwanzig Stunden.

Ich wage nicht, selbst an Nekrassow zu schreiben. Bitten Sie ihn in meinem Namen um Entschuldigung, daß ich mein Versprechen nicht gehalten habe. Ich befand mich in einer Situation, in der mir der Sinn wahrhaftig nicht nach Literatur stand. Doch jetzt hoffe ich, das Versprochene zu beenden. Das vierte Heft des „Sowremennik" habe ich von irgendeinem geheimnisvollen Unbekannten erhalten, der es bei mir hinterlassen hat, ohne zu sagen, wer er ist, noch wo er wohnt. Bleiben Sie alle gesund – ganz besonders Sie selbst. Ich drücke Ihnen allen die Hand und bleibe

Ihr I. Turgenjew

16

An M. W. Belinskaja Berlin, 22. Mai 1847

Liebe Marja Wassiljewna, gestern abend fand ich zu meiner größten Freude in meiner Wohnung Ihren Gatten vor – und obwohl es mich verdroß, daß ich ihn nicht, wie versprochen, in Stettin hatte abholen können (was übrigens nicht mein Verschulden war), so löschte die Freude, ihn in weit besserem Zustand zu sehen, als ich erwartet hatte, alle anderen Empfindungen aus. Sie können seinetwegen jetzt völlig beruhigt sein; ich nehme ihn in meine Obhut und bürge mit meinem Kopf für ihn. Wahrscheinlich werden wir nicht lange in Berlin bleiben und zunächst Dresden besuchen (denn im Augenblick ist es noch zu früh, zur Kur nach Schlesien zu fahren) – Sie können Ihrem Gatten an die Adresse eines hiesigen Bankiers schreiben – „Meyer et Co." – Behrenstraße Nr. 44, pour remettre à M. Belinski, oder, wenn Sie wollen, an die Adresse des Bankiers „Mendelsohn et Co." (das wäre sogar besser, denn der Wechsel Ihres Gatten ist auf seine Bank ausgestellt); und er (das heißt der Bankier) wird wissen, wo sich Ihr Gatte befindet; wenn wir dann schließlich zum ständigen Aufenthalt in Schlesien eingetroffen sind, schicken wir Ihnen von dort unsere Anschrift. Ich wiederhole Ihnen: Sie können seinetwegen völlig beruhigt sein – achten Sie auf Ihre eigene Gesundheit. Ich grüße Sie, Ihre Schwester und Ihre Kleine. Ich drücke Ihnen aufrichtig die Hand und verbleibe Ihr ergebener

I. Turgenjew

17

An W. G. Belinski Courtavenel, 17. September 1847

Lieber Belinski, Sie fahren nach Rußland; ich kann mich nicht persönlich von Ihnen verabschieden, möchte Sie aber nicht abreisen lassen, ohne Ihnen ein Abschiedswort zu sagen (übrigens habe ich Ihnen im Brief an Annenkow die Bescheinigung zum Empfang des Pelzes geschickt und bitte um Verzeihung, daß dies nicht schon längst geschehen ist). Annenkow schrieb mir nichts über Ihren Gesundheitszustand; er zog es vor, seinen Brief mit jenem attischen Salz seines Witzes zu würzen, das mitunter, wie Gogol sagt, erstaunlich an den Geschmack slawischen Kochsalzes erinnert. Ich hoffe, Dr. Tirat hat Ihnen geholfen; bitte schreiben Sie mir darüber. Ich brauche Ihnen nicht zu versichern, wie sehr ich mich über jede gute Nachricht von Ihnen freue; und obwohl ich ein naseweises Bürschchen bin – wie Sie sagen – und überhaupt ein leichtsinniger Mensch, so verstehe ich doch, gute Menschen zu lieben, und fühle mich ihnen lange verbunden. In der Zwischenzeit habe ich nichts Vernünftiges getan; jedoch noch zwei große Skizzen geschrieben. Die alten habe ich umgeschrieben und an Nekrassow geschickt. Sollten sie bis zu Ihrem Eintreffen in Petersburg noch nicht gedruckt sein, dann tun Sie mir den Liebesdienst und übernehmen Sie die Korrektur. Ich selbst hoffe, falls mir der Teufel nicht irgendeinen Streich spielt, zu Neujahr in Petersburg zu erscheinen. Vorläufig kann ich nichts Bestimmtes sagen. Alles kommt, wie es soll – das große Wort aller Fatalisten und hirnlosen Menschen wie ich. Grüßen Sie bitte nach Ihrer Ankunft in Petersburg ergebenst Ihre ganze Familie und alle Freunde – und schreiben Sie mir ein paar Zeilen; ich werde Ihnen deshalb sehr verbunden sein. Ja, und achten Sie um Gottes willen auf Ihre Küche – sonst bekommen Sie es wieder mit dem Magen zu tun. Und jetzt leben Sie wohl. Von ganzem Herzen wünsche ich, Ihre Reise möge nicht nutzlos gewesen sein und Ihnen neue Kraft gegeben haben. Ich umarme Sie herzlich. Auf Wiedersehen.

Ihr I. Turgenjew

18

An W. G. Belinski Paris, 26. November 1847

Warum lassen Sie nichts von sich hören, Vater und Kommandeur? Vor vier Wochen habe ich einen Brief an Sie abgeschickt – und keine einzige Zeile als Antwort. Das ist nicht schön, bei Gott, gar nicht schön. Und vor allem wenig ermutigend für Leute wie mich, die bereit sind, sich zu bessern, aber zum Lohn für ihre gute Absicht ein wenig gestreichelt sein wollen. Im übrigen sind wir hier jetzt alle zufrieden: die Hefte des „Sowremennik" haben endlich die Ufer der Seine erreicht. Wir verschlingen sie jetzt mit Wolfsgier. Sagen Sie als erstes Nekrassow von mir, sein Gedicht in Heft 9 hat mich völlig um den Verstand gebracht; Tag und Nacht spreche ich dieses wundervolle Werk vor mich hin – und kann es schon auswendig. – „Der dumme Kerl verdiente wirklich Hiebe" usw. Krupow ist gleichfalls großartig; auch die Briefe. Aus dem Aufsatz über Humboldt (den ich selbstverständlich nicht lesen werde) ziehe ich den erfreulichen Schluß, daß unser Freund N. G. Frolow, um Ihren Ausdruck zu gebrauchen, auch weiterhin in geistigen Höhen schwebt. Auf diesem Wege wird er sich wohl bis zur Gelehrsamkeit durchschwitzen. Um so größer die Verdienste von seiner Seite. Wir warten jetzt auf Heft 11 und Ihren Aufsatz. Bringen Sie doch das Kontor ein wenig auf Trab. Kurz gesagt, mit dem „Sowremennik" klappt alles. Nur: die Druckfehler! In keinem Wirtshausstrohsack und keinem Weiberbett finden sich so viele Flöhe und Wanzen wie Druckfehler im „Sowremennik". In meinen „Auszügen" habe ich zweiundzwanzig grobe, den Sinn bisweilen peinlich entstellende gezählt. – „Storoshilsja" statt „storonilsja", „loshas" statt „loshilis" (dabei kommt heraus, daß die Jungen im Liegen rennen) – ganze Sätze sind ausgelassen und so weiter. Selbiges ist unangenehm. Kann denn nicht wenigstens für nächstes Jahr ein Korrektor eingestellt werden? Wie sieht's damit aus? Sagen Sie das den Herren Herausgebern. Sie wollen jetzt möglicherweise Pariser Neuigkeiten von mir hören? – Hm. – Eine schwierige Frage!... Der zweite Teil von Michelets Geschichte ist erschienen, den gescheite Leute loben. Ferner die Broschüre eines Greises, Zeitgenossen der Revolution, „Le Robespierre de M. de Lamartine", in welcher der Verfasser nachweist, daß Lamartine einen nie dagewesenen Robespierre „erdichtet" hat. Ich habe sie nicht gelesen, werde es aber noch tun. Zu meinem größten Leidwesen ist „Cléopâtre", eine Tragödie Frau de Girardins, gelungen, das heißt hat Erfolg gehabt, weil sie – in anderem Sinne – gar nicht gelingen konnte. – „Cléopâtre“ und Frau de Girardin, unterstützt von Herrn Théophile Gautier! – Es ist zum Lachen und zum Weinen! – Kraftlose Eunuchen; Pygmäen und Blaustrümpfe – und eine Frau, die zwei Männer wie Cäsar und Antonius verdaut hat und erst am dritten, an Oktavian, erstickte! Das wäre vorläufig, glaube ich, alles. Musikalische Neuigkeiten interessieren Sie kaum – politische kenne ich nicht, und aus künstlerischen machen Sie sich auch nicht allzuviel … Gehen wir also zu Alltagsthemen über.

Wir alle hier sind gesund, soweit es die Umstände erlauben. Ich arbeite fleißig, bei Gott. Erst kürzlich habe ich Nekrassow eine kleine Erzählung gesandt, und in einer Woche werde ich *zwei* größere abschicken. – Da sehen Sie, was wir leisten! Von Herzen trifft hin und wieder ein Brief ein. Er arbeitet gleichfalls. Dem Programm des „Sowremennik“ entnehme ich, daß mein „Petuschkow“ gedruckt werden soll. Da man ihn mir nicht herschicken wird, seien Sie doch so großmütig, mit Bleistift die schwachen Stellen auzukreuzen und Nekrassow in meinem Namen zu bitten, sie mit einigen Worten zu verbessern – zum Beispiel: *klar* zu sagen, daß Wassilissa seine Geliebte wurde und dergleichen. Ich schäme mich, ihn zu behelligen – er hat ohnehin genug am Hals –, aber was bleibt mir anderes übrig. Für seinen „Almanach“ werde ich, wenn auch ungern, den „Maskenball“ fertigschreiben – und das soll das letzte Mal gewesen sein, daß ich Verse mache. Ich plane auch einen Aufsatz mit der Überschrift „Slawophilentum und Realismus“ – vielleicht gelingt er. Überhaupt habe ich nicht die Absicht, meine Zeit nutzlos zu vergeuden.

Und wie steht es bei Ihnen, Vater? Was macht Ihre Gesundheit? Schreiben Sie mir doch wenigstens eine Zeile. In Erwartung einer Antwort drücke ich Ihnen fest, ganz fest die Hand und grüße Ihre ganze Familie und alle Freunde. – Hat die Cholera Sie etwa schon heimgesucht? Passen Sie auf, und seien Sie vorsichtig. Ich frankiere den Brief nicht und hoffe, daß Sie mit mir ebenso verfahren. Leben Sie wohl; bleiben Sie gesund und munter.

Ihr ergebener I. Turgenjew

19

An Pauline Viardot Paris, 25. Dezember 1847

Wir waren alle, ich gestehe es Ihnen, Madame, ein wenig besorgt, von Ihnen keine Nachricht zu erhalten (es ist wahr, Sie hatten uns verwöhnt), als Ihr Brief vom 21. mit all seinen reizenden Einzelheiten uns mit großer Freude erfüllte. Ich habe wie üblich den Vorleser gemacht, und ich kann Ihnen versichern, daß sich meine Augen nie wohler fühlen, als wenn sie Ihre Briefe zu entziffern haben, um so mehr, als Sie für eine Berühmtheit vollendet gut schreiben. Übrigens, Ihre Schrift wechselt überaus oft: manchmal ist sie hübsch, fein, sorgfältig – eine richtige trippelnde kleine Maus; ein andermal schreitet sie kühn und leicht mit großen Schritten voran; oft stürzt sie schnell, mit äußerster Ungeduld vorwärts, und dann, meiner Treu, zeigen die Buchstaben, was sie können.

Sie tun sehr gut daran, uns Ihre Kostüme zu beschreiben; wir Realisten sind für Kolorit. Und dann ...! Und dann – alles, was Sie tun, ist wohlgetan. Ihre Erfolge in Hamburg verschaffen uns eine außerordentliche Freude; bravo, bravo!

Nicht wahr, wir sind gut, Sie aufmuntern zu wollen?

Ich danke Ihnen von ganzem Herzen für den guten und liebevollen Rat, den Sie mir in Ihrem Brief an Madame Garcia geben. Was Sie von der „quebradura" sagen, die immer in einem unterbrochenen Werk zu bemerken ist, ist sehr wahr – *„das sind goldene Worte"* *. Seit ich in Paris bin, habe ich deshalb auch immer nur an einer Sache gearbeitet und mehrere, ich hoffe es zumindest, gut abgeschlossen. Es ist keine Woche vergangen, in der ich nicht ein dickes Paket an meine Verleger geschickt habe.

Seit meinem letzten Brief an Sie habe ich noch ein Drama von Calderón gelesen. „La Vida es Sueño". Es ist eine der grandiosesten dramatischen Konzeptionen, die ich kenne. Hier herrschen eine wilde Energie, eine düstere und tiefe Verachtung des Lebens, eine erstaunliche Kühnheit der Gedanken neben dem unbeugsamsten katholischen Fanatismus. Calderóns Sigismond (die Hauptgestalt) ist der spanische Hamlet, mit allen Unterschieden, die es zwischen dem Süden und dem Norden gibt. Hamlet ist nachdenklicher, subtiler, philosophischer; Sigismonds Charakter ist einfach, nackt und scharf wie ein Schwert; der eine vermag nicht zu handeln aus Unentschlossenheit, Zweifel und Reflexion; der andere handelt – weil sein südliches Blut ihn treibt –, aber während er handelt, weiß er gut, daß das Leben nur ein Traum ist.

Ich habe jetzt den spanischen „Faust" angefangen, „El Magico prodigioso"; ich bin ganz calderónisiert. Man spürt beim Lesen dieser schönen Werke, daß sie vollkommen natürlich auf einem fruchtbaren und kräftigen Boden gewachsen sind; ihr Schönheitsgehalt, ihr Aroma ist einfach; der literarische Brandgeruch ist in ihnen nicht wahrzunehmen! Das spanische Drama ist der letzte und schönste Ausdruck des naiven Katholizismus und der nach seinem Bilde geschaffenen Gesellschaft gewesen. In der Zeit der Krise und des Übergangs, in der wir leben, bringen hingegen alle künstlerischen oder literarischen Werke lediglich Meinungen, individuelle Gefühle, verworrene und widersprüchliche Überlegungen – den ganzen Eklektizismus ihrer Autoren zum Ausdruck; das Leben hat sich verzettelt; es gibt keine große allgemeine Bewegung mehr, ausgenommen vielleicht die der Industrie, die – betrachtet man sie unter dem Gesichtspunkt der fortschreitenden Unterwerfung der Naturelemente unter den Geist des Menschen – vielleicht die Befreierin, die Wiederbeleberin des Menschengeschlechts werden wird. Daher sind meiner Ansicht nach die größten Poeten unserer Zeit die Amerikaner, die die Landenge von Panama durchstoßen werden und die einen elektrischen Telegraphen mitten durch den Ozean zu legen beabsichtigen. Ist die soziale Revolution erst einmal vollendet – dann lebe die neue Literatur! ...

Diese Gedanken kamen mir zum großen Teil neulich abend, als ich im Palais-Royal der Aufführung einer Revue aus dem Jahre 1847, „Le Banc d'huîtres", beiwohnte. Das war amüsant, und ich habe gelacht ... Aber, guter Gott, wie mager, blaß, zaghaft und dürftig war das im Vergleich zu dem, was daraus ein – ich sage nicht Aristophanes – aber jemand aus seiner Schule hätte machen können! Eine phantastische, tolle, spöttische und ergreifende Komödie, unbarmherzig gegen alles Schwache und Schlechte in der Gesellschaft und im Menschen selbst, eine Komödie, die im Gelächter über das eigene Elend ausklingt, sich bis zum Erhabenen aufschwingt, um sich auch darüber lustig zu machen, die bis zum Stumpfsinn hinabsteigt, um ihn zu verherrlichen, um ihn unserem Hochmut entgegenzuschleudern ... was gäbe man nicht dafür, um dort dabeizusein! Aber nein, wir sind Scribe geweiht in alle Ewigkeit.

Ich gebe die Hoffnung nicht auf, Ihnen die „Vögel" oder die „Frösche" von Aristophanes vorzulesen, wobei ich alles weglassen werde, was zu zynisch ist.

*

Nun sind Sie also in Berlin; Ihre ersten beiden Schlachten sind beendet, und Sie befinden sich jetzt inmitten eines schon eroberten Volkes.

In einer Woche werden Sie Ihr Debüt geben. Ich kenne jemanden, der sich an das Studium der Berliner Zeitungen machen wird. In der Frankfurter „Didaskalia" steht ein enthusiastischer Artikel über Sie aus Hamburg. Übrigens gibt die „Illustration" Ihr Engagement an der Grand-Opéra im nächsten Winter bekannt. Aus Petersburg wird gemeldet, daß dort das italienische Theater im Sterben liegt. In einem Brief an Ihren Gatten habe ich von der „Cenerentola" und von Madame Alboni geschrieben.

Ich hoffe, daß es Ihnen allen, Mann, Frau und Kind, himmlisch geht oder so wie uns, denn uns geht es sehr gut, wirklich sehr gut.

Ich grüße Sie, Madame. Auf die Gefahr hin, Sie zu langweilen, indem ich immer dasselbe sage, wünsche ich Ihnen das Beste, das Größte und das Schönste auf Erden; Sie wissen, daß meine Wünsche ganz aufrichtig sind ...

Lassen Sie es sich gut gehen, seien Sie glücklich.

Ihr sehr ergebener

I. Turgenjew**

PS: Que Dios bendiga.

20

An Georg und Emma Herwegh Paris, um den 20. März 1848

Eben kommt jemand zu mir von der Regierung und sagt mir, sie hätte die Nachricht bekommen, Berlin sei in der Gewalt des Volks, der König nach Spandau geflüchtet. – Ich kann selbst nicht heraufkommen. Ich huste wie ein krankes Schaf.

I. Turgenjew*

21

An Emma Herwegh Paris, 6. November 1848

Guten Morgen, beste Frau Herwegh!

Ich bin heute früh angekommen – und seit heute früh sitz ich schon wieder, nach meiner löblichen Gewohnheit, sehr unwohl auf meinem Zimmer. Wie geht es Ihnen? Wohl, hoff ich. Es würde mich freuen, Ihren Mann zu sehen, wenn er sonst nichts zu tun hat. Ich bitte, geben Sie dem porteur die neue Adresse Herzens. Grüßen Sie den kriegerischen Horaz. Auf Wiedersehen – ich hoffe – bald.

Ergebenst

Ihr I. Turgenjew*

22

An A. A. Krajewski Paris, 14. April 1849

Lieber Krajewski, vor etwa einer Woche erhielt ich Ihren Brief mit der Nachricht vom endgültigen Untergang des unglückseligen „Gnadenbrots". – Friede seiner Asche! Es ist schwer, sagt die Heilige Schrift, wider den Stachel zu löcken. Seien Sie immerhin bedankt, daß Sie Ihr Bedauern bekunden.

Jetzt muß ich Ihnen folgendes mitteilen: Gestern habe ich in zwei dicken Päckchen eine andere Komödie in drei Akten an

Stschepkin gesandt, sie heißt „Der Junggeselle". In diesem Werk gibt es für die Zensur nichts zu streichen, im Gegenteil, sie muß mich für meine beispielhafte Sittsamkeit belohnen. Natürlich würde ich mich sehr freuen, diese Komödie in den „Otetschestwennyje sapiski" gedruckt zu sehen. Doch da sie als Benefizvorstellung für Stschepkin bestimmt ist – und selbiges Benefiz nicht vor Januar nächsten Jahres stattfindet –, müssen Sie noch lange warten. Auf jeden Fall aber können Sie Stschepkin davon schreiben und ihm sagen, daß der „Junggeselle" für Sie vorgesehen ist. Übrigens habe ich ihm dies schon selbst mitgeteilt.

Doch das können Sie mit Recht als Taube auf dem Dach bezeichnen – und nach dem Spatzen in der Hand fragen. Und Spatzen gibt es, einer ist schon gänzlich flügge und wird Ihnen in zwei Wochen, *nicht später*, ins Haus flattern. Dieser „Junggeselle" hat mich viel Zeit gekostet – außerdem hatte ich nicht den Schlag gegen das „Gnadenbrot" erwartet ... Hier also meine Spatzen:

1. Eine Art Erzählung mit dem Titel: „Tagebuch eines überflüssigen Menschen". (Ich glaube, es ist eine gute Sache. Sie ist schon völlig fertig. Braucht nur abgeschrieben zu werden.)

2. „Eine Abendgesellschaft" – eine Komödie in einem Akt (gleichfalls fertig).

3. „Der Student" – eine Komödie in fünf Akten (der erste Akt ist fertig. An dieser Komödie will ich dieses ganze Jahr arbeiten).

Das „Tagebuch" bekommen Sie *unbedingt* in zwei Wochen. Für die versprochenen „Otetschestwennyje sapiski" bedanke ich mich herzlich und erwarte in den nächsten Tagen die in diesem Jahr erschienenen Hefte.

Morgen wird Meyerbeers „Prophet" gegeben. Ich schicke Ihnen einen Bericht für die „Otetschestwennyje sapiski".

Und damit leben Sie wohl. Ich drücke Ihnen die Hand und bleibe

Ihr ergebener

I. Turgenjew

23

An Pauline Viardot Courtavenel, 20. Juli 1849, 10 Uhr abends

Guten Abend, Madame, was machen Sie um diese Stunde? Ich sitze vor dem runden Tisch im großen Salon ... Im Hause herrscht tiefste Stille; man hört nur das Zischen der Lampe.

Ich habe heute wirklich sehr gut gearbeitet; während meines Spaziergangs bin ich von einem Gewitterregen überrascht worden.

Sagen Sie Viardot, daß es in diesem Jahr viele Wachteln gibt.

Ich hatte heute eine Unterhaltung mit Jean über den „Propheten". Er hat mir sehr gescheite Dinge gesagt, unter anderem, daß „die Theorie die beste der Praktiken" sei. Sagte man dies Müller, er würde sofort seinen Kopf zur Seite und nach hinten werfen, den Mund öffnen und die Brauen hochziehen. Am Tage meiner Abreise von Paris besaß dieser arme Teufel nur noch zwei Francs fünfzig; ich konnte ihm nichts geben – leider.

Hören Sie, ich habe glücklicherweise nicht *den politischen Pathos**, aber da ist eine Sache, die mich empört; und zwar die Entsendung des Generals Lamoricière als Botschafter in den Generalstab des Zaren Nikolai. Das ist zuviel, das ist zuviel – ich versichere es Ihnen. Arme Ungarn! Ein anständiger Mensch wird nicht mehr wissen, wo er leben soll: die jungen Nationen sind noch Barbaren, wie meine lieben Landsleute, oder aber, wenn sie sich erheben und losmarschieren wollen, schlägt man sie nieder wie die Ungarn; und die alten Nationen liegen im Sterben und – verfault und verderbt, wie sie sind – stecken an wie die Pest. Da könnte man mit Roger singen: „O Gott, trifft denn Dein Blitz das Haupt der Frevler nicht?" Doch genug! Und dann, wer hat denn gesagt, des Menschen Bestimmung sei es, frei zu sein? Die Geschichte beweist uns das Gegenteil. Nicht aus Liebedienerei schrieb Goethe seinen berühmten Vers:

*Der Mensch ist nicht geboren frei zu sein.**

Das ist ganz einfach eine Tatsache, eine Wahrheit, die er als exakter Beobachter der Natur aussprach.

Auf morgen.

Das ändert nichts daran, daß Sie ein Ausnahmewesen sind... sehen Sie, gäbe es nicht hier und dort Menschen wie Sie auf Erden, würde man sich selbst ausbrechen. Auf morgen.

Sonnabend, 21.

Guten Tag, Madame, und adieu. Das Wetter ist scheußlich, das ist die einzige Neuigkeit. Ich drücke Ihnen fest die Hände. Tausend Grüße an Viardot und an alle anderen. Auf Wiedersehen.

Ihr I. Turgenjew**

24

An A. I. Herzen Paris, 31. Juli 1849

Ich stehe in Deiner Schuld, lieber Herzen, weil ich Dir so lange nicht geschrieben habe, wenn ich auch oft an Dich dachte; doch ich habe die ganze Zeit auf dem Lande verbracht, in völliger Einsamkeit – und Einsamkeit erzeugt in mir immer unbeschreibliche Faulheit, die in der Sprache der Poesie Stille, Versenkung in die Stille und so weiter genannt wird. Doch drangen hin und wieder Gerüchte von Dir und Deiner Familie bis zu mir – und jetzt, da ich für zwei Tage nach Paris gekommen bin, möchte ich die Gelegenheit nicht vorübergehen lassen, Dir aus der Ferne die Hand zu drücken und Dir und den Deinen alles erdenkliche Gute zu wünschen. Werden wir uns irgendwo einmal sehen? Die Dinge haben eine solche Wendung genommen, daß man auf diese Frage keine bestimmte Antwort geben kann. – Ich habe von einem Deiner Pläne gehört – und lobe Dich nicht für etwas, für das Dich viele loben werden; denn dies zu tun, war für Dich ebenso natürlich, wie eine Flasche Champagner zu leeren. Du bist ein Prachtkerl – und ich mag Dich sehr. – Ich fahre wieder für vier Wochen zur Jagd aufs Land – und was danach sein wird, weiß allein der

Allmächtige. – Ich glaube nicht, daß Du in der Schweiz bleibst. Einen Gruß an Deine Frau, an Herwegh und die anderen. Ich hörte, Du hast kürzlich eine Gletscherwanderung unternommen. Schreib doch etwas darüber. Ich drücke Dir fest die Hand und bleibe für immer Dein ergebener

I. Turgenjew

25

An Emma Herwegh Paris, Ende Oktober 1849

Da haben Sie ein Billett für Chopins Beisetzung. Es wird Mozarts „Requiem" aufgeführt. Ich habe zu Ihnen nicht kommen können diese Tage. – Wie geht es Ihnen? – Mir immer sehr schlecht. Ich grüße Sie herzlich.

Ihr I. Turgenjew

Man muß an ½ 12 in der Kirche sein.*

26

An A. I. Herzen Paris, 22. Juni 1850

Lieber Alexander, eine Stunde nach Deiner Abreise bin ich vom Lande zurückgekehrt – Du kannst Dir vorstellen, wie ich mich geärgert habe – gar zu gern hätte ich mich vor der Rückkehr nach Rußland noch einmal mit Dir getroffen. – Ja, Bruderherz, ich fahre zurück; alle meine Sachen sind gepackt, übermorgen verlasse ich Paris und besteige in einer Woche, am kommenden Sonnabend, in Stettin den Dampfer. – Du kannst gewiß sein, daß ich alle Deine Briefe und Papiere unversehrt zustelle – und obwohl Du mich nicht einmal einer Mitteilung über Deinen Aufenthaltsort gewürdigt hast, werde ich alle meine Versprechungen halten; auf Fräulein Erns Namen werde ich Dir Bücher und Zeitschriften schicken, wie vereinbart – an Rothschild; noch heute gehe ich zu ihm und setze ihn davon in Kenntnis. – Gott weiß, wann sich die Möglichkeit bietet, Dir wieder zu schreiben; Gott weiß, was mich in Rußland erwartet – mais le vin est tiré – il faut le boire. – Falls irgendein besonderer Umstand eintritt, kannst Du mich davon verständigen, indem Du im Anzeigenteil des „Journal des Débats" bekanntgibst, que M. Louis Morisset de Caen und so weiter. Ich werde diese Zeitschrift ständig lesen und dann verstehen, was Du mir mitteilen willst. – Leb wohl, lieber Herzen; ich wünsche Dir alles Gute; in Deinem Namen werde ich alle Deine Freunde umarmen – wir werden viel von Dir sprechen. Ich will auch versuchen, Dir unter der gleichen Adresse Nachrichten über Ogarjow und die anderen zukommen zu lassen. – Bleib gesund, und sei so tätig wie möglich. Ich drücke Deiner Frau fest die Hand und küsse Deine Kinder. Grüße Herwegh und seine Frau von mir. Ich umarme Dich noch einmal und bleibe

Dein I. Turgenjew

27

An N. M. Stschepkin Petersburg, 30. (18.) Oktober 1850

Lieber Nikolai Michailowitsch!

Von Granowski und Tjutschew erfuhr ich, daß Sie beabsichtigen, einen Almanach herauszugeben, und gern etwas von mir hätten; ich beeile mich, Ihnen eine fünfaktige Komödie mit dem Titel „Zwei Frauen" zu schicken, und würde mich sehr freuen, falls Sie sie gebrauchen könnten. Die hiesige Zensur wollte sie nicht passieren lassen, obwohl beide Zensoren sie völlig harmlos fanden; vielleicht hat sie in Moskau mehr Glück. Darüber hinaus schicke ich Ihnen in den nächsten Tagen noch eine kleine Szene, „Das Gespräch auf der großen Landstraße", und eine Erzählung, „Zwei Gutsbesitzer". Vielleicht geht etwas durch. – Ich würde mich sehr glücklich schätzen, wenn ich Michail Semjonowitsch auf irgendeine Weise meinen aufrichtigen Dank und meine Verbundenheit beweisen könnte. Sie werden es nicht glauben, wie leid es mir tat, daß er zum Zeitpunkt meiner Ankunft nicht in Moskau war, aber ich konnte beim besten Willen nicht länger bleiben. Ich hoffe, ihn um Neujahr zu sehen und ihm persönlich für sein Wohlwollen danken zu können. Ihm und Ihnen selbst wünsche ich alles Gute auf Erden und bleibe Ihr Ihnen für immer herzlich ergebener

I. Turgenjew

Meine Anschrift: Newski-Prospekt, an der Anitschkinow-Brücke, Lopatins Haus.

28

An Pauline Viardot

Moskau, 6. Dezember (24. November) 1850

Seit drei Tagen bin ich nun hier, liebe gnädige Frau Viardot, und ich habe kaum die Zeit, zur Feder zu greifen, um Ihnen in aller Eile ein paar Zeilen zu schreiben. Nicht, daß wir, mein Bruder und ich, viel zu *tun* hätten – die Siegel werden erst in einer Woche abgenommen –, aber wir haben so viel zu bereden, vorzubereiten. Es ist eine schreckliche Verantwortung, die uns auf die Schultern gelegt wurde.

Meine Mutter ist gestorben, ohne für irgend etwas vorgesorgt zu haben; sie hat die vielen Existenzen, die von ihr abhingen, man kann sagen: auf der Straße liegenlassen; wir müssen nun tun, was sie hätte tun sollen. Ihre letzten Tage sind sehr traurig gewesen. – Behüte Gott uns alle vor einem solchen Tod. Sie suchte nur, sich zu betäuben; am Abend vor ihrem Tod, als das Röcheln der Agonie schon begann, spielte auf ihren Befehl im Nebenzimmer ein Orchester Polkas. Man schuldet den Toten Respekt und Mitleid, deshalb werde ich Ihnen nichts weiter schreiben. Doch gerade weil es mir unmöglich ist, Ihnen alles anzuvertrauen, was ich fühle und was ich weiß, werde ich noch ein Wort hinzufügen, nämlich daß meine Mutter in ihren letzten Augenblicken – ich schäme mich, es zu sagen – nur daran dachte, uns, meinen Bruder und mich, zu ruinieren, und daß der letzte Brief, den sie an ihren Verwalter geschrieben hat, einen präzisen und förmlichen Befehl enthielt, alles zu einem Schleuderpreis zu verkaufen, nötigenfalls überall Feuer zu legen, damit nichts... Doch man muß vergessen – und ich werde es großherzig tun, jetzt, wo Sie es wissen, Sie, die Sie mein Beichtvater sind. Und doch, ich fühle es, es wäre so leicht gewesen, sich von uns lieben und bedauern zu lassen! O ja, möge Gott uns vor einem solchen Tod bewahren! Ich erspare Ihnen eine Menge anderer Einzelheiten – wozu sollten sie gut sein? Möge Gott ihr Frieden schenken.

Mein Bruder, seine Frau und ich bleiben bis zum neuen Jahr hier, um unsere Angelegenheiten so gut wie möglich regeln zu können. Die Güter, die meine Mutter hinterlassen hat, sind in einem sehr wenig guten Zustand – und unglücklicherweise ist die Ernte in diesem Jahr sehr schlecht gewesen. Wir müssen versuchen, uns bis zum nächsten August soweit wie möglich einzuschränken. Ich habe meinem Bruder vorgeschlagen, auf der Stelle alle privaten Schulden meiner Mutter (die nicht hoch sind) zu bezahlen, die ganze Dienerschaft zu entlohnen – und dazu das verfügbare Geld zu verwenden. Haben wir diese Last einmal von unseren Schultern, kommen wir besser und schneller voran. Ich gedenke in sechs Wochen nach Petersburg zurückzukehren, von April an aufs Land zu gehen und dort bis zum November zu bleiben. Dann werden wir sehen. Ich bin, Sie wissen es, sehr wenig für Geschäfte geeignet; ich habe die Absicht, die Verwaltung meiner Güter meinem guten und vortrefflichen Freund Tjutschew anzuvertrauen; mein Bruder ist gewiß ein durch und durch ehrenwerter Mann, und ich wüßte nichts Besseres, als ihn mit alldem zu beauftragen; aber ich fürchte Mißverständnisse – er ist sehr sparsam, fast geizig – er wird es auch für mich sein – niemals würde er in den Verkauf eines Gutes einwilligen, und sei dieser noch so notwendig; ich möchte all solche Familienreibereien vermeiden. Ich habe den Entschluß gefaßt, unsere Güter zu teilen. Das heißt, er wird die Teilung vornehmen – und er wird es bestimmt tausendmal besser machen als ich. Ich werde niemals weniger als 25 000 Francs Rente haben; damit ist man *reich.* Ich werde Ihnen noch von alldem berichten; aber sagen Sie mir, Sie und Ihr Gatte, was Sie von meinem Entschluß halten.

Liebe und teure Freundin, ich denke sehr oft an Sie!

I. Turgenjew**

29

An I. S. Aksakow Petersburg, 16. (4.) Dezember 1851

Lieber Iwan Sergejewitsch, ich beeile mich, auf Ihren so herzlich einladenden und liebenswürdigen Brief zu antworten. Ich brauche Ihnen wohl nicht zu sagen, wie gern ich bereit bin, mich an Ihrem Sammelband zu beteiligen; nur fürchte ich, nichts Ordentliches zustande zu bringen – Fertiges habe ich nicht – nicht eine Zeile –, und die Abneigung gegen das Schreiben, von der ich Ihnen, wie ich mich erinnere, schon in Moskau sprach, wird mit jedem Tage stärker. Einerseits höre ich lieber zu, statt zu reden, und andererseits – wovon und wie soll man reden – jetzt? Unsere Ansichten mögen in vielen Dingen auseinandergehen (obwohl es mir, was Sie betrifft, ehrlich gesagt, schwerfiele, zu sagen, worin eigentlich), doch wir empfinden füreinander so viel Sympathie, daß sich weitere Erklärungen erübrigen. Ich wiederhole, ich bin mit Freuden bereit, Ihr Unternehmen nach Kräften zu unterstützen, dürfte Ihnen aber in meiner jetzigen Geistesverfassung kaum von Nutzen sein. Es ist nicht Apathie, nicht Müdigkeit, vielmehr ein Abwarten, ein Verlangen nach echten, wirklichen Erlebnissen, wie Sie es wahrscheinlich auch kennen. Der eigentliche literarische Kitzel hat sich bei mir schon lange gelegt – wenn ich wieder zur Feder greife, dann werde ich dies aus anderen Motiven, aus einer anderen inneren Notwendigkeit heraus tun. Sollte ich irgend etwas zustande bringen, schicke ich es Ihnen, Sie können dann nach Ihrem Ermessen darüber verfügen – jedenfalls kann ich Ihnen versichern, daß ich mich gerade an Ihren Ausgaben sehr gern beteiligen möchte.

In den nächsten Tagen erhalten Sie von mir die Kopie eines Gesuchs aus dem Notizbuch meines Großvaters – und Sie vergessen bitte nicht, mir das gewisse *Lied* zu übersenden.

Übermitteln Sie Ihrem verehrten Vater und Ihrem Bruder meinen allerfreundschaftlichsten Gruß. Wann erscheinen denn nun die „Jagdaufzeichnungen"? Ich erwarte dieses Buch mit ehrlicher Ungeduld. Vielleicht bin ich im Januar in Moskau und werde mich sehr freuen, Sie dann alle zu sehen. Bis dahin bleiben Sie gesund und munter – und arbeiten Sie, solange die Arbeit Spaß macht. – Ich drücke Ihnen freundschaftlich die Hand und bleibe Ihr ergebener

I. Turgenjew

PS: Meine Anschrift: Ecke Malaja Morskaja und Gorochowaja, Frau Gillermes Haus, Wohnung Nr. 9.

30

An J. M. Feoktistow Petersburg, 9. März (26. Februar) 1852

Sie können sich nicht vorstellen, meine Freunde, wie dankbar ich Ihnen für die Einzelheiten über Gogols Tod bin – ich habe das schon Botkin geschrieben. Wieder und wieder lese ich jede Zeile mit einer Art quälender Gier und Entsetzen – und fühle, in *diesem* Tod *dieses* Mannes ist mehr verborgen, als es auf den ersten Blick scheint – und ich möchte in dieses schreckliche und schmerzliche Geheimnis eindringen. Es hat mich tief getroffen – so tief, daß ich mich keines ähnlichen Empfindens erinnern kann. Dabei war ich durch andere Umstände darauf vorbereitet, von denen Sie wahrscheinlich bald Kenntnis erhalten, falls Sie nicht sowieso schon alles wissen. Mir ist schwer ums Herz, Feoktistow, schwer und düster … Mir ist wahrhaftig, als schlügen dunkle Wogen lautlos über meinem Haupt zusammen und ich sänke in die Tiefe, erstarrend und stumm.

Doch davon ein andermal bei einer persönlichen Begegnung … Und das wird ziemlich bald sein; wenn nichts dazwischenkommt, bin ich um den 10. April in Moskau – in der Woche nach Ostern.

Sie schreiben mir von einem Beitrag, den ich für den „Sowremennik“ verfassen soll – ich weiß nicht, ob mir das gelingen wird ... Man kann sich in diesem Falle nicht einfach hinsetzen und drauflosschreiben – man muß den richtigen Ton treffen – und schon der Gedanke, daß man den richtigen Ton treffen muß, wenn man von Gogols Tod spricht, ist deprimierend und geradezu grausam.

Ich freue mich, daß die Beisetzungsfeier in der Universitätskirche stattgefunden hat, und finde, es war für Sie wirklich ein großes Glück, daß Sie für würdig befunden wurden, seinen Sarg zu tragen. Das wird eine Erinnerung für Ihr ganzes Leben bleiben.

Was soll ich Ihnen von dem Eindruck sagen, den sein Tod hier ausgelöst hat? Alle reden davon, aber irgendwie nur nebenbei und ohne Anteilnahme. Doch gibt es einige, die sein Tod tief betrübt hat. Hier wird alles von anderen Interessen überschattet und ausgelöscht.

Sie berichten mir vom Verhalten der Freunde Gogols ... Ich kann mir vorstellen, wieviel schäbige Eitelkeit sich über seinem Grabe erheben, wie so mancher lauthals schreien und sich in die Brust werfen wird – seht nur, wie vortrefflich wir anständigen Leute trauern und wie gescheit und zartfühlend wir sind – sollen sie doch ... Wenn der Blitz eine Eiche zerschmettert, wer denkt da schon daran, daß auf ihrem Stumpf Pilze wachsen werden – wir trauern um ihre Stärke, um ihren Schatten ...

Ich habe Botkin ein Gedicht geschickt, zu dem Nekrassow durch die Nachricht von Gogols *Tod* inspiriert worden ist; unter dem Eindruck dieser Verse habe ich für die „Petersburgskije wedomosti“ ein paar Worte über seinen Tod *geschrieben*, die ich Ihnen mit diesem Brief übersende, ohne zu wissen, ob die Zensur sie durchgehen läßt oder etwa verunstalten wird. Ich weiß nicht, wie sie geraten sind, doch habe ich laut geweint, als ich sie abschrieb.

Leben Sie wohl, mein guter Jewgeni Michailowitsch. Bald schreibe ich Ihnen wieder. Ich erwarte von Ihnen und Botkin alle Einzelheiten, die Ihnen nur irgend zu Ohren kommen. Ich drücke Ihnen freundschaftlich die Hand – Ihnen und der Gräfin – und bleibe Ihr ergebener

I. Turgenjew

PS: Es ist wohl unnötig, zu erwähnen, daß unter dem Aufsatz über Gogol nicht mein Name stehen darf. Das wäre schamlos und nahezu Gotteslästerung.

Sie beklagen sich, daß ich Ihnen nicht schreibe; am Freitag habe ich einen Brief an Sie abgeschickt.

31

An Pauline Viardot Petersburg, 10. März (27. Februar) 1852

... Es ist mir unmöglich, diesen Brief so fortzusetzen, wie ich ihn begonnen habe. Ein großes Unglück hat uns betroffen. Gogol ist in Moskau gestorben, gestorben, nachdem er alles verbrannt hat, alles, den zweiten Band der *Toten Seelen*, eine Menge schon abgeschlossener oder begonnener Sachen, eben alles! Es wird schwierig für Sie sein, die ganze Größe dieses so grausamen, so unsagbar schweren Verlustes zu würdigen. Es gibt keinen Russen, dem in diesem Augenblick nicht das Herz blutet. Für uns war er mehr als nur ein Schriftsteller – er hat uns zur Selbsterkenntnis geführt – er war für uns in mehr als einem Sinne der Nachfolger Peters des Großen. Diese Worte mögen Ihnen übertrieben erscheinen, vom Schmerz diktiert, aber Sie kennen ihn nicht, Ihnen sind ja nur die unbedeutendsten seiner Werke bekannt, und selbst wenn Sie alle gelesen hätten, wäre es für Sie immer noch schwer zu verstehen, was er für uns war. Man muß Russe sein, um das zu fühlen. Die scharfsinnigsten Denker des Auslands, wie zum Beispiel Mérimée, haben in Gogol nur den Humoristen englischer Manier gesehen – seine historische Bedeutung ist ihnen völlig entgangen –, ich wiederhole es, man muß Russe sein, um ermessen zu können, welchen Verlust wir erlitten haben.

Ihr ergebener I. Turgenjew**

32

An S. T., I. S. und K. S. Aksakow Spasskoje, 18. (6.) Juni 1852

Meine guten Freunde, ich habe Ihren dreifachen Brief erhalten und kann Ihnen gar nicht sagen, wie sehr er mich erfreut hat. Für Ihre Anteilnahme bin ich Ihnen von Herzen dankbar – obwohl ich in meinem Schicksal, besonders jetzt, auf dem Lande, nichts Schreckliches sehe. – Mit Ihren Vermutungen meinetwegen haben Sie, lieber Sergej Timofejewitsch, völlig recht – als ich meinen Aufsatz nach Moskau schickte, dachte ich nicht im Traum daran, etwas Gesetzwidriges zu tun; Nasimow, den ich in Moskau sprach, war sehr erstaunt, zu erfahren, daß ich Herrn Mussin-Puschkin nicht einmal von ferne gesehen habe. Halb so schlimm, kommt Zeit, kommt Rat. – In den nächsten Tagen beginne ich für den „Sowremennik" einen Artikel über Ihr vielgelesenes und mir sehr ans Herz gewachsene Buch. Ich freue mich über Ihr Wirken und bin überzeugt, Ihr Aufsatz über Dershawin wird großartig. – Den Sammelband habe ich hier, konnte aber bisher nur die Gedichte lesen. Die Lieder sind erstaunlich – sie verdienen es, in eine Reihe mit den Liedern aus Kirscha Danilows Sammlung gestellt zu werden; Chomjakows Gedicht ist sehr klangvoll – ore rotundo zu lesen, wie man in alten Zeiten sagte –, aber mehr auch nicht; es wärmt nicht und tut nicht weh. – Ihr „Landstreicher", lieber Iwan Sergejewitsch, ist ein edelsinniges, prächtiges Gedicht; nur schade, daß die Straffheit nicht so sehr des Gedankens wie der Form die Wirkung bisweilen beeinträchtigt. Ihr Verse besitzen alle Qualitäten der Poesie, bis auf jenes subtile, unfaßbare Etwas – jenen *Duft*, den ein glückliches und freies Leben spielerisch verströmt. Doch woher sollte in unserer gefühlskalten, schweren und bitteren Zeit dieses Glück auch kommen? Auch was Sie uns gegeben haben, verdient unseren Dank. Mir wurde berichtet, das erste Heft des Sammelbandes sei gut gegangen; das freut mich. Für das zweite Heft habe ich eine kleine, im Arrest geschriebene Sache, mit der meine Freunde und auch ich selbst zufrieden sind; ich bin bereit, sie Ihnen zu schicken – nur fürchte ich erstens, man wird sie verbieten;

und glauben Sie zweitens nicht, ich sollte eine Zeitlang besser schweigen? – Auch meine „Aufzeichnungen eines Jägers" sind völlig fertig, und die Genehmigung für ihr Erscheinen wurde erteilt; trotzdem haben Ketscher und ich beschlossen, etwas zu warten. Für alle Fälle aber werde ich meine Erzählung abschreiben lassen.

Diesen Winter habe ich mich außergewöhnlich viel mit russischer Geschichte und russischen Altertümern beschäftigt; Sacharow gelesen, Terestschenko, Snegirjow e tutti quanti. Besonders begeistert hat mich Kirscha Danilow. – Den Wasska Buslajew halte ich für ein russisches Epos – doch all das hat mich zu weit weniger erfreulichen Ergebnissen gelangen lassen als Sie, lieber Konstantin Sergejewitsch – auf alle Fälle zu anderen. Doch da ich in dieser Frage noch Schüler bin, würde ich darüber gern einmal mit Leuten sprechen, die etwas davon verstehen, mit Ihnen. – In Moskau habe ich mich viel mit Sabelin unterhalten, der mir sehr gefiel: ein heller russischer Kopf und lebendige klare Ansichten. Er führte mich durch die Kremlaltertümer. Übrigens habe ich von Leuten, die Ihnen gar nicht so sehr gewogen sind, viel Gutes über Ihre Komödie gehört – mit dem Zusatz: „Von Aksakow hätten wir das nicht erwartet." Eine *Komödie*, ehrlich gesagt, habe auch ich nicht von Ihnen erwartet. Ich würde sie mir gern einmal vorlesen lassen – doch allein Gott weiß, wann wir uns wiedersehen.

Bisher bin ich hier noch untätig – atme mit voller Brust die Landluft ein, lese Gogol – und das ist alles. Und unter uns gesagt, bin ich froh, einen Monat in Arrest gesessen zu haben; ich konnte den russischen Menschen dort von einer Seite betrachten, die mir bis dahin wenig bekannt war.

Meine Adresse: Gouvernement Orjol, Stadt Mzensk, an I. S. Turgenjew. – Sie können auch hinzufügen: Dorf Spasskoje, auch Lutowinowo – aber das ist unnötig. Wir wohnen neun Werst von Mzensk entfernt und schicken viermal wöchentlich dorthin. Sollte einer von Ihnen zufällig durch Mzensk kommen und einen Abstecher zu mir machen wollen, braucht er nur zu sagen: nach Lutowinowka – jeder wird ihn herbringen.

Leben Sie einstweilen wohl, meine Freunde, ich wünsche Ihnen alles Gute, umarme Sie alle und bleibe Ihr ergebener

I. Turgenjew

PS: Ich hoffe, wir werden jetzt unseren Briefwechsel fortsetzen.

33

An P. W. Annenkow Spasskoje, 9. November (28. Oktober) 1852

Da Sie sich über meinen Brief gefreut haben, lieber Annenkow, können Sie sich vorstellen, wie groß meine Freude über den Ihren war. Ich erhielt ihn gestern und beantworte ihn genau an meinem Geburtstag, an dem ich nicht achtundzwanzig geworden bin, wie Sie glauben, sondern ganze vierunddreißig. Ihr Brief ist so klug und vernünftig geschrieben, und Sie lassen so viel echte Sympathie für mich und meine Arbeiten erkennen, daß ich Ihnen von Herzen dafür danken muß. Alles, was Sie sagen, empfinde ich ebenso deutlich wie Sie – das ist die unbestreitbare Wahrheit –, und ich unterschreibe jedes Ihrer Worte. Ich muß einen anderen Weg beschreiten – ich muß ihn finden und der alten Manier auf immer ade sagen. Ich habe mich genug abgemüht, aus menschlichen Charakteren verdünnte Essenzen zu extrahieren – triples extraits –, um sie dann in kleine Fläschchen abzufüllen – da, verehrte Leser, schnuppert mal, macht sie auf und schnuppert daran – nicht wahr, es riecht nach einem russischen Typ? Genug – genug! Doch die Frage ist nun: Tauge ich zu etwas Großem, Ausgeglichenem? Werden mir die einfachen, klaren Linien liegen …? Das weiß ich nicht, und ich werde es nicht wissen, ehe ich es nicht versucht habe, aber Sie können mir glauben, Sie werden von mir etwas Neues – oder gar nichts hören. Daher bin ich fast froh über meine winterliche Abgeschiedenheit, ich werde Zeit haben, zu mir zu kommen, und was das wichtigste ist, in der Einsamkeit steht der Mensch allem fern, besonders aber der Literatur – der Zeitschriftenliteratur und aller anderen;

und aus mir kann erst etwas werden, wenn ich den Literaten in mir ausgemerzt habe, nur – ich bin schon vierunddreißig, und in diesem Alter ist es schwer, ein anderer zu werden. Nun, wir wollen sehen.

Einsamkeit ist schön, das ist unbestritten – doch damit sie irgendeinen Nutzen bringen kann, muß sie wenigstens ab und zu durch ein Gespräch und die Begegnung mit einem gescheiten Menschen, dem man zugetan ist und dem man glaubt, belebt werden. Sie sind ein solcher Mensch – und wenn Sie wirklich Anteil an der Zukunft meines Talents nehmen, dann müssen Sie aus Moskau unbedingt für fünf Tage zu mir kommen. Die Tjutschews (die sich, füge ich in Klammern hinzu, Ihrer sehr gut erinnern und Sie ins Herz geschlossen haben) sind vortreffliche Menschen, aber in Sachen Literatur schlechte, wenn auch offene und ehrliche Richter – ihrem Lob vermag ich ebensowenig zu entnehmen wie ihrem Tadel. Und außer ihnen ist niemand hier – oder nur Leute, die einem mit nichts nützen können. Daher erwarte ich Sie unbedingt und bitte Sie inständig, im November zu mir zu kommen.

Ich verstehe, wie schwer es für Sie sein muß, Puschkins Biographie in dieser Weise zu Ende zu schreiben – doch was bleibt Ihnen übrig? Die wahre Biographie eines Menschen von historischer Bedeutung wird bei uns nicht so bald geschrieben werden können, dabei denke ich noch gar nicht so sehr an die Zensur als einfach an die sogenannten Rücksichten. Ich an Ihrer Stelle würde die Biographie ex abrupto beenden – vielleicht noch Shukowskis Bericht über Puschkins Tod anfügen, und damit basta. Besser einer Statue die Beine abschlagen als ihr viel zu kleine geben. Und soweit ich dies beurteilen konnte, wird Ihr Torso vortrefflich gelingen. Wie sehr wünschte ich, das sage ich ganz offen, meine Manier ebenso glücklich ändern zu können wie Sie in dieser Biographie die Ihre. Wahrscheinlich haben Sie unter dem Einfluß von Puschkins erhabenem, in seiner strengen und jugendlichen Schönheit wahrhaft antikem Geist etwas Großartiges, Kluges, Warmherziges und sehr Natürliches geschaffen. Ich möchte sehr gern auch den Schluß hören. Ein Grund mehr für Sie, nach hier zu kommen.

Leben Sie wohl, lieber Pawel Wassiljewitsch. – Die ersten Gäste treffen schon ein. In einem anderen Brief will ich Ihnen einiges aus unserem Leben hier berichten. Haben Sie meinen zweiten Brief erhalten? Ich drücke Ihnen kräftig die Hand und bleibe ganz der Ihre

I. Turgenjew

34

An I. S. Aksakow Spasskoje, 9. Januar 1853 (28. Dezember 1852)

Mein lieber Iwan Sergejewitsch, Ihren Brief vom 4. Oktober habe ich erst gestern erhalten. Ehe ich Ihnen darauf antworte, muß ich Ihnen unbedingt erklären, warum diese dumme Stelle über Herrn Ljuboswonow in meinen „Aufzeichnungen" stehengeblieben ist. Sie haben vielleicht gehört, daß dieses Buch in meiner Abwesenheit herausgegeben und gedruckt wurde. Ich hatte das Manuskript, ehe ich es an Ketscher schickte, nur flüchtig durchgesehen, erinnerte mich, daß es in den „Aufzeichnungen" irgendwo eine Anspielung auf die Slawophilen gab, fand einige diesbezügliche Worte in „Chor und Kalinytsch" und strich sie aus – jene Stelle aber ist zu meinem großen Verdruß stehengeblieben. Ich kann Ihnen versichern, als ich sie schrieb, habe ich nicht im geringsten an Ihren Bruder gedacht, und Sie können sich unschwer vorstellen, daß ich sie auf jeden Fall gestrichen hätte, nachdem wir uns näher kennengelernt haben – wäre sie mir nur erinnerlich gewesen. Möge Ihr Bruder meine Zerstreutheit verzeihen, und das wird ihm um so leichterfallen, als derartige unfreundliche Scherze auf den zurückfallen, der sie macht – ich werde es weit schwerer haben, meine Nachlässigkeit zu vergessen, und ich wiederhole, mein Verdruß ist sehr groß.

Jetzt zu Ihrem Brief. Allem, was Sie über die „Aufzeichnungen eines Jägers" sagen, kann ich nur zustimmen und habe dies schon Ihrem Bruder geschrieben. Ich kann Ihnen ehrlich versichern, bisweilen kommt es mir vor, dieses Buch sei nicht von mir – so fern steht es mir schon. Das Emotionale und Überzogene, das allzu häufig darin anzutreffen ist, läßt sich teilweise mit dem Umstand entschuldigen, daß ich, während ich daran schrieb, im Ausland war und, umgeben von nichtrussischem Milieu und nichtrussischem Leben, jede Linie unwillkürlich zweimal nachgezogen habe. In dieser Hinsicht bin ich auch mit „Mumu" nicht völlig zufrieden, und darum wünschte ich sehnlichst, Sie läsen meine letzte Arbeit, „Die Herberge". Ich weiß nicht, ob ich mich irre oder nicht – hier gibt es niemanden, der mir das sagen könnte –, doch ich glaube, in der „Herberge" gehe ich geradliniger und natürlicher auf mein Ziel zu – ohne Koketterie und Geistreichelei, vielmehr versuche ich, ernsthaft auszusprechen, was ich für wesentlich halte. Gebe Gott einem jeden Autor, das Leben zu begreifen und darzustellen – darüber zu spekulieren und es verbessern zu wollen steht ihm nicht an. „Die Herberge" ist seit langem fertig und ins reine geschrieben – ich warte auf eine Gelegenheit, sie nach Moskau an Ketscher zu schicken, dem ich schreiben werde, er soll sie unbedingt und schnellstens Ihnen übergeben. Im voraus bitte ich Sie sowie Ihren Bruder und Sergej Timofejewitsch um ein strenges und ausführliches Urteil. – Sie haben den Grundgedanken von „Mumu" so treffend erfaßt, daß ich sehr gern wüßte, was Sie zur „Herberge" sagen.

Meine jetzige Einsamkeit tut mir sehr gut – ich arbeite viel und habe außer der „Herberge" die ersten drei Kapitel eines großen Romans und noch eine kleine Sache mit dem Titel „Ein Briefwechsel" geschrieben. All das läse ich gern einmal Leuten vor, auf deren Geschmack ich vertraue – ich wüßte nämlich sehr gern, ob ich auf dem richtigen oder auf einem falschen Wege bin. – Ich gäbe viel für das Vergnügen, Sie bei mir zu sehen, traue mich aber nicht, Sie auch nur darum zu bitten. An sich ist es keine weite Reise, doch ich stehe eben nicht im besten Ruf – Sie selbst sind ja wohl auch kein Unschuldsengel gewesen. Doch wenn es möglich wäre – wie würde ich mich freuen. Man braucht nur (auf befestigter Landstraße) bis Mzensk zu fahren – von dort ist es zu mir (bis Spasskoje-Lutowinowo) nicht mehr als zehn Werst.

Mein Aufsatz über das Buch Ihres Vaters erscheint im ersten Heft des „Sowremennik" – in etwa zwei Monaten schicke ich einen weiteren. Ich wünschte, dieser erste Aufsatz möchte Ihnen gefallen. Er enthält einige Gedanken darüber, wie man die Natur beschreiben soll, wobei ich mich selbst durchaus nicht schone.

An Konstantin Sergejewitsch schicke ich in den nächsten Tagen einen langen Brief über seinen Beitrag im „Moskauer Sammelband". Seltsam! Wir sind beide einer Meinung über unser Volk, aber in unseren Schlußfolgerungen gehen wir auseinander.

Ihre Bemerkung über die Sprache der Bauern ist völlig zutreffend. In der „Herberge" ist von solcher Daguerreotypie nichts mehr zu finden. All das muß ich hinauswerfen oder, falls es ohne dies unlebendig wird, die Feder hinwerfen.

Leben Sie wohl, mein lieber Iwan Sergejewitsch. Wer weiß, wann wir uns einmal wiedersehen – auf alle Fälle bitte ich Sie, an die Aufrichtigkeit meiner Freundschaft zu glauben.

Grüßen Sie alle Ihre Angehörigen.

Ihr ergebener

I. Turgenjew

Herzlichen Glückwunsch zum neuen Jahr. – Sobald Sie die „Herberge" erhalten, stellen Sie Ketscher bitte „Mumu" zu – ich bin gebeten worden, es abzuschreiben.

35

An P. W. Annenkow Spasskoje, 21. (9.) Juli 1853

Warum sind Sie verstummt, lieber Annenkow? Früher haben Sie mir immer so prompt geantwortet. Ich fahre morgen für zwei Wochen auf die Jagd und möchte Ihnen vor meiner Abreise noch ein paar Worte sagen. – Ihre Prophezeiungen hinsichtlich meines Romans sind eingetroffen – ich erhielt von Ketscher einen Brief, in dem er sein völliges Mißfallen zum Ausdruck bringt und sagt, mein Roman erinnere an „Die Nichte" – besonders unzufrieden ist er mit der Fahrt zur

Meierei und dem Zweikampf zwischen Wassili Wassiljewitsch und dem Bauern; nur eine einzige Gestalt findet seinen Beifall: die Generalin. Obzwar ich Ihnen zum Beispiel weit mehr vertraue als ihm, hat seine Ansicht ihre Wirkung auf mich nicht verfehlt; die Zeit der Selbsttäuschung wurde nun von einer Zeit heftigen Zweifelns an mir selbst abgelöst, und es wird mir jetzt lange unmöglich sein, zur Feder zu greifen. Es bedarf eben doch eines gewissen Rausches, um arbeiten zu können – und wo dieser fehlt, kommt nichts zustande. Ich will noch abwarten, was der alte Aksakow sagt. Übrigens, selbst wenn ich diesen Roman aufgeben muß, so verdanke ich ihm immerhin, daß der Winter rasch vergangen ist – und im kommenden Winter will ich mich, falls ich den Roman nicht fortsetze, an die Übersetzung des „Don Quijote" machen, auf die ich schon lange vorbereitet bin, weil ich diesen unsterblichen Roman immer und immer wieder gelesen habe. – Cervantes ist für mich geworden, was für Sie vermutlich Puschkin ist. Was macht die Ausgabe – geht es voran?

Iwan Pawlowitsch schreibt mir, Sie seien nach Walaam gefahren, mit dem einzigen Ziel, sich dort an Äschen satt zu essen. Sie Glückspilz! Ihr Magen verdaut sogar diesen Fisch – meinem bekommen nicht einmal Perlgraupen. Scherz beiseite, wenn ich mich frage, was mein Magen denn überhaupt verträgt, so weiß ich bald keine Antwort mehr. Das sind Tantalusqualen – besonders auf dem Lande.

Wir haben hier ja Obst aller Art in Hülle und Fülle – da könnten Sie sich gütlich tun! Vergessen Sie nicht, Sie haben mir versprochen, in diesem Jahr nach Spasskoje zu kommen.

Von Kokorews Tod habe ich gehört – ich habe „Sawuschka" gelesen – und bedaure den Tod dieses Schriftstellers aufrichtig. Er besaß viel Natürlichkeit und Warmherzigkeit sowie – bei aller Beobachtungsgabe – einen kindlich naiven und klaren Blick für die Dinge. Schade um ihn! Es heißt, er sei an Cholera gestorben. Wann wird sie endlich verschwinden? Wir leben in ständiger Furcht vor ihrem Kommen – in Mzensk gab es bereits erste Fälle – wenn sie doch nur schon bald da wäre – und wieder verschwände.

Schreiben Sie mir ein paar Zeilen. Und sagen Sie – Sie haben doch meine Bitte wegen der Kuverts nicht vergessen?

Bleiben Sie gesund – ich drücke Ihnen freundschaftlich die Hand.

Ihr I. Turgenjew

36

An N. A. Nekrassow Spasskoje, 3. November (22. Oktober) 1854

Heute erhielt ich Deinen Brief vom 16. und vor etwa vier Tagen auch das Buch Bergs, für das ich mich sehr bedanke, obwohl die Lieder sehr schlecht ausgewählt sind – auch die Übersetzung ist weithin blaß und schlecht und, wo ich es beurteilen kann, sogar falsch. Die französischen Lieder zum Beispiel sind ebensowenig Volkslieder wie die Mußestunden Kosma Prutkows – es sind unlängst verfaßte Geschmacklosigkeiten, und dabei haben auch die Franzosen prächtige alte Lieder; die spanischen sind gleichfalls abscheulich ausgewählt – mir scheint, Berg wollte mehr mit seinen Sprachkenntnissen brillieren. Doch der Gedanke ist gut und erfolgversprechend und hätte eine bessere Verwirklichung verdient. Die „Knabenjahre" habe ich noch nicht gelesen; das Heft des „Sowremennik" habe ich an Graf Tolstoi geschickt, der mit der Schwester des Verfassers verheiratet ist; er war vorgestern bei mir, um sich vorzustellen – ich werde am Sonntag zu ihm fahren (er wohnt etwa zwanzig Werst entfernt) –, und teilte mir viele Einzelheiten über seinen Schwager mit. Er selbst scheint ein sehr feiner Mensch zu sein. Ich freue mich sehr, daß Du mit Deiner Gesundheit zufrieden bist; noch mehr würde ich mich freuen, wenn sie Dich ins Ausland fahren ließen, aber vermutlich treffe ich Dich noch in Petersburg an. Gratuliere bitte Annenkow in meinem Namen zum glücklichen Abschluß der ersten – und wichtigeren – Hälfte seiner Arbeit. Porfiri schien anfangs, das heißt in den ersten Tagen nach der Hochzeit, ein wenig aus seiner Ruhe aufgestört, doch nun herrscht bei ihm wieder eitel Sonnenschein. Bis jetzt ist er übrigens mit seinem

Schicksal sehr zufrieden. Afanassi ist trotz allem nicht zu seinen Rebhühnern gekommen – dabei haben wir noch immer herrliches Wetter.

Ich kann mich noch immer nicht so zur Arbeit aufraffen, wie ich es eigentlich müßte. Ich esse und schlafe sehr viel.

Leb wohl, bleib gesund und auf Wiedersehen in etwa vier Wochen.

Dein I. Turgenjew

PS: Falls Kolbassin Dich um Geld für eine Mietanzahlung angeht (ich bat ihn, mir eine Wohnung zu suchen), dann gib es ihm bitte.

37

An N. A. Nekrassow Spasskoje, 10. November (29. Oktober) 1854

Bruderherz, ich habe zuviel versprochen, als ich sagte, ich hätte mich an die Arbeit gemacht – das heißt, ich war schon drauf und dran, aber dann hat die Faulheit wieder gesiegt. Doch ich will mich bemühen, daß das erste oder zweite Heft des „Sowremennik“ nicht ohne einen Beitrag von mir erscheint. Ich werde auch eine kleine, aber sehr hübsche Erzählung Karatejews mitbringen (dem Du bei mir begegnet bist). – Habe übrigens die Tolstois kennengelernt. Die Frau des Grafen Tolstoi, meines Nachbarn, ist die Schwester des Verfassers von „Knabenjahre“, eine reizende Frau – gescheit, gütig und sehr anziehend. Ich erfuhr viele Einzelheiten über ihren Bruder. Er dient jetzt in der 12. Geschützbatterie und liegt wahrscheinlich in Kischinjow. Ich habe sein Porträt zu sehen bekommen. Kein schönes, aber ein kluges und bemerkenswertes Gesicht. Übrigens, warum sagst Du mir nicht, was für einen Eindruck sein Roman gemacht hat? Morgen stehe ich zusammen mit Gräfin Tolstaja beim Popen der Turgenjews Pate, wir werden also Gevattern. Schade, daß es von hier bis zu ihnen an die fünfundzwanzig Werst ist. Sie gefällt mir sehr.

Bubulka nimmt (unberufen!) sichtbar zu – und ändert ihren

Charakter nicht. Deinen Hunden geht es gut. Kaschtan ist ein richtiger kleiner Fuchs – immer auf der Hut und unwahrscheinlich durchtrieben. Seine Krätze ist völlig vorbei.

Ich weiß nicht genau, wann ich von hier abreise. Habe irgendwie keine Lust. Aber spätestens in drei Wochen. Dieses eintönige Leben besitzt einen gewissen Reiz.

Was macht denn „unser Guter" – war es ein Fiasko? Ich entsinne mich, er zeigte mir ein hübsches Format. – Du hast mir nicht geschrieben, ob Muchortow geheiratet hat.

Grüße alle Freunde – und drücke Drushinin die Hand. Seit unserer letzten Reise zu ihm habe ich ihn ins Herz geschlossen. – Ist etwas von Fet zu hören?

Neben Tolstoi wohnt Delwig, der Bruder des Dichters. Er versprach mir, Baratynskis Briefe an seinen Bruder zu beschaffen.

Leb wohl, bleib gesund und faulenze nicht so wie ich.

Dein I. Turgenjew

38

An A. N. Ostrowski Petersburg, 22. (10.) Februar 1855

Sehr geehrter Alexander Nikolajewitsch!

Sie wissen vielleicht schon, daß ich am Tage nach meinem Besuch bei Ihnen in Moskau krank wurde und eine ganze Woche das Haus hüten mußte – dann hatte ich das Pech, in dem Unglückszug zu sitzen, der über drei Tage und drei Nächte von einem Schneesturm aufgehalten wurde; endlich hier angekommen, wurde ich erneut krank und kann mein Zimmer wieder nicht verlassen. Diese Verkettung unglücklichster Umstände ist schuld, daß ich Ihnen bis heute nichts über Herrn Gorbunow schreiben konnte, denn ich habe Fjodorow noch nicht gesehen, doch sobald ich gesund bin, gehe ich zu ihm und berichte Ihnen ausführlich über die Ergebnisse unseres Gesprächs. – Jetzt nun wende ich mich im Auftrag der Redakteure des „Sowremennik" mit der Frage an Sie: Möchten Sie nicht Ihre letzte Komödie in dieser Zeitschrift veröffentlichen – man würde sie mit Freuden annehmen und bietet Ihnen 250 Silberrubel dafür. Sollten Sie einverstanden sein, können Sie sie an meine Adresse senden – und zwar möglichst bald, denn man möchte sie im Märzheft bringen. Ferner wollte ich Sie bitten, mir – falls dies möglich ist – einige Zeichnungen von Herrn Boklewski zu schicken (wenn nicht zu „Armut ist kein Laster“, dann wenigstens andere) – ich würde sie hier einigen Leuten von Einfluß zeigen, und das könnte für Herrn Boklewski nützlich sein, denn seine Arbeiten müßten dringend einmal veröffentlicht werden. Bitte antworten Sie mir auf meine beiden Anfragen, ich wäre Ihnen deshalb sehr verbunden.

Ich habe Pissemski getroffen, der Sie grüßen läßt. Er ist bereits im Amt – und seine Angelegenheiten stehen gut. Es versteht sich wohl von selbst, daß Herrn Boklewskis Zeichnungen vollständig und unversehrt zurückgeschickt werden.

Bitte grüßen Sie Sadowski von mir und die Herren Gorbunow und Edelson (hoffentlich geht es seiner Gattin gesundheitlich besser), Ihnen wünsche ich Gesundheit und Schaffenskraft und verbleibe mit vorzüglicher Hochachtung Ihr ergebener

I. Turgenjew

PS: Meine Adresse: Fontanka, nahe der Anitschkow-Brücke, Stepanows Haus.

39

An August Viedert Petersburg, 17. (5.) April 1855

Ich fahre morgen aufs Land, lieber Viedert (übrigens hier meine vollständige Adresse: Iwan Sergejewitsch Turgenjew, Gouvernement Orjol, Stadt Mzensk, Dorf Spasskoje. Es ist besser, man fügt dem die deutsche Übersetzung hinzu) – und erst gestern habe ich Ihren Brief erhalten. Ich danke Ihnen für die Zusendung der Rezensionen, die nur zu schmeichelhaft sind – man muß dies der Neuigkeit des Gegenstandes und der vorgeführten Lebensweise zuschreiben. Nekrassow ist jetzt zu Hause auf dem Lande – im Mai wird er zu mir kommen, und im Herbst fährt er bestimmt ins Ausland. Ich werde ihm für Sie alle versprochenen Bücher mitgeben. Die Gelegenheit, auf die ich hoffte, hat sich zerschlagen, und überhaupt ist es jetzt schwierig, etwas zu schicken. Wenn wir Frieden schließen – ist es etwas anderes! Aber das liegt alles im Dunkel der Zukunft. Sehr bedauere ich Ihre schlechte Gesundheit und hoffe, daß die Landluft Sie wiederherstellen wird. Schreiben Sie mir, und ich werde Ihnen schreiben. Schicken Sie mir gelegentlich den zweiten Teil Ihrer Übersetzung an Panajews Adresse (das heißt an die Redaktion des „Sowremennik"). Grüßen Sie alle guten Bekannten, nicht zu vergessen Pietsch. Ich drücke Ihnen die Hand – vom Lande schreibe ich einen längeren Brief, jetzt ist keine Zeit – Scherereien bis zum Halse. Leben Sie wohl, werden Sie gesund und froh.

Ihr aufrichtig ergebener

I. Turgenjew

40

An J. P. Polonski Spasskoje, 29. (17.) Juni 1855

Lieber Polonski!

Vielen Dank, daß Sie sich meiner erinnert haben. Es tut mir sehr leid – erstens, daß Sie nicht herkommen können, und zweitens, daß Danilewski Ihre Ausgabe verdorben hat. Mußten Sie aber diese Ausgabe auch einem solchen Virtuosen übertragen! Das ist sehr ärgerlich – tun Sie alles, daß sich die Sache nicht hinzieht, und lassen Sie Ihr Buch so schnell wie möglich erscheinen. Sehr peinlich ist mir auch, daß ich Ihnen nicht helfen kann, aber ich befinde mich gerade selbst in einer merkwürdig delikaten Situation. Andernfalls bäte ich Sie um die Erlaubnis, Ihnen bei der Beseitigung von Danilewskis Mißgriff zu helfen – doch so ist nichts zu machen.

Grigorowitsch, Drushinin und Botkin waren bei mir zu Gast. Wir haben die Zeit sehr lustig verbracht, auf unserer

Hausbühne eine höchst alberne Posse eigener Produktion aufgeführt und dergleichen mehr. Jetzt ist alles bei mir im Hause wieder sehr ruhig, und ich habe mich wieder an die Arbeit gemacht. Die schreckliche Dürre hatte sich nahezu auf alles ausgewirkt, ich mußte in dunklen Zimmern sitzen und war jedweder Möglichkeit zu arbeiten beraubt; doch jetzt hat es glücklicherweise zu regnen begonnen; sonst wäre das ganze Getreide verbrannt.

Sie haben gewiß bereits erfahren, daß Nekrassow seit geraumer Zeit in Moskau ist (im Hotel Chevalier), und ihn wohl schon gesprochen.

Richten Sie Iwan Fjodorowitsch aus, ich sei ihm sehr dankbar, daß er sich meiner erinnert und Ihrem Brief ein paar Zeilen angefügt hat – bei meiner Durchreise durch Moskau, im Oktober, werde ich ihn unbedingt aufsuchen.

In zehn Tagen fahre ich von hier zweihundertfünfzig Werst weit zur Birkhahnjagd – in den Kreis Shisdra – und bleibe drei Wochen dort. Ab 20. Juli bin ich wieder in Spasskoje.

Bleiben Sie gesund, fangen Sie keine Grillen – und arbeiten Sie. Soviel ich gehört habe, kommt Ihre jüngste Erzählung überall gut an, das muß Ihnen doch ein Ansporn sein. Ich drücke Ihnen nochmals die Hand und bleibe Ihr ergebener

I. Turgenjew

41

An L. N. Tolstoi Pokrowskoje, 15. (3.) Oktober 1855

Schon lange hatte ich die Absicht, wenigstens brieflich Ihre Bekanntschaft zu machen, lieber Lew Nikolajewitsch, da die persönliche – vorläufig – nicht möglich ist; jetzt nun, da ich das Haus Ihrer Schwester verlasse und nach Petersburg reise, möchte ich diese lang gehegte Absicht in die Tat umsetzen. Zunächst danke ich Ihnen herzlich dafür, daß Sie mir Ihren „Holzschlag" gewidmet haben – in meiner ganzen literarischen Laufbahn hat noch nichts meiner Eitelkeit so sehr geschmeichelt. Ihre Schwester hat Ihnen gewiß schon geschrieben, welch hohe Meinung ich von Ihrem Talent habe und wieviel ich von Ihnen erwarte – in letzter Zeit mußte ich besonders oft an Sie denken. Bei dem bloßen Gedanken, wo Sie sich jetzt befinden, schüttelt es mich. Obwohl ich mich andererseits für Sie auch über all die neuen Erlebnisse und Erfahrungen freue – aber alles hat seine Grenze, und man darf das Schicksal nicht herausfordern, es ist ohnehin nur allzu bereit, uns auf Schritt und Tritt Schaden zuzufügen. – Es wäre sehr schön, wenn es Ihnen gelänge, von der Krim fortzukommen – Sie haben zur Genüge bewiesen, daß Sie kein Feigling sind, und die militärische Laufbahn ist trotz allem nichts für Sie. Ihre Bestimmung ist, Schriftsteller zu sein, Künstler des Gedankens und des Wortes. Ich wage es, so mit Ihnen zu sprechen, weil Sie in Ihrem letzten, heute eingegangenen Brief die Möglichkeit eines Urlaubs andeuten – und darüber hinaus liebe ich die russische Literatur viel zu sehr, als daß ich nicht den Wunsch hegen müßte, Sie außerhalb des Bereichs aller möglichen törichten und gar nicht wählerischen Kugeln zu wissen. Sollten Sie tatsächlich, und sei es nur vorübergehend, ins Gouvernement Tula kommen können, würde ich eigens aus Petersburg nach hier eilen, um Sie persönlich kennenzulernen – das mag für Sie kein besonderes Lockmittel sein – aber im Ernst, um Ihrer selbst, um der Literatur willen, kommen Sie. Ich wiederhole es, Ihre Waffe ist die Feder und nicht der Säbel – und die Musen dulden nicht nur keine Hast, sie sind auch eifersüchtig.

Ich glaube, wir würden uns verstehen – uns ausgiebig unterhalten –, und vielleicht wäre unsere Bekanntschaft für uns beide nicht ohne Nutzen.

Ich möchte Ihnen vieles über Sie selbst sagen – über Ihre Werke, aber auf dem Papier ist das schlechterdings unmöglich – besonders in diesem Brief. Ich verschiebe das alles bis zu einer persönlichen Begegnung, auf die ich weiterhin hoffe.

Während des Sommers war ich oft mit Ihren Verwandten zusammen – und habe sie von Herzen liebgewonnen. Wie sehr haben wir alle Nikolai Nikolajewitschs Abreise bedauert! Es ist wirklich ärgerlich, wenn man bedenkt, daß wir, so nahe Nachbarn, erst so spät zusammengekommen sind.

Mit einer Antwort würden Sie mir eine große Freude bereiten. Hier meine Adresse: St. Petersburg, Fontanka, an der Anitschkow-Brücke, Stepanows Haus.

Ich drücke Ihnen freundschaftlich die Hand, lieber Lew Nikolajewitsch, und wünsche Ihnen alles Gute, vor allem Gesundheit. Mit aufrichtiger Verehrung bin ich Ihr I. Turgenjew

42

An J. J. Lambert Spasskoje, 21. (9.) Mai 1856

Liebe Gräfin!

Mein Dorf heißt Spasskoje. Es liegt im Gouvernement Orjol, neun Werst von Mzensk entfernt. Es ist nicht sehr schön, besitzt aber einen Park, in dem ich einen großen Teil meiner Kindheit verbrachte. Vorgestern bin ich hier angekommen – und heute schreibe ich Ihnen.

Vor allem möchte ich Ihnen herzlich für die Anteilnahme danken, die Sie mir erwiesen haben. Ich bin schlecht erzogen und wenig vertraut mit den Regeln du savoir vivre, aber ich vermag dankbar zu sein und bin es gern.

Es tut mir sehr leid, daß wir uns erst so spät kennengelernt haben; trotz unterschiedlicher Ansichten gibt es zwischen uns, wenn ich mich nicht irre, eine Sympathie des Fühlens und Empfindens – und dieses Band ist dauerhafter als eines, das sich auf Gleichheit der Ansichten gründet. Doch Vergangenes läßt sich nicht ändern – man muß, soweit man dazu fähig ist, die Gegenwart nutzen.

Ihr Buch habe ich noch nicht begonnen. Ich habe die Absicht, hier zu arbeiten – hier wird mich fast niemand besuchen, Gräfin Tolstaja ausgenommen, die Schwester des Schriftstellers, eine sehr liebe Frau – allerdings mit unschönen Händen –, und für mich ist das, wenn nicht entscheidend, so doch beinahe entscheidend.

Seit ich hier bin, hat sich meiner eine innere Unruhe bemächtigt ... Dieses Gefühl kenne ich! Ach, Gräfin, wie töricht ist das Verlangen nach Glück, wenn man den Glauben an das Glück schon verloren hat! Indes ich hoffe, all dies wird sich legen – und ich werde – wenn auch nicht in vollem Umfang – zu jener besonderen Art Ruhe zurückfinden, die innere Aufmerksamkeit und sanfte Bewegtheit in sich birgt und für den Schriftsteller, ja überhaupt für den Künstler so dringend notwendig ist.

Wir haben noch kein ganz schönes Wetter. Alles ist noch irgendwie ungebärdig und heftig – der Wind heult wie im Herbst, schwere graue Wolken ziehen am Himmel und schikken einen feinen, unangenehmen Regen zur Erde – doch alles ist schon grün, und meine Hunde boten heute in der Ferne auf dem sonnenbeschienenen Gras einen malerischen Anblick.

Mein Onkel lebt hier, ein gutherziger und schlichter Mann, der mein Gut verwaltet. Er ist verheiratet, und die Schwester seiner Frau wohnt bei ihnen. Es sind stille, unkomplizierte Menschen – man kommt gut mit ihnen aus, und ich bin wenigstens nicht völlig allein.

Sie sagten mir, Sie läsen jetzt fast gar nichts. Nehmen Sie doch während des Sommers Puschkin zur Hand, ich werde ihn auch lesen, und wir können uns über ihn unterhalten. Verzeihen Sie, ich kenne Sie noch zuwenig, doch mir scheint, Sie setzen sich mit Absicht, vielleicht aus christlicher Demut, selbst Grenzen.

Dieser Brief ist voller Gedankensprünge – à bâtons rompus, wie die Franzosen sagen, allein Sie haben dies selbst verlangt, das heißt, Sie haben verlangt, ich solle Ihnen schreiben, was mir in den Sinn kommt, und mir sind die Gedanken eben in der Reihenfolge in den Sinn gekommen, wie ich sie Ihnen dargelegt habe – die Hunde also eher als die Verwandten.

Auf Ihre Antwort werde ich voll Ungeduld warten... Beiläufig gesagt – was für gütige und liebe Augen haben Sie doch! Dieses *„beiläufig"* ist vielleicht gar nicht beiläufig gemeint. Verzeihen Sie mir, wenn ich in diesem Falle nicht hätte schreiben dürfen, was ich dachte.

An Frau Werigina gefällt mir, daß sie Ihnen zugetan ist. Grüßen Sie sie von mir, falls Sie sie sehen.

Stellen Sie sich vor, plötzlich war mir, als dürften Briefe an

Sie nicht nach Reval geschickt werden, sondern irgendwo anders hin – trotzdem schreibe ich als Adresse Reval.

Leben Sie wohl, liebe Gräfin, ich wünsche Ihnen alles Gute dieser Welt und bleibe für immer Ihr ergebener

I. Turgenjew

PS: Meine Anschrift: Gouvernement Orjol, Stadt Mzensk. Einen Gruß an Ihren Gemahl.

43

An L. N. Tolstoi Courtavenel, 25. September 1856

Ihr Brief, lieber Lew Nikolajewitsch, ist ziemlich spät in meine Hände gelangt, ich war in England und fand ihn erst nach meiner Rückkehr hier vor. Als erstes möchte ich Ihnen sehr dafür danken, daß Sie ihn geschrieben haben, aber auch dafür, daß Sie ihn an mich abgeschickt haben; ich werde immer Zuneigung für Sie empfinden und Ihre Freundschaft zu schätzen wissen, obgleich – wahrscheinlich durch meine Schuld – jeder von uns in Gegenwart des anderen noch lange ein kleines Unbehagen verspüren wird. Ich bin überzeugt, wir werden uns wiedersehen und oft wiedersehen; bei meiner Abreise sagte ich zu Ihrer Schwester, ich würde nicht die Zeit finden, Sie in Jasnaja aufzusuchen, und sie hat meine Worte anders aufgefaßt. Woher dieses Unbehagen, das ich soeben erwähnte, kommt, begreifen Sie wohl selbst. Sie sind der einzige Mensch, mit dem mir je Mißverständnisse passierten; dies geschah, gerade weil ich mich bei Ihnen nicht auf bloße freundschaftliche Beziehungen beschränken wollte – ich wollte weiter gehen und tiefer; jedoch ich tat dies unvorsichtig, eckte an und löste bei Ihnen Argwohn aus, und als ich meinen Fehler bemerkte, zog ich mich vielleicht zu hastig zurück; so kam es zu dieser „Kluft“ zwischen uns. Doch dieses Unbehagen ist nur ein *physisches* Empfinden, nicht mehr; und wenn ich bei einer Begegnung mit Ihnen wieder einmal aus der Rolle fallen sollte, dann bestimmt nicht, weil ich ein schlechter Mensch bin. Seien Sie versichert, eine andere Erklärung läßt sich nicht finden. Ich könnte höchstens hinzufügen, daß ich weit älter bin als Sie, einen anderen Weg gegangen bin... Außer den sogenannten literarischen Interessen gibt es genaugenommen zwischen uns – davon konnte ich mich überzeugen – nur wenig Berührungspunkte; Ihr ganzes Leben strebt in die Zukunft, das meine ruht völlig auf dem Vergangenen ... Ihnen zu folgen ist mir nicht möglich; mir zu folgen ist für Sie ebenfalls unmöglich, Sie sind zu weit von mir entfernt, und außerdem stehen Sie auch viel zu fest auf Ihren eigenen Füßen, als daß Sie irgend jemandes Schüler werden könnten. Sie können versichert sein, ich habe nie geglaubt, Sie seien böse, und Sie nie des literarischen Neides verdächtigt. Ich glaubte in Ihnen (verzeihen Sie den Ausdruck) viel Ungereimtes zu erkennen, aber nie etwas Schlechtes; und Sie sind selbst viel zu scharfsichtig, um nicht zu wissen, wenn einer von uns dem anderen Anlaß zum Neid böte, dann gewiß nicht ich. Kurz gesagt, Freunde im Sinne Rousseaus dürften wir wohl kaum je werden; doch jeder von uns wird dem anderen Zuneigung bewahren und sich über des anderen Erfolge freuen – und wenn Sie gesetzter geworden sind, wenn das Gären in Ihnen abgeklungen ist, werden wir einander, dessen bin ich gewiß, ebenso heiter und ungezwungen die Hände reichen wie an jenem Tage, als ich Sie das erstemal in Petersburg sah.

Doch hiervon genug. Erzählen Sie mir lieber, was Sie tun. Haben Sie etwas geschrieben? Was macht die „Jugendzeit"? Was die Erzählung aus dem Kaukasus? Und die Aufzeichnungen Ihres Bruders – haben Sie sie überarbeitet und nach Petersburg geschickt? – Und er selbst beabsichtigt tatsächlich, im Kaukasus zu bleiben? Sollte er ins Gouvernement Tula zurückkehren, grüßen Sie ihn von mir. Wo wollen Sie den Winter verbringen? All das interessiert mich sehr. Ich selbst komme nicht vor nächstem Juni nach Spasskoje. Hier bin ich vorläufig noch untätig; doch wenn ich nach Paris übersiedelt bin (in etwa drei Wochen), mache ich mich an die Arbeit. Es geht mir hier sehr gut; ich bin mit Menschen zusammen, die ich aufrichtig liebe – und von denen ich geliebt werde. Das Oktoberheft des „Sowremennik" wird meine Erzählung bringen; sagen

Sie mir, ob sie Ihnen gefällt. Meine Anschrift ist zunächst: Paris, poste restante. Fet ist in Paris – er läßt Sie grüßen, und aus Berlin erhielt ich einen Brief von Nekrassow. Wie wird der „Sowremennik" ohne ihn weitergehen?

Leben Sie wohl, bleiben Sie gesund, ich drücke Ihnen kräftig die Hand.

Ihr I. Turgenjew

PS: Ich lege diesen Brief dem an Ihre Schwester bei. Grüßen Sie Ihre Tante von mir. Übrigens, wenn schon der 28. ins Spiel gebracht wird, ich bin auch am 28. geboren.

44

An W. P. Botkin Paris, 6. November 1856

Lieber Botkin!

Über Deinen Brief habe ich mich herzlich gefreut – und Dir nur deswegen nicht sofort geantwortet, weil ich Dir nach meiner Übersiedlung nach Paris meine Anschrift schicken wollte. Aber hier gab es dann Unannehmlichkeiten: die erste Wohnung, die ich mietete, mußte ich wieder aufgeben, so kalt war sie. Jetzt habe ich mein Domizil in der Rue de Rivoli N. 206 aufgeschlagen – es scheint nicht übel zu sein. Außer dieser kleinen Unannehmlichkeit ist mir etwas anderes, Schlimmeres widerfahren, wahrscheinlich, um mir am praktischen Beispiel zu beweisen, daß es kein vollkommenes Glück geben kann: Stell Dir vor, meine alte Krankheit, die Blasenneuralgie, hat sich, nachdem sie mich sechs Jahre in Ruhe gelassen hat, am vierten Tage meiner Übersiedlung nach Paris wieder eingestellt! Sie ist zwar nicht sehr heftig, und der Arzt versichert mir, es werde schnell vorübergehen – diese Neuralgien hätten die Gewohnheit, sich immer dann bemerkbar zu machen, wenn der Betreffende in die gleiche Luft kommt, wo er sie sich zuzog –, trotzdem hat mich das, ehrlich gesagt, stark beunruhigt – die Erinnerungen daran, wie ich mich seinerzeit gequält habe, verheißen wenig Tröstliches. Dennoch bleibe ich hier, mag geschehen, was da will. – Sei bedankt für die Teilnahme, die Du an meinem Leben nimmst; all diese Zeit war ich wirklich sehr glücklich – vielleicht stimmt der Vers: „Die letzten Blumen lieb ich mehr / Als die im ersten Frühling sprießen." Für jetzt habe ich, falls die verflixte Krankheit mir keinen Strich durch die Rechnung macht, schon ein Programm aufgestellt, wie ich meine Zeit verbringen will: vormittags arbeiten (in meinem Kopf ist schon der Plan eines Romans fix und fertig, und ich habe die ersten Szenen bereits entworfen) – die Abende will ich dann bei Freunden verbringen, ausgehen und so weiter. Den „Sowremennik" bekomme ich durch Brandus; auf mein Drängen hin wird Galignani die „Peterburgskije wedomosti" bestellen – die Freunde werden mich gleichfalls nicht vergessen, und so werde ich von Rußland nicht völlig abgeschnitten sein. – Schönen Dank für die mitgeteilten Neuigkeiten; über vieles habe ich mich gefreut – und alles, was aus Rußland hierhergelangt, ist mir teuer. Ich weiß nicht, ob deswegen, weil ich im Ausland bin, aber das August- und das Septemberheft des „Sowremennik" haben mir sehr gefallen. Tschernyschewski möchte ich wohl ein wenig schelten wegen seines wenig rücksichtsvollen Verhaltens gegen Lebende, die er, ohne zu fragen, aus ihrem Privatleben herauszerrt au jour grand de la publicité, wie die Franzosen sagen; doch Belinskis teurer Name besticht mich – und manche Seiten habe ich mit tiefer Rührung gelesen. Wer ist Herr Laibow, der Verfasser des Artikels über den „Sobessednik"? Überhaupt hat mich vieles im „Sowremennik" gefreut – sogar manches, wofür die Redaktion gar nicht verantwortlich zeichnet. Habe bitte ein Auge auf sie – Tschernyschewski braucht einen Mentor und Panajew (entre nous soit dit) eine Amme; ich komme mit niemandem zusammen und kenne auch keinen, der diese Rolle so ausgezeichnet versehen könnte wie Du. Il faut que tu aies la haute main sur tout cela – ich gewöhne mich in Frankreich daran, fremdländisch zu reden.

Aus Rußland habe ich Briefe erhalten – es heißt, mein „Faust" gefalle (man besaß die Torheit, ihn zusammen mit einer Übersetzung des Goetheschen „Faust" abzudrucken) – aber ich werde erst beruhigt sein, wenn ich Deine endgültige

Meinung kenne. Du wirst bemerken, daß ich vieles entsprechend Deinen Ratschlägen verbessert habe. Das sage ich übrigens nicht der captatio benevolentiae wegen – ich weiß, Du wirst auf jeden Fall die Wahrheit sprechen. Alexander Iwanytsch und Ogarjow hat mein „Faust“ nicht gefallen. Ich habe hier Kontakt zu Delaveau (der Dich grüßen läßt), er plant, eine neue Übersetzung meiner „Aufzeichnungen“ herauszubringen. Zu meiner Verwunderung ist mein Name in Frankreich bekannt – und man bietet mir verschiedene Neuausgaben meiner bereits gedruckten Übersetzungen ins Französische und so weiter an. Ich war bei M. de Mars, rédacteur en chef de la „Revue des Deux Mondes“ – und wurde sehr liebenswürdig aufgenommen. Überhaupt kann ich, wenn ich will, hier die Bekanntschaft aller Literaten machen – und ich beabsichtige, dies im Laufe des Winters zu tun. Vorläufig habe ich mich noch nicht eingerichtet.

Gestern war ich zum Mittagessen bei Melgunow. Er lebt hier mit seiner Quasigattin in einem sehr reizenden Entresol, das er selbst möbliert hat. Er ist ein zwar langweiliger, aber herzenslieber und gutmütiger Mensch. Warum muß er nur immer so weitschweifig reden! Er (und Delaveau) läßt Dich grüßen. Delaveau ist unvorstellbar russophil. Rußland ist für ihn der Gipfel der Vollkommenheit – ich raube ihm die Illusion nicht. Man mag sagen, was man will – mein Rußland ist mir trotz allem das Teuerste auf der Welt – das spüre ich besonders im Ausland.

Von Nekrassow erhielt ich einen Brief aus Rom. Er langweilt sich allmählich – und wartet mit Ungeduld auf Fet, der zu ihm abgereist ist und jetzt schon längst dort sein müßte.

Wie großartig haben wir die Zeit in Courtavenel verbracht! Jeder Tag schien ein Geschenk – unser Leben verlief in einer so natürlichen, gar nicht von uns abhängenden Vielfalt. Wir führten Szenen aus Komödien und Trauerspielen auf (NB: Meine Tochter war in Racines „Iphigenie“ ganz reizend. Ich bin in allen Rollen schlecht, aber das tut dem Vergnügen nicht den geringsten Abbruch) – wir spielten alle Sinfonien und Sonaten Beethovens (allen Sonaten wurden, gemeinsam, Namen gegeben) – und dann haben wir noch folgendes gemacht: ich zeichnete fünf oder sechs Profile, wie sie mir gerade – ich sage nicht, in den Kopf, sondern – in die Feder kamen; und jeder schrieb unter jedes Profil, was er von ihm dachte. Urkomische Dinge kamen dabei heraus – und Frau Viardot war natürlich immer die Gescheiteste, Witzigste und Treffsicherste. – Ich habe alle diese Skizzen aufgehoben – und will einige davon (das heißt einige Charakterschilderungen) in künftigen Romanen verwenden. Kurzum, uns war wohl – wie Forellen im hellen Bach, wenn die Sonne aufs Wasser prallt und durch die Wellen dringt. Hast Du sie dann schon einmal gesehen? Sie fühlen sich dabei sehr wohl – dessen bin ich gewiß.

Ach, wenn doch nur meine verflixte Neuralgie nicht wiederkäme!!! Vergiß mich bitte nicht, und schreibe, sobald Du Lust dazu verspürst. Mir ist immer sehr froh ums Herz, wenn ich einen Brief von Dir bekomme. Berichte mir über die Literatur, über das Leben der Gesellschaft – und Dein eigenes. Übermittle Ostrowski, Pissemski und Grigorjew meinen Gruß. Ich interessiere mich sehr für Ostrowskis Erzählung – und was macht sein „Minin"? Ist Pissemski wirklich so hypochondrisch geworden, daß er nicht einmal seinen Roman beendet hat? Ist Grigorjew in keiner Zeitschrift untergekommen? – Vor langer, langer Zeit habe ich an Tolstoi geschrieben – und keine Antwort von ihm erhalten. Er soll ernstlich krank gewesen sein.

Lebe wohl, lieber Freund, bleib gesund und schreib. Ich umarme Dich und bleibe

Dein I. Turgenjew

45

An W. P. Botkin Paris, 7. Dezember 1856

Liebster und bester Botkin, Deinen Brief habe ich erhalten und mit großer Rührung gelesen. Deine Worte sind Gold, und ich lausche ihnen wie ein Wüstenbewohner dem Gesang des Paradiesvogels. Alles, was Du über meine Schriftstellerei sagst, ist überaus treffend und gescheit – es wurde alles zur Kenntnis genommen und wird vorschriftsmäßig ausgeführt werden. In der heutigen prinzipienlosen Zeit lebt nur in Dir und vielleicht noch in Annenkow die Kraft der Kritik; Deine schlägt unter dem Einfluß einer Laune bisweilen über die Stränge, und seine wird verdunkelt durch Hilflosigkeit und Verworrenheit des Ausdrucks und eine an Steppenvölker gemahnende Verschlagenheit; aber von Euch beiden bekam ich schon immer heilsame Worte zu hören, und ich könnte über mich selbst weinen, daß ich sie mir nicht genügend zu Herzen genommen habe; da läßt sich nichts machen! Der Mensch ist in gewisser Weise ein Pfuschwerk und ich alter Sünder erst recht; werdet also nicht müde, mich auf den Weg der Wahrheit zu lenken – ich wiederum will mein Bestes tun, daß Eure Mühe nicht vergeblich ist. Mir scheint, der Hauptmangel unserer Schriftsteller und besonders mein eigener besteht darin, daß wir wenig Berührung mit dem wirklichen Leben, das heißt mit lebendigen Menschen haben; wir lesen zuviel und denken abstrakt; wir sind keine Fachleute, daher bringen wir nichts Konkretes zustande. Merck sagt höchst zutreffend: *Alles* (bei den Alten) *war local, für den Moment – und dadurch ward's ewig. Wir schreiben ins weite Blaue, für alle Menschen und für die liebe Nachwelt und eben dadurch für niemand.**

Und lenkt doch einmal jemand von uns das Augenmerk *auf* das *Locale**, dann versucht er auf der Stelle, ihm eine allgemeine, das heißt von ihm erfundene allgemeine Bedeutung beizumessen, und das Ergebnis ist dummes Zeug.

Ich erwähnte Merck. Ich beschäftige mich jetzt viel mit ihm und beabsichtige, ihn in Rußland bekannt zu machen. Er war ein großer Kritiker, den man höchstens noch mit Lessing vergleichen kann. – Wer etwas von ihm weiß (und das sind sehr wenige), glaubt, Goethe habe seinen Mephisto einfach nach ihm gezeichnet. Zum Teil trifft dies zu – und das Vorbild einer solchen Gestalt gewesen zu sein gereicht allein schon zur Ehre – doch in Merck war mehr als nur ironisches Negieren. Ich bekam endlich seine „Ausgewählten Werke". Es ist ein kleines Buch von dreihundertfünfzig Seiten (mit seiner Biographie) – und ich habe darin eine Menge Vortreffliches gefunden. Kann es zum Beispiel etwas Treffenderes als den folgenden Ausspruch geben? *„Dein Bestreben"*, sagte er einmal zu

Goethe, *„deine unablenkbare Richtung ist: dem Wirklichen eine poetische Gestalt zu geben; die Andern suchen das sogenannte Poetische, das Imaginative zu verwirklichen – und es gibt nichts wie dummes Zeug."* *

Falls Du dieses Buch auftreiben kannst – sein Titel lautet: *Johann Heinrich Merck. Ein Denkmal, herausgegeben von Dr. Adolf Stahr. Oldenburg. (Schulze'sche Buchhandlung).* * 1840 – lies es, ich verspreche Dir großen Genuß.

Ferner habe ich in letzter Zeit „The Confessions of an English Opium-eater" gelesen, ein erstaunliches Buch! Etwas Ähnliches ist mir bisher noch nicht begegnet.

Überhaupt habe ich in letzter Zeit schrecklich viel gelesen; meine Blase hindert mich am Schreiben, da sie mich geistig nicht zu Ruhe und Klarheit gelangen läßt. Ich fühle mich nicht frei – als hielte mir jemand eine Kerze unter die Fußsohle, gerade so weit entfernt, daß die Haut nicht anbrennt. Seit einiger Zeit geht es mir übrigens besser – ich nehme jetzt Chinin, und vielleicht erbarmt sich das Schicksal meiner und erlöst mich von dieser Heimsuchung. Andernfalls stünde es schlimm um meine literarische Tätigkeit! Sueton habe ich gelesen, Sallust (den ich wegen seines gewählten Stils nicht ausstehen kann) und Tacitus – Titus Livius habe ich angefangen; ich finde diese Schriftsteller, besonders die ersten, höchst zeitgemäß.

Delaveau hat meinen „Faust" übersetzt und im Dezemberheft der „Revue des Deux Mondes" abgedruckt, der Herausgeber (de Mars) kam zu mir, sich zu bedanken, und versicherte, diese Novelle habe großen Erfolg; aber mir ist es weiß Gott völlig gleichgültig, ob ich den Franzosen gefalle oder nicht, um so mehr, als Frau Viardot dieser „Faust" mißfällt.

Der überaus liebenswerte Polonski hat mich unter anderem wissen lassen, daß Tolstoi in Petersburg ist – und ich habe ihm an Deine Adresse nach Moskau geschrieben. Stelle ihm diesen Brief zu – und da Du gewiß die „Jugendzeit" gelesen hast, teile mir Deine Ansicht mit, die ich brennend gern erfahren möchte. Deine Worte über Tolstoi haben mich gefreut – und Nekrassows Erfolg ist eine bedeutsame Sache. Die Leser *brauchen dies,* und daher greifen sie danach. – Bleibe bitte möglichst lange in Petersburg und laß den „Sowremennik" nicht aus den Augen; ich habe Angst, er könne ins Wanken geraten. Schreib mir auch in aller Aufrichtigkeit, was die Leser von meinen „Erzählungen“ halten; ich habe sie bisher noch nicht bekommen, obwohl sie angeblich schon vor langer Zeit abgeschickt wurden.

Mit Franzosen pflege ich hier fast keinen Umgang – besuche nur zwei, drei Russen, übrigens auch Melgunow. Was für ein Sonderling! – aber ein lieber Sonderling. Und daß Du Dir so etwas zugezogen hast, ist wirklich abscheulich; unter dem Eindruck dieser Mitteilung habe ich mir capotis en caougutta perfectionée besorgt, obwohl ich es gar nicht brauche.

Nun leb wohl – ich drücke Dir freundschaftlich die Hand und bleibe Dein ergebener

I. Turgenjew

46

An I. I. Panajew Paris, 28. Dezember 1856

Lieber Panajew!

Heute habe ich Deinen Brief erhalten, und gleich heute antworte ich Dir. Meine dumme Krankheit hat mich tatsächlich am Arbeiten gehindert, und ich bin außerstande, die große Erzählung für das zweite „Sowremennik“-Heft des kommenden Jahres zu beenden. Da ich dieses Unglück vorausahnte, habe ich sie schon beiseite gelegt und mich an den Aufsatz „Hamlet und Don Quijote“ gemacht, den ich unbedingt in den nächsten Tagen fertigstelle und sofort abschicke. Außerdem will ich versuchen, wenigstens eine kleine Erzählung zu schreiben, deren Idee ich schon völlig fertig im Kopf habe. Dafür kann ich mich allerdings nicht so sehr verbürgen, wegen des „Hamlet und Don Quijote“ hingegen kannst Du absolut ruhig sein: Anfang Januar ist er in Deinen Händen – das verspreche ich Dir.

Drushinins „Biblioteka dlja tschtenija“ und zwei Bücher Tolstois habe ich erhalten; aber Heft 11 des „Sowremennik“ war nicht dabei. Hoffentlich schickt man es mir (falls dies noch nicht geschehen ist) zusammen mit Heft 12, also der Dezembernummer.

Sind die im „Faust“ enthaltenen Druckfehler berichtigt worden?

Durch Longinow habe ich dem Redakteur der „Moskowskije wedomosti“ einen Antwortbrief auf Katkows Angriffe geschickt. Er ist in durchaus maßvollem Ton gehalten. Ich lasse es dabei bewenden, mich als frei von jeglicher Verpflichtung zu erklären, daß ich die Erzählung ihnen hätte geben müssen. Jetzt werde ich diese „Visionen“ unbedingt zu Ende schreiben und sie dann im „Sowremennik“ veröffentlichen, und sei es nur, um Herrn Katkow zu beweisen, daß die „Visionen“ nicht der „Faust“ sind. Ich bitte Dich, diesen Brief, nachdem er in den „Moskowskije wedomosti“ erschienen ist, ohne besonderen Kommentar im „Sowremennik“ abzudrucken (in den „Zeitschriftenanmerkungen“).

Ich freue mich über das Erscheinen von „Jugendzeit“ und daß Tolstoi ruhiger und umgänglicher geworden ist – das ist sehr schön. Schlecht nur, daß die übrigen Mitarbeiter untätig bleiben. Ich versichere Dir, wäre nicht diese Gemeinheit, die mich wie ein Blitz aus heiterem Himmel traf, ich würde schuften wie ein Lastgaul; aber zum Glück scheinen die Dinge jetzt wieder ins rechte Geleise zu kommen – und ich will mich bemühen, die verlorene Zeit einzuholen.

Die unangenehme Geschichte, die dem „Sowremennik“ widerfahren ist, hat mich sehr aufgebracht; gebe Gott, daß sich Lashetschnikow als vernünftiger Zensor erweist und nicht alles streicht.

Ich bereite auch einen Aufsatz über den gegenwärtigen Stand der französischen Literatur vor, die ich hier an Ort und Stelle studiere. Ich habe schon viele Literaten, besonders junge, kennengelernt; vorläufig wenig Erfreuliches. Was wird die Zukunft bringen?

Leb wohl und bleib gesund. Ich wiederhole Dir, wegen Heft 2 brauchst Du Dich nicht zu beunruhigen. Grüße alle guten Freunde, ich aber bleibe Dein ergebener

I. Turgenjew

47

An L. N. Tolstoi Paris, 15. Januar 1857

Lieber Tolstoi!

Ich weiß nicht, ob meine Briefe für Sie ein Anlaß zur Freude sind, Ihre jedenfalls sind es für mich. Augenscheinlich machen Sie eine Wandlung durch – eine sehr schöne. (Verzeihen Sie mir, wenn ich Ihnen gleichsam über den Kopf streiche: ich bin volle zehn Jahre älter als Sie, und überhaupt merke ich, daß ich ein Onkelchen und ein Schwätzer werde.) Sie werden ruhiger, sehen klarer, und – was die Hauptsache ist – Sie machen sich frei, frei von den eigenen Anschauungen und Vorurteilen. Nach links zu blicken ist genauso angenehm wie nach rechts – nirgends ist die Welt mit Brettern vernagelt – überall finden sich „Perspektiven" (dieses Wort hat Botkin von mir gestohlen) – man braucht nur die Augen aufzumachen. Gebe Gott, daß sich Ihr Horizont mit jedem Tag erweitert! Für Systeme schwärmt nur, wer die ganze Wahrheit nicht zu fassen vermag, wer sie am Schwanz erhaschen will; ein System ist gleichsam der Schwanz der Wahrheit, die Wahrheit indes ist wie eine Eidechse: sie läßt den Schwanz in der Hand zurück und entflieht, sie weiß, bald wird ihr ein zweiter nachwachsen. Der Vergleich ist ein wenig kühn – aber auf alle Fälle bereiten Ihre Briefe mir Freude. Das steht außer Zweifel.

Von Ihrer Schwester erhielt ich einen sehr lieben und ziemlich langen Brief. Darüber habe ich mich sehr gefreut; ich bin ihr aufrichtig zugetan, und die Nachricht von ihrer Krankheit hat mich heftig betrübt. Ihr hat mein „Faust" auch gefallen. Ein seltsames Schicksal hat diese Erzählung! Manche wollen überhaupt nichts von ihr wissen – darunter zu meinem grenzenlosen Bedauern auch Frau Viardot. Was für alberne Gerüchte werden übrigens bei Ihnen verbreitet! Ihr Mann erfreut sich bester Gesundheit, und ich bin ebensoweit entfernt von einer Heirat wie zum Beispiel Sie. Doch ich liebe sie mehr denn je und mehr als irgend jemanden auf der Welt. Das stimmt.

Ihr „Kindheit und Knabenjahre" macht bei den hiesigen russischen Damen Furore; um das mir zugeschickte Exemplar reißt man sich – und schon mußte ich einigen versprechen, sie unbedingt mit Ihnen bekannt zu machen – man verlangt Ihr Autogramm von mir – mit einem Wort, Sie sind in Mode – noch mehr als die Krinoline. Ich teile Ihnen dies mit, weil es trotz allem irgendwo im Herzen eine Stelle gibt, die sich von solchem (und überhaut jedem) Lob angenehm gekitzelt fühlt. Und warum auch nicht – wohl bekomm's!

Briefen, die ich aus Petersburg erhalten habe, kann ich entnehmen, daß dort im literarischen Bereich – und in allen anderen – ziemlich viel los ist. Bisweilen wurmt es mich, daß ich jetzt nicht mit Ihnen allen zusammen bin – und mir scheint sogar („Der Mensch ist eingebildet!"), ich könnte von Nutzen sein. Doch ich kann nicht einmal daran denken, vor April von hier abzureisen, daher verschiebe ich solche Wunschträume auf den kommenden Winter. Im kommenden Winter wiederum werden Sie wohl nicht dasein. Sie schreiben mir, Sie würden nicht einmal in diesem Jahr den ganzen Winter in Petersburg bleiben. Was ist das für ein Einfall, in den Kaukasus zu fahren? Sie sollten lieber Ihren Bruder von dort wegholen.

Vergessen Sie nicht, mir alles zu senden, was von Ihnen nicht im „Sowremennik" erscheint.

Ihre Bekanntschaft mit Shakespeare – oder richtiger gesagt, Ihre Annäherung an ihn – freut mich. Er ist wie die Natur; diese zeigt uns ja bisweilen ein abscheuliches Gesicht (denken Sie nur an einen unserer trübseligen, nebelfeuchten Oktobertage in der Steppe) – und doch ist sogar dann in ihr noch Notwendigkeit, Wahrheit und (machen Sie sich auf etwas gefaßt: die Haare werden Ihnen zu Berge stehen) – Zweckmäßigkeit. Beschäftigen Sie sich ruhig auch einmal näher mit „Hamlet", „Julius Caesar", „Coriolan", mit „Heinrich IV.", „Macbeth" und „Othello". Lassen Sie sich nicht von den äußeren Ungereimtheiten abstoßen; dringen Sie ins Zentrum, in den Kern seines Schaffens vor – und Sie werden die Harmonie und die tiefe Wahrheit dieses großen Geistes bewundern. Ich sehe von hier, wie Sie beim Lesen dieser Zeilen lächeln; aber überlegen Sie, ob *vielleicht* Turgenjew doch recht hat. Es passieren ja die verrücktesten Dinge!

Ich berichte Ihnen nichts von meinen hiesigen Bekanntschaften; nur ein einziges liebes Mädchen ist mir begegnet – und das ist eine Russin; nur ein sehr gescheiter Mann – und er ist Jude. Für die Herren der Schöpfung kann ich mich hier nicht erwärmen; die Franzosen mögen ausgezeichnete Soldaten und Administratoren sein – aber alle haben immer nur die gleichen, ein für allemal gefaßten Gedanken im Kopf, die sich ständig auf ein und demselben schmalen Pfad hin und her bewegen. Alles Nichtfranzösische halten sie für barbarisch – und dumm. „Ah! le lecteur français ne saurait admettre cela!" Wenn der Franzose dies sagt, vermag er sich nicht einmal vorzustellen, daß irgend jemand etwas dagegen sagen könne. Mögen sie selig werden!

Nun leben Sie wohl, lieber Tolstoi. Gewinnen Sie an Breite, so wie Sie bisher an Tiefe gewonnen haben – und mit der Zeit werden wir in Ihrem Schatten sitzen – und seine Schönheit und erquickende Kühle rühmen.

Ihr I. Turgenjew

48

An W. N. Kaschperow Paris, 7. März 1857

Mein lieber Kaschperow, immer wollte ich Ihnen auf Ihren Brief antworten, da kam plötzlich die schmerzliche Nachricht von Glinkas Tod. Es war von ihm zwar nicht mehr viel zu erwarten, dennoch ist es sehr, sehr schade um ihn, besonders, wenn man bedenkt, wieviel dieser Mensch hätte leisten können und wie wenig er hinterlassen hat. Auch für dieses wenige sind wir ihm zu Dank verpflichtet. Sein Name wird in der Geschichte der russischen Musik nicht vergessen werden – und sollte ihr einmal eine Entwicklung beschieden sein – er stand an ihrem Anfang.

Werden Sie nach seinem Tod in Berlin bleiben? Wird es Ihnen dort nicht zu leer und öde vorkommen? Wäre Gribowski noch hier, ich wüßte, was Sie vorhaben; doch Nekrassow hat ihn ja, wie Sie wissen, nach Rom geholt. Schreiben Sie mir von sich – und teilen Sie mir auch irgendwelche Einzelheiten über Glinkas Tod mit. Ihre Romanze habe ich Frau Viardot gebracht, die sie gelobt hat.

Tolstoi (L. N. T.) ist hier, und wir sehen uns jeden Tag. Leider kann ich über meine Gesundheit nichts Rühmliches berichten. Die Blase macht mir zu schaffen – und ich glaube, solange ich in Paris bin, wird sie mir keine Ruhe geben. Ich gedenke Anfang April von hier abzureisen. Im Juni werde ich schon in Rußland sein.

Wann und wo werden wir uns wiedersehen? Das weiß allein Gott. Doch hoffe ich, Sie zweifeln nicht daran, daß ich Ihnen, wo immer wir uns auch treffen mögen, mit aufrichtiger Freude die Hand drücken werde. – Grüßen Sie Stolewski von mir, ich habe ihn ehrlich ins Herz geschlossen. Bleiben Sie gesund und munter.

Ihr ergebener

I. Turgenjew

PS: Meine Anschrift lautet jetzt: 11, Rue de l'Arcade. – Ich habe Ihnen an Ihre alte Berliner Adresse geschrieben und hoffe, man wird Ihnen diesen Brief nachschicken.

49

An P. W. Annenkow Paris, 15. April 1857

Ich bin noch hier, mein lieber Pawel Wassiljewitsch, aber schon allein – Tolstoi ist von heute auf morgen nach Genf abgereist – und hat mir von dort bereits einen höchst bemerkenswerten Brief geschrieben, in dem er Paris ein Sodom und Gomorrha nennt und sich mit einem Stein auf dem Grunde eines Flusses vergleicht, der allmählich im Schlamm versinkt und sich unbedingt mit einem Schlage losreißen und einen anderen Fluß suchen muß, der vielleicht weniger Schlamm enthält. Paris paßt freilich ganz und gar nicht zu seiner Geisteshaltung; ein seltsamer Mensch, ich bin so einem noch nie begegnet und begreife ihn nicht völlig. Ein Gemisch aus Dichter, Kalvinist, Fanatiker und Junker – etwas, das an Rousseau erinnert, aber ehrenhafter ist als Rousseau – ein hochsittliches und gleichzeitig unsympathisches Wesen. Er beabsichtigt, längere Zeit am Genfer See zu bleiben, in einem Monat aber werde ich ihn vermutlich in London treffen, wohin ich am 1. Mai neuen Stils fahre.

Von mir selbst gibt es nicht viel zu berichten: ich durchlebe – oder beende – eine moralische und physische Krise, aus der ich entweder als Scherbenhaufen oder ... als ein neuer Mensch hervorgehen werde! Nein, wie können wir von Erneuerung sprechen: als ein Gestützter, so wie ein baufälliger Schuppen von Balken gestützt wird. Es gibt Beispiele, daß so abgestützte Schuppen sehr lange stehen und sogar zu mancherlei Verwendung taugen. Basta cosi! Jetzt darf ich Sie zunächst ein wenig ausschelten und danach ein wenig loben (obwohl es auch dabei nicht ohne Schelte abgehen wird). Schelten muß ich Sie, weil Sie mir die müde, schlechte und stumpfsinnige Komödie Ostrowskis über den grünen Klee gepriesen haben, obwohl darin außer der Gestalt Jussows (und diese auch erst im 3. Akt) alles übrige unerträglich plump und leblos ist. Das reinste Gefrierschweinefleisch. Im Vertrauen auf Sie war ich auf den Einfall gekommen, sie einer (sehr lieben und gescheiten) russischen Familie vorzulesen ... Vor Langerweile und Trübsal waren wir ganz geknickt und bedrückt und hätten heulen können. Alles, was ich gesagt habe, bin ich bereit, mit meinem Blute zu unterschreiben – und von heute an glaube ich nicht an eine Zukunft Ostrowskis. Das war das zweite Basta!

Loben muß ich Sie für die ersten beiden Aufsätze über Stankewitsch im „Russki westnik". (Der dritte ist noch nicht eingegangen.) Sie haben sein lichtes Antlitz wieder vor mir erstehen lassen, mich in die Zeiten meiner Jugend zurückversetzt, haben den ganzen Sinn seines Lebens erahnt und wahr und feinfühlig wiedergegeben – dafür Dank! Nur warum schreiben Sie bisweilen derart gekünstelt? Plötzlich kommt da bei Ihnen so eine rabulistische Schwülstigkeit zum Vorschein – als seien Sie nicht Pawel Wassiljewitsch Annenkow, sondern ein verdienter deutscher Diplomat im Amt für philosophisch-ästhetische Angelegenheiten: einmal fließt Ihnen die Wendung „auf jede Weise" aus der Feder, dann wieder wird der Aufschwung der Seele zu ihrer eigenen Begrenzung und so weiter. Doch man muß jeden Menschen offenbar als Ganzes nehmen, so wie er ist – und ich tue dies als erster mir großem Vergnügen und bin mir dabei bewußt, daß alles, was Sie tun, kein anderer bei uns besser machen könnte. Nochmals aufrichtigen und wärmsten Dank. Und geben Sie doch bloß schnellstens diese Briefe heraus. Ich habe sie schon Tolstoi versprochen – der sich an ihnen berauschen wird, dafür verbürge ich mich.

Heute kam ein Brief aus Rom von Nekrassow, ein italienischer Brief, voller Gluthitze und Duft – voller Schwermut und Müdigkeit. Dieser Tage wird er mit A.J. Panajewa hier eintreffen.

Während keines meiner Parisaufenthalte habe ich so viele Menschen kennengelernt wie diesmal. Vor meiner Abreise besuche ich noch Dumas – aber Vergnügen haben mir diese Bekanntschaften nicht bereitet – nicht einmal die Neugier wurde befriedigt, vielleicht, weil einem nicht nach Beobachtung und Studium zumute ist, wenn man sich selbst schlecht fühlt. Mérimée, bei dem ich zu Mittag aß, ist der vollkommene Drushinin en grand, ebenso kalt und ein ebensolcher Liebhaber aller möglicher Unzüchtigkeiten. Nicht einem einzigen bemerkenswerten oder anziehenden Menschen bin ich begegnet: alles humorlos, eng, glatt und beschränkt.

Ich war – du liebe Güte – zum Mittagessen bei Kisseljow; so friedlich bin ich jetzt geworden. Fürst Orlow sehe ich jeden Tag: er scheint ein sehr feiner Mensch zu sein. Unlängst führte er mich in die Kirche, wo ich zu meinem Erstaunen vom hiesigen Geistlichen Wassiljew zum erstenmal in meinem Leben eine gescheite und elegante Predigt hörte. Theaterneuigkeiten gibt es nicht: Die „Fiammina", um die man solchen Lärm macht, ist dummes Zeug, „Question d'Argent" geistreichelndes und ziemlich langweiliges Geschwätz. Die Franzosen haben die Fähigkeit zur Wahrheit in der Kunst eingebüßt; und auch die Kunst selbst stirbt bei ihnen aus. Nun denn addio, schreiben Sie nach London.

I. Turgenjew

PS: Haben Sie Gräfin Lambert meinen Brief übergeben? Und ihre Bekanntschaft gemacht?

50

An M. N. Tolstaja Sinzig, 16. Juli 1857

Ich bin gewiß, in diesem Augenblick denken Sie nicht an mich, liebe Gräfin, ich hingegen denke sehr an Sie und stelle Sie mir in Ihrem kleinen Häuschen am Ufer der Sneshed vor – und Sie können versichert sein, ich wäre sehr glücklich, befände ich mich auch dort, und sei es nur in jenem Heuschuppen, wo ich vor einem Jahr, als ich mich zu meiner Auslandsreise anschickte, Ihre liebe Patentante kennenlernte. Im Laufe dieses Jahres habe ich nicht viel Erfreuliches erfahren – und bin anscheinend endgültig alt geworden, doch wozu davon sprechen. Lieber will ich Ihnen sagen, wo ich mich befinde und warum ich hier bin. Sinzig ist ein kleines Städtchen, drei Werst vom Rhein entfernt, nicht weit von dem am linken Rheinufer gelegenen Städtchen Remagen, auf halbem Wege zwischen Koblenz und Köln. Falls es Sie interessiert, können Sie auf der Karte nachsehen. Hier gibt es ähnliche Quellen wie in Ems, aber sie sind noch sehr wenig bekannt; gerade deswegen habe ich mich für sie entschieden. Hier sind wenig Menschen, und ich habe viel Zeit zum Arbeiten – hätte ich nur die Lust dazu. Ich muß Ihnen gestehen, in diesem Jahr habe ich noch keine Feder in die Hand genommen – und weiß nicht, ob dies bald geschehen wird. Zwei Wochen schon bin ich hier und will noch einen ganzen Monat bleiben; wenn Sie also mit Ihrer Antwort nicht zögern, wird sie mich hier erreichen. Und wirklich, schreiben Sie mir doch einmal. Berichten Sie mir erstens, wie es Ihnen gesundheitlich geht, und dann – was immer Sie wollen. Geben Sie mir Nachricht vom Grafen (dem ich einen Gruß und einen freundschaftlichen Händedruck schicke), von Olga Petrowna, von Ihren Kindern und besonders von dem bezaubernden Nikolai Nikolajewitsch, der, hoffe ich, aus dem Kaukasus zurückgekehrt und nun bei Ihnen ist. Sagen Sie ihm, ich sei ihm herzlich zugetan und seine „Erzählungen“ seien prächtig. Sie wissen doch wohl, daß Ihr Bruder Lew in der Schweiz ist – und soviel man hört, geht es ihm glänzend: er macht Spaziergänge, ist heiter, gesund und arbeitet. Ich habe ihm von hier geschrieben, aber bis jetzt noch keine Antwort bekommen. Er ist urplötzlich aus Paris abgereist; die Stadt war ihm mit einemmal zuwider.

Nekrassow habe ich bis Berlin begleitet; er müßte jetzt schon in Petersburg sein. Er ist mit Frau Panajewa weitergefahren, von der er noch immer nicht lassen kann – und die ihn aufs vortrefflichste schikaniert. Dieses (soit dit entre nous) grobe, beschränkte, böse, launische, jeder Weiblichkeit bare, aber robust kokette Geschöpf beherrscht ihn wie einen Leibeigenen. Und wenn er wenigstens, was sie anbelangt, blind wäre! Aber nein. Doch dies ist eine uralte Geschichte; es ist ein Geheimnis – oder richtiger gesagt, Dummheit. Hier kennt sich keiner aus, und wer einmal hereingefallen ist, muß sehen, wie er aus der Patsche wieder herauskommt, und soll das Jammern schön bleibenlassen.

Meine Pläne sind folgende: Bis Mitte August bleibe ich hier, dann reise ich nach Paris, hole meine Tochter ab und fahre auf Herrn Viardots Gut, wo ich drei Wochen, höchstens einen Monat verbringen werde; danach mache ich drei Kreuze und begebe mich nach Rußland und will, wenn nicht schon Ende September, so doch bestimmt zu den Wahlen in Spasskoje und folglich bei Ihnen sein. Ich muß an Ort und Stelle über die Leibeigenenfrage nachdenken, und nicht nur nachdenken, sondern auch etwas tun. Zumindest muß damit ein Anfang gemacht werden. Den Winter will ich in Petersburg zubringen, wo ich dem lahmenden „Sowremennik" unter die Arme greifen muß. Freilich weiß ich wirklich nicht, inwieweit es mir gelingt, ihm zu helfen. Meine Kraft ist verströmt – oder wenn noch nicht verströmt, dann unter festem Verschluß, was auf ein und dasselbe herauskommt. Auf jeden Fall sehe ich Sie recht bald wieder, und der Gedanke an dieses Wiedersehen bereitet mir große Freude. Daran dürfen Sie nicht zweifeln, und Sie sollen wissen, daß ich Ihnen aufrichtig und innig zugetan bin und die Erinnerung an Sie und Ihre Freundschaft nicht missen möchte.

Meine Adresse: Prusse Rhénane, Sinzig près de Remagen sur le Rhin.

Ich wohne hier direkt im *„Badehaus"**, das heißt einer alleinstehenden Villa, neben der Quelle. Vor meinen Fenstern ein weites Tal, bedeckt mit allen Arten von Getreide und Obstbäumen – und am Horizont die gezackte Linie der Berge am rechten Rheinufer. Die Gegend ist schön – nur zuwenig Schatten. Ich pflege hier Umgang mit einem russischen Offizier, der seinen Abschied genommen hat, um Maler zu werden. Talent scheint er zu besitzen. Er hat ein Porträt von mir gemacht, es ist ähnlich. Sein Name ist Nikitin.

Ich war einen Monat in England und machte viele Bekanntschaften (unter anderem wurde ich Thackeray vorgestellt, der mir wenig gefallen hat) – doch das alles läßt sich so nicht erzählen. Bereiten Sie sich also auf ellenlange Berichte in Pokrowskoje vor.

Bitte, schreiben Sie mir. Ich küsse Ihnen im voraus die Hand und bleibe Ihr ergebener

I. Turgenjew

51

An Pauline Viardot Sinzig, 24. Juli 1857

Hurra! *Ura! Lebehoch!* Vivat! Evviva!* Zito! Es lebe der kleine Paul! Es lebe seine Mutter! Es lebe sein Vater! Es lebe die ganze Familie! Bravo! Ich habe ja gesagt, daß alles gut gehen und Sie einen Sohn haben würden. Ich beglückwünsche Sie alle und umarme Sie alle! Und nun bitte ich (wohlverstanden, erst wenn Sie wieder dazu imstande sind):

1. um eine detaillierte Beschreibung der Gesichtszüge, der Augenfarbe (und so weiter und so fort) des jungen Mannes; wenn es möglich ist, eine kleine Bleistiftskizze;

2. um die Übermittlung der geistreichsten Wörter, die er schon gesprochen hat;

3. um eine kurze Beschreibung des Tagesablaufs vom 20. Juli, diesem revolutionären Datum, das sich der kleine Sansculotte für seinen Eintritt in die Welt ausgesucht hat.

Ich fasle ein wenig, aber das ist verzeihlich in meinem Alter und bei der Freude, die mir die große Neuigkeit bereitet hat.

Der Briefträger hat Geld bekommen, um Rheinwein zu trinken (kein Bier, unter irgendeinem Vorwand) auf die Gesundheit des jungen Paul-Louis-Joachim; auch ich werde auf seine Gesundheit trinken.

Was die Gesundheit der Mutter angeht, so werden Sie sehen, daß Sie in zwei oder drei Tagen nicht mehr liegenbleiben wollen, und wenn Sie in einer Woche noch nicht tanzen, so nur, weil Sie anderes im Kopfe haben.

Sie sind gewiß zufrieden, nicht wahr? Und Sie verschlingen es mit den Augen, das kleine Wesen, das gestern noch Sie war und das jetzt schon ein Leben hat, zu denken anfängt, eine eigene Persönlichkeit besitzt, eine eigene – hoffentlich nehmen Sie es nicht übel. Ich werde Prophet, ich lese im Dunkel der Zukunft, und zwar im *Conversations Lexikon* von 1950:

Viardot (Paul-Louis-Joachim), berühmter ... (ich lasse das *Was* offen), geboren in Courtavenel, Brie, und so weiter und so fort, Sohn der berühmten Pauline Garcia und so weiter und so fort und des kunstverständigen Schriftstellers und Übersetzers des *Don Quijote.*

Ich will nicht den ganzen Artikel zitieren.

Sie werden mir ein kurzes Briefchen schreiben, wenn es Sie nicht anstrengt, nicht wahr? Und das Erwachen am 21. morgens, ist es nicht süß gewesen? Und die Schreie des Kleinen, gibt es eine Musik, die sich damit vergleichen läßt?

Voran, voran, alles geht gut. Ich schreibe Ihnen morgen oder übermorgen in einer vernünftigen Verfassung; für heute rufe ich erneut: Vivat! Hurra! Allons enfants de la patrie! *Alaaf Köln!** (Das ist ein Freudenruf, den man nur in Köln gebraucht, aber ich finde, er paßt gut.) Allah il Allah Rezul Mohammed Allah!!

Und ich umarme Sie alle noch einmal, *angefangen* bei Monsieur Paul, und bin Ihr alter Freund

I. Turgenjew**

52

An P. W. Annenkow Rom, 12. November 1857

Lieber Annenkow, über Ihren Brief habe ich mich sehr gefreut, und ich hoffe, unser Briefwechsel wird wieder aufleben. Wir müssen einander unbedingt wenigstens ab und zu schreiben. Nun sind es bald zwei Wochen, daß ich in Rom bin; das Wetter ist wundervoll, aber meine Krankheit beginnt mich wieder zu quälen. Das bedrückt mich sehr, denn ohne diese Niederträchtigkeit könnte ich arbeiten. Das fühle ich und habe sogar trotz der Krankheit einiges getan. Ich will Ihnen nicht von Rom sprechen – wenig zu sagen lohnt nicht, und viel zu sagen ist nicht möglich. Ich mache mich allmählich mit der Stadt vertraut – habe keinen Grund zur Eile, ich war in Ihrer Wohnung in der Via Felice; doch seitdem hat sich alles schon verändert, auch der Hauswirt ist ein anderer – ich konnte niemanden befragen. Werde mich bemühen, Ihren Wunsch zu erfüllen, und für Korsch einen Brief schreiben, das heißt zwei oder drei Briefe; ob es interessant wird, weiß ich nicht. Der „Sowremennik" hat ein Recht, böse auf mich zu sein; aber ich bin wirklich unschuldig. Nekrassow soll wieder angefangen haben zu spielen … Sie sind des Glaubens, mir würde „von allen Seiten" geschrieben! Niemand schreibt mir. Liefern Sie mir also möglichst viele Informationen.

Ich habe hier den Maler Iwanow kennengelernt und sein Bild gesehen. Seine Gedankentiefe, seine Ausdruckskraft sowie die Wahrheit und ehrliche Strenge der Ausführung machen es zu einem erstklassigen Werk. Nicht umsonst hat er fünfundzwanzig Jahre seines Lebens hineingesteckt. Allein es weist auch Mängel auf. Die Farbgebung ist überhaupt zu kalt und grell, es fehlt an Einheit, im Vordergrund an freiem Raum (die Landschaft im Hintergrund wirkt wundervoll), alles ist irgendwie bunt und gelb. Trotz alledem bin ich überzeugt, das Bild wird großen Eindruck machen (es werden sich Fanatiker finden, wenn auch wenige), und vor allem: man darf hoffen, es wird ein Signal zum Widerstand gegen Brüllows Marinismus geben. Auf der anderen Seite die byzantinische Schule des

Fürsten Gagarin … Der Kunst geht es schlecht in Rußland. Alle übrigen russischen Künstler hier taugen nichts. Sorokin schreit herum, Raffael sei Kitsch und „alles“ sei Kitsch, er selbst aber malt dummes Zeug; wir kennen diese ekelhafte rrrussische Manier. Die Ignoranz ist ihr aller Untergang. Iwanow dagegen ist ein bemerkenswerter Mensch; originell, gescheit, wahrheitsliebend und ein denkender Kopf, allerdings habe ich den Eindruck, er ist ein wenig gestört: fünfundzwanzig Jahre Einsamkeit haben ihren Tribut gefordert. Nie werde ich vergessen (aber das bleibt unbedingt unter uns), wie er einmal auf einer Fahrt nach Albano – ganz totenbleich und unter gezwungenem Lachen – Botkin und mir versicherte, er werde mit einem langsam wirkenden Mittel vergiftet, esse häufig nicht und so weiter. Wir sehen uns sehr oft; er hat anscheinend Zuneigung zu uns gefaßt.

Sie loben mich für mein Vorhaben, den Winter in Rom zu verleben. Ich fühle selbst, das ist kein übler Gedanke – aber ich kann Ihnen gar nicht sagen, wie bedrückend und bitter mir zumute ist. Allein die Arbeit vermag mich zu retten, aber falls sie mißlingt, wird es ganz schlimm! Ich habe mein Leben verscherzt, und jetzt ist es zum Jammern zu spät. Doch davon genug. Immerhin geht es mir hier besser als in Paris oder Petersburg.

Ich weiß nicht, ob ich Ihnen schon schrieb, daß ich in Paris Olga Alexandrowna getroffen habe. Sie ist nicht ganz gesund und will den Winter in Nizza verbringen. Hier sind vorläufig keine Russen: nur die Tscherkasskis werden erwartet.

Gnade Ihnen Gott, wenn Sie mir nicht den siebten Puschkin-Band, Stankewitschs Briefwechsel und Ihren Brief über Gogol schicken. Erkundigen Sie sich bei Nekrassow und den Kolbassins, wie sie Bücher nach hier geschickt haben, und verfahren Sie ebenso.

Seit gestern weht hier der tramontano – es war aber auch wirklich unbeschreiblich heiß. Vorgestern verbrachte ich mit Botkin einen wundervollen Tag in der Villa Pamfili. Die Natur hier ist von bezaubernder Erhabenheit – und gleichzeitig von weiblicher Zärtlichkeit. Ich bin verliebt in die ewig grünen Eichen, die Pinien mit ihren schirmartigen Kronen und die fernen, blaßblauen Berge. Aber ach! Ich kann die Schönheit des Lebens nur nachempfinden – selbst zu leben ist mir bereits versagt. Ein dunkler Schleier hat sich auf mich herabgesenkt und mich eingehüllt; ich vermag ihn nicht abzuschütteln. Immerhin bemühe ich mich, diese Düsterheit nicht in das, was ich arbeite, eindringen zu lassen; denn wem wäre damit gedient? Und auch mir selbst wäre das nicht lieb.

Botkin ist wohlauf; wir sehen uns jeden Tag, wohnen aber nicht zusammen. In seinem Charakter äußert sich eine Art greisenhafter Reizbarkeit – unaufhörlich winselt und nörgelt der Epikureer in ihm; die Kunst hat ihn schon allzusehr infiziert.

Schreiben Sie mir alles, was Sie von Tolstoi und seiner Schwester erfahren und hören. Sein letztes Werk dürfte Ihnen wohl kaum gefallen haben, aber es gibt andere, gute Sachen von ihm. Er ist Ihnen sehr zugetan.

Haben Sie Gräfin Lamberts Bekanntschaft gemacht? Sie äußerte diesen Wunsch, und ich rate Ihnen dazu. Ich werde ihr wieder einen Brief durch Ihre Vermittlung zukommen lassen. Diesmal müssen Sie hingehen.

Sehen Sie, unser Briefwechsel ist glücklich wiederaufgelebt, achten Sie darauf, daß er nicht erneut einschläft. Grüßen Sie alle Freunde, Ihnen aber drücke ich kräftig die Hand. Haben Sie Mommsens „Römische Geschichte" gelesen? Ich berausche mich hier daran.

Ganz der Ihre

I. Turgenjew

PS: Schreiben Sie mir klipp und klar: Hat Basunow durch meine Erzählungen Schaden erlitten? Wenn nicht, würde das meine Eigenliebe ein wenig beruhigen.

53

An J. J. Lambert Rom, 3. Januar 1858

Gerade wollte ich Ihren Brief beantworten, meine liebe Gräfin, da traf zu meiner Freude Ihr anderer Brief ein, den Sie vor über einem Jahr geschrieben haben. Dank für den Einfall, ihn mir zuzusenden; ich habe alle die goldenen Worte, deren er voll ist, mit aufrichtiger Rührung gelesen und gespürt, viele davon senkten sich mir tief und für lange Zeit ins Herz. – Denke ich über mein bisheriges Leben nach, muß ich mich – trotz vieler dunkler Flecken darin – glücklich preisen; ich habe – Gott allein weiß, um welcher Verdienste willen – die Zuneigung zweier, dreier prächtiger Frauenherzen genossen; und glauben Sie mir, Ihre Zuneigung betrachte ich nicht als das geringste Glück meines Lebens. Es ist mir angenehm, zu denken, daß auch Sie diese Überzeugung teilen und selbst wissen, wie teuer und lieb Sie mir geworden sind. Ich muß Ihnen eine Eigenheit von mir bekennen: ich habe nur den Frauen die Hand geküßt, für die ich tiefste Verehrung und Zuneigung empfand. Das kann Ihnen natürlich völlig gleichgültig sein – nur: wenn ich Ihre Briefe lese, küsse ich in Gedanken Ihre Hand, und wenn ich Sie einmal wiedersehe, werde ich um die Erlaubnis bitten, sie wirklich zu küssen. Ich spüre Ihre Anteilnahme an meinem Schicksal und meiner Zukunft, und ich bin stolz und glücklich und gerührt über diese Anteilnahme. Der Mensch ist leider so beschaffen, daß sogar eine klare Vorstellung von dem, was er tut oder zu tun beabsichtigt, ihn nicht daran hindert, unaufhörlich die unverzeihlichsten Fehler zu begehen; er muß unbedingt mit dem Kopf durch die Wand, obwohl er seit langem genau weiß, daß die Wand aus Mauerwerk und härter als sein Kopf ist. Ich wußte schon vor meiner Reise ins Ausland – einer Reise, die für mich so unglücklich verlief –, daß es besser für mich wäre, zu Hause zu bleiben ... und bin dennoch gefahren. Das Schicksal straft uns nämlich immer so – und ein wenig anders, als wir es erwarten, und dieses „ein wenig“ ist für uns eine echte Lehre. – Nach der Erholungspause in Rom werde ich heftig erschüttert und geschlagen nach Rußland zurückkehren, hoffe indes, zumindest diesmal wird die Lehre nicht umsonst gewesen sein. Auf dem Papier läßt sich all dies nur schwer darlegen, doch ich habe das Vorgefühl, irgendwann in diesem Winter werde ich mich gründlich mit Ihnen unterhalten und mir vieles von der Seele reden. Sie werden mir, dessen bin ich schon heute gewiß, wie man sagt, eine Moralpredigt halten; doch aus Ihrem Mund hören sich Moralpredigten erfreulich und nützlich an, denn man spürt eine lebendige und, bei aller Prinzipienstrenge, freie Seele.

Ich hatte Sie, glaube ich, gebeten, mir Ihre Ansicht über meine kleine Erzählung mit dem Titel „Asja“ zu sagen, die wahrscheinlich im 1. Heft des „Sowremennik“ abgedruckt wird; sollten die Herausgeber sie für ein späteres Heft vorgesehen haben, sagen Sie Annenkow (ich hoffe, Sie haben ihn endlich kennengelernt), er soll sie sich holen und Ihnen im Manuskript vorlesen. – Ich bin jetzt mit einer anderen, großen Erzählung beschäftigt, deren Hauptgestalt ein Mädchen ist, ein religiöses Wesen; auf diese Gestalt bin ich durch die Beobachtung des Lebens in Rußland gekommen; ich verhehle mir nicht die Schwierigkeiten dieser Aufgabe, aber ich kann mich ihr nicht entziehen. Diese Erzählung hoffe ich Ihnen im Winter vorlesen zu können. Ich lese schlecht und ungern vor – bei Ihnen jedoch wird es mir ein Vergnügen sein, weil... aus zwei Gründen: erstens, weil ich mich Ihnen sehr verbunden fühle; und zweitens – weil Sie mir sehr viele sachkundige und nützliche Hinweise geben können.

Ich denke hier in Rom viel und oft an Rußland. Was geschieht jetzt dort; setzt sich dieser Leviathan (ähnlich dem britischen) in Bewegung – und gelangt er auf hohe See, oder läuft er auf halbem Wege auf Grund? Bislang treffen lauter recht erfreuliche Gerüchte hier ein; aber es gibt ja so viele Schwierigkeiten – und im Grunde genommen zuwenig Bereitschaft. Der Russe ist träge und unbeholfen – und weder an selbständiges Denken noch an konsequentes Handeln gewöhnt. Doch die Not – ein großes Wort! – wird auch diesen Bären von seinem Lager aufscheuchen. Ich kann den Mai gar nicht erwarten... im Mai kehre ich auf mein Gut zurück.

Dabei geht es mir hier gut. Sie waren noch nie hier? Was für eine wundervolle Stadt! Gestern bin ich über eine Stunde lang durch die Ruinen des Cäsarenpalastes gestreift und war ganz von einer Art epischen Gefühls durchdrungen; diese unvergängliche Schönheit ringsum, und die Nichtigkeit alles Irdischen, und in dieser Nichtigkeit das Erhabene – etwas zutiefst Schwermütiges, Versöhnendes und die Seele Erhebendes … Es läßt sich mit Worten nicht wiedergeben, hat man es aber einmal empfunden, kann man es nie mehr vergessen und mit keinem anderen Gefühl verwechseln. Diese Eindrücke sind musikalischer Natur und ließen sich am besten durch Musik wiedergeben.

Schreiben Sie mir zwei Worte, oder viel mehr als zwei – über Sie selbst, über Ihre Familie, Ihren Sohn, Entsinnen Sie sich, als wir uns im Sommerpark trafen, waren Sie aus irgendeinem Grunde unzufrieden mit mir; was war der Anlaß?

Grüßen Sie Ihren Gatten und Mme. Vériguine von mir; sie ist Ihnen zugetan, folglich bin ich auch ihr zugetan. Bleiben Sie gesund und vergessen Sie mich nicht – und ich küsse trotzdem zum Abschied Ihre liebe Hand und bleibe Ihr ergebener

I. Turgenjew

PS: Dieser Brief wurde am Tage vor unserem Neujahrsfest beendet, zu dem ich Ihnen herzlich gratuliere.

54

An Thomas Carlyle Rom, 12. März 1858

Sehr geehrter Herr!

Wahrscheinlich haben Sie vergessen, daß ich im vergangenen Jahr die Ehre hatte, Sie zu besuchen: ich erlaube mir jedoch, mich in Erinnerung zu bringen, und freue mich, Ihnen gleichzeitig Herrn Botkin zu empfehlen, einen ausgezeichneten Literaten, der dem russischen Publikum als erster Ihre Werke zur Kenntnis gebracht hat, von denen er einige Ausschnitte mit großem Talent übersetzt hat. Er möchte Sie sehr gern kennenlernen. – Ich glaube, Sie werden ihn mit Ihrem gewohnten Wohlwollen empfangen. – Bitte richten Sie auch Ihrer Frau Gemahlin Grüße von mir aus.

Mit aufrichtiger Verehrung und Bewunderung Ihr sehr ergebener

I. Turgenjew**

55

An A. W. Drushinin Spasskoje, 6. September (25. August) 1858

Mein lieber Alexander Wassiljewitsch, zuallererst aufrichtigen Dank für den ausführlichen und lieben Brief. Ich habe mich sehr darüber gefreut – besonders, weil Sie darin über Ihren Gesundheitszustand berichten. Gebe Gott Ihnen endgültige Genesung – im Winter werden Sie dann gar keine Zeit zum Kranksein haben, das werden Sie schon sehen. Meine Blase macht mir noch immer zu schaffen, doch dank der französischen Redewendung: il faut vivre avec son ennemi, gewöhne ich mich allmählich an dieses Übel. Es hindert mich nicht am Arbeiten – wenigstens ein Gutes.

Annenkow habe ich in Dresden getroffen, in einem Zimmer des Hôtel de Saxe – ein unvergeßlicher Augenblick!! Dann sind wir uns in London und in Paris begegnet. Er hat fest versprochen, für den Winter nach Petersburg zurückzukehren. – Hiermit erkläre ich mein feierliches Einverständnis zu dem Essen. Bin bereit, es nach römischer Sitte einzunehmen, im Chiton und bekränzten Hauptes.

Es stimmt, an dem Essen des Litterary Fund habe ich teilgenommen – und dort sogar ein Büchlein in der Hand gehabt (auf englisch – a pamphlet), in dem seine ganze Entstehungsgeschichte und so weiter dargelegt war. Der Litterary Fund wurde, wie alles in England, von einem Privatmann im vorigen Jahrhundert gegründet; Dickens liegt mit dem Fund im Streit, weil dieser, nach seinen Vorstellungen, viel zuviel Geld für Verwaltungszwecke und so weiter ausgibt. In diesem Pamphlet wurde, wie ich mich erinnere, unter anderem auch nachzuweisen versucht, wie unbegründet diese Vorwürfe sind. Sehr gern will ich Ihrer Bitte nachkommen und den gewünschten Brief an Sie schreiben. Die Sitzung verlief recht interessant (obwohl Thackeray wegen Krankheit nicht anwesend war). Ich freue mich, zum Gelingen eines so guten Werkes wie der Gründung eines *Fonds* bei uns beitragen zu können – und es wäre mir noch lieber, wenn dieser Fonds durch die gemeinsame und uneigennützige Initiative von Literaten gegründet würde und nicht durch die Gnade irgendeines launenhaften Mäzenaten. Zudem sind unsere Mäzenaten meist geizig wie die Juden.

Nun bin ich schon zwei Monate hier und verbringe meine Zeit recht angenehm, obwohl die Jagd in diesem Jahr ein abscheulicher Mißerfolg ist. Fet wohnt fünfzehn Werst von hier, und ich bin oft mit diesem liebenswerten Sterblichen zusammen. Er hat „Antonius und Cleopatra" und „Julius Caesar" übersetzt – ausgezeichnet, obwohl ihm auch sinnlose und groteske Verse in der Art der folgenden unterlaufen sind (die ich zwar als Parodie erfunden habe, die aber das Original bei weitem nicht erreichen):

„Schlag zu, wenn er, nachdem er Hohes erst erstrebt,
so werden konnt; wenn anders –
wehre auch im kleinen nicht."

Alle diese ungeheuerlichen Verse haben wir auszumerzen versucht; es war keine kleine Mühe – doch sie scheint erfolgreich gewesen zu sein. Ich beglückwünsche Sie zur Beendigung des „Coriolan" und mich sowie die Leserschaft zu dem Vergnügen, Ihre Übersetzung lesen zu können.

Tolstoi habe ich nur flüchtig gesehen, einmal bei ihm, einmal bei mir. Er geht jetzt ganz in der Agronomie auf, schleppt selbst Garben auf dem Rücken, hat sich in eine Bäuerin verliebt – und will von Literatur nichts hören. In den nächsten Tagen sehe ich ihn in Tula wieder, wohin ich anläßlich der Wahlen ins Komitee fahre.

Tolstois Schwester geht es gesundheitlich besser: sie verbringt den Winter auf dem Gut ihres Bruders; wohin Tolstoi selbst fährt, steht noch nicht fest. Wie er sagt, will er ins Ausland.

Ich werde – wenn ich noch am Leben und gesund bin – gegen den 20. Oktober in Petersburg eintreffen. Bis dahin hoffe ich eine ziemlich große Arbeit abzuschließen, an der ich im Augenblick sitze – und sie dem Urteil des Areopag zu unterwerfen, der sich aus Ihnen, Botkin (er will gleichfalls zurückkommen), dem großen Annenkow und Pissemski zusammensetzen wird.

Auf Wiedersehen; ich umarme Sie freundschaftlich und bitte Sie, Ihrer verehrten Frau Mutter meinen herzlichen Gruß zu übermitteln.

Ihr I. Turgenjew

56

An L. N. Tolstoi Petersburg, 14. (2.) Februar 1859

Sie wollen also nicht zu uns nach Petersburg kommen, lieber Lew Nikolajewitsch? Das steht fest? – Wir bedauern das sehr und trösten uns nur mit dem Gedanken, daß es sich in Moskau besser arbeiten läßt und wir daher auf eine baldigere Beendigung Ihres Romans hoffen können. – Übrigens lege ich eine kurze Nachricht von Nekrassow bei, der Sie entnehmen werden, daß er Sie mit Gold überschütten will. Irgendein Moskauer hatte mir gesagt, Ihr Roman sei fertig – und ich habe ihm das wiederholt. Antworten Sie ihm – und schreiben Sie auch mir ein paar Zeilen. Wir dürfen unseren Briefwechsel nicht einschlafen lassen. – Sagen Sie, was tun Sie? Haben Sie sich der Ausrottung von Bären verschrieben wie einst der Land- und Forstwirtschaft und so weiter?

Ich habe eine Verwandte von Ihnen kennengelernt, Gräfin Alexandra Tolstaja – das heißt, ich kannte sie schon früher, doch jetzt sind wir uns nähergekommen, und ich habe sie ins Herz geschlossen. Sie ist Ihnen sehr zugetan, und wir haben viel von Ihnen gesprochen. – Am häufigsten freilich verkehre ich bei Gräfin Lambert, die ich Ihnen gegenüber nicht lobe, weiß ich doch, wie schädlich das auf Sie wirkt – und wie wenig es Sie für den Gelobten einnimmt.

Der hier verbliebene literarische Kreis ist noch immer derselbe; jemand Neues ist nicht hinzugekommen. Drushinin, Annenkow, Pissemski – immer dieselben; Grigorjew lebt und trinkt (leider!) für sich allein; Nekrassow läßt sich auch wenig blicken; Galachow und Kawelin sind etwas näher gerückt; also alles beim alten. Bei Kuscheljow spielt sich eine marktschreierische Tragikomödie ab; Polonski sitzt mit seiner Frau auf einem Zweig und gurrt wie ein Dompfaff. Martynow hat unlängst in einem neuen Stück Tschernyschews: „Nicht im Geld ist Glück", eine erstaunliche Rolle (keine komische) verkörpert. Es lohnt sich, aus Moskau herzukommen und sich das anzusehen. Fet wird Ihnen berichten. – Sie sollten wirklich einmal kommen, und sei es nur für eine Woche.

Auf alle Fälle auf Wiedersehen, bleiben Sie gesund und munter und vergessen Sie nicht Ihren ergebenen

I. Turgenjew

57

An J. J. Lambert Spasskoje, 8. April (27. März) 1859

Gestern bin ich hier eingetroffen, liebe Gräfin, und heute schreibe ich Ihnen. Das sage ich nicht, um mich damit zu brüsten, sondern um Ihnen zu beweisen: das erste, was mir in den Sinn kommt, sind Sie, die Erinnerung an Sie. – Hier habe ich alles wie früher vorgefunden; nur der Tod hat zu meiner ehrlichen Betrübnis während meiner Abwesenheit unseren fast einzigen Nachbarn heimgesucht, einen sehr lieben und gutherzigen jungen Menschen namens Karatejew ... Mein früherer Erzieher, ein Greis von fünfundsechzig Jahren, ist ebenfalls gestorben ... Der Tod holt die Menschen ohne Wahl. Wir alle sind in seiner Schuld – und Schuldner können ihrem Gläubiger nicht vorschreiben, mit wem er den Anfang machen soll ...

Doch lassen wir diese wenig heiteren Gedanken. Ich habe hier Winter vorgefunden (auch das ist nicht heiter, aber was soll man machen?). Vor fünf Tagen etwa ist eine Riesenmenge Schnee gefallen, so daß ich mich nur mit Mühe zum Haus durchschlagen konnte – es ist jedoch zu hoffen, daß sich all dies bald ändert. – In den nächsten Tagen fahre ich nach Orjol, um nach Möglichkeit an den Sitzungen des Komitees teilzunehmen, und am 5. April, das heißt zur Ankunft der Waldschnepfen, werde ich wieder zu Hause sein. Am 23., Sie erinnern sich, sind Sie bei mir in Petersburg zum Tee.

Ich bin jetzt damit beschäftigt, den Plan und so weiter für einen neuen Roman aufzustellen: das ist eine ziemlich ermüdende Arbeit, besonders weil sie keine *sichtbaren* Ergebnisse bringt; man liegt da auf seinem Sofa oder wandert im Zimmer auf und ab, wendet in Gedanken irgendeinen Charakter oder eine Situation hin und her – und ehe man sich's versieht, sind drei, vier Stunden vergangen, und man glaubt, kaum vorangekommen zu sein. – Eigentlich gibt es in unserm Handwerk ziemlich wenig Freuden, aber wie sollte es auch anders sein: alle Menschen, auch die Künstler und sogar die Reichen müssen im Schweiße ihres Angesichts leben … und wem der Schweiß nicht auf die Stirn tritt, der ist noch schlechter dran: das Herz tut ihm weh oder verdorrt. All diese Tage mußte ich häufig an das kleine Zimmer in der Furschtatskaja und an die Abende denken, die ich dort verbrachte … Es erweist sich, diese Erinnerungen sind das Beste, was ich aus meiner Petersburger Zeit mitgenommen habe. – Ich bin sehr froh, daß ich nicht dem Wunsche nachgab, den Erfolg meines Romans zu genießen und mich bei Hinz und Kunz auf Gesellschaften sehen zu lassen: außer Ermattung und vielleicht noch falscher Befriedigung kleinlicher und schäbiger Eitelkeit hätte mir das nichts eingebracht. Ich weiß jetzt, jeder Mensch muß gegen sich selbst streng, ja sogar rücksichtslos und mißtrauisch sein; das Tier in uns läßt sich nur schwer zähmen. Da ist man vielleicht plumper und dummer Schmeichelei einmal nicht erlegen und denkt gleich: Was für ein Prachtkerl bist du doch!, aber wäre einem dieselbe Schmeichelei nur kunstvoller zubereitet worden, man hätte sie geschlürft wie Austern. – Ich weiß nicht, wieso ich auf diese Gedanken verfallen bin; seit meiner Abreise bin ich bis auf den heutigen Tag nicht einer einzigen Versuchung durch Schmeichelei ausgesetzt gewesen; anscheinend hatte sich etwas in mir festgesetzt, das hinaus verlangte.

Bitte schreiben Sie mir an folgende Adresse: Gouvernement Orjol, Stadt Mzensk. Grüßen Sie Ihren Gatten von mir und alle Bewohner und Besucher des Hauses in der Furschtatskaja. Da fällt mir ein, ich habe vergessen, Ihnen die 75 Rubel zu geben. (Sie wissen noch, für welchen Zweck?) Seien Sie so gut und verfügen Sie über diese Summe nach Ihrem Ermessen, ich werde Sie Ihnen in Petersburg zurückerstatten. Teilen Sie mir irgendwelche Neuigkeiten mit, falls sie von Interesse sind.

Bleiben Sie gesund, und werden Sie nicht melancholisch – das ist die Hauptsache – und vergessen Sie mich nicht: für mich ist auch das eine Hauptsache. Ich wünsche Ihnen alles Gute und küsse Ihnen die Hände. Sie kennen unsere Abmachung: Sie schreiben mir französisch.

Ihr Ihnen von Herzen ergebener

I. Turgenjew

58

An Moritz Hartmann Spasskoje, 11. April (30. März) 1859

Lieber Freund!

Ich schreibe Ihnen diesen Brief, um mein Gewissen zu beruhigen, damit ich bei unserem Wiedersehen (ich werde dieses Vergnügen hoffentlich im Mai haben) nicht bis über die Ohren erröten muß. Wirklich, ich bin ein großer Tölpel gewesen, daß ich Ihnen so lange Zeit nicht auf Ihren liebenswürdigen und freundlichen Brief geantwortet habe: ich habe es bestimmt hundertmal tun wollen – aber was beweist das schon? – Das beweist leider nur eines: meine abscheuliche und gemeine Faulheit. NB: Bewundern Sie meine Diplomatie: ich bearbeite mich mit den Fäusten, damit Sie mir keinen Nasenstüber geben müssen. Doch nun, da das Schlimme getan ist, akzeptieren Sie bitte mein mea culpa.

Sie verstehen, daß es ausgesprochen ungeschickt von mir wäre, wollte ich einen vor sieben Monaten geschriebenen Brief beantworten, ich meine: Punkt für Punkt beantworten. Ich sage Ihnen also in wenigen Worten, daß ich den Sommer und den Herbst auf dem Lande verbracht habe, bei der Jagd, recht und schlecht arbeitend, mit Nichtstun: diese letzte Beschäftigung vor allem gelang mir perfekt. Wir hatten prachtvolle, großartige, ruhige und helle Nächte – mit dem langen Schweif des Kometen, der geheimnisvoll am Himmel glänzte. Dann ist der Winter gekommen, und ich bin nach Petersburg gegangen; dort war ich gleich sechs Wochen krank – danach habe ich einen kleinen Roman zum Druck gegeben, den Sie vielleicht lesen werden, dann habe ich mich im Leeren bewegt, danach die Bekanntschaft eines Häufleins sehr interessanter Kleinrussen gemacht, darunter zweier liebenswerter Frauen, dann habe ich genug gehabt davon – habe die „Palmyra“ des Nordens verlassen und bin nun in meinem Eulennest damit befaßt, Ihnen zu schreiben, mit einem Jahr mehr, Gott weiß, wie es geschehen ist, auf meinen Schultern – mit einigen Falten mehr, einigen weißen Haaren mehr – ach, ich habe zum Glück bis jetzt nichts *weniger*! Es liegt mir vor allem daran, festzuhalten, daß es nicht das geringste *weniger* in meiner Freundschaft für Sie gibt, und ich bitte Sie, es trotz meiner Nachlässigkeit zu glauben. Ich werde Sie in Paris treffen, um Sie davon zu überzeugen – natürlich nur, wenn Sie Wert darauf legen –, und jetzt drücke ich Ihnen mit ganzer Kraft die Hand und verbleibe

Ihr I. Turgenjew**

59

An I. A. Gontscharow Spasskoje, 19. (7.) April 1859

Ich kann nicht verhehlen, lieber Iwan Alexandrowitsch, daß ich diesmal gegen meine Gewohnheit weniger gern zur Feder greife, um Ihnen zu antworten, denn welches Vergnügen könnte es bereiten, einem Menschen zu schreiben, der einen als Dieb fremder Gedanken (plagiaire) ansieht, als Lügner (Sie argwöhnen, das Sujet meines neuen Romans habe wieder einen Haken und ich wolle Sie nur ablenken) und als Schwätzer (Sie vermuten, ich hätte Annenkow von unserem Gespräch berichtet). Geben Sie zu, wie groß meine „Diplomatie“ auch sein mag, es fällt schwer, zu lächeln und den Liebenswürdigen zu spielen, wenn einem derartige Pillen verabreicht werden. Sie müssen auch zugeben, Sie selbst würden schon bei der Hälfte – was sage ich da! –, bei einem Zehntel derartiger Vorwürfe endgültig in Harnisch geraten. Ich dagegen habe aus – nennen Sie es, wie Sie wollen – Schwäche oder Heuchelei – nur gedacht: Eine schöne Meinung hat er von dir, und mich lediglich darüber gewundert, daß Sie noch einiges Liebenswerte an mir gefunden haben. Auch dafür besten Dank! Ich kann ohne falsche Demut sagen, mit dem, was der „Lehrer" über mein „Adelsnest" gesagt hat, bin ich völlig einverstanden. Doch was soll ich nach Ihrer Meinung denn tun? Ich kann doch nicht ad infinitum die „Aufzeichnungen eines Jägers" wiederholen! Und das Schreiben aufgeben möchte ich auch nicht. So bleibt mir nur, Romane zu schreiben, in denen ich ohne Anspruch auf Ganzheit und Geschlossenheit der Charaktere oder auf tiefgründiges und allseitiges Eindringen ins Leben aussprechen kann, was mir in den Sinn kommt. Es wird immer notdürftig überbrückte Lücken geben. Wie kann diesem Übel abgeholfen werden? Wer einen Roman in der epischen Bedeutung dieses Wortes haben will, braucht mich nicht; aber ich bin ebensowenig darauf aus, Romane zu schreiben wie auf den Händen zu laufen: was immer ich schreibe, es kommt eine Reihe von Skizzen heraus. E sempre bene! Doch Sie werden auch in diesem Eingeständnis Diplomatie argwöhnen: Tolstoi glaubt ja, ich niese, trinke und schlafe nur – um des äußeren Eindrucks willen. Nehmen Sie mich wie ich bin, oder nehmen Sie mich überhaupt nicht; nur verlangen Sie nicht, daß ich mich ändere, und halten Sie mich vor allem nicht für einen Talleyrand, dem man aber auch das letzte zutrauen kann! Doch nun genug davon. Diese ganze Spektakel führt ja zu nichts: Wir alle müssen sterben und werden nach dem Tode stinken. Bei uns hier ist der Frühling eingezogen, der Schnee ist fast völlig verschwunden, aber alles ist irgendwie unschön und ohne Leben. Die Tage sind feucht, kalt und grau, die Felder kahl und von tödlicher Gelbheit. Im Wald bricht allerdings schon das Gras durch. Es gibt wenig Wild. Ich hoffe, zum 20. hier alles beendet zu haben; am 24. bin ich in Petersburg (am

29. reise ich ab, wie Sie wissen). Wir werden uns in Petersburg wiedersehen und vielleicht auch im Ausland, obwohl man mir wahrscheinlich andere Heilquellen anraten wird als Ihnen. Möge Ihr Aufenthalt in Marienbad in jeder Beziehung ebenso wohltuende Wirkung haben wie im Jahre 57. Grüßen Sie alle guten Bekannten und die liebe Maikowa von mir. Heute erfuhr ich vom Tode der Bosio und bedaure sie sehr. Ich sah sie am Tage ihrer letzten Vorstellung: sie spielte in „Traviata"; als sie damals eine Sterbende verkörperte, dachte sie nicht, daß sie diese Rolle so bald im Ernst übernehmen müßte. Staub, Verwesung, Lüge – all das ist irdisch. Auf Wiedersehen, Sie ungerechter Mensch! Ich drücke Ihnen die Hand.

Die Hauptsache habe ich vergessen: den Brief an Graf Kuscheljow wegen der Übersetzung Soljanikows; gleich morgen werde ich ihm schreiben, obwohl ich – ehrlich gesagt – auf diesen Mitrofanuschka-Mäzenaten nicht die geringste Hoffnung setze.

I. Turgenjew

60

An A. A. Fet Vichy, 30. Juni 1859

Mein lieber Fet! Wie oft wollte ich Ihnen schreiben – und immer „kam etwas dazwischen". Heute scheint es nun endlich zu gelingen. Ich befinde mich in dem kleinen Städtchen Vichy, in Mittelfrankreich – nicht weit von Clermont; behandle meine Krankheit mit Brunnen und Heilbädern – und spüre bis jetzt keinen Erfolg. Hier sind viele Menschen, aber alles Franzosen; Russen nur wenige – und uninteressante. Ich beklage mich nicht – das gibt mir die Möglichkeit zu arbeiten; aber bis jetzt tänzelt meine Muse nur wie ein zu lange im Stall gehaltenes Pferd und kommt schlecht vorwärts. Eine armselige Seite pro Tag. Oft denke ich an Rußland, an die russischen Freunde, an Sie, an unsere Fahrten im vergangenen Jahr – an unsere Streitgespräche. Was tun Sie eigentlich? Wahrscheinlich verschlingen Sie ganze Fuhren von Erdbeeren – mit religiös-ehrerbietigem Dehnen der Nasenflügel während des lautlos feierlichen Einführens des gefüllten Löffels in den nach Art von Dohlenjungen aufgerissenen Schnabel. Und die Muse? Und Shakespeare? Und die Jagd? – Dieser Brief wird Sie wahrscheinlich nach Ihrer Rückkehr aus Stschigrowka erreichen, wohin Sie sicherlich mit Afanassi gefahren sind. Teilen Sie mir doch um Himmels willen mit, wie die Jagd gewesen ist. Gab es viele Birkhähne? Wie haben die Hunde sich angestellt – besonders Wesna, Notschkas Tochter? Wird etwas aus ihr werden? All das interessiert mich brennend. Sie glauben nicht, wie gern ich jetzt bei Ihnen wäre: Rauch ist alles ird'sche Wesen, alles ist Staub und Eitelkeit, nur die Jagd nicht:

Wie des Rauches Säule weht,
Schwindet jedes Erdeleben,
Nur die – Schnepfen, Hasen, Birk-, Reb-, Hasel-
und andere Hühner, die Hasen, Enten,
Becassinen, Doppel- und Waldschnepfen –
*bleiben stet.**

Sie müssen mich über alles auf der Welt informieren: über Ihre Frau, über Ihre Schwester, über Borissow und seinen Sohn, über die Bauernfrage, über die Literatur, über den „Sowremennik" und den „Wremennik", über die Zeitschriften, über meinen Onkel und seine Familie (ich hoffe, Sie sehen sie ab und zu), über Tolstoi und die Tolstaja, über die Badestelle an der Suscha, über die Birkenallee, darüber, ob Sie braungebrannt sind und ob Sie sich waschen, über den Mzensker Dom, über die Anzahl der Krähen, darüber, ob diese noch immer über dem Abhang des Galgenberges kreisen, über die *Dürre*, die uns hier angst macht, über die Fähre auf der Suscha und die 50 000 Silberrubel, die Drejling alljährlich an seinen Rüben verdient, über die abgenagten Weiden an den Straßenrändern, über Kneipen und Abstinenz, darüber, ob sich der Geruch in den Bauernhütten geändert hat, und auch, ob bei den Bäuerinnen noch immer die Brüste unterm Hemd schaukeln, über Nekrassow und Ihre Zwistigkeiten mit ihm, über das Halleluja, über das Halleluja, über das Halleluja, über die Moskauer, über den allerteuersten und meistgeliebten Weisen und Peripatetiker Nikolai Tolstoi, über Porfiris Bauch und sein Billardspiel, über seine eingerissene Nagelhaut, die von zwei Fliegengenerationen übersäte Nase – kurz, von allem! Ich meinerseits werde Sie dagegen über nichts informieren – denn ich weiß, für Sie ist alles Westliche, alles Europäische so etwas wie (die nun folgenden Ausdrücke sind nicht für Damen bestimmt) der erbrochene stinkende Mageninhalt eines räudigen Hundes, der sich an den halbverfaulten, mit Exkrementen gefüllten Därmen eines Menschen überfressen hat, welcher an Elefantiasis verbunden mit Satiriasis gestorben ist! Ich habe, glaube ich, faustdick aufgetragen.

Schreiben Sie mir nach Paris, poste restante, à M. *Ivan* T. – Turgenjews gibt es in Paris plötzlich wie die Fliegen. Ich hoffe nach wie vor fest, im August zu Hause zu sein: wir werden noch zusammen Rebhühner und Waldschnepfen schießen. Leben Sie wohl, mein lieber Dichter; ich grüße freundschaftlich alle die Ihren und drücke Ihnen die Hand.

Ihr ergebener

I. Turgenjew

PS: Die Hauptsache habe ich vergessen: über Apollon Grigorjew, über Apollon, über Apollon!!!

Zweites PS: Ich frankiere den Brief nicht, frankieren Sie die Ihren auch nicht.

61

An A. I. Herzen Paris, 16. September 1859

Lieber Alexander Iwanytsch!

Morgen reise ich nach Rußland zurück und – wirst Du hinzufügen: „er denkt erst jetzt daran, mir zu schreiben“. Ja, ich habe mich ein wenig spät besonnen – aber das läßt sich nun nicht ändern. Eigentlich schreibe ich Dir, um zu erfahren, ob es stimmt, daß Tschernyschewski bei Dir war, welchen Zweck sein Besuch verfolgte und wie er Dir gefallen hat. Schreibe darüber ausführlich nicht an mich – Dein Brief würde mich nicht erreichen, und außerdem werde ich ja alles in Petersburg erfahren –, sondern an Kolbassin und Schenschin, die sich sehr dafür interessieren. Du kennst Kolbassins Adresse: Asnières, près de Paris, 4, Boulevard de la Comète (Lehotville-Asnières). Du wirst sie Dir dadurch sehr verpflichten. In zwei Wochen etwa wird sich ein Mann bei Dir melden, den Du gewiß sehr gut aufnehmen wirst – der Dekabrist Wegelin, welcher Deine Bekanntschaft machen möchte. Er überbringt Dir zwei wichtige Manuskripte, die mir während meines Aufenthalts in Vichy für die „Poljarnaja swesda" zugestellt wurden. Ich habe einen weiteren Dekabristen kennengelernt, Wolkonski, einen sehr lieben und feinen alten Herrn, der Dir gleichfalls zugetan ist und Dich schätzt. Hast Du den jungen Rostowzew gesprochen?

Bleib gesund. Einen Gruß an Ogarjow, seine Frau und alle die Deinen. Ich drücke Dir kräftig die Hand

Dein I. Turgenjew

PS: Sicherheitshalber kannst Du über Tschernyschewski in Allegorien schreiben. Unser Kolbassin ist ein gewitzter Bursche, er versteht das schon.

62

An I. S. Aksakow Spasskoje, 3. November (22. Oktober) 1859

Ich bin so schnell durch Moskau gefahren, mein lieber Iwan Sergejewitsch, daß ich niemanden aufsuchen konnte – ich hatte es eilig, zur Jagd und zur Arbeit hierherzukommen, aber jetzt möchte ich Ihnen gern ein Lebenszeichen geben und vor allem hören, wie es Ihnen und den Ihren geht. – Was ich zu berichten habe, ist schnell getan: Nach meinem Besuch bei Ihnen im Frühling (wenige Tage vor dem Hinscheiden Ihres verehrten Herrn Vaters; die Todesnachricht erreichte mich im Ausland – und hat mich tief geschmerzt, obgleich ich sie erwartet hatte) – nach diesem Besuch also war ich in Frankreich und England, dann in Vichy zur Kur – das ist schon alles; nach meiner Rückkehr habe ich hier zunächst gejagt – sehr schlecht, weil es kein Wild gab; und danach hat mich eine höchst alberne und unangenehme Krankheit befallen, die mir schon in Petersburg zu schaffen machte: ich erkältete mich und bekam Schmerzen in Brust und Hals, habe völlig die Sprache verloren, nicht einmal flüstern kann ich, und der Husten zerreißt mich – drei Wochen dauert diese Geschichte nun schon. Natürlich pflege ich nicht den geringsten Umgang – mit wem übrigens auch; ich habe sehr fleißig gearbeitet und für den „Russki westnik" einen großen Roman geschrieben; wie schön wäre es, wenn er Ihre Billigung fände. Im Ausland habe ich nichts gelesen und hier auch nicht, daher bin ich mit der Literatur ins Hintertreffen geraten, konnte aber viel Lob über Ihre Zeitschrift hören. – Mit den Bauern habe ich fast überall glücklich die Grenzen zwischen den Besitzungen festgesetzt (natürlich unter Belassung der alten Menge Land), habe sie umgesiedelt (mit ihrem Einverständnis), und ab diesen Winter gehen sie alle in Obrok, für drei Silberrubel je Deßjatine; ich sage: *ich* – und müßte sagen: mein Onkel, dem die *neuen Verhältnisse* ganz gegen den Strich gehen, der aber begriffen hat, daß die *alten Verhältnisse* nie wiederkehren. Vor der Trennung von ihren „Herren" werden die Bauern, wie man bei uns sagt, zu Kosaken – und holen aus den Herren heraus, was sie nur können: Getreide, Wald, Vieh und so weiter. Ich verstehe das vollkommen – nur werden in unserer Gegend in der ersten Zeit die Wälder verschwinden, die jetzt jedermann wie besessen verkauft. Halb so schlimm: der Wald wird nachwachsen – und dann nicht mehr irgendwo und irgendwie, sondern nach den Erkenntnissen der Wissenschaft. *Abstinenz* gibt es bei uns nicht – wir sind ein schrecklich versoffener Winkel. Die Bauern werden den Obrok daher für ihr ganzes Land bezahlen und nicht je Deßjatine und pro Kopf, ehe nicht Anordnungen von oben kommen. Von der Dorfgemeinde, von Gemeindebesitz, von Gemeindeverantwortlichkeit will in unserer Gegend kein Mensch etwas hören: ich bin nahezu überzeugt, das muß den Bauern in Form einer administrativen und finanziellen Maßnahme *auferlegt* werden: von selbst werden sie sich nie einverstanden erklären – das heißt, sie wollen die Dorfgemeinde schon – aber nur juristisch gesehen, als *Eigengerichtsbarkeit*, wenn ein solcher Ausdruck erlaubt ist, und nicht anders.

Das ist schon alles, was ich Ihnen zu berichten habe – was werden Sie mir berichten können? Schreiben Sie mir ein paar Zeilen – wenn Ihnen danach ist. (Meine Adresse: Gouvernement Orjol, Stadt Mzensk.) Wegen meiner Krankheit kann ich beim besten Willen kein Datum angeben, wann ich von hier abreise; ich wollte ursprünglich um den 15. November herum für drei Tage nach Moskau kommen und danach für etwa zwanzig Tage (ab Weihnachten) zurückkehren, um die Drucklegung meines Romans zu beaufsichtigen; doch jetzt kann ich für nichts garantieren, wenn ich auch immer noch hoffe, meine Absicht auszuführen. Grüßen Sie bitte Ihre verehrte Frau Mutter von mir, Konstantin Sergejewitsch und Ihre ganze Familie – auch Chomjakow, die Jelagins und die anderen guten Bekannten. Bleiben Sie gesund – das ist die Hauptsache – und auf Wiedersehen. Ich drücke Ihnen kräftig die Hand.

Ihr ergebener

I. Turgenjew

63

An M. A. Markowitsch Petersburg, 18. (6.) Januar 1860

Meine liebe Marja Alexandrowna!

Bis jetzt habe ich gezögert, Ihren liebenswürdigen Brief aus Heidelberg zu beantworten, weil ich Sie gleichzeitig von der Veröffentlichung der „Internatsschülerin“ benachrichtigen wollte. Sie ist in Heft 1 der „Otetschestwennyje sapiski“ aufgenommen worden und wird in den nächsten Tagen erscheinen. Bei Snegirjow hat sie ganz hübsch Federn lassen müssen – aber gedruckt werden konnte sie. Zweidreiviertel Bogen sind es geworden, der Bogen zu 150 Rubel, das ergibt etwas über 400 Rubel. Da Krajewski Ihnen schon 300 Rubel vorausgezahlt hat, werde ich die übrigen 100 Rubel, sobald ich sie bei Erscheinen des Heftes von ihm bekommen habe, Beloserski geben, der sie Ihnen zusenden wird. Soviel ich weiß, ist er in Geldangelegenheiten Ihr Mittelsmann.

Sie überwintern also im Ausland... Schade, aber nicht zu ändern. Für Ihre Gesundheit ist das übrigens gut und nützlich – und das ist doch die Hauptsache. Auch für Bogdan, meine ich, wird es in jeder Hinsicht gut sein, einmal in einer deutschen Stadt und unter deutschen Kindern zu leben.

Hier geht alles seinen alten – und gleichzeitig neuen Gang. Nächstens haben wir einen Vortragsabend zugunsten unserer Gesellschaft (in der Sie Mitglied sind); übrigens lese ich dort meinen Aufsatz „Don Quijote und Hamlet“ vor. Es gibt außerordentlich viele Interessenten – warten wir den Erfolg ab. Gleich nach dem Vortragsabend fahre ich nach Moskau – wegen der Drucklegung meines neuen Romans im „Russki westnik“. – Gesundheitlich geht es mir noch immer merkwürdig: im Zimmer huste ich nicht, doch kaum stecke ich die Nase in die frische Luft, befällt mich eine Art Keuchhusten. Ich weiß nicht, wie ich bei dieser Kälte nach Moskau kommen will.

Mit den hiesigen Kleinrussen habe ich Kontakt – freilich nicht so häufig wie im vorigen Jahr – besonders mit Schewtschenko. Er soll irgendein mißglücktes Poem geschrieben haben.

Schlecht ist, daß Sie wenig arbeiten – vielleicht aber auch gut: es bedeutet, Sie sammeln neue Eindrücke. Lesen Sie Goethe, Homer und Shakespeare, das ist das beste. Sie dürften doch jetzt das Deutsche beherrschen.

Ich fahre im Sommer ins Ausland – vielleicht begegnen wir uns irgendwo; schreiben Sie mir zwei Worte über Ihre Zukunftspläne. – Ich drücke Ihnen fest die Hand, grüße Ihren Gatten und küsse Bogdan. Bleiben Sie alle gesund.

Ihr ergebener

I. Turgenjew

PS: Ich frankiere meinen Brief nicht – machen Sie es genauso – er kommt dann zuverlässiger in Ihre Hände.

PS: Meine Adresse ist unverändert: *Bolschaja Konjuschennaja, Webers* Haus.

64

An N. J. Makarow Paris, 3. Juni 1860

Mein lieber Nikolai Jakowlewitsch, Ihren Brief habe ich vor einigen Tagen erhalten – und nur wegen ständiger Laufereien bisher noch nicht beantwortet. Ich habe meine Zelte hier schon abgebrochen: übermorgen bin ich, wenn alles gut geht, in Frankfurt und in drei Tagen in Soden, wo ich bestimmt sechs Wochen bleibe. Sie wissen schon aus Marja Alexandrownas Briefen, daß sie hier ist: sie wohnt bei den Stankewitschs und ist unverändert sympathisch und lieb und ebenso originell. (Unter uns) mir scheint, sie hat es im Leben nicht ganz leicht; aber sie besitzt viel Charakter, ist schweigsam und beharrlich – und gegen sich selbst rücksichtslos: Was dabei herauskommt, weiß allein Gott! – Sie fährt nach Lausanne zurück, will aber bald darauf in Schwalbach sein, woran ich ein wenig zweifle. – Botkin ist eingetroffen, und wir haben uns bereits zweimal bis zur Verblödung übergessen; er will nach England. – Annenkow flattert als zehn Pud schwerer Schmetterling durch Norditalien – und steckt seine Beobachternase in die Blüten des öffentlichen Lebens. – Bitte, bringen Sie Ihre Schwester und Ihren Schwager zur Vernunft: er lächelt zwar, wie ich bemerken konnte, höchst selbständig – doch das ist auch alles; und Ihre Schwester ist – in gewissem Grade – ein Desperado, was beide nicht daran hindert, äußerst liebe Menschen zu sein. Setzen Sie ihnen, bitte, den Kopf zurecht, damit ihre Reise nicht umsonst ist. – Und werden vor allem Sie selber gesund. Gebe Gott Ihnen Geduld! Das muß ja eine ganz üble Sache sein, diese *Hungerkur**!

Ich schreibe Ihnen, sobald ich in Soden ankomme. Bis dahin behalten Sie Ihre gute Laune und verlieren Sie nicht den Mut. Ich drücke Ihnen kräftig die Hand und bleibe Ihr ergebener

I. Turgenjew

NB: Soeben habe ich sechs Pasteten verspeist.

65

An A. A. Fet Soden, 8. Juni 1860

Et tu, Fethie! rief ich gestern am Poste-restante-Schalter in Frankfurt betrübt aus, als auf meine Frage: Sind Briefe auf meinen Namen da: *Turgeneff – mit einem harten T** – die Antwort ertönte: *Nichts da!** – ich war überzeugt, Sie hätten mir geschrieben, und wäre es nur, um mir einen Empfehlungsbrief an den Hund... wollte sagen, an jenen Mann in Darmstadt zu schicken, der mir einen guten Hund besorgen kann. Sollten Sie dies also noch nicht getan haben, dann senden Sie mir, ohne auch nur eine halbe Sekunde zu zögern, den Brief hierher nach Soden – an folgende Adresse: *Soden, bei Frankfurt am Main (Großherzogtum Nassau) im Europäischen Hof.** Das muß sehr bald geschehen: Ich bleibe insgesamt nur vier Wochen hier – und bei unserer Post kann ich mir vorstellen, in welchem Schnekkentempo dieser Brief befördert wird! Bitte, verlieren Sie keine Zeit. Aber schreiben Sie mir nicht nur von dem Hund. Schreiben Sie von sich, von Ihrer Gattin, von Borissow, von den Tolstois: vom ganzen Mzensker Landkreis! Übrigens, was die Tolstois betrifft: Alle Kranken mit Brustleiden machen eine Kur in Soden; dorthin müßten Tolstoi (Nikolai) und seine Schwester fahren! Das wäre wundervoll. Und die Luft hat hier tatsächlich Heilwirkung: als ob sie mit frischgemolkener Milch getränkt wäre. – Botkin (der sich so gut erholt hat, daß sein Gesicht von der Sonne gebräunt ist und seine Augen in südlichem Glanze funkeln) zeigte mir in Paris Ihren Brief, in dem Sie von Lew Tolstoi, von der Literatur überhaupt und so weiter sprechen. Vieles in diesem Brief ist richtig, wenn auch übertrieben. Zu den angenehmen Übertreibungen gehört unter anderem auch Ihre Ansicht über mein letztes Produkt. Wann werden übrigens die Aufsätze über „Vorabend“ aufhören? Das ist wie eine Epidemie. Man sollte diesen Roman endlich in Ruhe lassen. – Was treiben Sie? Wie gedenken Sie, Ihr Kapital anzulegen? Und wie sind die Jagdaussichten? Gibt es noch keine Erdbeeren?

Ich fürchte, Nikolai Tolstoi wird immerzu Reisevorbereitungen treffen – und am Ende doch nicht fahren. Dabei müßte er sich unbedingt behandeln lassen. Sein Husten gefiel mir schon im vergangenen Jahr nicht.

Soden ist ein sehr stilles und recht hübsches Städtchen. Saubere Straßen, saubere Häuser, ehrliche Gesichter, viel Grün, viel Bäume, an den Wegen *Ruheplätze**, morgens und abends Musik – alles, wie es sich gehört. Nur eins ist schlecht: es regnet unaufhörlich. Überhaupt ist in diesem Jahr das Wetter miserabel.

Ich will arbeiten – oder, genauer gesagt, lesen. Schon lange habe ich nichts Vernünftiges mehr gelesen und bin zurückgeblieben. Habe mir Carl Vogt vorgenommen. Schrecklich gescheit und scharfsinnig, dieser abscheuliche Materialist!

Mehr gibt es vorläufig nicht zu schreiben. Was sagen Sie zu Garibaldi? Aber Sie interessieren sich ja so wenig für Politik, daß Sie möglicherweise gar nicht wissen, wer Garibaldi ist?

Hier haben Sie als Kostprobe ein Gedicht des im Wahnsinn gestorbenen Nikolaus Lenau, das sehr an den „Sturm am Abendhimmel" erinnert:

Sonnenuntergang;
Schwarze Wolken zieh'n.
O wie schwül und bang
Alle Winde flieh'n!

Durch den Himmel – wild
Jagen Blitze – bleich;
Ihr vergänglich Bild
Wandelt durch den Teich.

Doch gar nicht übel?

Wie gewitterklar
Mein ich dich zu seh'n
Und dein langes Haar
*Frei im Sturme weh'n!**

Ich grüße und umarme alle.

I. Turgenjew

66

An J. J. Lambert Ventnor, 18. August 1860

Sie sind weiß Gott so lieb und so gut, liebe Gräfin, daß ich wirklich nicht weiß, wie ich Ihnen danken soll. Ich erhielt Ihren Brief – und gleich darauf einen Brief von meiner Tochter, die völlig hingerissen von Ihnen ist und mir alles ausführlich berichtete. Ich fürchte, Sie werden sie verwöhnen: sie ist sehr anhänglich, hat es aber gern, daß man auch ihr Anhänglichkeit beweist, sie ein wenig hätschelt. Ich weiß zum Beispiel, warum sie Frau Viardot nicht mehr mag: weil diese ihr in jüngster Zeit weniger Beachtung schenkte. Junge Leute lieben andere Menschen nicht wegen ihrer Qualitäten, nicht einmal wegen empfangener Gefälligkeiten und Wohltaten, sondern wegen der Zärtlichkeiten, die man ihnen erweist: dieser Egoismus der Jugend ist verzeihlicher als der des Alters – aber es ist dennoch Egoismus. Bei alldem hat sie ein gutes Herz; sie ist unter einem glücklichen Stern geboren – und wenn man nach der Wahrscheinlichkeit urteilen darf, wird ihr Leben gut und richtig verlaufen. – Dies gebe Gott!

Unter uns gesagt, Mme. Vériguine verwirrt sie ganz unnötig mit Vorwürfen über ihre Unkenntnis des Russischen und dem Vorschlag, nach Rußland zurückzukehren, wo sie angeblich einen guten Mann fände und so weiter. Meine Tochter kann leider nicht nach Rußland zurückkehren, und es ist darum nicht gut, solche Gedanken in ihr zu wecken.

Polinka schreibt mir, was für ein prächtiges Geschenk Sie ihr gemacht haben; ich küsse Ihnen die Hände und danke Ihnen. Es macht mir solche Freude, Ihnen zu danken, daß ich überzeugt bin, Sie werden mich deswegen nicht tadeln.

Hier sind ziemlich viele Russen – und gute, unter anderen ist N. J. Rostowzew (ein Sohn des bekannten Jakow Iwanowitsch) hier – ein großartiger Mensch. Ich würde mich sehr freuen, wenn Sie ihm einmal begegneten. Nur das Wetter ist weiterhin schlecht, und ausgerechnet heute haben wir solchen Sturm, daß an Baden nicht zu denken ist. Das Meer vor meinen Fenstern ist ganz dunkel und zeigt weiße Schaumkronen. Ein entsetzlicher Wind.

Die Unannehmlichkeiten, die Sie am Schluß Ihres Briefes andeuteten, sind hoffentlich schon vorüber. Ihnen muß einfach die Sonne scheinen!

Ich habe ein wenig zu arbeiten begonnen; plane einen neuen großen Roman – ob etwas daraus wird?

Auf Wiedersehen in zwei Wochen. Reisen Sie ja nicht, ohne mich gesehen zu haben, aus Paris ab. Grüßen Sie alle Ihre Angehörigen – und Ihnen bin ich von ganzem Herzen zugetan.

I. Turgenjew

67

An A. I. Herzen Courtavenel, 27. September 1860

Mein lieber Alexander Iwanowitsch, sobald ich Deinen Brief erhielt, den mir Delaveau überbracht, habe ich ihn Marja Alexandrowna ausgehändigt, die Dir gleichfalls unverzüglich antworten wollte. Ich hatte ihretwegen nicht wenig Sorgen: sie mußte aus dem Strudel verworrener Verhältnisse, Schulden und so weiter, in dem sie steckte, wieder auf festen Boden geführt werden. Ihr Mann ist kein schlechter, ja sogar ein anständiger Mensch, aber durch seinen kleinlichen, reizbaren, selbstgefälligen und unerträglichen Egoismus schlimmer als der ärgste Bösewicht. Mit seiner Geldverschwendung (bei völligem Fehlen jedweden Komforts, ja sogar von Garderobe) erinnert er mich an Bakunin (natürlich nur in dieser Hinsicht, denn bei alledem ist er hoffnungslos beschränkt). Um dem Unheil ein Ende zu machen, habe ich beschlossen, Marja Alexandrowna in einer Pension unterzubringen, wo sie für 175 Francs im Monat in voller Verpflegung ist, ihren Mann nach Petersburg zu schicken, wo eine Stelle auf ihn wartet, die Kowalewski besorgt hat, ferner alle Schulden publik zu machen – um damit neue zu verhindern, und den wilden und miserabel erzogenen, aber gescheiten Jungen, Marja Alexandrownas Sohn, hier in ein Institut zu geben, damit er etwas gedrillt wird. Doch ihr Mann, der bislang vom Geld und von den Schulden seiner Frau lebte, ist nur einverstanden, Heidelberg zu verlassen, wenn er vorher von ihr und dem Sohn Abschied genommen hat – *dort*: und so eilte sie für zwei Tage dorthin, was sie an die 300 Francs kosten wird. Zumindest bringt sie ihm das Reisegeld und klärt seine Schulden in Heidelberg, das heißt übernimmt sie auf ihren Namen. (Vor allem Hofmann ist er verschuldet, dem ehemaligen Moskauer Professor.)

Richte Ogarjow meinen Dank für seinen freundschaftlichen Brief aus: sein Rat bezüglich unserer künftigen Schulen wird zur Kenntnis genommen werden; was sagst du zu unserem Projekt?

Ich habe für acht Monate eine Wohnung in Paris gemietet – 210, Rue de Rivoli – und ziehe in einer Woche dort ein. Ich erwarte Deine Antwort wegen der Engländerin.

Hoffentlich bist Du und sind alle Deine Angehörigen gesund und munter, obwohl das Wetter auch weiterhin abscheulich ist. Ich drücke Dir kräftig die Hand und grüße alle die Deinen.

Dein I. Turgenjew

68

An A. A. Fet Paris, 15. Oktober 1860

Beatus ille, amice Fethie – und so weiter – siehe Ihre Horaz-Übersetzung. Mit beiden Händen segne ich Ihr warmes Nest und die darin sitzen und meinem Herzen lieb sind. Sie sollten nichts bedauern: nicht die zuviel bezahlten Kopeken, nicht die Laufereien und Scherereien: all das sind Lappalien, denn *der Hauptgriff ist getan*!* Und der Himmel selbst lächelt Ihnen zu – jener Himmel, der hier sechs Monate lang abscheuliches Wetter und Kälte herabschickte, uns mit Regen bespritzte (und noch bespritzt) und aussah wie schmutzige Wäsche; bei Ihnen herrscht – wie ich höre – Wärme, Gottes Segen und Sonne! Mit ehrlicher Ungeduld harre ich des glücklichen Augenblicks, da ich im nächsten Frühjahr bei Nachtigallengesang von der Kursker Landstraße nach Ihrem Chutor abbiege. Dann wollen wir zum letztenmal auf unsere alten Tage lustig sein und aus dem Kelch der Jugend schlürfen – und mit Röderer aus einem anderen Kelch – *dieses letztere* allerdings nicht zum letztenmal. Ja, wir beide werden noch einmal richtig leben; für Nikolai Tolstoi hingegen gibt es keinen Frühling mehr, keinen Nachtigallengesang, nichts! Der Ärmste ist auf den Hyèrischen Inseln gestorben, kaum daß er dort angekommen war. Diese Nachricht habe ich von seiner Schwester. Sie können sich vorstellen, wie schmerzlich mich das getroffen hat – obwohl ich die Hoffnung auf seine Genesung schon lange aufgegeben hatte – und obwohl sein Leben schlimmer war als der Tod – falls überhaupt etwas schlimmer als der Tod sein kann. Lew Nikolajewitsch war bei ihm – und ist jetzt noch in Hyères (Nikolai Nikolajewitsch ist in Hyères verschieden, nicht auf den Inseln). *Die Guten sterben jung.** Ich weiß, auch Sie und Borissow werden seiner oft gedenken: er war ein Mensch wie Gold – klug, schlicht und liebenswert. Ich würde gern mit Lew Nikolajewitsch über seine letzten Tage sprechen, doch wer weiß, wann und wo ich ihn wiedersehe.

Für den Winter habe ich mit meiner Tochter und einer englischen Gouvernante mein Domizil in der Rue de Rivoli, 210, aufgeschlagen, werde aber vielleicht gezwungen sein auszuziehen, weil sich in den Raum, den ich zu meinem Arbeitszimmer machen wollte, ein übler Geruch festgesetzt hat. Man verspricht, das zu beheben, aber schreiben Sie trotzdem lieber poste restante. Mich verdrießt das um so mehr, als ich den Plan für meinen neuen Roman bis in die Einzelheiten fertig habe und, obwohl ich unter die Trilunnys geraten bin, nicht abgeneigt wäre zu arbeiten. Auch Ihnen empfehle ich, obgleich auch Sie ein Trilunny sind, das Gespräch mit den Musen nicht zu verschmähen; jetzt freilich steht Ihnen nicht der Sinn danach; doch wenn Sie zur Ruhe gekommen sind und den Teich ausgehoben haben, sollten Sie die letzten Herbsttage nutzen, die voll eines besonderen

„Lieblichen, geheimnisvollen Reizes“

sind, und die Saiten Ihrer Leier zu stimmen versuchen – und mir etwas schicken. Denn hier ist es wirklich zu prosaisch und trocken (im übertragenen Sinne). Einen Hund bekommen Sie, dafür verbürge ich mich bei Kastor und Pollux (irgendwie neige ich heute zu klassischen Vergleichen) – und zwar einen guten ... Im Frühjahr gehen wir zusammen jagen – unbedingt! unbedingt!! unbedingt!!!

Über die Nachricht von der Genesung Ihrer Schwester habe ich mich sehr gefreut. Grüßen Sie Borissow von mir und gratulieren Sie ihm.

Nun, bleiben Sie gesund und guten Muts. Ich drücke Ihnen und Ihrer Frau freundschaftlich die Hand. Wir wollen uns häufiger schreiben.

Ihr ergebener

I. Turgenjew

69

An J. J. Lambert Paris, 10. Dezember 1860

Ehe ich Ihre zwei langen und reizenden Briefe beantworte, liebe Gräfin, gestatten Sie, daß ich Sie für den folgenden Satz in Ihrem Brief tadle (obwohl dieses Wort nach Undankbarkeit riecht): „Vous voulez de mon écriture 2 fois par semaine, ma *distraction* a été cause que voici 2 lettres trop près l'une de l'autre.“ Als ob Sie nicht wüßten, wie glücklich ich wäre, täglich zwei Briefe von Ihnen zu bekommen, und daß mein Vorschlag nur von dem Wunsche diktiert war, bescheiden zu sein und Sie nicht gar zu sehr zu inkommodieren! Sie lesen zwischen den Zeilen bisweilen Dinge, die gar nicht darin enthalten sind – genauso wie Sie den Buchhändler Dawydow zu Unrecht verdächtigten, ich habe ironisch gelächelt: es heißt Demidow- und Demidowski-Gasse, ganz nach Belieben. Und das Lächeln eines *gebildeten* Kaufmanns beweist nur, daß er galant sein möchte.

Ich freue mich, daß Annenkow Sie endlich aufgesucht hat, obwohl ich befürchte, es wird bei diesem einen Besuch bleiben. Er ist schüchtern, hat wenig unter Frauen gelebt, spricht schlecht Französisch, und es fehlt ihm an Selbstbewußtsein und äußerem Auftreten: er wird Sie in sein Herz schließen, Sie verehren und Sie nicht besuchen. Wie froh wäre ich, wenn sich meine Prophezeiung nicht bewahrheitete – er ist ein vortrefflicher Mensch.

Grigorowitsch dagegen, dessen Bekanntschaft Sie gemacht haben und der Sie anscheinend beeindruckte, ist alles andere als ein vortrefflicher Mensch. Ein herzloses kleinliches Klatschmaul und ein Lügner. Solange seine Tricks und die Bildhaftigkeit seiner Sprache für Sie noch neu sind, wird er Ihnen gefallen; doch ich nehme an, Sie werden ihn bald durchschauen und erkennen, daß er nicht einmal gescheit – und daß seine malerische Ausdrucksweise nichts anderes als eine Manier ist. – Oh, wenn ich bedenke, wie jung und unerfahren Sie noch sind! Und dafür liebe ich Sie ja, für die Naivität Ihres Herzens, das so viel leiden mußte – und Ihres Verstands, der so auf die Probe gestellt wurde! Aber warum sollten Sie eigentlich nicht auch an Grigorowitsch Ihren Spaß haben, man geht doch auch ins Theater, um sich inhaltsleere, aber spaßige Stücke anzusehen, und zahlt sogar noch dafür.

Mein Leben verläuft eintönig und still – ich arbeite viel und habe schon ungefähr ein Drittel eines großen Romans fertig, den Annenkow Ihnen im Manuskript vorlesen wird, sobald er fertig ist; mit meiner Tochter vertrage ich mich jetzt – unser Schiff schlingert nicht mehr und zieht seine Bahn, obwohl es zwischen uns, nach wie vor, nur sehr wenig Gemeinsamkeit gibt; zu alledem ist – unlängst – mein Herz gestorben. Ich teile Ihnen diese Tatsache mit und weiß nicht, wie ich sie nennen soll. Sie verstehen, was ich sagen will. Das Vergangene hat sich endgültig von mir gelöst, doch als ich mich davon trennte, wurde ich gewahr, daß mir nichts geblieben ist, daß sich mit dem Vergangenen mein ganzes Leben von mir gelöst hatte. – Mir ward schwer zumute – doch bald wurde ich zu Stein; und jetzt fühle ich, so kann man noch leben. Würde erneut auch nur die kleinste Hoffnung auf Wiederkehr aufflackern, sie würde mich bis ins Mark erschüttern. Ich habe dieses Eis der Fühllosigkeit, unter dem stummes Leid verborgen ist, schon früher erlebt... Die Eisschicht braucht nur fest zu werden, und das Leid darunter verschwindet.

Mit Bedauern erfuhr ich von der Krankheit Ihres Sohnes und hoffe, er ist inzwischen wieder völlig gesund und munter. Stellen Sie sich vor, ich hatte keine Ahnung, daß Ihr Gatte und Ihr beaufrère noch in Paris sind: Gestern war ich bei ihnen, traf aber niemanden zu Hause an (Ihr Gatte ist bereits nach P. abgereist). Ich hoffe, wenigstens Graf Karl ab und zu zu sehen. Ich bin gern mit ihm zusammen, obwohl er mir wenig sympathisch ist: er ist gescheit und originell.

Hier habe ich nahezu keinerlei Umgang: die Franzosen mag ich nicht, wie Sie wissen, und angenehme Russen gibt es nur wenige. Kotschubej ist hier, der mit Wolkonskis Tochter, einer ehemaligen Moltschanowa, verheiratet ist: beide sind reizende Menschen, und sie haben sich so lieb, daß es eine Freude ist, ihnen zuzusehen. Frau Markowitsch sehe ich häufig – übrigens kann ich mich nicht erinnern, ob ich Ihnen von ihr erzählt habe.

Bald schreibe ich Ihnen wieder – jetzt aber wünsche ich Ihnen vorläufig von ganzem Herzen viel Glück – und noch mehr Gesundheit. Ich drücke Ihnen freundschaftlich die Hand.

Ihr I. Turgenjew

70

An A. I. Herzen — Paris, 9. Januar 1861

Lieber Alexander Iwanowitsch!

Bitte, schreibe mir umgehend, woher Du die Nachricht vom Tode K. Aksakows hast und ob sie zutrifft; weder in den Zeitungen noch in den Briefen, die ich aus Rußland erhielt, verlautet darüber ein Wort. Ich kann an den Tod dieses Menschen immer noch nicht glauben.

Deinen Auftrag habe ich Rjurikowitsch übergeben, der in Wirklichkeit kein Rjurikowitsch, sondern ein Gediminowitsch ist. Er versprach, Deine Worte ordnungsgemäß weiterzuleiten, und bittet um Rücksendung des Auszuges.

Die „Raskolniki" habe ich schon vor langem erhalten und zu Ende gelesen. Es ist unerhört interessant. Turgenjew, Fjodor

Michailowitsch, wird dort gut wiedergegeben. Das war ein großer Hundesohn und Räuber. Ich erinnere mich, wir fuhren deswegen nicht zu ihm, obwohl er unser Verwandter war. Dabei gehörten doch auch *meine* Angehörigen nicht zu den allerfehlerlosesten.

Benni war hier, brachte ein Porträt, gefiel sehr – und verschwand. Man wird ihn suchen müssen.

Olga aß am Sonntag mit den andern Kindern bei mir zu Mittag. Ich stellte einen Bären dar und lief auf allen vieren. Das ist dans mes moyens – aber heiraten! Oh, grausamer Spott!

Mit dem „Sowremennik“ und Nekrassow habe ich alle Beziehungen abgebrochen, was unter anderm aus den Beschimpfungen à mon adresse in fast jeder Nummer ersichtlich ist. Ich befahl ihnen, zu sagen, sie möchten meinen Namen nicht in die Reihe der Mitarbeiter aufnehmen, aber sie brachten ihn ganz zum Schluß, inmitten der Spitzbuben. Was ist da zu machen? Soll man die Katkow-Geschichte in den Zeitungen von neuem beginnen?

Ogarjows Artikel habe ich noch nicht zu Ende gelesen – ich schreibe Dir bestimmt meine Meinung, und Du antworte mir, bitte, wegen Aksakow.

Bleibe gesund. Ich grüße Euch alle

I. Turgenjew

71

An J. J. Lambert Paris, 20. Januar 1861

Lange, lange schon wollte ich Ihnen schreiben, liebe Gräfin, bin aber immer wieder nicht dazu gekommen. – Die Zeit fliegt so rasch dahin – wie und wohin, vermag niemand zu sagen; vielen ist nicht einmal völlig klar, woher sie geflogen kommt. Es fiele mir äußerst schwer, zu sagen, was ich im vergangenen Monat getan habe; sogar gearbeitet habe ich nur sehr wenig – anscheinend kaum gelebt, weiter existiert, nicht mehr. Doch vor zwei Tagen bin ich krank geworden und sitze nun zu Hause; in der Einsamkeit bin ich zwangsläufig zur

Besinnung gekommen – und einer meiner ersten Gedanken waren natürlich Sie. So lassen Sie uns also ein wenig plaudern.

Welche Stille, welche kühle, traurige und gleichzeitig wohltuende Stille wehte mir aus Ihrem Brief entgegen, den Sie im Tichwiner Kloster begonnen haben! Wie freudvoll erschien mir dieses Leben, inmitten hohen Schnees, ganz durchdrungen von vorzeitiger Bewegungslosigkeit des Todes! Unter dem Eindruck dieser heilsamen Kühle und Befreiung von der Unruhe des Alltags gewinnt alles, selbst die kleinste Kleinigkeit, eine besondere Bedeutung, wirkt irgendwie besonders auf die Seele ein. Ich bin gewiß, das bloße Klappern der Schuhe einer Nonne, die über den Steinfußboden des Korridors in die Kirche zum Gebet geht, sagt ihr etwas ... Und dieses Etwas muß, wenn es das menschliche, ungeduldige Herz nicht tötet, nicht erdrückt, ihm einen unaussprechlichen Frieden und sogar Lebensfähigkeit verleihen ... Wie unrecht tun Sie, sich bei mir über sich selbst zu beklagen, Sie fänden keine *eigenen Worte*: Ihr Brief wurde vor meinen Augen zum Bild.

Ich schreibe Ihnen so ausführlich von meinen Eindrücken, dabei trifft Sie mein Brief vielleicht in ganz anderer Stimmung an. Das Leben ist uns immer voraus, obwohl sich alles darin ständig wiederholt – doch ein von Herzen gesprochenes Wort findet früher oder später seinen Platz.

Sie können sich nicht vorstellen, wie gern ich nach Rußland zurückkehren möchte – nicht jetzt, aber mit den ersten Tagen des Frühlings, wenn die Nachtigallen schlagen. Könnte ich nur meine Tochter mit einem ordentlichen Manne verheiraten, dann wäre ich frei. Alle anderen Bande sind – nein, nicht zerrissen, aber zerschmolzen. Ich fühle mich wie ein längst gestorbenes, gleichsam einer fernen Vergangenheit angehörendes Wesen, doch als ein Wesen, das sich die lebendige Liebe zum Guten und Schönen bewahrt hat. Nur enthält diese Liebe nichts Persönliches mehr, und wenn ich auf ein schönes junges Antlitz blicke, denke ich dabei ebensowenig an mich, an mögliche Beziehungen zwischen diesem Antlitz und mir, als wäre ich ein Zeitgenosse des Sesostris, der sich durch ein Wunder noch auf Erden, unter lebendigen Menschen bewegt. – Die

Möglichkeit, den eigenen Tod in sich selbst zu überleben, ist vielleicht einer der unbestreitbarsten Beweise für die Unsterblichkeit der Seele. Ich bin gestorben – und dennoch am Leben und vielleicht sogar besser geworden und reiner. Was will ich noch mehr?

Lassen Sie uns von diesen philosophischen Spekulationen zu etwas Praktischerem übergehen.

Sie kennen ja durch mich Annenkows Ansicht über den Bericht von Mejendorf. Ich teile diese Ansicht, glaube allerdings, Mejendorfs Kollekte könnte dennoch nützlich sein, besonders angesichts der Abneigung der Regierung gegen *gemeinsames Vorgehen* in dieser Frage. – Das Projekt unserer Gesellschaft ist auf die heftigste Opposition gestoßen: nun muß jeder für sich handeln – und es wäre wünschenswert, daß Mejendorf nicht irgendwelchen schlechten Schreiberlingen in die Hände fiele, die ihm Schmöker à la Grigorowitsch zusammenschmieren. Sind Sie übrigens noch immer von diesem Herrn bezaubert?

Schreiben Sie mir ein paar Zeilen von sich selbst, von Ihrem Alltag – von Ihrem Sohn und Ihrem Gatten. Könnten Sie, wenigstens kurz, die Veränderungen in dem Personenkreis erläutern, der den Thronfolger umgibt? Da wir keine Republikaner sind – und einmal unter seinem Zepter leben wollen, ist alles, was ihn betrifft, für uns wichtig.

Bleiben Sie gesund; ich drücke Ihnen fest die Hand und bleibe für immer

Ihr I. Turgenjew

72

An O. D. Chilkowa — Paris, 31. Januar 1861

Meine liebe junge Fürstin!

Wie sehr ich mich in Ihrer Schuld fühle, läßt sich wohl weder in Worten noch mit der Feder ausdrücken. Mir bleibt nur, all meine Hoffnung auf Ihre Großmut zu setzen und Sie um Vergebung zu bitten.

Mein Schweigen ist um so unverzeihlicher, als es weder durch besonders eifrige Tätigkeit noch durch ein Leben in Zerstreuungen gerechtfertigt werden kann. Die meiste Zeit habe ich zu Hause gesessen und gar nichts getan: sogar mein neuer Roman ist nur sehr wenig vorangekommen. Diese drei Monate sind verflogen wie Rauch aus dem Schornstein: graue Schwaden ziehen dahin, alle scheinbar verschieden und gleichzeitig doch einförmig. Solche Stimmungen kenne ich schon von früher: schließlich spüre ich das Bedürfnis, sie abzuschütteln und diesem Zustand lethargischen Halbschlafs zu entfliehen. Mit vollem Recht tadeln Sie mich in Ihrem Brief der nutzlosen Zeitverschwendung.

Nun, und Sie – wie haben Sie diese Zeit verbracht? Haben Sie sie nützlich verwendet? (Ich erröte bei dem Gedanken, daß ich Ihnen dabei nicht geholfen und kein Buch genannt habe, das Sie hätten übersetzen können. Jetzt ist es schon zu spät – und wahrscheinlich haben Sie sich schon eine Beschäftigung gewählt.) Wie haben Sie die erste Hälfte des Winters in München verlebt? Vor langer Zeit war ich in dieser Stadt – vor so langer, daß ich es zu sagen mich scheue – im Jahre 1838: damals war ich grenzenlos dumm (das meine ich ganz ernst), und selbst wenn ich mir damals einige vernünftige Eindrücke bewahrt hätte, wären sie schon längst wieder ausgelöscht. Wen haben Sie kennengelernt – und vor allem: welches timbre hat Ihr Leben angenommen? Ein künstlerisches, ein musikalisches – ein intimes – oder einfach das eines Reisenden? All das möchte ich gern erfahren. – Wie ist es Ihrer lieben Frau Mutter und Ihrer Schwester ergangen, und welche Nachrichten sind von Ihren Brüdern eingetroffen?

Ich lebe hier ganz in Familie, umringt von weiblichem Element; verkehre mit wenigen Russen, von denen Marja Alexandrowna Markowitsch (bekannt unter dem Namen Marko Wowtschok) das sympathischste Wesen ist. Mit der Zeit lerne ich neue Franzosen kennen, finde aber wenig Geschmack an ihnen und habe nur einen Gedanken – im Frühjahr in meinen geliebten Landkreis Mzensk zurückzukehren. Wie werde ich mich freuen, dieses alte Gemäuer wiederzusehen, das für Steppenbewohner wie unsereinen trotz allem das Beste auf Erden ist. Der St.-Georgs-Tag, die Nachtigallen, der Duft von Stroh und Birkenknospen, Sonnenschein und Pfützen auf den Wegen – das ist, wonach meine Seele dürstet!

Eine sofortige Antwort von Ihnen zu verlangen, habe ich nicht das geringste Recht, aber ich würde mich sehr über eine solche freuen und kann versprechen, daß ich meinerseits auf der Stelle antworten werde.

Ich grüße alle Ihre Angehörigen und drücke Ihnen fest die Hand. Seien Sie vielmals bedankt für die Photographie.

Auf Wiedersehen.

Ihr ergebener

I. Turgenjew

73

An A. I. Herzen Paris, 9. März 1861

Zunächst muß ich Dir sagen, Du bist ein gräßlicher Mensch. Es muß Dir ja großen Spaß bereiten, mit dem Messer in meiner Wunde zu wühlen! Was soll ich denn machen, wenn ich nun einmal eine Tochter habe, die ich verheiraten muß, und daher gezwungen bin, in Paris zu sitzen? Alle meine Gedanken, mein ganzes Ich sind in Rußland.

Ich werde Dir alle nichtoffiziellen, aber verbürgten Neuigkeiten mitteilen. Vorläufig gibt es noch nichts: in Warschau will man es mit Milde versuchen (die brutalité war selbst für die russische Administration zu groß – sogar *sie* schämte sich), aber die Polen brauchen nur ein Wort über die Verfassung verlauten zu lassen, und sie werden sehen, wie man ihnen die Faust zeigt. Aus Petersburg kommt nach wie vor das (anscheinend zuverlässige) Versprechen, am 6./18. März die Freiheit zu verkünden. Die Beschneidung der Landanteile jedoch dürfte den Bauern kaum gefallen, besonders in den Getreidegebieten. Nur gut, daß es keine törichte *Übergangszeit* geben wird.

Den „Kolokol“ kannst Du ruhig an Dela*veau* schicken. Er bringt alles unter, was und wo es untergebracht werden muß.

Bedenke aber eins – er ist nicht Heinrich, sondern Hippolyt. Diese erschütternde Tatsache habe ich selbst erst unlängst erfahren. Daher also heißt es bei Racine:

„Pourquoi, sans Hyppolite,
Des héros de la Grèce assemblait-on l'élite?"

Ein abscheuliches Schauspiel bietet hier die alte Parlamentspartei: sie alle, der Voltairianer Thiers, der Protestant Guizot, der Lamartinist Lamartine schreien ach und weh über den Papst, über den König von Neapel und so weiter. Sie glauben, damit eine Reaktion gegen die hiesige Regierung hervorrufen zu können, doch die reibt sich nur die Hände. Wenn das so weitergeht, wird es damit enden, daß Napoleon das Haupt der Liberalen in Frankreich wird!! ... Gescheit ist er, gescheit – und Glück hat er auch, das läßt sich nicht bestreiten.

Herr Lochwizki ist einer der dreckigsten Zyniker Großrußlands. Ich habe diese Polemik übrigens nicht gelesen. Doch stell Dir vor, der Charkower Student Strachow hat es nicht ertragen – und ist *gestorben.*

Żeligowski kenne ich sehr gut und habe seine *Hochzeit* gefördert, die in den nächsten Tagen stattfinden muß. Eine Art Hochzeitsepidemie liegt in der Luft. Nach Warschau und so weiter steht dem jetzt nicht der Sinn.

Leb wohl und bleib gesund; grüße alle Deine Angehörigen und Tolstoi, falls er noch in London ist.

Dein I. Turgenjew

74

An L. N. Tolstoi Paris, 22. März 1861

Ohne alle Umschweife sage ich Ihnen, lieber Tolstoi, Ihr Brief hat mich sehr erfreut; aus ihm spricht die Beendigung der wenn nicht feindseligen, so doch zumindest kühlen Beziehungen, die zwischen uns bestanden. Dies deutete sich schon bei unserer letzten Begegnung in Paris an, und ich schrieb gestern sogar Ihrer Schwester darüber; was uns beiden, jedem für sich allein, bewußt war, ist jetzt ausgesprochen, und die früheren Mißverständnisse sind bereinigt. Ich bin überzeugt, wir werden uns in Rußland als gute Freunde gegenübertreten und solche bleiben, solange der Herrgott uns am Leben läßt. Es zu verderben (das Leben, meine ich) ist nur dummen Jungen erlaubt, wir beide aber sind nicht mehr die Jüngsten. Seien Sie nochmals bedankt für den Einfall, mir diesen Brief zu schreiben, der das früher Verkorkste mit einem Schlage und für alle Zeit eingerenkt hat.

Die längst erwarteten und trotzdem überraschenden Nachrichten aus Rußland haben in mir den Wunsch, nach Hause zu fahren, nur noch verstärkt.

Es besteht keinerlei Aussicht, in absehbarer Zeit die Hochzeit meiner Tochter auszurichten, daher reise ich in fünf Wochen von hier ab und will erst im Herbst zurückkommen, die ganze Zwischenzeit aber, das heißt Frühjahr und Sommer, auf dem Lande verbringen, um endgültig meine Beziehungen zu den Bauern zu ordnen. Ich bin sehr froh, schon im vorigen Jahr meinen Onkel überredet zu haben, in Spasskoje eine Meierei einzurichten und die übrigen Güter in Obrok zu überführen; jetzt wird es weniger Schwierigkeiten geben. Der Gedanke an meine bevorstehende Reise und den Aufenthalt in Rußland beschäftigt mich fast unaufhörlich; schon sehe ich mich im Geiste zusammen mit Fet, Borissow – und von heute an auch mit Ihnen – auf unseren Feldern, in unseren Hainen und den Holzhütten; Jagd schwebt mir vor und vieles andere. Nur eins betrübt mich: Ihr gütiger und unvergeßlicher Bruder Nikolai wird nicht bei uns sein!

Schreiben Sie, wann Sie in Jasnaja Poljana einzutreffen gedenken; Sie wollten, glaube ich, unterwegs haltmachen – und darüber hinaus hat der Satz: „Ich erwarte in Brüssel Geld" einen höchst unbestimmten Sinn. Ich hoffe Anfang Mai in Spasskoje zu sein.

Die Engländer haben Ihnen nicht gefallen … das habe ich einigermaßen erwartet. Mir scheint, Sie hatten nicht genug Zeit oder Gelegenheit, zu jener Herzlichkeit vorzudringen, die zum Beispiel viele Dickenssche Romangestalten ausstrahlen und die überhaupt ziemlich tief verborgen im einfachen Volk wie auch in jedem einzelnen Engländer zu finden ist. Man darf nicht vergessen, sie sind ebenso schüchtern wie hochmütig und vermögen weder, sich rückhaltlos zu äußern, noch, sich offen zu zeigen. Und Herzen nun ist ja wirklich sehr alt, der Ärmste! In Ogarjow gärt eine Art Moskauer Sauerteig, der nicht ganz nach meinem Geschmack ist, obwohl ich ihn als einen vortrefflichen und weichherzigen Menschen kenne.

Zwei Worte noch über die Russen hier: Botkins Gesundheit macht nur sehr langsame Fortschritte; er gibt sich jetzt das Air einer sanften Hinfälligkeit und Freundlichkeit; doch sein Verstand ist wie früher wach, durchdringend und launisch. Tschitscherin macht nach wie vor den Beobachter der gesamten Pariser Welt; Dolgorukow – doch davon will ich lieber nicht sprechen.

Schade, daß Sie weder den „Orpheus" (der jetzt wieder aufgeführt wird) noch die Szenen aus „Alceste" im Konservatorium gehört haben.

Ich drücke Ihnen kräftig die Hand und sage auf Wiedersehen.

Ihr ergebener

I. Turgenjew

75

An A. I. Herzen Paris, 26. März 1861

Lieber Alexander Iwanowitsch!

Hiermit schicke ich Dir die Kopie eines Briefs von Annenkow, der am Tage nach dem großen Ereignis, das heißt am 6. März geschrieben wurde. Er ist, wie Du siehst, interessant. Bis jetzt reden die Telegramme (die der Presse und die privaten) einhellig von der absoluten Stille, mit der das Manifest in ganz Rußland aufgenommen wurde. Was wird nun weiter? Das Manifest selbst ist unverkennbar in französisch abgefaßt und von irgendeinem Deutschen in unbeholfenes Russisch übersetzt worden. Es gibt Wendungen wie: „wohlwollend zu gestalten" – „die guten patriarchalischen Verhältnisse", die kein russischer Bauer verstehen wird. Doch das Wesen der Sache wird er herausfinden – und diese Sache ist, im Rahmen des Möglichen, ordentlich ausgefallen.

Vorgestern hatten wir hier in der Kirche einen Dankgottesdienst, und der Pope hielt uns eine kurze, aber kluge und ergreifende Rede, die mir die Tränen in die Augen trieb – Nikolai Iwanytsch Turgenjew hat beinahe laut geschluchzt. Auch der alte Fürst Wolkonski (der Dekabrist) war anwesend. Viele hatten die Kirche vorher verlassen.

Schönen Dank für die „Poljarnaja swesda", die ich mit Vergnügen lese. Deine ausgewählten Stellen sind, wie gewöhnlich, fesselnd, Bestushews Aufzeichnungen über Rylejew sehr interessant – Lunins Briefe kannte ich schon, Petscherins Gedichte schienen mir au-dessous de leur réputation; das Kapitel über Owen habe ich noch nicht geschafft. Aber wer hat Dich hinters Licht geführt und Dir die Übersetzung der weithin bekannten Predigt von Pater Bridaine unter Ludwig XIV. als Gegenwartswerk eines gewissen Nestors und so weiter untergeschoben, und wie konntest Du darauf hereinfallen?

Schreib im „Kolokol" ein paar Worte über Schewtschenkos Tod. Der arme Kerl hat sich durch unmäßigen Alkoholgenuß selbst zugrunde gerichtet. Kurz vor seinem Tod ist ihm noch etwas Unglaubliches widerfahren: ein Gendarmeriechef (aus dem Gouvernement Tschernigow) ließ ihn festnehmen und als gemeinen Gefangenen in die Gouvernementshauptstadt bringen, weil Schewtschenko es *abgelehnt hatte, ihn in Lebensgröße in Öl zu malen. Das ist eine Tatsache.*

In einem Monat fahre ich nach Rußland, aufs Land – und werde die Gelegenheit nutzen, einen Tagesabstecher zu Dir nach London zu machen.

Leb wohl. Ich umarme Dich – und grüße alle Deine Angehörigen. Kruse danke ich für seinen Brief; ich werde ihm noch antworten.

I. Turgenjew

PS: Die Russen hier machten lange Gesichter: doch sie haben sich schon abgefunden. Die „Times" hingegen redet von haughty and factious *noblesse?* Dreck ist diese Noblesse, und das Gott sei Dank!

PS: Für das Aprilheft des „Kolokol“ empfehle ich Muchanow; nimm Dir diesen ekelhaften, blutgierigen und lasterhaften Greis einmal gehörig vor.

76

An Pauline Turgenjewa-Bruère Berlin, 9. Mai 1861

Liebe Paulinette!

Ich schreibe Dir in Eile ein paar Worte, bevor ich mich nach Petersburg auf den Weg mache – wo ich mit Gottes Hilfe in drei Tagen einzutreffen gedenke. Ich bitte Dich, sofort nach Empfang dieses Briefes ein Exemplar meiner „Scènes de la Vie Russe“ (beide Bände zusammen) an folgende Adresse zu schikken: Herrn Fr. Bodenstedt, München/Bayern, Karls-Straße 38. Du bekommst diesen Band bei allen Buchhändlern, oder vielleicht hat Herr Rayer den bei mir befindlichen nicht mitgenommen. Ich hoffe, daß es Dir und Frau Innis – gut geht. Grüßt alle von mir. Sollte es (was ich nicht annehmen möchte) etwas Wichtiges mitzuteilen geben, so könnt Ihr mir nach Petersburg an folgende Adresse telegraphieren:

Gräfin Lambert, Furschtatskaja, Haus Lambert, für Herrn I. T.

Ich umarme Dich herzlich und drücke Frau Innis die Hand.

Dein Vater I. Turgenjew**

77

An L. N. Tolstoi Spasskoje, 8. Juni (27. Mai) 1861

Sehr geehrter Herr Lew Nikolajewitsch!

In Beantwortung Ihres Briefes kann ich nur wiederholen, was ich Ihnen bei Fet zu erklären für meine Pflicht hielt: unter dem Einfluß einer nicht von meinem Willen abhängigen Feindseligkeit, deren Ursachen nachzugehen hier nicht der

Platz ist, habe ich Sie ohne jeden konkreten Anlaß Ihrerseits beleidigt – und Sie um Entschuldigung gebeten. Dasselbe bin ich bereit, jetzt schriftlich zu tun – ich bitte zum zweitenmal um Ihre Verzeihung. – Was heute vormittag geschehen ist, beweist deutlich, daß alle Versuche einer Annäherung zwischen zwei so entgegengesetzten Naturen wie Sie und ich zu nichts Gutem führen können; und meine Pflicht Ihnen gegenüber erfülle ich um so bereitwilliger, als der vorliegende Brief wahrscheinlich der letzte Ausdruck irgendwelcher Beziehungen zwischen uns sein dürfte. Von Herzen wünsche ich, er möge Sie zufriedenstellen, und erkläre im voraus mein Einverständnis mit jedwedem Gebrauch, den Sie von ihm zu machen für richtig halten werden.

Mit vorzüglicher Hochachtung habe ich, sehr geehrter Herr, die Ehre, Ihr gehorsamster Diener zu sein.

I. Turgenjew

½ 11 Uhr nachts

Soeben brachte mir Iwan Petrowitsch meinen Brief zurück, den mein Diener aus Dummheit nach *Nowosselki* statt nach *Bogoslowo* geschickt hatte.

Ich bitte gehorsamst um Vergebung für dieses unbeabsichtigte und peinliche Versehen. Hoffentlich erreicht Sie mein Bote noch in Bogoslowo.

78

An J. J. Lambert Spasskoje, 19. (7.) Juni 1861

Liebe Gräfin!

Ihr letzter Brief war für mich der beste Beweis, daß ich Ihrem Herzen wirklich nahestehe. – Nur Nahestehenden möchte man – und kann man – sein Herz so ausschütten. (Ich entsinne mich, ich habe Ihnen gegenüber einmal ganz ebenso gehandelt.) Ich bedaure sehr, daß Sie in eine solche Lage geraten sind – doch gleichzeitig freue ich mich, daß ich Ihrem Herzen – wenn auch nur indirekt oder, wie man so sagt, passiv – Erleichterung bringen konnte. Was ist zu tun? Ein Sprichwort lautet: Die Zeit mahlt alle Körner zu Mehl – und wenn es kein Mehl wird? Nun, zumindest sind dann die alten Körner zermahlen.

All diese Tage befand ich mich selbst in einer recht eigentümlichen Situation: und zwar hätte ich mich um ein Haar mit Graf L. N. Tolstoi, dem Schriftsteller, duelliert (das soll unter uns bleiben). Sie müssen wissen, zwischen uns bestand eine alte Antipathie. Ich habe ihn auf jede Weise gemieden, doch er, ohne seine Abneigung aufzugeben, suchte immer wieder meine Gegenwart und bemühte sich um meine Freundschaft. Ich will nichts Schlechtes über ihn sagen: auf alle Fälle ist er ein höchst komplizierter, selbstquälerischer Charakter. Er näherte sich mir – gleichsam, um mich zu reizen und in Wut zu bringen. Anläßlich eines völlig nebensächlichen Gesprächs (es ging um Philanthropie) sagte ich ihm, innerlich schon aufgebracht, eine derbe Grobheit. Ich erwartete, er werde mich auf der Stelle fordern, doch er war anfänglich sehr sanft und höflich, und erst als ich mich schon in schriftlicher Form entschuldigt hatte, brach sich sein Grimm Bahn. Kurz gesagt, es kam zu einer unangenehmen Geschichte, die sich über mehrere Tage hinzog, während welcher ich überzeugt war, ein Zweikampf sei unvermeidlich – irgendwie hat sich die Sache dann eingerenkt – doch wir sind jetzt für immer Fremde. Ich bedaure das nicht, denn eine Freundschaft zwischen uns wäre nie möglich gewesen, nur ärgere ich mich über mich selbst; wie konnte ich nur in einem solchen Grade die Gewalt über mich verlieren? Es erweist sich, niemand kann für irgend etwas garantieren – und es ist tatsächlich so, wie vor dem Abendmahl gesagt wird, „der erste Sünder bin ich". Diese Torheit hat mich am Arbeiten gehindert und mir überhaupt diesen Frühling vergällt, der jetzt mit einem Schlage und in aller Pracht erblüht ist. (Ich spreche nicht von heute: heute ist es kalt wie im November, Windstöße reißen die *grünen* Blätter ab und so weiter.)

Wann fahren Sie aufs Land? Werden Sie in Tula haltmachen? Und einmal in Spasskoje einkehren? Oder haben Sie Ihre Pläne geändert und wollen Petersburg nicht verlassen?

Sehr gern wüßte ich nicht nur Ihre Pläne, sondern auch deren Tage, das heißt leur date. (Wie arm und unbeholfen ist doch das Russische noch.) Am 25. dieses Monats verschwinde ich zur Jagd – und lasse mich erst nach zwei Wochen wieder in Spasskoje blicken.

Leben Sie wohl, liebe Gräfin. Ich küsse Ihnen zärtlich die Hand. Sie sagten mir einmal, ich hätte meine Briefe früher immer so beendet und das sei doch monoton; seitdem schreibe ich dies nicht jedesmal – aber ich denke es jedesmal.

Ihr I. Turgenjew

79

An F. M. Dostojewski Paris, 11. November 1861

Mein lieber Fjodor Michailowitsch – verzeihen Sie zunächst, daß ich Ihren langen Brief auf einem solchen Stück Papier beantworte – ich habe einfach keine Zeit, obwohl ich gar nichts Besonderes tue. Als erstes Dank für Ihren Brief und für das Versprechen, mir die „Wremja" zu schicken, auf die ich voll Ungeduld warte; zweitens muß ich Ihnen sagen, daß mein Roman aus inneren wie aus äußeren Gründen *nicht bald* im „Russki westnik" erscheinen wird, jedenfalls nicht vor meiner Rückkehr nach Rußland – im Frühjahr –, vielleicht aber erscheint er überhaupt nicht. Das ist sogar am wahrscheinlichsten. – Der „Sowremennik" speit Gift und Galle und lügt ganz bewußt: aber das doch nicht zum erstenmal. Ich besitze einen Brief Nekrassows *vom Anfang* dieses Jahres, in dem er mir die glänzendsten Angebote macht – ich habe ihm geantwortet, ich wolle nicht länger Mitarbeiter des „Sowremennik" sein – also muß der Leserschaft gesagt werden, man habe mich hinausgeworfen. Das alles ist sehr niedrig und lohnt nicht der Beachtung. Es bleibt niedrig, selbst wenn Dobroljubow mich völlig zur Strecke bringen will, denn was bin *ich*, was ist eine einzelne Person?

Die für „Wremja" bestimmte Erzählung hat in den letzten Tagen keine Fortschritte gemacht, zu viele andere Gedanken (nicht literarische) gingen mir im Kopf herum ... Doch werde ich entweder gar nichts schreiben oder diese Sache für Sie. Und Lust dazu habe ich.

Über Ihren Brief habe ich mich um so mehr gefreut, als meine üblichen Briefpartner aus Petersburg schon seit einigen Wochen verstummt sind. Lassen Sie uns einander bitte auch künftig in Verbindung bleiben – Sie dürfen an meinem aufrichtigen Interesse für Sie, für Ihre Zeitschrift – und für alles, was Sie betrifft, nicht zweifeln.

Über den Inhalt meines Romans für den „Russki westnik" kann ich in einem Brief nichts sagen; die Hauptgestalt ist Ausdruck unserer jüngsten Gegenwart – und da diese unlängst recht häßlich in Erscheinung getreten ist, hat die Literatur bis auf weiteres zu schweigen.

Grüßen Sie Polonski und alle guten Freunde von mir. Übermitteln Sie Ihrer Frau meine Hochachtung. Ich wünsche Ihnen Gesundheit und alles Gute.

Ihr ergebener

I. Turgenjew

PS: Soeben las ich Wjasemskis Gedicht im „Russki westnik". Was für eine Scheußlichkeit! – Nein, außer an Ihrer Zeitschrift kann man anscheinend nirgends mehr mitarbeiten.

80

An M. N. Katkow Paris, 11. November 1861

Lieber Michail Nikiforowitsch, ich habe Ihnen erst unlängst geschrieben, doch nachdem ich gestern Ihren Brief erhielt, halte ich es für notwendig, Ihnen zwei Worte zu erwidern. Mit Ihren Bemerkungen bin ich einverstanden – nahezu mit allen, besonders was *Pawel Petrowitsch* und Basarow selbst betrifft. Was jedoch die Odinzowa anlangt, so zeigt mir der unklare Eindruck, den dieser Charakter hervorruft, daß ich auch daran noch arbeiten muß. (Der *Streit* übrigens zwischen P. P. und Basarow ist völlig umgearbeitet und gekürzt worden.) Es sieht ganz so aus, als müßte dieser Roman sowohl wegen der gegenwärtigen Umstände als auch wegen seiner inneren Unausgereiftheit – *vorläufig* – beiseite gelegt werden, womit Sie gleichfalls einverstanden sein dürften. Es tut mir sehr leid, daß es so gekommen ist, doch gerade mit einem solchen Sujet muß man dem Leser (nach Möglichkeit) gut gewappnet gegenübertreten. Ich will den Roman ohne Hast noch einmal ganz durchsehen – ihn durchpflügen. Alle *jetzt* bestehenden Schwierigkeiten – die inneren wie die äußeren – werden, wie ich annehme, zur Zeit meiner Rückkehr nach Rußland, das heißt im Frühjahr (April), hinfällig geworden sein, und es müßte uns dann endlich gelingen, dieses Kind in die Welt zu entlassen.

Mit einem kann ich mich nicht einverstanden erklären: Weder darf die Odinzowa sich ironisch verhalten, noch darf der Bauer über Basarow stehen, mag dieser auch hohl und unfruchtbar sein... Vielleicht ist meine Ansicht von Rußland misanthropischer, als Sie vermuten: er ist – in meinen Augen – wirklich ein Held unserer Zeit. Ein schöner Held und eine schöne Zeit, werden Sie sagen ... Doch es ist so.

Ich wiederhole meine Bitte, mein Produkt vorläufig gut wegzuschließen, drücke Ihnen kräftig die Hand und bleibe Ihr ergebener

I. Turgenjew

81

An Friedrich Bodenstedt Paris, 22. Dezember 1861

Schon lange habe ich die Absicht, mich bei Ihnen in Erinnerung zu bringen, und wenn ich es bis jetzt nicht getan habe – so nicht, weil ich nicht daran gedacht hätte! Seit ich das Vergnügen hatte, Sie zu sehen, habe ich fast sieben Monate in Rußland zugebracht, und nun bin ich seit zwei Monaten zurück und habe mich hier für den Winter niedergelassen. Es war mir nicht möglich, über München zurückzufahren, wie ich es vorhatte – und erst im nächsten Frühjahr werde ich erneut

Ihre schöne, so liebenswerte und so gastfreundliche Stadt besuchen können.

Ich hoffe, daß Sie vor langer Zeit ein Exemplar der neuen Ausgabe meiner Werke, das ich Ihnen von Moskau aus schickte, erhalten haben. Wenn es so ist – teilen Sie es mir doch bitte mit – und ich schicke Ihnen eine kurze Liste der gröbsten Druckfehler, von denen es leider wimmelt.

Ich habe ziemlich wenig gearbeitet in diesem Jahr – andere Beschäftigungen nahmen mich in Anspruch; dennoch habe ich einen recht umfangreichen Roman vollendet, der in den ersten Monaten des nächsten Jahres veröffentlicht wird. – Und Sie, was haben Sie getan oder publiziert? Man weiß in Paris sehr wenig von dem, was in Deutschland geschieht, vor allem in der literarischen Welt. Ich wäre Ihnen sehr dankbar, wenn Sie mir in wenigen Worten mitteilen würden, was dort Interessantes geschehen ist.

Ist die Familie Chilkow in München? Wenn sie dort ist, seien Sie so gut, mich ihr in Erinnerung zu bringen. – Ich bitte Sie gleichzeitig, Herrn Heyse von mir zu grüßen und die anderen Herren, die ich in München kennengelernt habe.

Ich würde mich über einen kleinen Antwortbrief sehr freuen, den Sie bitte 210, Rue de Rivoli adressieren. – Selbstverständlich können Sie mir deutsch schreiben – ich verstehe nicht, weshalb ich mich nicht selbst dieser Sprache bedient habe. Ich weiß Ihre Adresse nicht, aber Sie werden in München zur Genüge bekannt sein; eine Post, die sich respektiert, muß wissen, wo ein Mann wie Sie wohnt.

Ich drücke Ihnen herzlich die Hand und grüße Sie tausendmal.

I. Turgenjew**

82

An Friedrich Bodenstedt Paris, 29. Dezember 1861

Mein lieber Herr Bodenstedt, erlauben Sie mir, meinen Brief mit dem Ausdruck aufrichtigen Dankes zu beginnen: Sie haben mir so schnell und so gut geantwortet, daß ich versucht bin, zum hundertsten Male auszurufen: Es leben die Deutschen! (Gleichzeitig erröte ich, weil ich Ihnen französisch schreibe, aber diese Sprache ist mir entschieden bequemer, wenn ich die Feder in der Hand habe.) Um Ihnen zu beweisen, daß ich eine solche Exaktheit zu schätzen weiß, antworte ich Ihnen umgehend.

Leider habe ich den Brief nicht bekommen, den Sie mir nach Spasskoje geschrieben haben: ich war damals bereits nicht mehr auf dem Lande, und ich glaube nicht einmal, daß er seinen Bestimmungsort erreicht hat, denn dann hätte man ihn mir hierher nachgesandt. – Bei meiner Durchreise durch Petersburg habe ich die Redakteure des „Sowremennik" nicht gesehen: ich muß Ihnen sagen, daß es im Verlauf dieses Jahres zu einer Art Zwist zwischen uns gekommen ist, zum Teil verursacht durch den Unterschied in unseren politischen Anschauungen – und zum anderen, weil ich eine meiner Arbeiten einer Moskauer Zeitschrift (dem „Russki westnik"), die der ihrigen entgegensteht, überlassen habe. Doch bin ich überzeugt, daß sie mit Vergnügen einen Artikel von Ihnen angenommen hätten, aber sie haben viele Verdrießlichkeiten gehabt: die Affäre mit den Studenten, in der sie die Frucht ihrer Doktrinen erkennen konnten, der Tod eines ihrer Hauptmitarbeiter und Kritikers – und andere Gründe, die hier aufzuzählen zu lange dauern würde, erklären mir ihr Schweigen bis zu einem gewissen Grade. Da es jedoch sehr wünschenswert wäre, daß Ihre Arbeit so bald wie möglich erscheint, schlage ich Ihnen folgendes vor: ich bitte einen meiner Freunde, in meinem Auftrag zum „Sowremennik" zu gehen und sich zu informieren, ob sie Ihren Artikel bekommen haben und ob sie sich dazu verstehen, ihn für 50 Silberrubel pro Seite (die Übersetzungskosten nicht mitgerechnet) zu veröffentlichen; wenn sie Schwierigkeiten machen, bringt mein Freund Ihr Manuskript auf der Stelle in die Redaktion einer anderen Zeitschrift, der *„Wremja"*, mit der ich in sehr guten Beziehungen stehe und die, obgleich neu, eine sehr gute Position im Pressewesen einnimmt. Die „Wremja" wäre entzückt, Ihren Artikel zu bringen – und Sie hätten das Geld zu Beginn des nächsten Jahres. Da ich mit Ihrer Erlaubnis rechne, schreibe ich an meinen Freund, ohne Ihre Antwort abzuwarten.

Ich freue mich sehr, Sie in voller literarischer Aktivität zu sehen, und erwarte mit Ungeduld die Zusendung Ihrer Übersetzung der Sonette von Shakespeare, von der man überall nur das Allerbeste sagt und die ausgezeichnet sein muß, wenn man von denen ausgeht, die Sie schon gemacht haben. Ich bin sehr stolz auf die mir erwiesene Ehre, auch mich zu übersetzen, und ich wünsche von ganzem Herzen, daß Ihnen nicht vorgeworfen wird, Ihr Talent der Wiedergabe eines unwürdigen Originals geopfert zu haben. Ich werde mir erlauben, Ihnen solche Übersetzungen von mir zu schicken, die hier veröffentlicht werden sollen.

Haben Sie doch auch die Güte, Herrn Heyse meinen Dank auszurichten für das schmeichelhafte Gedenken, das er mir bewahrt hat. Ich habe auch seinen Band nicht mehr bekommen – aber ich werde ihn mir hier bei Klinksieck oder Franck beschaffen – und ich freue mich im voraus auf das Vergnügen, das mir die Lektüre bereiten wird. Ich hoffe, daß seine ganze Familie zur Zeit wohlauf ist.

Hätten Sie die Freundlichkeit, mir die Adresse der Chilkows zu schicken; ich würde gern die Korrespondenz mit ihnen wiederaufnehmen. Die Prinzessin Olga ist ein ebenso charmantes wie distinguiertes Wesen, und ich wünsche sehr, daß sie einen Mann bekommt, der sie versteht und glücklich macht.

Mein neuer Roman erscheint erst im März: ich bin gerade dabei, einige wichtige Korrekturen vorzunehmen. Apropos Korrekturen: in etwa zehn Tagen schicke ich Ihnen die Druckfehlerliste, von der ich Ihnen gesprochen habe.

Ich bitte Sie, Ihrer Frau meine Ehrerbietung und meinen Dank auszusprechen, und drücke Ihnen aufs herzlichste und ergebenste die Hand.

I. Turgenjew

210, Rue de Rivoli

PS: Schicken auch Sie mir Ihre Adresse, und nehmen Sie meine Glückwünsche zum neuen Jahr entgegen.**

83

An A. I. Herzen Paris, 11. Februar 1862

Lieber Alexander Iwanowitsch, ich antworte Dir mit Blitzesschnelle – und gleichfalls Punkt für Punkt:

1. Der „Kolokol" ist keineswegs verboten und war noch gestern abend *überall* zu haben.

2. Laß die Finger von „Budustschnost", und rate das auch Trübner. Diese Zeitschrift hat sich nicht bezahlt gemacht und nicht den geringsten Erfolg gehabt. *Selbigem glaube,* wie die ci-devant-Gutsbesitzer ihre ci-devant-Befehle unterschrieben.

3. Sadowski ist für mich kein Begriff, doch Du wirst klug handeln, wenn Du an diese ganze Sache mit keinem Finger mehr rührst. Dolgorukow ist (unter uns gesagt) moralisch am Ende – und es geschieht ihm wohl recht; Du hast im „Kolokol" getan, was Du konntest – um des Prinzips willen mußte er gehalten werden, jetzt aber überlaß ihn seinem Schicksal. Er wird Dir in den Hals kriechen, doch Du huste ihm etwas. Die Woronzows zu unterstützen, hast Du ohne Frage nicht den geringsten Grund – verwandle Dich in Jupiter, an den all dieses Gezänk nicht heranreichen darf.

4. In Rußland herrscht ein ausgesprochenes Durcheinander, doch bitte ich Dich inständig, laß Golownin zunächst ungeschoren. Mit Ausnahme von zwei, drei erzwungenen und dabei höchst unbedeutenden Zugeständnissen ist alles, was er unternimmt – gut. (Erinnere Dich seiner Genehmigung für Kawelin und andere, öffentliche Vorlesungen zu veranstalten und so weiter und so weiter.) Ich erhalte sehr gute Informationen über sein Wirken. Sei unbesorgt; wenn er auf Abwege gerät, werden wir ihn Dir „vorführen", wie die Bauern sagen, wenn sie Rechtsverletzer zum Auspeitschen in den Amtsbezirk bringen.

5. Et tu, Brute! Du, Du tadelst mich, daß ich meine Arbeit dem „Russki westnik" überlasse? Weswegen habe ich mich denn mit dem durch Nekrassow verkörperten „Sowremennik" entzweit? In ihren Programmen behaupten sie, sie hätten sich, da ich rückständig sei, von mir getrennt; mais tu n'est pas dupe von diesem Manöver, wie ich hoffe, und weißt sehr gut, daß

ich es war, der Nekrassow als einen ehrlosen Menschen verließ. Wohin sollte ich denn mit meiner Arbeit gehen? Vielleicht zur „Biblioteka“? Und letzten Endes ist der „Russki westnik“ nun auch nicht ein gar so schlimmer Schund, wenn mir auch vieles an ihm zum Speien zuwider ist.

6. Ich würde Dich zum Duell fordern, wenn Du etwa mich der Freundschaft mit Tschitscherin verdächtigtest; aber nicht einmal in bezug auf die Moskauer hast Du recht. Viele von ihnen verabscheuen ihn. In Petersburg wäre er unmöglich ... nun schimpfe noch auf Petersburg!

7. Das *Dromedar* Bakunin war hier, nuschelte und krächzte herum, reiste wieder ab und ließ mir die Adresse irgendwelcher Lafare frères zurück, an die 1000 Francs gezahlt werden müssen, welche Michel sich geborgt hat.

Ich habe die Zeichnungsliste eröffnet, aber zu meinen 500 Francs sind vorläufig nur 200 hinzugekommen. Doch hoffe ich, alles zusammenzubekommen. Bakunin schreibt mir wegen 1000 Silberrubel. Ich bin bereit, sie ihm *vor* meiner Abreise von hier zu geben, doch dann müßten sie auf die Dreijahrespension angerechnet werden (es macht nicht ganz drei Jahre aus – ich hatte ihm 1500 Francs jährlich versprochen, 1000 Silberrubel und 500 Francs machen weniger als diesen Betrag aus). Bringe ihn bitte davon ab, seine Frau schon jetzt kommen zu lassen. Das wäre Wahnsinn – er soll sich erst einmal umsehen. Man muß sich nach seinen Mitteln richten, und diese dürften kaum allzu groß sein. Botkin wird lange nichts geben und so weiter.

Nun leb wohl, lieber Freund, oder eigentlich auf Wiedersehen.

Dein I. Turgenjew

84

An Paul Heyse Paris, 24. Februar 1862

Mein lieber Herr Heyse!

Ich beginne mit der Bitte um Verzeihung, daß ich Ihnen französisch schreibe: Sie wissen ja, daß ich Deutsch kann, aber es fällt mir leichter, französisch zu schreiben. – Bodenstedt sollte Ihnen meinen Dank für die Ehre übermitteln, die Sie mir mit der Widmung Ihrer reizenden Novellen erwiesen haben; ich weiß auch, daß Sie die Güte hatten, mir den Band nach Rußland zu schicken – aber ich habe ihn erst hier bekommen – und nachdem ich ihn gelesen hatte, verspürte ich den Wunsch, Ihnen noch einmal zu danken, sowohl für Ihre freundliche Widmung als auch für das Vergnügen der Lektüre. – Diese kleinen Ezählungen sind voller Poesie, Anmut, Scharfsinn und Wahrheit; alles ist harmonisch und rührend; eine tiefe Kenntnis des menschlichen Herzens offenbart sich darin – und eine ebenso große Liebe zu unserer armen Menschheit – zwei Dinge, die zusammengehören, doch das erlebt man nicht immer. – Die letzte Novell – *„Auf der Alp“** –hat auf mich durch eine gewisse darin herrschende gesunde Frische besonderen Eindruck gemacht – und auch durch die sichere und wahrhaftige Zeichnung der Charaktere. Ich habe den ganzen Band bereits unseren Übersetzern in Rußland anempfohlen. Noch einmal – danke und bravo!

Ich hoffe, daß Ihre Gesundheit gut und Ihr Aufenthalt in Meran für Sie und Ihre Familie heilsam gewesen ist. – Ich bin sicher, daß Sie auch gearbeitet haben – Sie sind nicht umsonst ein Deutscher – während ich als Slawe nichts getan habe – und wir das Ergebnis Ihrer Arbeit genießen werden. – Ich habe vor, im Frühjahr in München zu sein – ich werde ungefähr eine Woche dort bleiben.

Lassen Sie sich die Hand drücken, und seien Sie meiner wärmsten Sympathie und Ergebenheit versichert.

I. Turgenjew

PS: Wenn Sie mir schreiben – was mir die größte Freude machen wird –, tun Sie es auf deutsch. Ich wohne – 210, Rue de Rivoli.**

85

An F.M.Dostojewski Paris, 30.März 1862

Mein lieber Fjodor Michailowitsch, ich brauche Ihnen wohl nicht zu sagen, wie sehr mich Ihre Meinung über „Väter und Söhne“ gefreut hat. Es geht hier nicht um Befriedigung der Eigenliebe, sondern um die Bestätigung, daß man sich nicht geirrt und nicht völlig danebengegriffen hat – und die Mühe nicht umsonst gewesen ist. – Dies war für mich um so wichtiger, als Leute, denen ich sehr vertraue (ich spreche nicht von Kolbassin), mir allen Ernstes geraten hatten, meine Arbeit in den Ofen zu stecken – und erst kürzlich schrieb mir Pissemski (doch das bleibt unter uns), die Gestalt des Basarow sei völlig mißlungen. Wie soll man da nicht zweifeln und in Verwirrung geraten? Für einen Autor ist es schwer, *sofort* zu spüren, inwieweit sein Gedanke Gestalt angenommen hat – und ob er richtig ist – und ob er ihn bewältigt hat und so weiter. Er steckt in seinem eigenen Werk wie in einem Wald.

Sie haben dies gewiß schon oft selbst empfunden. Und daher nochmals Dank. Was ich durch Basarow ausdrücken wollte, haben Sie so vollkommen und bis ins Detail erfaßt, daß ich vor Verwunderung – und Freude – keine Worte fand. Als wären Sie in mein Innerstes eingedrungen und hätten selbst noch die Dinge aufgespürt, die auszusprechen ich nicht für nötig hielt. Gebe Gott, daß hier nicht nur das feinfühlige Nachempfinden des Meisters zum Ausdruck gekommen ist, sondern auch das schlichte Verstehen des Lesers – das heißt, gebe Gott, daß jedermann wenigstens einen Teil von dem erkennt, was Sie gesehen haben! Jetzt bin ich über das Schicksal meines Romans beruhigt: er hat seine Aufgabe erfüllt – und ich brauche nichts zu bereuen.

Hier noch ein Beweis dafür, wie tief Sie sich in diesen Charakter eingefühlt haben: Bei der Begegnung zwischen Arkadi und Basarow, an der Stelle, wo nach Ihren Worten etwas fehlt, machte sich Basarow, von dem Duell berichtend, über die *Ritter* lustig, und Arkadi hörte ihm mit geheimem Entsetzen zu und so weiter. – Das habe ich weggelassen – und bedaure es jetzt: überhaupt habe ich unter dem Einfluß ungünstiger Urteile vieles gestrichen und geändert – und so ist es vielleicht zu jener Unebenheit gekommen, die Sie bemerkt haben.

Von Maikow bekam ich einen lieben Brief – und werde ihm antworten. Man wird mich heftig schelten, doch das muß ich über mich ergehen lassen wie einen Sommerregen.

Es täte mir sehr leid, wenn ich Sie nicht in Petersburg anträfe. – Ich reise nach dem hiesigen Kalender Ende April von hier ab, das heißt in einem Monat. Heute kann ich Ihnen *mit Gewißheit* sagen, daß ich meine Arbeit fertig mitbringe – sie hat nicht nur tüchtige Fortschritte gemacht, sondern nähert sich ihrem Ende. Etwa drei Druckbogen werden es sein. Eine seltsame Bewandtnis hat es damit. Es handelt sich nämlich um eben die „Visionen", derentwegen es vor einigen Jahren zwischen mir und Katkow zur Fehde kam – ich weiß nicht, ob Sie sich daran erinnern. Ich wollte schon etwas anderes beginnen – und plötzlich machte ich mich hieran und arbeitete mehrere Tage wie besessen. Jetzt brauchen nur ein paar Seiten angefügt zu werden.

Ich freue mich über den Erfolg der „Wremja". Schade, daß Sie keine regelmäßige Zustellung der Zeitschrift bewerkstelligen können. Das sage ich nicht so sehr aus persönlichem Interesse – ich bin ja bald wieder zu Hause – als Ihres Vorteils wegen. Der „Russki westnik" gelangt regelmäßig hierher. – (Das Februarheft habe ich übrigens noch nicht erhalten.)

Ich drücke Ihnen nochmals kräftig, sehr kräftig die Hand und sage Ihnen Dank. Übermitteln Sie Ihrer Gattin meinen respektvollsten Gruß, und bleiben Sie gesund.

Ihr ergebener

I. Turgenjew

86

An A. I. Herzen Paris, 28. April 1862

Lieber Alexander Iwanowitsch. Umgehend beantworte ich Deinen Brief – nicht um mich zu verteidigen, sondern um Dir zu danken – und gleichzeitig zu erklären, daß ich bei der Arbeit an Basarow nicht im geringsten Groll gegen ihn empfand, sondern im Gegenteil „Liebe, fast hätt' ich's Leidenschaft genannt", so daß Katkow in der ersten Zeit entsetzt war und in ihm eine *Apotheose* des „Sowremennik" erblickte, weswegen er mich auch dazu überredete, viele mildernde Charakterzüge wegzulassen, was ich jetzt bereue. Und ob er den „Mann mit dem parfümierten Bart" und die anderen überragt! Das ist der Triumph des Demokratismus über die Aristokratie. Ich kann ehrlich sagen, ich fühle mich Basarow gegenüber nicht schuldig und konnte ihm einfach keine unnötige Grazie verleihen. Wenn man ihn nicht liebt, wie er ist, mit all seinen abstoßenden Zügen, dann ist es *meine* Schuld, und ich bin mit dem von mir gewählten Typ nicht zu Rande gekommen. Es wäre ein leichtes gewesen, ihn als – Ideal hinzustellen; doch ihn zum Wolf zu machen und ihn trotzdem zu rechtfertigen – das war schwierig; und das habe ich wahrscheinlich nicht geschafft; nur den Vorwurf will ich zurückweisen, ich sei gereizt gegen ihn gewesen. Mir scheint vielmehr alles, sein Tod und so weiter, ein der Gereiztheit gerade entgegengesetztes Gefühl auszustrahlen. Aber basta cosi; mehr davon, wenn wir uns wiedersehen.

Dem Mystizismus bin und werde ich nicht verfallen; was Gott anlangt, so halte ich es mit Faust:

Wer darf ihn nennen,
Und wer bekennen:
Ich glaub' ihn!
Wer empfinden
Und sich unterwinden
*Zu sagen: Ich glaub' ihn nicht!**

Übrigens habe ich aus diesem Gefühl nie ein Geheimnis vor Dir gemacht.

Wenn Du Katkow für seinen Aufsatz im „Russki westnik" abkanzelst, klatsche ich Dir Beifall und werde Deinen Aufsatz im „Kolokol" mit Vergnügen lesen.

Nalbandow ist wirklich ein Prachtbursche – ich habe ihn aufrichtig liebgewonnen. Er erinnert mich an die Brüder Kolbassin.

Der Deinem Brief beigefügte Umschlag mit der Aufschrift: An Gräfin Salias wird ihr nicht in einigen Tagen in Moskau ausgehändigt werden, sondern schon morgen in Paris – denn sie ist hier – traf kürzlich ein und wohnt Avenue Marbœf, 3 bis.

Auf Wiedersehen – was Du auch von meiner Unzuverlässigkeit denken magst, eher birst der Erdball auseinander, als daß ich abreise, ohne Dich gesehen zu haben. Bleib gesund.

Dein I. Turgenjew

87

An Pierre-Jules Hetzel Spasskoje, 21. (9.) Juli 1862

Sehr geehrter Herr!

Erst gestern, als ich von einem recht entfernten Jagdausflug zurückkehrte, erhielt ich den Brief, den Sie Herrn Depret anvertraut hatten. Ich beeile mich, Ihnen zu antworten, daß ich Ihren Vorschlag mit Vergnügen annehme: Perrault zu übersetzen ist ein richtiges Glück, und Sie können Herrn Wolf mitteilen, daß ich es übernehmen werde. Ich rechne damit, ihn auf meiner Durchreise in Petersburg zu sehen – in drei oder vier Wochen; ich wage nicht zu hoffen, bis dahin die Übersetzung eines Werkes beendet zu haben, das, obwohl nicht umfangreich, doch sehr viel Sorgfalt erfordert. (Ich sagte, Perrault zu übersetzen sei ein Glück, es ist vielleicht auch eine Gefahr.) Auf alle Fälle wird meine Arbeit vor dem Herbst abgeschlossen sein. Ich habe die Absicht, einen Monat in Baden zu verbringen, bevor ich nach Paris komme, was gegen Ende September der Fall sein wird, So sage ich ja, und ich bin es, der zu danken hat.

Ich drücke Ihnen herzlich die Hand.

I. Turgenjew

Hier meine Adresse (für alle Fälle): Gouvernement Orjol, Stadt Mzensk.**

88

An M. A. Markowitsch Baden-Baden, 31. August 1862

Liebe Marja Alexandrowna, Benni hat es Ihnen jetzt genauso angetan wie seinerzeit, erinnern Sie sich, Żeligowski. Bringt mir Żeligowski! Bringt mir Benni! Bitte sehr – hier haben Sie Benni. Am Tage meiner Durchreise durch Petersburg kam er in seiner gewohnten angespannt-verschlossenen und krampfhaft-gelassenen Art (der ich übrigens auch ein Großteil der häßlichen Gerüchte zuschreibe, die über ihn in Umlauf waren und noch sind) zu mir, sprach eine Weile mit mir – ich lag bereits im Bett – und verschwand wieder. Obwohl sein Aufsatz über Herzen einen wahren Sturm entfacht hat, kam er nicht nur mit heiler Haut davon, er erklärte mir sogar, er wolle sich der Zeitschrift in noch größerem Umfang annehmen, und unter anderem sei ihm die ganze Auslandsabteilung unterstellt worden. Ich muß zugeben, es ist etwas Seltsames an der Tatsache, daß ein englischer Staatsbürger und Freund Herzens in Petersburg eine Zeitung herausgibt ... doch das nur unter uns. Wenn die Regierung in Petersburg so blind ist, kann es nicht unsere Aufgabe sein, ihr die Augen zu öffnen. Und ich bin trotz allem von der Anständigkeit und Aufrichtigkeit Bennis überzeugt.

Grüßen Sie seinen Bruder, die Trubezkois und Marianna, der ich kürzlich geschrieben habe. Von mir selbst möchte ich zu Ihnen lieber nicht sprechen; heute traf die Nachricht ein, Garibaldi sei gefangengenommen worden und verwundet. „Es sei nicht Wahrheit auf der Welt, man sagt's. Doch Wahrheit ist – auch oben nicht." Salieri hat recht. – Und was kann ich Ihnen von mir erzählen? Daß ich gesund bin, daß mir aber im übrigen das Leben von Stunde zu Stunde gleichgültiger wird – das ist weder neu noch erfreulich. – Auf welche Weise haben Sie Bakunin zu Gesicht bekommen? Ist er etwa nur kurz in Paris gewesen und nach London zurückgekehrt? Oder ist er weitergereist? Und wohin? – Mickiewicz würde ich sehr gern mit Ihnen lesen – aber was liegt Ihnen an mir. Sollte ich mich übrigens irren – um so besser. Bleiben Sie gesund. Ich drücke Ihnen die Hand.

Ihr ergebener

I. Turgenjew

PS: Lesen Sie etwa noch immer alles in polnisch? Ich bin hier einem Kleinrussen begegnet, der uns Russen am liebsten zerfleischen würde – und von den Polen ist er begeistert. Sie hätten Ihre Freude an ihm. Leider ist er dumm wie ... wie Fürst P. W. Dolgorukow. Einen treffenderen Vergleich kenne ich nicht.

89

An A. I. Herzen Baden-Baden. 8. Oktober 1862

Lieber Alexander Iwanowitsch, ich habe deswegen so lange nicht geantwortet, weil ich immer einen *ausführlichen* Brief schreiben wollte; doch Luginins Ankunft hat den Anstoß gegeben – ich schreibe Dir nun – wie der Brief ausfallen wird – lang oder kurz –, weiß ich nicht. Zunächst möchte ich Dir sagen, Luginin hat mir gefallen wie lange kein junger Mann mehr: ein vornehmer und tüchtiger Mensch. Wegen der Adresse habe ich ihm schon ausführlich geantwortet, und Du hast meinen Brief gewiß bekommen. Ich bat Luginin, ihn Dir unverzüglich zu übersenden – Was nun meine Antwort auf die im „Kolokol" abgedruckten Briefe anlangt – hatte ich schon einige Seiten entworfen – ich werde sie Dir zeigen – habe aber dann, weil ja alle Welt weiß, daß Deine Briefe an mich gerichtet sind, erst einmal nicht weitergeschrieben, um so mehr, als ich unterderhand – eine *halbamtliche* Warnung erhielt, nicht im „Kolokol" zu veröffentlichen. Für die Leser ist das im Grunde kein großer Verlust – nur für mich wäre die Angelegenheit wichtig gewesen. Mein Haupteinwand bestand darin, daß Du in bezug auf meine Person die Frage nicht richtig gestellt hast: Nicht aus Epikureertum, nicht aus Müdigkeit oder Faulheit habe ich mich, wie Gogol sagt, unter das *Obdach der Wogen* europäischer Prinzipien und Institutionen begeben; wäre ich fünfundzwanzig, ich würde nicht anders handeln – nicht so sehr in meinem eigenen Interesse als im Interesse des Volkes. – Die Aufgabe der *gebildeten* Klasse in Rußland, Vermittler der Zivilisation zu sein, damit das Volk dann selbst zu entscheiden vermag, was es verwerfen und was übernehmen will, diese im Grunde bescheidene Aufgabe – obwohl ein Peter der Große und ein Lomonossow an ihr wirkten und obwohl die Revolution sie auf die Tagesordnung setzt –, diese Aufgabe ist meines Erachtens noch nicht beendet. Ihr Herren dagegen mit Eurer deutschen Denkweise abstrahiert (genau wie die Slawophilen) aus der kaum verstandenen und kaum verständlichen Substanz des Volkes diejenigen Prinzipien, nach denen es Eurer Meinung nach sein Leben gestalten wird – dreht Euch im Nebel im Kreise herum und *sagt Euch* – und das ist das wichtigste – im Grunde genommen *von der Revolution* los, denn das Volk, das Ihr anbetet, ist konservativ par excellence – und in seinem gegerbten Bauernpelz, seiner warmen und schmutzigen Bauernhütte, mit seinem ewig bis zum Sodbrennen vollgestopften Bauch und seiner Abscheu vor jedweder staatsbürgerlichen Verantwortung und Initiative trägt es die Keime der Bourgeoisie in einem solchen Maße in sich, daß es die westliche Bourgeoisie, die Du in Deinen Briefen so zutreffend gezeichnet hast, in jeder Hinsicht bei weitem übertrifft. Wir brauchen nicht in die Ferne zu gehen – sieh Dir nur unsere Kaufleute an. Das Wort abstrahieren habe ich nicht von ungefähr gebraucht. Das *Semstwo*, mit dem Ihr mir in London die Ohren malträtiert habt – dieses vielgerühmte *Semstwo* hat sich in Wirklichkeit als ein ebensolches Schreibtischprodukt herausgestellt wie die *Gentiltheorie* Kawelins und so weiter. Den Sommer über habe ich viel Mühe auf die Lektüre Stschapows verwandt (wahrlich viel Mühe!) – und nichts vermag meine Überzeugung jetzt zu ändern. *Semstwo* bedeutet entweder dasselbe wie ein beliebiges entsprechendes Wort im Westen – oder es bedeutet gar nichts – und im Sinne Stschapows ist es unter hundert Bauern genau diesen hundert unverständlich. Ihr müßt schon eine andere Dreiheit ausfindig machen als die von Euch entdeckte „Semstwo, Artel und Gemeinde" – oder aber zugeben, daß jene besondere Ordnung, die den staatlichen und gesellschaftlichen Formen dank den Bemühungen des russischen Volkes gegeben wird, noch nicht so deutlich zutage getreten ist, daß wir, Leute der Reflektion, sie in Kategorien fassen könnten. Sonst droht die Gefahr, daß man sich einerseits vor dem Volk in den Staub wirft und es andererseits verdirbt – heute seine Ansichten als heilig und erhaben bezeichnet und sie morgen als unglückselig und wahnsinnig brandmarkt, wie dies Bakunin in seiner jüngsten Broschüre beinahe auf ein und derselben Seite getan hat. Übrigens Bakunin. Auf Seite 21 sagt er: „Im Jahre 1863 wird sich Rußland in schrecklicher Notlage befinden, falls sich der Zar nicht entschließt, eine das gesamte Volk vertretende Semstwo-Duma einzuberufen." Wenn er will, biete ich ihm jede beliebige Wette an: Ich behaupte, der Zar wird nichts einberufen – und das Jahr 1863 wird *übermäßig ruhig* verlaufen. Es gilt? Ich bin überzeugt, meine Voraussage wird auch diesmal genauso eintreffen wie die betreffs der Urbarialgesetze, die ich, Du erinnerst Dich, im Frühjahr in London machte. Geirrt habe ich mich nur insofern, als ich glaubte, zum Jahresende würde die Hälfte davon vorliegen – sie sind jetzt schon beinahe alle vorgelegt worden. Ach, alter Freund, glaube mir: die einzige Stütze für eine lebendige und revolutionäre Propaganda bildet jene Minderheit der gebildeten Klasse in Rußland, von der Bakunin behauptet, sie sei verfault, habe sich vom Boden der Wirklichkeit gelöst und sei zum Verräter geworden. *Du* jedenfalls hast kein anderes Publikum. Doch jetzt genug davon. Dixi et animam meam salvavi. Trotzdem habe ich Dich von Herzen gern und drücke Dir kräftig die Hand.

Dein I. Turgenjew

PS: Betreffs der Adresse sage ich nur eines: Die Tatsache, daß M. Besobrasow und Paskewitsch sich daran beteiligen können, würde genügen, mich nicht zu beteiligen.

90

An M. A. Bakunin Paris, 28. Oktober 1862

Lieber Freund, gestern bin ich hier angekommen, habe gestern Deinen Brief erhalten – und heute schreibe ich Dir zwei Zeilen, um Dir zu versichern, ich werde *unverzüglich erledigen*, was Du betreffs Deiner Frau und Nalbandows wünschst, und mir alle nur mögliche Mühe geben, Dich zu guter Letzt zu beruhigen. Hierin wie auch in allem andern kannst Du fest auf meine alte Freundschaft vertrauen, die Gott sei Dank nicht von irgendwelchen politischen Ansichten abhängt.

Sage Herzen, ich warte auf seine Antwort und die Zusendung der letzten Nummer des „Kolokol". Sollte er mir wegen meiner Briefe betreffs der Adresse böse sein, dann doch bestimmt nicht in solchem Maße, daß er mir nicht schreibt. Gestern habe ich im Bett in der „Poljarnaja swesda" seinen Bericht über den Prozeß gegen Barthélemy und Bernard gelesen und mußte zweimal so laut lachen, daß meine nebenan schlafende Tochter munter wurde. Großartig – und eine vortreffliche Arbeit.

Leb wohl, ich drücke Dir die Hand. Möglicherweise sehen wir uns bald.

Dein I. Turgenjew

91

An Friedrich Bodenstedt Paris, 31. Oktober 1862

Mein lieber Herr Bodenstedt, ich bin vor zwei Tagen in Paris angekommen, und man hat mir Ihren im Mai geschriebenen Brief ausgehändigt, der bis jetzt ohne Antwort bleiben mußte, da er mich hier nicht angetroffen hatte. Ich war nach Rußland abgereist, ohne, zu meinem großen Bedauern, durch München zu kommen. Nun bin ich für den Winter hierher zurückgekehrt und beeile mich, die Verbindung mit Ihnen wieder aufzunehmen.

Ich kann nicht anders, als mit der Übersetzung meiner Erzählung „Faust“ zu beginnen – obgleich das ein wenig egoistisch von mir ist. Ich habe sie gerade gelesen und bin buchstäblich *entzückt* – sie ist ganz einfach vollendet. (Ich spreche natürlich von der Übersetzung, nicht von der Erzählung.) Es genügt nicht, gründlich Russisch zu können – man muß auch selbst ein großer Stilist sein, um etwas so vollkommen Gelungenes zu schaffen. Dieses Glück ließ mir das Wasser im Munde zusammenlaufen – und hier ist, was ich Ihnen vorzuschlagen mir erlaube. Ich wäre sehr glücklich, mich dem deutschen Publikum durch die Vermittlung eines so ausgezeichneten und populären Übersetzers, wie Sie es sind, vorzustellen – und wenn Sie eine Auswahl meiner Erzählungen zur Veröffentlichung vorbereiten wollten, wäre ich sehr erfreut, die Summe, die Sie als Honorar für ausreichend erachten, zu Ihrer Verfügung zu halten – denn ich weiß wohl, daß die heutigen Verleger für alles Russische wenig Neigung zeigen und höchstens den Druck übernehmen. Wenn Ihnen dieser Vorschlag akzeptabel erscheint, schreiben Sie mir ein paar Zeilen. – Was mich betrifft, so könnte ich leicht bis zu tausend Talern gehen. Das ist nicht zuviel, wenn man das Glück hat, sich von einem *Publikum* wie dem Ihren beurteilen zu lassen. Jedenfalls wäre es sehr liebenswürdig, mir Ihre Ansicht zu sagen.

Was diesen unglückseligen Artikel angeht, den Sie nach Petersburg geschickt haben – das ist eine Sache für sich. Man muß eingestehen, daß wir dabei schlecht gefahren sind. Innerhalb eines Jahres – hat diese Zeitschrift (der „Sowremennik“) ihre beiden einflußreichsten Redakteure durch den Tod verloren, zwei andere sind eingekerkert worden (Tschernyschewski wird vom Obersten Gerichtshof verurteilt werden) – schließlich wurde ihr Erscheinen für acht Monate eingestellt – das bedeutet – für immer. Es hat immer ein wenig Unordnung in ihren *Papieren* gegeben – jetzt ist es ein Chaos – und ich fürchte sehr, man wird diesen Artikel nicht wiederfinden. Doch ist zur Zeit einer meiner Freunde eifrig auf der Suche danach – und ich verzweifle noch nicht. Ich schreibe Ihnen umgehend, sobald ich positive Nachrichten habe.

Ich hoffe, daß Sie gesund sind und daß Ihre Augen Ihnen

keinen Kummer machen. Richten Sie bitte Ihrer Familie Grüße von mir aus, und bringen Sie mich Herrn P. Heyse in Erinnerung. Sollten Sie Frau Nelidowa sehen, so sagen Sie ihr, daß ich eine Antwort auf den Brief erwarte, den ich ihr aus Baden geschrieben habe. Ich habe ihr gleichzeitig ein Exemplar meines letzten Romans geschickt – „Väter und Söhne". Erbitten Sie es von ihr, wenn Sie daran interessiert sind, oder aber ich schicke Ihnen eins von hier. Ich rechne mit einer schnellen Antwort und drücke Ihnen aufs herzlichste die Hand.

Ihr sehr ergebener

I. Turgenjew

PS: In Ihrer Übersetzung – Seite 69, Zeile 15 von oben – ist wahrscheinlich ein Druckfehler. Im Original steht: *zu starr** (pristalni – *starr*) *für Kinderaugen** – und nicht *feurig**, was im Widerspruch stünde zu dem, was vorher gesagt wurde.**

92

An A. I. Herzen Paris, 8. November 1862

Ein schöner Briefwechsel hat sich zwischen uns entwickelt, mein lieber Alexander Iwanowitsch! Vielleicht ist er nicht nach Deinem Geschmack – aber mich gelüstet just danach. Der heutige Brief ist durch Deinen letzten Brief an mich im „Kolokol" ausgelöst worden. Er ist sehr bemerkenswert, obwohl ein wenig – nun, nicht gerade manieriert geschrieben, aber doch für viele Leser ein wenig verdreht, denn nicht alle werden sofort verstehen, was mit der Abstammung von Pan und mit *vorpunisch* gemeint ist – doch das sind Kleinigkeiten. Du stellst mit außergewöhnlichem Scharfblick und Einfühlungsvermögen der modernen Menschheit die Diagnose – nur warum muß dies unbedingt die Menschheit des *Westens* sein und nicht die der „bipèdes" überhaupt? Du machst es wie ein Arzt, der alle Symptome einer chronischen Krankheit analysiert hat und dann verkündet, das ganze Unglück bestehe darin, daß der Patient – Franzose sei. Du, ein Feind des Mystizismus und aller

Verabsolutierungen, verneigst Dich mystisch vor dem russischen Bauernpelz und siehst in ihm – den großen Segen, das Neue und die Originalität künftiger Gesellschaftsformen – *das absolute**, mit einem Wort – eben jenes *absolute**, über das Du Dich in der Philosophie so lustig machst. Alle Deine Idole sind zertrümmert – ohne Idol aber kann man nicht leben – also wird diesem neuen unbekannten Gott schnell ein Altar errichtet, um so mehr, als fast nichts über ihn bekannt ist – und wieder kann man beten, glauben und harren. Dieser Gott tut durchaus nicht, was Ihr von ihm erwartet, das ist, wie Ihr meint, vorübergehend, zufällig und ihm gewaltsam von äußeren Mächten aufgezwungen; Euer Gott liebt bis zur Anbetung, was Ihr haßt – und haßt, was Ihr liebt; er übernimmt genau all das, was Ihr in seinem Namen verwerft – Ihr wendet die Augen ab, stopft Euch die Ohren zu – und mit einer Ekstase, wie sie allen Skeptikern eigen ist, die des Skeptizismus überdrüssig sind – mit dieser spezifischen ultrafanatischen Ekstase sprecht Ihr immer wieder von „Frühlingsfrische, von segensreichen Stürmen" und so weiter. Geschichte, Philologie, Statistik – all das zählt für Euch nicht; Tatsachen zählen für Euch nicht, zum Beispiel nicht einmal die unbestreitbare Tatsache, daß wir Russen nach Sprache und Rasse zur europäischen Familie, zum „genus Europaeum" gehören und daher nach dem unveränderlichen Gesetz der Physiologie denselben Weg gehen müssen. Ich habe noch nie von einer *Ente* gehört, die, obwohl sie der Gattung der *Enten* zugeordnet ist, wie ein Fisch mit Kiemen geatmet hätte. Ihr aber, in Eurem Seelenschmerz, Eurer Ermattung, Eurem dürstenden Verlangen nach einem erfrischenden Schneekörnchen für die verdorrte Zunge, Ihr zieht gegen alles zu Felde, was jedem Europäer und also auch uns teuer sein muß, gegen Zivilisation, Gesetzlichkeit, ja gegen die Revolution selbst – und nachdem Ihr Euer selbstgebrautes, unausgegorenes sozialslawophiles Bier in die Köpfe der Jungen geschüttet habt, schickt Ihr sie berauscht und benebelt in die Welt hinaus, wo sie beim ersten Schritt straucheln müssen. Daß Ihr all das in bester Absicht tut, ehrlich, bekümmert, mit glühender und aufrichtiger Selbsthingabe, daran zweifle ich nicht – und Du weißt, daß ich nicht daran zweifle … aber damit ist niemandem geholfen. Eins von beiden: entweder diene nach wie vor der Revolution, den europäischen Idealen, oder aber, falls Du schon zu der Überzeugung ihrer Untauglichkeit gelangt bist, habe den Mut und die Kühnheit, dem Teufel in *beide* Augen zu blicken, schleudere der *gesamten europäischen Menschheit* Dein guilty ins Gesicht und mache keine unverhüllten oder verblümten Ausnahmen zugunsten eines russischen Messias, der noch kommen soll und an den Du persönlich im Grunde genommen genausowenig glaubst wie an den jüdischen. Du wirst sagen: Das ist fürchterlich, man kann dabei seine ganze Popularität und dazu auch die Möglichkeit zu weiterem Wirken einbüßen… zugegeben, aber einerseits ist es sinnlos, so vorzugehen, wie Du es jetzt tust, und andererseits traue ich Dir, Deiner eigenen Ansicht zum Trotz, genügend Charakterstärke zu, die Konsequenzen Deiner Äußerungen über das, was Du für wahr hältst, nicht zu fürchten. Warten wir noch ein wenig, für jetzt genug.

Dein dir ergebener

I. Turgenjew

PS: Und Dein Freund und Günstling Panin?

Der Himmel und Hölle berührte (dank seinem Wuchs) –
Stürzte flugs!

Und Tschewkin – soll es ebenso ergehen.

93

An J. J. Lambert Paris, 9. November 1862

Liebe Gräfin, ich beeile mich, Ihnen für Ihren Brief zu danken und – ohne weitere Erklärungen und Rechtfertigungen – unseren Briefwechsel wiederaufzunehmen. Wozu bedürfte es ihrer auch, dieser Rechtfertigungen – zwischen Menschen, die sich, wie Sie und ich, so lange kennen und, wage ich hinzuzufügen, einander liebgewonnen haben? Wir wollen die unerfreuliche Tatsache, überhaupt auf diesen Planeten geraten zu sein, nutzen – wir sind es doch wenigstens zur gleichen Zeit – und uns nicht aus den Augen verlieren: Hilfe kann jeder von jedem brauchen – vom ersten bis zum letzten Tage seines Lebens.

Ich sprach soeben vom ersten Lebenstage. Das heutige Datum, der 28. Oktober, ist vor vierundvierzig Jahren für mich dieser erste Tag gewesen. Fast das ganze Leben liegt schon hinter mir – und ich vermag nicht zu sagen, mit welchem Empfindungen ich eigentlich in die Vergangenheit blicke. Nicht, daß ich sie bedauere oder mich über sie ärgere, ich glaube nicht, daß ich hätte besser leben können, wenn ...! Ich fürchte mich nicht, nach vorn zu blicken – nur erkenne ich, wie sich an mir bestimmte ewige, unveränderliche, aber taube und stumme Gesetze vollziehen – und das leise Piepsen meines Bewußtseins hat ebensowenig zu bedeuten, wie wenn ich mir einfallen ließe, am Strande des ewig wogenden Ozeans zu stammeln: „Ich, ich, ich." Noch summt die Fliege – doch einen Augenblick später – dreißig, vierzig Jahre sind gleichsam ein Augenblick – wird sie es schon nicht mehr tun, dafür summt dann – die gleiche Fliege, nur mit einer anderen Nase – und so in alle Ewigkeit. Gischt und Schaum des Stroms der Zeiten! Indes genug dieser Philosophiererei – um so mehr, als alle diese Vergleiche und so weiter Ihnen kaum gefallen dürften.

Was Sie mir von sich selbst berichten, rührt und freut mich: ich sehe, Sie haben jene Gelassenheit der Selbstverleugnung erlangt, die ebenso segensreich und wohltuend ist wie die Ruhe des Egoismus unfruchtbar und kalt. Nichts für sich selbst wollen und erwarten und mit dem anderen innig mitfühlen – das ist wahre Heiligkeit. Ich will nicht sagen, Sie hätten sie schon erreicht; aber Sie sind auf dem Wege dorthin – und das ist schon viel. Sie verstehen mich hoffentlich – wenn ich sage: Nichts für sich selbst wollen; ich habe nicht die Absicht, Ihre Sorgen um die eigene Seele abzulehnen: seine Seele lieben und sich selbst lieben sind zwei verschiedene Dinge. – Sie erwähnen eine „Wohltat", die ich Ihnen einst erwiesen hätte: wenn ich nun schon ein so großer Mann war, dann erlauben Sie mir auch, eine Belohnung zu fordern: und zwar – Sie dürfen nie auch nur den Gedanken an Vergeßlichkeit in sich aufkommen lassen, wenn Sie von meinen Gefühlen für Sie sprechen.

Sie schreiben mir nichts über Ihre Gesundheit – ich hoffe, es geht Ihnen nicht schlechter als vergangenes Jahr. Die Nachricht über Ihren Gatten hat mich sehr gefreut. Was Graf Karl angeht, so kann man ihn nur bedauern – und das ist wohl die schwerste Strafe für sein unbeugsames Herz. – Warum vermuten Sie, Polinka (die Sie innig grüßen läßt) ginge nicht in die Kirche? Es trifft keineswegs zu, daß ich „ihr Gott genommen" hätte, ich gehe vielmehr selber mit ihr in die Kirche. Einen solchen Anschlag auf ihre Entscheidungsfreiheit würde ich mir nie erlauben – und wenn ich kein Christ bin, dann ist dies meine persönliche Angelegenheit – meinetwegen mein persönliches Unglück. Polinka ist ganz im Gegenteil sehr religiös.

Leben Sie wohl, liebe Gräfin; ich drücke Ihnen fest und liebevoll die Hand und bleibe Ihr ergebener

I. Turgenjew

94

An A. I. Herzen Paris, 3. Dezember 1862

Lieber Freund, ich weiß nicht mehr, welcher Weise gesagt hat, kein Mensch wäre gescheit genug, um sich vor ganz offenkundigen Mißverständnissen zu bewahren. Soll sich dieser Ausspruch jetzt etwa an uns bewahrheiten? Urteile selbst: Ich schreibe Dir zum Beispiel, mich der Liebe für die Parasiten zu zeihen sei ebenso *töricht*, als die Ursache für Dein Wirken in Eitelkeit zu suchen; und Du weist mir empört nach, daß Du nicht aus Eitelkeit arbeitest; ich *nenne* Schopenhauer, Du wirfst mir Autoritätsgläubigkeit vor; ich bitte Dich, mir nicht böse zu sein wegen einer Bemerkung über Ogarjow und mir meine Fragen zu beantworten – Du hältst dies voller Ironie für ein Bedauern, Dich „bis zur Sprachlosigkeit" widerlegt zu haben. Bitte, geben wir doch diesen Ton auf: laß uns lieber hitzig streiten, aber als Freunde – ohne jegliche ricanements und nur halb ausgesprochene Gedanken. Wenn ich mir in dieser Hinsicht etwas habe zuschulden kommen lassen (sans le savoir), dann bitte ich Dich um Vergebung – und basta cosi.

Du verlangst, ich solle Dir die Ursachen für meine Abneigung gegen Ogarjow als Schriftsteller darlegen. Ich bin bereit, Dir zu willfahren, muß indes bemerken, in einem Brief wird dies unweigerlich *unbegründet* erscheinen. Du verstehst selber sehr gut, daß man brieflich keine Beweise anführen und aufzählen kann; bitte glaube mir nur, daß sie für mich existieren – und daß ich weder physiologisch noch psychologisch einer Art Schwangerschaft unterworfen bin. Also, für Ogarjow empfinde ich keine Sympathie, erstens, weil er in seinen Aufsätzen, Briefen und Gesprächen veraltete sozialistische Theorien vom Gemeineigentum und so weiter propagiert, mit denen ich nicht einverstanden bin; Bakst hat mir zum Beispiel in Heidelberg erklärt, „Nikolai Platonowitsch lehnt die ‚Verfügung' nicht deswegen ab, weil sie für die Bauern ungerecht ist, sondern weil sie das Prinzip des *Privateigentums* in Rußland sanktioniert"; zweitens, weil er in der Bauernbefreiung und ähnlichen Fragen eine große Unkenntnis vom Leben des Volkes und seiner gegenwärtigen Bedürfnisse gezeigt hat – wie auch von der eigentlichen Sachlage; drittens schließlich, weil er selbst dort, wo er nahezu recht hat (wie in seinem Aufsatz über die Gerichtsreformen), seine Ansichten in schwerfälliger, kraftloser und verworrener Sprache darlegt und damit Mangel an Talent verrät – was Du selbst übrigens, wenn nicht fühlst, so doch wahrscheinlich argwöhnst – wegen des unzweifelhaften schrittweisen Niedergangs des „Kolokol" und des nachlassenden Interesses der Leserschaft. Zu politisch Vertriebenen dringt die Wahrheit genausoschwer vor wie zu Zaren; die Pflicht der Freunde ist es, sie ihnen zur Kenntnis zu bringen. „Der ‚Kolokol' wird weit weniger gelesen, seit Ogarjow dort die erste Geige spielt", dieser Satz ist in Rußland das geworden, was man in England a truism nennt. Und das ist verständlich: wer in Rußland den „Kolokol" liest, dem steht der Sinn nicht nach Sozialismus: er braucht jene Kritik, jene rein politische Agitation, die Du, das eigene Schwert zerbrechend, aufgegeben hast. Ein „Kolokol", der ohne Protest das halbe Manifest Bakunins und die sozialistischen Aufsätze Ogarjows abdruckt, ist nicht mehr *Herzens* Zeitschrift, ist nicht der *frühere* „Kolokol", wie Rußland ihn liebte und verstand. Das wäre vorläufig alles, was ich Dir sagen kann.

Mit großer Freude erwarte ich Deine lieben Töchter hier und werde alles für sie tun, was in meinen Kräften steht. Ich drücke Dir die Hand und bleibe Dein Dir zugetaner

I. Turgenjew

95

An A. I. Herzen — Paris, 12. Februar 1863

Lieber Alexander Iwanowitsch. Diesen Brief wird Dir Rudolf Lindau, ein prächtiger Mensch und sehr guter Freund von mir, überbringen. Er hat viele Jahre Japan bereist und ist jetzt dabei, ein Buch zu schreiben, in dem er seine Wanderfahrten schildert. Im vorigen Jahr hat er Dir übrigens eine Richtigstellung des Berichts über die Ermordung eines Japaners durch einen russischen Offizier zugehen lassen: ich weiß nicht, ob Du sie bekommen und im „Kolokol" abgedruckt hast; auf alle Fälle kann man seinen Worten glauben: er ist ein durch und durch ehrenhafter Mensch.

Doch eigentlich geht es nicht um ihn, sondern um mich. Zunächst verlange ich von Dir tiefste und unverbrüchliche Verschwiegenheit. Kannst Du Dir vorstellen: mir, mir, Deinem Antagonisten, *befiehlt* die Dritte Abteilung, nach Rußland zu kommen – unter der üblichen Androhung der Beschlagnahme und so weiter im Falle der Nichtbefolgung. Was sagst Du dazu? Das ist doch ein nicht zu überbietender Witz. Ich habe als Antwort einen Brief an den Zaren geschrieben, in dem ich ihn bitte, mir die Verhörspunkte zusenden zu lassen; wenn sie sich mit meinen Antworten zufriedengeben – um so besser; wenn nicht – fahren werde ich trotzdem nicht, und sollen sie sich dann ruhig blamieren und mich meines Ranges verlustig erklären und so weiter. Budberg, der sich in dieser Angelegenheit sehr korrekt verhalten hat, versichert, die Sache werde im Sande verlaufen (er äußerte sich höchst empört – schrieb selbst an Dolgorukow und so weiter); doch wie dem auch sein möge, ich habe meine Maßnahmen schon ergriffen, dem Bruder geschrieben herzukommen und so weiter. Ich berichte Dir das alles unter anderem auch, um Dich bei dieser Gelegenheit zu fragen, ob Du im Herbst vergangenen Jahres von Luginin aus Heidelberg einen großen, von mir beschriebenen Bogen bekommen hast, auf dem ich Dir zu erläutern suchte, warum ich mit der Adresse nicht einverstanden bin; falls das der Fall ist – und Du ihn nicht verbrannt hast – gib ihn Lindau. Ich habe den Verdacht, daß mich in Heidelberg Spione überwacht haben – alle meine damaligen Handlungen sind nämlich bekannt geworden – obwohl es nichts Besonderes damit auf sich hatte. Nitschiporenko gibt alles und jeden preis – und Benni ist auf freiem Fuß! Bitte, das alles muß geheim bleiben – sonst schlägt Dolgorukow womöglich Alarm, und das könnte mir sehr schaden. Laß irgend etwas von Dir hören. – Deine Botschaft an die russischen Soldaten im letzten „Kolokol" hat mir die Tränen in die Augen getrieben. Ich drücke Dir kräftig die Hand und bleibe Dein Dir zugetaner

I. Turgenjew

96

An Gustave Flaubert Paris, 18. April 1863

Mein lieber Kollege!

Ich brauche Ihnen, so hoffe ich, nicht zu sagen, wieviel Freude mir Ihr zweiter Brief gemacht hat – und mehr als Freude!... Wenn ich Ihnen nicht sofort geantwortet habe – so, weil ich mit einer Menge unangenehmer kleiner Geschichten zu tun hatte, die mich verdrießlich und untätig zugleich machten. Diese Miseren dauern noch an – aber mein Gewissen läßt mich nicht länger warten. Ich rechnete und rechne noch immer mit Ihrer Nachsicht – und will Ihnen vor allem Dank sagen und Ihnen die Hand drücken.

Ich bin sehr glücklich über Ihr Lob, und Sie dürfen überzeugt sein: ich weiß wohl, daß ein Künstler und ein wohlwollender Mann wie Sie zwischen den Zeilen eines Buches eine Menge herauszulesen versteht und dem Autor großmütig Dank zu sagen weiß: aber das ist gleich. Lob, das von Ihnen kommt, ist Goldes wert – und ich stecke es mit Stolz und Dankbarkeit ein.

Werden wir uns nicht im Laufe des Sommers sehen? Eine Stunde im guten und offenen Gespräch ist hundert Briefe wert. Ich verlasse Paris in acht Tagen, um mich in Baden niederzulassen. Werden Sie dorthin kommen? Dort gibt es Bäume, wie ich sie nirgendwo gesehen habe – und ganz oben auf den Bergen. Das ist stark, jung – und gleichzeitig poetisch und anmutig. Das tut den Augen und der Seele sehr wohl. Sitzt man zu Füßen eines dieser Riesen, ist es, als nähme man ihm ein wenig von seinem Saft – und das ist sehr gut und sehr nützlich. Wirklich, kommen Sie nach Baden, und wäre es nur für ein paar Tage. Sie werden von dort ausgezeichnete Farben für Ihre Palette mitnehmen.

Vor meiner Abreise erhalten Sie ein Buch von mir, das gerade erscheint. Ich stopfe Sie voll – aber das ist Ihre Schuld.

Tausend Grüße, lassen Sie es sich gut gehen, arbeiten Sie, und kommen Sie nach Baden.

Ganz der Ihre

I. Turgenjew**

97

An F. M. Dostojewski Baden-Baden, 25. Mai 1863

Lieber Fjodor Michailowitsch, ich habe Ihnen deswegen so lange nicht geschrieben, weil ich Ihnen gern etwas Positives mitteilen wollte. Nun kann ich Sie davon in Kenntnis setzen, daß ich mit dem Umschreiben einer Sache – ich weiß wahrhaftig nicht, wie ich sie nennen soll – auf alle Fälle nicht Roman – eher Phantasie – mit dem Titel: „Visionen" begonnen habe. Ich hatte sie mir schon viel früher ausgedacht, konnte mich aber lange Zeit nicht dazu entschließen, sie – oder sonst etwas – in Angriff zu nehmen. Nur fürchte ich, sie könnte gar zu unzeitgemäß, ja geradezu kindlich wirken – besonders in der jetzigen schweren und entscheidenden Zeit. Doch Sie werden ja selbst sehen – und falls erforderlich, schreibe ich ein kurzes – entschuldigendes Vorwort oder eine Einleitung. Sie werden sie in zwei, drei Wochen erhalten. Nach meiner Berechnung sind es etwas über zwei Druckbogen. Ich habe mich hier für den ganzen Sommer niedergelassen und möchte arbeiten. In Paris habe ich nichts zustande gebracht. Schreiben Sie mir hierher. Hier ist die Luft leicht und die Gegend wunderschön.

Ab und zu gelangen Nummern der „Wremja" zu mir – und ich bedanke mich herzlich für die guten Worte, die Sie und Ihre Mitarbeiter gelegentlich für mich finden.

Ich schließe mit einer Bitte, die Sie hoffentlich nicht allzusehr beschweren wird. Ich schulde meinem guten Freund Pawel Wassiljewitsch Annenkow 109 Silberrubel und 50 Kopeken. Seien Sie so gut, ihm diesen Betrag unverzüglich auszuzahlen – à conto unserer künftigen Beziehungen. Er wohnt im Hause Grawes, Ecke Wladimirskaja und Grafski-Gasse. Sollte er Petersburg jedoch bereits verlassen haben, senden Sie ihm diesen Betrag bitte nach *Simbirsk*. Sie werden mich dadurch sehr verpflichten.

Und nun grüße ich alle Ihre Angehörigen und drücke Ihnen freundschaftlich die Hand.

Ihr ergebener

I. Turgenjew

98

An A. I. Herzen Heidelberg, 22. Juli 1863

Lieber Alexander Iwanowitsch. Soeben las ich die Nummer des „Kolokol", wo von dem „französischen und englischen Mostrich" etc. die Rede ist. Habe Dank, daß Du diese abgeschmackte Anekdote nicht geglaubt hast – doch mir scheint, Du hättest Dich noch entschiedener ausgedrückt, wenn Du überhaupt nicht gezweifelt hättest. Kein einziges – weder kränkendes noch spöttisches – Wort über die Polen ist über meine Lippen gekommen – allein schon deswegen, weil ich noch nicht jedes Verständnis für das „Tragische“ eingebüßt habe. Jetzt ist keinem nach Spott zumute.

Unseren Briefwechsel habe ich aus Gründen eingestellt, die Dir wohlbekannt sind – und welchen Reiz sollte es auch bieten, Briefe wie unsere letzten auszutauchen? Unsere Ansichten gehen zu weit auseinander – wozu also sich unnütz gegenseitig reizen? Auch jetzt biete ich Dir keine Erneuerung dieses Briefwechsels an, wäre Dir indes verbunden, wenn Du im nächsten Heft des „Kolokol“ folgendes abdrucktest: „Wir haben die zuverlässige Bestätigung erhalten, daß die Herrn I. Turgenjew zugeschriebenen Worte eine reine Erfindung sind.“

Noch heute schreibe ich an I. S. Aksakow. Es kränkt mich zutiefst, daß man mein zurückgezogenes, fast unter der Erdoberfläche verborgenes Leben so mit Schmutz überschüttet.

Ich wünsche Dir Ruhe, soweit das möglich ist, und bitte Dich im Namen unserer Vergangenheit, mich keiner schuftigen Tat oder Äußerung für fähig zu halten.

I. Turgenjew

PS: Ich wohne in Baden-Baden, Schillerstraße 277 – nach hier bin ich nur für einen Tag gekommen, um den Arzt zu konsultieren.

99

An Moritz Hartmann Baden-Baden, 9. August 1863

Mein lieber Freund!

Ich schicke Ihnen hiermit meine Photographie und einige biographische Notizen, mit vielen Entschuldigungen wegen des Aufschubs. Mein Leben ist ein sehr einfaches gewesen. Ich bin am 9. November 1818 in Orjol (in Rußland) geboren – habe ein Jahr lang in der Moskauer Universität, dann drei Jahre in der Petersburger studiert – machte 1838 meine erste Reise ins Ausland und studierte bis 1840 in Berlin –Philosophie, Philologie und Geschichte – in Berlin hab ich ein ganzes Jahr in demselben Hause und beinah in demselben Zimmer mit Bakunin zugebracht. Im Jahre 1843 schrieb ich meine ersten Verse und trat für eine sehr kurze Zeit ins Ministerium des Innern ein. Meine Verse waren schlecht – und mein Dienst – ebenso. Ich schrieb hin und her Reflexionspoesie ohne Klang und Schwung mit kleinlichen Finessen – und wollte schon gänzlich die Literatur aufgeben – als ich Ende 1846 – auf die Bitte meines Freundes, Belinski, für sein neugegründetes Journal – die erste Skizze der „Memoiren eines Jägers" schrieb. Sie gefiel – wurde von vielen andern gefolgt – und so wurde ich Novellist und Romanschreiber. Von 1847 bis 1850 blieb ich im Auslande – dachte 1848 mich ganz nach Frankreich überzusiedeln, ging aber nach Rußland zurück – und wurde im Jahre 1852 mit einem beinahe zweijährigen Exil von Kaiser Nikolaus bestraft. Der Vorwand dazu war ein Artikel über Gogol, der eben gestorben war: man wollte nämlich die jungen Schriftsteller einschüchtern. Seitdem schreib ich Novellen – größere und kleinere –, lebe abwechselnd in Frankreich, Deutschland und Rußland – aber das kennen Sie so gut wie ich. Ich habe zwei Brüder gehabt: der jüngere ist längst gestorben. Voilà tout.

Ich hoffe, der Brief findet Sie noch in Stuttgart. Mit Gerkens Gehirn geht es schlecht – seine Schwiegermutter ist noch nicht angekommen.

Viele Grüße Ihrer Frau und ein herzliches „shake hands" Ihnen. Ich schicke Ihnen zugleich „Pères et Enfants".

Ihr I. Turgenjew*

100

An W. P. Botkin Baden-Baden, 8. Dezember 1863

Mein lieber Wassili Petrowitsch, aus meinem Brief an Annenkow in Petersburg weißt Du schon, daß ich das Geld, wenn auch mit beträchtlicher Einbuße, bekommen habe, und daher ist jedes weitere Wort darüber überflüssig. – In Petersburg werde ich *ganz bestimmt* zwischen dem 10. und 15. Dezember alten Stils sein, also in zwei Wochen, und wahrscheinlich im gleichen Hotel absteigen wie Du. Ich werde Dir aus Berlin oder Königsberg telegrafieren und Dich bitten, mir einen Wagen zum Bahnhof zu schicken und ein Zimmer reservieren zu lassen. Kowalewski bot mir an, bei ihm zu wohnen, aber ich möchte weder ihn noch auch mich selbst inkommodieren. Alle Deine Sachen bringe ich mit und unter anderem die zwei größten und teuersten Badeschwämme von Paris.

Die Zweifel, welche die „Visionen" bei Dir ausgelöst haben, lassen mich meinen, es sei besser, mit ihrer Veröffentlichung ein wenig zu warten. Sie enthalten bestimmt keine Allegorie, ich verstehe Ellis genausowenig wie Du. Es ist das eine Reihe irgendwelcher seelischer dissolving views, eine Folge des wirklich bedrückenden und düsteren Übergangszustands meines *Ichs*. Kein Zweifel, entweder höre ich ganz auf mit der Schriftstellerei, oder ich werde völlig andere Dinge und nicht so wie bisher schreiben. Das erste ist wahrscheinlicher – doch über all das sprechen wir noch.

Also auf baldiges Wiedersehen. Bei Euch stürmt und schneit es gewiß schon, hier dagegen ist wundervolles ruhiges Wetter. Ich werde mir Mühe geben müssen, nicht zu erfrieren.

Dein ergebener

I. Turgenjew

101

An A. A. Krajewski Baden-Baden, 15. Dezember 1863

Sehr geehrter Herr!

Dieser Brief wird Ihnen von Frau Clara Schumann überbracht, deren bewundernswürdiges Talent Sie ohne Zweifel kennen. Es ist das zweite oder dritte Mal, daß sie nach Rußland kommt – und alle Freunde guter und großer Musik müssen bestrebt sein, daß sie mit dem Empfang durch unser Publikum immer zufriedener wird. Ihre Position gibt Ihnen mehr als jedem anderen die Möglichkeit, hierzu beizutragen, und ich zweifle nicht, daß Sie dies mit Vergnügen tun werden, doch hindert mich das nicht, an unsere alte Freundschaft zu appellieren. Ich werde jeden Dienst, den Sie Frau Schumann erweisen, als persönliche Gunst betrachten, und bitte Sie, im voraus meinen Dank sowie den Ausdruck meiner Ergebenheit entgegenzunehmen.

I. Turgenjew**

102

An Pauline Viardot Berlin, 14. Januar 1864

Es ist Viertel acht Uhr abends, liebe Madame Viardot; in diesem Augenblick sind Sie alle im Salon versammelt. Sie machen Musik, Viardot schlummert in der Kaminecke, die Kinder zeichnen, und ich, dessen Herz ebenfalls in diesem geliebten Salon weilt, ich bereite mich darauf vor, wenn möglich, noch ein wenig zu schlafen, bevor ich mich auf die Reise nach Königsberg begebe (der Zug fährt um drei Viertel elf).

Ich habe Pietsch zu Hause besucht, und ich erwarte ihn zu einer Tasse Tee. Er verehrt Sie mehr denn je; er ist sehr traurig und mutlos, der arme Junge! *Arm* ist das richtige Wort, leider! Er hat mir tausend Fragen gestellt über Sie, über Ihre Kinder und so weiter und so fort... Ich habe auch seine Frau gesehen, die sehr mager ist, und die Kinder, die sehr hübsch sind. Sagen Sie Viardot, daß es ausdrücklich verboten ist, ein Gewehr nach Rußland einzuführen, und daß seins einen Zwangsaufenthalt bei Pietsch nehmen wird, dem ich es übrigens besonders ans Herz legen werde.

Ich komme mir vor wie ein Mann, der träumt: ich kann mich nicht an die Vorstellung gewöhnen, daß ich schon so weit von Baden entfernt bin, und die Personen und die Gegenstände wandern an mir vorüber, ohne daß sie mich zu berühren scheinen. Einmal in Petersburg, werde ich mit Händen und Füßen arbeiten, um mich schnell davon zu befreien.

Ich werde diesen Brief morgen in Königsberg beenden oder an der Grenze und ihn an Sie abschicken. Inzwischen drücke ich Ihnen die Hand, mir ist das Herz recht schwer.

15., 1 Uhr

Nun bin ich in Königsberg. Ich fahre in einer halben Stunde. Tausend Grüße

I. Turgenjew**

103

An A. I. Herzen Paris, 2. April 1864

Lange habe ich nach meiner Rückkehr aus Rußland geschwankt, ob ich Dir wegen der Notiz im „Kolokol“ über die „grauhaarige Magdalena männlichen Geschlechts, welcher vor Reue die Zähne und die Haare ausgefallen sind“, schreiben soll. Diese Notiz, die sich eindeutig auf mich bezog, hat mich, ehrlich gesagt, gekränkt. Daß Bakunin, der sich Geld von mir geborgt und mich durch sein Weibergeschwätz und seinen Leichtsinn in eine höchst unangenehme Situation gebracht hat (andere sind von ihm völlig ins Verderben gestürzt worden) – daß also Bakunin die gemeinsten und garstigsten Verleumdungen über mich verbreitet, ist ganz in Ordnung – und da ich ihn seit langem kenne, hatte ich nichts anderes von ihm erwartet. Nur habe ich nicht vermutet, daß auch Du einen Menschen, den Du seit beinahe zwanzig Jahren kennst, in ganz gleicher Weise nur deswegen mit Schmutz bewerfen würdest, weil er Deine Ansichten nicht mehr teilt. Du hast es bald so weit gebracht wie der selige Nikolai Pawlowitsch, der mich ebenfalls verurteilte, ohne mich auch nur zu fragen, ob ich wirklich schuldig sei. Wenn ich Dir die Antworten zeigen könnte, die ich auf die zugesandten Fragen gegeben habe, würdest Du Dich gewiß davon überzeugen, daß ich, ohne etwas zu verbergen, keinen einzigen meiner Freunde geschmäht, ja nicht einmal daran gedacht habe, mich von ihnen loszusagen: das hätte ich als meiner unwürdig angesehen. Nicht ohne einen gewissen Stolz, das gebe ich zu, erinnere ich mich dieser Antworten, die meinen Richtern trotz des Tones, in dem sie gehalten waren, Respekt und Vertrauen einflößten. Was nun den Brief an den Zaren anlangt, den Du in so häßlichem Ton erwähnst – hier ist er:

„Eure kaiserliche Majestät! Allergnädigster Zar!

Zweimal bereits hatte ich das Glück, mich schriftlich an Eure Majestät wenden zu dürfen – und beide Male wurden meine Bitten wohlwollend angenommen; würdigen Sie mich, Majestät, auch dieses Mal Ihrer gnädigen Aufmerksamkeit.

Heute erhielt ich über die hiesige Gesandtschaft die Anweisung, unverzüglich nach Rußland zurückzukehren. Ich gestehe mit völliger Offenheit, daß ich mir nicht zu erklären vermag, womit ich einen solchen Mißtrauensbeweis verdient habe. Aus meiner Denkweise habe ich nie ein Hehl gemacht, mein Tun ist jedermann bekannt, einer verwerflichen Handlung bin ich mir nicht bewußt. Ich bin Schriftsteller, Eure Majestät – und nicht mehr: mein ganzes Leben hat seinen Ausdruck in meinen Werken gefunden – nach diesen muß ich beurteilt werden. Ich erkühne mich, zu glauben, wer auch immer diesen Werken seine Aufmerksamkeit zuwenden mag, wird der Mäßigung meiner Ansichten, die durchaus unabhängig, aber vom Gewissen diktiert sind, Gerechtigkeit widerfahren lassen. Es fällt schwer, zu begreifen, daß zum gleichen Zeitpunkt, da Sie, Majestät, Ihren Namen durch die Vollendung eines großen Werks der Gerechtigkeit und Menschenliebe unsterblich gemacht haben, es fällt schwer, zu begreifen, sage ich, wie ein Schriftsteller, der sich in seiner bescheidenen Sphäre bemühte, nach Maßgabe seiner Kräfte jene würdigen Vorhaben zu fördern, Verdächtigungen ausgesetzt werden kann. Mein Gesundheitszustand und Geschäfte, die keinen Aufschub dulden, gestatten es mir nicht, jetzt nach Rußland zurückzukehren; geruhen Sie daher, allergnädigster Zar, Befehl zu erteilen, mir die Verhörspunkte zuzusenden: ich gelobe mit meinem Ehrenwort, jeden einzelnen unverzüglich und mit völliger Offenheit zu beantworten. Vertrauen Sie der Aufrichtigkeit meiner Worte, Majestät: zu den Gefühlen des treuen Untertanen, die ich aus Pflicht für Eure Majestät empfinde, gesellt sich persönliche Dankbarkeit."

Ja, der Zar, der mich überhaupt nicht kannte, hat dennoch begriffen, daß er es mit einem anständigen Menschen zu tun hat, und dafür schulde ich ihm noch mehr Dank; meine alten Freunde hingegen, die mich doch wohl gut kennen sollten, haben mir unbedenklich eine Gemeinheit zugetraut und dies gedruckt verbreitet. Hätte ich es mit dem früheren Herzen zu tun, würde ich Dich nicht bitten, mein Vertrauen nicht zum Bösen zu kehren und diesen Brief auf der Stelle zu vernichten: aber Du selbst hast meine Vorstellungen von Dir durcheinandergebracht – und ich bitte Dich, mir keine neuen Unannehmlichkeiten zu bereiten; ich habe an den alten genug. Dieser Brief beweist Dir übrigens, daß meine Gefühle für Dich nicht völlig geschwunden sind: Bakunin hätte ich nicht eines halben Wortes gewürdigt. Bleib gesund.

I. Turgenjew

104

An Moritz Hartmann Baden-Baden, 28. Juni 1864

Mein lieber Freund!

Der Haufen glühender Asche, den Sie auf mein Haupt gesammelt haben, wird nachgerade so groß – daß ich ihn durch die Abtragung eines Teils meiner Dankesschuld ein wenig zu vermindern suche. Sie sind wirklich sehr gütig gewesen, und Sie müssen nicht glauben, daß ich es nicht fühle. Die beiden mir mitgeteilten Übersetzungen sind wirklich meisterhaft – und was die biographische Notiz betrifft, so muß ich schamrot werden und mich in irgendeinen Winkel verkriechen. Also – noch einmal – einen herzlichen Dank und einen tüchtigen Händedruck!

Ich habe diese ganze Zeit immer nach Stuttgart kommen wollen – aber es hat sich manches mir in den Weg gestellt – und jetzt zum Beispiel erwart ich täglich einen russischen Freund, der bei mir gastieren will und der vielleicht, nach löblicher Slawenart, am Ende gar nicht kommen wird. Ich hoffe dennoch, Sie im Laufe des künftigen Monats zu besuchen. Sie bleiben ja doch in Stuttgart? Oder hätten Sie vielleicht Lust, nach Baden zu kommen? Die Swerbejews haben mir geschrieben, Sie hätten ein krankes Kind gehabt; ich hoffe, es geht ihm jetzt wohl wie überhaupt der ganzen Familie? Gefällt es Ihnen in Stuttgart? Haben Sie definitiv sich dort angesiedelt?

Rubinstein hat mir viel von Ihnen gesprochen und von dem schönen Libretto, welches Sie für ihn schreiben wollen. Tun Sie doch das – es wäre wirklich schade, wenn dieser begabte Mensch seine Kräfte zersplittre; ich glaube, es sitzt viel in ihm – es gärt aber noch zu sehr – und kann aus lauter Drang nicht herauskommen. Eine große, edle Arbeit würde ihn am besten konzentrieren. – Ohne Ruhe, wie ohne Feuer, gibt's ja keine Gestaltung.

Was schreiben Sie jetzt? Was mich betrifft, so bin ich ganz und gar in Faulheit versunken. Ich habe hier ein paar Morgen gekauft und denke bloß an meinen künftigen Garten, an mein Haus usw. Da arbeitet es sich nicht!

Grüßen Sie gefälligst Ihre liebenswürdige Frau. Ist Mörike in Stuttgart? Ich bin nämlich sein großer Verehrer. Und kommen Sie nach Baden, sei es nur auf einige Tage. Auf Wiedersehen in jedem Fall, und leben Sie recht wohl.

Ihr I. Turgenjew

PS: Schicken Sie mir Ihre Adresse; ich habe diesmal den Brief an Herrn Swerbejew adressiert.*

105

An Friedrich Bodenstedt Baden-Baden, 12. Juli 1864

Ihrem Wunsche gemäß schick ich Ihnen Ihre Vorrede zurück, die nur einen Fehler hat, viel zuviel Schmeichelhaftes zu enthalten. Ich rechne es Ihrer freundschaftlichen Gesinnung zu und kann nur dafür danken.

Vielleicht könnten Sie hinzufügen, daß ich die Jahre 1852 und 1853 in einer sonst sehr wenig beschwerlichen Verbannung gelebt habe – die ich mir dem Anschein nach – durch einen Artikel auf Gogols Tod, der wahren Sache nach, durch die Erscheinung meiner Jäger-Skizzen zugezogen hatte. Dies Exil hörte auf Verwendung des damaligen Thronfolgers (jetzigen Kaisers) auf. Die meisten dieser Skizzen waren im Ausland – in Paris in den Jahren 1847–1849 geschrieben und trugen deshalb einen fast melancholischen Anstrich, weil ich längere Zeit mit mir selbst uneinig war – ob ich nicht im Ausland auf immer bleiben sollte, was ich glücklicherweise doch nicht getan habe. Noch einmal vielen Dank und einen herzlichen Händedruck.

Die Bogen des „Wirtshaus" hab ich bekommen – und die Vortrefflichkeit der Übersetzung wie immer bewundert. Vergessen Sie nicht, daß ich zu Diensten stehe, wegen etwaiger unverständlicher Worte in den „Visionen".

In alter Freundschaft der Ihrige

I. Turgenjew*

106

An P. W. Annenkow Baden-Baden, 27. Dezember 1864

Lieber Pawel Wassiljewitsch, eben erhielt ich von meinem Onkel einen Brief, in dem er mich davon in Kenntnis setzt, daß er die unglückseligen Bescheinigungen wegen der Säumigkeit des Tambower Rentamts noch nicht in Händen hat und sie Ihnen daher noch nicht zusenden konnte. Das ist peinlich, besonders weil die Hochzeit meiner Tochter, von der ich Ihnen nur eine Andeutung machte, schon abgesprochen ist und Ende Februar stattfindet. Ich wäre wegen des Geldes für ihre Mitgift in große Verlegenheit geraten; doch zum Glück kamen mir die Freunde Viardot zu Hilfe und streckten mir den Betrag vor; trotzdem möchte ich Sie bitten, die Überweisung des Geldes zu veranlassen, sobald Sie es in Händen haben: schließlich muß ich den Viardots das Geliehene zurückzahlen, und auch der Bau meines Hauses wird viel Kapital fordern. Was den eventuellen Kredit betrifft, so muß dieser Gedanke zurückgestellt werden, bis ich nach Petersburg zurückkehre, was sofort nach der Hochzeit meiner Tochter, das heißt im März, geschehen wird.

Meine Anwesenheit in Rußland ist dringend erforderlich: mein Onkel wird alt und bringt meine Angelegenheiten in Unordnung; mehrere Fälle unverzeihlicher Säumigkeit ziehen Verluste nach sich und so weiter. Und daher bitte ich Sie inständig, sich statt des Kredits einer anderen, nicht weniger beschwerlichen Angelegenheit anzunehmen, und zwar der Suche nach einem ehrlichen und tatkräftigen jungen Manne, dem ich die Verwaltung meines Gutes übertragen könnte. (Dabei fällt mir ein, benachrichtigen Sie mich bitte, ob Sie von meinem Onkel die Abrechnung über meine Vermögenslage bekommen haben.) Könnte nicht einer Ihrer Kollegen oder einer der anderen Gutsbesitzer aus dem Klub einen brauchbaren Hinweis geben? Vielleicht würde I. I. Maslow behilflich sein? Bemühen Sie sich, Verehrtester, und seien Sie meiner grenzenlosen Dankbarkeit gewiß. Wenn ich noch am Leben bin, erscheine ich *unbedingt* Ende März in Petersburg – das ist der späteste Termin. Übermorgen fahre ich für ein paar Tage nach Paris, um die Hochzeit auszurichten, den Vertrag aufzusetzen und so weiter. Das Ergebnis teile ich Ihnen dann von dort mit. Der Bräutigam meiner Tochter ist ein sehr tüchtiger junger Mann, Leiter einer großen Kristallwarenfabrik und so weiter. Einzelheiten schreibe ich Ihnen aus Paris. Grüßen Sie den verehrten Wassili Petrowitsch Botkin von mir, und richten Sie ihm aus, er möchte ab Mitte März mein Zimmer heizen lassen.

Ihr Ihnen zugetaner

I. Turgenjew

107

An N. S. Turgenjew Baden-Baden, 12. Januar 1865

Lieber Bruder, ich eile, Dich mit der Zusicherung zu beruhigen, daß Du Dich wegen meiner „unaufschiebbaren" Bitte weder von der Stelle zu rühren noch sonst irgendwelchen Unbequemlichkeiten auszusetzen brauchst. Es handelt sich um folgendes: Ich verheirate meine Tochter mit Herrn Gaston Bruère, einem jungen und gebildeten Manne, der eine bedeutende Glasfabrik leitet; die Hochzeit soll Ende Februar, also in reichlich einem Monat in Paris stattfinden. Als ich dem Notar die erforderlichen Papiere übergab, legte ich ihm auch Deinen Brief vor, in dem Du versprichst, *im Falle meines Ablebens* Polinka 25 000 Francs zu geben; nun erhob sich die Frage – da ich verspreche, meiner Tochter in einigen Jahren 50 000 Francs auszuzahlen –, ob Du nicht bereit wärest, Deinen versprochenen Betrag im Falle meines Todes auf 50 000 Francs zu erhöhen? Ich nehme an, Du wirst einverstanden sein, *da dies Dich nur dann verpflichtet, wenn Du in den Besitz meines Erbteils gelangst,* dessen Wert diesen Betrag zweifellos um ein vielfaches übersteigt. Auf alle Fälle aber möchte ich gern Deine Meinung wissen und bitte Dich daher, mir Dein schriftliches Einverständnis in französischer Sprache zu schicken, damit ich es ordnungsgemäß vorlegen kann; das eigentliche Schreiben setzen wir später auf, sofort nach der Hochzeit – damit Du meine Tochter dann schon Mme. Bruère nennen kannst. Ich wäre sehr glücklich, wenn Du der Hochzeit beiwohnen könntest; aber wir schreiben uns ja bis dahin noch einmal. Sei so gut und schicke mir Deine Antwort schnellstens, da ich eventuell in den nächsten Tagen nach Paris fahren muß.

Die Nachricht von Deiner Krankheit hat mich sehr betrübt; zwar weiß ich, das Herausschneiden der Drüsen ist völlig ungefährlich (viele Sänger lassen das rechtzeitig an sich vornehmen) – trotzdem tust Du mir sehr leid, und ich stelle mir vor, wie Du Dich quälen mußt. Ich habe ein *„Universal Mittel“** – wie Scribes „prenez mon ours“ –, komm nach Baden-Baden; seit ich hier bin, sind alle meine früheren „Gebrechen“ verschwunden.

Grüße Anna Jakowlewna von mir; ich umarme Dich freundschaftlich und bleibe Dein Dich liebender Bruder

I. Turgenjew

PS: Die Mitgift meiner Tochter besteht aus 100 000 Francs, „une fois donnés“, und den versprochenen 50 000.

108

An Moritz Hartmann Baden-Baden, 16. Januar 1865

Mein lieber Freund!

Ich schreibe Ihnen bloß ein paar Zeilen in großer Eile – da es 1 Uhr nachts ist und ich morgen um 7 schon auf die Jagd gehe. Madame Viardot rechnet auf gar nichts und tut es aus bloßer Gefälligkeit – also kann kein Mißverständnis stattfinden. Ich komme mit nach Stuttgart und freue mich ordentlich darauf. Madame Viardot hat 6 Gedichte von Mörike ganz reizend komponiert, und es würde ihr eine große Freude sein, sie ihm vorsingen zu können. Glauben Sie, daß es sich arrangieren läßt?

Ich drücke Ihnen freundschaftlichst die Hand und grüße herzlich Ihre liebe Frau.

I. Turgenjew*

109

An Moritz Hartmann Baden-Baden, 2. April 1865

Mein lieber Freund!

Wie steht es mit Ihnen und mit Ihrer Frau? Sie geben ja gar kein Lebenszeichen. Nun – es wird sich schon geben – denn ich komme Mittwoch früh nach Stuttgart und bleibe da bis Freitag. Madame Viardot, die, wie Sie wahrscheinlich wissen, Donnerstag im Theater singt – kommt Dienstag an mit dem Schnellzuge. Könnte man nicht für *Mittwoch* die große Entrevue mit *Mörike* zustande bringen? Es würde mich natürlich sehr freuen, auch zugegen zu sein. Tun Sie es doch, ja? Dem Mörike wird es doch gewiß angenehm sein. Ich bringe zugleich Auskunft über 3 Häuser, die hier zu kaufen sind. Es wäre zu hübsch – ich fürchte, es wird sich nicht machen.

Also auf baldiges Wiedersehen. Ich drücke Ihnen die Hand und grüße Ihre Frau aufs herzlichste.

I. Turgenjew*

110

An Theodor Storm Baden-Baden, 30. November 1865

Mein lieber und werter Gast!

Ich hätte schon seit einer Woche auf Ihr freundliches Schreiben antworten sollen – aber wir sind eben hier im vollsten Jagdfeuer – und da hat man am Tage keine Zeit, und abends ist man so abgespannt und so müde, daß man keine zwei ordentliche Gedanken im Kopf hat – und das wenige, das man etwa zusammenraffen könnte, unmöglich aufs Papier bringen kann, zumal in einer Sprache, die einem doch eine fremde ist. Nun ist aber Ihre hübsche Gabe angekommen – und da muß ich doch aufs beste danken und Ihnen sagen, wie sehr ich mich auf Ihre Bekanntschaft gefreut habe und noch freuen werde – denn mein Gast müssen Sie im kommenden Jahr sein – Ihre „graue Stadt am Meere" liegt ja so weit! Auch müssen Sie nicht darüber reflektieren, Sie hätten sich hier nicht so ausgesprochen, wie Sie es eigentlich gewünscht hätten: die besten Menschen, wie die besten Bücher – sind die, wo man viel zwischen den Zeilen liest – und daß es geschehen ist – dafür bürgt mir das liebevolle Andenken, in welchem Sie hier bei der Familie Viardot – und sonst – geblieben sind. Der Schatten Ihres herben Verlustes lag noch auf Ihrem ganzen Wesen – aber die schönen Strahlen leuchteten darunter – und wir wollen aufs nächste Jahr – das Beste hoffen. Soviel ich Sie kenne, purpurrot war es und wird es nie – aber es wird mehr des lilafarbigen als des grauen geben.

Ich habe mich noch nicht an Ihr Buch gemacht (das Exemplar, für Madame Viardot bestimmt, bekommt sie als Weihnachtsgabe zu ihrer Rückkehr aus Berlin) – werde es aber am ersten ruhigen, stillen Tag lesen – und verspreche mir viel Vergnügen davon. Ich habe eben an meinen Verleger geschrieben, damit er Ihnen die beiden Bändchen der Bodenstedtschen Übersetzung zuschickt – und bitte Sie, diese kleine Gegengabe als ein Zeichen wahrer Sympathie anzunehmen. Ich bin ganz stolz darüber, daß meine Skizzen in Ihrem Hauskreise gelesen werden: das will viel sagen!

Mein Freund Viardot läßt Sie aufs beste grüßen. Sie haben sich nicht in ihm geirrt: in manchen Punkten ist er kein Franzose. Jedenfalls kein Franzose wie V. Hugo, z. B. – mit seinen ganz scheußlich fratzenhaften „Chansons des rues et des bois". Daß solch ein sich Erbrechen der absoluten, ebenso tollen als platten Roheit nicht gleich mit Unwillen hinausgeschmissen wird – ist doch ein Urteil über die ganze Nation!

Und nun leben Sie recht wohl – und empfangen Sie meinen herzlichen Gruß.

I. Turgenjew*

III

An M. N. Katkow Baden-Baden, 20. März 1866

Lieber Michail Nikiforowitsch, bei unserem Wiedersehen in Moskau sprach ich Ihnen von meiner Absicht, meine literarische Tätigkeit aufzugeben oder zumindest für eine Zeit zu unterbrechen; diese Absicht habe ich nicht geändert, doch ich bin noch Ihr Schuldner und fühle, daß ich verpflichtet bin, meine Schulden an Sie zu begleichen – nicht mit Geld. Daher schlage ich Ihnen folgendes vor: Ich habe eine nahezu beendete Übersetzung des „Lazarillo de Tormes", eines bekannten spanischen satirischen Romans aus dem 16. Jahrhundert (er ist der Prototyp aller folgenden Gil Blas und so weiter). Falls Sie diesen bemerkenswerten Roman zusammen mit einer kleinen, von mir verfaßten historischen Einleitung in Ihrer Zeitschrift veröffentlichen möchten, lassen Sie es mich wissen. Der „Lazarillo" ist leider Fragment geblieben und würde dreieinhalb Druckbogen Ihres „Westnik" beanspruchen; es versteht sich von selbst, daß Sie einen mäßigen Preis für den Bogen festsetzen können. Sollten Sie diese Übersetzung jedoch aus irgendwelchen Erwägungen heraus nicht abdrucken wollen, geben Sie mir trotzdem Bescheid, ich würde dann unverzüglich die Übersendung des von mir geschuldeten Betrags veranlassen.

Wahrscheinlich wird in Kürze in den „Peterburgskije wedomosti“ eine kleine Erzählung von mir, „Der Hund“, erscheinen; doch diese ist erstens schon vor langer Zeit geschrieben worden und hätte sich zweitens für eine seriöse Zeitschrift gar nicht geeignet, wovon Sie sich nach den ersten Zeilen überzeugen werden; überhaupt ist sie völlig bedeutungslos.

Das erste Heft des „Russki westnik“, das ich hier erhielt, ist vortrefflich zusammengestellt; Dostojewskis Roman ist beeindruckend. Ich hoffe, Sie sind bei Gesundheit und guter Laune, und bitte Sie, die Versicherung meiner völligen Ergebenheit entgegenzunehmen.

I. Turgenjew

112

An A. A. Fet Baden-Baden, 6. April 1866

Mein lieber Afanassi Afanassjewitsch, ich schreibe Ihnen an dem Tage, da nach einer volkstümlichen Redensart nicht einmal der Rabe an seinem Neste baut! Ihren Brief erhielt ich vor etwa zehn Tagen, woraus Sie schließen können, daß meine Faulheit nicht geringer geworden ist; nicht geringer geworden ist allerdings auch meine Anhänglichkeit an Sie. Mit ehrlicher Freude habe ich vernommen, daß Sie mit Ihrer Gesundheit und der Entwicklung Ihrer Angelegenheiten zufrieden sind; nicht weniger gefreut hat mich (für unseren Landkreis) auch, daß Sie mit der Würde eines Abgeordneten bekleidet wurden; und daß Wassili Petrowitsch nicht nach Stepanowka gekommen ist – nun, ich nehme an, deswegen werden Sie keine Tränen vergießen. Gebe Gott Ihnen in Ihrem Steppennest alles Gute! Wir werden hier im „Russki westnik“ Ihre Briefe „Aus dem Dorf“ lesen, die ich persönlich mit großer Ungeduld erwarte.

Von den zwei mir zugesandten Gedichten ist das (abgedruckte) an Tjutschew wundervoll – es strahlt den Geist des alten oder, besser gesagt, des jungen Fet aus. Das andere befriedigt mich nicht. „Warum?“ werden Sie fragen. „Kritiker, gib

Rechenschaft über dein Empfinden!" Bitte – das will ich tun. Erstens: es erinnert – im Ton und sogar in einigen Details – an zwei Gedichte Puschkins und Tjutschews, die beide viel besser sind: „Ein Augenblick ist mein gewesen" und „Wie nächtens am Himmel die Sterne". Zweitens, was soll das: „Einen Gruß *auswendig* hinwerfen!" Wie unschön das klingt! Wie kann man „Trauer begeistern"? „Die ganze Reinheit Deiner Seele", „Sterne und Rose" – das ist matte Prosa. Und schließlich: „Am dunklen Himmel und *im Wasser*" – dann schon besser gleich „und im Waschbecken". Und noch etwas habe ich festgestellt: alle Ihre persönlichen, Ihre lyrischen und Liebesgedichte, alle besonders leidenschaftlichen Gedichte sind schwächer als die übrigen: gleich als wären sie von Ihnen nur erfunden und habe der Gegenstand der Verse überhaupt nicht existiert. Und nun können Sie nach dem Stiefel greifen und mir den Absatz einmal und noch einmal auf den Schädel hämmern: willst Du wohl höflich sein.

Von Frau Engelhardt habe ich einen Brief bekommen und ihr bereits geantwortet.

Dieses Jahr werde ich wohl nicht nach Rußland kommen – und Sie daher nicht sehen, es sei denn, Sie raffen sich auf und besuchen uns. Zusammen mit den Viardots habe ich zu der Jagd, die wir bisher hatten, eine weitere hinzugepachtet, und wir können jetzt einen Freund einladen. Allein bis zu dreihundert Hasen werden wir erlegen.

In diesem Jahr bekomme ich Zeitschriften und verfolge wieder die russische Literatur: wenig Tröstliches. Am erfreulichsten das Wiedererscheinen des „Westnik Jewropy" von Kostomarow. Der erste Teil von Dostojewskis „Schuld und Sühne" ist großartig; der zweite Teil riecht wieder nach penetranter Selbstseziererei. Der zweite Teil von „Das Jahr 1805" ist ebenfalls schwach: wie nichtig und gekünstelt ist das alles, und bekommt Tolstoi denn diese *ewigen Überlegungen* – bin ich feige oder nicht –, diese ganze Pathologie der Schlacht nicht satt? Wo sind da die Kennzeichen der Epoche – wo die historischen Farben! Die Gestalt Denissows ist gewandt gezeichnet – aber sie wäre schön als Schmuck auf einem Hintergrund – doch der Hintergrund fehlt eben.

Indes basta! Die Krittelei scheint es mir heute angetan zu haben! Ich schließe, indem ich Sie freundschaftlich umarme und Ihre Frau grüße.

I. Turgenjew

113

An Pierre-Jules Hetzel Baden-Baden, 7. Juni 1866

Sehr geehrter Herr!

Soeben erhielt ich einen Brief von dem guten und vortrefflichen Mérimée, der sich mit seinem üblichen Wohlwollen anbietet, seinen Namen unter den Band zu setzen, den Sie zu publizieren beabsichtigen; andererseits schreibt mir Monsieur de Mars, daß die Novelle, von der ich Ihnen sprach („Visionen"), in der Zeitschrift vom 15. Juni enthalten sein wird. Das würde die Einzelausgabe hinauszögern (wenigstens glaube ich es, kenne aber Ihre Gepflogenheiten nicht). Auf jeden Fall wissen Sie, daß ich folgende Erzählungen bereithalte: erstens „Der Jude", zweitens „Petuschkow", drittens „Asja" (die Mérimée mit Herrn Pagonkin gelesen und die ihm gefallen hat) und viertens eine Erzählung, die ich Ihnen gegenüber zu erwähnen vergaß und die „Der Hund" heißt; Mérimée ist gerade dabei, sie zu übersetzen. Das ergäbe einen ziemlich dicken Band mit den „Visionen", die mit hineinmüßten. Sie brauchen also nur ein Wort zu sagen, und ich schicke Ihnen die Kopie. Aber vielleicht ist es besser, all das bis zum Winter aufzuschieben. Tun Sie, was Sie für richtig halten.

Die Kinder der Viardots danken Ihnen überschwenglich, nein, die Kinder haben keinen *Überchwang*, also sehr, sehr für die entzückenden Bücher, die ich ihnen in Ihrem Auftrag übergeben habe.

Man erwartet hier voller Angst den ersten Kanonenschuß. Wo aber wird er losgehen?

Ich drücke Ihnen aufs herzlichste die Hand.

Ganz der Ihre

I. Turgenjew**

114

An O. A. Nowikowa Baden-Baden, 16. Juni 1866

Sie bitten so inständig um eine so geringfügige Sache, meine liebe Frau Nowikowa (entschuldigen Sie diese französische Anrede, ich gestehe reuig, Ihren Vatersnamen vergessen zu haben), daß mir unwillkürlich die Worte aus dem Märchen einfielen: „Dieser Dienst ist keineswegs der schwerste.“ Ich eile, Ihren Wunsch zu erfüllen. – Bei meiner letzten Begegnung mit Auerbach kamen wir auf eine Übersetzung seines Romans ins Russische mit einem besonderen, von ihm verfaßten Vorwort zu sprechen; ich schrieb einem Petersburger Bekannten von dieser Absicht und erhielt die Antwort, der Roman sei bereits übersetzt und werde in einer Zeitschrift erscheinen. Das teilte ich Auerbach mit – und damit war die Angelegenheit erledigt. Ob diese Übersetzung wirklich erschienen ist, weiß ich nicht: doch das läßt sich leicht in Petersburg feststellen – zum Beispiel beim Buchhändler Koshantschikow.

Ich habe mich sehr gefreut, eine Nachricht von Ihnen zu bekommen – und hoffe, Ihr Aufenthalt in Marienbad ist nicht die Folge einer ernsteren Erkrankung. Was mich anlangt – da Sie wissen möchten, wie es mir geht –, so kann ich Ihnen sagen, ich habe mich hier wohl für immer niedergelassen, bin mit meiner Gesundheit zufrieden und habe nicht die Absicht, in die Heimat zu fahren. Meine literarische Arbeit hat gerade begonnen – und ist noch sehr weit vom Abschluß entfernt. Zur Eile sehe ich keine Notwendigkeit – denn über eine Veröffentlichung denke ich noch nicht nach.

Übermitteln Sie bitte Ihrem Gemahl, falls er sich mit Ihnen in Marienbad befindet, meine Hochachtung, grüßen Sie Auerbach von mir und empfangen Sie die Versicherung meiner Verehrung und meiner freundschaftlichen Gefühle.

I. Turgenjew

115

An W. P. Botkin Baden-Baden, 22. August 1866

Mein lieber Wassili Petrowitsch, Deine Klageepistel habe ich bekommen und, wenn schon nicht ohne Mitleid, so doch auch nicht ohne eine gewisse Schadenfreude, gedacht: Das hat er nun davon, daß er von hier abgereist ist! Das Wetter war auch hier hundsmiserabel, aber man hatte doch zumindest Gesellschaft, mit Zimmer und Essen warst Du zufrieden – und schließlich bot sich die Möglichkeit, gute Musik zu hören. Doch ich will nicht weiter in Deiner Wunde wühlen und Dir nur sagen, hier hat man Deiner sehr oft gedacht und würde Dich mit Freuden wiedersehen, falls Dich das Schicksal erneut an die Ufer der friedlichen Oos verschlagen sollte.

Der tugendhafte N. W. Chanykow war zwei Wochen mein Gast, fuhr dann nach Heidelberg – und kehrte erneut nach hier zurück, hat aber jetzt ein Zimmer im Hôtel d'Augustine bezogen, da ab morgen ein gewisser Pietsch, ein Maler aus Berlin, bei mir wohnen wird.

Kowalewski ist abgereist; Frau Raschet war zwei Tage hier und ist dann nach Stuttgart weitergefahren. Sie ist eine sehr liebe Frau, obgleich Du sie während Deiner Quartette durch Ostrazismus in Erstaunen versetzt hast.

Eine Unmenge Leute hat sich jetzt hier eingefunden; von Musikern Brahms und Abert; die italienische Truppe ist nicht überwältigend. Frau Viardot gab ein glänzendes Konzert zugunsten der Geschädigten aus dem Nordteil des Großherzogtums Baden; kommenden Sonntag beginnen wieder ihre matinées. Zusammen mit Deinem Brief kam einer von Mérimée, aus dem hervorgeht, daß er den großen Umschlag, den Du ihm übergeben solltest, nicht erhalten hat. Das ist besonders unangenehm, da er Exemplare meiner ins Französische übersetzten Arbeiten enthielt, von denen ich keine mehr besitze. Wahrscheinlich hast Du den Umschlag in der Tasche Deines Reisemantels vergessen, in die wir ihn mit solcher Mühe gestopft hatten. Wenn Du ihn findest, sei so gut und schicke ihn unverzüglich an folgende Adresse: M. Prosper Mérimée, 52, Rue de Lille, Paris.

Grüß die liebe Frau Abasa von mir. Will sie nicht einmal nach hier kommen? – Frau Nowikowa hat Baden verlassen und ärgert sich jetzt in Ems. – Von Gontscharow erhielt ich einen Brief aus Boulogne: er ist auch unzufrieden. Aber vielleicht wird das Wetter jetzt besser.

Ich treibe mich jetzt ständig auf der Jagd herum – leider aber gibt es wenig Wild. Die Arbeit ist in den Hintergrund getreten.

Nun drücke ich Dir freundschaftlich die Hand und bleibe Dein ergebener

I. Turgenjew

116

An William Ralston Baden-Baden, 19. Oktober 1866

Sehr geehrter Herr!

Ich habe den Brief erhalten, den Sie so liebenswürdig waren mir zu schreiben, sowie die beigelegte Nummer der „Fortnightly Review". (Ich bitte Sie um die Erlaubnis, französisch schreiben zu dürfen: ich kenne die Literatur Ihres Landes gut, ich spreche ziemlich geläufig englisch, aber es würde mir schwerfallen, in dieser Sprache zu schreiben.) – Ich habe mit dem größten Interesse Ihren ausgezeichneten Artikel über Kolzow gelesen; persönlich habe ich ihn wenig gekannt, ich habe ihn kaum zwei- oder dreimal in Petersburg getroffen; aber ich hatte enge Beziehungen zu vielen seiner Freunde, vor allem zu Belinski, der auch verdiente, daß man ihn besser bekannt machte, daß man den Einfluß würdigte, den er gehabt, und die gesellschaftliche Rolle, die er gespielt hat. Kolzow war ein richtiger Volksdichter, von denen es in unserem Jahrhundert so wenige gibt – und wenn der Vergleich mit Burns, der eine ganz anders geartete reiche und starke Natur und Ader hat, zuviel Ehre für ihn wäre – so gibt es doch bestimmte Ähnlichkeiten mit diesem – und rund zwei Dutzend seiner kleinen Gedichte werden so lange dauern wie die russische Sprache selbst.

Es macht mich sehr glücklich, daß Sie die Absicht haben, die Kenntnis unserer Literatur unter Ihren Landsleuten zu verbreiten. Ganz zu schweigen von Gogol, könnten, glaube ich, die Werke des Grafen Lew Tolstoi, die von Ostrowski, Pissemski, Gontscharow von Interesse sein, da sie eine neue Manier zeigen, das poetische Element zu erfassen und wiederzugeben; man kann nicht übersehen, daß unsere Literatur seit Gogol einen selbständigen Charakter bekommen hat; es muß sich herausstellen, ob dieser ausgeprägt genug ist, um die Aufmerksamkeit der anderen Nationen zu fesseln. Die Billigung und Sympathie der Ihrigen wäre am wertvollsten – Sie wisen sehr gut, wie stark der englische Einfluß bei uns ist – und wie sehr Ihre Schriftsteller geschätzt werden – und ich wiederhole, ich kann Ihrem Vorhaben nur Beifall zollen und mein Land dazu beglückwünschen.

Es wäre mir sehr angenehm, eine persönliche Verbindung mit Ihnen anzuknüpfen – und ich würde Ihnen gern für alle erforderlichen Auskünfte zur Verfügung stehen. Jedenfalls bitte ich Sie, auf mich zu zählen.

Ich habe die Absicht, die Monate Februar, März und April in Rußland zu verbringen; aber ich fürchte sehr, nicht mehr dort zu sein, wenn Sie kommen. Ich zweifle nicht an dem freundschaflichen Empfang, der Sie dort erwartet – und ich wäre glücklich, dazu beitragen zu können.

Ich höre mit Freuden, daß Mister Lewes, mit dem ich 1838 in Berlin studiert habe, mit dem hervorragenden Biographen Goethes identisch ist. Ich bitte Sie, ihm Grüße von mir zu bestellen. Nehmen Sie selbst den Ausdruck meiner vorzüglichsten Hochachtung entgegen.

I. Turgenjew

PS: Wenn Sie mir antworten wollen, so tun Sie es ruhig auf englisch.**

117

An N. N. Raschet Baden-Baden, 31. Oktober 1866

Meine liebe Natalja Alexandrowna... (Großer Gott! heißen Sie nicht Nikolajewna? – Es ist eine erstaunliche und für mich beschämende Tatsache, daß ich mich durchaus nicht erinnern kann, wie Ihr Vatersname ist, seien Sie großmütig und verzeihen Sie mir.) Wie geht es Ihnen – gewöhnen Sie sich zu guter Letzt an das unglückselige Stuttgart? Schicken Sie mir ein Lebenszeichen. Bei dieser Gelegenheit übersende ich Ihnen einen gestern auf Ihren Namen eingegangenen Brief aus Rußland.

Stimmt es, daß Hartmann bei dem Bankrott des Verlegers Krais den größten Teil seines Vermögens eingebüßt hat? Das wäre ein sehr harter Schlag. Ich will ihm morgen schreiben und mich für die vortreffliche Übersetzung meiner Erzählung bedanken (wenn ihm nur jetzt danach der Sinn steht). Da fällt mir ein, durch ihn oder durch Sie möchte ich Karl Mayer (dem Herausgeber des *„Stuttgarter Beobachters"**), der mich besuchte, zwei Bände der Bodenstedtschen Übersetzung überreichen. Ich schreibe Ihnen noch darüber.

Ich bin vorläufig gesund, gehe jagen – mit nicht sehr großem Glück – und arbeite – mit nicht sehr großem Erfolg. Ich drücke Ihnen freundschaftlich die Hand, küsse Manja und bleibe Ihr ergebener

I. Turgenjew

118

An Pauline Viardot Petersburg, 12. März (28. Februar) 1867

Liebe, gute Madame Viardot, der Erfolg der Lesung wurde größer, je weiter ich kam – ich habe das Ganze gestern um Mitternacht beendet, nach einer Lesung, die knapp sieben Stunden gedauert hat – ich fühlte mich völlig zerschlagen vor Müdigkeit, aber der Eindruck, den ich entstehen sah, hielt mich aufrecht. Also, anscheinend habe ich dies am wenigsten schlecht gemacht, man verspricht mir goldene Berge. Um so besser, um so besser. Ich bin vor allen Dingen glücklich, Ihre Meinung, die einzig entscheidende für mich, bestätigt zu sehen.

Mit meinem Fuß ist eine sehr große Besserung eingetreten, ich kann laufen wie in Berlin. Ich erwarte einen Brief von Katkow, um genau zu wissen, wann ich abreisen muß.

Ich habe meinen neuen Verwalter gesehen und ein ziemlich langes Gespräch mit ihm geführt. Er gefällt mir, er ist ein Mann in den Vierzigern mit einem energischen und ehrlichen Gesicht, der einem gerade in die Augen blickt. Er hat mir einen schriftlichen Bericht über den Zustand meines Gutes vorgelegt, und ich habe mich überzeugen können, daß es höchste Zeit war, ein wenig Ordnung und Regelmäßigkeit in dieses Chaos zu bringen. Ich glaube, ich werde damit beginnen, daß ich nach Spasskoje gehe, um mit diesem Übergangszustand Schluß zu machen, der nur schädliche *Folgen* haben kann und außerdem für alle peinlich ist. Aber machen Sie sich eine Vorstellung von der Kälte, die hier herrscht? *Zweiundzwanzig* Grad um acht Uhr morgens, *siebzehn* mittags; man zittert unwillkürlich bei dem Gedanken, sich bei einem solchen Wetter auf den Weg zu machen, wenn man kein Eisbär ist. Aber der Wein ist entkorkt etc.

Frau Abasa hat mich besucht, ich gehe noch nicht aus. Sie hat sehr interessiert nach Ihnen und Ihrem Tun gefragt, hat mir letzte Neuigkeiten von Rubinstein berichtet, der bestimmt, wie es scheint, Petersburg im Frühling, nach den Prüfungen am Konservatorium, verläßt. Miljutin wird offenbar endgültig kindisch: ich will sehen, daß ich ihn morgen besuche. Das wird ein trauriges Schauspiel werden: glücklicherweise scheint er selbst die Bitternis seiner Lage nicht mehr zu empfinden.

Acht Uhr abends. – Soeben erreicht mich Ihr Telegramm, das mir Ihre plötzliche Abreise nach *Baden* mitteilt... sollte *Ernest* eingetroffen sein? Ich brauche Ihnen nicht zu sagen, wie beunruhigt ich bin und was für Gedanken mir durch den Kopf gehen. Ich flehe Sie an, mich nicht ohne Nachrichten zu lassen. Schreiben Sie mir jetzt bitte nach *Moskau*, an die Redaktion des „Russki westnik“; es ist sehr gut möglich, daß ich Petersburg Freitag oder spätestens Sonnabend verlasse. Es gibt geheizte Waggons in der Eisenbahn nach Moskau.

Ich bin sehr besorgt über diese Abreise und über den möglichen Grund dafür. Das ist der *dunkle Schleier*, von dem Sie gesprochen haben ...

Ich schicke Ihnen einen kleinen Wechsel auf Haldenwang und danke Ihnen noch einmal, daß Sie mir die zehn Friedrichsdor geliehen haben.

Mittwoch früh

Ich gebe diesen Brief auf, damit er noch heute abgeht. Der Zustand meines Fußes bessert sich weiter. Aber ich habe ganz andere Gedanken im Kopf oder vielmehr nur einen einzigen: Sie, Viardot, alle die Ihren und das, was Sie in Baden erwartet. Hoffen wir, daß sich alles friedlich regelt!

Ich bitte Sie, alle, angefangen bei Viardot, tausendmal von mir zu grüßen, und drücke Ihnen aufs herzlichste und freundschaftlichste beide Hände.

*Der Ihrige**

I. Turgenjew**

119

An Pauline Viardot Moskau, 29. (17.) März 1867

Liebe Madame Viardot, *teuerste Freundin**, meine Grippe ist vorbei und hat mir nur einen Husten hinterlassen, der seinerseits der Influenza des Frühlings weichen wird, wenn jener kommt, oder eher der der badischen Luft, die ich atmen will, bevor zwanzig Tage um sind.

Der Druck hat mit Macht begonnen, und ich verbringe meine Tage mit dem Lesen von Druckfahnen. Es ist wenig angenehm, die Nase ständig im eigenen Odeur zu vergraben, aber es muß sein.

Hätte ich nicht diese lästige Reise nach Spasskoje am Halse, welch schönen Abstecher könnte ich sogleich unternehmen! Aber diese Reise ist unumgänglich, und über was für Wege, bei welchem Wetter, eterni Dei! Gerade in diesem Augenblick haben wir einen Schneesturm, der beim bloßen Ansehen Herzbeklemmung verursacht. Grün vor dem Fenster sind hier nur die Dächer der Häuser.

Man spricht hier viel von dem, was sich in Frankreich ereignet, von den letzten Debatten in der Kammer; man glaubt allgemein, das sei der Anfang vom Ende, und man ist gleichzeitig überzeugt, Ihr Herrscher werde, sobald die Weltausstellung so gut wie beendet ist, durch einen verzweifelten Kopfsprung aus seiner schwierigen Lage herauszukommen suchen, wobei die Orientfrage (und folglich auch wir) eine große Rolle spielen wird.

Aber einstweilen stecken wir hier mitten im Eisenbahnfieber. Von allen Seiten regnet es Aufträge, überall schießen die Gesellschaften hervor. Ab September (jetzt leider nicht!) wird man von Moskau nach Mzensk fahren können, und in drei Jahren werde ich nach Hause reisen, ohne Moskau auch nur zu berühren, direkt über Wilna, Witebsk und Orjol. All das ist vortrefflich, aber im Augenblick erwarten mich die *Schlaglöcher* mit offenem Rachen. Wenn diese furchtbaren Untiefen doch schon begradigt wären! Wenn man in ihnen versinkt, hat man ein Gefühl ähnlich wie auf einem schlingernden Schiff, und dazu die Püffe, die man auf den Kopf, in die Seiten, ins Kreuz und so weiter bekommt! Ich vergesse nicht so bald die reizenden vier Werst, die Serpuchow von der Bahnstation trennen! Sie erwarten mich in ständiger Wiederkehr, die Bösewichter von Werst! Nun, gemach, gemach! Geduld!!

Lassen Sie es sich gut gehen, ich beschwöre Sie alle in Baden. Ich werde Viardot noch antworten; sagen Sie ihm, ich danke ihm für seinen guten Brief. Ich hoffe, es ist ihm endlich gelungen, Bekassinen zu schießen. Das Wetter ist hier weiterhin teuflisch; die Druckfahnen sind hartnäckig.

Tausend Millionen gute Wünsche für alle; ich küsse Ihre lieben Hände.

I. Turgenjew**

120

An Pauline Viardot Moskau, 9. April (28. März) 1867

Stufenjahr, Stufenjahr, teure Madame Viardot, ich komme da nicht heraus. Mit meinem Fuß ist es besser, und meine am Sonnabend ausgefallene Lesung wird am morgigen Mittwoch stattfinden. Ein neues Elend: Herr Katkow macht mir so große Schwierigkeiten wegen meines unglückseligen Romans, daß ich zu zweifeln beginne, ob er in seiner Zeitschrift wird erscheinen können. Herr Katkow will mit aller Gewalt aus Irina eine tugendhafte Matrone machen und aus allen Generälen und den anderen Herren, die in meinem Roman eine Rolle spielen, vorbildliche Bürger; Sie sehen, wir sind weit davon entfernt, uns zu verstehen. Ich habe ein paar Zugeständnisse gemacht, aber heute habe ich schließlich gesagt: „Weiter nicht!" Wir wollen sehen, ob er nachgibt. Was mich betrifft, so bin ich fest entschlossen, keinen Schritt mehr zu weichen. Die Künstler müssen auch ein Gewissen haben, und ich will nicht, daß mein Gewissen mir Vorwürfe macht. Sie sehen also, welch arge Verwirrung in allem, und Freitag, koste es, was es wolle, muß ich abreisen. Ich schwöre Ihnen, wenn ich mich schließlich wieder in Baden befinde, werde ich ein *Uff!* ausstoßen, das alle Berge des Schwarzwaldes erzittern läßt.

Es nimmt natürlich auch eine schlimme Wendung in bezug auf meinen Onkel, Zu alldem ist das Wetter schlecht, immer dieser Schnee vor Augen, ich werde noch krank davon!

Aber sprechen wir von etwas anderem. Ich bin wirklich verliebt in die Königin von Preußen, und sollte sie mir je ihre Hand zum Kusse reichen, täte ich dies mit dem größten Vergnügen. Man kann unmöglich anmutiger sein, und man spürt, daß sie eine echte Zuneigung für Sie empfindet, was sie in meinen Augen liebreizend macht. Trotzdem ist es nicht unmöglich, daß Ihr Militärmarsch auf einem Schlachtfeld erklingen wird ... in der Umgebung des Rheins. Man ist hier sehr beunruhigt; die schreckliche Baisse in Paris, die der Telegraf uns heute gemeldet hat, beginnt die Sorglosesten nachdenklich zu stimmen, und man sagt sich, daß trotz der Weltausstellung

Franzosen und Preußen sehr wohl im Verlaufe des Sommers in ein Handgemenge geraten könnten. Man darf sich nicht darüber hinwegtäuschen; wenn das geschähe, würde Rußland sich offen auf die Seite Preußens stellen, wie im Jahre 1815. Die öffentliche Meinung in unserem Land ist sehr antifranzösisch, und sehen Sie das Merkwürdige: in diesem Konflikt verträte der Preuße den Fortschritt, die Kultur und die Zukunft und der Franzose, der Sohn des Franzosen von 1830, die Routine und die Vergangenheit!

Ich weiß, daß es unerträglich langwierig und langweilig ist, Noten abzuschreiben; aber tun Sie es, sowohl für Gérard als auch für den Verleger in Berlin. Ich bin sicher, daß dies großen Erfolg haben wird und Ihnen den Mut gibt weiterzumachen.

Wenn Gott mich am Leben läßt, werde ich in einer Woche zur selben Stunde schon die Grenze überschritten haben, aber man kann nichts Sicheres wissen. Bis dahin tausend und aber tausend Grüße an alle; ich küsse Ihnen zärtlich die Hände.

I. Turgenjew**

121

An W. P. Botkin Berlin, 18. April 1867

Mein lieber Wassili Petrowitsch, ich bin heute morgen wohlbehalten hier eingetroffen – nur in der Nähe von Königsberg überfiel uns ein Schneesturm, der aber keinen Schaden angerichtet hat. Jetzt sitze ich in einem warmen und sauberen Zimmer und ruhe mich aus – abends geht es dann sieben Uhr fünfundvierzig weiter nach Baden. Ich konnte schon einen meiner hiesigen Freunde sprechen, der als *Berichterstatter** die öffentliche Meinung beobachtet; diese ist sehr gegen die Franzosen und Napoleon gerichtet und fürchtet einen Krieg jetzt ebensowenig, wie sie ihn im Vorjahr ganz und gar nicht gewünscht hat: alle nehmen jedoch an, vor dem Herbst – vielleicht auch vor dem Winter – wird es nicht zu Kriegshandlungen kommen. – Der Kurs ist ein klein wenig gestiegen, und *wir* werden zu guter Letzt bei unseren Spekulationen noch gewinnen.

Aus Baden werde ich Annenkow ein Rundschreiben schikken – Dir aber möchte ich heute nochmals für Deine herzliche Gastfreundschaft danken.

Die Rede des Königs bei der Schließung des Nordparlaments wird im Sinne der Friedensbereitschaft interpretiert.

Ich drücke Dir kräftig die Hand und grüße alle Freunde.

Dein ergebener

I. Turgenjew

122

An W. P. Botkin Baden-Baden, 20. April 1867

Liebster Wassili Petrowitsch, ich bin gestern wohlbehalten hier angekommen, habe alle gesund und alles in bester Ordnung vorgefunden, alles ist grün, der Flieder blüht – mit einem Wort, es ist schön. – Schlimm nur, daß der Krieg anscheinend unvermeidlich ist, ich bin von Berlin bis hierher mit Graf Flemming, dem hiesigen preußischen Gesandten gefahren – sein Prinzipal, Graf Bismarck, zweifelt nicht daran, daß der Krieg nahe bevorsteht. Hier ist ein radikaler Umschwung in der öffentlichen Meinung eingetreten: noch im Vorjahr waren alle für Österreich, jetzt dagegen sind sogar in der Pfalz, wo man so sehr mit Frankreich sympathisierte, alle für Preußen, für die Einheit Deutschlands; und seltsam genug! – fast alle sehnen möglichst schnell den Krieg herbei – weil er für unvermeidlich angesehen wird. – Die Aktien sinken – ich weiß nicht, wie es Dir gelungen ist, meine 1000 Rubel umzutauschen – bei alldem kommen ziemlich viel Ausländer hierher.

Ich habe schon damit angefangen, Auskünfte über eine Wohnung für Miljutin einzuholen – in einigen Tagen werde ich eine ausführliche kleine Liste passender Wohnungen mit Angabe der Preise und dergleichen abschicken.

Viardots lassen Dich grüßen – und ich drücke Dir freundschaftlich die Hand und bleibe Dein ergebener

I. Turgenjew

PS: In zwei Tagen schreibe ich an Annenkow.

123

An Moritz Hartmann Baden-Baden, 15. Mai 1867

Mein lieber Freund!

Madame Raschet ist hiergewesen und wird Ihnen schon berichtet haben, wie es in Baden aussieht. – Das Wetter ist herrlich, der Frieden ist gesichert, und mit meinem Fuß geht es besser. Ich darf nicht hoffen – Sie bald hier zu sehen; aber wenn Sie kommen sollten – auch mit Ihrer lieben Frau, der ich ihren Gruß erwidere –, müssen Sie bei mir wohnen. Ich bin ein alter Junggesell – habe aber schon einige „ménages" bei mir beherbergt. Reflektieren Sie darüber!

Es ist für mich eine große Ehre – ein Artikel von Ihrer Feder über mich in den „Ergänzungsblättern"! Eine spezielle Arbeit über meine literarische etc. Wirksamkeit kenn ich leider nicht – es gibt viele zerstreute Artikel in den russischen Zeitschriften, aber ich habe sie nicht unter der Hand – und mit solchem Gefasel – das Lamartine über mich expektoriert hat (er hat mir nämlich die Ehre erzeigt, eine ganze Nummer seiner „Entretiens" mir zu widmen) – wird Ihnen wenig gedient. Was die biographischen Data betrifft, so sind seit drei Jahren eben keine neuen hinzugetreten – glücklicherweise – „pas de nouvelles – bonnes nouvelles" – ich habe ein paar neue Sachen geschrieben – das ist alles. Sie besitzen doch die französische Übersetzung der „Pères et Enfants"? Das kleine Buch hat von allen meinen Sachen den meisten Einfluß auf die neueste soziale Gestaltung der Gesellschaft – wenigstens eines Teils davon in Rußland – gehabt – und ich bin der Taufpate des in der letzten Zeit so viel besprochenen „Nihilismus" gewesen.

Ich habe mich über Catherinens Glück herzlich gefreut: das ist ein wahrer Segen für die ganze Familie. Die schändliche, jetzt aber glücklicherweise verschossene Verleumdung bestand nämlich darin – Catherine sei die Mätresse des Königs der Belgier gewesen (!!)und das Kind sei *sein* Kind, da Orlow *impotent* sei (!!?). Es ist so infam – der Prinz Dolgorukow wäre wert, so etwas auszuhecken.

Also – vielleicht auf Wiedersehen und den wärmsten Händedruck – Ihnen und Ihrer lieben Frau.

Ihr I. Turgenjew*

124

An A. I. Herzen Baden-Baden, 17. Mai 1867

Mein lieber Alexander Iwanowitsch, Du wirst Dich wahrscheinlich wundern – vielleicht sogar entrüsten, einen Brief von mir zu bekommen. Aber „alea jacta est", wie der schamlose Greis Lamartine zu sagen pflegte. Mir kam der Einfall, Dir ein Exemplar meines neuen Werks zu schicken – und Dir bei dieser Gelegenheit ein paar Worte zu sagen.

Obwohl Du in Deinem letzten Brief an mich völlig zutreffend bemerkt hast, sehr nahe hätten wir einander nie gestanden, so ist es doch auch zu keiner besonderen Entfremdung zwischen uns gekommen – denn meine großen Vergehen beschränkten sich bis jetzt (hoffentlich läßt mich das Gedächtnis nicht im Stich!) auf drei Tatsachen. Erstens: mein Name wurde unter denen angeführt, die zugunsten der im Polenkrieg Verwundeten Geld gezeichnet hatten; zweitens, ich habe Dich nicht erkannt, als wir uns in Paris auf der Straße begegneten, und drittens, die „Moskowskije wedomosti" nannten mich ihren teuren Gast. An mehr kann ich mich bei aller Anstrengung – zunächst – nicht erinnern; denn was mir der Republikaner Fürst Dolgorukow vorwirft, daß ich ihn nämlich nicht besucht – und auf dem brennenden Schiff um Rettung gefleht hätte, kann mir doch wohl nicht als politischer Fehltritt angerechnet werden. So schicke ich Dir also mein neues Werk. Soweit mir bekannt ist, hat es in Rußland viele gegen mich aufgebracht – religiöse Leute, Hofleute, Slawophile und Patrioten. Du bist nicht religiös und gehörst nicht zum Hofe, doch Du bist Slawophile und Patriot – und zürnst mir vielleicht auch; darüber hinaus werden meine Heidelberger Arabesken Dir nicht gefallen. Wie dem auch sei – ich habe es geschrieben. Eines macht mir etwas Mut: Die Partei der jungen Refugiés hat doch auch Dich den Rückständigen und Reaks zugeordnet; die Entfernung zwischen uns ist geringer geworden. Wenn Du nicht der Meinung bist, ich hätte mich in eine Lage begeben, in der man mit mir nicht einmal mehr Briefe wechseln kann, dann kühle Dein Mütchen an mir oder persifliere mich – aber gib mir vor allem Nachricht von Dir und Deiner Familie: das interessiert mich. Solltest Du jedoch Kontakte mit mir als unmöglich ansehen – dann empfange meinen Abschiedsgruß und laß Dir aufrichtig alles Gute wünschen – und „schlürf in vollen Zügen des Lebens kurz bemeßne Lust" und so weiter.

I. Turgenjew

125

An P. W. Annenkow Baden-Baden, 4. Juni 1867

Lieber Pawel Wassiljewitsch! Soeben erhielt ich Ihren Brief und beantworte ihn hiermit. Ich freue mich, daß der „Brigadier" Ihnen gefallen hat, und wiederhole nochmals, Sie können über ihn verfügen, wie Sie es für richtig halten, und ohne Sie werde ich selbstverständlich nichts unternehmen. Versuchen Sie nur, ihn möglichst vorteilhaft zu verkaufen.

Noch nie ist wohl jemand so einhellig gescholten worden wie ich wegen „Rauch". Die Steine kommen von allen Seiten geflogen. F. I. Tjutschew hat sogar zürnende Verse geschrieben. Und stellen Sie sich vor, das bringt mich nicht im geringsten aus dem Konzept: ich schüttle alles ab wie die Gans das Wasser. Im Gegenteil, ich bin sehr zufrieden, daß mein eingeschüchterter Potugin, der einzig an die europäische Zivilisation glaubt, gerade jetzt erschienen ist, auf dem Höhepunkt dieses allslawischen Fandango mit Kastagnettengeklapper, in dem auch Pogodin so spaßige Purzelbäume schießt.

Von Kawelin habe ich einen prachtvollen Brief bekommen: sagen Sie ihm, ich würde ihm unbedingt antworten, doch da ich dies möglichst gut machen möchte, erhält er diese Antwort eben nicht sofort.

In zehn Tagen etwa fahre ich nach Paris und bleibe dort insgesamt nur eine Woche, dies darf unseren Briefwechsel also nicht beeinträchtigen. Teilen Sie mir die Anschrift Ihrer Datscha mit und ob Sie aus meinem Dorf die 100 Rubel erhalten haben. Ich wünsche Ihnen und Ihrer lieben Gattin vor allem schönes Wetter; alles übrige „wird Euch zufallen". Freundschaftlich drücke ich Ihnen die Hand.

Ihr ergebener

I. Turgenjew

126

An W. P. Botkin Baden-Baden, 6. Oktober 1867

Mein lieber Wassili Petrowitsch! Herr Schuyler, mein amerikanischer Übersetzer, war auf der Durchreise hier und übergab mir vier Exemplare von „Väter und Söhne" – wir brauchen uns also nicht weiter darum zu bemühen. Der Übersetzung ist anzumerken, daß sie nach der französischen Ausgabe gemacht ist und Herrn Schuylers Russischkenntnisse recht begrenzt sind. Er ist zum nordamerikanischen Konsul in Moskau ernannt worden und schon dorthin abgereist.

Was Du über die Operetten sagst, trifft zu – aber die zweite: „Le Dernier Sorcier" – gehört genau zu der Art, die Du empfiehlst, und ich kenne nichts Poetischeres als die Musik, die Frau Viardot dazu geschrieben hat. Alle, die diese Operette gesehen haben (darunter befanden sich ausgezeichnete Musiker – wie Frau Schumann, Rubinstein, Rosenhain, Levi, der Direktor des Karlsruher Orchesters), raten ihr, die Partitur zu instrumentieren – und es gibt durchaus keinen Grund, den „Letzten Zauberer" nicht auf einer Bühne zu spielen. Ich bin überzeugt, er wird großen Erfolg haben. Der Musikkritiker des „Athenaeum", Chorley, ist derselben Ansicht. Es findet sich dort übrigens ein Liebesduett, wie ich in der ganzen Opernliteratur nur sehr wenige kenne. All das kannst Du Dir anhören, wenn Du nächstes Jahr nach Baden kommst. Die Vorstellungen finden in meinem Hause statt. Vorläufig wohne ich noch nicht darin – und werde es wohl kaum vor dem Frühjahr beziehen, denn mein lieber Onkel hat mich nun endgültig übers Ohr gehauen – für seine bargeldlosen Wechsel schindet er jetzt sogar Zinsen heraus – und das für zehn Jahre. Die von Dir empfohlene Broschüre von Ambros werde ich mir unbedingt verschaffen und sie lesen.

Im übrigen geht hier alles seinen stillen und friedlichen Gang: nur das Wetter ist schon arg schlecht geworden. Es ist kalt wie im Winter. Niemand kann sich an einen solchen Oktober erinnern.

Die Überzeugung, im Frühjahr werde der Krieg ausbrechen, ist hier stark verbreitet; hinzu gesellt sich die Furcht vor einer Finanzkrise in Frankreich. Die Dinge nehmen dort tatsächlich eine scheußliche Wendung.

Miljutin geht es ein bißchen besser; er konnte an einer Abendgesellschaft bei den Viardots teilnehmen. Fürst Tscherkasski wird hier erwartet, ferner Samarin und sogar Iwan Pawlytsch persönlich. Wo beabsichtigst Du den Winter zu verbringen?

Ich drücke Dir freundschaftlich die Hand.

Dein ergebener

I. Turgenjew

127

An N. Ch. Ketscher — Baden-Baden, 12. Februar 1868

Lieber Freund Nikolai Christoforowitsch, soeben erhielt ich von F. I. Salajew einen Brief, in dem er mir mitteilt, daß die gesamte Karlsruher Ausgabe meiner Werke vergriffen ist, und den Wunsch äußert, sofort mit dem Druck der neuen Ausgabe zu beginnen, die ich ihm verkauft habe. Natürlich sähe er es sehr gern, wenn Du die Korrektur lesen würdest, was sich mit meinem eigenen Wunsch völlig deckt. Und daher wende ich mich mit dieser untertänigsten Bitte an Dich. Natürlich kann keine Rede davon sein, daß dies umsonst geschehen soll; die beiden Bürden, die ich Dir aufgehalst habe, sind schon mehr als genug (wahrscheinlich bist Du mit der „Geschichte des Leutnants“ jetzt bereits fertig). Sage Salajew Deine Bedingungen, und sei dabei bitte nicht zimperlich, denn ich habe Grund zu der Annahme, ihm die Ausgabe zu billig verkauft zu haben. (Doch dies nur unter uns.) Der Druck beginnt wahrscheinlich mit dem *zweiten Band*, der völlig identisch mit dem zweiten Band der Karlsruher Ausgabe ist. Diese enthält, wie Du weißt, viele Druckfehler, doch darin bist Du ja unübertroffen. Ich hoffe, um unserer Freundschaft willen wirst Du diese wenig verlockende Arbeit nicht ablehnen, und bin Dir im voraus dankbar.

Im Mai sehen wir uns, so Gott will, wieder – bis dahin bleib gesund. Ich drücke Dir kräftig die Hand.

Dein ergebener

I. Turgenjew

128

An Moritz Hartmann Baden-Baden, 21. März 1868

Lieber Freund!

Was Sie mir von meinem Buche sagen, hat mich sehr erfreut. Sie haben recht: Feinde genug hat mir das Ding gemacht; aber ein einziger Freund wie Sie wiegt Tausende von jenen Feinden auf. Und am Ende muß eben jeder ehrliche Kerl mit dem heraus, was er für die Wahrheit hält, mag es auch auf ihn selbst zurückprallen. Mit „Väter und Kinder“ hab ich angefangen, meine Sache zu verderben; jetzt bin ich vielleicht der unpopulärste Mann in ganz Rußland: ich habe die nationale Eitelkeit verletzt – und *die* verzeiht noch weniger als jede andere. Tut nichts! Wird sich schon machen! Magrer bin ich davon nicht geworden.

Ich glaube aber nicht, daß „Rauch“ sich zum Übersetzen ins Deutsche eignet; das Zeug ist doch zu russisch. Sie können es natürlich besser beurteilen: ich zweifle dennoch sehr.

Daß Sie den „Überflüssigen “ übersetzt haben – ist mir lieb: es steckt in der Sache ein Stück wahres Leben. Wenn Sie mal

Zeit haben, lesen Sie den „Antschar" in den „Scènes de la Vie Russe" – und sagen Sie mir Ihre Meinung darüber.

Ich muß es doch wiederholen, daß die Idee, Sie zum Übersetzer meiner Sachen zu haben, mich nicht wenig stolz macht.

Ich gehe auf eine Woche nach Paris, kehre dann nach Baden zurück und reise Ende Mai nach Rußland. Sieht man Sie nicht hier bis zu der Zeit? Das wäre doch recht schön! Die ganze Familie Viardot grüßt bestens; ich drücke Ihnen die Hand und grüße Ihre liebenswürdige Frau.

Ihr I. Turgenjew*

129

An Berthold Auerbach Baden-Baden, 10. April 1868

Lieber Auerbach!

Ihr Brief hat mich sehr erfreut als ein Zeichen Ihres Andenkens; auch haben die guten Worte, die er enthält – mich nicht wenig geschmeichelt; mag das Buch, das ich Ihnen geschickt habe, einen ebenso günstigen Eindruck auf Sie machen als die früheren!

Nun an die Sache. Daß es keine literarische Konvention zwischen Deutschland und Rußland gibt (wie z. B. zwischen Rußland und Frankreich) – ist eine höchst fatale Sache, wie ich es Ihnen schon im vorvorigen Jahre gesagt habe: denn da jeder das Recht hat, seinen Autor zu übersetzen, ja zu verstümmeln – wie kann man da auf ein Honorar rechnen? Das ist Piratenwirtschaft – und von keinem Eigentum die Rede! Daß Stassjulewitsch Ihnen dennoch ein so hohes Honorar vorgeschlagen hat – ist der beste Beweis der großen Popularität Ihres Namens bei uns; wenn seine Mittel ihm nicht erlauben, ein zu umfangreiches Werk von Ihnen ebenso zu honorieren, so glaub ich, würde er es dennoch mit einer kleinen Preisherabsetzung gern an sich bringen: haben Sie ihn nicht darüber gefragt? Es würde mir zu einer besonderen Freude und Ehre gereichen, einen Artikel über Sie zu schreiben – nicht als Empfehlung: denn *die* brauchen Sie bei uns in Rußland längst nicht – aber als Vorwort – und um den Nachdruckern vorzubeugen – denn meinen Artikel hätten sie nicht das Recht wiederzugeben. In diesem Sinne können Sie dem Stassjulewitsch schreiben – und da ich selbst bald (in 6 Wochen) nach Petersburg reise und mich ein paar Tage in Berlin aufhalten werde, können wir das alles besprechen; zum Übersetzen Ihres Romans hab ich selbst leider nicht die Zeit – werde aber gern die Übersetzung revidieren. Schreiben Sie mir, wie lange Sie noch in Berlin bleiben: ich reise von hier spätestens am ersten Juni ab.

Ich drücke Ihnen herzlich die Hand und bleibe in alter Freundschaft Ihr ergebener

I. Turgenjew

PS: Frau Viardot erwidert Ihren Gruß bestens. *Wir* arbeiten jetzt an einer dritten Operette. Sie haben wahrscheinlich von den zwei ersten gehört.

PSS: *Wann* erscheint Ihr neues Werk? Bei meiner Reise nach Rußland könnte ich das *Manuskript* mitnehmen, und man könnte dann dem Verleger – sei es Stassjulewitsch oder ein anderer – die Bedingung zugestehen, das Werk in Deutschland und Rußland zu *gleicher* Zeit erscheinen zu lassen.*

130

An Erich Behre Baden-Baden, 27. Mai 1868

Mein Herr!

Ich habe aus Leipzig die 3 Exemplare von „Rauch“ bekommen. – Mit der äußeren Ausstattung bin ich ganz zufrieden, kann aber vom Text nicht dasselbe sagen. – Der Herr Übersetzer scheint sich die Aufgabe gestellt zu haben, jeden feineren Zug, jede kräftigere Farbe – mit einem Wort alles, was nicht Gemeinplatz ist – auf das sorgfältigste auszumerzen. – Zum Beleg diene unter Hunderten folgende Stelle: in Ihrer Ausgabe steht, S. 84: „Er hatte ein Gefühl, wie man es empfindet, wenn man von der Höhe eines *Berges* (!) hinabsieht: es überlief ihn eisig kalt, und sein Kopf schwindelte." – In meinem Text und in der Hartmannschen Übersetzung – (Wochenausgabe der „Allgemeinen Zeitung", Nr. 18, S. 284) steht: „Er hatte ein Gefühl, ähnlich demjenigen, das den Menschen ergreift, der von einem hohen Turme in die Tiefe sieht; er empfand einen Schwindel, eine stumpfsinnige Verwunderung, ein Ameisengewimmel kleiner häßlicher Einfälle, ein unbestimmtes Grauen, eine stumme Erwartung – auch eine Art Neugierde, eine unheimliche, beinahe böswillige Neugierde – und in der zusammengeschnürten Kehle die Bitternis der Tränen, die nicht fließen wollen. Auf den Lippen den Zwang eines einfältigen Lächelns und alberner feiger Bitten, die sich an niemand richteten … O wie grausam und demütigend war dieses alles!" – Diese ganze Stelle, die mir wahrlich Mühe gekostet hat und die ich als gelungen betrachte, hat der Herr Übersetzer ganz ruhig über Bord geworfen – und so in einem fort – in *allen bedeutenden* Momenten – mit einer Konsequenz, die ich als eisern bezeichnen muß. – Die Vorrede hatte mich schon auf solche ökonomisch-kaufmännische Behandlung gefaßt gemacht: die 6000 Rubel (an denen natürlich keine wahre Silbe ist) als den Grund zur Übertragung einer literarischen Arbeit anzugeben! – Das ist doch wirklich zu demütigend.

Ich habe Ihnen leider selbst das Recht gegeben, Ihre Ausgabe als eine autorisierte zu bezeichnen – konnte aber so etwas nicht voraussehen. – Ich brauche Ihnen nicht zu sagen, daß ich, unter solchen Umständen, auf Ihren Vorschlag nicht eingehen kann. – Ich verbleibe mit Hochachtung Ihr ergebener Diener

I. Turgenjew

PS: Ich erlaube mir, Ihnen den Rat zu geben, die Hartmannsche Übersetzung mit der des Herrn Cziesch durchgehends zu vergleichen. – Das sieht aus wie Weiß und Schwarz.*

131

An Moritz Hartmann Baden-Baden, 27. Mai 1868

Sind Sie noch in Paris, lieber Hartmann? Ich hoff es, denn sonst wäre es unverzeihlich gewesen, nach Stuttgart zurückzureisen – ohne einen Tag in Baden zugebracht zu haben. Ihr Appartement ist bereit – und vor 3 Tagen hat die *erste* Vorstellung unserer dritten Operette stattgefunden, am Freitag wird sie wiederholt. Kommen Sie doch – ich sage Ihnen, die Musik ist reizend. Auch möcht ich micht sonst mit Ihnen recht ausplaudern. In 2 Wochen gehe ich nach Rußland. Die Wochenausgabe der „Augsburger Zeitung" wird mir regelmäßig geschickt – und ich möcht Sie küssen, so leicht und schön und frei ist die Übersetzung. Das ist ein Meisterwerk! Meine Sache kommt mir selbst zwanzigmal besser vor. Und da schickt man mir eine Separatausgabe meines Romans, die in Mitau erschienen ist – so etwas Hölzernes, Miserables ist noch nicht dagewesen. Ganze Seiten sind von dem Übersetzer gestrichen worden – alles, was nicht nicht barer und krasser Gemeinplatz ist, sorgfältigst ausgemerzt! Und ich Esel gebe dem Verleger, natürlich ohne die Schweinerei gelesen zu haben, noch im vorigen Jahre die Autorisation! Könnte ich nicht dagegen in der „Allgemeinen Zeitung" protestieren? Auch darüber möcht ich mich mit Ihnen besprechen. Und das dumme Buch wird natürlich überall herumgeschickt. Ich habe kein Glück mit meinen Sachen in Deutschland.

Also – bitte, bitte – ein paar Zeilen zur Antwort. Am besten wäre es, wenn Sie mir schrieben: an *dem* Tage komme ich mit Frau und Kind. Wie würden wir alle uns freuen! Und Sie würden sich gewiß hier amüsieren.

Auf Wiedersehen jedenfalls.

Ihr I. Turgenjew*

132

An Pauline Viardot

Berlin, 15. Juni 1868,
9 Uhr morgens

Nun bin ich also in Berlin, in diesem Hotel, und schreibe Ihnen meinen ersten Brief! Die Reise ist ohne das geringste Hindernis vonstatten gegangen, und wir sind, wie der *Hendschell Telegraph** angekündigt hatte, auf die Minute um sieben Uhr fünfundvierzig eingetroffen! Ich habe den guten Pietsch auf dem Bahnhof vorgefunden, wir haben uns umarmt, und ich mußte in der Droschke mit meinen Berichten aus Baden beginnen ... Ich habe schlecht geschlafen, richtiger, ich habe überhaupt nicht geschlafen und fühle mich sehr müde. Ich habe versucht, die Romanzen ins Russische zu übertragen, über die Libretti nachzudenken – unmöglich! Bis Frankfurt hatte ich in meinem Waggon einen russischen Bekannten aus Petersburg, und nach Frankfurt hat die Muse nichts eingeben wollen ... Sie wird schon noch. Das Diner in Frankfurt war entsetzlich – ich habe die ganze Zeit an Sie gedacht, ganz besonders jedoch gegen fünf Uhr, wie ich es versprochen hatte – soupiert habe ich in Gunthershausen ... Alle Hotels in Berlin sind voll, und man hat mir ein ziemlich schmutziges Zimmer gegeben. Als ich dem *Kellner** ein paar Worte darüber sagte und ihn auf die Flecken an der Wand hinwies, sagte er mir: *„Oh! Das ist nichts! Das sind wahrscheinlich schmutzige oder schweißige Hände gewesen ...“** Ich fand den Trost „wenig ausreichend“, wie Naïna sagt.

Ich brauche Ihnen nicht zu sagen, wie sehr ich an Baden gedacht habe und noch denke. *Ich werde erst glücklich sein, wenn ich es wiedersehe, das ist ganz gewiß.*

Mittags

Ich habe soeben mit Pietsch gefrühstückt, und er hat die Absicht, mich in einen Wirbel von Besuchen und so weiter hineinzuziehen. Ich fürchte, ich werde keinen Augenblick mehr für mich haben, und so schicke ich Ihnen diesen Brief sofort. Menzel ist leider in Paris. Lessing hat mich schon aufgesucht und mich beauftragt, Ihnen tausend liebe Grüße auszurichten.

Pietsch ist mehr denn je *der Mann des Superlativs***. Ich fand einen Brief von Auerbach vor, der mich zu zwei Uhr dreißig einlädt. Ich verspüre weniger Müdigkeit, aber meine Vesuche zu schlafen blieben fruchtlos. Ich schicke Ihnen eine sehr charakteristische Photographie von Bismarck und einen Zeitungsausschnitt, in dem die Rede ist von einem *Kaminventilator* gegen *Sonne und Wind.* Viardot soll Armbruster davon erzählen, ehe der Durchbruch in meinem Speisezimmer gemacht wird. (NB: Das Plaid kostet nur 18 Gulden; ich habe die Rechnung wiedergefunden, zahlen Sie nicht mehr.)

Ich schreibe Ihnen heute abend noch einmal mit ausgeruhtem Kopf. Dies ist nur ein Lebenszeichen von mir. Oh, meine lieben Freunde, wie sehr ich Sie liebe! Ich umarme Sie alle, als ersten Viardot ... *Meine teure Freundin, ich küsse Ihre liebe Hand mit vieler Inbrunst und auch die der lieben Didie, die ich sehr liebe, weil sie der Ihrigen ähnlich ist.** Gott behüte Sie!

*Der Ihrige**

I. Turgenjew**

133

An Pauline Viardot Berlin, 16. Juni 1868

Liebe Madame Viardot, *teuerste Freundin**, ich bin, entgegen meiner Erwartung, immer noch hier und reise erst heute abend ab. Ich wurde durch diesen Teufel von Auerbach aufgehalten, der mir heute seinen Roman vorlesen wird (nicht den ganzen Roman, Gott sei Dank!) und mich mit einem hiesigen Verleger bekannt machen soll, der die Idee hat, eine vollständige (deutsche) Übersetzung meiner Werke zu publizieren.

Ich habe nicht einen Augenblick für mich gehabt während des ganzen gestrigen Tages: Pietsch hat mich abgeschleppt wie ein Dampfschiff. Ich habe mit einem Besuch bei ihm begonnen – er wohnt jetzt in einem sehr schönen Haus. Berlin ist am Tiergarten zu einer großen Ansammlung von *Palais* geworden, zu Hunderten – eines immer schöner und eleganter als das andere. Das ist betäubend. Die ganze Familie Pietsch ist wie Spargel in die Höhe geschossen: sein Sohn Paul ist *einen Kopf größer* als ich. Frau Pietsch ist seltsamer denn je, und mein Micawber wechselte im Verlauf des Tages zehnmal von Rosa zu Schwarz. Dann sind wir zu R. Begas gegangen, der an der Statue einer jungen Frau zu arbeiten begonnen hat, die ein Kind über ihren Kopf hebt, mit dem sie spielt – das ist entzükkend – einer der reizendsten weiblichen Torsi, die ich gesehen habe. Begas hat noch immer seine florentinische Manier – à la Donatello. Dann zu Auerbach. Dieser alte Jude hat mich sehr lange aufgehalten, mich mit Komplimenten überhäuft (seine Frau und seine Tochter auch!) – er ist falsch wie ein Jeton, listig, eitel, all das wird erstickt in einer Flut schwäbischer Biederkeit und Phrasen über die Kunst und so weiter à la Gounod – Sie wissen, was ich sagen will – *„Wir Schriftsteller haben in den Bleibergwerken der Leidenschaften zu arbeiten", „diese Chemie der menschlichen Seele"** und so weiter. Didie, verstehst Du das? Ich absolut nicht. Oder aber es ist nicht der Mühe wert, daß man es versteht. Dann zu Julian Schmidt. Der ist ein guter Junge, ehrlich und tüchtig, mit einem Eulengesicht und einem Wasserkopf. Seine Frau ist ebenfalls eine vortreffliche Person. Langes Gespräch, sehr interessant. Ich hatte morgens einen Brief an Graefe geschrieben und ihn um eine Konsultation gebeten ... Er hat mich zu sieben Uhr in sein Palais bestellt – man wohnt hier nur in Palais ... Ich mußte zwei und eine Viertel Stunde warten und bin gnädigerweise in seine erhabene Gegenwart vorgelassen worden – aber nur über die Leiber von fünfzig anderen Leuten, die sogar sein Garten überfüllten. Er hat eine Schwächung *„der Sehmuskeln"** festgestellt, eine Kleinigkeit übrigens, und hat mir angeraten, Spülungen vorzunehmen und beim Schreiben und Lesen eine bestimmte Brille zu tragen. Der gute Pietsch erwartete mich an der Tür und schleppte mich – ich gestehe, daß ich im Gehen schlief – in einen öffentlichen Garten (das Wetter war zauberhaft), wo ich von neuem die Begas, Schmidt, Braun, einen der Führer der national-liberalen Partei, traf und so weiter und so fort ... Um Mitternacht bin ich wie ein Klumpen in mein Bett gefallen und habe bis sieben Uhr morgens wie ein Sack geschlafen. Jetzt bin ich frisch und ausgeruht – ich habe noch eine ganze Menge Dinge zu erledigen, ich bedaure nur, Ihnen nicht gesagt zu haben, Sie sollen mir aufs Geratewohl ins Hotel St. Petersburg schreiben: dann hätte ich einen Brief von Ihnen! Heute abend um elf Uhr fahre ich weiter, ich schicke Ihnen morgen ein Briefchen aus Königsberg – ich beende diesen Brief oder füge lieber ein weiteres Blättchen hinzu, ehe ich ihn an Sie abschicke. Ich höre nicht auf, an das liebe Baden zu denken und an das ganze geliebte Haus im Tiergarten ...

3 Uhr 30

Einen Augenblick den freundschaftlichen Krallen Pietschs entronnen, beeile ich mich, Ihnen zu schreiben. Auerbach hat mich *drei ganze Stunden* mit dem Erzählen seines Romans aufgehalten – ich glaube, daß er sehr gut werden kann; die Idee hat mir gefallen, aber die Ausführung ist das Wesentliche und das Entscheidende. Der Verleger wollte mich auf meine Kosten publizieren: ich habe ihn zum Teufel geschickt. Pietsch hat mich zu Paul Meyerheim geführt, einem sehr talentierten Maler (im Genre von Knaus, aber mit sehr viel mehr Kraft und Echtheit) – ich habe dort sehr schöne Sachen gesehen (eine Ziegenherde in einem Wald mit einem alten Schäfer davor). Ich war noch einmal bei Begas, und mein Eindruck hat sich bestätigt. *Alle* Zeitungen schreiben von *„L'Ogre“*, und im *„Athenaeum“* vom *6. Juni* steht ein großartiger Artikel über *„Rauch“*. Schreiben Sie Manuel, er soll ihn Ihnen schicken. Ich habe ihn im Lesekabinett kaufen wollen, aber man hat es mir abgeschlagen ... Ich hätte ihn vielleicht stehlen sollen! Schicken Sie bitte unter Streifband die *„Revue des Deux Mondes“* vom 1. April (mit *„Jergunow“*) an die Adresse von Pietsch (Schöneberger Ufer 34), damit er sie an Julian Schmidt weitergibt. Sie finden sie in der Bibliothek oben, rechts von der Tür.

Ich schicke Ihnen morgen ein kleines Briefchen aus Königsberg, und Freitag früh geht ein Brief von Petersburg ab.

Mir scheint, als wäre ein Jahrhundert vergangen, seit ich abgereist bin, und ich denke fortwährend an die Rückkehr. Lassen Sie es sich gut gehen, fahren Sie nach München, amüsieren

Sie sich, und vergessen Sie mich nicht. Ich umarme Sie alle *und küsse 1 000 000mal Ihre lieben Hände**.

Der Ihrige

I. Turgenjew

PS: Beiliegend eine Photographie des Sultans. Sie fehlte noch in Ihrer Galerie.**

134

An Pauline Viardot Spasskoje, 2. Juli (20. Juni) 1868

Liebe Madame Viardot!

Wagner hat also triumphiert! Nun gut, ich bin entzückt darüber, und da Sie große Schönheiten in der Partitur gefunden haben, muß man dem Publikum ein Bravo! zurufen, das ist der Beginn einer neuen Kunst. Ich sehe Ähnliches sogar in unserer Literatur (der letzte Roman Lew Tolstois hat etwas von Wagner). Ich fühle, daß dies vielleicht sehr schön sein kann, aber es ist anders als alles, was ich früher geliebt habe, was ich noch liebe, und es bedarf einer gewissen Anstrengung, mich von meinem *Standpunkt** loszureißen. Mir geht es nicht ganz so wie Viardot, ich schaffe es noch, aber die Anstrengung ist unbedingt notwendig, während *die andere* Kunst mich erhebt und mich mitreißt wie eine Flutwelle.

In diesem Zusammenhang ist mir in den letzten Tagen der folgende Vergleich eingefallen: man kann zum Beispiel *Mitleid* erregen, indem man das Leid beschreibt oder darstellt (Laokoon); und man kann auch das *Wahre* erfassen! ... Das ist sinnlicher, aber es packt einen manchmal mehr ... Wagner ist einer der Gründer der Schule des Seufzens, und daher kommen die Kraft und die Eindringlichkeit seiner Wirkungen. Dieser Vergleich hinkt wie alle Vergleiche ... drückt aber ziemlich gut aus, was ich sagen will.

Die Königin ist noch immer in Baden! Das ist nett ... Sie werden sehen, daß sie noch dort ist zur Wiederaufführung von „Krakamiche", die zweifellos am 20. Juli stattfinden wird.

Mein Schnupfen läßt mich mehr niesen denn je; es scheint,

ich werde ihn erst *los*, wenn ich Rußland verlasse. Ich muß nicht mehr lange warten. Tausend Grüße an alle. Ich küsse Ihnen die Hände.

Ihr I. Turgenjew**

135

An M. M. Stassjulewitsch Baden-Baden, 29. September 1868

Sehr verehrter Herr Stassjulewitsch (es ist mir schrecklich peinlich, daß ich immer wieder Ihren Vatersnamen vergesse – bitte, verzeihen Sie mir) – Ihr Einschreiben mit dem darin befindlichen Wechsel habe ich erhalten. Ich schicke voraus, daß ich dieses Geld nur a conto künftiger Beiträge annehme – denn das Vorwort zu Auerbachs Roman habe ich geschrieben, um einem alten Freund eine Gefälligkeit zu erweisen, und nie damit gerechnet, etwas für diese Arbeit zu bekommen. Was nun Auerbach selbst anlangt, so muß ich Ihnen sagen, ich habe ihn kein einziges Mal gesehen; er wohnt zwei Schritte von hier – *im Hub. Baden**, nach Baden aber ist er nicht gekommen und hat mir nur einmal eine kurze Nachricht geschickt. Ich meinerseits habe ihm dreimal geschrieben und jedesmal gedrängt, er möchte seinen Verpflichtungen Ihnen gegenüber nachkommen. Über seine Nachlässigkeit bin ich sehr verwundert: bislang galt er als verläßlicher Mensch. Sein Roman ist übrigens *nicht* in *„Neue Freie Presse“** erschienen – und sogar Ankündigungen gab es nicht mehr: irgend etwas muß passiert sein. In seiner Nachricht hatte er versprochen, nach Baden zu kommen – aber bis jetzt hat er sich nicht blicken lassen. Ich habe ihm nochmals geschrieben.

In der Ankündigung des „Westnik Jewropy“ für das kommende Jahr können Sie folgenden Aufsatz von mir nennen: „W. G. Belinski“, ein Auszug aus den „Literarischen Erinnerungen“. Diesen Aufsatz erhalten Sie – nach unserem Kalender – in den ersten Dezembertagen, und er könnte im Januarheft erscheinen.

Mit freundschaftlichem Gruß Ihr ergebener I. Turgenjew

136

An Moritz Hartmann Baden-Baden, 11. Oktober 1868

Mein lieber Freund!

Es kommt mir vor, als hätten wir uns seit Jahren nicht gesehen – und nun höre ich, daß Sie nach Wien übersiedeln – das Sie noch weiter entfernt und ein Zusammenkommen noch schwieriger macht. Zugleich höre ich, daß es mit Ihrer Gesundheit nicht ganz gut steht. Wollen wir das Beste von Ihrem neuen Aufenthalt hoffen! Schreiben Sie mir aber ein paar Zeilen – wir müssen nicht unsere Korrespondenz gänzlich fallenlassen!

Mir geht es ziemlich gut. Ich gehe fleißig auf die Jagd – sonst bin ich es nicht besonders, d. h. fleißig. Ich habe eine neue Novelle geschrieben, die ist aber so pechschwarz und „lugubre" ausgefallen, daß ich es nicht wagen werde, so etwas dem europäischen Publikum vorzuführen. Es tut mir sehr leid, daß Sie die Operetten von Frau Viardot, zu denen ich die Libretti geschrieben habe, nicht kennengelernt haben.

Jetzt eine Bitte: Schicken Sie mir die Adresse von Karl Mayer, dem Sohne des Dichters und Redakteur eines Blatts, dessen Name mir entfallen ist und in dessen Feuilleton eine Übersetzung der „Väter und Söhne" erschienen ist. Wie heißt das Blatt? Ein deutscher Buchhändler will eine kleine Auswahl meiner Sachen drucken und hat mir eben von dieser Übersetzung gesprochen. Ich möchte mich darüber mit dem Herrn Karl Mayer, den ich in Baden gesehen habe – verständigen. Auch wenn Sie noch meinen „Chien" (eine ganz kurze Novellette) in Ihren Papieren auffinden können, schicken Sie ihn mir: ich habe kein anderes Exemplar.

Ich grüße herzlich Ihre Frau und drücke Ihnen die Hand. Nehmen Sie meine besten Wünsche mit auf Ihre Reise!

Ihr I. Turgenjew*

137

An Erich Behre Baden-Baden, 21. Oktober 1868

Mein Herr!

Eben erhalte ich Ihren Brief und beeile mich, ihn zu beantworten. – Das Blatt, in welchem die Übersetzung der „Väter und Söhne" erschienen ist, heißt *„Der Beobachter, ein Volksblatt für Schwaben"* – und Karl Mayer ist der Redakteur. Sein Wohnsitz ist Stuttgart. Ich werde ihm noch heute schreiben, um ihn wissen zu lassen, daß meinerseits ich die Autorisation zum Drucke willig gebe. Wenn ich nicht irre, so erschien diese Übersetzung im Frühjahr 1866. Sie können sich mit Herrn Karl Mayer in Verbindung setzen.

Herr Moritz Hartmann hat noch einige andere Sachen von mir, zu meiner größten Zufriedenheit, übersetzt; wenn Sie es wünschen, könnte ich bei ihm anfragen, ob er sie für die von Ihnen projektierte Ausgabe meiner gewählten Werke abtreten möchte.

Meine *Novelle* – es ist kein Roman – wird erst Ende Januar im „Russki westnik" erscheinen; sie wird höchstens fünf Bogen ausmachen (allerdings von der sehr enggedruckten Moskauer Revue) und wird Ihnen gleich abgeschickt werden, ehe die ganze Nummer den Abonnenten ausgegeben wird.

Haben Sie schon die Wahl meiner Sachen getroffen? Ich könnte Ihnen vielleicht einen nützlichen Wink geben, wenn ich nur weiß, wie groß Sie (nämlich in 3–4 Bänden?) die Ausgabe machen wollen.

Empfangen Sie die Versicherung meiner Hochachtung.

I. Turgenjew*

138

An Ludwig Friedländer Baden-Baden, 26. Oktober 1868

Verehrter Herr!

Ich hatte den Aufsatz in der „Allgemeinen Zeitung" vor einiger Zeit gelesen und bin sehr froh, den Verfasser jetzt zu kennen. Ich bin Ihnen vielen Dank für Ihre höchst wohlwollende und nachsichtige Beurteilung schuldig. Ich würde mich glücklich schätzen, wenn die Lektüre meiner Sachen Ihnen einiges Interesse für die russische Literatur, für das russische Leben überhaupt einflöße. Es ist viel bei uns gesündigt worden – aber Rußland ist doch ein Mitglied der europäischen Familie und wert, besser bekannt zu werden, besonders von den Deutschen.

Ihr Wunsch ist zu schmeichelhaft für mich, daß ich mich nicht beeile, ihn zu erfüllen. Nur besitz ich leider keine gute Photographie von mir: ich erlaube mir deshalb, Ihnen zwei – von den weniger schlechten – beizulegen.

Hier folgt ein kleines Register meiner übersetzten Sachen; wenn Sie einiges nicht gelesen hätten, so lassen Sie mich es nur wissen: es wird mir eine besondere Genugtuung sein, Ihnen das Fehlende zukommen zu lassen.

Französisch sind erschienen:

1. Mémoires d'un chasseur.
2. Scènes de la Vie Russe – 2 B-e (contenant: Le Ferailleur, Les 3 Portraits, Moumou, L'Auberge, Les 2 Amis, L'Antchar, Une correspondance, Faust, 2 Journées dans les grands Bois, Passinkoff, Le Partage, Le Pain d'autrui).
3. Nouvelles scènes de la Vie Russe (contenant: Elena, Le premier amour).
4. Roudine, 3 rencontres, Journal d'un homme de trop.
5. Nichée de gentilshommes.
6. Pères et Enfants.
7. Fumée.

„Pétouchkoff", „Le Juif", „Annouchka", „Apparitions", „Le Chien", „Histoire du lieutenant Yergounoff", „Le Brigadier" – sind in verschiedenen Revues erschienen; vielleicht mach ich daraus während des Winters ein Bändchen – das ich Ihnen übersenden werde. Die deutschen Übersetzungen meiner Sachen kennen Sie wohl.

Empfangen Sie nochmals meinen Dank und die Versicherung meiner Hochachtung.

Ihr ergebenster

I. Turgenjew.*

139

An Charles-Augustin Sainte-Beuve Paris, 24. November 1868

Sehr geehrter Herr!

Briefe, die ich aus Baden bekomme, zwingen mich, noch heute abend abzureisen, und berauben mich des Vergnügens, mit Ihnen zu speisen. Ich brauche nicht zu sagen, wie sehr ich das bedaure: eine derartig versäumte Gelegenheit kommt nicht wieder, und man tröstet sich nicht so schnell über ihren Verlust.

Ich hatte mir vor einiger Zeit erlaubt, Ihnen einige meiner Werke zukommen zu lassen: ich kann mich nicht erinnern, ob die zwei beiliegenden Bände darunter waren. Sie werden schon sehen – darüber im Zweifel, konnte ich mich nicht enthalten, sie zu schicken; ich lege so großen Wert auf die Ehre, von Ihnen gelesen zu werden, daß ich sogar riskiere, aufdringlich zu erscheinen.

Glauben Sie an die aufrichtige Bewunderung Ihres sehr ergebenen

I. Turgenjew

PS: Erlauben Sie mir, Ihnen meine Winteranschrift zu geben: Karlsruhe, Großherzogtum Baden, postlagernd.**

140

An Jakob Caro Karlsruhe, 26. Dezember 1868

Verehrter Herr!

Gerade habe ich mit aufrichtigem Interesse Ihre Broschüre „Lessing und Swift" durchgelesen. Ihre Hypothese erscheint mir nicht nur geistreich, sondern auch psychologisch begründet und von innen heraus überzeugend. Die Charakteristik Lessings ist vortrefflich. Ich muß aber gestehen, daß mir – als einem Nicht-Deutschen – das Dichterische in Lessing nie recht einleuchten wollte. Ich habe den größten Respekt vor seinem Geist, seinem Charakter, seiner Menschlichkeit; als Kritiker steht er unerreicht da; seine Prosa ist klassisch – sein Theater aber macht auf mich – um es rundheraus zu sagen – einen peinlichen Eindruck; seine Motive sind immer wahr und tief gegriffen – aber das poetische Leben ist zu ihnen nicht herangetreten – und er scheint es selbst die ganze Zeit zu fühlen. Bei aller Bewunderung kann ich das Unbehagliche nie loswerden – und es kommt mir immer vor, als säh ich über alle seine Gestalten hinweg – die große Figur Lessings selbst – mit dem ruhigen Lächeln im Gesicht, der da ganz gut weiß, daß das alles nur pädagogisches Zeug ist. – Aber die Hamburgische Dramaturgie – und der Laokoon – und die *Briefe* – und die Klotzschen Abfertigungen – da hab ich mit einem Riesen zu tun, der mich *packt*; da singt er nicht mit der Fistel – das ist *sein* Register. Da ist *Leidenschaft* und Leben.

Der Redakteur des „Westnik Jewropy" hat mir geschrieben, daß in den ersten Nummern der Zeitschrift für das kommende Jahr gewiß eine Rezension Ihres Buches erscheinen wird.

Empfangen Sie die Versicherung meiner Hochachtung.

Ihr ergebener

I. Turgenjew*

141

An Erich Behre Karlsruhe, 14. Januar 1869

Werter Herr!

Ich muß mich im voraus entschuldigen: ich habe viel zu lange gezögert, Ihnen das zu sagen, was ich Ihnen eben sagen will. – Als ich nämlich Ihnen die Stuttgarter Übersetzung der „Väter und Söhne" rekommandierte, hatte ich sie bloß flüchtig angesehen; bei der Vergleichung aber mit dem Text hat sie sich als sehr mangelhaft herausgestellt. – Ich habe mich bis zur Hälfte hindurchgequält mit dem Korrigieren; verstehe aber selbst den deutschen Stil zuwenig, um den richtigen Ausdruck jedesmal zu treffen: ohnehin ist es mir immer die höchste Pein gewesen, mich mit meinen gedruckten Sachen abzugeben. So ist die Arbeit ins Stocken geraten. – Nun fühl ich aber, daß Sie mit Recht mir Vorwürfe machen können: und darum schlag ich Ihnen Folgendes vor. – Ich habe in Berlin einen alten Freund, Ludwig Pietsch mit Namen, als Schriftsteller, Illustrator und Zeichner wohlbekannt; er schreibt ein vortreffliches Deutsch, kennt die französische Sprache recht gut und hat eine große Vorliebe für meine Sachen. – Ich zweifle nicht, daß er mit Bereitwilligkeit darauf eingehen wird, die Übersetzung zu revidieren – und da er überhaupt sehr schnell arbeitet, wird er bald fertig sein. – Ermächtigen Sie mich, ihm zu schreiben und das Buch abzuschicken? – Das Honorar, das er dafür verlangen wird – *wenn* er es verlangt –, wird gewiß unbedeutend sein, da er die ganze Sache aus Freundschaft für mich tun wird. – Was seine Leistung betrifft, wird sie ganz gewiß vorzüglich sein, und ich erkläre mich im voraus damit zufrieden. – Er könnte dann das Buch nach Rudolstadt expedieren. – Seine Adresse ist: Berlin, Schöneberger Ufer 34.

Ich habe die Übersetzung des „Jergunow" auch durchgelesen. Sie ist getreu, aber, um es offen herauszusagen – etwas schwerfällig und leblos, zu sehr im Geschäftsstil. – Sie würde auch gewinnen, wenn sie in L. Pietschs Hände käme.

Ich hätte dies alles Ihnen viel eher wissen lassen – aber ich hoffte immer, mich selbst durchzuschlagen. – Zeit ist dabei verlorengegangen. – Da aber das ganze Unternehmen kein besonderes pekuniäres Interesse für Sie versprechen kann, so ist dieser Aufschub weniger wichtig.

Die französische Übersetzung (von Mérimée revidiert) – der „Väter und Söhne" ist eine mustergültige, und Sie brauchen nur ein paar Seiten zu vergleichen, um die zahlreichen Fehler der deutschen einzusehen. – Daß ich es früher selbst nicht getan, darüber sag ich mein „mea culpa".

Antworten Sie mir bald. – Unterdessen schreib ich an Pietsch. – Ich schicke ihm auch die Vorrede.

Wenn Sie der ganzen Sache überdrüssig sein sollten, so bin ich gern bereit, alle die Kosten, die Sie getragen haben, zurückzuerstatten – da, wie gesagt, ich allein die ganze Schuld trage.

Mit wahrer Hochachtung verbleib ich Ihr ergebener

I. Turgenjew

PS: Die neue Novelle: „Eine Unglückliche", werden Sie von der Redaktion des „Russki westnik" bald bekommen.*

142

An N. N. Raschet — Karlsruhe, 15. Januar 1869

Liebe Natalja Nikolajewna – was soll ich Ihnen auf Ihren Brief antworten? Sie tun mir sehr leid – und Verwunderung erfüllt meine Seele: wie kann man diese Gefühle, von denen Sie schreiben, nur weiter hegen? Sehen Sie denn nicht selbst – und muß ich es Ihnen erst sagen, daß ich ein Mensch bin, der nun schon an die zehn Jahre seelischen Erregungen abgesagt hat, der friedlich und still allein den Erinnerungen lebt – und an den Ereignissen des Tages gelassen Anteil nimmt? Wo sollen auf einem dürren Stamme Blumen blühen? Sie werden mir erwidern, das alles wüßten Sie ja, Sie verlangten nichts von mir und wären auch so zufrieden: doch – woher dann dieser Wehmutston, der aus allem klingt, was Sie sagen? Beinahe glaube ich, unsere Begegnungen schaden Ihnen und verwirren Sie. Es ist sehr, sehr schade, daß Ihr Leben sich so traurig gefügt hat und so früh leer geworden ist – und Sie, um diese Leere zu füllen – an einen so fühllosen Klotz wie mich geraten sind. Das beste wäre wohl, sich diesen Regungen nicht hinzugeben, die im Grunde nur Bitterkeit zurücklassen.

Ich habe Karten für die „Minnesänger" bestellt und werde Ihnen und Shemtschushnikow den Tag der Aufführung rechtzeitig mitteilen.

Ich drücke Ihnen fest und freundschaftlich die Hand und wünsche Ihnen alles Gute. Einen Gruß an Manja und einen Kuß für Lenotschka.

Ihr ergebener

I. Turgenjew

143

An Ludwig Pietsch Karlsruhe, 15. Januar 1869

Mein lieber Freund!

Zunächst schicke ich Ihnen beiliegend die fehlenden 10 Taler. Dann fängt eine lange Geschichte an, die ich möglichst verkürzen werde.

In der Stadt Riga gibt es einen lächerlichen Verleger, der absolut eine Ausgabe meiner „Ausgewählten Schriften" veranstalten will. Er hat die Idee, mit „Vätern und Söhnen" anzufangen, und hat sich deshalb an mich gewendet. Ich empfehle ihm eine Übersetzung jenes Romans, die in Stuttgart erschienen ist und die ich nur vom Hörensagen als sehr gut kannte. Er bringt diese Übersetzung käuflich an sich – und schickt sie mir als ungedrucktes Exemplar zur Revision – mit der Bitte, sie dann in eine Druckerei in Rudolstadt zu expedieren. Ich fange an zu revidieren – und finde – daß die Übersetzung (aus dem Französischen natürlich) sehr mangelhaft ist. Ich quäle mich ein Dutzend Kapitel hindurch – kann aber nicht weiter fortfahren – kenne auch den deutschen Stil zuwenig. Sehen Sie meine Lage! Und ich habe das Ding *selbst* rekommandiert!! Ich halte es nicht länger aus – und mache mein „mea culpa" dem tugendreichen uneigennützigen (denn was kann ihm so etwas einbringen?!!) Verleger – und mache ihm den Vorschlag: das Exemplar zur Revision *Ihnen, Wertester,* zu übersenden. Er wird wahrscheinlich akzeptieren – und nun haben Sie einen Mühlstein am Hals. *Zu schwarz* will ich aber die Geschichte nicht machen: ich bin überzeugt, daß mit der blitzartigen Schnelligkeit der Arbeit, mit der der gütige Himmel Sie gesegnet hat – Sie die Sache in 2 Tagen herumkriegen: es handelt sich nur darum, einen Vergleich mit der französischen (vortrefflichen) Übersetzung durchzuführen; aber das *kann ich nicht* – wie Schumann singt. Sollte der Rigaer Verleger – (E. Behre heißt das Ideal) sich an Sie wenden, so nennen Sie ihm Ihre Bedingungen, denn gratis pro Deo – oder pour le Roi de Prusse soll es nicht geschehen. – Zahlen werde natürlich ich, denn ich bin ja der Schuldige – meine Rekommandation hat den Verleger dahin gebracht.

Antworten Sie – in wenigen, aber gehaltvollen Worten – und empfangen Sie im voraus meinen Dank. – (*Sie können auch abschlagen,* wenn Sie zuviel Arbeit haben – O Gott! O Gott! – warum will man mich übersetzen! Hab ich ja den Leuten nichts getan!)

Ich drücke Ihnen die Hand aufs herzlichste. – Grüße allen.

Ihr I. Turgenjew*

144

An A. I. Herzen Karlsruhe, 2. März 1869

Lieber Freund Alexander Iwanowitsch, kürzlich las ich Deine letzte „Poljarnaja swesda“ – und verspürte das Verlangen, wieder einmal ein paar Worte mit Dir zu wechseln – zu erfahren, was Du treibst, wie es Dir gesundheitlich geht und was Deine Kinder machen. Gerade heute kam mich dieses Verlangen an – weil sich heute Nikolais Todestag jährt – und der Beginn eines, wenn auch nur in Grenzen, neuen Lebens bei uns. Die Zeit fliegt rasch dahin – und sieht man sich um, merkt man, wie stark sie uns allmählich ramponiert. Botkin liegt stocksteif gelähmt in Rom darnieder, Miljutin fristet seine letzten Tage in der Schweiz, ich hatte bereits zwei Podagraanfälle ... Du wirst mir sagen, mit diesen Leuten hättest du nichts gemein (oder vielleicht machst Du mit mir eine Ausnahme?) – aber einerlei – sie waren einmal unsere Weggefährten, und wenn man sieht, wie die moderne Zelle, nachdem sie die verschiedenen Gase, Erden und Salze unter das Joch ihrer Einzigartigkeit gezwungen hat, allmählich zerfällt, dann wird einem auch um die eigene Zelle ein wenig bange. Hat der Mensch erst einmal die Fünfzig hinter sich, lebt er wie in einer Festung, die der Tod belagert – und früher oder später einnehmen wird. Man muß sich verteidigen – und nicht nach der Art eines Totleben – ohne Ausfälle.

Du erhältst wahrscheinlich russische Zeitschriften; lies Dir im Märzheft des „Westnik Jewropy" einmal meine „Erinnerungen an Belinski" durch; vielleicht interessieren sie Dich.

Hältst Du Dich eigentlich nur vorübergehend in Nizza auf, oder hast Du Dein Domizil dort für ständig aufgeschlagen? Laß es mich wissen. Ich bin den Viardots nach Karlsruhe nachgereist, sie haben sich im Interesse der Ausbildung ihrer Töchter für den Winter nach hier begeben.

Ich schicke Dir meine Photographie mit und wäre Dir sehr dankbar, wenn Du mir dafür die Deine senden würdest.

Ich drücke Dir freundschaftlich die Hand und wünsche Dir alles Gute.

Dein ergebener

I. Turgenjew

145

An A. I. Herzen Karlsruhe, 18. März 1869

Lieber Freund Alexander Iwanowitsch! Die Meldung über Dich, die ich Dir mitteilte, wird in den russischen Zeitungen (und auch schon in der „Kölnischen") dementiert – es ist nur von einem Gesuch Deines *Sohnes* die Rede (ich weiß nicht, inwieweit sie der Wahrheit entspricht), auf einige Zeit zur Ordnung Deiner Angelegenheiten nach Rußland zurückkehren zu dürfen. In Paris habe ich schon wissen lassen, daß all das Lügen sind. Ich glaube nicht, daß es sich in diesem Falle um einen ballon d'essai Schuwalows handelt; es sollte mich sehr wundern, wenn man mit Dir verführe wie mit Kelssijew; vergiß nicht, Du hast die *Familie* beleidigt (*Dein unverzeihlichster méfait* ist der Aufsatz über Alexandra Fjodorowna) – das wird man Dir nie vergessen. Der Dummkopf Pogodin hat diesmal die Wahrheit gesagt – und wahrscheinlich nicht einmal die ganze Wahrheit. Aber eine Erklärung von Dir persönlich ist unbedingt erforderlich.

Die „Birshewyje wedomosti" sind hier nicht aufzutreiben; wenn Du mir das Heft unter Kreuzband (sous bande) schicken könntest – ich würde es Dir prompt zurücksenden.

Bakunin hat seine Ansichten ja anscheinend geändert: in London, das letztemal, als ich ihn sah, glaubte er noch an einen persönlichen Gott; und in einem Gespräch mit mir – nach alter Romantikerart nachts bei einem Mondscheinspaziergang durch die Straßen – hat er Dich wegen Deines Unglaubens kritisiert. Nun ja, wozu die Augen vor der Wahrheit verschließen; die Frage ist nur: bringt eine solche Demonstration – praktischen Nutzen? Muß man den Arbeitern jetzt *das* sagen? Höchstens den einen Nutzen bringt es: Wenn in der ganzen Welt keine gouvernement fort existiert – wie sollte es sie dann im Sozialismus geben? Gut; doch was bleibt dann vom Sozialismus übrig?

Die Lassalleaner sind auch hier in Karlsruhe gewesen – haben in Brauereien Kundgebungen veranstaltet und Propaganda getrieben; doch Erfolg hatten sie nicht.

Was tun? Ich bleibe Individualist bis zum Ende; und das neue, von Bakunin erfundene Wort – congrégationiste – kann mich nicht irremachen: eine Verletzung der persönlichen Freiheit sehe ich auch in dem, was dieses Wort – recht verworren – darstellen möchte.

Bleib gesund – ich drücke Dir die Hand.

I. Turgenjew

146

An Erich Behre Baden-Baden, 16. Juni 1869

Werter Herr!

Hier die Antwort auf Ihren Brief vom 9.

Ich habe schon mehr als die Hälfte der Korrekturbogen der „Asja“ durchgesehen und zurückgeschickt. – In einigen Tagen wird das II. Bändchen hoffentlich zu Ende gebracht werden.

Wenn Sie in das 3. Bändchen nur solche Novellen einrücken möchten, die in deutscher Version noch nicht existieren, so könnten es weder „Faust“ noch „Visionen“ sein; denn die beiden hat Bodenstedt – und sehr gut – übersetzt. – „Mumu“ ist, soviel ich weiß, in einer illustrierten Zeitung erschienen – in Hartmanns Übersetzung. – Ich möchte Ihnen den Vorschlag machen, den „Antschar“ für das 3. Bändchen nebst „Rudin“ – und vielleicht noch einer ganz kurzen Erzählung, wie „der Hund“ oder „der Jude“, zu wählen; das IV. Bändchen bliebe für das „Adelige Nest“. Manche halten es für mein bestes Werk. – Es existiert davon eine schlechte und, glaub ich, verschollene Übersetzung von P. Fuchs, und in den Frankfurter Didaskalia erscheint eben jetzt eine *freie* Bearbeitung von einem Herrn v. Lankenau – unter dem Titel: „Ein russischer Landedelmann“. – Hinderlich würde es nicht sein, denn „Väter und Söhne“ und „Rauch“ hat derselbe Herr ebendaselbst und ebenso bearbeitet.

Doch überlaß ich die Wahl Ihrem Gutdünken.

Ich denke an keine Dedikationen; auch im russischen Text sind keine da.

Meine Reise nach Rußland ist aufgeschoben, und ich bleibe hier noch ein paar Monate.

Empfangen Sie die Versicherung meiner Hochachtung.

I. Turgenjew*

147

An Ludwig Friedländer Baden-Baden, 22. Juli 1869

Werter Herr!

Ich übersende Ihnen hiebei das 2. Bändchen meiner „ausgewählten" Schriften. Nur die erste der vier Novellen – „Eine Unglückliche" – ist für Sie neu; mir selbst gefällt sie wenig – es ist zuviel Pathologie drin. Ich habe mich von einer alten Jugenderinnerung hinreißen lassen. Jeden Vorschlag, sie ins Französische zu übersetzen, habe ich abgeschlagen; ein deutscher Übersetzer hat, wie sie vielleicht wissen, des Autors Erlaubnis nicht zu fragen. Da die „Unglückliche" einmal gedruckt ist – glaube ich, bei dem Wohlwollen, das Sie für meine Sachen hegen – dies Produkt Ihnen nicht vorenthalten zu dürfen. Einige Sittenschilderungen werden Sie vielleicht interessieren.

Kommen Sie nicht dieses Jahr nach Baden? Wie würde es mich freuen, Ihre Bekanntschaft zu machen!

Empfangen Sie die Versicherung meiner Hochachtung.

I. Turgenjew

PS: Eben bekomme ich die mir freundlich zugeschickte Beilage der „Allgemeinen Zeitung" – und muß Ihnen noch einmal meinen herzlichen Dank sagen für alles Gute, das Sie von mir denken. „Annuschka" – oder eigentlich „Asja" ist, wie Sie sehen werden – bereits ins Deutsche übersetzt.

Ich weiß nicht, ob ich Ihnen schon meine Photographie geschickt habe; jedenfalls tu ich es jetzt bloß deswegen, um die Ihrige als Erwiderungsgabe zu bekommen.*

148

An Julius Rodenberg Baden-Baden, 6. August 1869

Werter Herr!

Hiermit schicke ich Ihnen das russische Manuskript meiner Novelle, deren Titel „Eine wunderliche Geschichte" ist. Erlauben Sie mir folgendes zu bemerken:

a) Ich bitte mir die Korrektur der Übersetzung ausdrücklich aus, damit ich sie vor dem Erscheinen im „Salon" durchlesen kann. Ich schicke die Bogen gleich zurück.

b) Sie werden mir das russische Manuskript gefälligst zurückschicken.

c) Was den Preis betrifft – geben Sie mir, was Sie den andern geben – P. Heyse z. B. – nach Abziehung dessen, was Sie dem Übersetzer geben werden. Ich meine: meine Novelle muß Ihnen nicht teurer zu stehen kommen als eine von Heyse.

d) Dies ist der wichtigste Punkt. Sie müssen mir gestatten, meine Novelle – zwei Monate nach ihrer Erscheinung – also im November – in einer russischen Revue abdrucken zu lassen. Sie werden leicht einsehen, warum ich dies verlange. Die russischen Revuen bezahlen sehr hohe Preise – von denen man in Deutschland keine Idee hat – 100 Francs per Seite – es ist nur möglich bei der kleinen Anzahl der Schriftsteller in Rußland – und bei dem enormen Absatz der Revuen; ich kann von Ihnen natürlich so etwas gar nicht fordern. Nun aber hat bei der Abwesenheit irgendeiner literarischen Konvention zwischen Rußland und Deutschland jeder das Übersetzungsrecht; und so könnte leicht jemand auf die Idee kommen – meine Novelle ins Russische zu übersetzen; ich hätte nicht das Recht, es zu verbieten – und verlöre mein ganzes Honorar. Ich hoffe also, daß Sie mein Verlangen billig finden werden; die Novelle erscheint doch zuerst im „Salon". Ich würde sie Ihnen auf ein Jahr abtreten – daß es doch nichts helfen würde; man könnte sie, wie gesagt, übersetzen und dann wieder ins Deutsche rückübersetzen. Ich bin überzeugt, daß Sie mit mir einverstanden sein werden.

Ich sende diesen Brief – zur Vorsicht rekommandiert ab – und bitte, mir den Empfang anzuzeigen.

Empfangen Sie die Versicherung meiner Hochachtung.

I. Turgenjew*

149

An A. F. Pissemski Baden-Baden, 9. Oktober 1869

Mein lieber Alexej Feofilaktowitsch, vor mir auf dem Tisch liegt die deutsche Übersetzung Ihrer „Tausend Seelen", die in Berlin in zwei recht geschmackvollen Bändchen herausgekommen ist. Das ist Ihnen wahrscheinlich nicht unbekannt; doch was vielleicht noch nicht zu Ihnen gedrungen ist – Ihr Roman hat in Berlin – und überhaupt bei der deutschen Leserschaft – einen sehr beachtlichen Erfolg gehabt – und hierbei wird es wahrscheinlich nicht bleiben. Darüber freue ich mich sehr, wie Sie sich vorstellen können. Ich habe einen Blick in die Übersetzung geworfen: anscheinend gut und treffend; der Übersetzer (ein Herr Kayssler) hat es für notwendig befunden, einiges auszulassen; soll er seinen Willen haben! Nun haben also auch Sie die Grenzen Ihrer Heimat überschritten – und *„Alexis Pisemski"** wird zu einem Namen, der dem europäischen Ohr vertraut klingt.

Ich habe Ihnen lange nicht geschrieben: aber Nachrichten über Sie sind ab und zu an mich gelangt; die letzten stammten von P. W. Annenkow. Er schreibt, Sie bauen noch: Nur zu! das ist eine gute Sache! Da ich die „Sarja" beziehe, konnte ich auch Ihren Roman verfolgen. Wenn ich die Wahrheit sagen soll, das zweite und dritte Heft kamen mir schwächer vor; mir wurde schon beinahe etwas bange – doch im letzten Heft haben Sie sich wieder als der alte Pissemski, der Meister und Recke, erwiesen. Ich bin sehr gespannt, wie und in welcher Richtung Sie sich weiterentwickeln.

Von mir selbst kann ich Ihnen berichten, zu Beginn des Sommers haben die Ärzte mir beinahe einen schönen Schrekken eingejagt: sie redeten davon, mit meinem Herzen stimme etwas nicht, verboten mir Spaziergänge, die Jagd, den Wein und so weiter. Doch jetzt geht es mir besser; mit dem Herzen ist tatsächlich etwas nicht in Ordnung – aber damit kann man achtzig Jahre alt werden, und Unvorsichtigkeiten erlaube ich mir ohnehin nicht.

Mit literarischen Arbeiten befasse ich mich nur wenig, habe recht und schlecht meine „Erinnerungen" zu Ende gebracht, die als Vorwort zur neuen Ausgabe meiner Werke erscheinen werden (Sie bekommen natürlich ein Exemplar). Eine kleine Erzählung habe ich geschrieben – „Eine seltsame Geschichte", mit der ebenfalls eine seltsame Geschichte passiert: die deutsche Übersetzung wird eher erscheinen als das russische Original. Eine weitere Erzählung – eine etwas längere – habe ich vor; aber mit jedem Tage muß ich mich mehr davon überzeugen: hat man sich einmal von seiner Heimaterde gelöst, kann man nichts Längeres schreiben. Zeit für den Ruhestand.

Was machen Ihre Söhne? Bitte übermitteln Sie ihnen sowie Ihrer lieben Gemahlin meinen freundschaftlichen Gruß. Lassen Sie etwas von sich hören. Einstweilen aber drücke ich Ihnen kräftig die Hand und bleibe Ihr Ihnen herzlich zugetaner

I. Turgenjew

PS: Ich bleibe bis Februar hier; im Februar hoffe ich dann für etwa sechs Wochen nach Rußland zu fahren. Auch nach Moskau komme ich; doch das alles sind noch Pläne.

PSS: Ich habe Ihre Anschrift vergessen und schreibe daher an Maslows Adresse.

150

An Ludwig Friedländer Baden-Baden, 11. November 1869

Wertester Herr!

Ich schicke Ihnen hiermit die „Wunderliche Geschichte" – und zugleich einige Zusätze, die mir erst in den Kopf kamen, als ich das Original zur Absendung nach Petersburg noch einmal kopierte. Das sind Striche, die, wie ich glaube, der Zeichnung mehr Bestimmtheit geben.

Ich habe mit vielem Vergnügen Ihren Aufsatz gelesen. Das ist mir alles wie aus der Seele gesprochen. Ich bin natürlich selbst ein Realist – und ein Kind meiner Zeit – *liebe* aber und verehre die Antike – und die antike Art der Kunstproduktion – über alles.

Es ist mir sehr angenehm, daß Sie an den Romanzen der Frau Viardot Freude haben. Es spricht sich aus Ihnen eine unzweifelhaft musikalische Physiognomie – was nicht öfters der Fall ist. Claudia hat mir zu meinem Geburtstag eine sehr schöne Heilige Familie gezeichnet. Wir möchten alle wohl nach Weimar gehen – damit sie dort Gelegenheit zum Studium habe; eine gute Wohnung da zu finden – scheint aber sehr schwierig.

Die Drostesche Novelle hat auf mich durch ihre Kraft und, ich möchte sagen, durch ihre grelle Anschaulichkeit einen großen Eindruck gemacht, nur wird die Handlung bald so hin und her gezerrt, daß man am Ende nicht recht klug aus der ganzen Geschichte wird. Immerhin ist es ein großes, wenn auch nicht zur Ruhe durchgebrochenes Talent.

Vielleicht sehen wir uns noch in Berlin. Ich grüße Sie herzlich und drücke Ihnen die Hand.

Ihr ergebenster

I. Turgenjew*

151

An Erich Behre Baden-Baden, 11. November 1869

Verehrter Herr!

Ich gebe gern meine Autorisation zur vorläufigen Publikation meiner Novelle „Am Vorabend“ in der „Riga'schen Zeitung“ und im „Buch der Welt“; muß aber darauf bestehen, die Novelle im *Manuskript* erst durchzulesen, da, wie ich es aus den Korrekturen des „Rudin“ ersehen kann, bei aller Gewissenhaftigkeit der Übersetzung manches doch noch zu verbessern ist – im Sinn und im Ausdruck.

Die Korrekturen zum dritten Bändchen werden von mir regelmäßig am folgenden Tag an die Fröbelsche Buchdruckerei zurückgeschickt.

Empfangen Sie die Versicherung meiner Hochachtung.

Ihr ergebener

I. Turgenjew*

152

An A. F. Pissemski Baden-Baden, 21. Dezember 1869

Lieber Pissemski, von Julian Schmidt erhielt ich heute ein an ihn adressiertes Schreiben Ihres Übersetzers Kayssler, aus dem ich erfuhr, daß Sie mit ihm bereits Kontakt aufgenommen haben. Der Erfolg Ihrer „Tausend Seelen" ermutigt ihn sehr, eine Übersetzung des „Aufgewühlten Meeres" zu unternehmen – und er bedauert nur, daß er diesen Roman nicht in Händen hat. Wahrscheinlich haben Sie bereits veranlaßt, ihm das „Aufgewühlte Meer" zuzusenden – ich meinerseits werde ihm alle Ihre Werke schicken, die ich bei mir habe (die Ausgabe von Stellowski). Im Winter besorge ich mir dann in Petersburg ein neues Exemplar. Auf diese Weise kann die Sache rasch vorangetrieben werden.

All das freut mich herzlich, erstens um Ihretwillen und zweitens um der russischen Literatur insgesamt willen. Es muß also doch etwas an uns sein, wenn die Deutschen, die unsereinem sonst keine Liebe und kein Vertrauen entgegenbringen, uns übersetzen.

Kayssler hat Ihnen gewiß seine Adresse hinterlassen – aber hier ist sie auf alle Fälle noch einmal: *Herrn Dr. Kayssler, in der Redaktion der „Spenerschen Zeitung", Berlin.**

Was haben Sie in Petersburg getrieben – schreiben Sie mir ein paar Zeilen. Ich bleibe einstweilen hier, fahre aber vermutlich Mitte Januar nach Weimar und Ende März nach Rußland, wo ich Sie sehen werde.

Ich grüße alle Ihre Angehörigen und drücke Ihnen freundschaftlich die Hand.

Ihr ergebener

I. Turgenjew

PS: Das Echo der deutschen Kritik auf die „Tausend Seelen" ist ausnahmslos günstig. Manche Ihrer Gestalten werden eines Dickens, eines Thackeray und so weiter für würdig befunden.

153

An A. F. Onegin Baden-Baden, 8. Januar 1870

Ich beeile mich, Ihren Brief zu beantworten, lieber Onegin (teilen Sie mir doch Ihren Vor- und Vatersnamen mit; ich habe beide leider vergessen). Ich freue mich sehr, daß Sie mit mir in Briefwechsel getreten sind; aber Ihre seelische Verfassung will mir gar nicht gefallen. Nicht weil Sie mißmutig und reizbar sind, das ist halb so schlimm; aber es fehlt Ihnen an Beherztheit. Äußerlich wie auch in einigen Charakterzügen erinnern Sie mich an Belinski; doch der war, ehe die Krankheit ihn brach, ein Draufgänger. Ehrgeizig war er ebenso wie Sie; aber er zerstörte sich nicht selbst, und vor allem: er kümmerte sich nie darum, was andere von ihm dachten, ob sie ihn richtig verstehen würden und so weiter. Voller Elan stürmte er vorwärts und sprach wohlgemut und rücksichtslos alles aus, was er dachte – verstand ihn jemand nicht, oder verstand er ihn falsch – er pfiff darauf! Von dieser *Unbekümmertheit* wünschte ich Ihnen etwas mehr. Und sagen Sie mir ja nicht, in Ihrer Situation ginge das nicht, Sie seien von Kindheit an in eine schiefe und peinliche Lage gestellt gewesen; ein gebildeter, selbständiger, innerlich freier Mensch befindet sich – *eben dank dieser Eigenschaften* – in einer tausendmal günstigeren, weniger verlogenen Situation als jemand, der in normalen äußeren Verhältnissen aufgewachsen, aber ungebildet oder ein Wirrkopf ist. Gewiß, um das Leben leichter zu ertragen, ist es sehr schön, ein Spielzeug zu besitzen, das einem Spaß bereitet, *Be-*

gabung, Talent; Belinski besaß dieses Spielzeug – Sie vielleicht nicht; doch dafür haben Sie die Möglichkeit zu gesellschaftlichem Wirken, und mag dies auch nur von untergeordneter Bedeutung sein, so ist es doch nützlich, und Sie begreifen dies und sind damit zufrieden; das ging Belinski ab. Ja, und schließlich ist das einzige, was Sie in Ihren Jahren nicht dürfen – *Grillen fangen*; und das tun Sie anscheinend, regen sich auf, sind besorgt; werfen Sie all das über Bord: dies ist auch eine Art Romantik.

Bei Shukowski ist das etwas anderes. Er ist eine halb künstlerische, weiche, mitfühlende – aber auch schon skeptische Natur: sein ganzes Leben lang wird er sich in einem Zauberkreis drehen – beachten Sie jedoch, im Grunde genommen bringt ihm dies keine besonderen Unannehmlichkeiten. Selbst die Trauer darüber, daß „ich nicht produktiv, nicht schöpferisch bin", erweckt kein *bitteres* Gefühl – im Gegenteil, es verleiht dem ästhetischen Genuß ein besonderes schillerndes Kolorit ... Um ihn ist mir nicht bange – und ich erwarte nichts von ihm. Soll er immerhin genießen! Und weil er im Grunde ein prächtiger Mensch ist, steht es ihm auch an zu genießen – und ist es ihm gestattet, hin und wieder Grillen zu fangen. Sie sind ein Mann der Arbeit: Sie dürfen sich ärgern – aber keine Grillen fangen.

Ihnen gefällt mein kleiner Aufsatz „Aus Anlaß von ‚Väter und Söhne'" nicht. Er wird in Rußland schrecklich heruntergemacht: man sieht in ihm eine Art Absage an das, was mein Verdienst ausmacht, eine Annäherung an die „Nihilisten" und dergleichen mehr. Doch warum gefällt er gerade Ihnen nicht? Daß jedes Wort, jeder Buchstabe darin wahr sind, daran zweifeln Sie hoffentlich nicht; folglich müssen Sie – ein positiver Mensch – ihn als ein Faktum betrachten, wenn ich es direkt aussprechen soll – von oben herab: Solche Sprünge also vollführt ein Mensch im gegebenen Falle – solche Fortschritte macht er bei ihm zur Verfügung stehenden Mitteln, dies also vermochte er sich anzueignen, jenes hat er verloren; was kann daran mißfallen?

Damit wünsche ich Ihnen alles Gute, zuallererst good spirits; fahren Sie nicht nach Amerika, kehren Sie nach Rußland zurück – und dort frisch ans Werk! Ich aber drücke Ihnen freundschaftlich die Hand.

Grüßen Sie Ralston und Shukowski von mir. Wie steht es mit ihm – ist er nach München zurückgekehrt?

Ihr ergebener

I. Turgenjew

154

An P. W. Annenkow Baden-Baden, 22. Januar 1870

Lieber Annenkow, ich schreibe Ihnen unter dem Eindruck einer traurigen Nachricht: vor einer Stunde etwa erfuhr ich, daß Herzen gestorben ist. Ich konnte mich der Tränen nicht erwehren.

Wie sehr sich unsere Ansichten auch immer unterschieden haben und zu welchen Konflikten es auch zwischen uns gekommen sein mag, ein alter Weggefährte, ein alter Freund ist dahingegangen: es lichten sich unsere Reihen! Dabei hatte ich ihn, als sollte es so sein, erst vor einer Woche in Paris getroffen, mit ihm gefrühstückt (nach siebenjähriger Trennung), und noch nie ist er so lustig, so gesprächig, ja sogar laut gewesen. Das geschah vorigen *Freitag* – am Abend fühlte er sich plötzlich unwohl, und am nächsten Tag fand ich ihn schon mit hohem Fieber und einer Lungenentzündung im Bett; bis zum vergangenen Mittwoch, dem Tag meiner Abreise, habe ich seine Familie täglich besucht, ihn selbst konnte ich nicht mehr sehen – der Arzt erlaubte es nicht; und bei meiner Abreise wußte ich bereits, daß sein Zustand hoffnungslos war. Die Krankheit hat ihn entsetzlich schnell dahingerafft. Ich konnte nicht länger in Paris bleiben; doch fast mit Schrecken denke ich daran, was aus seiner Familie wird. Sein Sohn ist noch nicht aus Florenz eingetroffen. Natalja, die älteste Tochter – ein prächtiges sympathisches Wesen –, war vor kurzem infolge irgendwelcher seltsamer Mißverständnisse sechs Wochen lang in geistige Umnachtung verfallen und hat sich noch kaum richtig erholt… Dieser Tod bringt ihren Verstand möglicherweise erneut in Verwirrung. In Rußland wird alle Welt wahrscheinlich sagen, Herzen hätte früher sterben müssen, er habe sich selbst überlebt; allein was bedeuten solche Worte, was bedeutet dieses unser sogenanntes Wirken angesichts des stummen Abgrunds, der uns verschlingt? Leben und Weiterleben – ist das denn für den Menschen nicht das Allerwichtigste? Der Tod hat für mich jetzt einen besonders „üblen Geruch", weil ich kürzlich völlig unerwartet Gelegenheit hatte, eine ordentliche Prise davon zu genießen; durch einen Freund nämlich bekam ich (in Paris) eine Einladung, nicht nur Troppmans Hinrichtung beizuwohnen, sondern auch bei der Verkündung des Todesurteils, bei seiner „toilette" und so weiter zugegen zu sein. Insgesamt waren wir acht. Nie werde ich diese fürchterliche Nacht vergessen, in der „I have supp'd full of horrors" und in der ich für alle Zeiten mit Abscheu gegen Hinrichtungen überhaupt und besonders gegen die Art und Weise ihrer Ausführung in Frankreich erfüllt wurde. Ich habe bereits einen Brief an Sie begonnen, in dem ich alles ausführlich berichte und den Sie, wenn Sie wollen, in den „Peterburgskije wedomosti" abdrucken können. Jetzt sage ich nur das eine: solchen Mut, solche Todesverachtung, wie Troppman sie zeigte, hätte ich nie für möglich gehalten. Doch die ganze Sache ist entsetzlich ... entsetzlich.

Apropos, haben Sie meinen Brief über Polonski bekommen und in der Zeitschrift untergebracht? Er selber jammert deswegen *wie eine Möwe* und versichert mir in seinen Briefen, er sei ohne Glück und ohne Erfolg und daher auch überzeugt, diese Besprechung werde nicht erscheinen. Bitte, beweisen Sie ihm das Gegenteil, obwohl ihm mein Aufsatz – leider! – kaum besonderes *Glück* bringen wird.

Leben Sie wohl, mein Freund, und bleiben Sie gesund. Ich grüße Ihre Frau und drücke Ihnen die Hände.

Ihr I. Turgenjew

PS: Nach Weimar fahre ich erst am 7. Februar neuen Stils.

155

An Gustave Flaubert Weimar, 20. Februar 1870

Mein lieber Freund!

Der Artikel, den Herr Julian Schmidt über die „Éducation sentimentale" geschrieben hat, ist noch nicht in den *„Preußischen Jahrbüchern"** erschienen; sobald er veröffentlicht ist, schicke ich ihn Ihnen. Wenn Sie Wert darauf legen, bitte ich ihn, Ihnen seinen Artikel über „Madame Bovary" zu schicken. Er erschien im vergangenen Jahr. Die zweite Nummer des „Westnik Jewropy" (russisch), die ich gerade erhalten habe, enthält den zweiten und letzten Teil des Artikels, von dem ich Ihnen erzählt habe – und der eher eine sehr genaue Zusammenfassung des Romans ist. Man findet allgemein, daß die *Frau* einen zu großen Platz im Leben Frédérics einnehme – und man fragt sich, ob alle jungen Franzosen so seien.

Ja, gewiß, man ist ungerecht gegen Sie gewesen, aber das ist der Augenblick, sich emporzurichten und den Lesern ein Meisterwerk an den Kopf zu werfen. Ihr „Antoine" kann dieser Pflasterstein sein. Warten Sie nicht zu lange: ich sage es Ihnen immer wieder. Man darf auch nicht vergessen, daß man die Menschen danach mißt, wie sie sich gegen einen verhalten haben; und Sie tragen an der Last Ihrer Vergangenheit. Sie, gerade Sie besitzen Energie; „el hombre debe ser feroz" – sagt ein spanisches Sprichwort – und der Künstler erst recht. Wenn Ihr Buch nur ein Dutzend Menschen von Wert ergreift – so ist das schon genug. Sie verstehen, daß ich Ihnen all das nicht sage, um Sie zu trösten, sondern um Sie anzuspornen.

Ich bin seit ungefähr zehn Tagen hier – und meine einzige Sorge ist, mich aufzuwärmen. Die Häuser hier sind schlecht gebaut – und die Eisenöfen taugen nichts. Sie werden ein ganz kleines Stück von mir in der Märznummer der „Revue des Deux Mondes" finden. Es ist wirklich sehr wenig. Ich arbeite an etwas *„Konsequenterem"*, das heißt, ich bereite mich vor zu arbeiten.

Bevor ich nach Rußland zurückkehre, fahre ich nach Paris,

und zwar gegen Ende April. Ich werde gut zehn Tage dort bleiben – wir werden uns häufig sehen.

Wenn Sie Madame Sand sehen, sagen Sie ihr tausend schöne Grüße von mir. Grüßen Sie Ducamp und die Familie Husson.

Ich umarme Sie und rufe Ihnen zu: Mut! Sie sind trotz allem Flaubert.

Ihr I. Turgenjew**

156

An Leopold Kayssler Weimar, 3. April 1870

Werter Herr!

Eben bekomme ich einen Brief von Pissemski, der sich für den kleinen Auszug aus „Saturday Review" sehr bedankt – und das gibt mir Anlaß, Sie zu fragen, wie es mit der Übersetzung des „Aufgewühlten Meeres" steht – und auch, wie Ihnen die „Kosaken" des Grafen L. Tolstoi gefallen haben, wenn Sie Zeit genug hatten, sie durchzulesen. Ein paar Zeilen zur Antwort würden mich freuen. Ich bleibe hier bis zum 1. Mai – komme aber vor meiner Durchreise nach Rußland – ungefähr am 15. Mai – nach Berlin nicht. Werden Sie noch dasein? Diesmal hoffe ich Sie zu treffen – da ich auch etwas länger als gewöhnlich in Berlin bleiben werde.

Ich habe eine größere Novelle beendigt, die im „Westnik Jewropy" erscheinen wird; kann aber allerdings – nach der Erfahrung mit dem „Golos" – sie dem „Salon" im Manuskript nicht abgeben. Man muß die Konvention eben abwarten, die wahrscheinlich jetzt im Werden begriffen ist.

Empfangen Sie die Versicherung meiner Hochachtung.

Ihr ergebenster

I. Turgenjew*

157

An Erich Behre Weimar, 21. April 1870

Werter Herr!

Ich beeile mich, auf Ihren Brief zu antworten, und bitte um Erlaubnis, meine Meinung freimütig auszusprechen.

Herrn Dr. Berkholzens Tüchtigkeit und Autorität ist, was die deutsche Sprache betrifft, ganz evident, und es würde mir nicht in den Sinn kommen, dieselbe zu bestreiten; seine Kenntnis der russischen Sprache geht aber nicht so tief. – Auch ist dem Übersetzer, den Sie nie nennen, trotz seines russischen Namens und bei allen sonstigen Vorzügen, grade das idiomatische, speziell Russische manchmal verschlossen. – Den Herrn Pietsch habe ich nur erwähnt, weil ich glaubte, er würde es mit einem Manuskript zu tun haben, welches schon meiner Revision unterworfen war.

Für das „Adelige Nest" wäre er ebensowenig zureichend. – Nun hat grade diese Novelle insofern wenig Glück gehabt, daß die französische Übersetzung gradezu schlecht und mangelhaft ist (es gibt eine englische, *ganz vorzügliche,* unter dem Namen: *Liza* – von W. Ralston). Somit kann sie dem Übersetzer nicht dienen. – Eine vor Jahren in Leipzig von einem Paul Fuchs besorgte soll ganz gut sein – aber von Druckfehlern wimmeln. – Das „Adelige Nest" ist eine von den wenigen Sachen von mir, für die ich einiges Interesse habe; wenn Sie glauben, daß ohne meine Revision eine wirklich gute und getreue Übersetzung möglich ist, so hab ich nichts dagegen; erinnern Sie sich aber, wie viele Verbesserungen noch im dritten Bändchen nötig waren. – und doch hatte H. Dr. Berkholz den Text revidiert. Wäre es nicht möglich, den Druck erst *nach* meiner Rückkehr in Baden anzufangen (zum 15. Juli)? Ich überlasse Ihnen die letzte Entscheidung – bitte Sie aber auf meinen Wunsch, grade das „Adlige Nest" in einer guten Übersetzung erscheinen zu lassen, zu reflektieren.

Ich verbleibe mit Hochachtung Ihr ergebenster

I. Turgenjew

PS: Ich bleibe hier bis zum 5. Mai.*

158

An A. M. Shemtschushnikow Spasskoje, 17. (5.) Juni 1870

Mein lieber Shemtschushnikow, Ihr Brief vom 7. Juni/26. Mai hat erst gestern hierher gefunden. Ich bin zur Erledigung verschiedener Angelegenheiten am Dienstag hier eingetroffen, will einen Monat bleiben und dann wieder nach Baden zurück. Ich freue mich sehr, daß Sie ein Plätzchen nach Ihrem Geschmack gefunden haben und daß Sie selbst und Ihre Angehörigen bei guter Gesundheit sind. Was mich betrifft, so kann ich, seit die Gicht mich zum ersten Male befallen und dann alljährlich heimgesucht hat, in meinem Befinden eine Wendung zum Besseren feststellen. (Im Mai hatte ich einen Anfall und bleibe nun wieder ein Jahr lang unbehelligt.) Da Sie einige Nachrichten über meine „faits et gestes" haben möchten – hier sind sie: Bis Februar war ich in Baden (im Januar einmal in Paris, habe dort Herzen drei Tage vor seinem Tode gesehen, war ferner Zeuge von Troppmans Hinrichtung und allen vorangehenden Scheußlichkeiten – meinen Bericht darüber können Sie im Juniheft des „Westnik Jewropy" lesen) und bin dann ab 1. Februar zusammen mit den Viardots – bis Ende Mai – in Weimar gewesen, wo es sehr schön war: wir haben viel musiziert, die Gesellschaft dort hat mir sehr gefallen, Frau Viardots älteste Tochter fand einen ausgezeichneten Lehrer und machte in der Malerei außergewöhnliche Fortschritte und so weiter. Ich selber habe in dieser Zeit eine Novelle, „Ein König Lear der Steppe", geschrieben. Dann bin ich nach Rußland gereist. Verbrachte eine Woche in Petersburg, sah viel Interessantes in Ausstellungen, im Gericht und dergleichen und war bei Ihrem Vetter A. Tolstoi, wo ich übrigens auch Ihren Bruder Wladimir traf. A. Tolstoi war krank, und seine Gesundheit scheint noch immer nicht allzusehr gefestigt. Dort las ich meine Novelle vor: sie hatte mäßigen Erfolg – und ich selbst erkannte, wie dringend sie wesentlicher Korrekturen bedarf, an denen ich nun arbeite. Mehr und mehr muß ich mich davon überzeugen, daß es *nahezu* unmöglich ist, im Ausland russische Erzählungen zu schreiben – *„die Fühlung"* * ist verlorengegangen – und dies wird wohl meine letzte Arbeit sein. Sie sind beinahe der einzige Mensch, der meine „Seltsame Geschichte" mit einem freundlichen Wort bedacht hat – eine Erzählung, welche die Entwicklung, die Begründung psychologischer Motive verlangt hätte – ich habe sie zusammengedrängt, teils aus Trägheit, teils weil ich aus der Übung bin; überhaupt kann man nur schwer mit Worten wiedergeben, wie unbeliebt ich bei der heutigen Generation bin. Auf Schritt und Tritt stieß ich unfreiwillig auf Bekundungen von Haß, ja Verachtung. Wozu sich aufreiben? Es ist nun einmal so, le jeu ne vaut pas la chadelle.

Ich habe in den „Peterburgskije wedomosti" Ihre Epigramme gelesen: alle sind treffend und gekonnt; die übrigen Angriffe auf den „Zentaur" und so weiter sind zu ausführlich und weitschweifig. Soviel ich weiß, hält sich Frau Raschet in Wilna auf – Sie müßten dorthin schreiben. Mein Briefwechsel mit ihr ruht übrigens schon lange.

Wie sehr würde ich mich freuen, Sie in Baden zu treffen, einstweilen aber bitte ich Sie, Ihrer Gemahlin meinen ehrerbietigen Gruß zu übermitteln. Ich drücke Ihnen kräftig die Hand.

Ihr ergebener

I. Turgenjew

159

An P. W. Annenkow Baden-Baden, 8. August 1870

Allein schon das Format des Papiers, auf dem ich mich anschicke, Ihnen zu schreiben, lieber Pawel Wassiljewitsch, muß Ihnen Respekt vor meinen Korrespondenzabsichten einflößen ... (Übrigens, warum schreiben *Sie* mir nicht? Bald sind es schon vier Wochen, daß ich Petersburg verlassen habe – und auch nicht eine Zeile!) Vergangenen Donnerstag schrieb ich an Sie bei entferntem Kanonendonner: am nächsten Tag, Freitag, informierte uns ein Telegramm, daß die Deutschen Weißenburg im Sturm genommen haben und nun die Verwirklichung von Moltkes Plan beginnt, der (während der Kaiser der Franzosen seinem Sprößling zwischen Frühstück und Mittagessen vorführte, wie die Mitrailleusen funktionieren, und höchst effektvoll Saarbrücken stürmte, das von *einem einzigen* Bataillon verteidigt wurde) die gesamte riesige Armee des preußischen Kronprinzen nach dem Elsaß geworfen – und die französische Armee in zwei Hälften getrennt hat. Am Sonnabend, das heißt vorgestern, kam mein Gärtner und sagte, seit dem Morgen sei ungewöhnlich heftiges Schießen zu hören: ich trat vor die Tür, und tatsächlich drang deutlich das Dröhnen dumpfer Einschläge und rollender Geschützdonner an mein Ohr; er kam aber schon etwas mehr aus dem Süden als am Donnerstag: ich zählte dreißig bis vierzig Einschläge in der Minute. Ich nahm einen Wagen und fuhr nach Yburg, einem Schloß auf einer dem Rhein nächst gelegenen Schwarzwaldhöhe: von dort kann man das ganze Elsaßtal bis hin nach Straßburg überblicken. Es war ein klarer Tag, und am Horizont zeichnete sich deutlich die Linie der Vogesen ab. Wenige Augenblicke vor meinem Eintreffen auf der Yburg hatte der Kanonendonner aufgehört; doch direkt gegenüber dem Berg, jenseits des Rheins, stiegen hinter einem langgestreckten dichten Wald riesige schwarze, weiße, blaugraue und rote Rauchwolken auf: dort stand eine ganze Stadt in Flammen. Weiter nach den Vogesen hin waren noch Kanonenschüsse zu vernehmen – aber immer schwächer ... Die Franzosen waren offensichtlich geschlagen worden und auf dem Rückzug. Furchtbar und schmerzlich war es, in dieser stillen, reizvollen Ebene, im sanften Glanz der halbverdeckten Sonne diese garstigen Spuren des Krieges zu erblicken, und ich konnte nicht anders, ich verfluchte diesen Krieg – und seine wahnsinnigen und verbrecherischen Urheber. Ich fuhr wieder zurück nach Baden, und am nächsten Tag, also gestern, hing schon in aller Frühe überall in der Stadt ein Telegramm aus, das einen neuen entscheidenden Sieg des Kronprinzen über Mac-Mahon verkündete, und gegen Abend erfuhren wir dann, daß die Franzosen viertausend Gefangene verloren hatten, dreißig Kanonen, sechs Mitrailleusen, zwei Fahnen – und daß Mac-Mahon verwundet sei! Das Erstaunen der Deutschen selbst kennt keine Grenzen: alle Rollen sind vertauscht. *Sie* greifen an, *sie* schlagen die Franzosen in ihrem eigenen Lande – und schlagen sie nicht schlechter, als sie es mit den Österreichern getan haben! Moltkes Plan wird mit verblüffender Schnelligkeit und Brillanz abgewickelt: der linke Flügel der französischen Armee ist vernichtet – sie befindet sich zwischen zwei Feuern, und möglicherweise werden sich, ähnlich wie bei Königgrätz, der preußische König und der Kronprinz schon heute auf dem Schlachtfeld begegnen, auf dem das Schicksal des Krieges entschieden wird! Die Deutschen sind so erstaunt, daß sogar ihre patriotische Begeisterung gleichsam gedämpft ist. *Das* hatte keiner erwartet! Ich war, wie Sie wissen, von Anfang an mit ganzem Herzen auf ihrer Seite – denn nur im endgültigen Sturz des Napoleonischen Kaiserreichs sehe ich die Rettung der Zivilisation, die Möglichkeit für eine freie Entfaltung freier Institutionen in Europa: eine solche war undenkbar, solange *diese* Infamie nicht die gebührende Strafe erhalten hatte. Doch sah ich einen langen, hartnäckigen Kampf voraus ... und plötzlich! Alle Gedanken sind jetzt nach Paris gerichtet: was wird man dort sagen? Ein *geschlagener* Bonaparte n'a plus raison d'être; aber heutzutage muß man selbst etwas so Unwahrscheinliches für möglich halten wie ein Paris, das trotz der Nachricht von den Niederlagen der französischen Armee ruhig bleibt. Wie Sie sich leicht vorstellen können, habe ich die ganze Zeit fleißig sowohl französische als auch deutsche Zeitungen gelesen – und muß ganz ehrlich sagen, es ist überhaupt kein Vergleich. So etwas von Ruhmredigkeit und Verleumdung, so eine absolute Unkenntnis des Gegners und schließlich eine solche Ignoranz wie in den französischen Zeitungen habe ich mir nicht vorstellen können. Ich spreche noch gar nicht von Zeitschriften wie dem „Figaro“ oder der schändlichen „Liberté“, die sich ihres Begründers E. de Girardin als durchaus würdig erweist; aber sogar in so sachlichen Zeitungen wie der „Temps“ begegnen Nachrichten der Art, die preußischen Unteroffiziere liefen mit eisernen Ruten hinter den marschierenden Soldaten her, um sie in die Schlacht zu treiben, und dergleichen mehr. Die Ignoranz geht so weit, daß das „Journal officiel“, ein Organ der Regierung (!), allen Ernstes erzählt, zwischen Frankreich und der Pfalz (dem Palatinat) *fließe der Rhein*; und nur mit absoluter Unkenntnis des Gegners kann man sich die Gewißheit der Franzosen erklären, Süddeutschland werde neutral bleiben – trotz der unverhohlen ausgesprochenen Absicht, die Rheinprovinz mit den historischen Städten Köln, Aachen und Trier zu annektieren – einen deutschen Landstrich also, der wohl zum teuersten gehört, was das deutsche Herz kennt! Das gleiche „Journal officiel" versicherte dieser Tage, Ziel des Krieges seitens Frankreichs sei – den Deutschen die Freiheit zurückzubringen! Und das wird in einem Augenblick gesagt, da sich ganz Deutschland vom einen Ende bis zum anderen gegen seinen Erbfeind erhoben hat! Daß der Sieg absolut gewiß und die Mitrailleusen und Chassepotgewehre überlegen sind, steht völlig außer Frage; alle französischen Zeitungen sind überzeugt, die Franzosen brauchten nur auf die Preußen zu treffen – und *„rrran!"* * – alles werde in einem Augenblick vorbei sein. Trotzdem kann ich mich nicht enthalten, Ihnen ein besonders reizendes Beispiel von Ruhmredigkeit zu zitieren: in einer Zeitung (möglicherweise sogar im „Soir") beschreibt ein Korrespondent die Stimmung unter den französischen Soldaten und ruft aus: „Ils sont si assurés de vaincre, qu'ils ont comme une peur modeste de leur triomphe inévitable!" (Das heißt: „Sie sind so siegessicher, daß sie eine Art bescheidener Scheu vor ihrem unausbleiblichen Triumph empfinden!") Dieser Satz kann zwar nicht mit dem klassischen, geradezu shakespeareschen Ausspruch Prinz Pierre Bonapartes über jene Pariser verglichen werden, die dem Sarg des von ihm *umgebrachten* Noir das Geleit gaben: „C'est une curiosité malsaine que je blâme" („Das ist eine krankhafte, deplacierte Neugier, die ich mißbillige"), hat aber immerhin auch seinen Wert. Und welche Aussprüche, welche „mots", führen diese Zeitungen an und schreiben sie verschiedenen hochgestellten Persönlichkeiten zu – unter anderem auch Kaiser Napoleon! ... „Gaulois" teilt zum Beispiel mit, als das schutzlose Saarbrücken an allen vier Enden angezündet worden war, habe sich der Kaiser an seinen Sohn gewandt und ihn gefragt: „Est-tu fatigué, mon enfant?" Das heißt doch schließlich auch den letzten Rest von Schamgefühl verlieren!

Hübsch ist auch die Anekdote von einem Attaché des diplomatischen Dienstes, der in Gegenwart Kaiserin Eugénies erklärte, er wünsche keinen Sieg über Preußen. Wieso? – Na ja; stellen Sie sich vor, wie peinlich es sein würde, auf einem Boulevard Untermunterbierschuhkrut zu wohnen oder seinem Kutscher Befehl zu geben, nach der Nichkaputtklopsmopsfurtstraße zu fahren. Und das wäre dann unvermeidlich, weil wir unsere Straßen doch immer nach unseren Siegen benennen! Vielleicht hat Frankreich auf Grund von Meldungen gerade dieses Attachés mit einer Neutralität Süddeutschlands gerechnet.

Scherz beiseite, ich liebe und verehre das französische Volk aufrichtig, ich erkenne seine große und erhabene Rolle in der Vergangenheit an und zweifle nicht an seiner künftigen Bedeutung; viele meiner besten Freunde, Menschen, die mir am allernächsten stehen, sind Franzosen; und daher werden Sie mich natürlich nicht der böswilligen und ungerechten Feindschaft gegen ihr Vaterland verdächtigen. Doch auch sie dürften nun an der Reihe sein, eine Lehre zu erhalten, wie sie den Preußen bei Jena, den Österreichern bei Sadowa und – wozu die Wahrheit verheimlichen – uns bei Sewastopol zuteil geworden ist – gebe Gott, daß sie sie zu nutzen und der bitteren Wurzel die süße Frucht abzugewinnen verstehen! Es ist für sie an der Zeit, längst an der Zeit, den Blick auf sich selbst zu richten, auf ihr eigenes Land, ihre eigenen Schwären zu erkennen und sie zu heilen zu suchen – es ist Zeit, Schluß zu machen mit dem unsittlichen Faktum, das sie nun schon bald zwanzig Jahre dulden! Ohne heftige äußere Erschütterung sind solche „Erkenntnisse" unmöglich; ohne tiefe Trauer und Leid kann man sie nicht erlangen; echter Patriotismus aber hat nichts mit hochnäsiger, hoffärtiger Prahlerei gemein, die nur zu Selbstbeweihräucherung, zu Ignoranz und nicht wiedergutzumachenden Fehlern führt. Die Franzosen brauchen eine Lehre … denn sie müssen noch viel lernen. Die russischen Soldaten, die zu Tausenden in den Trümmern Sewastopols dahinstarben, sind nicht umsonst gefallen; mögen auch die zahllosen Opfer nicht umsonst sein, welche der jetzige Krieg noch fordern wird: sonst wäre er wahrhaftig unsinnig und ruchlos.

Jetzt bin ich aber ins Schreiben gekommen – und habe noch nicht den zehnten Teil dessen gesagt, wes mein Herz voll ist.

Auf ein anderes Mal! Was unsere eigentliche Situation in Baden anlangt, so können Sie vollkommen unbesorgt sein: die Gefahr eines feindlichen Einmarsches ist gebannt – die Lebensmittel sind nun sogar billiger als vorher, obwohl die französischen Zeitungen versichern, wir stürben hier Hungers.

Falls Sie es für angebracht oder nützlich oder für irgend jemanden von Interesse erachten, können Sie diesen Brief oder Auszüge daraus in den „Peterburgskije wedomosti" veröffentlichen, indem Sie nur die Buchstaben I. T. daruntersetzen.

Ich warte auf ein Lebenszeichen von Ihnen und umarme Sie. Schöne Grüße an alle Ihre Angehörigen.

Ihr ergebener

I. Turgenjew

PS: Ich war schon dabei, diesen Brief zu versiegeln, da wurde mir das letzte Telegramm gebracht: die französische Armee zieht sich auf der ganzen Linie zurück und strebt in Eilmärschen ins Landesinnere. Auf diese Weise ist sie natürlich dem Los der österreichischen Armee bei Sadowa entgangen – fragt sich nur, wie der Volksstolz diesen Schlag verwindet. Was wird nach all den Drohungen und Großsprechereien *Paris* zum Rückzug der Armee sagen? Nun, warten wir ab. Ich freilich möchte (in keinem Falle) in der Haut des Kaisers – oder Oliviers oder Grammonts stecken.

160

An P. W. Annenkow Baden-Baden, 15. September 1870

Lieber Pawel Wassiljewitsch. Die rasch aufeinanderfolgenden bedeutenden Ereignisse haben mich derart überwältigt, daß ich den Zeitpunkt verpaßt habe, Ihnen rechtzeitig einen Brief für die „Peterburgskije wedomosti" zu schreiben. Nun ist es zu spät, betrachten Sie daher diesen Brief als an Sie persönlich gerichtet. Ich kann nicht sagen, ich hätte diese Ereignisse überhaupt nicht vorausgesehen (entsinnen Sie sich, was ich Ihnen in meinem ersten Brief schrieb). Eines aber habe ich – das gestehe ich – nicht vorausgesehen (Bismarck selbst übrigens soll eine derartige Dummheit nicht haben glauben wollen): ich habe nicht vorausgesehen, daß sich Napoleon wie in einer Mausefalle würde fangen lassen. Nicht erwartet habe ich ferner, daß die gesamte Armee Mac-Mahons so beschämend erliegen würde; ich hatte angenommen, sie werde sich zumindest nach Belgien zurückziehen. Die Proklamation der Republik in Paris hingegen hat mich nicht verwundert; die Franzosen und Pariser wären ja Engel oder Tölpel (ganz, wie Sie wollen), nähmen sie eine Schande wie die Kapitulation bei Sedan gleichmütig hin; eher könnte man Waterloo verzeihen als *dies*: die Napoleonische Dynastie hat sich selbst für alle Zeiten den Dolchstoß versetzt. Doch nachdem man einmal *diese* Regierung verworfen hatte, nach welcher anderen Form sollte man greifen, wenn nicht nach der Republik? Die Frage ist nicht, ob sie die Rettung bringt oder nicht (angesichts der fürchterlichen Lage, in der sich Frankreich befindet, müssen alle Hoffnungen verstummen und verlöschen), sondern ob etwas anderes möglich war. Und welche Bedeutung hat jetzt wohl die politische Form? Es beginnt ein verzweifelter Kampf um die Existenz: da ist es gleichgültig, unter welcher Fahne man sich schlägt. Der Sturz des schändlichen Kaiserreichs hat meine Sympathien nicht gewandelt, sie aber ein wenig verschoben. Jetzt sind die Deutschen Eroberer, und für Eroberer habe ich nicht allzuviel übrig. Zudem haben sie einen unverzeihlichen Fehler begangen: ohne jeden Nutzen und Zweck haben sie Straßburg zerstört und damit die Elsässer, eben jene Elsässer, die sie annektieren wollen, für lange Zeit gegen sich aufgebracht. Und überhaupt will mir die Absicht der Deutschen, eine Art Polen als Flankenschutz zu haben, nicht gefallen. Alle ihre Argumente erscheinen mir nicht stichhaltig. Selbst wenn man annähme, Frankreich wolle sich erneut schlagen – die Schleifung der Befestigungen von Straßburg und Metz bietet Deutschland eine hinreichende Garantie. Die Rassenfrage spielt hier keine Rolle: die Elsässer sind mit Leib und Seele Franzosen geworden, wie einst die slawischen Einwohner Pommerns vorwiegend Preußen geworden sind; das läßt sich nicht rückgängig machen. Ich rede schon gar nicht von dem immer mehr um sich greifenden Gerücht, König Wilhelm beabsichtige, nach der Einnahme von Paris erneut Napoleon als einzige legale Macht einzusetzen; das ist schon allzu *unsittlich* und zeigt nur, wie Menschen, welche die höchsten Höhen der Gesellschaft erklommen haben, zu Blindheit neigen. Sollte Frankreich bereit sein, die Bonapartes erneut aus der Hand des Feindes zu empfangen, so müßte jeder anständige Mensch dieses Land aus seinem Gedächtnis streichen. Die Republik – das ist es, was der Preußenkönig nicht verdauen kann, Doch basta cosi!

Ich schreibe Ihnen nach Ihrer Stadtwohnung, denn ich nehme an, Sie sind nicht mehr auf Ihrer Datscha. Ich habe hier eine völlig fertige und ins reine geschriebene Erzählung, die Frucht eines Monats Arbeit. Sie könnte im nächsten Jahr im „Westnik Jewropy" gedruckt werden. Und was ist mit „König Lear", wann wird der erscheinen? Schicken Sie mir eine Antwort. Viele Grüße an alle.

Ihr ergebener

I. Turgenjew

161

An Paul Heyse Baden-Baden, 26. Oktober 1870

Mein lieber Freund!

Ich hätte Ihnen, Gott weiß, wie lange, für Ihre freundliche Zusendung danken müssen. Ich hoffte aber immer, mit einer Gegengabe kommen zu können – und das ließ sich erst gestern machen – so lange hat der Verleger das Erscheinen meines 4. Bändchens verzögert. Die Novelle ist wahrscheinlich nichts Neues für Sie, aber die Übersetzung ist wirklich *sehr* gut.

Ihr Drama hat mich sehr interessiert, es ist poetisch, psychologisch fein und wahr, wie alles, was Sie machen; ob es auch theatralisch ist – darüber habe ich kein rechtes Urteil, da ich selbst in diesem Punkte sehr schwach bin.

Es ist eine neue Welt entstanden, seitdem ich Ihr Büchlein gelesen habe! Und die Tragödie der Geschichte hat einen fast zu streng regelmäßigen Bau. Der liebe Gott kann, wie es scheint, wenn er will, ganz klassisch schreiben ... Wie wird es nur mit dem fünften Akt?

Was denken speziell – Sie? Sind Sie mit dem Elsaß zufrieden – oder wollen Sie auch Lothringen mitgenießen? Ich fange an, etwas verdutzt zu werden – und fürchte, meine früheren lieben Deutschen nicht mehr recht zu kennen.

In zwei Wochen gehe ich nach England, von da nach Rußland und kehre erst im Frühjahr nach Baden zurück. Schreiben Sie mir ein paar Zeilen, damit ich wisse, wie es Ihnen geht – und empfangen Sie den kordialsten Händedruck Ihres ergebenen

I. Turgenjew*

162

An Theodor Storm Baden-Baden, 26. Oktober 1870

Mein lieber Freund!

Gestern habe ich Ihnen das 4. Bändchen meiner Schriften zugeschickt. Lesen Sie die Novelle – wenn Sie überhaupt in so schwerer und wichtiger Zeit für so leichtes und unnützes Zeug noch Muße haben – vielleicht gefällt es Ihnen besser als „Rudin". Die Übersetzung ist jedenfalls sehr gelungen.

Schreiben Sie mir ein paar Worte – wie geht es Ihnen? Was tuen Sie? Ich bleibe hier noch ein paar Wochen – dann gehe ich nach London, dann nach Rußland – und kehre erst im Frühling 71 hierher zurück. Haben wir dann Frieden?

Pietsch ist vor kurzem hiergewesen – auf seiner Rückreise von Versailles nach Berlin. Er hat uns vieles erzählt, wie Sie sich es wohl denken können.

Das Schiff der Geschichte geht sehr hoch – man muß sich festhalten, um nicht weggespült zu werden. Verspüren Sie auch – in Ihrer weiten Ferne – etwas von diesem Wellenschlag? Und die Entscheidung, die Lösung – wie wird die werden? Es ist in jetziger Zeit – eine eigentümliche Sache, kein Deutscher und kein Franzose zu sein. Mithandeln kann man doch nicht – und in seiner eigenen Tätigkeit wird man gelähmt. Man wird Zuschauer von Kopf bis Fuß – das ist nicht immer angenehm.

Leben Sie recht wohl. Ich drücke Ihnen herzlich die Hand. Ich habe keine Photographie von Ihnen – schicken Sie mir doch eine.

Ihr ergebener

I. Turgenjew*

163

An Pauline Viardot London, 5. Dezember 1870

*Teuerste Freundin**, wir haben gerade einen ziemlich „üblen" Abend hinter uns. Viardot hatte alle letzten Katastrophen erfahren – die Einnahme von Orléans, von Rouen, den Rückzug der Franzosen hinter die Marne – und das hatte ihn völlig vernichtet: er hat die Zähne nicht auseinanderbekommen – zum Glück ist er schließlich eingeschlafen. Währenddessen habe ich den beiden Kleinen die ersten drei Akte von „Turcaret" vorgelesen, der durch nichts, wie mir scheint, seinen großen Ruf rechtfertigt. Die Nachrichten aus Frankreich haben mich nicht überrascht, aber tieftraurig gemacht: ich glaube nicht mehr an einen erfolgreichen Kampf, ich sehe darin nur die langsame Vernichtung Frankreichs, der Republik und der Freiheit. Viardot hat einen Brief von Frisson erhalten, so herzzerreißend, wie etwas nur sein kann. Er hat sich in einer Hütte mitten im Wald niedergelassen: in Courtavenel ist alles dahin. Viardot hat erklärt, er ginge morgen nicht zu den Schwabe, er wolle sich dort nicht mehr sehen lassen. Vielleicht wird er bis dahin noch anderen Sinnes.

Der Kasten ist endlich in London eingetroffen. Man ist wegen des Schornsteins hiergewesen – und man hat versprochen, schnellstens ein *cowl* aufzusetzen.

Leslie war da; er will sich mit Ihnen wegen eines Konzerts absprechen.

Ich hoffe, Sie sind glücklich angelangt und alles wird für Sie dort gut verlaufen; die Zeit vergeht langsam ohne Sie, und wir werden sehr froh sein, Sie wiederzusehen. Meinen tiefen und unwandelbaren Gefühlen für Sie – hat sich die Unmöglichkeit, ohne Sie zu sein, beigesellt: Ihre Abwesenheit verursacht mir eine körperliche Angst – als fehle es mir an Luft, es ist wie eine geheime und dumpfe Sorge, von der ich mich nicht befreien kann und die durch nichts zerstreut wird. Wenn Sie da sind – ist meine Freude still – aber ich fühle mich behaglich – at home – und ich wünsche nichts anderes. Ah, *teure Freundin** – ich habe meine schöne und teure siebenundzwanzigjährige Vergangenheit zu hüten – das ist auch ein Schatz, und das flößt mir Respekt ein. Und es wird so sein wie für „Joe Anderson, my Jo" von Burns – wir werden den Hügel gemeinsam hinabsteigen.

Teure, teure Freundin, alle guten Engel mögen über Ihnen wachen! Ich küsse Ihnen ganz, ganz zärtlich die Hände – und auf Wiedersehen übermorgen!

*Der Ihrige**

I. Turgenjew**

164

An Pauline Viardot Wierzbolowo, 23. (11.) Februar 1871

Sie sagen sich wahrscheinlich, *teuerste Freundin**: woher zum Teufel schreibt er mir? „Wi-e-r-z-bolowo" ist der mehr oder weniger polnische, anders gesagt: unmögliche Name der *ersten* Eisenbahnstation in Rußland, ganz nahe an der Grenze. Gestern abend aus Berlin abgereist, sind wir wegen der Schneereste auf den Gleisen und wegen eines schrecklichen Sturms, der die Fahrt unterbrach, zu spät angekommen, um den Zug noch zu erreichen. So werden wir hier also bis morgen früh festgehalten, das Weitere hängt von Gottes Gnade ab. Übrigens ist es hier gar nicht so schlecht: zu meinem größten Erstaunen habe ich ein sehr sauberes Zimmer gefunden, das ich mit einem großen deutschen Herrn teile, mit zwei ebenfalls äußerst sauberen Betten. Nur zu, nur zu, Rußland wird zivilisiert.

Ich werde Ihnen in zwei Worten sagen, was ich in Berlin gemacht habe. Ich bin zu den Eckerts gegangen, die Freudenschreie ausstießen, als sie mich sahen. Kathi hat mich zwanzigmal hintereinander geküßt. Sofort hat man von Ihnen gesprochen, mit einer Menge zärtlicher Vorwürfe, daß Sie nicht schreiben und daß Sie an Fräulein Asten geschrieben haben, die sich dessen rühmt, was, beiläufig, Fräulein Brandt das Herz gebrochen hat: es ist offensichtlich, daß man Sie in diesem Hause sehr liebt. Ich mußte eine Million Einzelheiten erzählen und so weiter und so fort.

Man weiß hier, daß Sie sehr antipreußisch geworden sind, und Frau Eckert zufolge sind es drei Personen, sind es drei Personen, die Komtesse Flemming, Fräulein von Asten und Fräulein Murjahn, die das in die Welt trompeten. Natürlich bedauern die Eckerts sehr, daß Sie so sind. Dann hat mich Frau Eckert gewaltsam zu Frau von Hülsen geschleppt (der Frau des Direktors); es war ein Kaffee nach deutscher Art. Ich fand in Frau von Hülsen (sagen Sie es niemandem) eine Verehrerin meiner literarischen Verdienste, und ich wußte nicht, wo ich mein Gesicht hinstecken sollte.

Es waren viele Leute anwesend: Fräulein Brandt, weniger häßlich als sonst und wie immer entflammt für Sie; Frau Harriers-Wippern und Frau Voggenhuber. Die beiden letzten haben das Duo aus „Figaros Hochzeit" gesungen: Frau Harriers hat noch Reste einer wunderbaren Stimme. Fräulein Brandt hat Lieder gesungen, gut, aber dabei Schreie ausgestoßen wie ein Pfau. Dramatik muß sein, aber nicht zuviel. Dann bin ich eine Weile ins Theater gegangen, wo man die ewige „Mignon" gab. Frau Lucca hatte ihre Romanze schon gesungen. Ich fand sie nicht gut und sehr kalt und *commonplace* im Spiel. In dieser Rolle ziehe ich Fräulein Nilsson vor. Die anderen, Wowo vor allem, waren abscheulich. Ich saß vor Herrn Guillard, und Sie können sich vorstellen, wie wir geplaudert haben. Er hat sehr harte Tage hinter sich, und dies dauert noch an; aber er hat mehr als einmal wiederholt, daß die Königin die einzige *anständige* Frau gewesen ist, die sich nicht ein einziges Mal verleugnet hat und der der Erfolg nicht zu Kopf gestiegen ist, und daß sie im Grunde sehr traurig sei. Guillard hat mit echtem Interesse nach Ihnen gefragt.

Schreiben Sie den Eckerts und Fräulein Brandt; wirklich, sie lieben Sie sehr.

Man zweifelt in Berlin nicht mehr am Frieden, und Eckert hat den Auftrag, eine Kantate für die Rückkehr des Königs und seiner Truppen zu komponieren.

Ich bin nicht bis zum Schluß in „Mignon" geblieben, und um elf Uhr fuhr ich schon weiter. Heute habe ich den ganzen Tag den Stoff meiner neuen kleinen Geschichte im Kopf hin und her gewälzt, und ich glaube, ich habe die Sache in der Hand.

Um sieben, acht, neun, zehn Uhr habe ich mit doppelter *Innigkeit** an Sie gedacht. Ich sah Sie vor dem Publikum. Hoffen wir, daß Sie alle Ihre Mittel eingesetzt haben.

Auf Wiedersehen, *teuerste, liebste Freundin**. Grüßen Sie alle von mir. Ich küsse die Kleinen, und ich küsse Ihnen die Hände mit der lebhaftesten Zärtlichkeit. Auf immer.

*Der Ihrige**

I. Turgenjew**

165

An Gustave Flaubert London, 6. Mai 1871

Zum Glück, mein lieber Freund, zum großen Glück ist die Meldung ganz und gar falsch! Frau Viardot, die ich täglich sehe, ist ebensowenig tot, wie sie nicht vierundfünfzig Jahre alt ist. Wenn die Nachricht wahr gewesen wäre, hätte ich Ihnen, glaube ich, nicht antworten können… So aber kann ich Ihnen sagen, daß Ihr Brief mich tief gerührt hat. Es ist sehr gut, zu wissen, daß man einen wahren Freund besitzt – und ich danke Ihnen dafür, daß Sie mir diese Überzeugung gegeben haben.

Ich bin seit drei Wochen hier – das Ende des Winters und den Anfang des Frühlings habe ich in Rußland verbracht – hier bleibe ich bis zum 1. August – dann reise ich über Frankreich nach Baden. Ich werde in Paris Station machen – wenn es dann noch ein Paris gibt – und ich hoffe sehr, Sie zu sehen. Vielleicht kommen Sie nach Baden, wo wir – für kurze Zeit –

versteckt leben werden wie Maulwürfe in ihren Löchern – und Sie könnten sich dort mit uns zusammen verstecken. Doch erst geben Sie mir Nachricht von sich. Haben Sie den Brief erhalten, den ich Ihnen zu Beginn des Jahres geschrieben habe? Was haben Sie während dieses ganzen furchtbaren Unwetters gemacht? Sind Sie die ganze Zeit in Croisset geblieben? Haben Sie es wirklich, trotz all Ihrer Stärke in Isolation und Konzentration, geschafft, nicht durcheinandergewirbelt zu werden wie die Strohhalme, die sich auf so traurige Weise toll und nutzlos in den offenen Scheunentoren im Kreise drehen? Haben Sie gearbeitet – oder hat es Ihnen genügt, das Leben – leer und schwer – von einem Augenblick zum anderen hinzuschleppen? Ich bin kein Franzose – und dennoch habe ich fast nichts anderes getan. Ach, wir müssen harte Augenblicke durchmachen – wir anderen, wir *geborenen Zuschauer*. Was macht „Antoine"? Er hat sich meinem Gedächtnis tief eingeprägt.

Ich bin in England – nicht weil es mir Spaß macht, sondern weil meine Freunde, die durch diesen Krieg fast ruiniert sind, hier versuchen, ein wenig Geld zu verdienen. Den Engländern geht es wohl gut – aber sie alle – sogar die intelligentesten – führen ein sehr hartes Leben. Man muß sich daran gewöhnen – wie an ihr Klima. Und dann – wohin soll man gehen?

Was macht Madame Flaubert? Bringen Sie mich ihr in Erinnerung. Haben Sie irgendwelche Nachrichten von Ducamp? Er ist in dem Sturm verschwunden – wie so viele andere.

Schreiben Sie mir ein paar Worte. Noch einmal meinen Dank für Ihre Zuneigung. Ich umarme Sie mit der ganzen Kraft der meinigen.

Ihr Freund I. Turgenjew

PS: Unnötig, zu sagen, daß ich Ihren Brief erst heute bekommen habe.**

166

An A. A. Fet London, 16. Juni 1871

Ich kann nicht sagen, die Nachricht, die Sie mir mitgeteilt haben, lieber Afanassi Afanassjewitsch, sei unerwartet gekommen; nichtsdestoweniger hat sie mich betrübt und erschreckt. Nun ist unser armer Iwan Petrowitsch also der Spur Nikolai Tolstois gefolgt, wie er mir in einem seiner letzten Briefe schrieb! Ich entsinne mich, wie oft wir beide im Park von Nowosselki standen, auf die Birkenallee schauten, auf der Nikolai Tolstoi in seiner mächtigen Kutsche vom anderen Ufer der Suscha zu kommen pflegte, und von ihm sprachen; und jetzt ist der Hausherr selbst dorthin gegangen, in jenen finsteren Abgrund, von wo es kein Zurück gibt. Jetzt können wir höchstens mit Petja irgendwann einmal an dieser Stelle stehen und seines Vaters gedenken; und dieser wird dort später – vielleicht – erzählen, hier hat der – nun verstorbene – Turgenjew zu mir von seinen Freunden gesprochen. Wir kommen alle dorthin! *Dieses* Rad kennt keinen Stillstand.

Da Sie selbst keine Kinder haben, ist Ihnen schon vom Herrgott selber aufgetragen, sich Petjas anzunehmen. Ich bin gewiß, er wird sich bei Ihnen wohl fühlen und Sie werden ihm den Vater ersetzen, soweit die möglich ist – denn Sie haben ein gutes und weiches Herz, und das ist mehr als die „Hauptsache", das ist einfach alles. Auf Marja Petrowna baue ich gleichfalls wie auf einen Fels. Dieser Knabe braucht die friedliche Stille des Familienlebens; es kommt darauf an, sein Flämmchen nicht gar zu rasch zur Lohe werden zu lassen.

Sie schreiben mir, mit einundfünfzig wandle sich der Mensch nicht mehr; und mit dreiundfünfzig verbietet er sich, auch nur daran zu denken, irgend jemanden oder irgend etwas ändern zu können. Und wozu auch sich wandeln? Die Lebensbürde kann man nicht leichter machen – und jeder weiß selbst am besten, wie er mit diesem Packen fertig wird. Der eine lädt ihn sich auf den Kopf, der andere auf den Rücken – und der dritte schleppt ihn einfach auf dem Boden hinter sich her. Und all das „ist segensreich, ist gut".

Grüßen Sie Marja Petrowna von mir, und geben Sie Petja, wenn Sie ihn sehen, einen kräftigen Kuß. Ich bleibe noch sechs Wochen hier – und dann geht es nach Baden.

Ihr ergebener

I. Turgenjew

167

An Pauline Viardot Edinburgh, 10. August 1871

Puh! teure Madame Viardot, was für eine Hitze jetzt und gestern bei der *Commémoration*! Ich habe mit kreischender und schwacher Stimme eine kleine Rede gehalten und mich zweimal verhaspelt, es hat *cheers* gegeben, wie Sie aus dem kleinen Fragment ersehen können, das ich Ihnen schicke, aber unter uns gesagt, Mister Tourqueneff hat sehr wohl gespürt, daß er ein völlig unbekannter Mann ist, der von einer ganz und gar indifferenten Sache sprach. Noch einmal würde ich das nicht tun, denn es ist *unnütz*, wenn nicht sogar *lächerlich*. Furchtbar viele Leute waren da, und jeder war auf seinen Sitzplatz *gequetscht*, von dem er sich nicht wegrühren konnte. Ich habe niemandes Bekanntschaft gemacht und habe entsetzlich geschwitzt. Fügen Sie dem noch hinzu, daß ich wenig von dem verstanden habe, was gesagt wurde, und fragen Sie sich dann, ob ich mich amüsiert habe. So etwas nimmt sich auf dem Papier besser aus als in der Wirklichkeit.

Und dazu Bensen, der mich *nichts sagen ließ*! Ich fahre in einer Stunde ganz beschämt nach Pitlochry, aber wie gelange ich von dort zu seinem Hause? Das weiß ich absolut nicht. Schottische Gastfreundschaft, gibt es dich doch nur in den Opern von Auber?

Ich schreibe Ihnen heute abend, vielleicht von Mister Bensen aus, vielleicht aus der Herberge von Pitlochry.

Ach, was wollte ich nur hier in diesem … Schottland!

Sie, Sie sind in Baden, und dort ist es nicht so heiß wie hier. Tausend, tausend Grüße an alle. Ich küsse Ihnen sehr zärtlich die Hände.

*Der Ihrige**

I. Turgenjew**

168

An A. A. Fet Baden-Baden, 28. August 1871

Nun bin ich also wieder hier, mein lieber Afanassi Afanassjewitsch, und habe Ihren Brief erhalten – das heißt hier vorgefunden. In Baden bleibe ich bis Ende Oktober, dann geht es nach Paris – und im November (gegen Ende) nach Petersburg. Kürzlich war ich in Schottland, habe in Edingburgh am Walter-Scott-Jubiläum teilgenommen – sogar eine (sehr kurze und vorher auswendig gelernte) Begrüßungsansprache gehalten; einmal verhaspelte ich mich, was mir Beifallklatschen eintrug; im übrigen wurde ich – in allen Zeitungen – als Mr. Torqunoff, a distinguished novelist betitelt; für Rußland oder die russische Literatur interessieren sich die Engländer überhaupt nicht (die russische Regierung – das ist etwas anderes, besonders die russische Diplomatie). Danach war ich in den „Highlands" und habe dort grouse geschossen, Vögel, die ein Mittelding zwischen Birkhahn und Schneehuhn darstellen. Es war sehr interessant, aber anstrengend – und am ersten Tag habe ich vor Aufregung miserabel geschossen. Nirgends in der Welt gibt es eine solche Luft wie im nördlichen Schottland; sie zu atmen ist ein Genuß! Zudem war ich bei sehr lieben und gastfreundlichen Leuten.

Es tut mir leid, daß Petja mir wegen meines Briefes nur böse ist – und nicht empfunden hat, daß er manches berechtigte Wort enthielt. Wenn er erwachsen ist, werde ich ihm, sollte ich noch am Leben und er – woran ich nicht zweifle – ein tüchtiger Mensch geworden sein, *seinen ersten Brief* zeigen, *den er mir nach seines Vaters Tode geschrieben hat*, und er wird sich schämen und erstaunt sein, wie weit der Egoismus der Jugend gehen kann. Jetzt fühlt er sich dank seiner Erfolge in Katkows Lyzeum gleichsam noch als König; und bis zu Königen dringt die Wahrheit bekanntlich nur schwer vor.

Bei unserer nächsten Begegnung wollen wir uns über die neueste englische *Poesie* unterhalten, von der bei uns niemand – oder fast niemand – eine Vorstellung hat. Kein sympathisches Phänomen – aber interessant, und es gibt ein sehr, sehr großes lyrisches Talent: Swinburne.

Es ist sehr schlimm, daß es „über Tolstoi keine Nachrichten gibt". Sie können keine höhere Meinung von ihm haben als ich. Hoffen wir, daß die Gerüchte übertrieben sind und sich alles zum Guten wendet. Wenn sich zu einem solchen Talent noch ein ausgebildeter und ruhig gewordener, das heißt gereifter Verstand gesellte – was könnte man nicht alles von ihm erwarten! Ich glaube ganz gewiß, wir erleben noch den Augenblick, da er selbst als erster gutmütig über den *quasi* philosophischen Unsinn lachen wird, den er in seinen wahrhaft großen Roman hat einfließen lassen.

Daß Ihnen die Bezeichnung „Literat" mißfällt, ist Ihr Steckenpferd, und das Leben hat mich gelehrt, mit fremden Steckenpferden ehrerbietig umzugehen. Nach meiner Ansicht ist „Literat" genauso eine Bezeichnung oder Bestimmung der Beschäftigung wie „Schuster" oder „Piroggenbäcker". Nur gibt es gute und schlechte Piroggenbäcker – und bei den Literaten ist es ebenso.

Einen schönen Gruß an Marja Petrowna und einen kräftigen Händedruck für Sie.

Ihr ergebener

I. Turgenjew

169

An A. A. Fet Baden-Baden, 18. September 1871

Mein lieber Fet, Ihr Brief hat mich im Bett angetroffen, das ich schon über zwei Wochen wegen eines Gichtanfalls nicht verlassen kann; der Teufel hat ihn geritten, sich diesmal (erstmals) im Knie festzusetzen und mich so jedweder Bewegung zu berauben. Heute will ich versuchen aufzustehen – mit *zwei* Stökken: man könnte meinen, ich wäre bei der Eroberung Frankreichs dabeigewesen! Und dabei ist ausgezeichnetes Wetter – es lacht durchs Fenster – die Jagd ist geplatzt und so weiter und so weiter.

Dank für die mitgeteilten Nachrichten. Ich freue mich sehr, daß es Tolstoi besser geht und er das Griechische so gut bewältigt hat – das macht ihm große Ehre und wird ihm viel Nutzen bringen. Aber wozu behauptet er, es müsse eine besondere russische Sprache geschaffen werden? Eine Sprache schaffen!! – heißt ein Meer schaffen. Seine alles überflutenden Wogen kennen kein Ufer und keinen Grund; unsere Aufgabe als Schriftsteller ist es, einen Teil dieser Wogen in unser Flußbett, auf unser Mühlrad zu lenken. Und Tolstoi *vermag* dies. Daher beunruhigt mich dieser Satz nur insofern, als er zeigt, daß er noch immer alles mögliche auszuklügeln liebt.

Der Literat ist nur für das gedruckte Wort verantwortlich: wo und wann habe ich mich *in gedruckter Form* gegen die klassische Bildung ausgesprochen? Was kann ich dafür, wenn sich verschiedene Dummköpfe mit meinem Namen tarnen? Ich bin mit den Klassikern groß geworden, habe mit ihnen gelebt und werde mit ihnen sterben; aber ich glaube an keine *Alleinseligmacherei** – auch nicht hinsichtlich der klassischen Bildung, und daher finde ich, die neuen Gesetze bei uns sind ausgesprochen ungerecht, denn sie unterdrücken die eine Richtung zugunsten der anderen. „Fair play" sagen die Engländer; „Gleichheit und Freiheit" sage ich. Beide, die klassische wie die Realbildung, müssen in gleicher Weise zugänglich und frei sein – und die *gleichen* Rechte genießen. Herr Katkow behauptet das Gegenteil – doch ich habe in meinem Leben nur *einen* Menschen gehaßt (nicht ihn, das ist, Gott sei Dank, vorüber) und nur drei verachtet: Girardin, Bulgarin – und den Herausgeber der „Moskowskije wedomosti". Il s'en fout; et moi, je me fous de ce qu'il s'en fout.

Das Haus hier – in dem ich gewohnt habe und das ich meines Onkels wegen verkaufen mußte – geht nun endgültig in andere Hände über, ab 1. November. Mein Leben in Baden – vorbei! Wie die Zukunft aussehen wird, weiß ich nicht – und ich interessiere mich auch nicht allzusehr dafür.

Dann rollen wir im Abendschlummer …
Die Zeit haut auf die Pferde ein.

Grüße an Marja Petrowna und alle guten Bekannten. Geben Sie auch Petja einen Kuß von mir, wenn Sie ihn sehen. Ich wünsche Ihnen Gesundheit und drücke Ihnen kräftig die Hand.

I. Turgenjew

170

An P. W. Annenkow Paris, 1. Dezember 1871

Mein lieber Pawel Wassiljewitsch, in meinem letzten Brief vergaß ich, Sie um zwei Dinge zu bitten, erstens im Kontor der „Peterburgskije wedomosti“ zu veranlassen, daß mir die Zeitung immer direkt nach hier geschickt wird – und nicht über Baden; und zweitens mir einen Klavierauszug von Dargomyshskis „Steinernem Gast“ zu schicken, mit Text – die Ankündigung habe ich in den Zeitungen gelesen.

Ich arbeite wie ein Ochse – und in fünf Tagen erhalten Sie die fertige *dritte* Kopie meiner Erzählung. Zum Januarheft müßte sie also zurechtkommen.

Im „Russki westnik“ führt mich Dostojewski in seinem Roman „Die Dämonen“ ohne jede Maskierung unter dem Namen Karmasinow vor – und macht sich auf jede erdenkliche Weise über mich lustig – schlägt sogar vor, mich auszupeitschen wie einen Bauern. All das ist schön und gut; nur dünkt mich, er sollte mir zunächst einmal das Geld zurückzahlen, das er von mir geliehen hat, und mich erst durchprügeln, wenn er der Bürde seiner Verpflichtungen ledig ist. Doch an dieser Bürde trägt er offensichtlich leicht.

Meine Gesundheit ist jetzt fast wiederhergestellt, hoffentlich bleibt es so, wenigstens den Winter über. Anläßlich des Todes unseres verehrten N. I. Turgenjew habe ich einen kleinen Artikel geschrieben und gestern an den „Westnik Jewropy“ geschickt.

Ich umarme Sie und alle Ihre Angehörigen. Auf Wiedersehen.

Ihr ergebener

I. Turgenjew

PS: Wie heißt Ihre Italienische – einfach Italienische oder Neue?

171

An N. W. Chanykow Paris, 29. Dezember 1871

Meine Bücherkiste ist noch nicht aus Baden eingetroffen, mein lieber Nikolai Wladimirowitsch, aber der Zufall will es, daß eben dieses Buch sich in Frau Viardots Bibliothek befindet. Sie ist einverstanden, es Ihnen für eine Woche zu leihen – schikken Sie also Ihren Beauftragten. Ich habe mich für Ihre Zuverlässigkeit verbürgt.

Über Ritter kann ich Ihnen folgendes sagen. Ich habe ihn im Wintersemester 38 auf 39 in Berlin gehört. Neben Gans, der bald darauf starb, galt er als der beste Redner unter den damaligen Berliner Universitätslehrern. Er hatte sehr viele Hörer – und nicht nur unter den Studenten; auch Offiziere, Beamte und sogar Damen kamen zu ihm; er las in einem der größten Hörsäle. Äußerlich machte er einen bemerkenswert ehrwürdigen und imponierenden Eindruck; der massige Kopf, regelmäßige Gesichtszüge, eine hohe Stirn, ausdrucksvolle große Augen und seine volltönende, angenehme Stimme flößten unwillkürlich Respekt ein; und die gleichmäßige, ruhige und dabei bildhafte und farbenreiche Sprache zog unwiderstehlich in ihren Bann – und floß unaufhaltsam dahin wie ein Strom! Ich habe nie einen brillanteren Professor gesehen – brillant ohne jeden Anflug von Gekünsteltheit und erhaben ohne jeden Schwulst. Was übrigens seine Stimme anlangt: Ritter war 1838 schon ein alter Mann und hatte mehrere Zähne verloren; aber auch eine solche Stimme habe ich nie wieder auf dem

Katheder gehört. Besonders wohltuend stach sie ab gegen das Vogelgepiepse Rankes, das Katzengezische A. Böcks und das vorsintflutliche Ochsengebrüll Zumpts, seiner Zeitgenossen.

Ob seine Hörer viel Faktenwissen aus seinen Vorlesungen mitnahmen und inwieweit diese wissenschaftlich ernst zu nehmen waren, ist eine andere Frage; er verstand es jedoch unzweifelhaft, Interesse für die Geographie zu wecken, er erweiterte ihre Grenzen und lehrte, sie zu lieben und nicht mehr als eine trockene Aufzählung von Flüssen, Bergen, Landzungen und dergleichen zu betrachten.

Am Sonntag werde ich Sie – zwischen halb zwölf und zwölf Uhr – mit Vergnügen im *Café Rich** erwarten.

Ihren Beauftragten schicken Sie bitte morgen möglichst zeitig.

Ich drücke Ihnen freundschaftlich die Hand und bleibe Ihr ergebener

I. Turgenjew

172

An Edmond de Goncourt Paris, 6. April 1872

Sehr geehrter Herr!

Wenn ich nicht sofort auf Ihren Brief geantwortet habe – so ist das ein wenig Ihre Schuld: wie die meisten Ihrer Landsleute vermerken Sie nicht Ihre Adresse – und ich hatte sie völlig vergessen – zumal ja Flaubert mich zu Ihnen gebracht hatte. Ich habe sie in dem dicken Adreßbuch nicht ermitteln können; schließlich habe ich den guten Einfall gehabt, mich an die Concierge der Mademoiselle Mathilde zu wenden, die mir die Anschrift gegeben hat. Ich freue mich sehr, daß Ihnen meine Bücher gefallen; was die Ihren betrifft, die Sie mir geschickt haben – so habe ich mich gleich darangemacht und die Geschichte von Demailly gelesen – und finde diesen sorgsam von Ihnen studierten und durchforschten Typ sehr interessant. Er ist sehr wohl in unserer Zeit und in allen Ländern zu Hause – aber er ist auch sehr französisch.

Ich würde mich freuen, Sie zu treffen und ein gutes Gespräch mit Ihnen zu führen. Würde Ihnen der Donnerstag passen? Schreiben Sie mir Stunde und Ort, wo wir uns in Paris treffen könnten, um irgendwo essen zu gehen. Inzwischen sende ich Ihnen die besten Grüße.

I. Turgenjew**

173

An Théophile Gautier Paris, 18. Mai 1872

Mein lieber Monsieur Gautier!

Bevor ich eine recht lange Reise nach Rußland antrete, verspüre ich das Bedürfnis, Ihnen zu sagen, wie sehr ich es bedaure, daß wir uns seit dem reizenden Diner bei dem Freunde Flaubert nicht wieder begegnet sind; ich hoffe im nächsten Jahr mehr Glück zu haben. Und jetzt gestatten Sie mir, Ihnen von einer anderen Sache zu sprechen. Bei meinem ersten Besuch im Salon habe ich mich in ein Gemälde von *Blanchard* verliebt (Nr. 149, mit dem sehr schlechten Titel „Courtisane") – und nicht, weil ich es gekauft habe, finde ich, daß dies der schönste Frauenkörper ist, den es im Salon gibt. Aber es scheint, daß ich mit meiner Ansicht allein dastehe. Niemand spricht darüber – die Damen finden es häßlich und so weiter. Das beunruhigt mich ein wenig, ich gestehe es. Es erübrigt sich, zu sagen, daß ich Sie nicht bitten will, ein bißchen Reklame zu machen; ich möchte ganz einfach Ihre Meinung wissen – denn, bei all Ihrer Nachsicht, spüre ich in Ihnen doch den meisterhaften Kritiker, ganz so, wie Sie ein meisterhafter Schriftsteller sind. Wenn Sie nichts sagen – werde ich wissen, woran ich bin. Ich liebe mein armes, im Stich gelassenes Gemälde noch immer und werde es trotz allem lieben; aber Ihre Billigung wäre ein kräftiger Schlag auf die Schulter. Ich bitte Sie sehr um Vergebung, daß ich Sie derart belästige – aber ich bilde mir ein, daß Sie mich genügend kennen, um sich nicht daran hindern zu lassen, diesen Brief und meine Bitte ganz einfach stillschweigend zu vergessen. Das wird die aufrichtige Sympathie nicht schmälern, die für Sie empfindet

Ihr I. Turgenjew**

174

An W. W. Stassow Moskau, 26. (14.) Juni 1872

Ihren Brief vom 17. Mai, lieber Wladimir Wassiljewitsch, habe ich erst vor wenigen Tagen hier erhalten. Als Sie ihn schrieben, war ich höchstpersönlich in Petersburg (im Hotel Demut) – man hatte mir aber gesagt, Sie seien auswärts, und so habe ich Sie nicht aufgesucht, was ich jetzt sehr bedaure. Übrigens habe ich mich nur wenige Tage in Petersburg aufgehalten. Von hier reise ich Sonntag ab, falls meine Gicht es erlaubt, die mich unerwartet heimgesucht hat – werde in Petersburg jedoch nur vierundzwanzig Stunden bleiben und Sie daher kaum sprechen können, um so mehr, als Sie vielleicht gerade jetzt in Moskau sind und ich davon nichts weiß. Wir müssen unseren Streit also auf dem Papier ausfechten und nicht mündlich.

Warum nehmen Sie an, daß ich – weder Musiker noch Maler und darüber hinaus schon ein alter Mann, bei dem alles Unechte nur Überdruß erregt und der sich allein nach seinem eigenen Empfinden richtet – warum nehmen Sie an, ich sei vom Fetischismus angesteckt und huldigte den europäischen Autoritäten? Den Buckel können sie mir alle herunterrutschen. An Glucks Rezitativen und Arien begeistere ich mich nicht, weil die Autoritäten sie loben, sondern weil mir bei ihren ersten Tönen die Tränen in die Augen kommen – und nicht die Autoritäten sind schuld daran, daß ich für den „Steinernen Gast" nur Geringschätzung empfinde, den ich mir zweimal geduldig angehört habe, und zwar nicht in einer *zweifelhaften* Fassung, sondern in einer absolut meisterhaften des *Klavierauszugs**. Und Sie setzen diese Autoritäten auch nicht richtig an. Sie glauben zum Beispiel, Ary Scheffer habe für die Franzosen (ich spreche nicht von Philistern, sondern von künstlerischen

Naturen) und Kaulbach für die Deutschen irgendeine Bedeutung, dabei sind sie schon lange zu den Akten gelegt, und *niemand* spricht noch im Ernst von ihnen. Was Delacroix anlangt, so kann ich unserer Schule eine so jede Normen sprengende, unausgeglichene, aber höchst geniale Natur nur wünschen. Repins Bild habe ich gesehen – und vermochte in diesem frigiden Mischmasch von Lebenden und Toten mit aufrichtigem Bedauern nichts als – entschuldigen Sie den Ausdruck – verkrampften Unsinn zu erkennen, wie er nur dem Hirn eines Chlestakow-Porochowstschikow mit seinem „Slawischen Basar" entspringen kann. Und diese meine Ansicht teilt auch der Schöpfer des Bildes selbst, der zwei Stunden bei mir saß und in aufrichtiger Zerknirschung von dem ihm aufgezwungenen Thema sprach und es geradezu bedauerte, daß ich mir sein Werk angesehen hatte, ein Werk, das trotz allem ein hervorragendes Talent erkennen läßt, in diesem Augenblick allerdings ein verdientes Fiasko erleidet. Gebe Gott, daß seine anderen Themen nicht ebensolche totgeborenen Kinder sind wie dieses! Nein, lieber Wladimir Wassiljewitsch, ich werde der erste sein, der sich über die Kunst seiner Heimat freut; nur will ich nicht jenem Wagner gleichen, von dem Goethe sagt, daß er

„Mit gier'ger Hand nach Schätzen gräbt –
Und froh ist, wenn er Regenwürmer findet." *

Ein Naturtalent habe ich entdeckt – Glinka –, über ihn wollen wir uns freuen und stolz auf ihn sein ... aber Leute wie Dargomyshski, Balakirew und Brüllow werden zusammen mit allem Sand und Staub der Zeiten hinweggeschwemmt werden.

All das mag Ihnen wie Blasphemie, wie dummes Geschwätz vorkommen ... Allein ich erinnere mich an Leute, die mich auch fast als Verbrecher betrachteten, weil ich Kukolnik, dieses *junge Genie* , nicht anerkannte ... Doch genug davon. Antokolski ist nicht hier, und auch über seine Statue ist kein Wort zu vernehmen. *Das* zum Beispiel sähe ich mir gern einmal an – und an seine Arbeiten glaube ich, denn er besitzt *Temperament* – und nicht nur literarische Beflissenheit.

Aber nun wahrhaftig genug – wozu immer an dem Ast sägen, auf dem man sitzt. Haben Sie nicht die Absicht, nach

Europa zu reisen und einen Abstecher nach Paris zu machen? Ich werde ab Anfang Oktober dort sein – und wenn Sie wollen, können Sie mir schon jetzt an folgende Adresse schreiben: 48, Rue de Douai.

Leben Sie wohl, und bleiben Sie gesund.

Ihr ergebener

I. Turgenjew

175

An Gustave Flaubert Moskau, 26. (14.) Juni 1872

Mein teurer Freund!

Sie haben mir Ihre Pläne für den Sommer zugeschickt – hier sind die meinen:

NB: Momentan befinde ich mich in Moskau und werde von einem häßlichen Gichtanfall geplagt, der mich an mein Sofa fesselt. Das habe ich nach der heftigen Attacke vom vergangenen Oktober kaum erwartet – das wird zu häufig, und man beglückwünscht mich zu oft („Patent für Langlebigkeit“ und so weiter). Zum Glück ist der Anfall nicht sehr arg, und ich kann hoffen, die Hauptstadt von ganz Rußland Sonntag oder Montag zu verlassen. Heute ist Mittwoch.

Ich werde wie ein Pfeil nach Paris fliegen, dann von dort in die Touraine zu meiner Tochter, die mich zum Großvater machen wird, von dort dann nach Valéry-sur-Somme, wo ich meine alten Freunde, die Viardots, wiedersehe. Ich werde bummeln, arbeiten, wenn ich kann, und dann gehe ich nach Paris, um mit einem gewissen Flaubert zusammenzutreffen, den ich sehr liebe und mit dem ich entweder zu ihm nach Croisset oder nach Nohant zu Madame Sand fahren werde, die uns anscheinend dort sehen will. Und ab Oktober dann – Paris. So sieht's aus!

Mein teurer Freund, das Alter ist eine große, fahle Wolke, die sich über die Zukunft, die Gegenwart und sogar über die Vergangenheit breitet und sie trübt, indem sie ihre Erinnerungen rissig macht. (Ich fürchte, das ist sehr schlechtes Französisch – aber das tut nichts.) Man muß sich gegen diese Wolke wehren! Mir scheint, Sie tun das nicht genug. Ich glaube in der Tat, daß eine Reise zu zweit nach Rußland Ihnen guttäte. Ich habe gerade vier ganze Tage zwar nicht oben auf einem Heuhaufen verbracht – aber in den Alleen eines alten ländlichen Gartens, der ganz voller rustikaler Düfte war, voller Erdbeeren, Vögel, Sonnenstrahlen und schattiger Stellen, die einen so verschlafen wie die anderen – und zweihundert Morgen wogenden Roggens rundherum! Das war wundervoll! Man ruht unbeweglich in einer feierlichen unermeßlichen – und stupiden – Empfindung, die gleichzeitig dem Leben des Tieres und Gottes ähnlich ist. Man kommt von dort wieder, als hätte man ich weiß nicht was für ein starkes Bad genommen. Und dann nimmt man den gewohnten Schlendrian wieder auf.

Es muß nicht sein, daß der heilige Antonius den Mut verliert. Mag er kühn bis ans Ziel gehen!

Ich weiß, daß Sie an einer schönen musikalischen Soirée bei Madame Viardot teilgenommen haben. Es scheint, das Publikum ist zufrieden gewesen.

Sie sagen mir nichts über mein Gemälde. Es mißfällt Ihnen – oder haben Sie es gar nicht gesehen?

Adieu und auf Wiedersehen, mein teurer Freund... Tragen wir den Kopf hoch, bevor die Wogen ihn überspülen.

Ich umarme Sie herzlich.

Ihr I. Turgenjew**

176

An F. N. Turgenjewa Moskau, 27. (15.) Juni 1872

Liebe Mademoiselle Fanny!

Mein Verwalter, der eben von meinem Landgut zurückkommt, hat mir Ihren Brief mitgebracht, und ich beeile mich, darauf zu antworten. Ich habe in der Tat Mérimée in den letzten Jahren seines Lebens sehr gut gekannt – ich habe ihn sehr geliebt – und ich glaube, seinen Charakter gut studiert zu haben. Ich kann mir nichts Besseres wünschen, als mich Monsieur de Loménie für alle gewünschten Auskünfte zur Verfügung zu stellen – obwohl, um die Wahrheit zu sagen, ich einen anderen Panegyriker vorgezogen hätte – oder vielmehr einen anderen Biographen – nicht, daß ich im geringsten an Monsieur de Loménies Talent zweifle – aber es gibt zuwenig Berührungspunkte zwischen ihm und Mérimée: diese beiden Naturen sind zu verschieden. Die liebevolle Erinnerung, die ich dem Andenken Mérimées bewahre, läßt mich wünschen, daß man ihm vollste Gerechtigkeit widerfahren lasse – und ich wäre glücklich, dazu beizutragen. Ich stelle mich also Monsieur de Loménie zur Verfügung. Nur – wann und wie werden wir diese Unterredung haben? Ich komme gegen den 10. Juli nach Paris zurück – aber um sofort zu meiner Tochter zu fahren, die dann – so hoffe ich – mich zum Großvater gemacht hat; erst auf der Rückreise, bevor ich mich nach St-Valéry-sur-Somme begebe, wo ich bis zum Oktober bleiben möchte, wird es mir möglich sein, Ihnen einen Besuch in Vert-Bois zu machen – und dann könnten wir uns treffen. Ich werde Ihnen auf alle Fälle den Tag meiner Ankunft in Paris schreiben. Was die Briefe von Mérimée angeht, so besitze ich in der Tat über hundert – es sind sehr kuriose darunter –, aber meine ganze Korrespondenz befindet sich in Baden – und ich werde sie erst zu Beginn des Winters in Paris haben. Allgemein gesagt, diese Briefe sind ein wenig im Stile … Rabelais'; aber es geht ja nicht darum, sie zu zitieren. Wenn Monsieur de Loménie bis zum Oktober oder November warten kann – ließe sich die Sache einrichten.

Ich bin sehr glücklich zu hören, daß es Ihnen allen gut geht – und ich hoffe, daß wir Sie alle diesen Winter in Paris haben werden – und wäre es nur, um die Papiere von Nikolai Iwanytsch in Ordnung zu bringen. Alle, die den Band gelesen haben, den ich mitgebracht habe, sind entzückt davon; der „Westnik Jewropy" hat ihn in sehr lobenden Worten angekündigt. Ich habe nicht viel sehen können von alldem, was sich hier im Augenblick tut; seit bald acht Tagen werde ich von einem Gichtanfall gepeinigt; das geht nur langsam vorüber – aber sobald ich mich fortbewegen kann, wird abgereist.

Meine besten Grüße an Ihre Frau Mutter und an alle die Ihren; ich drücke Ihnen herzlich die Hand und sage Ihnen: auf Wiedersehen.

I. Turgenjew

PS: Da Sie ja meinen Prophezeiungen Glauben schenken wollen, sage ich Ihnen, daß es von einem Gambettistischen Regime nichts zu befürchten gibt; der Friede in Europa ist für zwei, drei Jahre mindestens gesichert. Was danach ist – darauf lege ich mich nicht fest!**

177

An Émile Durand Saint-Valéry-sur-Somme, 26. Juli 1872

Sehr geehrter Herr!

Noch nie hatte ich eine hartnäckigere Gichtattacke als die, die mich jetzt seit bald sechs Wochen gepackt hat. Ich gehe erst seit gestern wieder ohne Stöcke, und es ist mir unmöglich, vor Ende der nächsten Woche nach Paris zu reisen; aber ich hoffe sehr, daß ich es dann werde können. Ich benachrichtige Sie am Abend vor meiner Ankunft.

Ich habe in bezug auf den Empfang, den Ihnen Hetzel bereiten würde, gar keine Bedenken gehabt, er ist eine ebenso vortreffliche wie feinempfindende Natur, und ich bin sicher, daß Sie sehr gut mit ihm zurechtkommen werden.

Monsieur Franceschi befindet sich, nach dem, was ich gehört habe, augenblicklich in Valéry. Ich möchte ihm unbedingt schreiben, obwohl ich mir nicht vorstellen kann, daß er die Absicht hat, eine Einzelausgabe der „Frühlingsfluten" in Belgien zu veranstalten. Vielleicht könnten Sie seine genaue Adresse in Paris erfragen (im Büro des „Nord") und sie mir schikken.

Sie haben freie Hand, die „Frühlingsfluten" jeder Zeitschrift oder Zeitung anzubieten, und wenn die „Revue Universelle" sie annimmt, um so besser. Zu der Kürzung, die Hetzel wünscht, kann ich mich nicht äußern, da ich ein erst unlängst geschriebenes Werk nicht kritisch beurteilen kann; aber ich akzeptiere alles voll und ganz und stelle meine Autorenempfindlichkeit hintenan. Ich habe großes Vertrauen zu Hetzels Geschmack. Nur scheint mir, daß diese Kürzung ein wenig schwieriger wird, seit „Le Nord“ das Ding ganz veröffentlicht hat. Aber noch einmal, ich halte mich in dieser Frage zurück.

Die Erzählungen des Grafen Tolstoi sind dazu bestimmt, vom Volke gelesen zu werden, was nicht ganz dasselbe ist, als wenn er für Kinder geschrieben hätte. Ich habe nur zwei davon gelesen. Die zweite, betitelt „Der Gefangene im Kaukasus“ (sie ist in der „Sarja“ erschienen), ist allerliebst; ich glaube, daß sie Kindern sehr gefällt.

Wir werden uns über all das bei unserem nächsten Zusammentreffen unterhalten, nehmen Sie einstweilen die Versicherung meiner besten Gesinnung entgegen.

I. Turgenjew**

178

An P. W. Annenkow Paris, 9. Oktober 1872

Sie haben Ihr Domizil also in Wiesbaden aufgeschlagen, mein lieber Pawel Wassiljewitsch! Warum nicht? Eine gute Wahl. Eine bequeme, angenehme Stadt – sie hat es den Russen angetan; Alexej Shemtschushnikow hat dort gelebt und, wie man annehmen darf, auch nicht den kleinsten Rest jener unüberwindlichen Langenweile zurückgelassen, die er wie die meisten vortrefflichen Russen moschusartig um sich verbreitete! Scherz beiseite, Sie haben eine vortreffliche Wahl getroffen – aber einen Abstecher nach Paris müssen Sie doch einmal machen ... nicht jetzt, sondern so in einem Monat oder in sechs Wochen, wenn hier wieder Hochbetrieb herrscht – und meine Gicht mich endlich verlassen hat, falls sie mich überhaupt je verlassen sollte! Bis jetzt hat sie noch durch nichts zu erkennen gegeben, daß sie sich von mir trennen will, und selbst im Zimmer laufe ich am Stock.

Die Erzählung, die ich an den „Westnik Jewropy“ geschickt

habe, ist (im Verlaufe von fünfzehn bis zwanzig Jahren) die erste Arbeit, die in Druck geht, ohne vorher von Ihnen begutachtet worden zu sein. Das bedrückt mich – und ich habe das Gefühl, es wird sich auf das Schicksal meiner Erzählung auswirken. Übrigens: ich bin in jüngster Zeit von den Lesern nicht verwöhnt worden – eine Kopfnuß mehr oder weniger – was hat das schon zu bedeuten! Natürlich erhalten Sie das erste Exemplar. Bekommen Sie tatsächlich nicht einmal den „Westnik Jewropy"? Im letzten Heft findet sich eine sehr hübsche Erzählung eines gewissen D. S. mit der Überschrift „Vater Warfolomej". Die „Otetschestwennyje sapiski" erhalten Sie unverzüglich.

Sie fragen mich nach Katkow – aus Rußland kommen auch Anfragen: ob es stimmt, daß er den Verstand verloren hat und gefährlich erkrankt sei. Ich weiß gar nichts, nicht einmal, wo er sich aufhält. Chanykow (der hier ist und sich einen wundervollen Bart hat stehen lassen) sagte mir, er sei mit ihm und einem ganzen Dutzend Katkowjünger von Moskau bis Warschau gereist. Ehrlich gesagt, sollte ihm etwas passieren, ich würde keine Tränen vergießen. Doch zu Ihnen müßten Gerüchte eher gelangen: die französischen Zeitungen berichten nur über französische Angelegenheiten.

Wie ist übrigens Ihre Ansicht zu den Vorgängen in Elsaß und Lothringen? Das ist doch Polen im Quadrat! Aber offensichtlich mußte es so kommen. Was sagt man bei Ihnen über Gambetta? Und wie gefällt Ihnen der „badische General" Timaschow, der Thiers die Leviten liest?

Die ganze Familie Viardot ist gesund und gedeiht bestens. Es ist mir sehr angenehm, zu hören, daß es auch Ihrer Familie gut geht. Übermitteln Sie Glafira Alexandrowna meinen Gruß, und geben Sie den Kindern einen Kuß von mir. Sprechen sie schon ein wenig Deutsch?

Also auf Wiedersehen an den Ufern der Seine. Ich drücke Ihnen freundschaftlich die Hand und bleibe Ihr ergebener

I. Turgenjew

PS: Über die Auslieferung Netschajews weiß man hier gleichfalls nichts Zuverlässiges. Aber ist es denn bei Ihnen in Wiesbaden nicht so wie damals bei *uns* in Baden? Im *Conversations Haus** liegen alle möglichen Zeitschriften aus, Schweizer und andere, und man kann alles sofort direkt aus der Quelle schöpfen.

179

An George Sand Paris, 10. Oktober 1872

Liebe Madame Sand!

Die Kleinen schreiben Ihnen, und ich muß ein Wort hinzufügen. Ich muß Ihnen sagen, wie glücklich ich bin, Nohant gesehen und Sie dort erlebt zu haben. Sie haben da das zauberhafteste Nest, das man sich träumen kann, und Ihre Umgebung ist anbetungswürdig. Das gebührt Ihnen; aber man ist sehr zufrieden, wenn man sieht, daß das, was einem gebührt, auch Wirklichkeit wird. Die Kleinen reden nur von Nohant, und ich möchte wohl im Laufe dieses Winters wieder hinkommen, wenn ich nicht mehr meine Gicht habe. Sagen Sie unserer lieben Lolo, daß ich ihr dann hübsche Geschichten erzählen werde. Das wird etwas anderes sein als dieser kleine Dummkopf Blaise.

Sie kommen in wenigen Tagen nach Paris, nicht wahr? Ich freue mich bei dem Gedanken, Sie hier zu sehen, und küsse Ihnen einstweilen zärtlich die Hände, mit der Bitte, allen den Ihren tausend liebe Grüße von mir zu bestellen.

Herzlichst

Ihr I. Turgenjew**

180

An Gustave Flaubert Paris, 8. November 1872

Mein teurer Freund!

Seit einiger Zeit schreiben wir uns sehr traurige Briefe – das riecht nach Krankheit, nach Tod – es ist nicht unsere Schuld –

aber man muß versuchen, sich ein wenig aufzurütteln. Ich habe Gautier sehr wenig gekannt – erinnern Sie sich an unser Diner bei Ihnen? –, aber es hat mich sehr betrübt, als ich von seinem Tod erfuhr – und ich habe gleich an Sie gedacht; ich wußte, daß Sie ihn liebten. Madame Sand schreibt mir über Sie in einem kleinen Briefchen, das sie mir gerade geschickt hat; sie ist beunruhigt, Sie in schwarze Gedanken verstrickt zu sehen, und bittet mich, Sie auf andere, fröhlichere zu bringen... Ich weiß nicht, was ich Ihnen sagen soll – aber ich weiß, daß eine gute und lange Unterhaltung uns beiden wohltäte. Nun! Und wie soll man zu dieser Unterhaltung kommen? Meine verwünschte Gicht scheint ihre Krallen zu lösen – aber an Bewegen ist noch nicht zu denken: ich gehe umher – hinkend – ohne Stock – aber ich habe meine beiden Zimmer noch nicht verlassen. Sie müssen also hierherkommen.

Warum beunruhigen Sie sich so über den *Plebs*, wie Sie sagen? Er herrscht nur über diejenigen, die sein Joch akzeptieren. In diesem Falle kann man sagen: „etiam si omnes, ego non." Und dann: gehört Monsieur Alexandre Dumas der Jüngere – das „Aas" (um Ihren Ausdruck zu gebrauchen) – zum Plebs? Und Monsieur Sardou und Monsieur Offenbach und Monsieur Vacquerie und alle die anderen – gehören sie denn zum Plebs? Allerdings stinken sie abstoßend. Der Plebs stinkt auch – aber er stinkt nach dem Wort Cambronnes; die anderen – nach Fäulnis. Und dann, solange es jemanden auf der Welt gibt, der Sie liebt und mit Ihnen sympathisiert...

Nein, mein Freund; nicht das ist in unserem Alter schwer zu ertragen; es ist das *„taedium vitae"* im allgemeinen, es ist der Überdruß und der Ekel vor allem Menschenwerk; es ist nicht die Politik, die im Grunde nur ein Spiel ist; es ist die Traurigkeit des fünfzigsten Lebensjahres. Und darin bewundere ich Madame Sand: welche Ruhe, welche Einfachheit, welch ein Interesse an jeder Sache, welche Güte! Wenn man, um all das zu haben, ein wenig weihevoll, demokratisch, ja selbst gottesfürchtig sein muß – meiner Treu! – akzeptieren wir diese Auswüchse.

Sie müssen nach Paris kommen und „Antoine" mitbringen – und dann Pläne machen, die Welt erobern! Wir können noch so skeptisch, kritisch, verbraucht und müde sein, der Stachel der Poesie sitzt uns im Nacken – und man muß bis ans Ziel gehen, vor allem, wenn man sich beim Anblick eines Kameraden aufmuntern kann, dem es ebenso geht.

Ich lese diesen allegorisch-metaphorischen Brief nicht noch einmal durch; ich weiß nicht recht, was ich geschrieben habe – ich weiß, daß ich Sie umarme und Ihnen sage: auf bald.

Ihr I. Turgenjew**

181

An M. A. Miljutina Paris, 15. Dezember 1872

Meine liebe Marja Agejewna, ich danke Ihnen aufrichtig für das freundschaftliche Gefühl, aus dem heraus Sie Ihren Brief geschrieben haben. Dostojewskis Handlungsweise hat mich nicht im geringsten verwundert. Er haßte mich schon, als wir beide noch jung waren und erst am Anfang unserer literarischen Laufbahn standen – obgleich ich diesen Haß durch nichts verdiente; aber ursachlose Leidenschaften sollen ja die heftigsten und dauerhaftesten sein. Dostojewski hat sich etwas noch Schlimmeres erlaubt als die Parodie auf die „Visionen"; er hat mich – ebenfalls in den „Dämonen" – unter dem Namen Karmasinow als geheimen Sympathisanten der Partei Netschajews hingestellt. Merkwürdig ist nur, daß er für seine Parodie die einzige Erzählung wählte, die ich in der damals von ihm herausgegebenen Zeitschrift „Epocha" veröffentlicht habe, eine Erzählung, für die er mich mit Dankes- und Lobbriefen überschüttet hat! Diese Briefe habe ich noch. Was für ein Spaß wäre es, sie zu veröffentlichen! Aber er weiß, daß ich dies nicht tun werde. Zumindest hätte er mir, ehe er mich verleumdete, das Geld zurückzahlen sollen, das er sich von mir geborgt hat; er meint, es gehe auch ohne das; nun, das mag er mit seinem Gewissen abmachen. Mir bleibt nur zu bedauern, daß er sein unbestreitbares Talent zur Befriedigung so unguter Gefühle gebraucht; offensichtlich schätzt er es recht gering ein, wenn er sich bis zum Pamphlet erniedrigt.

Für Ihren lieben Brief aber darf ich Ihnen nochmals danken.

Ich habe Ihnen erst vor so kurzer Zeit geschrieben, daß ich fast nichts hinzufügen und nichts Neues mitteilen kann. Meine Gesundheit scheint sich etwas zu bessern; das Haus kann ich indes noch immer nicht verlassen.

Übermitteln Sie allen Ihren Angehörigen meinen freundschaftlichen Gruß; ich drücke Ihnen kräftig die Hand und bleibe Ihr Ihnen herzlich ergebener

I. Turgenjew

PS: Der Name meiner Straße lautet Rue de Dou*ai*, nicht Dou*et*.

182

An Paul Heyse Paris, 22. Dezember 1872

Mein lieber Heyse!

Ich schicke Ihnen heute das sechste Bändchen meiner eben erschienenen „Ausgewählten Werke". Die eine Novelle („Frühlingsfluten") soll, wie ich höre, böses Blut in Deutschland gemacht haben. Man hat mir Deutschenhaß und ich weiß nicht was sonst – vorgeworfen. Russische sogenannte Patrioten haben mir in früheren Zeiten denselben Vorwurf gemacht – vom russischen Standpunkt aus – natürlich. Ich habe von Deutschland nicht schlechter gesprochen als von meinem eignen Vaterlande, das ich doch wahrlich liebe.

Es täte mir wahrlich leid, wenn Sie die Ansicht meiner Kritiker teilen sollten; aber ich rechne auf die Billigkeit und den hellen Blick des Dichters.

Ich schicke Ihnen das Buch nach München – zeigen Sie mir gefälligst den Empfang mit ein paar Zeilen an. Seit einem halben Jahr leide ich viel an der Gicht; man schickt mich nach Marienbad. Im Mai komme ich nach München und hoffe Sie dort zu treffen.

Unterdes leben Sie recht wohl und arbeiten Sie fleißig – ich drücke Ihnen die Hand aufs freundschaftlichste.

Ihr I. Turgenjew*

183

An M. M. Stassjulewitsch Paris, 5. Mai 1873

Lieber Michail Matwejewitsch, der Überbringer dieses Briefes, Herr Michailow, wird Ihnen das Manuskript einer Übersetzung von Heines bekanntem Gedicht „Deutschland" vorlegen, die sein Vater, W. M. Michailow, angefertigt hat. Ich kann diese Übersetzung als eine sehr gewissenhafte und gelungene Arbeit empfehlen, die dem „Westnik Jewropy" zur Zierde gereichen würde. Zusammen mit dem Übersetzer habe ich das gesamte Poem zweimal Vers um Vers durchgesehen und mit dem Original verglichen – das Ergebnis erscheint durchaus zufriedenstellend. Auf alle Fälle übertrifft die neue Übersetzung bei weitem die von Wodowosow, die vor einigen Jahren erschienen ist – dafür kann ich mich verbürgen. Einen einzigen Haken hat die Sache: Was wird die Zensur sagen, die heutzutage beinahe noch strenger ist als zu den seligen Zeiten Nikolais? Der Übersetzer möchte sich keine allzu schlimmen Entstellungen gefallen lassen und das Manuskript dann lieber zurücknehmen. Bei einem Abdruck von „Deutschland" im „Westnik Jewropy" möchte er auch ein angemessenes Honorar erhalten, denn er ist nicht so bemittelt, daß dieser Punkt für ihn keine Rolle spielte.

Über all das müßten Sie mit seinem Sohne verhandeln.

In drei Wochen begebe ich mich über Wien nach Karlsbad, wo ich hoffe, mich auszukurieren und ernsthaft zu arbeiten.

Empfangen Sie die Versicherung der vollkommenen Hochachtung Ihres Ihnen freundschaftlich ergebenen

I. Turgenjew

184

An W. A. Zurikowa Paris, 19. Mai 1873

Liebe Warwara Alexandrowna, ich war einige Tage nicht in Paris und konnte Ihren Brief daher nicht sofort beantworten. Für

Ihre guten Wünsche und Ihre Gratulation danke ich Ihnen aufrichtig und wünsche Ihnen meinerseits all das, worauf ein glückliches und echtes Leben beruht.

Sie möchten gern meine Ansicht über Ihre literarischen Absichten wissen. Ratschläge zu geben ist an sich schon eine schwierige Angelegenheit – besonders dann, wenn diejenige, die sie haben möchte, unbekannt bleibt. Ich kann Ihnen nur sagen, die Literatur verlangt nicht weniger als jede andere Kunst sorgfältige Ausbildung und beharrliches Mühen – und ihre Technik ist nicht weniger schwierig als die der Malerei oder der Musik, wenn sie auch weniger in die Augen fällt. Die von Ihnen gewählte Romanhandlung entbehrt nicht der Originalität – und könnte sehr interessant sein – bedürfte aber zur Ausführung einer erfahrenen und festen Hand. Mir scheint, Sie sollten Ihre Kräfte an einer weniger schwierigen Aufgabe erproben.

Weretjew habe ich in „Stilles Leben" einfach deswegen nicht mit Marija Pawlowna „verheiratet", wie Sie sagen, weil ein tragisches Ende mehr zur Gestalt dieses Mädchens paßte – so, wie ich sie angelegt habe.

Wann ich nach Rußland komme, kann ich noch nicht sagen – wahrscheinlich im Winter – und wer weiß, wann ich wieder einmal den russischen Frühling genießen kann. Hier bietet er bis jetzt nur wenig Anziehendes.

Bleiben Sie gesund und munter und guten Muts – und glauben Sie an die aufrichtige Sympathie Ihres ergebenen

I. Turgenjew

185

An P. L. Lawrow Baden-Baden, 9. Juni 1873

Mein lieber Pjotr Lawrowitsch, vorgestern traf ich hier ein und fand Ihren Brief vor. Ich bin Ihnen sehr dankbar, daß Sie an mich gedacht haben, aber nach Zürich werde ich nicht fahren. Aus Ihrem Brief muß ich schließen, daß ich nichts zu sehen bekäme – besonders in den zwei, drei Tagen, die ich dort sein würde. Im „Prawitelstwenny westnik" ist namens der Regierung ein langer und erbarmungsloser Artikel über unsere Züricher Studentinnen erschienen; man wirft ihnen alle möglichen Greuel vor, erwähnt (ohne übrigens Ihren Namen zu nennen) Ihre Vorlesungen – und schließt mit der Erklärung, diejenigen unserer Landsmänninnen, die nach dem 1. Januar 1874 in Zürich blieben, würden aller Rechte verlustig gehen und zu keiner staatlichen Stelle und keiner Lehranstalt zugelassen werden. Infolge dieser drakonischen Maßnahmen wird unsere russische Kolonie in Zürich wahrscheinlich auffliegen und mit ihr auch die Bibliothek, so daß es für mich jetzt keinen Sinn mehr hat, ein Exemplar meiner Werke dorthin zu schicken.

Da sieht man es wieder – l'homme propose ..., a M. N. Longinow dispose.

Ich reise nach Karlsbad und in sechs Wochen über Baden zurück nach Frankreich. Vielleicht mache ich einen kleinen *Abstecher** in die Schweiz, aber das ist nicht sicher.

Ich weiß nicht, wann wir uns wiedersehen, bitte Sie aber (und das ist keine Phrase), nicht an meiner aufrichtigen Hochachtung und Teilnahme zu zweifeln, mit der ich bleibe Ihr ergebener

I. Turgenjew

186

An Ferdinand Löwe Baden-Baden, 9. Juni 1873

Verehrter Herr!

Ich muß Sie wegen meiner Saumseligkeit sehr um Entschuldigung bitten: es ist beinahe ein Monat, daß ich Ihren Brief bekommen habe! Ich habe Paris vor 2 Tagen verlassen und reise über Wien nach Karlsbad, wo ich sechs Wochen bleibe und wo Sie mir poste restante schreiben können. Ich habe hier leider nur einen Teil der Werke von Graf L. Tolstoi gefunden – schicke ihn aber nach Stuttgart auf die Adresse von Herrn Andreae. Schon in diesem Teil werden Sie gewiß manches Interessante und Bedeutende finden. Von Karlsbad aus schreibe ich an Herrn Behre und werde Ihnen seine Antwort mitteilen. In München sehe ich wahrscheinlich Paul Heyse (einen der Herausgeber des „Novellenschatzes des Auslands") und werde Sie nennen.

Es kann mir nur höchst schmeichelhaft sein, mit Mörike die Ehre Ihrer Widmung der Krylowschen Fabeln zu teilen; ich kenne ihn persönlich – und schätze ihn als Dichter und Menschen gleich hoch.

Empfangen Sie die Versicherung meiner ausgezeichneten Hochachtung.

Ihr ergebener

I. Turgenjew

PS: Besonders empfehle ich Ihnen die „Zwei Husaren".*

187

An Josef Dessauer Wien, 14. Juni 1873

Wenn ich gestern nicht gekommen bin und heute nicht kommen kann, mein lieber Freund, so ist es nicht meine Schuld: gestern morgen beim Aussteigen aus dem Wagen bin ich ausgeglitten – auf die Knie gefallen, und mein linkes, krankes Knie ist jetzt stark angeschwollen, so daß ich unbeweglich bleiben muß – wohl noch einige Tage. Das ist fatal. Ich hätte Sie so gerne noch einmal gesehen und gesprochen.

In Ermangelung einer persönlichen Unterredung schicke ich Ihnen mein letztes Buch: lassen Sie sich daraus vorlesen, wenn Sie nichts Besseres zu tun haben, und seien Sie von der Anhänglichkeit des Autors überzeugt.

Frau Viardots und meine Adresse ist – in Paris, Rue de Douai, 48. Ich hoffe doch in einigen Tagen nach Karlsbad abgehen zu können. Leben Sie recht wohl. Ich drücke Ihnen herzlich die Hand.

Ihr ergebener

I. Turgenjew*

188

An P. L. Lawrow Karlsbad, 28. Juni 1873

Mein lieber Pjotr Lawrowitsch, erst heute und hier erhielt ich das mir zugesandte Flugblatt mit der Überschrift: „An die russischen Studentinnen in Zürich“. Es trägt zwar nicht Ihre Unterschrift, allein es besteht kein Zweifel, daß dieser edle und würdevolle Protest Ihrer Feder entstammt. Ich weiß nicht, wieviel Nutzen es bringen wird – wohl aber, daß das öffentliche Gewissen nach einer solchen Zurückweisung dieses empörenden Manifests verlangt hat, in dem ich nur zu deutlich Stil und Manier unseres Exfreundes und Erzhalunken Michail Longinow erkennen mußte. Seien Sie dafür bedankt, daß Sie diese Antwort geschrieben, und auch dafür, daß Sie meiner gedacht haben.

Was beabsichtigen Sie jetzt zu tun? Bleiben Sie in Zürich, oder bringen Sie Ihre Penaten an einen anderen Ort? Und was gedenkt die Züricher russische Kolonie überhaupt zu tun nach dem Pogrom, den sie erlitten hat?

Schreiben Sie mir zwei Zeilen. Ich bleibe noch bis 20. Juli hier. Trinke Brunnen gegen die Gicht. Ende Juli kehre ich wieder nach Paris zurück und will im November nach Rußland fahren.

Ich drücke Ihnen freundschaftlich die Hand und bleibe Ihr ergebener

I. Turgenjew

PS: Haben Sie irgendwelche Nachrichten über Wyrubow?

189

An Pauline Viardot Karlsbad, 30. Juni 1873

Liebe, gute Madame Viardot, es ist immer dasselbe hier. Langeweile, Langsamkeit, Gleichförmigkeit, und zur Abwechslung ein mächtiger Schnupfen, den ich wer weiß wo und wie aufgelesen habe. Ich hätte auf diese Abwechslung verzichten können. Gestern gutes Diner beim Doktor, der sehr freundlich gegen mich ist; seine Frau gab mir eine Novelle von einem Herrn von Saar zu lesen, der, wie ich glaube, sie selbst ist. Dann bin ich mit einem Bla-Bla-Schwätzer zum Karabinerschießen gegangen: ich habe nur drei Schüsse abgegeben, es war mir zu stumpfsinnig – die Karabiner sind zu schwer, und ich schieße nicht gut. Ich habe mich entschlossen, ab Freitag die Unterkunft zu wechseln, schreiben Sie mir dann an den *„König von England“**. Ich habe nur ein Zimmer anstelle von zweien. Aber es ist groß, im ersten Stock, und dann ist die Treppe sauber und ohne den Geruch nach verbranntem Fett, vermischt mit allen möglichen anderen faden und widerlichen Gerüchen.

Dienstag

Gestern gab es noch mehr Abwechslung. Wir hatten ein herrliches Unwetter, dazu das, was man hierzulande einen *Wolkenbruch** nennt – wahre Wasserfälle kamen vom Himmel. Das überraschte uns in einem Café oder eher in einer Art verglaster Galerie, die das Wasser sehr schnell durchließ, so daß wir Zuflucht zu den Regenschirmen nehmen mußten. Man mußte uns auch Bretter bringen, damit wir hinaus konnten, denn wir waren überschwemmt. Meinem Katarrh ist das nicht gerade gut bekommen.

Am Abend bin ich ins Konzert dieses Monsieur Ketten gegangen. Stellen Sie sich die genaue und bis in die kleinsten Details getreue Verwirklichung des „Pianisten“ von W. Busch vor. Das ist Monsieur Ketten. Er ist ein Pfuscher dritten Ranges, und alle diese nach hinten geworfenen Haare, diese bald sterbenden, bald herrischen Blicke machen einen unsäglichen Eindruck von „Altmodischkeit“, von *„überwundenem Standpunkt“** (apropos, Stockhausen ist gerade hier eingetroffen, aber nicht, um Konzerte zu geben). Mit diesem Monsieur Ketten war ein italienischer Geiger namens Papini, ein Protegé von Sergej Wolkow (erinnern Sie sich an diesen Menschen?), der ihn als Genie bezeichnet. Ich glaube nicht, daß er eines ist, aber er spielt mit Talent und Feuer eine schreckliche Musik eigener Komposition, bald betitelt *„Rimembranza del cuore“*, bald *„Pen-*

sando al mar", und das ist immer dasselbe, wie bei diesem Herrn, der alle Welt nachahmte. Noch *„ein überwundenem Standpunkt"**! Zumindest hat jener einen ziemlich guten Ton und Gewandtheit.

Ich habe das kleine Briefchen von Viardot erhalten und die Nummer des „Westnik Jewropy" und – *last not least*! Ihre Photographie, die auf den ersten Blick nicht gut ist, die man aber schließlich sehr wahrheitsgetreu und sogar gut findet. Tausend Dank! Ich freue mich sehr, daß Viardot die „Nymphe Echo" mag, und ich bin sicher, daß es ein schönes Stück ist. Das erste Zitat von Ovid würde ich vorziehen. Dabei fällt mir ein, daß man in Puschkins Manuskripten Fragmente eines kleinen Gedichts gefunden hat, das er begonnen hatte und das *„Die Geburt des Reims"* heißt: es waren Apollo und die Nymphe Echo, die ihn zur Welt brachten. Ich danke Viardot auch für all die Mühe, die er sich mit meinen Kisten gemacht hat.

Sie ziehen vielleicht heute um? *Vor dem 25.* bin in ich Bougival, *si Dios quiere.* Leider nicht am 18.

Ich umarme Didie, Marianne, Paul, und ich küsse Ihnen mit aller nur vorstellbaren Zärtlichkeit die Hände.

*Auf ewig**
*Der Ihrige**

I. Turgenjew

PS: Keines der beiden Lotterielose hat gewonnen, leider! Aber ich habe das Glück gehabt, Frau Abasa nicht zu sehen.**

190

An P. L. Lawrow — Karlsbad, 13. Juli 1873

Verehrter, lieber Pjotr Lawrowitsch, ich bitte um Entschuldigung, daß ich Ihren Brief mit dem Programm Ihrer zukünftigen Zeitschrift nicht sofort beantwortet habe. Das Leben in einem Kurort ist ja so albern eingerichtet, daß man den ganzen Tag nichts tut – aber nie Zeit hat. Ich will damit beginnen, daß ich sehr gern Bezieher, ernsthafter, zahlender Bezieher Ihrer

Zeitschrift werden möchte und Sie bitte, mir diese an meine ständige Adresse – 48, Rue de Douai, Paris – zu schicken und mich wissen zu lassen, wie, wo und wieviel ich dafür zu zahlen habe. Ihr Programm habe ich zweimal mit gebührender Aufmerksamkeit gelesen: mit allen Hauptpunkten bin ich einverstanden – ich habe nur einen einzigen Einwand und eine appréhension. Mir scheint, Sie greifen die Konstitutionalisten und die Liberalen ganz unnötig so schonungslos an und nennen sie sogar Ihre Feinde, ich glaube, der Übergang von der Staatsform, der jenen als Ideal erscheint, zu der Ihren ist weniger weit und beschwerlich als der Übergang vom jetzigen Absolutismus – um so mehr, als Sie selber an gewaltsame Umstürze nicht recht glauben – und ihren Nutzen leugnen. Und wenn nun Sie in dieser Weise gegen die Liberalen und die Parlamentsanhänger Stellung beziehen, wird das viele von ihnen abstoßen und zurückschrecken. Meine appréhension besteht in folgendem: hoffentlich geben Sie Ihrer Zeitschrift nicht einen allzu gelehrten, philosophischen Anstrich, was gleichfalls ihrer Verbreitung Abbruch tun und ihren Einfluß schmälern könnte. Doch all das wird sich ipso facto zeigen und regeln. Ich warte also mit Ungeduld auf das Erscheinen der ersten Nummer Ihres „Wperjod“.

Was unsere ehemaligen Züricher Studentinnen anlangt, so sind meine Beziehungen zu Universitätskreisen zu lose, als daß ich ihnen von Nutzen sein könnte; und zweitens dürfen sie sich selbst nicht verhehlen, daß sie in *keiner* einigermaßen angesehenen deutschen Universität *Aufnahme finden werden* – man braucht sich doch nur den kleinen Beitrag in der gestrigen Ausgabe der „Kölnischen Zeitung“ durchzulesen: er enthält nicht nur die Ansicht der Regierung, sondern auch die der Öffentlichkeit zur Frage einer Immatrikulation der Studentinnen. Hier besteht vorläufig nicht die geringste Hoffnung.

In zehn Tagen reise ich von hier ab und werde zwar die erste Zeit in der Umgebung von Paris wohnen, doch meine Adresse ist – 48, Rue de Douai.

Ich wünsche Ihnen alles Gute und drücke Ihnen freundschaftlich die Hand.

Ich ergebener I. Turgenjew

191

An Gustave Flaubert Bougival, 6. August 1873

Sie sagen mir zu gute Dinge, mein lieber Freund; sie lassen mich vor Freude erröten – und vor Verwirrung. Nun, ganz gleich – es ist sehr angenehm – und die alten Lateiner hatten recht mit ihrem „laudari a laudato viro“.

Ich freue mich und bin sehr stolz, meinem alten Flaubert – und dem Autor des „Antoine“ – Vergnügen bereitet zu haben. Und es ist sehr freundlich von ihm, mir all das zu sagen.

Mein Brief trifft Sie vielleicht nicht in Croisset an – aber das ist gleich: er muß abgehen. Am 10. September reise ich an – und wir werden uns nicht langweilen – o nein!

Wissen Sie, daß unsere ganze Bande (ich spreche von meinen hiesigen Freunden, die Ihnen tausend Grüße senden) Ende September nach Nohant fährt – um dort wenigstens eine Woche zu verweilen! Wenn Sie auch kämen – das wäre ein Triumph!

Es herrscht eine abscheuliche Hitze – trotz der geschlossenen Vorhänge zerfließe ich fast. Schreiben ist eine Heldentat – unter solchen Bedingungen – deshalb werden Sie mir gestatten, Sie auf beide Wangen zu küssen und Ihnen zu sagen: auf Wiedersehen und noch einmal danke schön.

Ihr treuer alter

I. Turgenjew**

192

An P. W. Annenkow Bougival, 28. August 1873

Mein lieber Pawel Wassiljewitsch, Puschkin soll gegen alles, was ausländische Zeitungen über ihn schrieben, überaus empfindlich gewesen sein; ich bin zwar bei weitem kein Puschkin und auch nicht besonders empfindlich gegen Kritik, aber der beigefügte kleine Beitrag hat mir doch einiges Vergnügen bereitet. Sie können daraus ersehen, daß sich der Rezensent voll

Geringschätzung und Groll über die „russische Schule" in der deutschen Literatur äußert, die angeblich in meine Fußtapfen tritt. Gehört habe ich davon schon früher – sogar die Namen meiner „Epigonen" wurden mir genannt, jetzt aber konnte ich es zum erstenmal mit eigenen Augen lesen. So also ist das: die Deutschen eifern mir nach – und zu Hause nennt mich Herr „Postny" in „Delo" einen von aller Welt *verabscheuten* Schriftsteller. Le système des compensations!

Was machen Sie Schönes in Baden – und wie geht es Ihnen und allen Ihren Angehörigen? Ich rüste zur Jagd, die am Sonntag beginnt, freilich nur, wenn meine Gicht es erlaubt. Sonst steht alles zum besten.

Nur nicht in Rußland, wo der arme Tjutschew (F.I.) im Sterben liegt und der „Westnik Jewropy" wegen eines Beitrags, der als ein Beispiel für gemäßigte Haltung dienen kann, die zweite Vorwarnung erhält!

Schreiben Sie mir ein paar Worte. Ich umarme Sie und bleibe Ihr ergebener

I. Turgenjew

PS: Reißen Sie das zweite Blatt ab, und übergeben Sie es *Madame Anstett**.

193

An George Sand Bougival, 3. September 1873

Liebe Madame Sand!

Ich brauche Ihnen nicht zu sagen, nicht wahr?, wie glücklich ich darüber bin, daß Ihnen meine Bücher gefallen. Das wird mein schönster Ruhmestitel sein, und inzwischen macht es mir eine unsägliche Freude.

Sie denken also oft an unsere Ankunft; hier träumt das ganze Haus nur von der Reise nach Nohant. Madame Viardot hat Ihnen vorgestern geschrieben und erwartet nur noch Ihre Antwort, um den Tag der Abreise festzulegen. Sehr wahrscheinlich wird es der 15. sein. Ich glaube nicht, daß Viardot mitkommt, aber Paul wird gewiß kommen; man hat ihm versprochen, ihn mitzunehmen, wenn er von jetzt an fleißig arbeitet. Und er wird sich wohl hüten, den Faulpelz zu spielen.

Ich werde erst drei oder vier Tage später kommen können, um den 18. herum, denn Flaubert erwartet mich am 15. in Croisset; das ist schon lange versprochen. Ich werde versuchen, ihn mitzubringen, aber ich glaube, es wird mir nicht gelingen: er steckt bis zum Hals in dramatischen und literarischen Arbeiten und wird sich nicht davon trennen wollen.

Die Brunnen von Karlsbad haben mir äußerst wohlgetan; bis jetzt schweigt meine Gicht, und ich hoffe, sie wird mir mein Vergnügen nicht verderben. Oh! Was für schöne Tage werden wir in Nohant verleben!

Inzwischen küsse ich Ihnen zärtlich die Hände und bin immer Ihr ergebener

I. Turgenjew

PS: Meine besten Grüße an die ganze Familie.**

194

An A. A. Fet Château de Nohant, 25. September 1873

Mein lieber Fet, ich bin hier bei Frau George Sand zu Gast – traf vorgestern aus Paris ein und habe Ihren Brief mit dem Goethe-Motto mitgebracht, weiß aber nicht, auf wen es sich bezieht – auf Sie oder auf mich. (Sie haben den 4. Vers vergessen: *„In jeden Quark begräbt er seine Nase“**.) Zunächst möchte ich sagen, sie werfen mir zu Unrecht vor, ich zeigte Ihnen immer nur die unverputzte Rückfront meines Daseins. Des Lebens hintere Fassade – diese rohe und übelriechende Erscheinung – umgibt mich nun einmal von allen Seiten; was bleibt einem da noch übrig! Wenn Sie wieder einmal an mich denken, dann vergessen Sie bitte nicht, ich bin jetzt ein Wesen, das wie ein Uhrpendel ständig zwischen zwei gleich garstigen Empfindungen hin und her schwankt: dem Lebensüberdruß und der Todesfurcht – verlangen Sie also nicht zuviel von mir.

Zu ästhetischen Ausflügen und anderen Feinheiten, die Sie an mir schätzten, habe ich jetzt nur sehr selten Gelegenheit … Ich bin zwar nicht ernster, aber ganz gewiß langweiliger geworden. Das läßt sich nicht mehr ändern – take me as I am.

Sie haben recht: der Vers, den ich Aksakow zuschrieb, ist von Chomjakow – aber er weckte in mir Erinnerungen an K. S. Aksakow, erstens, weil er sehr zu ihm paßt, und zweitens, weil ich ihn, begleitet vom üblichen Glockendröhnen, mehrfach aus dem Munde von K. S. gehört habe. Was nun meine Abneigung gegen das Slawophilentum anlangt, so muß ich, wie peinlich es mir auch ist, mich selbst zitieren: „Alles beruht auf Empfindungen", sagt Basarow. Sie mögen die Prinzipien von 1792 nicht (die vom Jahre 89 dagegen behagen Ihnen?), die Internationale, Spanien, die Popensöhne – all das ist Ihnen zuwider; und mir ist Katkow zuwider, die *badischen* Generale, das Militärunwesen und so weiter. Darüber läßt sich, genau wie über Gerüche und Geschmack, nicht streiten. Sie beschuldigen mich zum Beispiel der Ungerechtigkeit und versichern mir gleichzeitig, Sie hätten M. N. Longinow *lachend* davon erzählt; ich jedenfalls würde eher einen Diebstahl zugeben als die Tatsache, mit einem solchen Erzschuft eine fröhliche Unterhaltung geführt zu haben. Da kann man nichts machen.

Sie tun unrecht, so streng über Vergil zu urteilen. Aufbau, Charaktere und so weiter seiner „Aeneis" bieten nichts Bedeutendes; aber in einzelnen Ausdrücken, in seinen Epitheta und im Kolorit ist er nicht nur ein Dichter – sondern ein kühner Neuerer und Romantiker. Ich möchte Sie an „per *amica silentia* lunae" erinnern (das könnte von Tjutschew sein) – oder an „futura jam pallida morte" (von Dido, als sie *rasend vor Wut* den Scheiterhaufen besteigt, um ihrem Leben ein Ende zu setzen) und dergleichen mehr. Ovid habe ich gelesen, um mit dem jungen Viardot *etwas Latein zu treiben**. Er ist gleichfalls nicht so schlecht, wie Sie schreiben.

Meine Gastgeberin hier ist unsäglich lieb und gescheit; sie ist jetzt ganz gütige Greisin – und jeder unguten Erregung seit langem feind. Sie ist mir sehr gewogen – und ich fühle mich ihr herzlich verbunden.

Ich freue mich, daß Lew Tolstoi keinen Haß gegen mich

hegt – und noch mehr freue ich mich über die Gerüchte, daß er gerade einen großen Roman beendet. Gebe Gott nur, daß sich keine Philosophie darin findet!

Grüßen Sie Marja Petrowna von mir, geben Sie dem neunmalgescheiten Petja einen Kuß – bleiben Sie gesund und munter, und möge es Ihnen wohlergehen.

Ihr I. Turgenjew

PS: Ich war kürzlich auf der Jagd und habe einen *Fuchs* geschossen. (Den dritten in meinem Leben überhaupt.) Ab 15. Oktober neuen Stils bin ich wieder in Paris.

195

An P. N. Polewoi Paris, 29. Oktober 1873

Lieber Pjotr Nikolajewitsch!

Ich muß mich bei Ihnen entschuldigen, daß ich so lange mit der Erfüllung meines Versprechens gezögert habe, aber ich bin, kaum wieder hier eingetroffen, ziemlich unpäßlich gewesen, mußte mehrere Tage liegen und hüte auch jetzt noch das Haus; allein ich will die Angelegenheit nicht auf die lange Bank schieben und greife zur Feder.

Die beigefügte biographische Skizze war in der „Niwa“ abgedruckt – und ist in den allgemeinen Zügen ziemlich zutreffend. Ich werde einige Einzelheiten nachtragen – und Sie können dann damit machen, was Sie wollen. (Ich werde in der 3. Person sprechen.)

Unter den historischen Persönlichkeiten, die sich unter seinen Vorfahren finden, ist Turgenjew besonders auf zwei stolz: auf Pjotr Turgenjew, der den falschen Demetrius *überführte* und für diese *Überführung* noch am selben Tag auf dem Richtplatz in Moskau den Tod erlitt – und auf Jakow Turgenjew, den Narren Peters des Großen, der den Bojaren zu Neujahr 1700 mit einer Schere die Bärte abschneiden mußte: auf seine Weise hat er gleichfalls der Aufklärung gedient.

Im Jahre 1838 war Turgenjew in Berlin oft mit Stankewitsch und T. Granowski zusammen; und 1840 hat er ein Semester lang in einem Zimmer mit dem später so bekannt gewordenen Michail Bakunin gewohnt. Sie dachten damals noch nicht an Politik, sondern studierten fleißig Hegel.

Turgenjew kehrte 1841 nicht direkt nach Petersburg zurück, sondern fuhr erst nach Moskau, wo seine Mutter lebte – und wo er mit Slawophilen bekannt wurde: mit den Aksakows, Chomjakow und den Kirejewskis. Das Slawophilentum war damals gerade erst im Entstehen begriffen – doch Turgenjew hat es schon damals abgelehnt.

Im ersten Aufsatz seiner „Literarischen Erinnerungen" (siehe Band I seiner Werke) ist seine geistige Entwicklung ziemlich treffend und genau nachgezeichnet.

Im Jahre 1848 war er nahezu entschlossen, Rußland zu verlassen und für immer im Ausland zu bleiben. Die Trauer, die ihn unwillkürlich beim Gedanken an diesen Entschluß befiel, fand ihren Niederschlag in den damals geschriebenen „Aufzeichnungen eines Jägers" – besonders ist sie in den Schilderungen und Bildern der Natur, die Turgenjew nie mehr wiederzusehen glaubte, zu spüren.

1870 hat Turgenjew Baden-Baden endgültig verlassen, sein dort gebautes Haus verkauft und vorübergehend seinen Wohnsitz nach Paris verlegt. Jedes Jahr kommt er einmal nach Rußland.

So, lieber Pjotr Nikolajewitsch, das wäre alles, was ich zu sagen habe. Mein Leben ist hauptsächlich der Literatur gewidmet – es ist daher arm an äußeren Ereignissen und interessanten Fakten. Die mitgeteilten Daten dürften für die Leserschaft wohl vollkommen ausreichen.

Ich hoffe, das Vergnügen zu haben, Sie in Petersburg wiederzusehen, und bitte Sie, bis dahin die Versicherung meiner vorzüglichen Hochachtung entgegenzunehmen.

Ihr ergebener

I. Turgenjew

196

An Erich Behre Paris, 20. Januar 1874

Werter Herr!

Eben bekomme ich Herrn Pietschens Antwort auf meinen Brief; er ist gern bereit, die Revision der Übersetzung zu übernehmen, und somit wäre die Sache aufs beste abgetan. Nur ist folgendes zu bemerken: er geht als Korrespondent der „Vossischen Zeitung" nach Petersburg und bleibt da bis zum 1. Februar. – (Er ist zu erfragen bei Carl Röttger, Schmitzdorffsche Hofbuchhandlung Newsky-Prospekt Nr. 5) – Man müßte ihm also das Manuskript gleich dahin expedieren. – Vielleicht wäre es tunlicher, wenn Sie ihm erst einen Brief schrieben (auf obengenannte Adresse), um die Frage der Revision ins klare zu bringen, da er jedenfalls während seines Aufenthalts in Rußland wenig Zeit zum Lesen des Manuskripts haben möchte. – Sie würden sich dann nach seiner Antwort richten können. – Meinerseits gebe ich ihm, wie die Franzosen sagen, carte blanche.

Es wäre sehr liebenswürdig von Ihnen, mich über das Resultat zu benachrichtigen.

Empfangen Sie die Versicherung meiner Hochachtung.

Ihr ergebener

I. Turgenjew*

197

An William Ralston Paris, 6. Februar 1874

Mein lieber Freund!

Ich gestehe offen, daß mir in meiner literarischen Laufbahn selten etwas ein solches Vergnügen bereitet hat wie Mr. Holts höchst unerwarteter und außergewöhnlicher Brief. Amerika ist entschieden das Land der Exzentrizitäten. Ich schreibe noch heute an diesen Phönix von einem Herausgeber – und ich schicke ihm eine Photographie von mir, aber ich habe noch eine andere Idee, die Sie hoffentlich billigen werden. Sie haben wahrscheinlich von einem Almanach gehört, der in Petersburg zugunsten der hungernden Bauern von Samara veröffentlicht werden soll; ich habe in meinen alten Papieren eine Skizze in der Art der „Aufzeichnungen eines Jägers" gefunden – ich habe sie gerade für den Almanach überarbeitet, und wenn Sie gestatten, schicke ich sie Ihnen. Es ist ein kleines Manuskript von vierzehn Seiten. Lesen Sie es – und wenn Sie es „passabel" finden – würden Sie die Güte haben, es zu übersetzen? Ich könnte es dann an Mr. Holt schicken als ein Zeichen und einen Beweis meiner Dankbarkeit. Es ist ziemlich unbedacht von mir, Ihnen einen Teil Ihrer Zeit zu nehmen, die Sie für andere, wichtigere Arbeiten brauchen, aber erstens hoffe ich, daß Sie mit mir keine Umstände machen und ganz schlicht *nein* sagen, wenn das Ding Ihnen nicht gefällt, und zweitens ist es ein sehr kurzes Stück. Wahrscheinlich schicke ich das Manuskript morgen.

Ich werde Chanykow Ihren Brief zeigen – er hat sehr recht daran getan, Sie hinsichtlich Ihrer Vorlesungen zu ermutigen. Der Name *Iwan* ist der einzig richtige. Ich meine, Sie haben bewiesen, daß Iwan III. (der Großvater des Schrecklichen) der wirkliche Begründer des Moskauer Reiches war. Ich brauche nicht hinzuzufügen, daß ich mich Ihnen sehr gern für alles, was Sie an Information, literarischer Unterstützung und so weiter brauchen, zur Verfügung stelle – und kommen Sie doch nach Paris; aber nicht später als bis zum 10. April – danach würden Sie mich hier nicht mehr antreffen.

Es würde mir große Freude bereiten, Ihre ausgezeichnete Übersetzung von „Lisa" neu aufgelegt zu sehen; aber Sie haben ganz recht: ohne die Bilder, wenn möglich!

Ich grüße Sie, mein lieber Ralston, als Ihr sehr ergebener

I. Turgenjew***

198

An Hjalmar Boyesen Paris, 24. Februar 1874

Lieber Mr. Hjalmar Boyesen!

Ich habe soeben, fast gleichzeitig, sowohl das mir von Ihnen zugesandte Buch von Mr. Howells, das ich sofort zu lesen begann, als auch Ihren herzlichen und freundlichen Brief erhalten. Ich brauche Ihnen nicht zu sagen, wie sehr mich die wohlwollende Aufnahme meiner Werke durch das amerikanische Publikum freut; ich habe Ihnen bei Ihrem Aufenthalt in Paris immer wieder gesagt, wie sehr ich Ihre Landsleute schätze; ich möchte Ihnen nur noch einmal versichern, daß es mir ein außerordentliches Vergnügen bereitet hat, Ihre Bekanntschaft zu machen, und daß ich mit großem Interesse jeden Ihrer Schritte in der literarischen Laufbahn verfolgen werde, die sich Ihnen nun eröffnet.

Ich zähle auf Ihr Versprechen, mir Ihr Buch zu schicken, sobald es herauskommt.

Es ist einer meiner größten Wünsche, selbst Ihr Land zu besuchen – die Neue Welt ist für die Alte, was die Zukunft für die Gegenwart oder Vergangenheit ist, und ich hoffe sehr, daß ich, bevor ich diese Welt verlasse, mir diesen Wunsch erfüllen kann. Aber einstweilen gestatten Sie mir, durch diesen Brief den Gefühlen meiner Zuneigung Ausdruck zu verleihen und Ihnen meine warmen Empfehlungen an alle bekannten und unbekannten Freunde aufzutragen, die ich auf der anderen Seite des Atlantiks vielleicht habe.

Ich grüße Sie, lieber Herr, als Ihr sehr ergebener

I. Turgenjew

PS: Ich bleibe in Paris bis zum 20. April, danach bin ich drei oder vier Monate fort, die ich größtenteils in Rußland verbringen werde. Ich hoffe von Ihnen zu hören, bevor ich Frankreich verlasse.***

199

An Paul Heyse Paris, 2. April 1874

Lieber Heyse!

Mein langes-langes Stillschweigen ist ganz unverzeihlich; das weiß ich, versuche auch nicht, es zu entschuldigen – nur ein wenig zu erklären. Es zerfällt nämlich in 3 Perioden. In der 1. hatte ich Ihren Roman nicht gelesen; in der 2. hatte ich gelesen, wollte täglich schreiben – wurde aber von der Faulheit verhindert, es zu tun; in der 3. schwieg ich – aus Scham, so lange geschwiegen zu haben. Das scheint paradoxal – ist aber ganz richtig. Nun komme ich natürlich zu spät – der Erfolg Ihres Romans ist wie die alte französische Republik – „aveugle qui ne la voit pas". – Sie sind ins Russische übersetzt worden – und von meinen Landsleuten eifrig gelesen – ich verdanke auch manche schöne Stunde Ihrem Buch – aber es geschieht Ihnen wie mir: wir beide schreiben keine Romane, nur verlängerte Novellen. Ich brauche Ihnen das nicht länger auseinanderzusetzen – Sie wissen alles das so gut wie ich – ich drücke Ihnen nur die Hand – und sage: bravo – und vorwärts! Aber nun kommt das Eigentliche.

Haben Sie Flauberts neuestes Werk – „La Tentation de St-Antoine" bekommen? Ich habe es Ihnen geschickt, denn der Autor ist mein intimer Freund – und das Buch ist sehr originell und bedeutend – und ich möchte für mein Leben gern, daß grade das deutsche Publikum es würdige und den Verfasser – dem die hiesigen Kritiker gram sind – aufmuntere – und nun können Sie meinen heimlichen Wunsch erraten? Gefällt Ihnen das Buch, so schreiben Sie doch einen Artikel darüber, mein lieber Heyse. Ein Wort von einer Autorität wie Sie – würde schwer ins Gewicht fallen. Dem Flaubert würden Sie eine große Freude machen – und mir auch. Jedenfalls lassen Sie mich wissen, was Sie von dem Buche denken.

Ich habe den Winter in Paris zugebracht – ich reise jetzt nach Rußland (Anfang Mai). Den Monat Juli bring ich in Karlsbad zu – und reise dann im August nach Paris zurück – über München, wo ich Sie aufsuchen werde. Ihr Haus muß ja längst fertig sein – und der Vogel sitzt gemütlich in seinem hübschen Nest, nicht wahr? Grüßen Sie Frau Heyse bestens – und empfangen Sie die Versicherung meiner aufrichtigsten Anhänglichkeit.

Ihr I. Turgenjew*

200

An Paul Lindau Paris, 2. April 1874

Mein Herr!

Ich habe nicht die Ehre Ihrer persönlichen Bekanntschaft – hoffe aber, daß mein Name Ihnen nicht unbekannt geblieben ist, da ich auch sonst mit Ihren zwei Brüdern, Richard und Rudolf, in langjährigen Freundschaftsverhältnissen stehe. Der Zweck des gegenwärtigen Briefs ist folgender: ich möchte Ihnen das neuerschienene Werk meines Freundes G. Flaubert – „La Tentation de St-Antoine" aufs beste empfehlen. (Sie werden es wahrscheinlich schon bekommen haben.) Ich bin ein fleißiger Leser der „Gegenwart" – und freue mich jedesmal auf Ihre Artikel, die ebenso geistreich und witzig sind, als sie eine gründliche Kenntnis des französischen Wesens bekunden. Es würde Flaubert gewiß sehr schmeicheln, eine Rezension seines Werks in der „Gegenwart" von Ihrer Feder zu sehen. Meinerseits kann ich nur sagen, daß ich die „Tentation" für ein höchst bedeutendes Werk halte – und hoffe, daß auch Sie diese meine Ansicht teilen werden.

Indem ich Sie wegen des vielleicht etwas Indiskreten meiner Anfrage um Entschuldigung bitte, verbleibe ich mit der ausgezeichnetsten Hochachtung Ihr gehorsamer Diener

I. Turgenjew*

201

An Heinrich Laube Paris, 2. April 1874

Wertester Herr!

Sie werden höchstwahrscheinlich ein Buch aus Paris bekommen haben – „La Tentation de St-Antoine" – und wundern sich vielleicht, was das eigentlich heißen will? Ich komme, das Rätsel zu lösen.

Der Verfasser dieses sehr merkwürdigen und bedeutenden Buchs, G. Flaubert – ist mein alter Freund. Er möchte gern, daß sein Buch von kompetenten kritischen Autoritäten in Deutschland rezensiert wäre, und ich möchte ihm gern den Dienst erweisen – und die Sache ermöglichen. Nach Berlin und München habe ich geschrieben – aber in Wien kenne ich keinen Rezensenten! Nun sehen Sie schon, was ich eigentlich im Schilde führe! Haben Sie die Güte und überreichen Sie das Flaubertsche Buch, nachdem Sie es gelesen haben, was Ihnen gewiß viel Freude machen wird – irgendeiner Zelebrität oder Kapazität – mit einer freundlichen Empfehlung Ihrerseits: ein guter Artikel wird geschrieben, das Publikum aufmerksam gemacht – und wir beide, Flaubert und ich, sind Ihnen zu Dank verpflichtet. Nicht wahr, Sie tun das, lieber Herr Laube?

Ende Juni oder Anfang Juli (spätestens) komme ich nach Karlsbad. Werde ich das Vergnügen haben, Sie dort zu treffen? Es würde mich sehr freuen, die vorjährige Bekanntschaft zu erneuern und fortzusetzen.

Unterdessen drücke ich Ihnen herzlich die Hand und verbleibe mit aufrichtiger Hochachtung Ihr ergebenster

I. Turgenjew*

202

An George Sand Paris, 15. April 1874

Liebe Madame Sand!

Gleich nachdem ich Ihren Brief erhielt, habe ich an den Freund Plauchut geschrieben und ihn ersucht, mich mit Monsieur Rollinat bekannt zu machen. Ich schätze mich glücklich, ihm für alles, was er wünscht, zur Verfügung zu stehen. Ich habe seine Übersetzung durchgelesen, sie ist sehr gut. Plauchut bringt ihn wahrscheinlich morgen abend mit (bei Madame Viardot wird donnerstags musiziert).

Was soll ich Ihnen über das Lob sagen, mit dem Sie meine „Reliquie" bedenken? Es ist so herrlich überwältigend, daß ich Ihnen dafür kaum zu danken wage. Aber es hat mich so froh gemacht, ich versichere es Ihnen, und bei dieser Gelegenheit muß ich Ihnen etwas sagen: ich hatte die Absicht, Ihnen diese kleine Erzählung zu widmen; aber Viardot, den ich konsultierte, riet mir zu warten, bis ich etwas weniger Unbedeutendes und weniger des großen Namens, mit dem ich es schmükken wollte, Unwürdiges geschrieben hätte. Ich bedaure jetzt, daß ich nicht meiner ersten Regung gefolgt bin, denn wer weiß, was aus der anderen Sache wird? Jedenfalls bitte ich Sie, mir die Absicht anzurechnen.

Plauchut sagte uns, es sei nicht unmöglich, daß Sie nach Paris kommen; da ich aber in drei Wochen nach Rußland reise, fürchte ich sehr, Sie erst im Herbst in Nohant sehen zu können. Man muß Geduld haben!

Tausend Grüße an alle die Ihren; ich küsse Ihnen sehr zärtlich die Hände.

I. Turgenjew

PS: Ich erlaube mir, Ihnen ein Fäßchen Austern zu schicken; man muß den letzten Monat mit „r" ausnutzen.**

203

An Gustave Flaubert Berlin, 17. Mai 1874

Mein lieber Freund!

Ich schicke Ihnen einen Artikel, der soeben in der *„Nationalzeitung"** über „Antoine" erschienen ist. K. Frenzel hat ihn geschrieben – und im ganzen genommen ist er recht günstig. Aber weshalb hat man die von mir erbetenen Exemplare nicht an Julian Schmidt, den ersten Literaturkritiker Deutschlands, und an Ludwig Pietsch, den ersten Feuilletonisten, geschickt? Ich hatte sie doch auf meiner Liste angegeben – ich bin *absolut sicher.* Sorgen Sie dafür, daß diese Unterlassung schnellstens in Ordnung kommt. Ich gebe noch einmal die Adressen:

Dr. Julian Schmidt, Berlin, Kurfürstenstraße 70.
*Ludwig Pietsch, Berlin, Landgrafenstraße 8.**

Ich habe beide gesehen – und beide beklagten sich darüber, nichts bekommen zu haben.

Ich schreibe Ihnen diesen Brief noch nach Paris, da ich annehme, Sie sind noch dort: übrigens, sollten Sie nicht mehr dort sein, so wird man ihn Ihnen nachsenden.

Ich fahre heute abend nach Petersburg – ich werde übermorgen dort dinieren, falls mir nichts passiert. Meine Anschrift in Petersburg ist *Hotel Demut.*

Ich umarme Sie aufs herzlichste.

Ihr alter I. Turgenjew**

204

An Pauline Viardot Petersburg, 25. (13.) Mai 1874

Liebe Madame Viardot, *teuerste Freundin**, heute früh habe ich Ihren Brief erhalten (mit dem von Viardot und den „Ihren"). Er ist bezaubernd in jedem Punkte, und ich verspreche Ihnen, daß ich Ihnen Ihre Beschreibung eines von der Singwut befallenen Kanarienvogels stehlen werde. Das ist bewunderungswürdig. Ich werde auf Ihre Fragen antworten: nein, die Tochter von Pietsch ist noch nicht verheiratet – sie ist verlobt und kann es noch zehn Jahre lang bleiben. Menzel hat sich nicht geärgert, er hat sich ein wenig beklagt, daß Sie ihm Pietsch vorgezogen haben, denn er behauptet, Sie mindestens ebenso zu lieben wie dieser. Da Sie den *„Mateo Falcone"* von Mérimée gelesen haben, lesen Sie doch das *Original* in dem Band Chamisso, den Sie haben, und vergleichen Sie. Danke, daß Sie den Band an Pietsch geschickt haben – ich stehe Ihnen dafür ein, daß er nicht verlorengeht. Sie haben ein wunderbares Wetter. Hier ist es weiterhin fürchterlich. Ich habe gestern nichts getan, was Ihnen zu erzählen der Mühe wert wäre. Heute habe ich bei Frau Abasa diniert, wo ich vom Tode dieser armen Frau Muchanow erfahren habe, die in Warschau nach einer äußerst schmerzhaften Agonie verstorben ist ... *Sic transit!* Morgen werde ich bei Frau Abasa endgültig meinen russischen Text zu den Worten Ihrer Romanzen in Ordnung bringen, und dann trage ich sie zu Johansen, ich habe auch den „Jüngling" ins Deutsche übersetzt, so:

„Bitterlich weinte das Mädchen; sie schalt treulos den Geliebten ... An ihre Schulter gelehnt, plötzlich – sieh da! schlief er ein. Plötzlich schwieg auch das Mädchen, leis seinen Schlummer bewachend.

*NB: Sah ihn – und lächelt ihn an, während die Träne noch rann."**

NB: Dieser Vers wird noch geändert.

Die Dichtung ist mittelmäßig, aber die Übertragung ist, glaube ich, richtig.

NB: *Rosenzeit** ist übersetzt und in Petersburg veröffentlicht worden.

Ich habe einen Teil des Abends mit der Tochter von Sollogub, Frau Saburow, verbracht. Der Papa wollte kommen, ist aber nicht erschienen.

*Der Ihrige**

I. Turgenjew**

205

An Émile Zola Spasskoje, 17. (5.) Juni 1874

Mein lieber Zola!

Wenn Sie einen Atlas haben, suchen Sie die Rußlandkarte und fahren Sie mit dem Finger von Moskau in Richtung Schwarzes Meer, so werden Sie auf Ihrem Weg – ein wenig nördlich von Orjol – die Stadt Mzensk finden. Nun, mein Dorf liegt zehn Kilometer von diesem, wie Sie sehen, ein wenig schlecht auszusprechenden Ort entfernt. Es ist eine stille, grüne, traurige, absolute Einöde. Wenn ich hier arbeiten kann, bleibe ich einige Zeit, wenn nicht, verschwinde ich, und nach einem sechswöchigen Aufenthalt in Karlsbad komme ich wieder nach Paris, wo ich Sie ganz sicher aufsuchen werde.

Nun zum Geschäftlichen!

Ich bin in Petersburg zu der Überzeugung gelangt, daß man angesichts der bestehenden internationalen Gesetze gar nichts unternehmen kann, um den erstbesten an der Übersetzung und Veröffentlichung Ihrer Werke zu hindern. Deshalb konnte ich die „Conquête de Plassans" nicht unterbringen. Eine Übersetzung ist davon noch nicht erschienen, aber der Herausgeber der Zeitschrift, von der ich Ihnen erzählt habe, will nicht das Risiko eingehen, eine Übersetzung, von der er das Erstveröffentlichungsrecht nicht besitzt, in Auftrag zu geben. (Gerade als ich Petersburg verließ, erschien bei einem Verlagsbuchhändler „La Curée" unter dem Titel „Dobytscha broschennaja sobakam", wörtlich: „Den Hunden vorgeworfene Beute".) Da aber dem besagten Herausgeber sehr viel daran liegt, Ihre Werke in seiner Zeitschrift zu veröffentlichen, schlägt er Ihnen durch mich vor, Ihnen 30 Rubel (105 Francs) pro Druckseite zu zahlen für alles, was Sie ihm im Manuskript oder als Korrekturfahnen schicken werden, und da er dem Übersetzer annähernd genausoviel zahlen muß, meine ich, das ist ein vernünftiger Preis und Sie sollten ihn akzeptieren. Antworten Sie mir an die folgende Adresse:

Herrn Iwan Turgenjew, Petersburg, Hotel Demut, Grande Rue des Ecuries.

Ich werde spätestens in etwa zwanzig Tagen dort sein und kann Ihre Antwort an den Bestimmungsort bringen.

Der Herausgeber hat Ihre „Conquête“ gelesen und war entzückt davon.

Der Roman, an dem Sie gerade schreiben, macht mich sehr neugierig. Mir scheint, er wird sehr gut werden. Sein Thema ist gleichermaßen einfach und originell.

Ich habe soeben an Flaubert geschrieben, aber ich fürchte sehr, daß mein Brief ihn nicht mehr in Croisset erreicht. Er hatte die Absicht, sich in der Schweiz, am Rigi, aufzufrischen. Das russische Publikum hat an seinem „Antoine“ keinen Geschmack gefunden, man hat ihn nicht einmal verteidigt! Es ist nicht nötig, daß er diese Einzelheit erfährt.

Auf Wiedersehen, ich wünsche Ihnen Gesundheit und gute Laune und drücke Ihnen herzlich die Hand.

I. Turgenjew

PS: Die Politik nimmt eine kuriose Wendung bei Ihnen.**

206

An P. W. Annenkow Spasskoje, 24. (12.) Juni 1874

Mein lieber Freund Annenkow, ich schreibe Ihnen zwei Worte aus meiner Einsiedelei, wo ich vor etwa zehn Tagen eingetroffen bin und bis zum Sonntag bleibe. Dann fahre ich über Moskau, Petersburg und Berlin direkt nach Karlsbad, wo ich fünf Wochen verbringen will und wohin ich Sie bitte – poste restante – die Antwort auf diese Epistel zu schicken. Wenn wir alle noch am Leben sind, werden wir uns in den ersten Augusttagen in Baden wiedersehen. Ich weiß, daß Sie jetzt dort sind: jemand, der von Ihnen einen Brief bekam, hat es mir gesagt. Ich hoffe, Sie alle wohnen gesund und munter unter Frau Anstetts gastlichem Dach, die Sie bitte von mir grüßen wollen.

Mit meinem diesjährigen Besuch in Rußland bin ich sehr zufrieden – aber gleichzeitig mußte ich mich davon überzeugen, wenn ich etwas Vernünftiges, Zeitgemäßes und Großes schreiben, das heißt den geplanten – und schon begonnenen – Roman beenden will, muß ich unbedingt – so grauslig das auch sein mag – für den Winter nach Petersburg zurückkehren. Das stille, schöne und bequeme Leben im Ausland hat mich schon zu sehr verwöhnt; angenehme Gewohnheiten haben Wurzeln geschlagen – und ich weiß nicht, ob es mir gelingt, mich von alldem loszureißen... auf alle Fälle will ich es versuchen. Vielleicht fahre ich hin, und es kommt trotzdem nichts dabei heraus – weil das Gehirn ausgetrocknet ist! – zumindest brauche ich mir dann keine Gewissensbisse zu machen.

Ich will Ihnen nicht alles berichten, was ich gesehen und gehört habe; das hebe ich mir für unser Wiedersehen auf. Nur eines will ich sagen; da die Aksakows über meine Absicht, einen Aufsatz über ihren Vater und ihre Familie zu schreiben, tüchtig erschrocken sind (!) (als ob ich irgendein Pamphletschreiber wäre!) und weil Salajew anstelle dieses beiseite gelegten Artikels für seine neue Ausgabe etwas inédit verlangt, habe ich für ihn hier in Spasskoje, aufbauend (wie schon bei der „Lebenden Reliquie") auf dem Fragment eines hier entdeckten alten Manuskripts, eine kleine Erzählung mit dem Titel „Es rattert!" geschrieben. Es handelt sich um eine Begebenheit aus meinem Jägerleben – besondere Bedeutung kommt ihr nicht zu –, trotzdem bedaure ich, daß sie Ihnen nicht *vor* dem Druck zu Gesicht kommt. An „Punin und Baburin" (ich habe die Erzählung ein wenig verbessert – trotzdem bleibt sie schwach) erkenne ich, wie nützlich mir Ihre Hinweise sind. Aber was tun! Hoffen wir, daß diese Kleinigkeit heil davonkommt.

Ich habe einen Brief von dem unglücklichen Pissemski bekommen – er ist jetzt mit seiner Frau in Göttingen, wo beider Sohn (jetzt der einzige) Vorlesungen über römisches Recht hört. Sie wollen im August nach der Schweiz – ich riet ihnen, in Baden haltzumachen und Sie zu besuchen. Die beiden können einem leid tun, ein solches Unglück ist bitterer als der Tod – weit bitterer.

Und nun will ich Ihnen von meiner phantastischen Begegnung mit Gontscharow auf der Straße in Petersburg berichten!! Jetzt wirft er mir vor, ich stehle alle Gedanken seiner Werke und gebe sie weiter – an wen? An die französischen Romanschriftsteller, deren Werke ausnahmslos eine *schlecht getarnte Nachahmung seines „Oblomow" und der „Schlucht"* seien. Und warum tue ich dies? Um zu verhindern, daß seine Romane übersetzt werden – ils sont déflorés –, und um auf diese Weise in den Augen der Franzosen den ersten Platz in der russischen Literatur zu behaupten! Der arme Gontscharow wird noch im Irrenhaus enden.

Nun, auf Wiedersehen. Schreiben Sie mir ein paar Worte nach Karlsbad. Ich schreibe Ihnen von dort, sobald ich angekommen bin. Ich umarme Ihre ganze Familie und drücke Ihnen freundschaftlich die Hand.

Ihr I. Turgenjew

207

An Hermine Seegen Karlsbad, 26. August 1874

Werteste Frau Seegen!

Alea jacta est! Ich reise heute abend um halb sieben ab. Ein Brief, den ich gestern bekam, hat meinen Entschluß beschleunigt. Leider kann ich Ihrem Gemahl die Hand nicht drücken, denn das Treppensteigen ist mir noch ein verbotenes Ding. Grüßen Sie ihn herzlich, so wie auch Ihr Fräulein Schwester und Frau Hartmann. Ich möchte Sie gerne sehen und sprechen, ehe ich abreise. Könnten wir nicht einen kleinen Ausflug – wollen wir sagen um 1 Uhr – machen? Ich würde Sie abholen. Ich habe nämlich eine Bitte an Sie: wollen Sie fortfahren, die Korrekturbogen durchzusehen? Die Druckerei in Rudolstadt würde jedesmal zwei Exemplare abschicken, eins nach Paris, das andere hierher, und beide Korrekturen in das definitive Blatt eintragen. Sie würden mir dadurch eine sehr große Gefälligkeit erweisen.

Künftiges Jahr bin ich gescheiter und komme nach Karlsbad Anfang Mai.

Also – noch hoffentlich auf Wiedersehen und empfangen Sie die Versicherung meiner herzlichen Sympathien und Hochachtung.

Ihr ergebener I. Turgenjew*

208

An A.P. Filossofowa Bougival, 30. August 1874

Meine liebe Anna Pawlowna, zwar bitten Sie nicht um Antwort und scheinen eine solche nicht einmal zu wünschen, doch verpflichten mich Ihr Vertrauen und das Gefühl achtungsvoller Sympathie, das Sie mir eingeflößt haben, Ihnen ein paar Worte auf Ihren Brief zu sagen.

Zum ersten: ich kann Ihnen versichern, Ihr Tagebuch hat mich durch seine Ehrlichkeit und Aufrichtigkeit beeindruckt; von Komplimenten kann keine Rede sein. Zum zweiten, was Ihre neuen Menschen betrifft... Was für ein Künstler (ich sage schon gar nicht: was für ein Mensch) wäre ich, verstünde ich nicht sehr gut, daß Selbstsicherheit, Übertreibung, eine gewisse Phrasenhaftigkeit und Pose, ja sogar ein bestimmtes Maß Zynismus unvermeidliche Eigenschaften der Jugend sind? Nicht das werfe ich Ihren Bekannten vor, sondern Kärglichkeit der Gedanken, Mangel an Kenntnissen – und vor allem: Dürftigkeit, eine erbärmliche Dürftigkeit ihres Talents. Schlimm ist nicht, daß Herr W. Dechterew unter zwölf Verse („Nicht mich, die Idee sollst du lieben“) sowohl das Datum der ersten Eingebung setzt als auch das, an dem er dieses große Werk vollendet hat – schlimm ist vielmehr, daß seine Verse miserabel, daß sie nicht einmal grammatisch richtig und trotz allen scheinbaren Schwungs platt und ohne Gefühl sind. Schlimm ist, daß Herr W. Dechterew kein fremdsprachiges Zitat anzuführen vermag, ohne grobe Fehler zu machen. Nicht Spott, wie Sie annehmen, fordert eine solche Jugend heraus, sondern Bedauern. Ich könnte Ihnen junge Leute mit weit extremeren Ansichten und weit linkischeren Formen nennen, vor denen ich alter Mann den Hut ziehe, weil ich spüre, sie besitzen wirklich Kraft, Begabung und Geist. Dort aber findet sich nichts davon – nichts und wieder nichts. Sie werden sich bald selbst davon überzeugen.

Nebenbei bemerkt, einige Ihrer Bekannten (besonders Herr Ditjatin) machen einen vorteilhafteren Eindruck als der russische „Leo“; doch den Stempel der Talentlosigkeit tragen sie alle ausnahmslos.

Zum dritten. Wie denn? Auch Sie, gerade Sie behaupten, ich hätte mit Basarow eine Karikatur der Jugend zeichnen wollen, Sie wiederholen diesen ... verzeihen Sie die Freiheit des Ausdrucks – unsinnigen Vorwurf! Basarow, dieses mein liebstes Kind, dessentwegen ich mich mit Katkow entzweit, auf den ich alle mir zur Verfügung stehenden Farben verschwendet habe, Basarow, dieser geistreiche Kopf, dieser Held – eine Karikatur?!? Aber hier ist anscheinend alle Mühe vergebens. Wie man Louis Blanc trotz all seiner Proteste bis heute ständig beschuldigt, *er* habe die Volkswerkstätten (ateliers nationaux) eingeführt, so schreibt man auch mir zu, ich hätte die Jugend durch eine Karikatur *verletzen* wollen! Für diese Verleumdung bringe ich schon seit langem nur noch Verachtung auf; nie hätte ich erwartet, daß sich beim Lesen Ihres Briefes dieses Gefühl in mir erneuern sollte.

Nun wollen wir uns Ihrer *„Alten"*, das heißt der Kritik oder vielmehr der Leserschaft zuwenden.

Wie jede Alte hält sie hartnäckig an vorgefaßten oder gängigen Ansichten fest, wie unbegründet diese auch immer sein mögen. Zum Beispiel behauptet sie in einem fort, alle meine Werke nach den „Aufzeichnungen eines Jägers" seien schlecht, denn ich sei ja nicht in Rußland gewesen, könne es also gar nicht kennen. Doch dieser Vorwurf kann sich nur auf das beziehen, was ich *nach* 1863 geschrieben habe: vorher (also bis zu meinem 45. Lebensjahr) habe ich *fast ununterbrochen* in Rußland gelebt – die Zeit von 1848 bis 1850 ausgenommen, in der ... *ausgerechnet* die „Aufzeichnungen eines Jägers" entstanden, während „Rudin", „Ein Adelsnest", „Vorabend" und „Väter und Söhne" in Rußland geschrieben worden sind. Aber das hat für die Alte nichts zu besagen: son siège est fait. Die zweite Schwäche der Alten ist, daß sie ständig der Mode folgt. Jetzt ist in der Literatur die Politik Mode: alles, was nicht Politik ist, betrachtet sie als *unsinnig* oder sogar *abgeschmackt*. Wie peinlich es auch ist, seine eigenen Sachen zu verteidigen – aber stellen Sie sich vor, nicht einmal „Poch, poch, poch" kann ich für dummes Zeug halten. „Was ist es dann?" fragen Sie ... Das will ich Ihnen sagen: eine meinen Kräften gemäße Studie des *russischen Selbstmords*, der nur selten poetisch oder pathetisch ist, sondern fast immer aus Eigenliebe und Beschränktheit, vermengt mit einem Schuß Mystizismus und Fatalismus, verübt wird. Sie werden mir sagen, meine Studie sei mißglückt... Möglich; aber ich wollte Sie nur darauf hinweisen, daß es berechtigt und sinnvoll ist, rein psychische (nicht politische und nicht soziale) Fragen zu behandeln.

Die Alte wirft mir auch Mangel an Überzeugungen vor. Die Antwort hierauf kann meine gesamte dreißigjährige literarische Tätigkeit geben. Wegen keiner einzigen von mir geschriebenen Zeile brauchte ich je zu erröten – keine einzige zu widerrufen. Das soll erst mal ein anderer von sich sagen können! Doch mag die Alte doch ruhig schwatzen! Ich habe ihr früher keine Beachtung geschenkt: warum sollte ich es jetzt tun!

Ich weiß nicht, ob ich meinen Roman zu Ende schreibe, und weiß genau, er wird viele Mängel aufweisen ... Nur, mit Verlaub, meine liebe Anna Pawlowna, warum machen sich denn Ihre jungen Menschen nicht an diese Aufgaben? Wir Alten würden ihnen „Amt und Ehren" nur zu gern abtreten und wären die ersten, die sich über den Zustrom neuer Kräfte freuten. In der Arena der Literatur messen sich jedoch nur die Belletristen des „Delo" – und „Menschen besonderer Art" vom Typ des Herrn W. Dechterew.

Sie sehen, liebe Anna Pawlowna, nicht nur Sie verstehen es, die volle und ungeschminkte Wahrheit zu sagen. Ich hoffe, auch Sie werden darüber nicht böse sein und das von mir Gesagte – nun, wenigstens zur Kenntnis nehmen.

Ich habe noch immer die Gicht – bis Bougival bin ich gekommen, gehe aber noch an Stöcken und fahre frühestens in einem Monat nach Paris. Sie können versichert sein, ich werde eine Möglichkeit finden, Ihnen Ihre Briefschaften heil und unversehrt zuzustellen.

Und damit bitte ich Sie, den Ausdruck meiner Verehrung entgegenzunehmen und an deren Aufrichtigkeit nicht zu zweifeln.

Ihr ergebener

I. Turgenjew

209

An A. P. Filossofowa Bougival, 23. September 1874

Ihr Brief ist so lieb und sympathisch, liebe Anna Pawlowna, daß ich mit meiner Antwort nicht zögern will.

Sie haben mit Basarow begonnen: auch ich will mit ihm anfangen. Sie suchen ihn im wirklichen Leben; und Sie werden ihn nicht finden: ich sage Ihnen gleich, warum. Die Zeiten haben sich geändert; Basarows werden jetzt *nicht gebraucht.* Für die zu leistende gesellschaftliche Tätigkeit ist kein besonderes Talent erforderlich, nicht einmal besonderer Verstand – nichts Großes, Hervorragendes, allzu Individuelles; Fleiß ist erforderlich und Geduld; die Fähigkeit, sich ohne jedes Trara und Aufsehen zu opfern, sich zu bescheiden und vor simpelster und sogar niedrigster Kleinarbeit nicht zurückzuscheuen. Ich gebrauche das Wort niedrig im Sinne von schlicht, kunstlos, „terre à terre". Was kann zum Beispiel niedriger sein, als einen Bauern lesen und schreiben zu lehren, ihm zu helfen, Krankenhäuser einzurichten und so weiter? Braucht es dazu etwa Talent oder gar Gelehrsamkeit? Allein ein Herz braucht es, das fähig ist, seinen Egoismus zu opfern – nicht einmal von *Berufung* kann man hier sprechen (schon gar nicht zu reden vom *Stern* des Herrn W. Dechterew!). Pflichtgefühl, den guten alten Patriotismus im echten Sinne des Wortes – das ist alles, wessen es bedarf.

Basarow aber ist immerhin noch ein Vorbild, ein Herold, eine großartige Gestalt, die einigen Reiz ausstrahlt und einer gewissen Aureole nicht entbehrt: all das ist jetzt fehl am Platze – und es wäre lächerlich, von *Helden* oder *Künstlern* der Arbeit zu sprechen. Glänzende Begabungen werden in der Literatur wohl nicht mehr zu finden sein; wer sich in die Politik stürzt, richtet sich sinnlos selbst zugrunde. All das ist, wie es ist, doch viele können sich nicht sofort mit dieser Tatsache, mit dieser grauen Wirklichkeit und diesem bescheidenen Wirken abfinden; das gilt besonders für feinfühlige und enthusiastische Frauen wie Sie. Sagen Sie, was Sie wollen – Sie möchten sich dennoch begeistern, für etwas schwärmen; Sie schreiben selbst, Sie möchten sich verneigen, aber man verneigt sich nicht vor Leuten, die *nur nützlich* sind. Für uns beginnt jetzt eine Epoche der *nur nützlichen* Menschen ... und das werden bessere Menschen sein. Ihrer werden wahrscheinlich viele sein; schöne und bezaubernde Naturen dagegen nur sehr wenig. Und in Ihrem Suchen nach Basarow – dem „echten" – äußert sich trotz allem, vielleicht unbewußt, das Verlangen nach Schönheit – natürlich einer Schönheit besonderer Art. All diese Wunschträume müssen Sie aufgeben.

Ich wäre der letzte, Ihren Bekannten mangelnde Begabung vorzuwerfen, wenn sie nicht behaupteten, solche zu besitzen: wären sie fleißige Arbeiter – was könnte man sich Besseres wünschen; doch da sie sich nun einmal auf die Hinterbeine stellen und Anspruch auf Bewunderung erheben, muß man sie eben daran erinnern, daß sie gar kein Recht auf solche Bewunderung haben. Leider, Anna Pawlowna, leider werden wir diese Vorbilder, diese *neuen* Menschen, von denen man so viel redet, nicht zu sehen bekommen. Das Volk macht einen Prozeß gemeinsamer innerer Entwicklung, der Umgestaltung und Neubildung durch; es braucht Helfer – keine Führer, und erst wenn diese Etappe zu Ende ist, werden erneut große, einmalige Persönlichkeiten auf den Plan treten. Ich sagte soeben, Sie würden diese nicht mehr zu sehen bekommen ... Sie sind noch jung – Sie werden diese Zeit noch erleben. Bei mir ist das etwas anderes.

Vorläufig aber wollen wir selbst das Abc lernen und es anderen beibringen – und im kleinen Gutes tun – worin Sie schon Erfolge zu verzeichnen haben.

Der Brief Ihres Sohnes, den ich Ihnen zurücksende, ist sehr schön und herzlich. Möge auch er sich unter die nützlichen Arbeiter und *Diener des Volkes* einreihen (wie es einst Diener des Zaren gab)!

Ich weiß nicht, inwieweit Ragosin eingebildet ist, jedenfalls zeigt er es nicht – und spielt sich nicht auf. Aus dem Ratschlag, den er Ihnen gegeben hat, spricht nicht so sehr Mißtrauen gegen mich als vielmehr Teilnahme an Ihnen.

Meine Gesundheit bessert sich – und wahrscheinlich ziehe ich bald wieder nach Paris, 50, Rue de Douai.

Ich drücke Ihnen freundschaftlich die Hand und bleibe Ihr ergebener

I. Turgenjew

210

An William Dean Howells Paris, 28. Oktober 1874

Werter Herr!

Nehmen Sie meinen besten Dank für das freundliche Geschenk, für Ihr entzückendes Buch „Their Wedding Journey", entgegen, das ich mit demselben Vergnügen gelesen habe wie früher „Chance Acquaintance" und „Venetian Life". Ihre literarische Eigenart ist höchst sympathisch: sie ist natürlich, einfach und klar – und gleichzeitig voll unaufdringlicher Poesie und feinen Humors. Und dann finde ich darin die typischen amerikanischen Züge – und das ist nicht der geringste Grund, weshalb mir Ihre Werke so gefallen.

In der Hoffnung, eines Tages Ihre Bekanntschaft zu machen – entweder in Europa oder in Amerika (das letztere würde ich vorziehen) –, sende ich Ihnen, geehrter Herr, meine Grüße als Ihr sehr ergebener

I. Turgenjew***

211

An Émile Zola Paris, 31. Oktober 1874

Mein lieber Zola!

Das Geschäft mit Sta … ssju … le … witsch ist eingeleitet. Er schreibt mir, daß er an Charpentier telegrafiert und ihm einen Brief geschickt hat, in dem er die folgenden Bedingungen stellt: erstens die erste Hälfte des Textes soll am 1. Dezember geliefert werden, und er wird 150 Silberrubel schicken (man muß von jetzt an alles schicken, was verfügbar ist); zweitens, Sie werden hier nicht vor dem 20./8. Februar erscheinen, und am 20./8. Januar muß Stassjulewitsch die restliche Hälfte bekommen – dann schickt er die anderen 150 Rubel.

Ich glaube, das ist gut so. Was die Zahlungsfähigkeit und Korrektheit Stassjulewitschs betrifft, so lassen sie nichts zu wünschen übrig, und ich verbürge mich dafür.

Ich danke Ihnen für Ihr Briefchen, ich rechne mit einem Billett und, wenn möglich, mit einer Generalprobe. Meine Abende sind frei, und die Gicht stellt sich ein wenig tot.

Tausend Grüße.

Ganz der Ihre

I. Turgenjew**

212

An Erich Behre Paris, 22. November 1874

Werter Herr!

Heute habe ich den letzten Korrekturbogen der „Jägerskizzen" an die Fröbelsche Buchdruckerei abgeschickt und glaube, Sie davon benachrichtigen zu müssen. – Zugleich muß ich Ihnen aufrichtig gestehen, daß, wenn es unmöglich ist, einen besseren Übersetzer für meine Sachen zu verschaffen, es mir lieber wäre, das ganze Unternehmen zu sistieren. Es kostet mir zuviel Zeit, und überhaupt ist mir die ganze Arbeit sehr fatal. – Der Herr Übersetzer hat eine höchst oberflächliche Kenntnis der russischen Sprache; jedes nicht ganz gewöhnliche Wort, jede etwas originelle Wendung ist ihm wildfremd, und er stürzt sich dann in das so mißliche Reich des „Ungefähr", wobei die wunderlichsten, unglaublichsten Sachen herauskommen!! Zu Hunderten könnte ich Ihnen die Exempel zitieren, wo der Sinn des Originals gradezu auf den Kopf gestellt wird! – Zum Beispiel: da ist das Wort: ssajelka – kleiner Teich, Pfütze. – Der Herr Übersetzer kennt es nicht, aber *ssajat* heißt: pflanzen – also wahrscheinlich ist das Ding ein *Baum*. Da steht aber ein Epithethon, das „dunkel, schmutzig" heißt – schmutziger Baum... unmöglich! Also schattiger Baum. – Gut. – Man spricht aber von Enten ... in einem *Baum* können die Enten doch nicht *plätschern*... Also machen wir *Tauben* daraus. – Und so wird getrost geschrieben: „Tauben sitzen auf einem schattigen Baum“ – anstatt: Enten plätschern in einer schmutzigen Pfütze, et sic in infinitum! – Und das nennt man eine Übersetzung.

Das kann so nicht weitergehen. Also, bester Herr Behre – entweder einen anderen Übersetzer – oder genügen wir uns mit den neun erschienenen Bändchen.

Haben Sie die Güte, lassen Sie, wie Sie es bis jetzt getan haben, 6 Exemplare der Skizzen mir zukommen, und dann noch an die Herrn

Ludwig Pietsch und Julian Schmidt in Berlin
Professor Friedländer in Königsberg
Frau Professorin H. Seegen, Wien, Parkring, Liebenberggasse Nr. 7
Paul Heyse in München
und Professor Lübke in Stuttgart –

jedem 1 Exemplar.

Sie würden mich dadurch zu großem Dank verpflichten.

Empfangen Sie die Versicherung meiner ausgezeichneten Hochachtung.

I. Turgenjew*

213

An P. L. Lawrow Paris, 5. Dezember 1874

Mein lieber Pjotr Lawrowitsch, entschuldigen Sie, daß ich Ihnen nicht sofort geantwortet und für die Übersendung der Broschüren gedankt habe, die ich inzwischen aufmerksam und mit Vergnügen durchlas. In Ihrer Polemik gegen Tkatschew haben Sie völlig recht; aber junge Geister werden wohl immer nur schwer begreifen, daß man etwas Starkes und Überraschendes langsam und geduldig vorbereiten kann ... Meinen sie doch, nur Langsames werde langsam vorbereitet – in der Art einer allmählichen Reform und so weiter. Den gleichen Eindruck haben die jungen Leute beim Lesen Ihrer Zeitschrift, die in großer Anzahl den Weg nach Rußland gefunden und Gewicht und Ansehen erlangt hat. Mit Ungeduld erwarte ich den dritten Band. Hoffentlich steht er dem zweiten nicht nach.

Mich hat Anfang Juni in Rußland die Gicht befallen – und sie läßt erst jetzt allmählich nach. Das hat vieles sehr erschwert. Die Eindrücke, die ich aus der Heimat mitgenommen habe, lassen sich nicht so schnell wiedergeben; insgesamt sind sie nicht schlecht – wenn sich auch in allen offiziellen Bereichen und in der Literatur wenig Erfreuliches findet. Besonders die Literatur liegt völlig darnieder – alle lebenspendenden Quellen sind versiegt – das empfinden alle.

Ich habe hier den nicht unterzukriegenden jungen Lopatin getroffen; er ist noch der alte gescheite und tüchtige Bursche und teilte mir viele interessante Tatsachen mit – ein heller Kopf!

In Paris bleibe ich bis zum Frühjahr; vielleicht komme ich Anfang nächsten Jahres für einige Tage nach London; aber das ist noch nicht sicher.

Ich wünsche Ihnen alles Gute und drücke Ihnen freundschaftlich die Hand.

I. Turgenjew

214

An P. W. Annenkow Paris, 13. April 1875

Sie sind also wieder in Ihrer Oase, mein lieber Freund Pawel Wassiljewitsch! Ich freue mich sehr, daß Sie alles und jeden in guter Verfassung vorgefunden haben. Wir hier leben weiter gemächlich dahin – und denken oft an Sie, denn genau wie Perikles hinterlassen auch Sie – zwar nicht durch Beredsamkeit, wohl aber offenbar durch irgend etwas anderes – eine Spur in den Herzen der Menschen. Charlamows Bilder sind für die Ausstellung natürlich angenommen worden – und er beendet gerade sein wundervolles Rosenmädchen – mein Porträt freilich befindet sich im Zustand der Stagnation ... Über die Nachricht von M. J. Saltykows Ankunft in Baden habe ich mich sehr gefreut: erstens bin ich überzeugt, für seine Gesundheit wird das sehr gut sein – und zweitens habe ich nun das Vergnügen, ihn wiederzusehen, denn vom 20. bis 25. Mai beabsichtige ich, falls ich noch am Leben bin, auf dem Wege nach Karlsbad in Baden Station zu machen.

Bei Ihnen in Baden ist Herwegh gestorben, in Moskau Leontjew. Wegen dieser beiden Schatten habe ich, ehrlich gesagt, keine Tränen vergossen. Hier wird ebenfalls viel gestorben – meist an Lungenentzündung: unter meinen Bekannten sind viele Greise dahingerafft worden.

Ihren Gruß an die Seljanowa und Shukowski habe ich übermittelt. Beide bedanken sich. Shukowski ist unverändert lieb, gescheit – und liederlich.

W. Korsch war hier. Was für ein tugendhafter Mensch ist das, und was für einen Bart trägt er! Aber für die Herausgabe einer Zeitschrift im Ausland bringt er genausoviel Voraussetzungen mit wie für den Beruf eines Seiltänzers. Übrigens scheint er diesen Gedanken schon wieder aufgegeben zu haben.

Lesen Sie Zolas Roman, und sagen Sie mir Ihre Meinung. Ich habe ihn nur mit Mühe bewältigt, obwohl eine Menge Talent darin steckt. Der ganze Mittelteil, der in erster Linie Poesie und Phantasie brauchte, ist sehr schwerfällig. Mit dem Pinsel des Realismus allein ist da nichts zu machen. Apropos de *Pinsel* – einen Rousseau und einen Dupré habe ich nach Ihrer Abreise erworben – einfach berückend!!

Ich küsse alle Ihre Angehörigen – auch Ihre Gattin nicht ausgeschlossen – falls sie es erlaubt – und umarme Sie. Auf Wiedersehen!

Ihr ergebener

I. Turgenjew

215

An M. M. Stassjulewitsch Paris, 28. April 1875

Mein lieber Michail Matwejewitsch, erst war es Zola – jetzt bietet sich Taine an (der bekannte H. Taine). Er schreibt an einem großen dreibändigen Werk, in dem er zeigen möchte, auf welchen Grundpfeilern die Neuzeit ruht. Der erste Teil ist betitelt: „L'Ancien Régime". Im „Westnik Jewropy" würde er etwa zwölf Bogen beanspruchen. Falls Sie mit ihm die gleiche Operation vornehmen wollen wie mit Zolas Roman, dann wäre er bereit, Ihnen sein Manuskript zu schicken und so weiter. Schwierigkeiten sind hier weit weniger zu erwarten. Sie wissen ja, Taine ist kein Revolutionär und läßt sich unvergleichlich leichter übersetzen.

Dafür möchte er einen höheren Preis haben – und zwar 200 Francs je Bogen. Antworten Sie mir unverzüglich, und nennen Sie Ihre Bedingungen. Ich bin nach wie vor gern bereit, den Mittelsmann zu spielen.

Zolas Feuilleton (Nr. 2) haben Sie gewiß schon bekommen und sind mit ihm hoffentlich ebenso zufrieden. Wegen der anderen Punkte, die ich in meinem Brief angeschnitten habe, warte ich noch auf Antwort.

Einen Monat bleibe ich noch hier – auf keinen Fall länger.

Ich drücke Ihnen freundschaftlich die Hand und bin Ihr ergebener

I. Turgenjew

PS: Das Manuskript kann erst im *Oktober* abgeschickt werden.

216

An A. F. Pissemski Karlsbad, 9. Juli 1875

Mein lieber Freund Pissemski, ich fühle mich Ihnen gegenüber unglaublich schuldig – wirklich, es ist unverzeihlich – aber es ist nun einmal geschehen! Ich beeile mich, mein Vergehen nach Möglichkeit wiedergutzumachen, und schicke Ihnen zwar nicht die Adresse Kaysslers – die ich nicht kenne, die sich aber sehr leicht in jedem Buchladen oder, noch besser, in der Redaktion der „Vossischen Zeitung“ erfragen läßt, deren Mitarbeiter er ist –, dafür aber ein Schreiben an Julian Schmidt, der einen so schönen Aufsatz über „Tausend Seelen“ geschrieben hat und den Sie mit Ihrem Sohn aufsuchen sollen. Ich zweifle nicht daran, daß er sich sehr freuen wird, mit Ihnen zu sprechen und Ihre Bekanntschaft zu machen.

Trotz all meiner Nachfragen habe ich hier keine einzige Ihrer Übersetzungen auftreiben können; aber vermutlich wird Ihnen das in Berlin ohne Mühe gelingen, denn Berlin ist ja schließlich nicht das schäbige Karlsbad.

Es freut mich, daß wenigstens die Bäder Ihnen gutgetan und Sie gekräftigt haben. Ich kann nicht sagen, daß die hiesigen Brunnen mir sehr geholfen hätten. Nächsten Mittwoch fahre ich zurück nach Paris, das heißt nach Bougival, und für den Winter hoffe ich nach Petersburg kommen zu können.

Da Sie ja noch einen Monat in Berlin bleiben wollten, wird mein Brief Sie bestimmt dort erreichen. Ich drücke Ihnen und Ihrem Sohn freundschaftlich die Hand und bitte, Ihrer lieben Gattin meinen Gruß zu übermitteln.

Ihr ergebener

I. Turgenjew

PS: A. K. Tolstoi und ich planen einen „russischen literarischen Abend“ zugunsten der Brandgeschädigten von Morschansk: weiß nicht, ob wir Erfolg haben werden. Russen gibt es hier viele, aber sie sind für gewöhnlich nicht leicht zu beeindrucken.

217

An George Sand Bougival, 13. August 1875

Liebe Madame Sand!

Ich bin so sehr im Unrecht Ihnen gegenüber – oder vielmehr mir selbst gegenüber in bezug auf Sie, daß ich nicht einmal den Versuch wage, mich zu entschuldigen. Ich werfe mich nieder, wie es die Russen in alter Zeit taten, und sage: „Da ist mein Kopf, trennen Sie ihn vom Rumpfe ..." Doch da ich vermute, daß Sie mich begnadigen werden, erhebe ich mich wieder, um Ihnen zu sagen, daß ich seit vierzehn Tagen hier bei meinen alten Freunden weile, die alle, ob jung, ob alt, sich wohl fühlen und Sie in ihrem Herzen tragen. Hier läuft alles nach Wunsch, doch ein anderer Freund befindet sich augenblicklich in einer unerquicklichen Lage – Flaubert, dessen Brief ich Ihnen mitschicke. Um so mehr werfe ich mir vor, Ihnen nicht schon eher geschrieben zu haben, denn Sie ersehen aus einer Passage seines Briefes – daß er unaufhörlich an Sie denkt ... Ein Wort von Ihnen täte ihm sehr wohl – und wenn ich bedenke, daß ich diesen Brief schon mehr als zehn Tage in Händen habe – ach, wirklich, ich werde unwillig über mich, über meine Faulheit und meinen Egoismus.

Ich weiß wohl, daß in allem, was Flaubert sagt, die ungewollte Übertreibung eines reizbaren, nervösen und durch ein leichtes und freies Leben verwöhnten Menschen zum Ausdruck kommt; dennoch weiß ich auch, daß er getroffen ist, und zwar tiefer, als er vielleicht selbst glaubt. Er besitzt Ausdauer, ohne energisch zu sein – wie er Eigenliebe besitzt, ohne eitel zu sein. Das Unglück gleitet in seine Seele wie in Butter. Ich habe ihn zweimal gebeten, ihn in Croisset besuchen zu dürfen, er hat es mir abgeschlagen.

In einem Briefchen, das ich letztens von ihm erhielt, spricht er von dem *tödlichen Schlag*, der ihn getroffen habe.

Alle hier haben sich sehr über die Photographien von Nohant gefreut, über die Marionetten und den berühmten Balandard! Und ich, der ich ...

Doch reden wir nicht mehr davon – und hoffen wir auf bessere Zeiten, wenn man mich überhaupt noch mag.

Tausend und aber tausend Grüße an alle. Ich küsse ganz zärtlich Ihre Hände.

Ihr I. Turgenjew

PS: Haben Sie die Güte, mir den Brief von Flaubert zurückzuschicken.**

218

An P. L. Lawrow Bougival, 9. September 1875

Ich muß mich bei Ihnen entschuldigen, lieber Pjotr Lawrowitsch – ich habe Ihren Brief, der dem Päckchen mit den zwei Büchern beigefügt war, nicht sofort beantwortet. Immer wieder schob ich die Antwort auf, weil ich Ihnen gerne gleich meine Ansicht sagen wollte – zwar nicht zu Ihrem Werk, das ein aufmerksames Studium verlangt, aber doch wenigstens zum „Märchen“ Ihres jungen Freundes. Doch auch dieses Märchen konnte ich erst vor einigen Tagen lesen. Und hier ist, was ich Ihnen sagen möchte. Der Verfasser ist ein Mensch mit Begabung, er beherrscht die Sprache, und seine ganze Arbeit ist durchdrungen vom Feuer seiner Jugend und seiner Überzeugung. Aber der Ton ist unangemessen. Der Verfasser ist sich nicht im klaren darüber, für wen er schreibt – für welche Leserschicht. Die Folge davon ist eine verworrene und unausgewogene Darstellung. Bald schreibt er für das Volk, bald wieder für die gebildetere oder doch zumindest literarisch interessiertere Schicht. Er ist auch dem nicht entgangen, was ich die rhapsodenhafte rhetorische oder Moskauer Manier nennen möchte – nehmen Sie zum Beispiel gleich den Anfang; mir scheint, je weniger solcher Effekte, um so besser. Doch ich wiederhole, Ihr Bekannter hat Talent und Feuer – er sollte in dieser Richtung weiterarbeiten!

Sie fragen nach meiner Gesundheit und meiner Arbeit. Mit der Gesundheit geht es; Arbeit – bleibt aus. Anscheinend befinde ich mich endgültig im Ruhestand. Bis Mitte November bleibe ich hier – dann geht es nach Paris.

Ich drücke Ihnen freundschaftlich die Hand.

Ihr ergebener

I. Turgenjew

219

An P. L. Lawrow Bougival, 11. Oktober 1875

Mein lieber Pjotr Lawrowitsch!

Hiermit sende ich Ihnen die beigefügte Elukubration zurück – und kann Ihnen nur sagen, Sie haben deren Verfasser – den hohlsten aller Hohlköpfe – sehr bald durchschaut; und Dank Ihnen, daß Sie sie nicht in Ihrer Zeitschrift veröffentlicht haben. Dieser Herr tauchte nach einem überaus komischen Briefwechsel (er schickte mir seine Photographie und bemerkte dabei, er habe mit einundzwanzig Jahren alle Fragen der Wissenschaft und des Lebens gelöst) plötzlich bei mir in Karlsbad auf und entwickelte mir – wie ich mich entsinne, bei Regen auf der Sprudel-Kolonnade – seine „ingénieuse idée" über Nikolai Gawrilowitsch, über den Abdruck eines Aufsatzes und so weiter. Ich erwiderte ihm natürlich, das sei hirnverbrannter Unsinn, und von diesem Tage an hatte ich nicht mehr das Vergnügen, ihm zu begegnen. Doch wie sich zeigt, gibt er keine Ruhe und hat diesen Unsinn trotzdem fabriziert. Solche Gecken sollten Sie mehr fürchten als das Feuer: sie sind es ja, die alles verderben. Dechterew in Petersburg schreit es beinahe schon auf den Straßen raus, wir würden jetzt alles um und um stülpen – und wer diese wir sind und wo – und wie und wann – alles schreit er raus. Aber Sie haben es sicher nicht zum erstenmal mit solchen Individuen zu tun. Und leider auch nicht zum letztenmal.

Ich muß sagen, von der Schaffung eines liberalen Organs im Ausland, in Genf oder anderswo, habe ich nichts gehört – allerdings habe ich mich die ganze Zeit von allem ferngehalten. Ich werde mich erkundigen und Ihnen alle Informationen, die ich bekomme, unverzüglich zustellen. Irgendwie kann ich nicht recht daran glauben.

Ich wünsche Ihnen alles Gute und drücke Ihnen freundschaftlich die Hand.

Ihr ergebener

I. Turgenjew

PS: Meine ständige Adresse: 50, Rue de Douai.

An J. I. Ragosin Bougival, 15. Oktober 1875

Mein lieber Jewgeni Iwanowitsch, Ihren Brief habe ich erhalten und bin bereit, mich erneut mit Ihnen über Ihren jungen Freund zu unterhalten. Daß er ein gescheiter und tüchtiger Kerl ist, läßt sich aus allem erkennen; es besteht auch kein Anlaß zu der Behauptung, er besäße kein Talent, obgleich es mir seltsam vorkommt, wie jemand – ganz gleich, aus welchem Grunde – plötzlich sein dichterisches Schaffen für volle fünf Jahre unterbrechen kann. Ein wahrer Dichter ist von der Art jener, die

„Wie der Vogel singt,
*Der in den Zweigen wohnet“** –

gar nicht anders können als Verse schreiben, weil er in Versen fühlt. Aber in der Jugend kommt ja alles vor und ist alles möglich. Es ist durchaus nicht verwunderlich, daß Ihr Bekannter, als er auf Ihre Bitte hin nach langer Unterbrechung etwas aus dem Stegreif schuf, fünfe gerade sein ließ, wie man so sagt. Gute Verse bringt man so leicht nicht zustande. Ich darf ihm die folgenden zwei Ratschläge geben – wenn er sich ernstlich prüfen will. Erstens: zum Gegenstand seiner Verse soll er etwas Selbsterlebtes wählen – nichts Historisches, Romantisches oder Phantastisches, es kann ein ganz gewöhnliches, alltägliches Erlebnis sein (je alltäglicher – um so schwerer wird ihm die Nachgestaltung fallen); zweitens: Er soll sich versagen, Reime auf Verbformen zu bilden. Später wird er solche Verse verwenden – maßvoll – wie Puschkin es getan hat – zunächst jedoch wäre es für ihn von Nutzen, sich selbst Fesseln anzulegen: vermag er dann trotzdem zu laufen, heißt das, er ist wirklich begabt. Er sollte diesen Versuch machen … Aber auch andere, aussichtsreichere und fruchtbarere Beschäftigungen sollte er nicht aufgeben.

Ich werde der erste sein, der ihm freudig Beifall klatscht, falls wirklich ein Dichter aus ihm wird; denn die Dichter drohen in Rußland ganz und gar auszusterben.

Ich freue mich über den Erfolg der Spendenaktion für ein

Denkmal W. Kurotschkins und hoffe, Sie haben meiner Bitte entsprochen und meinen Namen in die Spendenliste eingetragen.

Ich bleibe noch etwa einen Monat hier, was danach kommt, muß abgewartet werden.

Ich drücke Ihnen kräftig die Hand und bleibe Ihr ergebener

I. Turgenjew

221

An J. P. Wrewskaja Bougival, 17. Oktober 1875

Meine Briefe sind also nicht verlorengegangen, liebe Julija Petrowna – und Sie haben geantwortet. Das ist sehr schön. Ich schreibe Ihnen noch einmal nach Jalta, obwohl Sie versichern, am 12. abreisen zu wollen; vielleicht erreicht Sie mein Brief noch dort – oder er wird Ihnen in den Kaukasus nachgeschickt. Der Buddhismus ist eine vortreffliche Religion, und sich Indien anzusehen – besonders während der Besuchsreise des Prinzen von Wales – ist bestimmt interessant; mir will indes scheinen, Sie sind schwankend geworden – und vielleicht werden wir uns in Paris treffen. Sollten Sie tatsächlich nach hier kommen, müßten wir unbedingt ein Frühstück tête á tête in irgendeinem kleinen Wirtshaus veranstalten: wir würden sicher zwei angenehme Stunden verbringen. Denken Sie doch einmal darüber nach! Heute geht es mir gut – aber ich bin melancholisch gestimmt – der Herbst steht vor der Tür –

„O wehmütige Zeit, dem Auge ein Berücken“,

und außerdem habe ich erfahren, daß A. K. Tolstoi gestorben ist. Es scheint noch gar nicht so lange her zu sein, daß wir in Karlsbad ... Doch auch schon damals ging es ihm sehr schlecht. Erinnern Sie sich des „literarischen Abends“?! Als Schriftsteller war er Durchschnitt – aber als Mensch vortrefflich. Ich werde im „Westnik Jewropy“ einige Zeilen über ihn schreiben. Was wird jetzt seine Witwe machen? Vielleicht (ceci est strictement entre nous) stürzt sie sich ins Vergnügen. Ein wenig spät.

Übrigens vergaß ich damals, Ihnen zu schreiben: Ich habe zu Frau Viardot kein Wort über Frau Skobeljowa gesagt – ich wollte nur feststellen, ob es stimmt, daß sie diese überall schlechtmacht. Sie tauchte hier auf – und war plötzlich wieder verschwunden.

Sollogub ist ebenfalls hier – er wird entsetzlich hinfällig und ist schon die reinste Ruine. Er las Saltykow (Stschedrin) und mir seine sehr schlechte Komödie vor, in der er die junge Generation nach Strich und Faden heruntermacht. Saltykow war außer sich, beschimpfte ihn und konnte sich vor Erregung kaum halten: ich dachte schon, der Schlag würde ihn treffen... Er erinnerte mich an Belinski... Eine bedrückende Szene!

Hier gibt es eine recht interessante – kleine – russische Kolonie; allerdings lasse ich mich vorläufig nur selten dort sehen – denn ich bin noch nicht wieder in Paris. Fürst D. Obolenski ist auch hier. Nach Paris, 50, Rue de Douai, gedenke ich in den ersten Novembertagen zurückzukehren.

Ich habe die Absicht zu arbeiten; aber vorläufig ist es bei der Absicht geblieben.

Ich fühle, ich werde alt – „Wie ich im Scherz oft vorgetragen" –, und das bereitet mir durchaus keine Freude. Im Gegenteil. Vor dem Schluß möchte ich entsetzlich gern noch irgend etwas Tolles ausbrüten... Können Sie mir nicht helfen?

Im übrigen wünsche ich Ihnen – von ganzem Herzen – alles Gute und Erfolg bei allen Ihren Unternehmungen. Ich küsse Ihnen die Hände – und empfinde Zärtlichkeit für Sie... Gern würde ich sagen: Auf Wiedersehen.

Ihr ergebener

I. Turgenjew

222

An Edmond de Goncourt Bougival, 26. Oktober 1875

Mein lieber Freund!

Sie werden einen ausführlichen Brief von Monsieur Viardot erhalten haben: er gibt Ihnen darin alle wünschenswerten Auskünfte. Ich fahre Donnerstag nach Paris – und schicke Ihnen die exakten Maße der Bilder.

Ich habe ein Briefchen von Flaubert erhalten. Der arme Kerl hebt langsam wieder den Kopf. Er kommt am 15. November nach Paris und wird bei seiner Nichte wohnen – 240, Rue Faubourg-St-Honoré. Ich werde zur gleichen Zeit wieder in Paris sein. Man muß ihn besuchen, ihn oft besuchen.

Ich hoffe, Sie befinden sich wohl; ich drücke Ihnen herzlich die Hand.

Ihr I. Turgenjew

PS: Sie werden jetzt dank Zolas ausgezeichnetem (ins Russische übersetztem) Feuilleton in Rußland veröffentlicht. „Germinie Lacerteux" und „Renée Mauperin" sind schon übersetzt; alle Ihre Romane werden drankommen. Ich habe auch ein wenig dabei mitgeholfen.**

223

An M. J. Saltykow-Stschedrin Paris, 7. Dezember 1875

Peter der Große soll jeden klugen Mann, dem er begegnete, auf den Scheitel geküßt haben; ich bin zwar nicht Peter und auch nicht „groß" – doch als ich Ihren Brief vom 30. November las, mein lieber Michail Jewgrafowitsch, hätte ich Sie gern abgeküßt – so zutreffend und richtig ist alles, was Sie über die Romane von Goncourt und Zola sagen. Mir selbst hat all das schon dunkel vorgeschwebt – mir gleichsam Magendrücken verursacht; doch erst jetzt habe ich ein „Aha!" ausgestoßen und bin sehend geworden. Es ist ja nicht so, daß sie kein Talent besäßen, besonders Zola; aber sie gehen nicht den richtigen Weg – und erdichten zuviel. Ihre Literatur riecht nach Literatur: das ist das Übel. Doch allem Anschein nach ist gerade das im Augenblick so recht nach dem Geschmack des russischen Lesers; und wenn man diesem Geschmack auch nicht unbesehen nachgeben soll, so darf man andererseits nicht vergessen, daß Romane und Novellen nicht für unsereinen geschrieben werden – und was uns vielleicht zum Halse heraushängt, ist für die Leser erfrischend wie der erste Schnee. Und deswegen wollen wir abwarten, was die Redaktion der „Otetschestwennyje sapiski“ meint. Concourts Roman hat einen recht kühnen Inhalt: wie er selbst sagt, handelt es sich um eine seriöse und exakte Studie des Lebens von Prostituierten. Auf alle Fälle ist es nicht mit Dostojewskis „Jüngling“ zu vergleichen. Als ich die letzte Nummer (das Novemberheft) der „Otetschestwennyje sapiski“ erhielt, warf ich einen flüchtigen Blick in dieses Chaos: Großer Gott, was für ein saures Zeug, was für ein Krankenhausgeruch, welch überflüssiges Murren und psychologische Klauberei!! Da haben wir jemanden, auf den all das haargenau zutrifft, was Sie in Ihrem Brief über diese letzte Gattung sagten.

Der „Koronat“ ist gut wie alles, was Sie schreiben; nur irgendwie weniger bissig. Man merkt dem Autor eine gewisse Ermüdung an. Doch wie sollte es bei Ihrer unausgesetzten Arbeit auch anders sein!

Sie tun mir leid, daß Sie sich in Nizza so sehr langweilen ..., aber andererseits veranlaßt Sie das vielleicht, recht bald nach hier zurückzukehren.

Zweifellos werden Sie von unseren Landsleuten gefürchtet und gemieden. Wenn jeder Schriftsteller in ihren Augen ein Kritikaster ist, dann gilt das für Sie schon lange. Sie müssen versuchen, sie im Fluge zu fangen. Ihr Freund Sollogub ist übrigens immer noch hier – und will im Theater des Palais-Royal eine französiche Pièce inszenieren. Eine unglaubliche Beweglichkeit bei diesem Greis!

Ich habe endlich eine kleine Erzählung zuwege gebracht und an den „Westnik Jewropy“ gesandt. Mir scheint, sie ist recht dürftig ausgefallen.

Wir hatten hier abscheuliches Wetter: schrecklichen Frost, Schnee, kalte Füße und Hände – im Zimmer zehn Grad. Jetzt ist es etwas milder.

Ich grüße Ihre Gattin und drücke Ihnen freundschaftlich die Hand.

Ihr ergebener

I. Turgenjew

224

An P. W. Annenkow Paris, 17. Dezember 1875

Mein lieber Freund Pawel Wassiljewitsch!

Stassjulewitschs Bombardement ist eingestellt: ein Telegramm unterrichtete mich, daß das Manuskript sein Ziel erreicht hat. Bleibt mir nur, mich bei Ihnen wegen der verursachten Schererei oder doch zumindest Unruhe zu entschuldigen.

Aber nun stellen Sie sich vor: mein Jubiläum war ein Windei, eine Zeitungsente. Ich hatte dem Sekretär der Gesellschaft (ohne ihn persönlich zu kennen – wie sich herausstellte, ist es Bessonow) meine Ablehnung mitgeteilt – worauf dieser sich in seinem Antwortschreiben mit der ganzen Gehässigkeit des eingefleischten Slawophilen schier ausschütten wollte vor Lachen über den Westler, der da eine Ehrung zurückweist, die niemand ihm zugedacht hat. Im Grunde genommen bin ich heilfroh darüber – doch künftig werde ich nicht einmal den „Moskowskije wedomosti" glauben.

Und was sagen Sie zu den Vorgängen in Versailles?! Wenn Sie *mich* fragen – einfach ein Hochgenuß. Nicht umsonst heißt es: il n'y a que l'imprévu qui arrive en France. Da bauen sich die Herren Monarchisten unter Broglies Führung und bei gnädiger Beteiligung der Regierung im vorhinein eine uneinnehmbare Festung, eine Art Gibraltar, von wo aus sie die Republik bequem unterminieren könnten – lassen dann ihre Garnison einmarschieren – und was geschieht? Die Garnison ist republikanisch, und die Kanonen Gibraltars sind auf sie selbst gerichtet! Gambetta und Jules Simon brachten dieses Kunststück fertig, wobei sie sich die Antipathie zunutze machten, welche die Anhänger des Hauses Orleans – und in erster Linie Herr Buffet! – allen Parteien eingeflößt hatten. Sie in Baden können sich keine Vorstellung von der Verzweiflung, von der ohmächtigen Wut der Monarchisten machen. Ein solches Gemisch aus Tränen und Zähneknirschen, Flüchen und Erniedrigung hat nicht seinesgleichen! Wer hätte vor zehn Tagen geglaubt, daß die Versammlung, *diese* Versammlung, einen Littré zum Senator wählt und einen Dupanloup durchfallen läßt! Es geschehen Zeichen und Wunder.

Ich würde sehr gern einmal die Rshewskis aufsuchen; aber ich weiß die Adresse nicht. Es sind liebe Menschen.

Überhaupt sehe ich hier niemanden; die Pletnjowa und Shukowski wohnen schrecklich weit entfernt. Einmal allerdings habe ich mit Chanykow üppig gespeist. Charlamow hat mein Porträt beendet: es ist ein richtiges chef-d'œuvre geworden. Sie werden es sehen, wenn Sie im Frühjahr zur Ausstellung herkommen.

Sagen Sie mir Ihre Ansicht über die kleine Erzählung der Lwowa.

Und damit umarme ich Sie und alle Ihre Angehörigen und bleibe Ihr Ihnen herzlich ergebener

I. Turgenjew

225

An M. J. Saltykow-Stschedrin Paris, 15. Januar 1876

Gestern erhielt ich Ihren Brief, mein lieber Michail Jewgrafowitsch – und wie Sie sehen, zögere ich nicht mit der Antwort. Ihr Brief ist durchaus nicht „dumm“ und nicht „grob“, wie Sie schreiben, im Gegenteil, er ist sehr schön und klug – ich habe mich über ihn gefreut: er läßt immerhin eine gewisse Unternehmungslust und Besserung der Gesundheit erkennen – und bildet einen scharfen Kontrast zu der vorangegangenen, überaus düsteren Botschaft. (Ich bin übrigens zur Zeit auch durchaus nicht auf der Höhe: die Gicht setzt mir zu, schon fünf Tage muß ich das Bett hüten.) Außerdem bin ich begeistert von Ihrem Entwurf einer humoristischen Erzählung über Nikolais Briefwechsel mit Paul de Kock: das müssen Sie *unbedingt* schreiben – denn das wird ein Glanzstück. Auch „Unter Verwandten“ habe ich gelesen und bin davon sehr angetan: die Alte, die bei Sonnenaufgang weint – die Franzosen nennen so etwas une trouvaille – und überhaupt die ganze Gestalt ist unübertroffen. Dem Leser Sympathie für sie einzuflößen und dabei keinen einzigen Charakterzug zu mildern – das bringen nur große Talente fertig.

Nun, und jetzt will ich zwei Worte zu „Väter und Söhne" sagen, da Sie davon angefangen haben. Glauben Sie wirklich, all das, was Sie mir vorwerfen, sei mir nicht auch schon durch den Kopf gegangen? Eben deswegen möchte ich nicht von dieser Erde abreten, ohne meinen großen Roman beendet zu haben, der, so will mir scheinen, viele Mißverständnisse bereinigen und mich selbst richtig zeigen und an den Platz stellen könnte, wo ich hingehöre. Ich wundere mich übrigens nicht, daß Basarow für viele ein Rätsel geblieben ist; ich vermag mir selbst nicht recht vorzustellen, wie ich ihn geschrieben habe. Hier war, lachen Sie bitte nicht, irgendein Fatum im Spiel, etwas, das stärker war als der Autor und nicht von ihm abhing. Nur eins weiß ich: keine vorgefaßte Meinung und keine Tendenz hat mich damals beherrscht; ich habe naiv geschrieben und mich dabei gewissermaßen selbst über das gewundert, was ich hervorbrachte. Sie sprechen vom Erzieher des Thronfolgers; aber gerade nach „Väter und Söhne" habe ich mich mehr denn je zuvor von dem Kreis entfernt, in den ich im Grunde genommen nie hineinpaßte und für den zu schreiben oder zu arbeiten ich für dumm und schändlich hielt. Sagen Sie ehrlich: Kann es für irgend jemanden beleidigend sein, mit Basarow verglichen zu werden? Bemerken nicht gerade Sie, daß er die sympathischste von allen meinen Gestalten ist? Den „gewissen feinen Geruch" haben die Leser hinzuerfunden; ich bin jedoch bereit, einzugestehen (und habe dies schon öffentlich in meinen „Erinnerungen" getan), daß ich nicht das Recht hatte, unserem reaktionären Abschaum die Möglichkeit zu geben, sich einen Decknamen zunutze zu machen; der Schriftsteller in mir hätte dem Staatsbürger dieses Opfer bringen müssen – und daher erkenne ich es als gerechtfertigt an, wenn sich die Jugend von mir zurückzieht und alle möglichen Beschuldigungen gegen mich erhoben werden ... Die aufgeworfene Frage war wichtiger als die künstlerische Wahrheit – und ich hätte dies voraussehen müssen.

Ich kann nur nochmals wiederholen: warten Sie meinen Roman ab – und seien Sie mir bis dahin nicht böse, wenn ich, um den Gebrauch der Feder nicht zu verlernen, leichte und unbedeutende Sachen schreibe... Wer weiß, vielleicht ist mir noch beschieden, die Herzen der Menschen zu entflammen.

Ein unterhaltsamer Schriftsteller wie I. A. Gontscharow werde ich trotzdem nicht. Eher ein langweiliger.

Doch nun genug davon!

Hier ist niemand erfroren, und Schnee haben wir hier wahrscheinlich weniger als Sie im Süden; aber bleiben Sie trotzdem bis zum Frühjahr in Nizza, erholen Sie sich, und kommen Sie danach hierher. Ich würde mich sehr freuen, Sie wiederzusehen.

Ich grüße Ihre Angehörigen und drücke Ihnen freundschaftlich die Hand.

Ihr ergebener

I. Turgenjew

226

An Hippolyte Taine Paris, 20. Januar 1876

Mein lieber Taine (Sie erlauben mir doch, das Monsieur wegzulassen, nicht wahr?), ich habe die durch eine Gichtattacke aufgezwungene Mußezeit genutzt, um Ihr Buch zu lesen, und ich bitte Sie, meine aufrichtigsten Glückwünsche entgegenzunehmen. Das ist ein Meisterwerk, aus dem sogar diejenigen, die es angegriffen haben, mit vollen Händen schöpfen werden. Sie haben da etwas Bleibendes und Nützliches geschaffen – zwei Dinge, die nicht immer zusammen anzutreffen sind.

Wenn ich Dienstag ausgehen kann, werde ich Ihnen die Hand drücken, und wir werden eingehend darüber reden.

Inzwischen bin ich mit den besten Wünschen

I. Turgenjew**

227

An Émile Zola Paris, 12. April 1876

Mein lieber Freund!

Ich komme zu Ihnen mit folgender Bitte: wären Sie imstande, irgendeinen kleinen Abschnitt aus Ihren Sachen vorzulesen (acht bis zehn Minuten), und zwar auf einer musikalisch-literarischen Matinee, die wir gerade für die armen russischen Studenten, die sich in Paris aufhalten, organisieren und die Sonntag (in zehn Tagen) in dem Hause in der Rue de Douai stattfinden soll? Ihr Name auf der Ankündigung (nicht öffentlich) würde meine Landsleute anziehen wie der Honig die Fliegen. Ich lese auch etwas; Madame Viardot singt und so weiter. Sollte es möglich sein, antworten Sie „ja", und nennen Sie mir den Abschnitt, damit man ihn im Programm aufführen kann. Sollte es nicht möglich sein, nun, dann werden wir uns darein schicken – schweren Herzens.

Ganz der Ihre

I. Turgenjew

PS: Es würde um drei Uhr stattfinden, bevor wir zu Flaubert gehen.**

228

An M. M. Stassjulewitsch Paris, 20. April 1876

Mein lieber Michail Matwejewitsch, heute schreibe ich Ihnen einen rein informatorischen oder doch zumindest geschäftlichen Brief – und der Übersicht halber will ich ihn nach Punkten gliedern.

1. Das beiliegende Manuskript ist eine Übersetzung des bekannten Dramas von Hebbel, die, auf meine Empfehlung hin, von einem jungen hier ansässigen und sehr begabten (aber auch sehr armen) Russen, einem gewissen P. W. Grigorjew, angefertigt wurde. Ich fürchte nur, dieses Drama (wohl das beste Werk des neuen deutschen Dramenschaffens) könnte schon

ins Russische übersetzt sein; wenn nicht, kann ich es bedenkenlos für eins der in den Sommermonaten erscheinenden Hefte des „Westnik Jewropy" empfehlen und bin gewiß, wenn Sie es gelesen haben, werden Sie meine Meinung teilen. Falls Sie die Übersetzung annehmen, könnte ich in Petersburg mit Ihnen über den Preis sprechen. Er wird Sie jedenfalls nicht an den Bettelstab bringen.

2. Das zweite Blatt mit den Übersetzungen aus Heine stammt von J. Miljutin, dem Sohn des bekannten N. A. Miljutin. Diese Übersetzungen sind überaus manierlich – und könnten Berücksichtigung finden, erstens, um den jungen Dichter zu ermutigen, und zweitens im ehrenden Gedenken an seinen Vater. Als Unterschrift sollen nur zwei Buchstaben angeführt werden: J. M.

3. Flauberts Legende bringe ich Ihnen selber mit: Sie werden sehen – großartig.

4. Betreffs der Briefe Puschkins! Seit ich Ihnen das letztemal schrieb, habe ich sie bekommen – und gelesen. Sie sind äußerst interessant – doch inwieweit sie sich zum Druck eignen, ist eine andere Frage. Das Interessanteste müßte man auslassen, denn Puschkin hat seiner Frau gegenüber keine Umstände gemacht und sich sehr scharf über seine und ihre Verwandten, Bekannten und so weiter geäußert. Gräfin Merenberg (Dubelt) hat sie bereits mehreren Leuten angeboten und gezeigt (unter anderen auch Annenkow), doch erstens verlangte sie einen durchaus unangemessenen Preis, und zweitens könnten diese Briefe eher Gegenstand einer biographischen „Studie" sein, aber nicht unbearbeitet einer literarisch interessierten Öffentlichkeit preisgegeben werden. Wenn ich nach Rußland fahre, treffe ich übrigens in Wiesbaden Gräfin Merenberg – dann kann ich endgültig mit ihr verhandeln. Das Ergebnis unseres Gesprächs teile ich Ihnen in Petersburg mit (wo ich *bestimmt* am 20. Mai unseres Kalenders eintreffe).

5. Ich habe Zola das Manuskript seiner Chronik übergeben; was seinen Roman anbelangt, so wissen Sie ja bereits von seiner Absicht, den Kern daraus für das nächste Feuilleton im „Westnik Jewropy" zu verwenden. Sie brauchen nicht zu glauben, er büße durch den Abdruck von „L'Assommoir" im „Bien

Public“ das Geld ein, das ihm Charpentier zahlt: für die Einzelausgabe bekommt er 6000 Francs.

Damit wünsche ich Ihnen alles Gute und drücke Ihnen freundschaftlich die Hand. Schreiben Sie mir vor meiner Abreise noch ein paar Worte – und bestätigen Sie mir den Erhalt dieses Briefes.

Ihr ergebener

I. Turgenjew

229

An A. S. Suworin Paris, 21. April 1876

Mein lieber Alexej Sergejewitsch, ich bitte um Entschuldigung, nicht sofort geantwortet zu haben – es hatten sich so viele Dinge angesammelt. Der Schaden ist übrigens nicht groß, da ja die Sache mit Zolas Roman aus den von Ihnen dargelegten Gründen erledigt ist. Auch Korrekturfahnen künftiger Feuilletons könnte er Ihnen nicht schicken, weil er sich entschlossen hat, für dieses Mal seinen üblichen monatlichen Brief im „Westnik Jewropy“ durch solche zu ersetzen. Ich habe ihm Ihr Angebot (zweimal monatlich in der „Nowoje wremja“ mitzuarbeiten) mitgeteilt, aber er hat jetzt so viel zu tun (unter anderm wurde er Theaterrezensent des „Bien Public“), daß er auch von diesem Angebot im Augenblick Abstand nehmen muß, doch dankt er für das Vertrauen und behält die Sache im Auge.

Was Sacher-Masoch betrifft – so nehme ich an, er wird sehr gern mit Ihnen in Beziehung treten. Sein ständiger Wohnsitz ist Graz in Österreich; sein Verleger ist Haller in Bern (in der Schweiz). Ich bin mit ihm nicht persönlich bekannt – und gestehe, kein großer Freund seiner Romane, sie enthalten zuviel „Literatur“ und „emanzipierte Frauen“ – zwei gute Dinge, doch bei ständigem Wiederkäuen werden sie unerträglich. Ich habe niemals verstanden, von welchem Gesichtspunkt aus man mich mit ihm vergleichen konnte.

Ich kann Ihren Kummer (wegen des Verbots des Einzelhandels) nachempfinden und staune über die Kühnheit, mit der Sie sich in ein Meer hineinwerfen, das zugleich schrecklich schmutzig und ganz mit Klippen bedeckt ist. Gebe Gott, daß Sie sie umschiffen und sich nicht zu sehr beschmutzen! Ihre Zeitung lese ich mit Vergnügen.

Saltykow ist dieser Tage aus Nizza hier angekommen – und bleibt drei Wochen. Wir werden wahrscheinlich zusammen nach Rußland fahren. Gesundheitlich geht es ihm etwas besser.

Ich hoffe, Sie in Petersburg zu sehen. Vielleicht bringe ich Ihnen sogar etwas mit, doch einstweilen drücke ich Ihnen die Hand und wünsche alles Gute.

Ihr ergebener

I. Turgenjew

230

An P. M. Tretjakow Spasskoje, 18. (6.) Juni 1876

Mein lieber Pawel Michailowitsch!

Diesmal bin ich auf der Durchreise nur so kurze Zeit in Moskau gewesen, daß ich Sie und Ihre Gattin zu meinem großen Bedauern nicht in Kunzowo aufsuchen konnte. Dabei hätte ich etwas mit Ihnen zu besprechen gehabt. Erstens wegen der Bilder Werestschagins, die ich jetzt zum erstenmal gesehen habe und die mich durch ihre Originalität, Wahrheitstreue und Gestaltungskraft sehr beeindruckten; und zweitens wegen folgender Angelegenheit. Der Name unseres bekannten Naturforschers und Weltreisenden Miklucho-Maklai ist Ihnen natürlich bekannt. Er beabsichtigt noch nicht so bald zurückzukehren und befindet sich in bedrängter Lage. Das ihm von der Geographischen Gesellschaft angebotene Geld kann er sich nicht entschließen anzunehmen, da er sich dann dem Programm der Gesellschaft unterwerfen müßte, er aber möchte sich – auch im Interesse der Wissenschaft – seine Unabhängigkeit bewahren. Sein vertrauter Freund, Fürst A. A. Mestscherski in Petersburg, kam auf den Einfall, jemanden zu finden, der bereit wäre, Miklucho-Maklai auf fünf Jahre 6000 Silberrubel ohne Zinsen zu leihen; für die ordnungsgemäße Rückzahlung verbürgt sich der Fürst selbst – außerdem wären Mikluchos Mutter, ferner K. D. Kawelin und ich bereit, die Garantie mit zu übernehmen. Die Person, die sich zu einer solchen Spende entschließen könnte, würde nur die Zinsen einbüßen – und eine fünfjährige Kapitalsminderung in Kauf nehmen müssen. Fürst Mestscherski wandte sich durch mich an K. T. Soldatenkow. Wir erhielten jedoch eine Absage. Ich beschloß, ehe ich diesen Gedanken endgültig aufgebe, Ihnen zwei Worte davon zu sagen. Sie haben bereits durch Taten Ihre Bereitschaft bewiesen, der Kunst und der Wissenschaft zu dienen – und möglicherweise finden Sie Fürst Mestscherskis Vorschlag nicht indiskutabel: Sie allein oder zusammen mit einem anderen. Ich bitte Sie untertänigst um Verzeihung, daß ich Sie mit einer solchen Anfrage behellige; man klopft nur an Türen, die bereitwillig und gern aufgetan werden.

Falls Sie sich mit Fürst Mestscherski in Verbindung setzen wollen – seine Adresse lautet: Petersburg, Moika, Baschmakows Haus, Nr. 40, Wohnung Nr. 29.

Das Geld müßte an den Vizepräsidenten der Geographischen Gesellschaft Pjotr Petrowitsch Semjonow gesandt werden, zur Weiterleitung an Miklucho-Maklai durch Fürst A. A. Mestscherski, so daß Miklucho durch keine Formalitäten belästigt wird.

Nochmals: vergeben Sie mir großmütig – und lassen Sie von sich hören, wie immer Ihre Entscheidung auch ausfallen mag.

Übermitteln Sie Ihrer Gattin meinen herzlichen Gruß und empfangen Sie die Versicherung vollkommener Hochachtung Ihres Ihnen aufrichtig ergebenen

I. Turgenjew

231

An Gustave Flaubert Spasskoje, 18. (6.) Juni 1876

Mein lieber Freund!

Ich bin seit diesem Morgen in meinem Patmos – und bin traurig wie eine Nachtmütze. (Haben Sie bemerkt, daß dies der Augenblick zu sein pflegt, da man an seine besten Freunde schreibt?) Es herrscht eine Hitze von *32 Grad Réaumur* im Schatten – und dabei ist – dank der Kälte von *9 Grad unter 0*, die wir am 21. Mai hatten – das ganze Grün im Garten mit kleinen trokkenen Blättern durchsetzt, die entfernt an Kinderleichen denken lassen – und meine alten Linden werfen einen mageren und jämmerlichen Schatten, der kaum zu sehen ist. Fügen Sie dem hinzu, daß mein Bruder, der mich erwarten sollte, um für mich sehr wichtige Geldangelegenheiten zu regeln, vor fünf Tagen nach Karlsbad abgereist ist; daß ich glaube, die Gicht zu bekommen (was mir – vor zwei Jahren – zur selben Zeit und am selben Ort widerfahren ist); daß ich zu der fast absoluten Gewißheit gelangt bin, daß mein Verwalter mich bestiehlt – und daß ich mich seiner nicht werde entledigen können – und da haben Sie meine Situation! Der Tod von Madame Sand hat auch mir viel, viel Kummer bereitet. Ich weiß, daß Sie zur Beerdigung nach Nohant gefahren sind – und ich, der ich eigentlich ein Beileidstelegramm im Namen des russischen Publikums schicken wollte, bin durch eine Art lächerlicher Bescheidenheit abgehalten worden, aus Furcht vor der Reklame des „Figaro“ – alles Dummheiten! Das russische Publikum ist eines von denen gewesen, auf die Madame Sand den größten Einfluß gehabt hat – und das hätte gesagt werden müssen, bei Gott – und ich hatte das Recht dazu – nach allem. Aber was hilft's!!

Arme, liebe Madame Sand! Sie liebte uns alle beide – Sie vor allem – und das war ganz natürlich. Was für ein goldenes Herz sie hatte! Wie weit war sie von jedem kleinlichen, engherzigen, falschen Gefühl entfernt – was für ein tapferer Mensch war sie und welch gute Frau! Jetzt ist all das – da unten, in dem schrecklichen, unersättlichen, stummen, fühllosen Loch – das nicht einmal weiß, wen es verschlingt!

Wohlan – man kann nichts ändern, sehen wir zu, daß wir das Kinn über dem Wasser behalten.

Ich schreibe Ihnen nach Croisset – ich nehme an, daß Sie dort sind – haben Sie sich wieder an die Arbeit begeben? Wenn ich hier nichts tue – dann wird das gut sein. Hier herrscht eine Ruhe, von der nichts eine Vorstellung geben kann; kein einziger Nachbar auf zwanzig Kilometer im Umkreis – alles erstarrt in Reglosigkeit! Das Haus ist miserabel – aber nicht zu warm – und die Möbel sind gut. Ein Schreibtisch – bewundernswürdig – und ein Sessel mit doppeltem Schilfboden!

Zum Beispiel gibt's hier ein gefährliches Sofa – sobald man darauf sitzt – schläft man auch schon. Ich werde versuchen, es zu meiden. Beginnen werde ich mit der Fertigstellung des „Saint Julien".

Vor mir in einer Ecke des Zimmers steht ein altes byzantinisches Heiligenbild, ganz schwarz, in Silber eingefaßt, nichts als ein riesiges, unheilverkündendes, strenges Gesicht – es langweilt mich ein wenig – aber ich kann es nicht entfernen lassen – mein Diener hielte mich für einen Heiden – und damit ist hier nicht zu spaßen.

Schreiben Sie mir ein paar fröhlichere Zeilen als diese hier. Ich umarme Sie und bin Ihr alter Freund

I. Turgenjew

PS: Wissen Sie, daß der Tscherkesse Hassan, der Minister gleich paarweise tötet, wie Rebhühner, mir einen gewissen Respekt einflößt?

PPS: Meine besten Grüße an Ihre Nichte und deren Gatten.**

232

An W. A. Panajew Bougival, 25. September 1876

Mein lieber Walerian Alexandrowitsch, ich bitte Sie im voraus um Entschuldigung für die kleine Unannehmlichkeit, die ich Ihnen bereiten muß: ich kann heute nicht zu Ihnen zum Mittagessen kommen – und will Ihnen in aller Offenheit sagen, warum.

Es ist meine feste Überzeugung, daß die von L. Blanc geplante Zeitschrift nicht die geringsten Erfolgsaussichten hat und Sie – bis auf den letzten Centime – alles Geld einbüßen werden, das Sie ihm vorschießen. An L. Blancs Ehrenhaftigkeit und Talent zweifle ich weniger als irgendwer; ich bin gewiß, er selbst hofft fest auf den Erfolg dieses Unternehmens; *aber er ist kein Journalist – noch nie ist ihm etwas Derartiges gelungen* – und schließlich sind auch alle *Plätze* besetzt: die „République Française", „Rappel" und die „Droits de l'Homme" vertreten alle Schattierungen der republikanisch-sozialen Richtung, es wurden schon so viele andere Zeitschriften gegründet, die ihren Platz einnehmen sollten – und eine nach der anderen sind wie Seifenblasen geplatzt. Das gleiche Los erwartet zweifellos auch die Zeitschrift L. Blancs.

In welcher Situation befände ich mich heute ihm gegenüber mit dieser meiner Überzeugung? Ihm zu widersprechen wäre in Ihrem Beisein unmöglich und peinlich; ihm beizupflichten verböte mir mein Gewissen. Ich ziehe es vor, eine kleine Unhöflichkeit zu begehen und eine gegebene Zusage nicht einzuhalten, in der Hoffnung, Sie werden mir vergeben, nachdem Sie die dargelegten Gründe für meinen Schritt kennengelernt haben.

Mein letzter dringender Rat an Sie: Falls noch nichts endgültig entschieden ist – treten Sie zurück – oder verringern Sie zumindest den Betrag; er ist in jedem Falle *verloren.*

Empfangen Sie die Versicherung meiner aufrichtigen Verehrung und Sympathie.

I. Turgenjew

PS: Herr Viardot bittet gleichfalls, seinen Sohn zu entschuldigen: er ist noch zu unerfahren und jung, um an einem politischen Mittagessen teilzunehmen.

233

An Paul Lindau Bougival, 11. Oktober 1876

Verehrter Herr!

Entschuldigen Sie gefälligst die Verzögerung meiner Antwort. Hier ist, was ich zu sagen habe. Mein großer (oder langer) Roman ist eben fertig geworden – und erscheint in einer Petersburger Revue („Europäischer Bote") *Anfang Januar*; bis dahin habe ich nicht das *Recht*, irgend etwas in russischer Sprache erscheinen zu lassen; ich kann also die Übersetzung meiner Novelle auch nicht früher im Ausland drucken lassen – denn man würde sie mir ins Russische übersetzen, was mir schon geschehen ist (mit einer Novelle, die im „Salon" erschien). Diese kleine Novelle (Titel: „Ein Traum") ist schon ins Französische übersetzt – *bleibt aber als Manuskript bis Januar liegen*; wenn Sie es wünschen, schicke ich Ihnen eine von mir durchgesehene copi – dieser Übersetzung – Sie lassen das kleine Ding gleichfalls ins Deutsche übersetzen – und beide Übersetzungen erscheinen *anfangs* Januar – in der „Gegenwart" und im „Temps". Ich kann die Sache sogar so einrichten, daß die deutsche Übersetzung *früher* erscheint.

Ich hoffe, daß Sie mit diesem „Arrangement" zufrieden bleiben werden; bitte aber um ein paar Zeilen.

Ich bleibe hier noch drei Wochen; gehe dann nach Paris – 50, Rue de Douai.

Empfangen Sie die Versicherung meiner Hochachtung.

Ihr ergebenster

I. Turgenjew*

234

An Johannes Mannhardt Paris, 3. Dezember 1876

Werter Herr!

Ich muß Sie sehr um Entschuldigung bitten, daß ich Ihnen nicht früher geschrieben habe; ich bin jetzt nicht einmal sicher, ob mein Brief Sie in Paris treffen wird. Ich habe mit Herrn Rudolf Lindau gesprochen; es wird ihn sehr freuen, Ihre Bekanntschaft zu machen. Wollen Sie an einem Vormittage bei ihm vorsprechen (er wohnt 4, Rue de Solferino) und ihm beiliegende Karte mit der Ihrigen zukommen lassen, er wird Sie gewiß mit der ihm eigenen Liebenswürdigkeit empfangen. Auch würde es mich freuen, Sie noch einmal bei mir zu sehen.

Empfangen Sie die Versicherung meiner Hochachtung.

Ihr ergebener

I. Turgenjew

PS: Enschuldigen Sie das *halbe* Blättchen; ich habe es zu spät bemerkt.*

235

An Theodor Storm Paris, 8. Dezember 1876

Mein lieber Storm!

Ich hätte Ihnen Gott weiß wie lange schreiben sollen; und da ich keinen guten Entschuldigungsgrund habe, so bringe ich auch keinen vor – und bitte um Nachsicht. Ihre reizende Novelle (die Sie mir zugeschickt haben – mein Buch ist Ihnen wohl zugekommen?) hat mir die größte Freude gemacht: hat man sich erst in das etwas Fremdartige der alten Schreibart eingelebt, so erhöht es nur die zarte Poesie und Innigkeit des Ganzen. Da haben Sie wahrlich Ihren Meisterschuß getan – und ich wünsche Ihnen Glück dazu.

Herr Mannhardt ist ein liebenswürdiger und feiner Norddeutscher; ich habe ihn leider nur ein paarmal gesehen – nützlich habe ich ihm nicht sein können! Ich lebe nämlich hier in größter Zurückgezogenheit; und dazu – wollen die Franzosen noch immer nichts von den Deutschen wissen! Besonders wenn sie blond sind und ein nördliches Aussehen haben. – Glücklicherweise scheint Herr Mannhardt etwas Mundgerechtes gefunden zu haben – wie er es mir sagte. Mein Ihnen zugeschicktes Buch enthält nur kleinere Sachen; im Januar erscheint ein Roman von mir, welcher wahrscheinlich bald ins

Deutsche übersetzt sein wird; ich schicke Ihnen diese Übersetzung gewiß.

Pietsch schreibt mir, daß es Ihnen ganz gut geht – und daß Sie das reinste Familienglück genießen. – Nun – das ist ja das Beste auf der ganzen Welt – und es bleibt mir nur, Ihnen eine langjährige Fortsetzung des Vergangenen zu wünschen! – Ich habe dergleichen in meinem Leben nicht erfahren; – bin aber glücklich genug, um es von Herzen gern den alten Freunden zu gönnen.

Leben Sie recht wohl und dichten Sie fort! – Ich drücke Ihnen die Hand und bleibe Ihr ganz ergebener

I. Turgenjew*

236

An Rudolf Lindau Paris, 29. Dezember 1876

Mein lieber Freund!

Ich schicke Ihnen die kleine Erzählung, die ich der *„Gegenwart"** versprochen hatte und die Ihr Bruder mit großem Lärm fordert. Ich leugne nicht im geringsten, daß er im Recht ist, und ich hätte längst mein Versprechen erfüllen sollen. – Aber was sollte ich schließlich machen, und ich liefere mich den Henkern aus, wenn es sein muß!

Ich glaubte Sie gestern bei der Fürstin Urussow zu treffen und hatte das Manuskript mitgebracht. Aber wahrscheinlich kommen Sie heute – doch dank der Verlegung der Vorstellung von „L'ami Fritz" – wo wir vorgestern mit langer Nase abgezogen sind, werde ich mich heute nicht zur Fürstin begeben können. Übrigens muß man sich mit dieser kleinen Novelle beeilen. Deshalb bitte ich Sie:

a) Schnellstens diese 48 kleinen Seiten abschreiben zu lassen – das kann man in einem Tag tun.
b) Sie (die Kopie) morgen an Ihren Bruder in Berlin zu schikken.
c) Mir das Original zurückgeben zu lassen, das hier zur Veröffentlichung bestimmt ist.

d) Die Gefälligkeit zu haben und Ihren Bruder davon in Kenntnis zu setzen, daß die *französische* Publikation erst *nach* der Veröffentlichung in der *„Gegenwart"** erscheinen wird.

e) Daß das *russische* Original in Petersburg erst am 25. Januar veröffentlicht wird, daß er also fast einen Monat vor sich hat; und daß ich Ihn sogar bitte, die deutsche Übersetzung nicht vor dem 20. Januar erscheinen zu lassen – damit man nicht eine Rückübersetzung ins Russische anfertigt, die *vor* dem Original erscheinen würde, was mir schon *zwei* Mal passiert ist.

f) Alle meine Entschuldigungen entgegenzunehmen für die undankbare Arbeit, die ich Ihnen aufbürde.

Damit wünsche ich Ihnen ein gutes neues Jahr und drücke Ihnen herzlich die Hand.

Ihr sehr ergebener

I. Turgenjew**

237

An K. D. Kawelin Paris, 29. Dezember 1876

Mein lieber Konstantin Dmitrijewitsch, ich hoffe, Sie glauben mir, wenn ich Ihnen wiederhole, was ich kürzlich Stassjulewitsch schrieb: Während meiner gesamten literarischen Laufbahn hat mir nichts größere Freude bereitet als Ihr Brief. Mein Roman ist für mich von allergrößter Bedeutung: es geht dabei nicht um die Frage, ob ich mein Talent eingebüßt oder bewahrt habe oder wie groß mein Erfolg bei der Leserschaft ist – all dem begegne ich wenn nicht mit Gleichmut, so doch mit Gelassenheit, wie es sich für einen Menschen gehört, der nun schon grau und müde ist; die Frage besteht für mich darin, ob ich die Aufgabe bewältigt habe, die mir richtig gestellt schien, bei deren Lösung mir aber (und die Lösung entscheidet ja alles!) berechtigte Zweifel – und Befürchtungen kamen. Diese Befürchtungen waren um so natürlicher, als die Aufgabe sich ja nun wirklich als sehr schwierig erwies! Und da kommen Sie, ein ebenso feinfühliger wie wahrheitsliebender Mensch – und gleichzeitig ein wirklicher Freund und wirklicher Richter, und sagen mir: „Die Arbeit ist gut – alles ist zutreffend und stimmt" und fügen sogar noch hinzu: „Danke" – und wußten dies so auszudrücken, daß es mich einfach berühren mußte ... Wie soll ich mich da nicht freuen! Indem ich Ihnen danke, klopfe ich mir selber anerkennend auf die Schulter; und wie sich das „literarische" Schicksal von „Neuland" auch immer gestalten mag, jetzt weiß ich, weiß gewiß, daß ich meine Zeit nicht umsonst vergeudet und meiner Generation – vielleicht sogar meinem Volk – einen Dienst geleistet – und meine Aufgabe erfüllt habe.

Und daß die jungen Kritiker mit Stöcken über mich herfallen werden, ist halb so schlimm; die Bewegung wird ihnen guttun; und im übrigen wird sich alles wieder beruhigen; vielleicht kommen sie einmal selber darauf, daß sie einen der Ihren geprügelt haben.

Mit Ihren kritischen Bemerkungen bin ich einverstanden. Und glauben Sie nicht, ich sagte das nur *so hin*, aus übervollem Herzen und nachgiebig gestimmt durch Ihr Lob. Fomuschka und Fimuschka sind Einschiebsel; sie können ohne jeden Schaden für das Ganze herausgenommen werden ... Schon dies spricht ihnen ihr Urteil. Ich konnte einfach der Versuchung nicht widerstehen, eine altrussische Idylle zu zeichnen – in der Art „d'un repoussoir" – oder einer Oase, wie Sie wollen. Was hingegen die Darstellung der Bauern anlangt, so habe ich hier eine bestimmte Absicht verfolgt. Da mein Roman nicht auch noch sie einbeziehen konnte (aus zwei Gründen: erstens wäre er zu umfangreich geworden, und ich hätte die Fäden aus der Hand verloren; zweitens habe ich *jetzt* keinen genügenden Kontakt mit ihnen, um all das noch Unklare und Unbestimmte einfangen zu können, das in ihrem Inneren vor sich geht) – blieb mir nur, ihre harten und herben Seiten zu betonen, die sie in eine Reihe mit Männern wie Neshdanow, Markelow und so weiter stellen. Vielleicht hätte ich die Gestalt Pawels, der rechten Hand Solomins, des künftigen *Volks*revolutionärs, prägnanter zeichnen sollen; aber das ist ein zu gewaltiger Typ – mit der Zeit wird er zur zentralen Gestalt eines neuen Romans werden (der natürlich nicht meiner Feder entstammen wird – dazu bin ich zu alt – und lebe zu lange außerhalb Rußlands). Vorläufig habe ich kaum seine Konturen umrissen.

Daß mir Solomin geglückt ist, freut mich am meisten. Es war das Schwierigste.

Potechins Roman werde ich – nach Ihrer Empfehlung – unbedingt lesen. Ich hatte geglaubt, es handle sich wieder um Ethnographie und Ethnologie.

Über die beispiellose Geschichte vor der Kasaner Kathedrale werde ich nichts sagen. Alles kann man jetzt sowieso nicht sagen. Aber wie *töricht* ist das! Dank diesem Vorfall muß ich Stassjulewitsch jetzt möglicherweise einen erläuternden Brief schreiben.

Grüßen Sie Ihre Tochter von mir – und sagen Sie ihr, ihre Anerkennung sei die schönste Rose in dem Kranz, den Sie mir aufsetzen. Das ist zwar ein wenig allegorisch – doch die reine Wahrheit. Grüßen Sie auch Brüllow.

Ihnen aber drücke ich innig und kräftig die Hand, sage Ihnen tausendmal Dank und bleibe Ihr ergebener

I. Turgenjew

238

An J. P. Wrewskaja Paris, 30. Januar 1877

Liebe Julija Petrowna!

Soeben habe ich einen Brief an Sie abgeschickt, in dem ich mich über Ihr Schweigen beklage, da erhielt ich Ihren Brief vom 24./12. Sie geben sich darin noch einer Täuschung über das Schicksal meines Romans hin; ich weiß jedoch, er ist durchgefallen – und mir bleibt nur, Ihnen für Ihre freundschaftliche Anteilnahme zu danken. Mehr will ich dazu nicht sagen – es lohnt sich nicht. Der Mohr hat seine Schuldigkeit getan – er kann gehen.

Ich würde selbst gern an Nekrassow schreiben: angesichts des Todes gleicht sich alles aus – und wer von uns hat recht, wer schuld? „Kein Mensch ist schuldig", sagt Lear, ... und keiner hat recht. Nur fürchte ich, das könnte auf ihn deprimierend wirken: muß ihm mein Brief nicht als eine Art Todesbote erscheinen? *Ich* weiß *von mir selbst*, befände ich mich in Nekrassows Lage und erhielte unter *solchen* Umständen einen *solchen* Brief, es klänge für mich wie: „Lasciate ogni speranza" – oder: „Frère, il faut mourir". Ich habe, meine ich, kein Recht, ein solches Risiko einzugehen. Erklären Sie dies Toporow. Ich hoffe, Sie sind davon überzeugt, daß es keinen anderen Grund für mein Schweigen gibt – und gar nicht geben kann.

Für Ihre Mitteilungen bin ich Ihnen sehr dankbar. Sie bieten eine ziemlich klare Vorstellung vom Leben im heutigen Petersburg.

Krieg wird es also nicht geben – und Sie wollen in Petersburg bleiben. Wie gern würde ich Sie dort noch antreffen. Wegen meiner Reise schwanke ich jetzt ein wenig ... Irgendwie will mir scheinen, mich erwarten in Rußland nur Unannehmlichkeiten. Dennoch gebe ich den Gedanken noch nicht auf.

Das slawische Feuer ist also verraucht? Das wundert mich nicht, denn es hat immer nur an der Oberfläche gebrannt, in den sogenannten höchsten Gesellschaftsschichten; doch daß die religiöse Glut erkaltet ist, begreife ich weniger, denn man konnte annehmen, sie habe das *Volk* ergriffen. All dies läßt nur einen Schluß zu: Wir alle, von den obersten bis zu den untersten Schichten, sind unfähig, etwas mit aller Kraft zu wünschen – und keine Regierung der Welt könnte ihr Land leichter regieren. Wenn man es befiehlt, klettern wir die Wände hoch; auf ein „Kommando zurück!" fallen wir von halber Höhe wieder auf die Erde herab.

„Und all das ist segensreich, ist gut."

Nur ärgert man sich mitunter ein wenig, daß man alt und grau geworden ist und doch nichts hinzugelernt hat, sondern Fehler macht wie jeder Schuljunge.

Und damit leben Sie wohl, meine liebe Julija Petrowna ... Hoffentlich ist Ihre Verletzung schon wieder geheilt und hat keine Spuren hinterlassen, ich grüße alle Ihre Angehörigen, drücke Ihnen fest die Hand und bleibe Ihr aufrichtig ergebener

I. Turgenjew

Ich habe zwei Blatt statt nur eines genommen und muß die Seiten daher numerieren.

239

An M. F. De-Pule Paris, 19. Februar 1877

Sehr geehrter Michail Fjodorowitsch!

Erst in diesen Tagen erhielt ich Ihren Brief, den mir Herr Pawlenkow überbrachte. Ich bedaure sehr, Ihnen keine neuen Einzelheiten über Kolzow mitteilen zu können. Ich bin ihm (wie ich schon in meinen „Erinnerungen" schrieb) nur einmal begegnet und habe nur wenige Worte mit ihm gewechselt. Als schüchterner und zaghafter Mensch (ich war damals übrigens auch nicht sehr gewandt) konnte er sich natürlich einem Unbekannten nicht offenbaren. Auch mit Belinski habe ich später wenig über ihn gesprochen; erinnerlich ist mir nur, daß er mehrfach seinen subtilen, spitzfindigen und durchdringenden Verstand hervorhob, seine Schwäche für das weibliche Geschlecht – und seine betrübliche familiäre Lage. An Gespräche über Kolzow mit anderen Personen kann ich mich gleichfalls nicht entsinnen.

Zweifellos hat Belinski die Persönlichkeit Kolzows bis zu einem gewissen Grade idealisiert. Überhaupt war Belinski, ein erstaunlich einfühlsamer Kritiker, ziemlich schwach in der realistischen Beurteilung Lebender, die er meist nach einer vorgefaßten Meinung bewertete. Das gleiche traf auch für einen anderen, ebenso begabten, wenn auch Belinski keineswegs ähnlichen Menschen zu – auf A. I. Herzen. Beide waren in erster Linie Idealisten.

Im Aufsatz Serebrjanskis (des Freundes von Kolzow), den Belinski der Gedichtsammlung Kolzows anfügte, erblickte er etwas überaus Poetisches; in Wirklichkeit handelt es sich nur um einen schwärmerischen und verworrenen Erguß unklarer Empfindungen ... Belinski verstand nichts von Musik und hatte auch dazu eine unrealistische Einstellung.

Ihr Unternehmen findet meine uneingeschränkte Sympathie, ich wünsche ihm Erfolg, bedaure dabei nur, Ihnen nicht nützlich sein zu können – und bitte Sie, die Versicherung meiner vollkommenen Hochachtung und Ergebenheit entgegenzunehmen.

I. Turgenjew

240

An Henry James Paris, 28. Februar 1877

Mein lieber Herr James!

Ich habe Ihren Brief erhalten, der mir das größte Vergnügen bereitet hat. (Erlauben Sie mir, Ihnen französisch zu schreiben – für Sie ist es gleich und für mich leichter.) Ralston hat Ihnen wohl gesagt, daß ich mir Ihre Adresse erbeten habe – ich wollte Ihnen schreiben – unsere Verbindung war schon zu lange unterbrochen. Sie haben uns hier sehr gefehlt – doch darf man nicht zu sehr darüber klagen – da Sie offenbar froh über Ihren Aufenthalt in London sind – und da Sie dort arbeiten. Ist das persönliche egoistische Leben (das einzig lebendige) beendet (und das ist, glaube ich, bei Ihnen ein wenig der Fall – denn es passiert den Jungen genauso wie den Alten), dann ist es nur noch eine Frage der *Anpassung*; wenn man sich erträglich in seiner Umgebung einrichtet – bleibt nichts mehr zu wünschen. Doch wären wir alle sehr froh, wenn Sie wiederkommen und sich in Paris *anpassen* würden.

Ich habe der Fürstin Urussow und Shukowski Ihre Grüße bestellt. Shukowski war fast drei Monate nicht hier – und ist erst seit ein paar Tagen wieder in Paris – noch immer in derselben eleganten, ein wenig melancholischen und skeptischen Haltung eines talentierten jungen Mannes, der sich auf der Schwelle zur Zukunft befindet – ohne sie zu übertreten. Samstag muß ich bei den Turgenjews dinieren. (Es ist der Gedächtnistag der Freilassung der Bauern in Rußland – und man feiert hier das Andenken des guten und verehrungswürdigen Nikolai Turgenjew, für den diese Freilassung das „leading thought" gewesen ist). Ich werde ihnen dann sagen, was Sie mir im Hinblick auf sie mitgeteilt haben.

Ich habe Ihnen gestern den „Fils du Pope" geschickt. So etwas nennt man „a ghastly story" – und es ist im Grunde nichts Besonderes. Man hat es mir erzählt. Sobald mein Roman in der „Temps" beendet ist (sechsundzwanzig Fortsetzungen sind bereits erschienen – im ganzen werden es über fünfzig sein), werde ich ihn Ihnen selbstverständlich schicken. Er hat keinen großen Erfolg in Rußland gehabt – man hat sogar das Wort Fiasko ausgesprochen. Ich genüge den Ansprüchen der Kritik nicht mehr, dennoch glaube ich nicht, daß er schlecht ist. Aber das Glück liebt die Alten nicht – nicht einmal in der Literatur. Vielleicht bildet sich später eine günstigere Meinung heraus. Ich tröste mich ein wenig damit, es zu glauben.

Ralston ist zu englisch, bis ins Mark – um nicht eine ebenso unumstößliche wie strenge Moral zu besitzen. Und doch, auf Ehre, ich kann meine Werke nicht der Unmoral bezichtigen.

„L'Assommoir" ist ebenfalls kein unmoralisches Werk – aber ein verteufelt schmutziges. Trotz allen Talents, das Zola darin entfaltet – wird dieses Buch außerhalb Frankreichs keinen Erfolg haben. Wenn ich ein Karikaturist des „Punch" wäre – hätte es mir Vergnügen bereitet, „die Königin Victoria, den ‚L'Assommoir' lesend" darzustellen.

Ich habe Flaubert von Ihnen gegrüßt. Es geht ihm gut – seine „blue devils" haben ihn verlassen. Er hat gerade eine dritte Legende vollendet – über Herodias –, die sehr schön ist. Sein Buch wird im Mai erscheinen.

Haben Sie die „Légende des Siècles" von V. Hugo gelesen – die Fortsetzung – die gerade erschienen ist? Es sind sehr schöne Stellen darin – aber auch sehr viel Füllwerk – und diese kupferne Trompete, die Ihnen in den Ohren tönt, ohne einen Augenblick auszusetzen, wird am Ende entsetzlich ermüdend. Aber niemand hat herrlichere Verse *gefunden* als er – das ist ein Finder.

Wann sehen wir uns wieder? Ich reise in einem Monat nach Rußland und komme im Juni hierher zurück.

Ich drücke Ihnen herzlich die Hand und bin Ihr ergebener

I. Turgenjew**

241

An Marie von Ebner-Eschenbach Paris, 9. März 1877

Gnädige Frau!

Durch die Güte des Herrn von Tornauw habe ich Ihr Buch – und den schmeichelhaften – viel zu schmeichelhaften Brief bekommen. Er hat mir eine große Freude gemacht: ist es ja des Schriftstellers höchste und beste Freude, wenn er sich überzeugen darf, auf verwandte Gemüter in der Weite zu wirken. Rechnen kann keiner darauf – und muß es jedesmal als Gnade und Geschenk betrachten. Also, noch einmal – den innigsten Dank.

Ich werde mir das Vergnügen gönnen, Ihr Buch aufmerksam zu lesen – und Ihnen dann meine aufrichtige Meinung zu sagen.

Empfangen Sie unterdessen, gnädige Frau, die Versicherung meiner ausgezeichneten Hochachtung und Ergebenheit.

I. Turgenjew*

242

An J. P. Polonski Paris, 19. April 1877

Lieber Freund Jakow Petrowitsch!

Dein Gedicht (in dem sich so wundervolle Verse finden wie zum Beispiel:

„Durchs Fenster kriecht mit zäher, träger Macht
Der feuchte Nebel einer weinerlichen Nacht“)

hat in mir tiefe Niedergeschlagenheit ausgelöst; und damit Du begreifst, warum, schreibe ich Dir einige Zeilen aus meinem Tagebuch heraus:

„*17./5. März. Mitternacht.* Wieder sitze ich an meinem Tisch; unten singt meine arme Freundin mit ihrer vollkommen brüchig gewordenen Stimme irgendeine Melodie; und in meiner Seele ist finsterste Nacht ... Das Grab kann es gleichsam nicht erwarten, mich zu verschlingen: der Tag eilt vorüber wie ein Augenblick, leer, ohne Ziel, ohne Farbe. Ehe man sich umsieht, ist wieder Schlafenszeit. Kein Recht auf Leben und keine Lust zu leben; nichts ist mehr zu tun, nichts mehr zu erwarten, sogar nichts mehr zu wünschen ..."

Weiter will ich nicht zitieren: es klingt trostlos. Du vergißt, ich bin neunundfünfzig, sie sechsundfünfzig; nicht genug, daß sie nicht mehr singen kann – man hat ihr, der Sängerin, die einst im „Propheten" die Fides kreierte, bei der Eröffnung des Theaters, das Du so prächtig beschreibst, nicht einmal eine Eintrittskarte geschickt: Wozu auch? Von ihr ist ja seit langem nichts mehr zu erwarten ... Und Du sprichst von „Strahlen des Ruhms", vom „Zauber des Gesangs" ... Mein Lieber, wir beide sind zwei Scherben eines längst zerbrochenen Gefäßes. Ich zumindest fühle mich wie ein ausgedienter Nachttopf ...

Jetzt kannst Du begreifen, wie Deine Verse auf mich gewirkt haben. (Allerdings möchte ich Dich bitten, diesen Brief zu vernichten.)

Bei alledem freue ich mich über eines, obwohl Du davon nichts schreibst: Deine schlimme Krankheit hast Du anscheinend überstanden – und nur die alten Wehwehchen zurückbehalten, die treuer als jeder Freund sind und einen nie verlassen.

Die Nähe des Krieges trägt auch nicht dazu bei, mich froh zu stimmen. Doch über all das können wir uns bald mündlich unterhalten. In zwei Wochen sehen wir uns, denn ich reise bald von hier ab – bis dahin umarme ich Dich kräftig und bleibe Dein ergebener

I. Turgenjew

243

An William Ralston Paris, 19. April 1877

Mein lieber Freund!

Es gibt bestimmt kein französisches Buch über den *Nihilismus* in Rußland – aber in der „Revue des Deux Mondes" ist 1876 oder 1875 ein Artikel erschienen mit dem Titel „Le Nihilisme en Russie" von Alf. Rambaud oder Leroy-Beaulieu (ich bin mir des Namens des Autors nicht ganz sicher) – den ich gelesen und ziemlich gut und richtig gefunden habe. Ich habe ihn nicht in die Hände bekommen können und habe meinem Buchhändler den Auftrag gegeben, ihn ausfindig zu machen – aber ich habe noch keine Antwort erhalten. Ich nehme an, es wird leicht für Sie sein, ihn in der „bibliothèque" des Britischen Museums zu finden.

Der Prozeß gegen die Revolutionäre ist traurig genug – gewiß; aber Sie sind im Irrtum, wenn Sie annehmen, daß die jungen Mädchen eher der Maschurina als der Marianna ähneln. Einige von ihnen sind sehr schön und interessant – und (da es in unserer Justiz noch die barbarische Sitte der *körperlichen* Untersuchung der eines Verbrechens beschuldigten Gefangenen gibt) es wurden *alle* im Zustand der Jungfräulichkeit befunden! Das ist einer ernsten Überlegung wert! Ich sende Ihnen mit diesem Brief sehr rührende Verse von Mlle. Figner, einer sehr hübschen Blondine von zweiundzwanzig Jahren – im letzten Stadium der Schwindsucht (das erklärt den vorletzten Zweizeiler), sie hat sich nicht verteidigt und auch keinen Anwalt genommen – und wurde zu fünf Jahren Zwangsarbeit in Sibirien verurteilt – in den Bergwerken. Der Tod wird sie sicher bald erlösen. Ich sende Ihnen ebenfalls einen Brief (von Zwilenew), der während des Prozesses verlesen wurde – ich erhielt ihn von einem Unbekannten mit der Bemerkung, daß er von Solomin geschrieben sein könnte. Die russischen Staatsmänner sollten an all das denken – und zu dem Schluß kommen, daß die einzige Möglichkeit, die Ausbreitung der revolutionären Propaganda in Rußland aufzuhalten, darin besteht – eine Verfassungsreform zu gewähren. Aber jetzt werden alle diese

Überlegungen von den trüben Wogen des Krieges verschlungen werden. Meine Überzeugung ist, daß wir an der Schwelle sehr düsterer Zeiten stehen... Niemand kann voraussagen, was aus alldem entstehen wird.

Ich verlasse Paris am 5. Mai – und kehre zurück – wenn nichts dazwischenkommt – Mitte Juli.

Mit den besten Wünschen für gute Gesundheit und gute Laune verbleibe ich Ihr sehr ergebener

I. Turgenjew***

244

An Émile Zola Petersburg, 21. (9.) Juni 1877

Mein lieber Freund!

Ich bin seit vierzehn Tagen hier und habe den Eindruck, in einen Kessel voll Wasser gefallen zu sein, wo ich mit all den anderen siede. (Nehmen Sie diesen Satz bildlich, denn andrerseits herrscht hier eine Kälte, daß ich bedaure, nicht meinen Pelz mitgenommen zu haben.)

Ich bleibe noch einen Monat in Rußland, dann kehre ich eiligst nach Bougival zurück, wo ich mich bis zum Winter verbergen werde.

Ich habe mein Versprechen nicht gehalten und Ihnen vor meiner Abreise aus Paris keine *Themen* geschickt; ich bitte Sie sehr um Entschuldigung. Aber mir scheint, Sie haben ein Thema für den Monat Juli. (Man war hier äußerst zufrieden mit Ihrem Artikel über die Militärs; Sie sind, wie in der Vergangenheit, der große Favorit.) Was das Thema eines Artikels für den *August* angeht, so ist mir ein Einfall gekommen. Wenn Sie keine Studie über die *Kulissen des Pariser Journalismus* schreiben wollen, wie ich Flaubert dargelegt habe – ich weiß nicht, ob er Ihnen diese Passage meines Briefes übermittelt hat, täten Sie vielleicht gut daran, uns eine Art Idylle über den Süden Frankreichs zu schicken, wo Sie sich gerade aufhalten, eine Beschreibung des Lebens der Südfranzosen und so weiter. Als Kontrast würde dies eine ausgezeichnete Wirkung erzielen, und ich stelle mir vor, daß Sie sich dessen vollendet entledigen würden und daß es Ihnen Spaß machen könnte. Überlegen Sie es sich.

Ich vermute, Sie haben sich wieder an die Arbeit gemacht, und ich wünsche Ihnen Gesundheit, Erholung und Seelenruhe, soweit dies bei dem gegenwärtigen Zustand Frankreichs möglich ist.

Stassjulewitsch läßt Ihnen tausend Grüße übermitteln, und ich drücke Ihnen herzlich die Hand und bitte Sie, mich Madame Zola in Erinnerung zu bringen. Ich schreibe Ihnen, sobald ich wieder in Frankreich bin.

Ihr sehr ergebener

I. Turgenjew

PS: Ich glaube die Angelegenheit Ihres Londoner Freundes geregelt zu haben, wenn auch anders, als ich vermutet hatte.**

245

An J. I. Blaramberg Bougival, 27. August 1877

Meine liebe Jelena Iwanowna!

Die Anwärterin fürs Armenhaus, von der Sie schreiben, kenne ich tatsächlich und sehe kein Hindernis, ihr den frei werdenden Platz zu geben. Seien Sie so gut, dies Stschepkin mitzuteilen.

Zu meinem größten Ärger sind die zwei letzten Hefte des „Westnik Jewropy" – gerade die mit Ihrem Roman – bis jetzt noch nicht nach Paris gelangt. Ich kann nicht begreifen, worauf diese Abweichung von der gewohnten Pünktlichkeit zurückzuführen ist. Ich wollte Stassjulewitsch davon in Kenntnis setzen – ich erwartete ihn täglich hier – und er kam auch tatsächlich am 24., als ich nicht da war, und hinterließ seine Karte, ist aber vermutlich nach Dieppe gefahren, um seine Frau abzuholen. Ich habe beschlossen, noch heute direkt an die Redaktion zu schreiben.

Es freut mich sehr, daß Spasskoje Ihnen weiterhin gefällt.

Sehr gerührt hat mich, was Sie über die Gefühle der Bewohner von Spasskoje für mich schreiben: ein Beweis mehr dafür, wie leicht man die Liebe russischer Bauern erringen kann. Mein ganzes Verdienst besteht darin, daß ich ihnen nie Böses zugefügt – und im Rahmen des Möglichen sogar ein wenig Gutes getan habe, das mich im Grunde genommen nichts gekostet und um kein einziges Vergnügen gebracht hat. Die – für mich sehr schmeichelhafte – Legende von unserer Verwandtschaft beruht wahrscheinlich auf der Tatsache, daß Sie Iwanowna heißen; im übrigen beweist diese Legende, daß Sie den Bauern gefallen; also wurden Sie von ihnen zu meiner Verwandten gemacht. Ich bin gewiß, Ihr Aufenthalt auf dem Lande wird auch in bezug auf Ihre literarischen Arbeiten für Sie von Nutzen sein: sammeln Sie möglichst viele Eindrücke – denken Sie aber – vorläufig – noch nicht daran, sie wiederzugeben. Das kommt dann mit der Zeit. Ein Reservoir kann Wasser nicht gleichzeitig aufnehmen und wieder abgeben. Die „Aufzeichnungen eines Jägers" hatten sich ganze zehn Jahre in mir angesammelt.

Ich zweifle nicht daran, daß Frau Jakuschkina Ihre Sympathie gewinnen wird; sie ist eine kluge, tüchtige und energische Frau.

Über unsere Kriegsangelegenheiten möchte ich mit Ihnen lieber nicht sprechen ... All das ist gar zu traurig, bitter und beschämend. Entgegen den Erwartungen unserer armen Orjoler sehe ich die schwersten Katastrophen voraus ... Und zum Teil sind sie schon eingetroffen. Eine solche Kriegführung ist sinnlos und abscheulich ... Aber auf dem Papier läßt sich darüber nicht sprechen. Das Ergebnis wird schlimmer als beim Krimfeldzug sein ... Vielleicht gereicht uns dieses Unglück genau wie damals – mit der Zeit – zum Nutzen.

Genug davon.

Wir sind hier jetzt sehr einsam. Alle unsere Damen sind in den Seebädern. Frau Viardot allerdings kommt heute zurück.

Luise ist wohlauf und arbeitet mit ungewöhnlicher Beharrlichkeit.

Bleiben auch Sie gesund. Ich wünsche Ihnen alles Gute und drücke Ihnen fest die Hand.

Ihr ergebener I. Turgenjew

246

An Gustave Flaubert Paris, 5. Dezember 1877

Mein guter Alter!

Immer noch in der gleichen horizontalen Lage! Ich hatte einen Rückfall, nachdem ich Ihnen geschrieben habe. Ich leide nicht mehr – aber ich muß mich fragen, wie man seine Beine gebraucht; die Leute, die mit Hilfe von Krücken gehen können, scheinen mir Kolosse und Helden.

Ich bilde mir ein, daß ich in derselben Verfassung bin wie das arme Frankreich, das auch kein Glied rühren kann. Welche Situation, mein lieber Freund! Das ist noch nie dagewesen. Eine Lokomotive, die mit Volldampf auf den Abgrund zufährt – und der Lokomotivführer kratzt sich in aller Ruhe den Hintern oder verschränkt die Arme. Und diese Lüge, diese unverschämte Lüge, die überall herausschwitzt, wie bei einem gefrorenen Kloben, den man ins Feuer wirft. Ich wiederhole es, das ist noch nie dagewesen.

Madame Commanville besaß die Liebenswürdigkeit und die Güte, den Kranken zu besuchen. Ich fand sie strotzend vor Gesundheit. Ich habe auch Zola gesehen, der sicher ein Stück für Sarah Bernhardt schreiben wird.

Ich habe „Le Nabab" ausgelesen. In diesem Buch gibt es Dinge *über* dem Niveau von Daudet und andere – die weit *darunter* sind. Was er beobachtet hat, ist sehr schön; was er erfindet, ist schwach, fade – und nicht einmal originell. Trotz allem sind die guten Stellen des Buches so gut, daß ich mich, glaube ich, entschließen werde, ihm einen *aufrichtigen* Brief zu schreiben, der ihm Freude und Kummer bereiten wird. Vielleicht, nach allem – werde ich es doch nicht tun.

Und Sie – arbeiten Sie? Madame Commanville sagte mir, daß ja ... um so besser. Nützen Sie die Zeit, solange sich keine Krankheit an Sie geheftet hat. Denn – ist das einmal geschehen – dann ist es aus. Das treibt Sie in die Resignation, in die Demut, die vielleicht vom christlichen Standpunkt vortrefflich ist, aber nicht den Teufel taugt für jemanden, der noch etwas tun möchte.

Sie kommen doch zum neuen Jahr, nicht wahr?

Adieu – ich umarme Sie. Ich bin nicht traurig – aber ich habe auch keine Freude: ich komme mir vor wie ein Schatten auf den Champs-Élysées im „Orpheus" von Gluck. Ich muß ihren „tief" erstaunten und „tief" gleichgültigen Blick haben, wie Jules Simon sagte, der Minister Mac-Mahons geworden ist. Jules Simon – Minister! So weit ist es gekommen?

Ganz der Ihre

I. Turgenjew**

247

An Alphonse Daudet Paris, 24. Dezember 1877

Mein lieber Freund!

Wenn ich Ihnen bis jetzt nichts über Ihr Buch gesagt habe – so deswegen, weil ich es ausführlich tun und mich nicht mit ein paar banalen Sätzen begnügen wollte. Ich verschiebe all das auf unser Wiedersehen, zu dem es hoffentlich bald kommen wird, denn Flaubert kommt dieser Tage zurück – und unsere Diners werden wieder beginnen. Ich beschränke mich darauf, eines zu sagen: das ist das bemerkenswerteste und das ungleichmäßigste Buch, das Sie gemacht haben; wenn „Fromont et Risler" durch eine gerade Linie dargestellt wird ———— , muß „Le Nabab" so abgebildet werden: /\/\/\ – und die Spitzen der Zacken können nur durch ein *Talent erster Ordnung* erreicht werden. Ich bitte Sie um Vergebung, daß ich mich so geometrisch ausdrücke.

Ich hatte einen sehr langen und sehr heftigen Gichtanfall, erst gestern bin ich das erste Mal wieder ausgegangen – und ich habe die Beine und die Knie eines Mannes von neunzig Jahren. Ich fürchte sehr, zu dem geworden zu sein, was die Engländer a confirmed invalid nennen.

Tausend Grüße an Madame Daudet, ich drücke Ihnen herzlich die Hand.

Ihr I. Turgenjew**

248

An N.S. Turgenjew Paris, 24. Januar 1878

Lieber Bruder, in diesem Augenblick erhielt ich Deinen Brief vom 17./5. Januar. Ich freue mich, daß sich die Nachricht von Onkels Hinscheiden als falsch herausgestellt hat, obwohl sie bei seinem Alter (dreiundachtzig Jahre) nicht mehr lange auf sich warten lassen kann. Die Nachricht von Deiner nicht heilenden Wunde dagegen hat mich betrübt. Ich bin dennoch der Ansicht, Du müßtest tüchtige Ärzte konsultieren. Nekrassows Beispiel ist hier völlig unpassend; er litt an einer unheilbaren Krankheit – und der Arzt, der sein Leben um sieben Monate verlängerte, hat trotz allem ein Wunder vollbracht; bei Dir nun geht es keineswegs darum, Dich vor dem Tod zu retten, sondern Dir durch ärztliche Kunst zu helfen. Diese Kunst existiert unzweifelhaft; das *Schicksal* aber, dem man angeblich nicht entgehen kann, hat noch keiner zu Gesicht bekommen, und kaum jemand wird sich vorstellen können, was das für ein Vogel ist. Und daher wiederhole ich immer wieder meinen Refrain: Wende Dich an einen guten Arzt!

Was nun die Briefe Puschkins und so weiter anlangt, so kann ich mich nur wundern: wie ist es möglich, daß Du, ein alter Zeitschriftenleser, Dich noch nicht von der Notwendigkeit folgender Regel überzeugt hast:

„Von jeder Zeitschriftenmeldung über irgendeine *Person* muß man die eine Hälfte als völlig aus der Luft gegriffen sofort streichen; die andere Hälfte ist leeres Geschwätz und darf *ebenfalls* nicht geglaubt werden." Weshalb sollte ich Puschkins Briefe *in französisch* herausgeben? Welcher Franzose braucht sie? Woher soll ich das Geld nehmen, um sie Gräfin Merenberg abzukaufen?! Die Sache ist einfach so: Die Redaktion des „Westnik Jewropy" hat der Tochter Puschkins die Briefe ihres Vaters an ihre Mutter abgekauft – und veröffentlicht sie in ihrer Zeitschrift. Puschkins Tochter nun bat mich, als Herausgeber zu fungieren (was ich als eine große Ehre betrachte), das heißt, ein Vorwort zu schreiben und aus den Briefen zu streichen, was für eine Veröffentlichung ungeeignet ist. All dies habe ich getan – und wenn Du den „Westnik Jewropy“ abonniertest (was Du zu Deinem eigenen Schaden nicht tust), hättest Du gleich im ersten Heft die Hälfte dieser sehr interessanten Briefe lesen können. Puschkin hat *zwei* Söhne und *zwei* Töchter hinterlassen, leider ziemlich schwache. Das erstaunlichste ist, daß seine jüngste Tochter, die bei seinem Tode ein halbes Jahr alt war (eben die Gräfin Merenberg), ihm ähnelt wie ein Ei dem anderen! Und er hat seine Frau verdächtigt. Die ältere Tochter war mit General Gartung verheiratet, der sich in Moskau in einem Gerichtsgebäude erschossen hat.

Damit umarme ich Dich und wünsche Dir alles Gute.

Dein Dich liebender Bruder

I. Turgenjew

249

An Henry James Paris, 30. März 1878

Mein lieber Freund (Sie erlauben mir doch, nicht wahr?, Ihnen französich zu schreiben), schon lange hätte ich auf Ihren liebenswürdigen und langen Brief (dem bald die Sendung mit Ihrem Buch folgte) antworten müssen – aber alle möglichen Angelegenheiten und Beschäftigungen haben mich davon abgehalten – und ich bitte, mich zu entschuldigen. (Ich danke Ihnen gleichzeitig für Ihr Buch, das ich mit ausgeruhtem Kopf zu lesen hoffe.)

Ihr Brief war voller guter und herzlicher Worte über den Frieden, der zwischen meinem Land und der Türkei geschlossen worden ist; sie haben mir gutgetan, waren sie doch ein erneuter Beweis Ihrer Sympathie; aber ich habe keinen Augenblick Illusionen gehabt. Ich habe die Unvermeidbarkeit des Krieges zwischen Rußland und England geahnt, und alles, was man vom Kongreß, von diplomatischen Lösungen redete – habe ich absolut nicht geglaubt. Dieser Krieg wird geführt werden – er war lange vorher gewiß – die Orientfrage konnte nicht anders ausgehen; er wird lang und hart, dieser Krieg; ich hoffe, er endet mit der Vertreibung der Türken und der Befreiung der slawischen, griechischen und anderer Nationalitäten; aber mein Land wird für lange Zeit ruiniert sein – und meine Augen werden nicht einmal die Reformen sehen, die man uns im Innern versprochen hatte. Sie werden unschwer verstehen, daß ich mit einer solchen Überzeugung die Zukunft schwarz sehe – und mir erlauben, mich über dieses Thema nicht mehr zu verbreiten.

Ich bin länger in Paris geblieben, als es meine Absicht war; meine Reise nach Rußland ist auf Ende Mai verschoben, nach der Eröffnung des Salons und der Weltausstellung. Wird man Sie in der Zwischenzeit sehen?

Ich freue mich sehr, zu hören, daß Sie gesund sind und daß Sie arbeiten. Ich kann auch nicht mehr über meine Gesundheit klagen, was die Arbeit angeht: „So leb denn wohl, liebs Körbchen, der Wein ist eingebracht."

Ich sehe die Fürstin Urussow und Shukowski recht selten; weiß jedoch, daß es ihnen gut geht.

Unser gemeinsamer Freund, Ralston, war hier schwer erkrankt – schließlich hat er nach England zurückkehren können – und ich hoffe, er wird in der heimatlichen Luft endgültig genesen.

Ich drücke Ihnen sehr herzlich die Hand und bin Ihr sehr ergebener

I. Turgenjew**

250

An Rudolf Lindau Paris, 29. April 1878

Mein lieber Lindau!

Ich habe lange über den Vorschlag Ihres Bruders nachgedacht, und nach dem ganzen Überlegen möchte ich Sie bitten, mich bei ihm zu entschuldigen. Ich kann mein Versprechen nicht halten. Noch am Tage Ihres Besuchs habe ich eine Nummer der „Moskauer Zeitung" erhalten, die Auszüge aus einem Dutzend deutscher Zeitungen brachte (*„Kölnische Zeitung", „Nationalzeitung", „Neue freie Presse", „Presse"** – eben die, die das

Feuilleton *„Rußland der Flecktyphus Europas"** veröffentlicht – usw.), alle die Affäre Sassulitsch betreffend, und die sie alle als ein scherwiegendes Sympton der Situation in Rußland ansehen, als Beweis, daß etwas „foul" ist in unseren Angelegenheiten. Ich beeile mich zu sagen, daß sie recht haben und daß ich, wenn ich zu dieser Affäre sprechen sollte, es in ihrem Sinne tun würde; aber sehen Sie, was daraus entstehen würde. Alle diese Zeitungen würden sich natürlich auf meine Worte stürzen, um sie zur Unterstützung ihrer Meinung zu zitieren; sie wären nur allzu zufrieden, sich auf meine Autorität zu stützen – besonders wegen dieses *„Seherblicks"**, von dem Sie gesprochen haben – und unmittelbar darauf würde ich in den Augen des russischen Volkes als ein Feind, als ein Bundesgenosse derer erscheinen, die es angreifen und es zur Vernunft bringen wollen.

Seit meinen letzten Werken hat sich schon genug Haß gegen mich in Rußland angesammelt, als daß ich danach trachten würde, ihn zu vermehren. Und dann, da ich mich offiziell in meiner Heimat in Schweigen gehüllt habe – wie könnte ich es woanders brechen.

Ich bin sicher, mein Freund, daß Sie selbst, wenn Sie über all das nachdenken, was ich Ihnen da gesagt habe, mir recht geben werden und daß ich Ihnen nur meine Bitte wiederholen darf, mich bei Ihrem Bruder zu entschuldigen. *Es geht nicht.**

Ich drücke Ihnen herzlich die Hand und bin Ihr ganz ergebener

I. Turgenjew**

251

An P. W. Annenkow — Paris, 6. Mai 1878

Mein lieber Freund Pawel Wassiljewitsch!

Also gut! Kommen Sie am 20. (aber nicht später!). Bis dahin wird unsere russische Ausstellung fertig und werden meine Beine wieder in Ordnung sein (ich wandere schon ohne Stöcke im Zimmer umher) und wird auch die russich-orientalische

Frage ihre Lösung gefunden haben – durch Schwanzeinziehen nach außen hin – und mit Säbelrasseln à la Araktschejew im Inneren. Was nun Frau Jelena Kuleschowa anlangt, die in Wirklichkeit Anna Michailowna Makarewitsch heißt, so handelt es sich bei ihr um eine junge, recht hübsche, sehr beschränkte und äußerst aktive Anhängerin Bakunins oder, wie man jetzt sagt, um eine „Wspyschetschniza" (vom Wort „wspyschka" – Explosion), die predigt, man brauche das Volk nicht zu lehren, sondern müsse es mobilisieren, entflammen und so weiter. Sie hat eine schlagkräftige Redeweise wie jede beliebige russische Zeitschrift – und ich vermute, sie ist ebenso fähig zu Torheiten wie zur Selbstaufopferung. Keine durchschnittliche, aber auch keine außergewöhnliche Erscheinung. Sie war mir völlig unbekannt, aber auf die Bitte Lawrows und anderer hin habe ich vor dem juge d'instruction dafür gebürgt, daß sie nicht fliehen würde (was sie freilich nicht davor bewahren konnte, in Untersuchungshaft zu sitzen), und als das Gerücht aufkam, sie solle an unsere Regierung ausgeliefert werden, schrieb ich an Fürst Orlow einen Brief, in dem ich ihm als Patriot nahelegte, keine derartige Torheit zu begehen, was er dann auch befolgt hat. Sie kam sich bei mir bedanken, wir plauderten ein wenig, irgend etwas Neues habe ich nicht erfahren oder zu sehen bekommen (Sie kennen diesen Typ), und jetzt ist sie anscheinend abgereist. Die Zeitschriften berichten, beim Costa-Prozeß hätte ich als Zuschauer neben ihr gesessen, aber natürlich war ich gar nicht dort; wahrscheinlich hat man Lawrow für mich gehalten, er ist ebenso grauhaarig und trägt den gleichen Bart wie ich. Costa – ein feuriger und tatkräftiger Italiener – war früher Sekretär Bakunins. Mit der Kuleschowa ist er, wie Pissemski sagt, durch „pantomimische Liebe" verbunden gewesen, was nicht ganz den Gewohnheiten moderner Nihilistinnen entspricht.

Von dem Aufsatz in „Unsere Zeit" habe ich ebenfalls aus dem Feuilleton in „Nowoje wremja" erfahren. Nach dem Prozeß gegen die Sassulitsch hat „Neuland" die Deutschen zweifellos mobil gemacht; vom Redakteur der „Gegenwart" erhielt ich eine dringende Aufforderung, aus diesem Anlaß einen Beitrag zu schreiben, was ich natürlich schleunigst und mit besonderer Sorgfalt abgelehnt habe. Es zeigt sich also, man kann den Dingen ruhig ihren Lauf lassen: Taugt eine Sache etwas, findet sie schon ihren Weg ... Aber als empfindsamer Mensch hat mich die einhellig mißgünstige Aufnahme doch betroffen; entsinnen Sie sich, alle haben mich damals mit Schmutz beworfen – angefangen von Katkow bis hin zu M. Saltykow.

All das ist übrigens nur ein „Schatten, der im Rauch entflieht". Also auf baldiges Wiedersehen, ich drücke Ihnen kräftig die Hand, grüße alle Ihre Angehörigen und bleibe Ihr ergebener

I. Turgenjew

252

An L. N. Tolstoi Paris, 20. Mai 1878

Lieber Lew Nikolajewitsch!

Erst heute erhielt ich Ihren postlagernd geschickten Brief. Er hat mich sehr erfreut und gerührt. Nur zu gern bin ich bereit, unsere Freundschaft zu erneuern, und drücke kräftig die mir gebotene Hand. Sie haben völlig recht, keine feindseligen Gefühle in mir zu vermuten: wenn es solche einmal gab, so sind sie längst, längst geschwunden – und geblieben ist nur die Erinnerung an Sie als einen Menschen, dem ich mich aufrichtig verbunden fühlte, als einen Schriftsteller, dessen erste Schritte ich eher als andere begrüßen konnte und dessen neu erscheinende Werke immer mein lebhaftestes Interesse fanden. Ich freue mich herzlich über die Beilegung der zwischen uns aufgekommenen Mißverständnisse.

Diesen Sommer hoffe ich nach dem Gouvernement Orjol zu kommen – dann müssen wir uns natürlich sehen. Bis dahin aber wünsche ich Ihnen alles Gute – und drücke Ihnen nochmals freundschaftlich die Hand.

I. Turgenjew

253

An Gustave Flaubert Bougival, 23. Juni 1878

Auch ich, mein guter Freund, glaubte, in diesem Augenblick in Deutschland zu sein: doch dem ist nicht so! Ich habe mich in der Angelegenheit des Internationalen Kongresses beschwatzen lassen, der *kein Resultat haben wird und kann* – und so halte ich Reden, papperlapapp! Mein Freund, was ist so eine Beratungsversammlung doch für eine komische Sache! Da hält Hugo gestern eine ausgezeichnete Rede, diese Rede wird bejubelt, man stimmt über ihren Druck ab – wie in der Konstituante! –, und fünf Minuten später stimmt man für eine seiner Rede diametral entgegengesetzte Resolution – und *er selbst* stimmt auch dafür!! Wir haben eine Kommission, die alle Tage Sitzung hält (ich bin ihr Vizepräsident) – wir treten auf der Stelle wie die Schwachsinnigen – und ich beginne zu glauben, daß wir es wirklich sind. Ich habe die Nase voll davon und mache mich *Donnerstag* nach Karlsbad davon, wohin ich Sie bitte, mir zu schreiben (Karlsbad, Böhmen, postlagernd). Das Wasser, das ich dort trinken werde, ist vielleicht auch eine Illusion – aber das ist nicht so augenscheinlich.

Was Sie betrifft: Gesundheit und Geduld – das wünsche ich Ihnen von ganzem Herzen.

Ich habe Zola einen Augenblick gesehen; er hat ein Häuschen in der Gegend von Maisons-Laffitte gekauft – und er wird sich dort niederlassen.

Sicher ist H. Martin kein großer Schriftsteller – aber geben Sie es zu, Taine im Sessel von Thiers – das erscheint ungeheuerlich! Persönlich – liebe ich Martin sehr, und ich freue mich über seinen Erfolg.

Ich umarme Sie.

I. Turgenjew**

254

An L. N. Tolstoi Spasskoje, 26. (14.) August 1878

Mein lieber Lew Nikolajewitsch!

Vorigen Donnerstag bin ich wohlbehalten hier eingetroffen – und möchte Ihnen noch einmal wiederholen, welchen angenehmen und guten Eindruck mein Besuch in Jasnaja Poljana in mir hinterlassen hat und wie froh ich darüber bin, daß die zwischen uns aufgekommenen Meinungsverschiedenheiten so restlos verschwunden sind, als hätten sie nie existiert. Ich empfand sehr deutlich, wir haben das Leben, das uns hat alt werden lassen, nicht umsonst gelebt, und Sie wie ich, wir sind beide besser geworden, als wir es vor sechzehn Jahren waren; und dieses Gefühl hat mich mit Freude erfüllt. Es steht außer Frage, daß ich auf dem Rückweg – ganz bestimmt – wieder bei Ihnen einkehre.

An A. N. Pypin habe ich geschrieben, daß Sie einverstanden sind, Autor der „Russkaja biblioteka" zu werden – er setzt sich deshalb noch schriftlich mit Ihnen in Verbindung, und natürlich wird alles sehr schnell und unkompliziert geregelt werden.

Spasskoje hat diesmal eine unbestimmte Empfindung in mir ausgelöst: ich bin weder traurig noch froh – befinde mich gleichsam in einem Zustand der Verwunderung – ein weiteres Anzeichen des Alters.

Ich grüße freundschaftlich alle Ihre Angehörigen und drücke Ihnen kräftig die Hand.

Ihr ergebener

I. Turgenjew

255

An William Ralston Bougival, 7. Oktober 1878

Mein lieber Freund!

Ich habe gerade Ihren Brief erhalten und beeile mich, Ihnen mitzuteilen, daß ich am *Mittwochabend* nach London komme –

auf meinem Wege nach Newmarket, wo ich drei Tage bleiben und bei meinem Freunde B. Hall Rebhühner schießen werde. Ich wohne in London im St.-Pancras-Hotel am St.-Pancras-Bahnhof – und reise am nächsten Tag, am *Donnerstag*, weiter. Kommen Sie abends ins Hotel und fragen Sie nach mir? Ich werde Ihnen alles berichten, was Sie über Graf L. Tolstoi wissen wollen – ich habe gerade drei Tage bei ihm in Jasnaja Poljana verbracht. Wir hatten vor 16 Jahren einen Streit – aber jetzt sind wir so gute Freunde wie eh und je.

Ich habe Ihren Artikel über H. Gréville gelesen. Sie kann sich bei Ihnen dafür bedanken – und ich freue mich über ihren Erfolg.

Bis auf ein baldiges Wiedersehen.

Ihr ergebener

I. Turgenjew***

256

An L. N. Tolstoi Bougival, 13. Oktober 1878

Mein lieber Lew Nikolajewitsch, seit ich wieder hier bin, wollte ich immer schreiben und Sie bitten, mir eine Nachricht von Ihnen und Ihrer Familie zukommen zu lassen, denn als ich Jasnaja Poljana verließ, stand es ja nicht zum allerbesten. Zwar bin ich gewiß, daß alle Ihre Angehörigen längst wieder gesund sind, würde dies aber doch gern von Ihnen selbst hören.

Hier habe ich alles in Ordnung vorgefunden, und mein eigener Gesundheitszustand ist weiterhin zufriedenstellend.

Von meinem Freunde W. Ralston, einem englischen Literaturkritiker, der unsere Literatur sehr schätzt, haben Sie vermutlich bereits einen Brief erhalten, in dem er Sie um einige biographische Notizen bittet. Ich hoffe, Sie haben dies nicht abgelehnt, denn er ist ein sehr tüchtiger und ernsthafter Mensch – nicht irgendein Korrespondent oder Feuilletonist. Sie wissen wahrscheinlich schon, daß Ihre „Kosaken" in englischer Übersetzung erschienen sind (in London und in Amerika) – und wie ich hörte, haben sie großen Erfolg gehabt; Ralston hat sich vorgenommen, einen größeren Aufsatz über „Krieg und Frieden“ zu schreiben. Ich meinerseits habe ihm eine kleine Zusammenstellung mir bekannter Tatsachen über Ihr literarisches und öffentliches Wirken zugesandt und – nehme an, Sie sind mir deswegen nicht böse. Im „Journal de St-Pétersbourg“ werden die „Kosaken“ auch in französischer Übersetzung abgedruckt. Das ärgert mich ein wenig – denn ich hatte die Absicht, sie diesen Herbst zusammen mit Frau Viardot selbst zu übersetzen – allein wenn die Übersetzung gut ist, besteht kein Grund zum Ärgern. Ich weiß nicht, ob Sie irgendwelche Schritte für eine Einzelausgabe hier in Paris unternommen haben (ich weiß nicht einmal, ob diese Übersetzung mit Ihrer Zustimmung erfolgt ist); auf alle Fälle aber biete ich meine Vermittlerdienste an ... Sehr gern würde ich dazu beitragen, die französische Leserschaft mit dem besten Roman bekannt zu machen, der in unserer Sprache geschrieben wurde.

Adressieren Sie Ihre Antwort bitte Paris, 50, Rue de Douai, wir übersiedeln bald nach dort, da das Wetter anscheinend schlechter wird.

Grüßen Sie alle Ihre Angehörigen von mir; ich drücke Ihnen kräftig und freundschaftlich die Hand.

Ihr ergebener

I. Turgenjew

257

An Edmond de Goncourt Paris, 3. Dezember 1878

Mein lieber Freund!

Spezielle Zigeunernamen gibt es nur in den Opern. Sie wissen doch, daß die Zigeuner als von Grund auf gleichgültig die Religion des Landes annehmen, das sie bewohnen, und die Namen seiner Kalenderheiligen tragen. Indes kann ich Ihnen Namen (Verkleinerungsformen, Kosenamen) von berühmten Zigeunerinnen in Rußland nennen. *Steuscha* (Verkl. von Stepanida, Etiennette), sie hat mehreren Generationen zwischen

1820 und 1830 die Köpfe verdreht. *Lubascha* (Verkl. von Ljubow, Liebe). *Parascha* (Verkl. von Praskowja). *Mariula* (Verkl. von Marija). Sie war die Geliebte unseres berühmten Dichters Puschkin. *Tanja* (Verkl. von Tatjana). *Lipa* (Verkl. von Olympjada). Und nun – wählen Sie aus.

Bestimmt – wir müßten uns sehen. Aber wo und wie? Flaubert schreibt mir gerade, daß er erst im Februar nach Paris kommt. Ich habe weder Zola noch Daudet gesehen. Man müßte dennoch ein Diner arrangieren wie in alter Zeit. Ich werde Ihnen darüber noch ein paar Zeilen schreiben.

Tausend Grüße und auf Wiedersehen.

Ihr I. Turgenjew

258

An George Eliot Paris, 3. Dezember 1878

Meine liebe Mrs. Lewes!

Vor einer Stunde erhielt ich von Ihrer Tochter einen Brief, in dem sie mir von der sehr schweren Erkrankung ihres Vaters berichtet, und eben lese ich in der Zeitung ein Telegramm, das den tödlichen Ausgang dieser Erkrankung meldet. Ich wage es nicht, die tiefe Trauer zu stören, die Sie empfinden müssen. Ich bitte nur darum, Ihnen mein herzliches und aufrichtiges Beileid übermitteln zu dürfen. Mögen Sie in Ihrem eigenen starken Gemüt die nötige Kraft finden, einen solchen Verlust zu ertragen! Alle Ihre Freunde, das ganze gebildete Europa trauert mit Ihnen.

Ich grüße Sie, liebe Mrs. Lewes, als Ihr sehr ergebener

I. Turgenjew***

259

An Gustave Flaubert Paris, 21. Januar 1879

Mein guter Alter!

Sie fragen sich vielleicht, weshalb ich kein Lebenszeichen gebe? Ach, mein Freund, ich bin nun einmal ein Gebrechlicher, der nichts mehr „unternehmen" kann. Jetzt sind es bald vierzehn Tage, daß die Gicht mich wieder gepackt hat – und erst seit gestern gehe ich in meinem Zimmer umher – mit Hilfe von Krücken – wohlverstanden. Ich habe der Premiere von „L'Assommoir" nicht beiwohnen können, der, gebührend verstümmelt, wie es scheint, den großen Erfolg des guten alten Melodramas gehabt hat. Gestern erhielt ich die Nachricht vom Tode meines Bruders; das bereitet mir viel Kummer – rückblickend und persönlich. Wir sahen uns nur selten – und es gab fast nichts Gemeinsames zwischen uns ... aber ein Bruder... das ist manchmal weniger als ein Freund, aber es ist etwas anderes. Weniger stark und intimer. Mein Bruder ist millionenreich gestorben – aber er hinterläßt sein ganzes Vermögen den Verwandten seiner Frau. Mir hat er (nach dem, was er mir schrieb) 250000 Francs testamentarisch vermacht (das ist ungefähr der zwanzigste Teil seines Vermögens) – da aber die Leute, die in den letzten Jahren seines Lebens um ihn waren, so etwas wie Filous sind – wird es wahrscheinlich nötig sein, daß ich mich unverzüglich an Ort und Stelle begebe – die Legate meines Bruders könnten sich sonst sehr leicht in Rauch auflösen! So bin ich in zehn Tagen vielleicht auf dem Wege nach Moskau. Wann werden wir uns – in diesem Falle – wiedersehen? Denn ich kann nicht daran denken, nach Croisset zu reisen. Und dabei habe ich die größte Lust, Sie zu sehen! Ist es wirklich so notwendig, daß Sie bis Ende Februar dort bleiben? Welch trauriger Winter! Es gibt keinen Maulwurf, der ein zurückgezogeneres Leben führt als ich. Allein, ganz allein sein – und nichts tun – das gibt wirklich einen Geschmack – und Nachgeschmack – der eigenen Nutzlosigkeit. Doch Geduld!

Zum Glück befindet sich das ganze Haus hier wohl.

Schreiben Sie mir ein paar Zeilen. Ich hoffe, Ihre Arbeit geht gut voran.

Ich umarme Sie.

Ihr I. Turgenjew**

260

An G.O. Ginzburg Paris, 22. Januar 1879

Mein lieber Gorazi Ossipowitsch!

Ich hatte Ihnen schon einmal wegen der Angelegenheit geschrieben, über die ich mich jetzt mit Ihnen unterhalten möchte, muß aber annehmen, daß mein Brief nicht ans Ziel gelangt ist. Es handelt sich um folgendes. Sie wissen, zu mir kommt eine Menge notleidender junger Russen; sie bitten um Arbeit, um eine Stelle, fast immer aber läuft es darauf hinaus, daß ich ihnen im Rahmen meiner Möglichkeiten Geld geben muß. Unter diesen Russen befand sich nun einer, der mir besonders auffiel. Ein gewisser Pawlowski, Aron Jakowlewitsch, ein junger Mann von vierundzwanzig Jahren. Wie viele andere war er aus politischen Gründen gezwungen, Rußland zu verlassen, und wurde nach Amerika verschlagen, wo er zwei Jahre hart arbeitete. Er war auf einer Farm beschäftigt, hat gepflügt, Pferde gepflegt und so weiter. Nebenbei gesagt hat er Englisch gelernt und beherrscht es perfekt. (Französisch versteht er gut, spricht es aber schlecht.) In Amerika lebte er unter den Shakers (Schüttlern – eine Quäkergruppe) und hatte dort ungewöhnliche Erlebnisse, über die er zu gegebener Zeit der russischen Leserschaft berichten will. Von seinem in Italien lebenden Bruder aus Amerika zurückgerufen, ist er nun in Paris steckengeblieben.

A.J. Pawlowski lehnt Geld ab – und sucht ernsthaft Arbeit. Er würde jede Stelle, selbst die eines Stallburschen annehmen. Ich habe von ihm den Eindruck eines absolut ehrenhaften, tüchtigen und aufrichtigen Mannes; der Aufenthalt in Amerika hat seine für einen Russen ohnehin bemerkenswerte Tat- und Willenskraft weiter gestärkt; kurz gesagt – unter den hier befindlichen Russen ist er der einzige, für den ich bereit wäre, die Verantwortung zu übernehmen. Da ich Ihre grenzenlose Güte und Menschlichkeit kenne, habe ich mir erlaubt, Ihn an Sie zu verweisen: ließe sich vielleicht bei Ihnen selbst oder einem Ihrer Bekannten für diesen Mann irgendeine Arbeit (*und sei es die mißlichste und niedrigste*) finden? Er wird morgen elf Uhr vormittags bei Ihnen vorsprechen. Sollte Ihnen Stunde oder Tag aus irgendeinem Grunde nicht genehm sein, lassen Sie es mich wissen, ich würde es ihm mitteilen. Ich wage zu hoffen, ein Gespräch von nur fünf Minuten wird auch Sie für ihn einnehmen. Auf alle Fälle danke ich Ihnen im voraus, drücke Ihnen kräftig die Hand und bleibe Ihr Ihnen herzlich ergebener

I. Turgenjew

261

An Pauline Turgenjewa-Bruère Paris, 13. Februar 1879

Meine liebe Paulinette!

Eben erhalte ich Deinen Brief, und ich antworte Dir mit wenigen Worten – denn ich reise morgen nach Rußland, wo ich versuchen werde, ein paar Brocken des großen Vermögens meines Bruders aufzusammeln (Du weißt, glaube ich, daß er gestorben ist) – eines Vermögens, das er den Verwandten seiner Frau hinterlassen hat. Diese Verwandten lassen die Absicht erkennen, sogar das wenige an sich zu reißen, das mein Bruder mir vermacht hat – und ich muß zur Stelle sein, um mich zu verteidigen.

Was Deine Bitte betrifft – ich kann Dir nur einen Rat geben. Obwohl ich das Unglück bedaure, das Euch zu verfolgen scheint, *haltet Euch an Eure Fabrik.* Ich bin absolut machtlos, irgend etwas für Euch zu tun. Erst kürzlich habe ich versucht, um eine (zehnmal versprochene) Stelle für meinen Freund Flaubert nachzusuchen, der völlig ruiniert ist – und bin auf die brutalste und gröbste Art abgewiesen worden. Ich will niemals mehr mit dergleichen zu tun haben. Ich wiederhole es – ich bin absolut machtlos – und ich werde Dir Dank wissen, wenn Du nicht mehr darauf zurückkommst.

Ich schreibe Dir aus Moskau – und werde Dich wissen lassen, ob dort auch alles schiefgeht. Unterdessen umarme ich Euch alle und wünsche Euch alles Gute.

I. Turgenjew

PS: Ich habe für Dich 124 Francs an Madame Innis gezahlt.**

262

An Pauline Viardot Moskau, 17. (5.) März 1879

*Teuerste Freundin!**

*Es geht mir** dieses Jahr in Moskau immer besser, wie bei Nicolet. Die Soirée für die unbemittelten Studenten hat gestern doch stattgefunden – die Erlaubnis war indes erst am Abend zuvor gekommen ... und, guter Gott, was da los war! Stellen Sie sich mehr als tausend Studenten in diesem großartigen Saal der Adelsversammlung vor; ich trete ein, ein Lärm, daß fast das Haus einstürzt. Hurras, Hüte, die in die Luft fliegen, dann zwei riesige Kränze, dann schreit mir ein junger Delegierter der Studenten einen speech in die Ohren, einen speech, der mit jedem Wort an das Unerlaubte, an die Explosion grenzt; der Rektor der Universität in der ersten Sesselreihe ist ganz blaß vor Furcht; ich versuche so zu antworten, daß ich das Pulver nicht entzünde und doch ein wenig mehr als Banalitäten sage, dann, nach der Lesung, folgt mir diese ganze Menge durch die Nachbarsäle, sie rufen mich zwanzigmal zurück wie die Verrückten; junge Damen ergreifen meine Hände ... um sie zu küssen!!! Das war ein Wahnsinn! Wäre nicht ein Gendarmerieoberst gekommen, um mich, mit den liebenswürdigsten Manieren, wegzuholen und in meinen Wagen zu drängen, ich glaube, ich wäre noch dort. Ich verstehe vollkommen den Grund all dessen; am Vorabend von stets versprochenen und immer wieder aufgeschobenen Reformen, am Vorabend der Geburt zum politischen Leben, ist diese ganze Jugend mit

Elektrizität geladen wie eine Leidener Flasche; und ich bin dabei die Maschine, die der Entladung dient. Meine liberalen Ansichten tragen mir all das ein, zumindest ebensosehr wie mein literarisches Verdienst. Wenn diese arme Jugend nicht Kundgebungen abhielte, würde sie platzen! Was nicht verhindert, daß ich ungemein berührt bin von dem, was mir so unerwartet geschieht – und völlig ermattet. Heute abend muß ich noch im Bolschoi-Theater lesen, aber dort wird nichts passieren, und morgen geben alle hiesigen Größen sämtlicher Parteien mir zu Ehren ein Monsterdiner (achtzig Gäste), und vorher *speeches*! Genauso wird es in der Politik gemacht, da es nicht anders geht. Mittwoch reise ich nach Petersburg; Freitag letzte Lesung im Adelssaal; alle Karten sind schon seit einer Woche ausverkauft, und dann die Freiheit! Die Freiheit abzureisen … Zumindest hoffe ich es.

Morgen werde ich endgültig wissen, wie ich meine Zeit einrichte, da ich über das Geld aus der Erbschaft verfügen kann.

Ich werde Ihnen die beiden Texte von den Reden der Studenten mitbringen, auch den Text meiner Erwiderung und meiner morgigen Ansprache sowie ein paar leidlich kuriose *anonyme* Briefe. Welch bewegtes Leben ich hier geführt habe … Das ist entschieden nicht mein Fall.

Dieser Brief geht heute so ab; morgen fange ich einen neuen an. Ich umarme Sie alle aufs zärtlichste *und bleibe auf ewig der Ihrige**

I. Turgenjew**

263

An P. L. Lawrow Paris, 12. April 1879

Mein lieber Pjotr Lawrowitsch!

Das Unglück, das Lopatin betroffen hat, war nicht zu vermeiden; er hat es gleichsam selbst heraufbeschworen. Noch am Tage meiner Abreise habe ich ihn angefleht, nach dem Süden zu fahren – die Polizei *wußte* doch, daß er in Petersburg war. Schwer zu sagen, was man jetzt unternehmen kann: es über

Abasa zu versuchen ist sinnlos ... Mir geht eine andere Idee im Kopf herum – die natürlich auch unsinnig ist – aber versuchen muß man es. Lopatin hat Alexander Nikolajewitsch persönlich beleidigt; das wird nicht verziehen ... Er tut mir sehr leid.

Auf Wiedersehen; ich drücke Ihnen die Hand.

I. Turgenjew

264

An Moritz Necker Paris, 16. April 1879

Verehrter Herr!

Ich habe Ihren sehr schmeichelhaften Brief mit den zwei Nummern des „Literatur-Blatts" bekommen und Ihre „Portraitstudie" gelesen. Ich danke sehr für die Ehre, die Sie mir antun; und muß sagen, daß manches in Ihrer Studie mir als treffend wahr und fein gedacht erscheint. Sie selbst wissen besser, als ich es sagen kann, daß der Schriftsteller keine vorgefaßten Ideen in Bilder kleidet: das alles wächst aus ihm heraus, halb bewußtlos. Ein anderer Kritiker würde auf andere Motive meines Schaffens weisen können – vielleicht mit demselben Recht. Sollte ich den wahren Grund meiner Tätigkeit angeben – so würde ich möglicherweise sagen: „Ich habe geschrieben, weil es mich selbst ergötzt hat." Das eigene Volk, das menschliche Leben, die menschliche Physiognomie – das ist das Bestimmende; der Schriftsteller macht daraus – was er kann ... Und was er nicht anders kann. Das ist eine sehr vage Theorie: für mich ist es die einzige. Jedenfalls muß ich Sie bitten, meinen besten Dank für Ihre so echte Sympathie anzunehmen. Daß ich mein Vaterland dem europäischen Publikum etwas näher gerückt habe – betrachte ich als das große Glück meines Lebens. Empfangen Sie die Versicherung meiner Hochachtung.

I. Turgenjew*

265

An Victor Hugo Paris, 16. Mai 1879

Erlauchter Meister!

Dieses Briefchen überbringt Ihnen ein Freund von mir, Herr H. Boyesen, ein sehr talentierter amerikanischer Schriftsteller – und, ist es überhaupt nötig, das hinzuzufügen – einer Ihrer glühendsten Bewunderer. Ein wichtiger Verleger seines Heimatlandes hat ihn beauftragt, einen Artikel über Sie zu schreiben, der illustriert erscheinen soll. Er wagt zu hoffen, daß Sie Ihren Namenszug unter ein Porträt setzen werden, das er mitbringt, und er möchte gleichzeitig gern wissen, wo er sich eine Photographie von Ihrem Wohnsitz auf Guernsey – oder von Ihrem Arbeiszimmer beschaffen kann. Ich habe mir erlaubt, Herrn Boyesen zu versprechen, Sie würden ihn mit der freundlichen Güte empfangen, die einer der hervorragenden Züge Ihres Genies ist – und Ihnen im voraus für Ihren Empfang dankend, bitte ich Sie, den Ausdruck meiner respektvollsten Hochachtung entgegenzunehmen.

I. Turgenjew**

266

An P. W. Annenkow Paris, 30. Mai 1879

Lieber Freund Pawel Wassiljewitsch, ich schreibe Ihnen nach Baden-Baden, denn Sie müßten sich jetzt bereits unter dem Dach der tugendhaften Frau Anstett befinden, der Sie bitte einen freundlichen Gruß übermitteln wollen. Den Auftrag betreffs des Buches von Maspero habe ich tatsächlich zu erledigen versäumt; aber den anderen Auftrag (betreffs Maslow) habe ich während meines Aufenthalts in Moskau pünktlich ausgeführt – ich erhielt eine Zusage und das mündliche Versprechen, er werde Ihnen schreiben – was ich freilich mit größtem Mißtrauen zur Kenntnis nahm – denn die phänomenale und beispiellose Faulheit Iwan Iljitschs ist mir nur zu gut bekannt, und von ihm irgendeine Antwort zu bekommen ist ebenso schwierig, wie einen Bock zu melken. Wäre er nicht so gutherzig, könnten viele diese Faulheit als alles übersteigenden Egoismus auffassen ... womit sie gar nicht so unrecht hätten.

Sie möchten gern wissen, lieber Freund, was ich treibe und welche Pläne ich habe? Nun gut. Vor allem kann ich Ihnen berichten, daß ich, Gott sei Dank, gesund bin und mich anschicke, auf die Datscha nach Bougival zu fahren – ich wäre längst dort, wenn wir nicht so scheußliches Wetter hätten; ich gebe mich widerwillig und zähneknirschend mit der Durchsicht der neuen Sammlung meiner Werke ab, die ich verkauft habe ... Diese Arbeit ist genauso scheußlich wie das Wetter! Nach London fahre ich trotz der Einladung nicht, denn meine Rolle wäre dort in jeder Hinsicht miserabel. Weiter reichen meine Zukunftspläne nicht – wie wir alle, lausche und blicke ich gespannt und wehen Herzens auf alles, was jetzt in Rußland vor sich geht. Das wäre es schon.

Allen meinen Leuten hier geht es gut, und sie lassen grüßen.

Arapetow ist kürzlich eingetroffen.

Alles, was Sie über Zola und die Goncourts sagen, ist klug und einleuchtend.

Lesen Sie einmal das unlängst hier erschienene Buch „Jacques Vingtras“ – de Jean La Rue (Pseudonym von Jules Vallès, dem Kommunarden) ... Eine großartige Sache!

Der Kampf zwischen Republik (richtiger: Revolution) und Klerikalismus (richtiger: Kirche) bricht in Frankreich gerade erst aus. Dieser Kampf wird lange dauern ... wir beide werden sein Ende jedenfalls nicht erleben. Das Unglück besteht nur darin, daß auf der einen Seite alle vom gleichen Geist beseelt sind, auf der anderen dagegen Zwietracht herrscht. Und wir befinden uns ausgerechnet im Lager der Zwietracht.

Und damit leben Sie wohl. Ich küsse Ihre lieben Kinder, grüße Ihre Frau und umarme Sie.

Ihr I. Turgenjew

267

An B. A. Tschiwilew Bougival, 24. Juni 1879

Mein lieber Tschiwilew, wie versprochen, schreibe ich Ihnen ein paar Zeilen über die Zeremonie in Oxford. Ehrlich gesagt, selbst diese wenigen Zeilen sind schon zuviel: denn wen kann das im Grunde genommen interessieren! Meine Ernennung zum Doktor der Universität Oxford werden unsere Zeitschriften nur zum Anlaß nehmen, wieder einmal über mich herzuziehen. Und daher berichte ich in aller Kürze: Oxford ist eine außergewöhnlich interessante Stadt; das Wetter war herrlich – zwölf Uhr mittags zogen wir frischgebackenen Doktoren in roten Mänteln und viereckigen Mützen vom Sitz des Vizekanzlers der Universität in ein besonderes Gebäude, wo diese „commemorations" vollzogen werden; wir liefen in Zweierreihen, und das Volk begaffte uns; das Gebäude war voller Studenten und Damen; ein Professor der Eloquenz, gleichfalls in rotem Mantel, stellte uns einzeln dem auf einem Samtsessel thronenden Vizekanzler vor und ließ jeder Vorstellung eine kleine, mit Komplimenten gespickte lateinische Rede folgen; der Vizekanzler antwortete gleichfalls lateinisch, drückte jedem neuernannten Doktor die Hand, und dieser ging zu seinem Sessel, während das Publikum Beifall klatschte. Als die Reihe an mich kam, war ich ziemlich aufgeregt – aber es lief alles gut ab. Man hatte mich vorher instruiert, die Herren Studenten dürften an diesem Tage von dem Recht, zu pfeifen und zu zischen, Gebrauch machen – es ist dies eine Art eingebürgerter Universitätssaturnalien; und da man die Russen bis auf den heutigen Tag in England nicht leiden kann, war mit einem Skandal zu rechnen; doch wider Erwarten kam es dazu nicht – und die „Times" versicherte sogar, bei mir sei mehr geklatscht worden als bei den anderen. Keiner von uns hat eine Rede gehalten, Diplome gab es nicht. Die dortigen Professoren machten mir zum Zeichen ihres besonderen Wohlwollens Mantel und Mütze zum Geschenk – und jetzt kann ich mich, wenn ich eine Scharade aufführe, im Doktorenhabit präsentieren. Dann gab es Bankette, Abendessen, Bälle und so weiter – aber alles ohne Reden – Gott sei Dank! Ich füge ein Programm der ganzen Zeremonie bei – und möchte nebenbei bemerken, unter den Doktoren befand sich auch der schwedische Erbprinz – doch ihn hatte man als Ausdruck der besonderen Ehrenbezeigung schon am Abend zuvor empfangen, und daher steht er nicht mit auf der Liste – er befand sich jedoch in der gleichen Kleidung unter uns, nur daß seine Mütze eine goldene Quaste hatte. Ich bin erst der zweite Russe, dem eine solche Ehre zuteil wurde: der erste war Zar Alexander.

Falls Sie meinen, aus dieser kleinen Zitrone ließe sich irgendein Saft herauspressen – dann immer zu! Nur eine Bedingung: sprechen Sie nicht in meinem Namen.

Ich wünsche Ihnen alles Gute – und möge Ihnen die Luft von „Juriash" gut bekommen!

Ihr ergebener

I. Turgenjew

268

An A. W. Toporow Bougival, 6. September 1879

Mein lieber Toporow!

Ich weiß gar nicht, wie ich Ihnen für all Ihre Mühe danken soll. Der Aufsatz über „Ljapunow" ist tatsächlich in den „Otetschestwennyje sapiski" – Jahrgang 1845 oder 1846 – erschienen, und ich wäre Ihnen sehr verbunden, wenn Sie ihn ausfindig machen und mir zusenden könnten, ebenso auch die übrigen Beiträge im „Sowremennik". Den Aufsatz über Granowski habe ich übrigens hier. Was den Aufsatz über die „Nichte" anlangt, so habe ich zwar das Manuskript, doch ist von der Zensur damals so viel gestrichen worden, daß es amüsant wäre, die ausgelassenen Stellen durch Anführungsstriche zu kennzeichnen. Das kann erst nach einem Vergleich der beiden Texte geschehen. Lassen Sie ihn daher bitte abschreiben und mir übersenden. Auch die anderen Aufsätze. Sie erweisen mir einen großen Dienst: ohne Sie wäre ich beim besten Willen nicht imstande, den ersten Band meiner Ausgabe zusammenzustellen.

Ich weiß nicht mehr, ob ich zu Frau Abarinowa von meiner Absicht gesprochen habe, den Winter in Petersburg zu verbringen; auf alle Fälle war das – damals – nur so hingesagt. Ich habe mich noch nicht entschlossen. Schlimm wäre es übrigens nicht. Ich möchte nur, daß dies nach Möglichkeit für meine *hiesigen* Freunde geheim bleibt.

Sagen Sie Frau Sawina, ich würde mir erlauben, mich sofort nach meiner Ankunft für ihre Liebenswürdigkeit zu revanchieren. Sie ist ein sehr lieber Mensch, und ich fühle mich ehrlich zu ihr hingezogen.

Über Schiller und Byron habe ich irgendwo einmal geschrieben (anläßlich von Übersetzungen), aber wo, kann ich mich ganz und gar nicht erinnern. Auch über W. I. Dal gibt es von mir (ich glaube in den „Otetschestwennyje sapiski") einen ganz passablen Artikel. Doch wie ihn ausfindig machen? Das (wie auch andere kleine kritische Beiträge) muß wohl oder übel bis zur nächsten Ausgabe aufgeschoben werden – falls ich sie noch erlebe. Über Puschkin habe ich einmal zwei Vorlesungen gehalten ... Sie liegen hier bei mir – aber es handelt sich um etwas flüchtig Hingeworfenes, das des großen Namens Puschkin nicht würdig ist.

Meinen Empfehlungsbrief an Gortschakow – und das Geld von meinem Verwalter haben Sie sicher schon erhalten.

Damit umarme ich Sie freundschaftlich und bleibe Ihr ergebener

I. Turgenjew

269

An P. L. Lawrow Bougival, 10. Oktober 1879

Lieber Pjotr Lawrowitsch!

Ihre Nachricht hat mich heftig erregt – obgleich ich fast von ihrer Unrichtigkeit überzeugt bin ... Seit gestern zermartere ich mir unaufhörlich den Kopf, was man unternehmen könnte – und muß mich immer wieder von meiner eigenen Ohnmacht überzeugen. Auf jeden Fall werde ich zu Orlow fahren und versuchen, über ihn auf Großfürst Konstantin einzuwirken – nur muß ich auch hier mit größter Behutsamkeit zu Werke gehen und darf die Sache nicht etwa dadurch verderben, daß ich dem Großfürsten zu verstehen gebe, ich wüßte von gewissen Beziehungen zwischen ihm und den Revolutionären. Nach Petersburg komme ich frühestens in sechs Wochen … Sollte die Regierung erfahren haben, daß Lopatin der Schreiber des Ihnen bekannten Briefes ist – droht ihm unausweislich Unheil, denn dann kommt persönliche Rache ins Spiel. Ich werde alles tun, was ich vermag … nur vermag ich eben sehr wenig, viel zuwenig.

Die von Ihnen aus Shakespeare zitierten Worte äußert Hamlet im 2. Akt, 2. Szene, im Gespräch mit Güldenstern und Rosenkranz.

Dank einem zum Glück nicht allzu heftigen Gichtanfall im Knie sitze ich nun schon ganze sechs Tage im Hause. Trotzdem hoffe ich, morgen abreisen zu können.

Ich drücke Ihnen freundschaftlich die Hand.

I. Turgenjew

270

An Ernest Renan Bougival, 18. November 1879

Lieber Monsieur Renan!

Es ist lange her, daß ich die beiliegende kleine Liste erhalten habe; aber da Sie auf Reisen waren, hielt ich es für ratsamer, Ihre Rückkehr abzuwarten. Die Fragen stammen von einem Ihrer größten Bewunderer, einem ehemaligen Volksbildungsminister in Rußland; hätten Sie die Güte, einfach die *Namen* an den Rand des weißen Papiers zu schreiben – *wenn es Ihnen nichts ausmacht* – und mir das Blatt in die Rue de Douai, 50, zurückzuschicken? Mein Briefpartner würde Ihnen sehr dankbar sein – und ich desgleichen.

Ich befinde mich noch auf dem Lande und bin dabei, Ihren letzten Band zu beenden. Sie bringen Licht in mein Grübeln über all diese so heiklen und schwierigen Fragen: ich weiß nicht, was ich am meisten bewundern soll – den Scharfsinn oder die Genauigkeit Ihrer – wenn ich mich so ausdrücken darf – psychologischen Analyse der Art und Weise, wie die Kirche sich organisiert hat. Die Lektüre dieses Bandes ist wirklich hinreißend.

Nehmen Sie, lieber Monsieur Renan, den Ausdruck meiner ehrlichen Bewunderung entgegen.

I. Turgenjew

PS: Unter dem Streifen, den ich aufgeklebt habe, stehen einige Vermutungen, die ich für gerechtfertigt halte – zum Beispiel Victor Hugo hinsichtlich des ersten Auszugs; aber man hätte gern Gewißheit.**

271

An Frau Lotheissen Bougival, 25. November 1879

Verehrte Frau Lotheissen!

Ich muß vielmals um Entschuldigung bitten, so spät auf Ihren liebenswürdigen Brief geantwortet zu haben. Auch bedauere ich sehr, Ihre und Ihres Herrn Gemahls Bekanntschaft nicht gemacht zu haben; wahre Fatalitäten legten sich in den Weg. Aufgegeben habe ich es gewiß nicht; höchstwahrscheinlich komme ich nächsten Frühling nach Wien, und ich mache mir dann zur angenehmen Pflicht, Sie aufzusuchen.

Ich wußte nicht, daß der liebe und herzliche Knabe, den ich vor 4 Jahren öfters in Karlsbad gesehen, daß der Gefährte des jungen Hartmann – Ihr Sohn war. Eine schöne Erinnerung von ihm blieb mir zurück. Ich begreife wohl, wie der Verlust eines so hoffnungsvollen Sohnes Sie gebeugt hat, und wage es nicht, länger darauf zu verweilen.

Ich bitte Sie, Frau Hartmann und ihren Ludo herzlich zu grüßen, und empfangen Sie die Versicherung meiner wahren Hochachtung und Ergebenheit.

I. Turgenjew*

272

An P. L. Lawrow Bougival, 27. November 1879

Mein lieber Lawrow!

Ich bin noch hier, siedle aber in Bälde nach Paris über – und werde Sie dies dann unverzüglich wissen lassen. Heute nun schreibe ich Ihnen in einer etwas unangenehmen Sache. Jenem Russen, von dem ich nicht einmal den Namen kenne und den ich auf Ihre Empfehlung hin in der Druckerei von Chamerot (Rue de Saints Pères, 19) unterbrachte, fiel es ein, in eine Wählerversammlung von Humbert zu gehen und dort durch sein Geschrei und dergleichen die Polizei auf sich aufmerksam zu machen, die in ihm sofort den Russen erkannte – ihm bis zur Druckerei folgte – und Auskünfte über ihn einholte, wobei sie feststellte, daß ich es war, der ihn empfohlen hat. (Mich aber kennt die Polizei „comme le loup blanc" und beobachtet mich ständig – denn in ihren Augen bin ich der eigentliche Ahnherr der Nihilisten.) Als Nichtfranzose hatte jener Russe kein Recht, einer Wählerversammlung beizuwohnen, folglich droht ihm beim geringsten Rückfall unweigerlich die Ausweisung, um so mehr, als sie auch in der Druckerei unzufrieden mit ihm sind, denn in letzter Zeit fehlt er häufig. Könnten Sie sich nicht mit ihm in Verbindung setzen und ihm vor Augen halten, wie unbedacht sein Benehmen ist? Er schadet dadurch sich und auch seinen Mitemigranten, die hier nur geduldet werden, weil sie sich nicht in die hiesige Politik einmischen. Tun Sie dies vertraulich, denn auch mir ist diese Mitteilung vertraulich zugegangen.

Auf baldiges Wiedersehen; ich drücke Ihnen freundschaftlich die Hand.

I. Turgenjew

273

An Julius Rodenberg Paris, 27. Dezember 1879

Verehrter Herr Rodenberg!

Auf Ihr Schreiben vom 25. Dezember habe ich zu sagen, daß die kleine von der „Nouvelle Revue" veröffentlichte Skizze eine vor langer Zeit geschriebene (ich schreibe nichts Neues) Charakterstudie aus dem Jahre 1848 ist – wie ich deren viele aufs Papier geworfen habe, die ich dann später, nach Verwertung derselben, gewöhnlich vernichtete. Dieser „Monsieur François" ist eben nicht verwertet worden, da er zu keinem meiner Romane oder Novellen paßte ... Ich ließ mich überreden, dieses rohe Material erscheinen zu lassen. Einer Übersetzung ist es kaum würdig; ich schicke Ihnen jedoch die Nummer der „Nouvelle Revue" beiliegend; finden Sie das Ding brauchbar, so gebe ich Ihnen gerne die gewünschte Autorisation, mit dem Bedauern, keinen besseren Beitrag für Ihre „Rundschau" liefern zu können. Empfangen Sie die Versicherung meiner vollkommenen Hochachtung.

I. Turgenjew

PS: Die französische Übersetzung ist sehr wortgetreu.*

274

An Julius Rodenberg Paris, 7. Januar 1880

Verehrter Herr Rodenberg!

Ich beeile mich, Ihnen die gewünschte Auskunft zu geben.

1. „L'adjonction des capacités" – war das Stichwort der Opposition in 1847/48 – nämlich, wie Sie selbst sagen, die Hinzufügung solcher Wähler, die durch ihre Bildung, Stellung etc. von der Bedingung, einen Wahlzensus zu bezahlen, befreit sein sollten – Advokaten, Künstler, Professoren usw.

2. V. Considérant war ein Schüler *Fouriers* – des bekannten Zukunftsapostels, Sozialisten und Reformators – und da dieser

unter anderem behauptet, in Zukunft würde vielleicht der Mensch an der Rückenmarksverlängerung ein Auge bekommen, so wurde V. Considérant *nie* anders – von allen Karikaturisten („Charivari", Grandville usw.) – gezeichnet als mit einem ungeheueren Schweif und einem Auge am Ende. Das war damals eine ebenso stehende Figur als Schulze und Müller. In 1848 war V. Considérant das Haupt der Fourieristen; jetzt ist sogar seine *Karikatur* vergessen ... Vanitas vanitatum!

3. „Il m'en est arrivé de toutes couleurs" – heißt soviel als: ich habe alles mögliche durchgemacht – es ist mir alles mögliche passiert. „Tonarten" scheint mir ein wenig gesucht für M. François.

4. „Casseuses d'ailes" – haben Sie richtig übersetzt.

Die Sendung der Korrekturen scheint mir überflüssig; in zwei Wochen bin ich in Berlin und werde das Vergnügen haben, Sie zu sehen.

Empfangen Sie die Versicherung meiner Hochachtung.

I. Turgenjew*

275

An Anatole France Paris, 15. Januar 1880

Sehr geehrter Herr!

Ich erlaube mir, Ihnen das Buch „La Guerre et la Paix" zu schicken – den Roman des Grafen Lew Tolstoi, der zur Zeit der populärste Autor Rußlands ist und der verdient, es zu sein.

Der Roman ist fast ein Meisterwerk; er ist das Bemerkenswerteste, was die russische Literatur hervorgebracht hat! Da ich um die Sympathie weiß, die Sie meinem Land entgegenbringen, hoffe ich, Sie werden „La Guerre et la Paix" in der „Temps" besprechen. Alle Russen, der Autor und der Schreiber dieses Briefes inbegriffen, werden Ihnen dafür lebhaftesten Dank wissen; und ich wage zu hoffen, daß auch die französischen Leser dies tun werden.

Seien Sie meiner ergebensten Gefühle versichert.

I. Turgenjew**

276

An L. N. Tolstoi Paris, 24. Januar 1880

Mein lieber Lew Nikolajewitsch!

Mit der Akkuratesse eines Diplomaten schreibe ich für Sie einige Zeilen aus einem an mich gerichteten Brief G. Flauberts ab – ich hatte ihm die (leider ziemlich blasse) Übersetzung von „Krieg und Frieden" geschickt:

„Merci de m'avoir fait lire le roman de Tolstoi. C'est de premier ordre! Quel peintre et quel psychologue! Les deux premiers volumes sont *sublimes*; mais le troisième dégringole affreusement. Il se répète! et il philosophise!! Enfin on voit le monsieur, l'auteur, et le Russe – tandis que jusque-là on n'avait vu que la Natur et l'Humanité. Il me semble qu'il y a parfois des choses à la Shakespeare! Je poussais des cris d'admiration pendant cette lecture ... et elle est longue!

Oui, c'est fort! bien fort!"

Ich nehme an, Sie werden – en somme – zufrieden sein.

„Krieg und Frieden" habe ich hier an die namhaftesten Kritiker verteilt. Eine gesonderte Besprechung ist noch nicht erschienen ... aber vierhundert Exemplare sind schon verkauft. (Insgesamt wurden fünfhundert hierhergeschickt.)

Den Wechsel für Tschaikowski habe ich von Kinens Kontor erhalten.

Ich reise kommenden Mittwoch von hier ab und hoffe, in etwa zehn Tagen in Petersburg zu sein. Da ich nach Moskau und auf mein Gut fahre, werden wir uns natürlich sehen.

Bis dahin wünsche ich Ihnen alles Gute, drücke Ihnen freundschaftlich die Hand und grüße alle Ihre Angehörigen.

I. Turgenjew

PS: Ich lege einen Ausschnitt aus der Zeitung „XIX. Siècle" bei.

277

An Gustave Flaubert Paris, 24. Januar 1880

Mein guter Alter!

Sie können sich nicht vorstellen, welche Freude mir Ihr Brief und das, was Sie über Tolstois Roman sagen, gemacht hat. Ihr Beifall bestätigt meine Meinung über ihn. Ja, er ist ein sehr starker Mensch – und doch – Sie haben den Finger auf die Wunde gelegt: auch er hat sich ein System einer gleichzeitig mystischen, kindlichen und vermessenen Philosophie geschaffen, das sowohl seinen dritten Band als auch den zweiten Roman, den er nach „La Guerre et la Paix" schrieb, verdorben hat – aber auch da finden sich Dinge absolut *ersten Ranges.* Ich weiß nicht, was die Herren Kritiker sagen werden (ich habe „La Guerre et la Paix" auch an Daudet geschickt – und an Zola) – aber für mich ist die Sache entschieden: Flaubertus dixit. Das übrige ist unwichtig.

Ich bin glücklich zu hören, daß Ihre Biedermänner Fortschritte machen.

Ich verlasse Paris im Laufe der nächsten Woche – aber ich bringe mich in Erinnerung, bevor ich wegfahre. Inzwischen umarme ich Sie.

Ihr I. Turgenjew**

278

An Pauline Viardot Baden-Baden, 5. Februar 1880

*Teuerste Freundin!**

Ich war zu müde und ich hatte in der Eisenbahn zu schlecht geschlafen, um gestern abend um zehn Uhr zu fahren. Annenkow hat mich zurückgehalten, und ich fahre erst heute um halb zwei. Ich habe eine sehr gute Nacht verbracht und fühle mich ganz und gar *rüstig**.

Ich habe gestern Fräulein Bertha gesehen, die noch immer ihr prachtvolles Gesicht hat, und ihr das Paket übergeben; ich habe zehn Schachteln Emser Pastillen gekauft und sie an die Adresse von Marianne geschickt; auf der Straße habe ich Heiligenthal getroffen, rosenrot wie die Morgenröte, und Künemann, den schönen Künemann, um zwanzig Jahre gealtert; ich habe Zeppelin gesehen (natürlich bei der *Brücke*) und so robust wie nie; ich habe Herrn und Frau von Göler gesehen, den alten gelähmten Engländer, der sein Bein nachzieht wie früher, aber ganz weißes Haar hat. (NB: Es ist unglaublich, was man hier an weißen Bärten sieht!) Ich habe das zuckersüße Fräulein Marx gesehen, die jetzt ganz grau und ganz mager ist, und so weiter und so fort. Alle schicken Ihnen die besten Grüße. Ich bin durch Baden gegangen, das sehr schön geworden ist, *mit einem wehmütigen Gefühl**: Ihr Haus, das meine – es war eine Art Spaziergang auf den Ruinen der eigenen Vergangenheit. Das Wetter war prächtig, die Luft frisch, leicht und rein: auf dem Teich wurde tüchtig Schlittschuh gelaufen. *Rimembranza!* Frau Anstett habe ich nicht gesehen, sie ist in Worms, aber ich habe Louise gesehen und Hirter (Herr Dùrgeneff!!). Ich habe das neue Bäderhaus gesehen, das prachtvoll ist. Ich sah einen Herrn in einem riesigen Bassin mit Mineralwasser schwimmen, das auf 27° erwärmt war. Zum Diner tranken Annenkow und ich Champagner, und wir stießen auf Ihre Gesundheit und die der ganzen Familie an, dann habe ich geschlafen wie „Götter in den tiefen Himmeln ruhn“ (Puschkin).

Ich schreibe Ihnen morgen aus Berlin.

Muß ich hinzufügen, daß ich nicht aufgehört habe, an Sie alle zu denken? Ich hoffe sehr, bei meiner Ankunft in Petersburg einen Brief vorzufinden. Schreiben Sie mir von der heutigen Soirée und von allem und von allen und von Roméo.

Ich umarme Sie alle *und bleibe auf ewig der Ihrige**

I. Turgenjew**

279

An Carolina Commanville Spasskoje, 27. (15.) Mai 1880

Liebe Madame Commanville!

Ich danke Ihnen, daß Sie in diesen bangen Tagen an mich gedacht haben. Der Tod Ihres Onkels ist ein unvergleichlich großer Schmerz in meinem Leben, und ich kann mich nicht an den Gedanken gewöhnen, daß ich ihn nicht mehr wiedersehen soll. Ich habe den Schlag auf die härteste Art und Weise empfangen, als ich hier vor einigen Tagen das Feuilleton einer Zeitschrift aufschlug. Seitdem habe ich viel an Sie gedacht – mit dem tiefsten Mitleid und der lebhaftesten Sympathie. Bei einem derartigen Kummer *will* man keinen Trost.

Ich kehre in drei Wochen nach Paris zurück und werde Sie sofort aufsuchen. Ich halte mich ganz zu Ihrer Verfügung, sowohl bei der Veröffentlichung des Romans, der ihn getötet hat, als auch in jeder anderen Angelegenheit. Ich fühle, daß ich auf Flauberts Nichte einen Teil der Zuneigung übertragen habe, die ihm galt.

Auf Wiedersehen und auf bald; inzwischen drücke ich Ihnen zart die Hand und bin immer Ihr sehr ergebener

I. Turgenjew**

280

An M. G. Sawina Spasskoje, 31. (19.) Mai 1880

Liebe Marija Gawrilowna!

Es ist einfach unvorstellbar. Schon den dritten Tag haben wir paradiesisches Wetter, vom Morgen bis zum Abend gehe ich im Park spazieren oder sitze auf der Terrasse, versuche an dies und jenes zu denken – und tue dies auch – irgendwo auf dem Grunde meiner Seele aber erklingt immer ein und derselbe Ton. Ich bilde mir ein, an die Puschkinfeier zu denken – und bemerke plötzlich, wie meine Lippen flüstern: „Was für eine Nacht würden wir verbringen … Und was käme dann?

Das weiß allein Gott!" Und gleich darauf wird mir bewußt, dies wird nie sein, und so werde ich mich in jene „unbekannten Gefilde" begeben, ohne die Erinnerung an etwas mitzunehmen, das ich nie erfahren durfte. Bisweilen dünkt mich, wir werden uns nie wiedersehen: an Ihre Auslandsreise glaube ich nach wie vor nicht, ich wiederum komme im Winter nicht nach Petersburg – und Sie machen sich völlig umsonst Vorwürfe, wenn Sie mich „Ihre Sünde" nennen! Leider, leider werde ich dies nie sein. Und sollten wir uns auch in zwei, drei Jahren einmal wiedersehen, dann bin ich schon ganz alt, Sie werden wahrscheinlich die endgültige Bestimmung Ihres Lebens gefunden haben – und von dem Früheren wird nichts mehr übrig sein. Für Sie ist das halb so schlimm ... das ganze Leben liegt noch vor Ihnen – ich habe das meine hinter mir – und diese Stunde im Eisenbahnabteil, da ich mich beinahe als zwanzigjähriger Jüngling fühlte, war nur ein letztes Aufflakkern des Lämpchens. Ich kann mir selbst nur schwer Rechenschaft darüber ablegen, welches Empfinden Sie mir eingeflößt haben. Bin ich verliebt in Sie? – Ich weiß es nicht; früher war dies bei mir anders. Dieses unwiderstehliche Streben nach Verschmelzung, nach Inbesitznahme – und eigener Hingabe, da selbst die Sinnlichkeit in zarter Flamme verlöscht ... Wahrscheinlich rede ich Unsinn – allein ich wäre unsäglich glücklich, wenn ... wenn ... Jetzt jedoch, da ich weiß, daß dies nie sein wird, bin ich nicht gerade unglücklich, nicht einmal besonders melancholisch, aber es stimmt mich unendlich traurig, daß diese wundervolle Nacht für immer verloren sein soll, ohne mich mit ihrem Flügel auch nur gestreift zu haben ... Es tut mir leid um meinetwillen – und, wage ich hinzuzufügen – auch um Ihretwillen, denn ich bin gewiß, auch Sie könnten das Glück nicht vergessen, das Sie mir schenken würden.

Ich würde Ihnen dies alles nicht schreiben, spürte ich nicht, daß dieser Brief ein Abschiedsbrief ist. Nicht etwa, weil ich möchte, daß unser Briefwechsel aufhört – o nein! ich hoffe, wir werden einander noch oft Nachricht geben – aber die Tür, die schon zur Hälfte geöffnet schien, diese Tür, hinter der etwas Geheimnisvolles und Wunderbares schimmerte, ist für immer ins Schloß gefallen ... Wie es so treffend heißt: le verrou est tiré. Was immer auch geschehen mag, ich werde nicht mehr derselbe sein – ebensowenig wie Sie.

Nun, und jetzt genug davon. Was war … (oder nicht war!), ist nicht mehr und kommt nicht wieder. Was mich nicht daran hindert, Ihnen alles erdenklich Gute zu wünschen und Ihnen in Gedanken Ihre lieben Hände zu küssen. Auf diesen Brief brauchen Sie nicht zu antworten … wohl aber auf den ersten.

Ihr I. Turgenjew

PS: Bitte hegen Sie für die Zukunft keine Befürchtungen. Einen *solchen* Brief werden Sie nicht wieder erhalten.

281

An M. M. Stassjulewitsch Spasskoje, 25. (13.) Juni 1880

Mein lieber Michail Matwejewitsch, da soll man nicht abergläubisch werden! Vor acht Jahren kam ich zu einer Ausstellung nach Wien, verletzte mir am 13. Juni, einem Freitag, beim Verlassen der Kutsche das Knie – die Gicht kam hinzu – und ich mußte drei Wochen liegen; vor vier Jahren bin ich gleichfalls am 13. Juni und wieder an einem Freitag auf der Treppe ausgeglitten – wieder kam die Gicht hinzu und machte mich für eine Woche bewegungsunfähig; und heute nun, wieder am 13. Juni und wieder an einem Freitag, habe ich – diesmal schon ohne jede Ursache – einen Gichtanfall, der mich ans Bett fesselt!! Wann ich von hier abreisen kann, ist ungewiß, und unser Mittagessen rückt in nebelhafte Ferne … Es bleibt nur eines: ich werde meine Ankunft telegrafisch melden … und bis dahin: Geduld!

Ich weiß nicht, wer bei Ihnen im „Westnik Jewropy“ über die Puschkinfeierlichkeiten schreiben wird, es könnte aber nichts schaden, wenn er auf folgendes hinwiese: Sowohl in I. Aksakows Rede wie auch in allen Zeitungen heißt es, ich persönlich hätte mich mit Dostojewskis Festrede restlos abgefunden und billigte sie ohne Einschränkung. Das stimmt jedoch nicht, und ich habe noch nicht gerufen: „Du hast gesiegt, Galiläer!“ Diese sehr geistreiche, glänzende und bei aller Leidenschaftlichkeit raffinierte Rede beruht völlig auf Unwahrheit, einer Unwahrheit freilich, die der russischen Eigenliebe höchst angenehm sein muß. Puschkins Aleko ist eine rein byronsche Gestalt und keineswegs der Typ des modernen russischen Heimatlosen; Tatjana ist sehr fein gezeichnet, aber sind denn wirklich nur *russische* Frauen ihren alternden Ehegatten treu? Und vor allem: „Wir werden das letzte Wort an Europa richten, wir schenken Europa sich selbst – denn Puschkin hat Shakespeare, Goethe und andere genial nachgeschaffen.“ Er hat sie aber doch nur *nachgeschaffen* und nicht *hervorgebracht* – und wir werden ebensowenig ein neues Europa schaffen, wie er einen Shakespeare und andere hervorgebracht hat. Und wozu dieser *Allmensch*, dem die Öffentlichkeit so besessen zugejubelt hat? Seine Existenz ist alles andere als wünschenswert: besser ein echter russischer Mensch sein als solch ein unpersönlicher Allmensch. Da haben wir wieder den alten Dünkel unter der Maske der Demut. Vielleicht fällt den Europäern jene Assimilation, die man zu einem genialen Schaffen von übernationaler Bedeutung erhebt, gerade deswegen schwerer, weil sie eigenständiger sind als wir. Aber die Öffentlichkeit ist angesichts dieser Komplimente natürlich in Ehrfurcht erstarrt; und die Rede war ja, was Beredsamkeit und Takt anlangt, wirklich großartig. Etwas in dieser Art müßte, meine ich, gesagt werden. Die Herren Slawophilen haben uns noch nicht mit Haut und Haaren verschlungen.

Damit leben Sie wohl. Ich habe meine Angelegenheiten hier noch nicht entwirren können, aber Hoffnung besteht. Vielleicht sehen wir uns bald wieder … Im Augenblick freilich weiß ich nur mit Sokrates, daß ich nichts weiß.

Ich drücke Ihnen freundschaftlich die Hand.

Ihr I. Turgenjew

282

An W. M. Garschin Spasskoje, 26. (14.) Juni 1880

Sehr geehrter Wsewolod Michailowitsch!

Ich schreibe an Sie, obwohl ich nicht das Vergnügen habe, Sie persönlich zu kennen; doch ich erfuhr, Sie seien gegenwärtig krank, und ich möchte Ihnen meine Anteilnahme und Sympathie zum Ausdruck bringen. Ich hoffte, durch G. I. Uspenskis Vermittlung in Petersburg Ihre Bekanntschaft zu machen, Sie waren damals aber bereits abgereist. Seit Ihrem ersten Auftreten in der Literatur habe ich mich für Sie interessiert, da ich Ihr unbestreitbares eigenständiges Talent erkannte; ich verfolgte Ihr Schaffen – und Ihr letztes (leider unvollendetes) Werk „Der Krieg und die Menschen" hat Ihnen in meinen Augen endgültig den ersten Platz unter den beginnenden jungen Schriftstellern gesichert. Diese Ansicht teilt auch Graf L. N. Tolstoi, dem ich Ihr „Krieg und Menschen" zu lesen gab. Es täte mir sehr leid, wenn Ihre Krankheit Sie daran hindern sollte, Ihr Talent weiterzuentwickeln – und ich hoffe, sie wird nicht von langer Dauer sein und Sie werden, sobald Sie wiederhergestellt sind, unverzüglich und mit verdoppelten Kräften zur Feder greifen. Jeder alternde Schriftsteller, der seinen Beruf aufrichtig liebt, freut sich, wenn er Nachfolger entdeckt: Sie sind einer von ihnen. Auch Warwara Wassiljewna Ladyshenskaja, die ich kürzlich kennenlernte und die gleichfalls bemerkenswertes Talent besitzt, hat mir viel von Ihnen erzählt.

Es wäre für mich eine große Freude, eine kurze Nachricht von Ihnen zu erhalten: ich würde diese als Zeugnis für Ihre endgültige Genesung und Rückkehr zum literarischen Schaffen begrüßen. In diesen Tagen fahre ich ins Ausland; meine Adresse bis zum Winter (im Winter kehre ich nach Petersburg zurück) lautet: 50, Paris, Rue de Douai.

Empfangen Sie von einem Schriftstellerkollegen einen freundschaftlichen Händedruck sowie die Versicherung seiner aufrichtigen Hochachtung.

Ihr gehorsamer Diener

I. Turgenjew

283

An J. S. Garschina Bougival, 12. August 1880

Sehr verehrte gnädige Frau!

Ihren so rührenden und herzlichen Brief habe ich aus folgendem Grund nicht gleich beantwortet. Ich kann aufrichtig nachfühlen, wie Ihnen in Ihrem Leid ums Herz ist, und da ich am Schicksal Ihres Sohnes Wsewolod innigen Anteil nehme, wollte ich zuerst Auskünfte einholen, welche Voraussetzungen jetzt in Paris für eine erfolgreiche Behandlung seelisch Kranker bestehen. Zudem hatte mir auch Ihr Sohn Jewgeni dieserhalb geschrieben. Hier ist nun das Ergebnis. Die öffentlichen Krankenhäuser in Paris können nicht völlig befriedigen; es gibt gute private Einrichtungen, sie sind jedoch verhältnismäßig teuer. Der Mindestsatz beträgt 300 Francs monatlich. Rechnet man noch die Reisekosten und so weiter hinzu, dürfte dieser Betrag gewiß die Mittel übersteigen, über die Sie, wie mir scheint, verfügen. Sie schreiben mir, Sie beabsichtigten, Ihren Sohn in einem Wiener Krankenhaus unterzubringen; ich nehme an, Sie haben sich die erforderlichen Auskünfte beschafft, und zweifle nicht daran, daß es in Wien gute Anstalten dieser Art gibt. Nur kenne ich sie nicht; dafür kenne ich ein hervorragendes Krankenhaus für seelisch Erkrankte in *Illenau*, Herzogtum Baden, wenige Werst von Baden-Baden entfernt. Ich mußte selbst einmal einen kranken Landsmann dorthin bringen – und konnte mich mit eigenen Augen davon überzeugen, wie vortrefflich dort alles eingerichtet ist. Diese Heilanstalt genießt übrigens Weltruf. Der Höchstsatz beläuft sich auf monatlich 200 Francs, rund gerechnet 2500 Francs im Jahr. Überdies hat mein alter Freund Pawel Wassiljewitsch Annenkow, ein bekannter Schriftsteller und Freund der Literatur, in Baden seinen ständigen Wohnsitz; er würde es bereitwilligst übernehmen, den Verlauf der Behandlung zu verfolgen und sich überhaupt um Ihren Sohn zu kümmern. Ich würde dasselbe in Paris tun, falls Sie es doch vorziehen sollten, ihn nach hier zu bringen. Bitte teilen Sie mir Ihre endgültige Entscheidung mit. Ferner bitte ich um die Erlaubnis, mich der Spendenaktion anzuschließen, die, wie Sie schreiben, für Ihren Sohn eröffnet wurde; ich würde mich sehr gern mit 500 Francs daran beteiligen und den gleichen Betrag Anfang nächsten Jahres erneut zeichnen. Falls Sie über diese Summe sofort verfügen möchten, lassen Sie es mich bitte wissen – sie würde Ihnen dann unverzüglich an eine von Ihnen genannte Adresse geschickt werden. Informieren Sie mich bitte auch über den Gesundheitszustand Ihres Sohnes.

Empfangen Sie die Versicherung meiner aufrichtigen Sympathie und Ergebenheit.

Ihr gehorsamer Diener

I. Turgenjew

284

An M. G. Sawina Bougival, 13. November 1880

Liebe Marija Gawrilowna!

Zumindest daran, wie Sie mir bei unserer letzten Begegnung in Paris zum Abschied die Hand drückten, habe ich sehr gut verstanden, daß dies zwar kein Zerwürfnis, aber doch eine Trennung war – dennoch kann ich nicht aufhören, lebhaften Anteil an Ihrem Schicksal und Ihrer Begabung zu nehmen. Sie hatten mir versprochen zu schreiben, aber als Sie dies sagten, natürlich selbst nicht so recht daran geglaubt. Seit Ihrer Rückkehr nach Petersburg sind Sie in einigen neuen Rollen aufgetreten ... Könnten Sie mir nicht einiges darüber mitteilen – auch über Ihre Gesundheit – und ob Sie bald heiraten? All das interessiert mich sehr. Von mir kann ich sagen, um meine Gesundheit ist es nicht schlecht bestellt – in jüngster Zeit habe ich sogar mit einer wenn auch kleinen Arbeit begonnen. Nach Petersburg komme ich wahrscheinlich Ende dieses Jahres – aber werden wir uns – außer im Theater – wiedersehen? – Das ist die Frage. Auf jeden Fall sehen wir uns nicht als die, die wir früher waren.

Die Zeitungen schreiben, Sie beabsichtigten, in Warschau in

polnischer Sprache zu spielen. Stimmt das? Ich glaube mich zu erinnern, daß Sie mir etwas Derartiges sagten.

Ich drücke Ihnen freundschaftlich die Hand und bleibe Ihr aufrichtig ergebener

I. Turgenjew

285

An Guy de Maupassant Bougival, 15. November 1880

Mein lieber Freund!

Ich schreibe Ihnen in einer Sache, über die zu sprechen ziemlich heikel ist, die Sie aber zweifellos verstehen werden. Sehen Sie, nach einiger Überlegung möchte ich nicht mehr, daß Sie diesen Artikel über mich schreiben. Sie würden es bewunderungswürdig, maßvoll und mit Takt bewältigen, aber ich befürchte dennoch, daß man darin – entschuldigen Sie das Wort – eine Art freundschaftlicher Reklame sehen wird. Im Ernst, ich habe nicht genügend Leser in Frankreich, als daß ein Bedürfnis nach einem speziellen Artikel über mich vorhanden sein könnte. Wenn Sie vorhaben, im „Gaulois" eine Serie über die großen ausländischen Schriftsteller zu veröffentlichen – eine Idee, die ich voll billige und für die ich mich Ihnen ganz zur Verfügung stelle beim Erteilen von Auskünften und so weiter –, bitte ich Sie, mich meinem Rang und meiner Stellung gemäß zu behandeln.

Beginnen Sie zum Beispiel für Rußland mit Puschkin oder Gogol; für England mit Dickens; für Deutschland mit Goethe, den Barbey d'Aurevilly gerade – was sehr dumm ist – in den Schmutz gezogen hat – und gehen Sie dann, wenn das zieht, über zu den *dii minorum gentium.* Ich bin sicher, Sie werden mir das Gesagte nicht übelnehmen und das Motiv berücksichtigen, das mich dazu gedrängt hat.

Auf baldiges Wiedersehen und glauben Sie an die aufrichtige Freundschaft Ihres sehr ergebenen

I. Turgenjew**

286

An Edmond de Goncourt Paris, 24. November 1880

Mein lieber Freund!

Sie wissen, daß nach dem Willen der Familie Flauberts und aller seiner Freunde Sie dem Komitee für die Errichtung eines Monuments angehören – und wie könnten Sie auch nicht dazugehören; was Sie aber nicht wissen – ist, daß Sie auch dem untergeordneten Exekutivkomitee angehören, das alle notwendigen Schritte zu unternehmen hat und so weiter. Das Unterkomitee setzt sich aus zwei Vizepräsidenten zusammen (Lapierre und ich), aus zwei Sekretären (Maupassant und Hérédia), aus Ihnen und Gille vom „Figaro", den wir gern zu unserem Kassenverwalter ernannt hätten. Dieses Unterkomitee trifft sich bei mir *Freitag um 2 Uhr.* Wir können mit Ihnen rechnen, nicht wahr?

Ich habe in Moskau ein sehr kurioses Porträt des jungen Karl XII. gefunden (als Relief auf einer Tabakdose aus Elfenbein), vom Anfang des vorigen Jahrhunderts. Ich sammle solche Dinge nicht und wäre glücklich, die Dose Ihnen zum Geschenk zu machen.

Auf Freitag; ich drücke Ihnen ganz herzlich die Hand.

Ihr sehr ergebener

I. Turgenjew**

287

An G. I. Uspenski Paris, 22. Januar 1881

Mein lieber Gleb Iwanowitsch!

Ich beeile mich, Ihren ausführlichen und freundschaftlichen Brief zu beantworten. Ihre Mitteilung über „Russkoje bogatstwo" hat mich betrübt, ich habe diesem für uns noch neuen und guten Unternehmen aufrichtige Sympathie entgegengebracht – und sehe in seinem Scheitern ein wenig erfreuliches „Zeichen der Zeit".

Was meine Puschkinrede anlangt, so finde ich die Vorwürfe, die Sie sich machen, ungerechtfertigt – über diese Rede ist alles Nötige schon gesagt worden.

Mit besonderem Vergnügen habe ich Ihre letzten Skizzen in den „Otetschestwennyje sapiski" gelesen; sie sind großartig – und „Der Knabe, der nicht lernen wollte" ist in seiner Art ein kleines chef-d'œuvre. Hier findet sich nicht nur Kenntnis des Dorfes, die Sie schon immer besaßen, sondern auch Eindringen in das Eigentlichste – künstlerisches Erfassen charakteristischer Züge und Typen. In diesen Skizzen haben Sie sich fast ganz von den Fehlern befreit, auf die ich Sie, wie ich mich erinnere, schon bei unserer Begegnung in Moskau hinwies, nämlich von den analysierenden und – bei Ihrem lebendigen Naturell – überflüssigen Betrachtungen und Erwägungen. Wenn das Gebäude einmal steht, muß das Gerüst, ohne das es nicht hätte errichtet werden können, wie Sie selbst wissen, wieder fallen.

Ich war in der Zwischenzeit ziemlich krank und bin bis jetzt noch nicht wieder richtig hergestellt: so mußte ich meine Reise nach Petersburg aufschieben. In einem Monat hoffe ich jedoch, dort zu sein.

Vor etwa sechs Wochen erhielt ich einen Brief von Ihrer Gattin, auf den zu antworten ich noch keine Muße fand.

I. Turgenjew

288

An M. M. Stassjulewitsch Paris, 9. März 1881

Lieber Michail Matwejewitsch!

Ich weiß nicht, ob Sie den Handel billigen, den ich für den „Porjadok" eingeleitet habe. Sie wissen vielleicht, daß Herr Guy de Maupassant, der Verfasser von „Boule-de-Suif" und anderem, unter den Romanschriftstellern der *jungen* französischen Schule der talentierteste ist. Die beiliegende Skizze, die, soweit ich es zu beurteilen vermag, ein kleines chef-d'œuvre darstellt, hat er für die „Revue politique et littéraire" geschrieben. Sie soll am 26./14. März hier erscheinen; falls sie Ihnen also gefällt, hätten Sie noch genug Zeit, sie von irgendeinem geschickten Menschen übersetzen zu lassen und mit der Anmerkung, daß es sich um eine Übersetzung nach dem Manuskript handelt, um den 15./27. März herum im „Porjadok" zu veröffentlichen. Die Skizze dürfte nicht mehr Raum beanspruchen als *ein* zehnspaltiges Feuilleton. Wenn Sie Maupassant dafür 150 Francs – oder auch nur 125 Francs – zahlen, wird er Sie segnen. Nur bitte ich Sie, mir sofort, nachdem Sie die Erzählung gelesen haben, telegrafisch mitzuteilen, daß Sie sie annehmen und *dann und dann* (um den 15./27. März) abdrucken. Sollten Sie die Erzählung wider Erwarten ablehnen, *telegrafieren* Sie trotzdem – und schicken Sie sie zurück. Bitte beachten Sie dies genau.

Das Telegramm wegen Wyrubow habe ich erhalten und ihm übermittelt. Ab 1./13. April ist er Ihr Korrespondent. Was zahlen Sie pro *Beitrag* – 20 oder 25 Rubel? Ich nehme an, er ist mit 20 zufrieden. Sie sehen, verglichen mit Fouquier ist das eine Einsparung.

Sollte Herrn de Maupassants Erzählung angenommen werden, müßte man um eine elegante Übersetzung bemüht sein, denn sein Stil ist dem eines Flauberts ebenbürtig.

Damit drücke ich Ihnen freundschaftlich die Hand.

Ihr aufrichtig ergebener

I. Turgenjew

PS: Schon morgen geht ein langer Brief an Kawelin ab.

289

An J. S. Garschina Spasskoje, 5. August (24. Juli) 1881

Sehr verehrte gnädige Frau!

Ich beginne mit einer Entschuldigung, daß ich Ihnen schreibe, ohne Sie bei Vor- und Vatersnamen zu nennen, da ich diese leider vergessen habe. Vor einem Monat etwa bin ich hier eingetroffen und wollte mich schon immer bei Ihnen erkundigen, was Ihr Sohn Wsewolod macht, wie es ihm gesundheitlich geht und wo er sich jetzt aufhält. Sie wissen, ich bringe ihm aufrichtige Anteilnahme entgegen – und Sie würden mich durch eine Antwort sehr verpflichten. Hat er vielleicht die Absicht, nach Moskau zu fahren? Dann müßte er bei mir vorbeikommen – und ich würde mich sehr freuen, seine persönliche Bekanntschaft zu machen. Spasskoje liegt nur zehn Werst von Mzensk entfernt – und er könnte ein paar Tage mein Gast sein. Ich bleibe noch bis zum 15. August hier.

Bitte empfangen Sie, sehr verehrte gnädige Frau, die Versicherung meiner vollkommenen Hochachtung und Ergebenheit.

Ihr gehorsamer Diener

I. Turgenjew

290

An Guy de Maupassant Bougival, 26. September 1881

Mein lieber Freund!

Jetzt sind es bald vierzehn Tage, daß ich wieder zurück bin. Ich wollte Sie besuchen; man sagte mir, Sie seien in Afrika und ich sollte Ihnen nach Algier, postlagernd, schreiben, was ich auch tue. Kommen Sie bald zurück nach Paris – und was machen Sie? Schreiben Sie mir ein paar Zeilen darüber.

Ihr Name macht Aufsehen in Rußland; man hat übersetzt, was zu übersetzen war, und ich habe einen verflucht langen Artikel über Sie mitgebracht (aus dem „Golos"), der sehr gut gemacht und ganz frisch ist.

Ich werde bis Ende November hierbleiben. Von den anderen habe ich noch niemand gesehen.

Ganz der Ihre

I. Turgenjew**

291

An Henry James London, 20. Oktober 1881

Mein lieber Freund!

Ich bin Dienstag hier eingetroffen und erhielt Ihren Brief erst im Augenblick meiner Abreise. Da ich selbst das größte Verlangen habe, Sie zu sehen – und Sie London erst am 28. verlassen –, werde ich übermorgen, Sonnabend, gegen vier Uhr, zu Ihnen kommen (in die Bolton Str.). Zu meinem Bedauern werde ich an diesem Tag nicht mit Ihnen dinieren können, ich bin eingeladen – und Sonntag früh reise ich nach Frankreich ab. Aber wir werden Zeit zum Plaudern haben.

Auf bald und tausend Grüße.

I. Turgenjew***

292

An Julius Rodenberg Bougival, 27. Oktober 1881

Verehrter Herr Rodenberg!

Eben aus England zurückgekehrt, finde ich Ihren Brief und beeile mich, Ihnen zu antworten. Was das größere Werk betrifft, von welchem Herr J. Schmidt gesprochen hat, so ist es kaum im Entstehen – und mehrere Monate, ja vielleicht ein ganzes Jahr, werden vergehen, eh es beendigt wird – wenn ich es überhaupt beendige. Was die Geistergeschichte anbetrifft – so habe ich sie nur als einen kuriosen Einfall mitgeteilt, den ich aber als unbrauchbar fahrenließ; ich sagte sogar meinen Freunden Schmidt und Pietsch – ich überlasse gern das Thema jedem Schriftsteller, der daraus etwas zu machen hoffe. Die Skizzen in „Macmillans Magazine" – stehen Ihnen ganz zu Diensten; ich würde auch gern die Durchsicht der Korrekturen übernehmen. Nur muß ich bemerken, daß außer der englischen – eine französische Übersetzung (in der „Revue politique et littéraire") existiert – und ich glaube mich zu erinnern, daß eine deutsche Zeitung eine Version der beiden Skizzen wo nicht gegeben, so doch versprochen hat. Es ist nicht unmöglich, daß noch in diesem Jahr eine 3. Skizze in der Petersburger Zeitung „Porjadok“ erscheint; ich würde Ihnen dann gern ein Exemplar zustellen oder auch einen Korrekturbogen. Ein Übersetzer aus dem Russischen findet sich wohl in Berlin.

Empfangen Sie, verehrter Herr, die Versicherung meiner Hochachtung.

Ihr ergebenster

I. Turgenjew

PS: In einer Woche bin ich wieder in Paris (50, Rue de Douai) und bleibe dort bis Ende Februar.*

293

An J. P. Polonski — Bougival, 1. November 1881

Lieber Jakow Petrowitsch!

Schon hatte ich zur Feder gegriffen, um Dir zu schreiben, da flatterte Dein Brief ins Haus. In kurzen Worten will ich Dir berichten, was ich in den letzten drei Wochen erlebt habe. Ich war in England – das Meer überquerte ich unmittelbar nach einem schrecklichen Sturm – und nahm an einer ausgezeichneten Jagd teil – das heißt, ich bekam eine Menge Wild zu sehen, habe aber erbärmlich geschossen! Auch das muß ich also anscheinend aufgeben. Auf dem Rückweg improvisierte unser gemeinsamer Freund Ralston für mich ein Essen – zum Teil aus Sympathie für mich, zum anderen (und *größeren* Teil, wie er mir selber eingestand), um sich der englischen Öffentlichkeit als Sachwalter und größte Autorität in russischen Angelegenheiten, in der Literatur und dergleichen vorzuführen. Das ist ihm gelungen – unter den anwesenden Schriftstellern und Journalisten befanden sich verschiedene hohe Tiere – alles verlief in sehr anregender Atmosphäre, ich hielt eine kleine Ansprache – wobei ich mich natürlich verhedderte und ins Stottern kam, und alle diese Herren, von denen höchstens zwei oder drei einmal etwas von mir gelesen haben, tranken auf meine Gesundheit … Ich war sehr froh, als alles vorüber war. Ralston will sogar ein großes *Bankett* (!!?) veranstalten – aber eher schneide ich mir die Nase ab, als daß ich mich auf einen solchen Unsinn einlasse! Wozu *für mich* ein Bankett – in England! In Petersburg glauben sie gewiß schon ohnedies, ich hätte alle möglichen Tricks gebraucht, um zu diesem Essen zu kommen, es selber bezahlt und so weiter. Gott mit ihnen! Das alles bringt wirklich nichts ein.

Jetzt sitze ich in Bougival; alle meine Hausgenossen übersiedeln in den nächsten Tagen nach Paris; ich bleibe noch etwa zehn Tage hier: will versuchen zu arbeiten. Solotarjows Schicksal beklage ich sehr, und auch Du tust mir leid. Wie konnte er sich in seinem Alter nur dem Klima Asiens aussetzen! Was aber die Gemeinheit angeht, die sich Awenarius Dir gegenüber geleistet hat – wirklich eine bodenlose Gemeinheit! –, so mußt Du versuchen, sie aus Deinem Gedächtnis zu wischen, wie man Speichelspritzer vom Anzug wischt.

Kladistschew werde ich besonders freundlich empfangen, weil Du ihn zu mir schickst.

Ich lege einen Brief an Shosefina Antonowna bei. Bleib gesund und munter. Ich umarme Dich und bin Dein ergebener

I. Turgenjew

294

An Eugen Zabel Paris, 24. November 1881

Verehrter Herr!

Vor einem Monat habe ich einen Brief von Ihnen bekommen, aus welchem ich erfuhr, daß Sie die Absicht hatten, mir eine Nummer der „Musikwelt“ unter Kreuzband zuzusenden, mit einem mir gewidmeten Aufsatz. Diese Nummer habe ich nicht bekommen – und somit entschließe ich mich, Ihnen zu schreiben, damit Sie nicht glauben, ich schweige aus Nachlässigkeit.

„Unsere Zeit“ kommt nicht nach Paris – und somit sind mir ihre Studien über russische Dichter unbekannt geblieben.

Ebenso unbekannt sind mir die „autobiographischen" Mitteilungen der „Tribüne". Ich habe mich nie mit meiner Biographie beschäftigt; als Vorrede zu der letzten Ausgabe meiner gesammelten Werke habe ich einige literarische Erinnerungen publiziert – natürlich russisch; in keiner anderen Sprache habe ich je eine Zeile geschrieben. Aus diesen Erinnerungen hat man wahrscheinlich etwas Autobiographisches zusammengebracht.

Da Sie so liebenswürdig sind, ein Bild von mir zu wünschen, so schicke ich Ihnen beiliegend eine – schon ältere – Photographie von mir; ich habe leider keine bessere unter der Hand. Ähnlich ist sie genug.

Empfangen Sie die Versicherung meiner Hochachtung.

Ihr ergebenster

I. Turgenjew*

295

An K. N. Boborykin Paris, 3. Dezember 1881

Hochverehrter Konstantin Nikolajewitsch!

Erlauben Sie mir, unsere schon alte Bekanntschaft dafür zu nutzen, mich mit der folgenden Bitte an Sie zu wenden.

Die im Gouvernement Orjol ansässigen Juden werden jetzt ausgewiesen. Ich will nicht näher auf die Ursachen eingehen, welche die Regierung zu einer solchen Maßnahme veranlaßt haben, aber sicher sind Sie mit mir einer Meinung, daß es dabei bisweilen zu schreiender Ungerechtigkeit und zu unverdienten Härten kommt.

Mit diesen Worten läßt sich auch durchaus die Situation der beiden Schwestern eines guten Bekannten von mir kennzeichnen, des Bildhauers Silberman, der hier in Paris in der Werkstatt des bekannten Antokolski arbeitet. Die Schwestern heißen Marja Issaakowna Izikson und Olga Issaakowna Zechnowitscher – beide sind verwitwet; sie leben seit frühester Kindheit in Bolchow, verfügen über keinerlei Mittel und verdienen sich daher ihren Lebensunterhalt durch Weißnähen.

(Sie besitzen Aufenthaltsgenehmigung und Gewerbeschein.) Beide haben Kinder – die eine fünf, die andere vier –, die noch in die Schule gehen. Jetzt hat man sie einen Revers unterschreiben lassen, binnen Monatsfrist aus dem Gouvernement Orjol auszureisen. Aber diese zwei Frauen zwingen, mit den minderjährigen Kindern ihr angestammtes Heim zu verlassen, bedeutet nicht nur, ihren endgültigen Ruin herbeizuführen, sondern sie schlechterdings dem Hungertod preiszugeben. Natürlich müssen die Herren Gouverneure als erste die Vollstrekker der Gesetze sein – aber es ist ihnen auch die Macht gegeben, die Anwendung dieser Gesetze nach ihrem Ermessen zu mildern. Ich bin so kühn zu glauben, daß Sie, hochverehrter Konstantin Nikolajewitsch, es im Falle dieser zwei armen Witwen für angebracht halten werden, von dieser Macht Gebrauch zu machen – und ihnen eine Möglichkeit bieten, sich wenigstens eine Zeitlang am Rande des Abgrunds zu halten, in den sie ohne Ihren Schirm und Schutz unweigerlich hinabstürzen müßten.

Das also ist mein Anliegen an Sie. In der Hoffnung, Sie möchten es nicht unbescheiden finden, bitte ich Sie, die Versicherung meiner vollkommensten Hochachtung entgegenzunehmen, und bleibe Ihr aufrichtig ergebener

I. Turgenjew

296

An Émile Zola Paris, 22. Dezember 1881

Mein lieber Freund!

Beabsichtigen Sie, noch lange in Médan zu bleiben, und haben Sie nicht vor, dieser Tage nach Paris zu kommen? Ich wäre sehr erfreut, Sie zu sehen; und auch mein Freund, der Maler Werestschagin, von dem Sie sicher gehört haben, würde sich glücklich schätzen, Ihnen einige seiner neuen Bilder zu zeigen, die zur Zeit in den Räumen des „Gaulois“ ausgestellt sind.

Schreiben Sie mir kurz, falls Sie doch die Absicht haben, nach Paris zu kommen, und nennen Sie mir Stunde und Tag, wo ich Sie von zu Haus abholen kann, um gemeinsam essen zu gehen, wenn Sie wollen, und dann die Bilder anzusehen.

Ich drücke Ihnen herzlich die Hand. Tausend Grüße an Madame Zola.

Ganz der Ihre

I. Turgenjew**

297

An A. A. Fet Paris, 11. Januar 1882

Mein lieber Afanassi Afanassjewitsch!

Gestern vormittag erhielt ich Ihren Brief, und am Abend traf auch der „Faust" ein. Seien Sie herzlich bedankt, daß Sie an mich gedacht haben. Sie können gewiß sein, daß ich Ihre Übersetzung mit größtem Interesse lesen werde. Und was mein persönliches Verhältnis zu Ihnen angeht, so hat es sich trotz einiger Mißverständnisse nie geändert. Und außerdem stehen wir beide – Sie und ich – an der Neige unserer Jahre, und was wären wir für Menschen, hätte uns nicht einmal das Alter gelehrt, Freiheit der Meinungen, der Gefühle und dergleichen zu respektieren.

Ich werde im April in Moskau sein – und hoffe, Sie noch dort anzutreffen – ebenso auch die Tolstois. Grüßen Sie sie alle von mir – desgleichen auch Ihre Gemahlin, der ich für ihr freundliches Gedenken danke.

Ich drücke Ihnen freundschaftlich die Hand und bleibe Ihr ergebener

I. Turgenjew

PS: Dem „Faust" war Ihr „Kaktus" beigefügt; könnte ich nicht auch Tolstois Aufsatz bekommen? Er würde mich sehr verpflichten.

PPS: Alles Gute zum neuen Jahr und neues ... (oder das alte?) Glück!!

298

An Sh. A. Polonskaja Paris, 16. Januar 1882

Liebe Shosefina Antonowna!

Heute, an unserem Neujahrstage, mußte ich viel an Sie und alle Ihre Angehörigen denken sowie an unser Leben auf dem Lande, das uns hoffentlich auch in diesem Jahre wieder beschieden sein wird. Ich beglückwünsche und umarme Sie alle.

Gerade heute erhielt ich Ihren Brief, in dem Sie sich über mein Schweigen beklagen ... aber ich glaube, ich habe Ihnen erst kürzlich geschrieben; wahrscheinlich hat sich der Brief verzögert. Sehr habe ich mich über die Nachricht gefreut, daß es sich bei Borjas Krankheit um nichts Ernstes handelt. Was meine Gesundheit anbelangt, so ist sie nicht schlecht. Der Ausschlag verschwindet allmählich, und die Gicht hat mich noch nicht wieder heimgesucht. Was wird die Zukunft bringen? Das Jahr 1881 ist ja nun auch vorübergegangen, in dem ich einer Prophezeiung zufolge glaubte sterben zu müssen. Allein ich lebe noch – und erkenne, man sollte überhaupt nicht in die Zukunft schauen wollen.

Entschuldigen Sie, liebe Shosefina Antonowna, wegen verschiedener Geschäfte habe ich meinen Brief drei Tage liegenlassen und setze ihn erst jetzt fort.

Meinen „Verzweifelten" in Heft 1 des „Westnik Jewropy" haben Sie jetzt wahrscheinlich schon gelesen ... (Hier ist in der „Revue politique et littéraire" bereits eine Übersetzung erschienen.) Er ist nicht mehr als eine Studie in der Art der „Alten Porträts". Ich habe darin versucht, einen Typ, den ich für symptomatisch halte, in seinem Verhältnis zu einigen Erscheinungen der Gegenwart darzustellen. Für die meisten Leser bietet diese kleine Erzählung nichts besonders Interessantes. Erinnern Sie sich, wie mir Jakow Petrowitsch in Spasskoje damals abriet, das „Lied" zu veröffentlichen, ohne gleichzeitig eine andere Skizze in meinem früheren Stil danebenzustellen. Er befürchtete, das „Lied" werde die Leserschaft vollkommen gleichgültig lassen. Dann aber hatte dieses „Lied" einen überraschenden, fast überwältigenden Erfolg; und möglicherweise bleibt der „Verzweifelte" ganz unbemerkt. Daraus ergibt sich folgender Schluß: Schreib, wozu es dich drängt, und kümmere dich nicht vorher um die Meinung der Leserschaft. Ich muß mir übrigens Gerechtigkeit angedeihen lassen – so habe ich es bisher ja gehalten. Und wie sollte das wohl auch vor sich gehen – nach dem Geschmack des Publikums schreiben??

Sie beklagen sich in Ihrem Brief über das Petersburger Wetter ... hier ist es auch abscheulich: ein warmer, richtig muffiger Winter. Viele Krankheiten. Ich wiederhole meine Bitte – nehmen Sie sich möglichst in acht, und erkälten Sie sich nicht! Wir wollen uns doch alle bei guter Gesundheit wiedersehen! Gar zu gern möchte ich, daß dieses Wiedersehen, wie Sie wünschen, an Ihrem Namenstag stattfindet, am 19., das heißt am 31. März. Das ist durchaus möglich ... zu einem gewissen Grade wird es von Mariannes Zustand abhängen. Bis jetzt läuft alles gut ... nur wird sie nicht vor Ende Februar oder sogar Anfang März niederkommen.

In einigen Tagen hoffe ich Ihnen ein schönes Foto von mir zu schicken.

Ich grüße alle Ihre Angehörigen, angefangen bei Jakow Petrowitsch, und küsse Ihnen die Hände. Wie tun diese ihre Schuldigkeit bei Ihren Modellierarbeiten? Auch weiterhin gut?

Ihr Freund I. Turgenjew

299

An J. P. Polonski Paris, 9. Februar 1882

Lieber Jakow Petrowitsch!

Ich muß mich bei Deiner Frau und Dir entschuldigen, Eure freundschaftlichen Briefe nicht sofort beantwortet zu haben. Und auch jetzt schreibe ich nur kurz – denn all diese Tage hatte ich die Grippe – und außerdem hat mich ein harter Schlag getroffen – der Ruin meiner Tochter ist endgültig, sie muß sich jetzt von ihrem Mann trennen, und ich selbst muß nun mein Pferd, die Kutschen, Bilder (darunter meinen *Rous-*

seau) und so weiter verkaufen. Das nächste Mal schreibe ich ausführlicher – jetzt will ich mich auf einige Tatsachen beschränken.

1. Die „Grille" habe ich erhalten, die Übersetzung ins Französische veranlaßt und mache mich nun unverweilt auf die Suche nach einem Zeichner, einem Herausgeber, einer Druckerei und so weiter.

2. Wegen Ralston erkundige ich mich.

3. Ich warte Dein Stück ab. Laß den Kopf vorläufig nicht hängen. Deine Herren Kritiker können sich geirrt haben. Wir werden sehen.

4. Wegen des Attributs „bestialisch", das Dich im „Verzweifelten" so betroffen hat, kann ich nur sagen, hier liegt keinerlei Widerspruch vor (es ist übrigens wirklich so gewesen). Er war ein gutmütiger Kerl, aber ihm steckte etwas Wildes und Tierhaftes im Blut, etwas, das eher *animalisch* als bestialisch war. Logik der Widersprüche!

5. Marianne hat noch immer nicht entbunden ... Wir warten jeden Tag.

6. *Taine* haben meine beiden Sachen sehr gefallen. Er sprach besonders vom „Verzweifelten", der hier großen Eindruck gemacht hat und in dem man eine Art Geschichtsdokument sieht. Kürzlich war ich bei ihm zum Mittagessen.

7. Ich brauche wohl nicht zu beteuern, wie sehr ich mich schon jetzt auf den Besuch Deiner Familie bei mir in Spasskoje freue. Vielleicht raffst Du Dich auch einmal auf!

Ich umarme Dich und alle die Deinen.

I. Turgenjew

300

An P. L. Lawrow Paris, 11. Februar 1882

Mein lieber Pjotr Lawrowitsch!

Gestern habe ich den ganzen Tag auf Sie gewartet, heute mußte ich ausfahren und bedaure sehr, daß Sie mich nicht angetroffen haben. Es handelt sich um folgendes: Falls Sie noch nicht abgereist sind, machen Sie sich doch morgen auf den Weg zum Polizeipräfekten Camescasse. Ich habe heute mit ihm gesprochen, und er erkundigte sich bei mir, was Sie für ein Mensch wären. Ich sagte ihm, Sie seien zwar Revolutionär, aber ein höchst ehrenhafter und untadeliger Mensch, und wenn Sie Ihr Wort gäben, dann müsse und könne man sich darauf verlassen. Er rief aus: nous ne demandons pas mieux que d'avoir des égards pour lui – est s'il a besoin d'un sursis de quelques jours und so weiter, so ließe sich das sehr leicht bewerkstelligen.

Überlegen Sie es sich und entscheiden Sie, was Sie tun wollen. Bitten Sie zumindest um eine Frist, die Ihnen gestattet, Ihre Angelegenheiten zu ordnen ... denn so von heute auf morgen geht es doch nicht! Camescasse trifft man am besten in der Frühe an, vor zehn Uhr. Lassen Sie ihm Ihre Karte bringen, er wird Sie sofort empfangen.

Wohin werden Sie fahren? Lassen Sie es mich wissen. Und überhaupt, sagen Sie mir, wenn ich Ihnen nützlich sein kann. Allerdings kann man wohl sagen: „Tu l'as voulu, George Dandin!" Unter Gambetta wäre so etwas *unmöglich* gewesen.

Ich drücke Ihnen freundschaftlich die Hand.

Ihr ergebener

I. Turgenjew

301

An W. M. Garschin Paris, 24. Februar 1882

Mein lieber Garschin!

Wie sehr habe ich mich gefreut, von Ihnen (freilich nach sehr langer Zeit) einen Brief zu bekommen – und wie schäme ich mich, Ihnen so lange nicht geantwortet zu haben. Jetzt schicke ich Ihnen ein paar Zeilen durch Ihren Bruder Jewgeni. Was er mir von Ihnen berichtete, klang erfreulich. Es ging Ihnen anscheinend wieder besser, Sie fühlten sich kräftiger und hatten wieder zu arbeiten begonnen. Hoffentlich hat sich all das so weiter entwickelt und ist die Zeit nicht mehr fern, da

Sie sich erneut der russischen Literatur zuwenden können, in der Sie, davon bin ich überzeugt, eine sichtbare Spur hinterlassen werden. Lassen Sie sich durch die Unterbrechung in Ihrem Schaffen nicht beirren. Ich kann Ihnen da von einem ähnlichen Fall berichten: Der weltbekannte Komponist Gounod (ein guter Freund von mir) wurde im Alter von 25 Jahren von einer Krankheit befallen, die ganz der Ihren glich, was ihn aber nicht gehindert hat, später den „Faust" und so weiter und so weiter zu schreiben und wieder völlig gesund zu werden. Ich höre, Sie treiben mit Erfolg Englisch; das ist ausgezeichnet ... und eines schönen Tages werden Sie auch wieder zur Feder greifen.

Ich gedenke Anfang April von hier abzureisen – und bereits in den ersten Maitagen bin ich auf dem Lande, wo ich den Sommer verbringen will. Schon im vorigen Jahr hatte ich mit Ihrem Besuch gerechnet; dieses Jahr nun werden Sie mir gewiß nicht absagen. Die Luft ist dort ausgezeichnet, und Sie finden viele Möglichkeiten zu Spaziergängen, Ruhe und Stille ... Also alles, was man braucht, um endgültig zu genesen – und zu arbeiten.

Schreiben Sie mir, wo Sie sich jetzt aufhalten und wie Ihre Pläne aussehen. Aus Ihres Bruders Brief konnte ich entnehmen, daß Sie für einen Monat nach Petersburg fahren wollten. Haben Sie diese Absicht wahr gemacht?

Gestatten Sie mir zu sagen: Auf Wiedersehen – und seien Sie gewiß, daß ich für Sie die freundschaftlichsten Gefühle empfinde.

Ihr ergebener

I. Turgenjew

302

An Pauline Turgenjewa-Bruère Paris, 2. März 1882

Liebe Paulinette!

Wie geht es Dir und den Kindern? Ich hoffe, daß Ihr zur Zeit wieder alle völlig genesen seid. Schreib mir ein paar Zeilen. Wir alle im Hause sind kräftig durchgeschüttelt worden. Papa Viardot ist schwerkrank, aber seit gestern geht es ihm besser. Marianne ist glücklich von einer kleinen Tochter entbunden worden – aber es ging nicht ohne Schwierigkeiten ab.

Apropos Kinder – mir scheint, ich habe vergessen, den Deinigen Neujahrsgeschenke zu machen. Ich schicke Dir beiliegend 100 Francs und bitte sie, die Verspätung zu entschuldigen.

Ich umarme Euch alle.

I. Turgenjew

PS: Ich habe Deinen Mann nicht gesehen. Ist er nach Paris gekommen?**

303

An D. W. Grigorowitsch Paris, 10. April 1882

Ihren Brief, mein lieber Dmitri Wassiljewitsch, habe ich erhalten und gleichzeitig einen Brief I. Maslows wegen des Weins und so weiter. Da haben Sie wirklich ein Wunder vollbracht, und mir bleibt nur, mich zu verneigen und zu danken. Sie haben mich verwöhnt – und so wende ich mich mit einer neuen Bitte an Sie. Sollte S. M. Tretjakow schon wieder in Moskau sein, dann bitten Sie ihn um folgendes: ich habe ihm meinen Rousseau verkauft, und er schuldet mir dafür noch 5000 Francs. Ich hatte ihm gesagt, ich könne das Geld in Moskau persönlich in Empfang nehmen. Inzwischen sind aber verschiedene unvorhergesehene Umstände eingetreten, und wenn er mir das Geld jetzt hierherschicken könnte, wäre ich ihm sehr verbunden. Es käme noch zur rechten Zeit an, da ich frühestens am 1. Mai neuen Stils von hier abreise.

Über Ihre Mitteilung, daß Sie wieder zur Literatur zurückkehren wollen, habe ich mich sehr gefreut; sie ist trotz allem das beste. Ihre Erzählung werde ich mir in *Spasskoje* – das haben Sie mir ja versprochen – mit großem Vergnügen anhören. In Moskau wollen wir über den endgültigen und unbefristeten Verkauf meiner Werke reden: dieser Gedanke geht mir schon lange im Kopf herum – und einen besseren Ratgeber als Sie kann man in dieser Angelegenheit nicht finden. Ich hoffe, Sie haben sich wieder mit L. Tolstoi getroffen. Er ist ein Sonderling – aber zweifellos ein Genie – und ein herzensguter Mensch. Vor einer Woche etwa ist M. G. Sawina hier eingetroffen und läßt sich von Charcot behandeln. Ihre Krankheit ist ernst, aber nicht gefährlich.

Also auf baldiges Wiedersehen! Ich umarme Sie und bleibe Ihr aufrichtig ergebener

I. Turgenjew

304

An A. N. Weljaminow Paris, 15. April 1882

Sehr geehrter Alexander Nikolajewitsch!

Entschuldigen Sie, daß ich Ihren Brief nicht sogleich beantwortet habe: ich war beschäftigt und krank. Auch ist auf Briefe wie den Ihren nicht leicht zu antworten, besonders wenn diese Antwort (um Ihre Worte zu gebrauchen, denen ich glaube, sie klingen aufrichtig) von „entscheidender" Bedeutung sein soll. Daher schlage ich Ihnen folgendes vor: in reichlich zwei Wochen komme ich nach Petersburg und bleibe etwa zehn Tage. Meine Adresse können Sie in der Redaktion des „Westnik Jewropy" (Galernaja 20) erfahren. Kommen Sie zu mir – und wir werden uns in aller Ruhe über Ihre Angelegenheit unterhalten. Für jetzt möchte ich mich auf das folgende beschränken: Man muß im Leben nicht nach einem *allgemeinen*, sondern im Gegenteil nach einem *speziellen*, wirklich lebendigen Ideal suchen. Ein solches Ideal und die ihm angemessene Tätigkeit wird dem Menschen durch seine sogenannte angeborene Fähigkeit gewiesen, durch ein Talent oder einfacher ausgedrückt: durch die Lust, die Neigung zu einer bestimmten Sache. Ich bin noch keinem Menschen begegnet, der nicht eine *solche* Art von Talent besessen hätte; viele bemühen sich nur nicht, es zu erkennen, oder sie halten es für zu gering und unbedeutend, um ihm ihre Tätigkeit zu widmen, und das ist ein großer Irrtum. Das spezielle Ideal widerspricht dem allgemeinen nicht im geringsten, es wird von diesem vielmehr befruchtet und erfüllt es seinerseits mit Leben. All das mag Ihnen sehr abstrakt vorkommen; aber bei unserer persönlichen Begegnung hoffe ich Ihnen an Hand anschaulicher Beispiele die Richtigkeit meiner Worte zu beweisen. Bis dahin wünsche ich Ihnen Mut und Gelassenheit – und Geduld, deren – besonders bei uns in Rußland – niemand so dringend bedarf wie gerade junge Menschen.

Empfangen Sie die Versicherung meiner vollkommenen Hochachtung.

I. Turgenjew

305

An L. N. Tolstoi Paris, 26. Mai 1882

Lieber Tolstoi, ich kann Ihnen gar nicht sagen, wie sehr Ihr Brief mich gerührt hat. Für jedes Wort darin möchte ich Sie umarmen. Meine Krankheit (angine pectorale goutteuse), der ich fast dankbar sein könnte für die Sympathieäußerungen, die sie mir verschafft, ist keineswegs gefährlich, wenn auch ziemlich lästig; leider kann sie sich, da ihr mit Medikamenten nur schwer beizukommen ist, noch lange hinziehen – und weil sie mich bewegungsunfähig gemacht hat, rückt meine Reise nach Spasskoje in ungewisse Ferne. Und wie habe ich mich auf diese Reise vorbereitet und wie sehr darauf gefreut! Aber es ist noch nicht alle Hoffnung verloren. Was nun mein Leben anlangt, so wird es wahrscheinlich noch lange weitergehen, wenn auch mein Liedchen bereits ausgesungen ist; Sie vor allem müssen noch lange leben – und nicht nur, weil das Leben trotz allem schön ist, sondern weil Sie den Auftrag zu Ende führen müssen, zu dem Sie berufen sind – und den bei uns außer Ihnen niemand zu meistern vermag. Ich erinnere mich an Ihre halben Versprechungen vom Vorjahr – und will nicht glauben, daß Sie sie nicht erfüllen! Ich kann nicht viel schreiben – doch Sie verstehen mich auch so.

In den nächsten Tagen werde ich nach Bougival gebracht – vielleicht hilft mir der Luftwechsel!

Ich grüße alle Ihre Angehörigen, umarme Sie nochmals und freue mich, in meinem Herzen innige Dankbarkeit für Ihre gütigen, freundschaftlichen Worte zu spüren.

In Zuneigung

I. Turgenjew

PS: Da Sie keine Adresse angegeben haben, schreibe ich nach Jasnaja Poljana und hoffe, daß Sie bereits dort sind.

306

An P. W. Annenkow Paris, 30. Mai 1882

Lieber Pawel Wassiljewitsch!

Gestern erhielt ich Ihren gemeinschaftlichen Brief – und da er mich davon überzeugt hat, daß an einen vollständigen Verkauf meiner Werke nicht zu denken ist, und Sie mir niemanden nennen, dem man Verhandlungen über eine neue Ausgabe übertragen könnte, habe ich auch Toporow gefragt, ob er vielleicht bereit wäre, nach Moskau zu fahren, um dieserhalb mit Salajews Nachfolger zu verhandeln und seine Bedingungen und Vorschläge in Erfahrung zu bringen, falls er überhaupt eine neue Ausgabe veranstalten will, ehe die alte vergriffen ist. Ferner habe ich Samarski durch Toporow bitten lassen, mir ein Muster für ein *Testament* zuzusenden, in dem ich für den Fall meines Todes das Eigentumsrecht an meinen Werken vermachen kann, wem ich will, denn das geringste formale Versehen kann hier verhängnisvoll sein – und ich bin in diesen Dingen der reinste Säugling. Samarski wird mir auch ein Muster für die Bevollmächtigung Toporows schicken, falls es zu einer neuen Ausgabe kommen sollte. Damit möchte ich Ihnen allen für Ihre Mühe und die Nachrichten in dieser Angelegenheit danken.

Meine Gesundung macht nur sehr langsam Fortschritte. Heute war ich, nachdem ich schon drei Tage hatte sitzen können, wieder gezwungen, mich zu legen – und stehen wie früher kann ich überhaupt nicht. Doch der Arzt gibt die Hoffnung nicht auf, mich in einer Woche nach Bougival zu bringen. Das ist mein einziger Wunsch. Ich verhehle mir nicht die Tatsache, daß meine Krankheit zu denen zählt, die den Menschen im Alter heimsuchen und ihn bis zu seinem Tode begleiten; auf Genesung rechne ich nicht; aber ich würde gern sitzen – und wenigstens zwei bis drei Minuten im Zimmer umherlaufen können. Auf diese anspruchslosen Wünsche beschränke ich vorläufig meine Hoffnungen und Unternehmungen.

Ich wünsche Ihnen alles Gute und drücke Ihnen kräftig die Hand.

I. Turgenjew

307

An M. G. Sawina Bougival, 7. Juni 1882

Liebe Marija Gawrilowna, gestern hat man mich hierher teils getragen, teils gefahren – und meine erste Tat ist natürlich, Ihnen an die hinterlassene Adresse zu schreiben. Aus meinem Ortswechsel dürfen Sie allerdings nicht schließen, meine Gesundheit hätte sich wesentlich gebessert; die Ärzte hoffen auf den Einfluß des Luftwechsels – das ist alles. Ich gelange allmählich zu der Überzeugung, daß es völlige Genesung für mich nicht gibt – und daß ich nie mehr imstande sein werde, wie normale Menschen zu stehen, zu gehen und dergleichen. Diese Krankheit zählt zu denen, die sich gewöhnlich um die Sechzig bei vielen Künstlern, Schriftstellern und anderen leicht erregbaren Menschen einstellen und sie – gleich einer treuen Gattin – bis ans Ende ihrer Tage nicht mehr verlassen. Damit muß man sich abfinden – auch wenn dies nicht ganz leicht fällt. Hätte die Krankheit doch wenigstens noch ein Jahr gewartet – ich hätte noch einmal nach Spasskoje fahren und dies und jenes unternehmen können. Wieviel Pläne habe ich gehabt – literarische und allgemeine, alle möglichen! Nun ist das alles ins Wasser gefallen – und ich bin – in jeder Hinsicht – ein erledigter Mensch. Mein einziger Trost ist der Gedanke, daß es denen, die ich ins Herz geschlossen habe, *gut geht*; und daß Sie unter diesen einen vorrangigen Platz einnehmen – daran zweifeln Sie gewiß nicht. Und um mir unzweifelhafte Gewißheit zu verschaffen, daß es Ihnen *gut* geht, müssen Sie sogleich nach Erhalt dieses Briefes zur Feder greifen und mir in ein paar Zeilen mitteilen, wo Sie sich aufhalten, was Sie treiben und wie es Ihnen geht: Sie werden mir damit eine große Freude machen. Ich bin vorläufig allein hier – bald jedoch wird Familie Viardot eintreffen. Schreiben Sie aber als Adresse sicherheitshalber lieber – 50, Rue de Douai.

Sollte es mir besser gehen, schreibe ich Ihnen; andernfalls warte ich Ihre Antwort ab.

Von ganzem Herzen wünsche ich Ihnen Gesundheit, Glück und Frieden – und küsse sehr zärtlich Ihre wundervollen Hände.

Ihr zwar siecher, aber Ihnen aufrichtig zugetaner Freund

I. Turgenjew

308

An W. M. Garschin Bougival, 8. Juni 1882

Lieber Wsewolod Michailowitsch, mein anhaltendes Schweigen hat Sie vielleicht verwundert; aber bald nach Ihrem Brief bin ich ziemlich ernsthaft erkrankt, mußte zwei Monate das Bett hüten – und wenn man mich auch vorgestern nach hier gebracht hat, um zu erproben, ob mir der Luftwechsel guttut, so bin ich von einer Genesung noch weit entfernt, und jedes Laufen und Stehen verursacht mir heftige Schmerzen in der Brust. Diese dumme Krankheit hat alle meine Pläne auffliegen lassen – denn die Ärzte wissen selber nicht, wann sie zu Ende sein kann. Besonders ärgerlich ist, daß ich aller Wahrscheinlichkeit nach nicht nach Rußland auf mein Gut fahren kann, wo Sie doch versprochen hatten, mein Gast zu sein. Diese Ungewißheit hat mich jedesmal zurückgehalten, wenn ich Ihnen schreiben wollte; es schmerzte mich, die Hoffnung aufzugeben, noch einmal so zu leben wie im vergangenen Jahr; doch jetzt bleibt mir nichts anderes übrig; und ich halte es für meine Pflicht, Sie wissen zu lassen, daß ich diesen Sommer nicht nach Rußland kommen kann und also auch nicht das Vergnügen haben werde, Sie bei mir zu sehen und Ihre Bekanntschaft zu machen.

Ihr Bruder hat mir Ihre kleine Erzählung zugesandt. Ich konnte ihr zweierlei entnehmen, erstens, daß Ihr ungewöhnliches Talent keine Einbuße erlitten hat, und zweitens, daß Sie wieder völlig hergestellt sind. Also müssen Sie jetzt etwas Größeres in Angriff nehmen – und sei es die Fortsetzung der Erzählung, die seinerzeit in „Russkoje bogatstwo" erschienen ist und durch Ihre Krankheit unterbrochen wurde. Ich würde mich sehr über die Nachricht freuen, daß Sie Ihre Tätigkeit wiederaufgenommen haben: Sie wissen, wie sehr ich an ihr Anteil nehme.

Meine Adresse – die richtige – lautet unverändert: Paris, 50, Rue de Douai.

Ich drücke Ihnen kräftig die Hand und bleibe Ihr ergebener

I. Turgenjew

309

An A. W. Toporow Bougival, 13. Juni 1882

Mein lieber Toporow!

Gestern erhielt ich Ihren Brief – und heute traf ein Schreiben von Dumnow (dem Nachfolger von Salajew) ein, der sich bereit erklärt, eine neue Ausgabe zu kaufen, und sogar nicht abgeneigt ist, das Eigentumsrecht an meinen Werken für alle Zukunft zu erwerben. Ich bin jedoch mit Ihnen einverstanden, es ist besser, zunächst nur die Ausgabe zu verkaufen und dann weiterzusehen. Noch heute schreibe ich ihm, daß er durch Sie meine Bedingungen erfährt, die wie folgt lauten:

Exemplarzahl wie bisher 5500 für ihn und 25 für mich. Preis – 25000 Rubel in den bisherigen Raten, nur müßten 5000 Rubel sofort nach Vertragsabschluß nach hier überwiesen werden.

Da sich sogar auf ideellem Gebiet kein besserer Redakteur als Stassjulewitsch finden läßt, müßte auch das in den Vertrag aufgenommen werden, um so mehr, als auch Dumnow keine billigere und in jeder Hinsicht untadelige Druckerei ausfindig machen kann.

Die neue Ausgabe wird natürlich alles bisher Veröffentlichte enthalten, darüber hinaus alles, was ich in diesem Jahr schreibe (falls ich etwas schreibe), und einen Aufsatz „Die Familie Aksakow und die Slawophilen", der schon seit langem fertig ist, aber aus verschiedenen Gründen immer wieder beiseite gelegt wurde. Er wird reichlich zwei Druckbogen ausmachen und gehört zu den „Literatur- und Lebenserinnerungen".

Setzen Sie sich also bitte nach Erhalt dieses Briefes mit Dumnow in Verbindung – und hoffentlich geht dann alles glatt. Für den Notfall erteile ich Ihnen die Vollmacht, einige meiner Bedingungen, zum Beispiel den Preis und so weiter, nach Ihrem Ermessen abzuändern.

Die erwartete Besserung meiner Gesundheit ist ausgeblieben; im Gegenteil, es geht mir schlechter. An eine Reise nach Rußland im Sommer kann kein Gedanke sein.

Ich drücke Ihnen freundschaftlich die Hand und bleibe Ihr ergebener

I. Turgenjew

PS: Sollte Stassjulewitsch noch nicht aus Petersburg abgereist sein, übermitteln Sie ihm bitte meinen untertänigsten Dank für sein liebenswürdiges Anerbieten. Ich werde Samarskis Mitteilung abwarten, den ich Sie gleichfalls zu grüßen bitte.

310

An Bernhard von Uexküll Bougival, 1. September 1882

Mein lieber Baron!

Ihr Brief hat mir eine große Freude bereitet. Sie wäre noch größer gewesen, wenn er mir nicht gleichzeitig die Nachricht von Ihrem traurigen Gesundheitszustand gebracht hätte. Das letzte Viertel des Lebens ist hart für jeden, für Sie noch härter als für viele unserer Zeitgenossen. Zum Glück finden Sie in Ihrer Intelligenz und in der Freundschaft, die Sie umgibt, die notwendige Kraft, diesen schweren Prüfungen standzuhalten.

Ich könnte sagen, daß ich ungefähr in derselben schlimmen Lage bin wie Sie; nur ist meine Krankheit neben der Ihren so geringfügig, daß ich mich fast schäme, darüber zu reden. Ich habe seit bald sechs Wochen eine gichtige Angina pectoris, die mir recht heftige Schmerzen verursacht und mich daran hindert, zu gehen und mich länger als fünf Minuten hintereinander aufrecht zu halten; ich glaube nicht, daß ich je davon befreit werde. Aber im großen ganzen ist das recht erträglich, und die Resignation fällt mir nicht zu schwer. Weit unangenehmer ist die Unmöglichkeit, die kleinste Reise zu unternehmen; ich kann nicht im Wagen fahren: das Schaukeln verursacht mir Schmerzen.

Ach mein lieber Baron! Wohin ist die schöne Zeit unseres Studentenlebens in Berlin? Où sont les neiges d'antant? Erinnern Sie sich des Tages, als wir Sie aufgesucht hatten, Bakunin und ich, und die Vorhänge Ihres Fensters zu brennen anfingen? Mein Gedächtnis führt mir noch alle Details vor Augen. Rückblickend brauchen wir, alles in allem, die Art und Weise, wie unser Leben verlaufen ist, nicht sehr zu bedauern. Wir haben getan, was wir konnten ... *faciant meliora potentes!*

Es muß angenehm für Sie sein, sich an Ihrem Lebensabend im Schatten Ihres alten Familienbesitzes wiederzufinden. Ich habe auch im Süden Rußlands ein Stückchen Heimaterde, wo ich regelmäßig jedes Jahr einige Monate verbringe. Der größte Kummer, den mir meine Krankheit bereitet, ist, daß sie mich daran hinderte, dieses Jahr dorthin zu reisen. Gott weiß, ob wir uns je wiedersehen werden; aber ich möchte Ihnen noch einmal danken für das gute Andenken, das Sie mir bewahrt haben, und Sie der Gefühle freundschaftlicher Sympathie versichern, die noch immer für Sie hegt Ihr alter Kamerad

I. Turgenjew**

311

An W. M. Garschin Bougival, 15. September 1882

Mein lieber Garschin, Ihren Brief habe ich erhalten und vorher Ihr Buch, das ich unverzüglich gelesen habe. Ich kann nur wiederholen, was ich, glaube ich, schon Ihrer Mutter schrieb: von allen unseren jungen Schriftstellern berechtigen Sie zu den größten Hoffnungen. Sie besitzen alle Anzeichen einer echten, großen Begabung: künstlerisches Temperament, tiefe Einsicht in die *wesentlichen* Seiten des Lebens – sowohl des einzelnen wie der Gemeinschaft, Wahrheitsempfinden und Gefühl für Maß, Schlichtheit und Schönheit der Form und – als Ergebnis all dessen – Originalität. Ich weiß nicht einmal recht, was für einen Rat ich Ihnen geben soll; ich kann nur wünschen, das Leben möge Ihnen keine Hindernisse in den Weg stellen, sondern Sie im Gegenteil die Dinge in all ihrer Weite und Vielfalt – und mit der Gelassenheit betrachten lehren, ohne die jedes Schöpfertum undenkbar ist. Zu dem aber, was Sie mir über meine Berufung gegenüber der jungen Schriftstellergeneration schreiben, möchte ich Ihnen sagen, meine jetzige Ohnmacht, dieser Berufung gerecht zu werden, ist die Hauptursache meines Grolls gegen die dumme Krankheit, die mich dazu verurteilt, bewegungsunfähig fern von Rußland dahinzuvegetieren. Bedrückend ist auch, daß ich nicht einmal abzusehen vermag, wann dieses Dahinvegetieren zu Ende sein wird. Meine Anfälle haben nur geringfügig nachgelassen, so daß ich mich keinen Hoffnungen hingeben kann. Es bleibt mir nur, nicht daran zu denken – und auf das Unmögliche zu hoffen.

Ich freue mich, daß Ihr Aufenthalt auf dem Lande Ihnen gutgetan – und Sie der Literatur wiedergeschenkt hat. Wollen Sie nicht die Geschichte eines *Offiziersburschen* (ich kann mich nicht an den Titel erinnern) fortsetzen, die in einer jetzt nicht mehr erscheinenden Zeitschrift abgedruckt war? Ich entsinne mich, der Anfang hatte mir sehr gefallen.

Bitte grüßen Sie alle Bewohner von Spasskoje. Ich drücke Ihnen kräftig und freundschaftlich die Hand.

I. Turgenjew

PS: Warum heißt es am Schluß Ihrer „Nacht“: „lag ein menschlicher *Leichnam*“? Er hat sich doch nicht umgebracht – und es deutet auch nichts darauf hin, daß er auf andere Weise ums Leben gekommen ist. Diese Unklarheit löst beim Leser Zweifel aus – und das muß ganz besonders vermieden werden.

312

An P. W. Annenkow Bougival, 16. September 1882

Mein lieber Pawel Wassiljewitsch, Sie sind also wieder in Ihrem Nest, in Baden, wo Sie gleich einem kampferprobten General endgültig die Wunden ausheilen werden, die Sie in der Schlacht mit den Schweizer Bergen davongetragen haben! Hoffentlich sind die letzten Spuren davon bald verschwunden (ich meine nicht die Berge – sondern die Wunden) – ebenso wie die von Orabi, der ägyptischen Nationalpartei, der armen Närrin Fejgin – und der russischen Presse, wenn das oberste Inquisations-Zensurkomitee Wirklichkeit werden sollte.

Und nun muß ich Ihnen einige Neuigkeiten mitteilen.

1. Gestern habe ich die Reinschrift einer Novelle (von etwa drei Druckbogen) mit dem Titel „Nach dem Tode“ beendet. Sie geht Ihnen in den nächsten Tagen zur Beurteilung und Durchsicht zu. Abgedruckt wird sie wahrscheinlich im Januarheft des „Westnik Jewropy“.

2. Betreffs meiner „Gedichte in Prosa“, die ich anfangs *„Posthuma“** überschreiben wollte, danach *„Senilia“** – die Stassjulewitsch jedoch (er traf gestern von der See hier ein und besuchte mich) gern „Im Zickzack“ nennen möchte. Vor einem Monat habe ich fünfzig von etwa hundert ausgewählt (alle persönlichen ausgeschlossen) und sie ihm gegeben – unter der strikten Bedingung, daß sie Ihnen zugesandt würden und Sie die folgenden Fragen zu entscheiden hätten:

a) sollen sie überhaupt gedruckt werden?

b) soll mein Name darunter stehen?

c) falls sie gedruckt werden, welche sind dann wegzulassen?

Das war meine conditio sine qua non. Stassjulewitsch ist einverstanden, schlägt der Einfachheit halber jedoch folgendes vor: er bringt diese fünfzig nach Petersburg, läßt sie in zwei Exemplaren auf Velin drucken – und schickt ein Exemplar *mit seinen Bemerkungen* an Sie und das andere an mich. *Das darf Sie jedoch nicht daran hindern,* mir offen Ihre Meinung zu sagen, falls Sie etwa *cette publication intempestive* finden sollten – die Exemplare würden dann vernichtet, mögen sie auch auf Velin gedruckt sein. Auf alle Fälle können wir uns darüber noch schriftlich verständigen und so weiter.

In meinem Befinden ist eine leichte Besserung eingetreten – aber im Grunde genommen dauert der *status quo* an – und ich bin auch weiterhin eine unbewegliche Molluske. Dennoch trinke ich mit Todesverachtung Milch.

Damit grüße ich alle Ihre Angehörigen und drücke Ihnen freundschaftlich die Hand.

I. Turgenjew

PS: Die Novelle erhalten Sie nächste Woche.

313

An die Bauern des Dorfes Spasskoje-Lutowinowo

Bougival, 16. September 1882

Ich habe Euren Brief erhalten und danke Euch für Euer freundliches Gedenken und die guten Wünsche. Es tut mir selbst sehr leid, daß meine Krankheit mich daran gehindert hat, dieses Jahr nach Spasskoje zu kommen. Mein Zustand bessert sich – und ich hoffe, den nächsten Sommer in Spasskoje verbringen zu können.

Ich habe gehört, seit einiger Zeit wird bei Euch viel weniger Alkohol getrunken; darüber freue ich mich sehr und hoffe, Ihr werdet Euch auch künftig davon fernhalten: Trunksucht ist für den Bauern der sichere Untergang. Leider mußte ich aber auch hören, daß Eure Kinder nur selten in die Schule gehen. Vergeßt nicht, wer heutzutage nicht lesen und schreiben kann, ist ebenso schlimm daran wie einer, der blind ist oder keine Hände hat.

Wie in den früheren Jahren schenke ich Euch eine Deßjatine Wald, die Stelle wird Euch Nikolai Alexandrowitsch anweisen.

Ich bin gewiß, Ihr werdet weder meinem Haus noch meinem Garten oder überhaupt meinem Gut irgendwelchen Schaden zufügen – hierin verlasse ich mich auf Euch.

Damit grüße ich Euch alle, Bauern von Spasskoje, und wünsche Euch alles Gute.

Euer ehemaliger Gutsherr

I. Turgenjew

314

An M. J. Saltykow-Stschedrin Bougival, 6. Oktober 1882

Mein lieber Michail Jewgrafowitsch, Ihren Brief habe ich erhalten – und gleich darauf auch das Septemberheft der „Otetschestwennyje sapiski". Unverzüglich machte ich mich an die Lektüre der „Zeitgenössischen Idylle" und fand, Ihre angeborene vis comica ist noch nie glänzender zutage getreten. Nein! Sie dürfen die Hände noch lange nicht in den Schoß legen. Es sei denn, daß die Zensur Ihnen den Garaus macht. Aber Sie sind zu groß; sie kann Sie beißen – aber nicht verschlingen. Auch Michailowskis Aufsatz über Dostojewski habe ich gelesen. Den Grundzug seines Schaffens hat er richtig erkannt. Er hätte noch daran denken können, daß es in der französischen Literatur eine ähnliche Erscheinung gab – und zwar den berüchtigten Marquis de Sade. Dieser hat sogar ein Buch geschrieben: „Tourments et Supplices", in dem er sich mit besonderem Behagen darüber ausläßt, welch lasterhaften Genuß es bereitet, anderen die ausgesuchtesten Qualen und Leiden zuzufügen. Auch Dostojewski malt in einem seiner Romane mit aller Sorgfalt den Genuß eines Liebhabers aus ... Und wenn man bedenkt, daß alle russischen Bischöfe für diesen unseren de Sade Seelenmessen gelesen und sogar Predigten über die

Alliebe dieses Allmenschen gehalten haben! Wir leben wahrhaftig in einer seltsamen Zeit!

Daß Sie krank sind, ist gar nicht schön (wer könnte das besser verstehen und beurteilen als ich); aber warum klagen Sie über den Haß mancher Leute, die beim bloßen Nennen Ihres Namens geradezu erbleichen; das ist überflüssig. Wer Haß erregt, erweckt auch Liebe. Wären Sie bloß M. J. Saltykow, der Abkömmling eines alten Adelsgeschlechts, gäbe es dieses Problem gar nicht. Aber Sie sind Saltykow-Stschedrin, der Schriftsteller, dem bestimmt ist, eine tiefe Spur in unserer Literatur zu hinterlassen, und eben deswegen werden Sie gehaßt – und geliebt, je nachdem, von wem. Und hierin besteht das „Fazit Ihres Lebens", von dem Sie sprechen, und Sie können mit diesem Fazit zufrieden sein. Was jedoch das Alleinsein, die Einsamkeit anlangt – wer ist denn – wenn er fünfzig ist – im Grunde genommen nicht einsam, ein „Überbleibsel" der alten Generation! Das läßt sich nicht ändern; so werden wir allmählich auf den Tod vorbereitet, damit es uns nicht zu schwerfällt, vom Leben Abschied zu nehmen.

Und auch hinsichtlich unseres gemeinsamen Freundes P. W. Annenkow sind Sie im Unrecht. Ich weiß, welch hohe Meinung er von Ihnen hat. Auf niemanden blickt er von oben oder mit Ironie herab – und da sollte er ausgerechnet bei Ihnen damit anfangen! Sie haben vielleicht nicht bemerkt, daß er ein äußerst schüchterner, ja geradezu ängstlicher Mensch ist. Unter seiner zur Schau getragenen Ungezwungenheit konnten Sie das nicht erkennen. Natürlich ist er ein Zeitgenosse Gogols und Belinskis; aber ebenso fühlt er sich als Zeitgenosse Jasykows und Maslows – und sagt sich davon nicht im geringsten los.

Ich bleibe noch etwa sechs Wochen hier. Dann übersiedle ich wieder nach Paris ... und wann ich einmal nach Rußland komme, wissen allein die Götter, falls sie sich mit solchen Belanglosigkeiten befassen.

Ich drücke Ihnen fest die Hand und bleibe Ihr Ihnen herzlich ergebener

I. Turgenjew

PS: Stimmt es, daß W. Garschin an die „Otetschestwennyje sapiski“ eine Novelle geschickt hat? Dieser Mann besitzt unbestreitbar eine Begabung von ganz persönlichem Gepräge.

315

An Ludwig Pietsch Bougival, 8. Oktober 1882

Mein lieber Freund!

Meine neue Novelle erscheint in Petersburg im „Europäischen Boten“ – am 1./13. Januar 1883; um dieselbe Zeit erscheint auch in Paris eine französische Übersetzung in der „Nouvelle Revue“. – Eine Woche früher, also den 5. Januar, werden Sie die französischen Korrekturbogen bekommen; können sich also gleich an die Übersetzung machen. Das ganze Ding ist ungefähr 50 (gedruckte) Seiten lang. – Es hängt ganz von Ihnen ab, was Sie daraus machen wollen. – Ich brauche gar kein Honorar.

Die ganze Viardotsche Familie ist jetzt hier versammelt; jung und alt, alles ist gesund und lebenslustig. Ich bin auch gesund – nur daß ich weder stehen noch gehen noch ausfahren kann – und demnach in eine unbewegliche Auster verwandelt bin. – Da ich aber keine Schmerzen fühle (unter der Bedingung der Immobilität), auch nachts ziemlich ruhig schlafe – so bin ich zufrieden. „Heitere Trostlosigkeit“ ist mehr als je mein Motto. – Ein alter Kerl – wie ich, was will er mehr?

Ich bleibe noch hier bis Ende November. – An das Fernere denke ich gar nicht.

Viel Grüße an Familie und Freunde. – Ich drücke Ihnen herzlich die Hand.

Ihr I. Turgenjew*

316

An Jeanne Bruère Paris, 30. November 1882

Meine liebe Jeanne!

Dein deutscher Brief hat mich *sehr* erfreut. Entschuldige mich, Dir nicht längst geantwortet zu haben – aber ich war sehr beschäftigt und nicht ganz wohl. Du bist ein gescheites und liebes Mädchen, Du arbeitest gern und machst große Fortschritte. Auch habe ich sehr wenig Fehler in Deinem Brief gefunden; wenn ich bedenke, daß Du erst seit einigen Monaten das Deutsche angefangen hast – so kann ich nicht umhin, Dir „Bravo!" zu rufen und Dich herzlich zu küssen. Teile meinen herzlichen Dank auch Deiner Lehrerin mit. Fahre nur so fort – und Deine Eltern werden an Dir viel Freude erleben.

Küsse Mutter und Bruder und lasse Dich von Deinem Großpapa umarmen!

Dein Dich liebender

I. Turgenjew*

317

An Émile Zola Paris, 1. Dezember 1882

Mein lieber Freund!

Schon mehrmals teilte man mir aus Moskau mit, daß das Geld (für Ihren Roman) mir geschickt wird; und trotzdem habe ich noch nichts bekommen. Es scheint, daß es Schwierigkeiten von seiten der Zensur gegeben hat. Doch habe ich Gründe, zu glauben, daß dieses Geld nicht mehr lange ausbleiben kann. Andrerseits hätten die Übersetzer gern den Anfang des Manuskripts, um sich an die Arbeit zu machen. Ich schlage Ihnen also folgendes vor: übergeben Sie Pawlowski, wenn er Sie aufsuchen wird, die ersten Kapitel. Wenn das Geld tatsächlich nicht eintrifft, werden Sie Manuskript und Übersetzung zurückbekommen: *ich selbst stehe Ihnen dafür ein*; wenn das Geld kommt, nun gut, so wird die Arbeit schon weiter gediehen sein. Sie können unbesorgt sein, ich lasse es nicht zu, daß man Sie prellt. Schicken Sie mir per Telegramm ein Ja oder ein Nein, und ich teile es Pawlowski umgehend mit.

Bleiben Sie noch lange in Médan? Ich bin seit sechs Tagen hier.

Tausend Grüße. Ich drücke Ihnen herzlich die Hand.

I. Turgenjew**

318

An L. B. Bertenson Paris, 18. Dezember 1882

Sehr verehrter Doktor!

Ich habe auf Ihren letzten Brief nicht geantwortet; dann kam mir jedoch der Gedanke, Sie könnten mein Schweigen als Undankbarkeit auslegen, und darum will ich mich mit Ihnen aussprechen.

Ich habe die Tonerde nicht aufgelegt, weil ich mich endgültig und unwiderruflich von der Unheilbarkeit meines Leidens überzeugt habe. In dieser meiner Ansicht bestätigen mich solche Kapazitäten wie Charcot und Jaccoud, die mir *beide ausrichten ließen*, ich solle auf alle Heilmittel verzichten, denn meine Krankheit sei nicht zu heilen und könne höchstens von selbst vorübergehen. Ich befinde mich in der Lage eines Menschen, der völlig taub und blind geworden ist und dem es viel leichter fällt, sich mit seinem Los abzufinden als sich mit leeren Hoffnungen zu trösten und nach allen möglichen Heilmitteln zu greifen, von deren Nutzlosigkeit er überzeugt ist. Und ich habe mich mit meinem Los abgefunden. Also, werden Sie mich fragen, hegen Sie überhaupt keine Hoffnung mehr, in die Heimat zurückzukehren? Keine; nicht die geringste, und auch auf Genesung hoffe ich nicht. Sollte indessen das Unmögliche eintreten und ich gesund werden, bliebe ich natürlich keinen Augenblick länger als nötig hier. Doch das darf ich weder erhoffen noch mir auch nur vorstellen.

Seien Sie so freundlich, den Inhalt dieses Briefes den Polonskis, meinen Freunden, mitzuteilen, die mir, natürlich aus Mitgefühl, geradezu empfehlen, unverzüglich wieder gesund zu werden. Ich schrieb ihnen schon früher, sie würden als *erste* von meiner Genesung erfahren, wenn mir eine solche beschieden sei; wenn ich schweige, geht es mir also unverändert, sogar schlechter. Vor einem Monat konnte ich mich – freilich nur mühsam – *fünf* Minuten auf den Beinen halten; jetzt hingegen muß ich mich nach *zwei* Minuten setzen oder legen.

Milch trinke ich auch weiterhin, täglich zehn bis zwölf Glas. Auf meinen Organismus (Verdauung, Blutkreislauf und so weiter) hat dies eine gute Wirkung – ich habe mich völlig daran gewöhnt und empfinde jetzt vor Wein und Fleisch sogar Abscheu. Für Ihren Ratschlag, mich nur von Milch zu ernähren, und überhaupt für Ihre Liebenswürdigkeit und Mühe bin ich Ihnen aufrichtig dankbar.

Und nun erlauben Sie mir, Ihnen freundschaftlich die Hand zu drücken und Sie meiner vollkommenen Hochachtung zu versichern.

Ihr ergebener

I. Turgenjew

PS: Lieber Doktor, ich möchte nicht gern, daß etwas von dem in diesem Brief Gesagten auf irgendeine Weise in die Zeitungen kommt. Alle diese Pressemitteilungen über mich sind mir sehr unangenehm.

319

An Ludwig Pietsch Paris, 23. Februar 1883

Lieber Pietsch!

Meine alte Krankheit ist schlimmer als je; ich kann nicht mal selbst schreiben. Die Operation, obschon schmerzhaft, hat nichts damit zu tun. Kein Geschwür aus den Eingeweiden, sondern eine Geschwulst (Nevrom) aus dem Unterleib hat man mir herausgerissen, wo mich jetzt eine schöne, 16 Zentimeter lange Narbe ziert. Aber mein altes Übel, der nervöse Brustkrampf, steht in vollster Blüte. Die Schmerzen sind beständig. Ich kann weder gehen noch stehen noch fahren noch schlafen oder schreiben. Eine schöne Aussicht!

Es tut mir herzlich leid, daß auch Sie sich mit einem Gebresten (Fräulein Arnholdt behauptet zwar, daß dieses Wort nicht im Deutschen existiert) zu plagen haben. Im Alter fühlt man den Dorn der Rose, die man in der Jugend gepflückt oder nicht gepflückt hat. Geduld! rufe ich Ihnen zu, wie ich es mir selbst zurufe. Ein bitteres Kraut, das ebensowenig heilt wie die übrigen Medikamente.

Was meine „Dichtungen in Prosa" betrifft, so ist die Übersetzung davon von W. Henckel in Leipzig bei Duncker unter dem Titel „Senilia" erschienen. – Die Übersetzung ist ziemlich treu, natürlich nicht ohne die unvermeidlichen Schnitzer. Gleich auf der ersten Seite „wiehern" die Pferde, anstatt zu „schnauben" usw. – aber wie gesagt, das ist unvermeidlich.

Sie hätten mir doch ein Exemplar Ihrer Übersetzung des „Nach dem Tode" schicken sollen; doch ist es auch so gut.

Daß Dohm gestorben ist, tut mir leid. Daß Wagner sich bei dem ersten Anfalle einer unheilbaren Krankheit aus dem Staube gemacht hat, beweist nur sein beständiges Glück. Ich kenne Leute, die ihn beneiden.

Der ganzen hiesigen Familie geht es, Gott sei Dank! gut, das ist die Hauptsache.

Grüßen Sie Familie und Freunde, und genesen Sie bald. Ich drücke Ihnen die Hand.

Ihr I. Turgenjew*

320

An L. N. Tolstoi Bougival, 11. Juli 1883

Lieber und teurer Lew Nikolajewitsch!

Ich habe Ihnen lange nicht mehr geschrieben, denn ich lag und *liege*, um es geradeheraus zu sagen, auf dem Sterbebett. Genesung gibt es nicht für mich – und jeder Gedanke daran ist sinnlos. Eigentlich schreibe ich Ihnen nur, um Ihnen zu sagen, wie froh ich war, Ihr Zeitgenosse zu sein – und um eine letzte aufrichtige Bitte an Sie zu richten. Mein Freund, kehren Sie zur literarischen Arbeit zurück! Diese Gabe ist Ihnen doch gerade von dort geschenkt, woher auch alles andere kommt. Ach, wie glücklich wäre ich, könnte ich glauben, daß meine Bitte ihre Wirkung auf Sie nicht verfehlen wird!! Ich aber bin ein erledigter Mensch – die Ärzte wissen nicht einmal, wie sie mein Leiden nennen sollen, névralgie stomacale goutteuse. Ich kann weder gehen noch essen, noch schlafen, aber was soll das! Es ist geradezu langweilig, das alles zu wiederholen! Mein Freund, großer Schriftsteller Rußlands, erhören Sie meine Bitte! Lassen Sie es mich wissen, wenn Sie dieses Blatt erhalten haben, und erlauben Sie mir noch einmal, Sie kräftig, kräftig zu umarmen – Sie, Ihre Frau und alle Ihre Angehörigen.

Ich kann nicht mehr, bin zu matt.

I. Turgenjew

Anhang

Nachwort

Als Iwan Sergejewitsch Turgenjew (1818–1883) durch sein schriftstellerisches Werk bereits weit über die Grenzen seiner russischen Heimat hinaus bekannt war, schrieb er im April 1879 an einen österreichischen Kritiker: „Daß ich mein Vaterland dem europäischen Publikum etwas näher gerückt habe, betrachte ich als das große Glück meines Lebens." Ein geeigneteres Motto läßt sich für die in diesem Band enthaltenen Briefe des Dichters, die nicht zuletzt seine Rolle als Mittler zwischen den westeuropäischen Literaturen und der russischen Literatur erkennen lassen, kaum finden.

Seit frühester Jugend war Turgenjew mit der westeuropäischen Kultur vertraut. Erzogen wurde er auf dem Gut seiner Eltern in Spasskoje von deutschen und französischen Hauslehrern und in einem deutschen Pensionat in Moskau. Gleichzeitig lernte er auch das Leben der leibeigenen russischen Bauern aus nächster Nähe kennen, und beeindruckt von der Not dieser Menschen, schwor er als junger Mann, die Leibeigenschaft mit allen in seiner Macht stehenden Mitteln zu bekämpfen. Ende der dreißiger, Anfang der vierziger Jahre studierte er im Zentrum des deutschen Geisteslebens, in Berlin, und setzte sich mit Philosophen wie Fichte, Schelling, Hegel und Feuerbach auseinander. Nicht minder bedeutsam waren die Anregungen, die er von den russischen revolutionären Demokraten Belinski und Herzen erhielt. Der langjährige Aufenthalt in Baden-Baden in den für sein literarisches Schaffen entscheidenden sechziger Jahren; seine Reisen nach England und Italien; die „Diners zu fünft" mit Gustave Flaubert, Émile Zola, Edmond de Goncourt und Alphonse Daudet in den siebziger Jahren im neuen Domizil Paris; dazwischen die längeren Aufenthalte in Petersburg und auf seinem Gut Spasskoje im Gouvernement Orjol sowie seine engen Kontakte zu russischen Schriftstellern – all das schuf günstige Voraussetzungen für eine Mittlerstellung, wie sie im 19. Jahrhundert keiner vor ihm und keiner nach ihm eingenommen hat. Diese Stellung erlangte Turgenjew sowohl durch sein eigenes künstlerisches Schaffen – nach dem Erscheinen der „Aufzeichnungen eines Jägers“ im Jahre 1854 in deutscher, französischer und englischer Sprache wurden seine nun folgenden Werke sofort in die drei europäischen Hauptsprachen übersetzt – als auch dadurch, daß er russische Schriftsteller, vor allem Puschkin und Gogol, für die Übertragung ins Deutsche oder Französische empfahl oder teilweise selbst übertrug. Darüber hinaus setzte er sich dafür ein, daß Werke westeuropäischer Autoren in russischer Sprache erschienen oder in russischen Zeitschriften rezensiert wurden. Fruchtbar werden konnte diese Mittlerrolle allerdings nur dank Turgenjews tiefer, unwandelbarer Liebe zu seinem Vaterland, die manche Enttäuschung wegen der Aufnahme seiner Werke bei der russischen Jugend erfuhr, dank seiner Forderung nach Verständigung auch zwischen Vertretern unterschiedlichster Lebensgewohnheiten und Anschauungen sowie dank der Überwindung eigener Vorurteile, Abneigungen und eines mitunter quälenden Pessimismus. Nicht die in seinem Roman „Rauch“ anklingende Stimmung, daß sich im Grunde nie etwas ändern werde und alles Tun sinnlos sei, ist das Credo seines Lebens, sondern das Bekenntnis zur Tätigkeit – zur nutzbringenden Arbeit für die Mitmenschen. In einem seiner „Gedichte in Prosa“ schreibt er 1879: „Bemühen wir uns nur um eins – daß das, was wir den anderen geben, tatsächlich eine nützliche Nahrung ist!“

Diese ethische Maxime äußert sich nicht nur in vielen Romanen und Erzählungen Turgenjews, sondern auch in seinen Briefen, die er in einem Zeitraum von zweiundfünfzig Jahren an Verwandte, Freunde, Schriftsteller, Journalisten, Verleger, Gelehrte, Ratsuchende und an einige Frauen schrieb, denen er Verehrung und Zuneigung entgegenbrachte. Die Briefe breiten eine unerschöpfliche Fülle von bekannten Namen, von literarischen und historischen Ereignissen und Beziehungen sowie von

Gedanken zu den eigenen Werken vor dem Leser aus, sie offenbaren das Innenleben eines Menschen, der nichts zu verbergen trachtete. Diesem gewissenhaften und engagierten Briefpartner bedeutete das ausgedehnte schriftliche Gespräch Klärung der eigenen Gedanken, Vorwegnahme dichterischer Absichten, Resümee des Vollendeten und Selbstdarstellung.

Die Briefe, die der zweiundzwanzigjährige Turgenjew während eines Europa-Aufenthalts aus Berlin, Neapel, Frankfurt und Dresden (1838–1841) schrieb, lassen durch ihre Sensibilität und in mitunter malerischen Naturschilderungen schon den angehenden Schriftsteller erkennen und zugleich den lebensprühenden, zu Tollheiten aufgelegten jungen Mann. Seine damaligen Briefpartner und Kommilitonen N. W. Stankewitsch und T. N. Granowski übten in der Ausweglosigkeit der nachdekabristischen Epoche einen maßgeblichen Einfluß auf das russische Geistesleben aus. Der unheilbar an Tuberkulose erkrankte Stankewitsch, mit dem Turgenjew 1838/39 in Berlin und 1840 in Rom zusammenkam, hatte in den dreißiger Jahren an der Moskauer Universität einen der illegalen Studentenzirkel geleitet, deren freiheitliches Streben auch darin zum Ausdruck kam, daß ihre Mitglieder sich mit dem von dem autokratischen Regime Nikolais I. offiziell verbotenen Studium der deutschen Philosophie und Ästhetik befaßten. Turgenjew bekannte 1856, als er seinem in literarischen Angelegenheiten vertrautesten Briefpartner P. W. Annenkow für dessen Stankewitsch-Biographie Notizen zuschickte, wie sehr er diesen edlen Charakter, dieses „lichte Antlitz" verehrt habe, daß er vor ihm fast so „etwas wie Furcht, ... die aus dem tiefinnersten Bewußtsein des eigenen Unwerts und des eigenen Mangels an Aufrichtigkeit entsprang", empfunden habe. Ähnlich schilderte Turgenjew auch sein Verhältnis zu Granowski. Er sei, so schrieb er 1855 im Nekrolog auf den Moskauer Geschichtsprofessor, „damals seiner Nähe nicht wert gewesen".

Dem Moskauer Zirkel Stankewitschs hatte auch Turgenjews dritter Briefpartner aus der Berliner Studentenzeit, M. A. Bakunin, angehört. Turgenjew lernte den „Brandstifter" der Revolution von 1848/49 und späteren Anarchisten im Juli 1840 in Berlin bei dessen Schwester Warwara Djakowa kennen. Kurz darauf siedelte Bakunin in die nahe gelegene Wohnung Turgenjews in der Mittelstraße 60 über. Es folgten sieben Monate einer überschwenglichen Freundschaft. „Uns hat Stankewitsch vereint" und „Dir verdanke ich meine Wiedergeburt", schrieb der zukünftige Dichter dem fünf Jahre Älteren im September 1840 aus Marienbad. Das enge Zusammenleben, das gemeinsame Studium, die Privatstunden in Logik bei Karl Werder, die mit Beethovenscher Musik ausgefüllten Abende bei Frau Djakowa, wo Turgenjew Bettina von Arnim und Karl August Varnhagen von Ense sowie dem „Frankfurter Attentäter" Hermann Müller-Strübing begegnete, schienen Turgenjew und Bakunin noch enger miteinander zu verbinden. Bernhard von Uexküll, der ebenfalls zu ihrem Kreis gehörte, schildert diese Zeit in seinen Erinnerungen: „Mehrmals, wenigstens zweimal in der Woche, trafen wir uns für den Abend, sei es bei mir, sei es bei den zusammen wohnenden Freunden zu gemeinsamen philosophischen Studien und Besprechungen. Guter russischer Tee, damals eine Seltenheit in Berlin, und Brot mit kaltem Aufschnitt waren die materiellen Zutaten zu jenen Abendgesellschaften. Nie wurde eine Flasche Wein getrunken, und doch haben wir manchmal bis zum grauenden Morgen diskutiert und disputiert."

Als Turgenjew im Mai 1841 nach Rußland zurückkehrte, empfahl ihn Bakunin seiner Familie als „Freund und Bruder", dem vollstes Vertrauen gebühre. Turgenjew genoß Gastfreundschaft auf deren Landsitz und verkehrte im darauffolgenden Winter in Moskau häufig mit Bakunins Brüdern Alexej und Alexander sowie mit deren Schwester Tatjana. Von Mitte August bis Anfang November 1842 begegneten sich die Freunde noch einmal für kurze Zeit in Dresden, wo beide auch mit dem Dichter Herwegh Bekanntschaft schlossen. In diesen für Bakunin entscheidenden Monaten vollzog sich seine Wandlung vom rechten zum linken Hegelianer. Er hatte, ebenso wie Herzen, die Dialektik als „Algebra der Revolution" erkannt. David Friedrich Strauß' Abhandlung „Das Leben Jesu" und Ludwig Feuerbachs „Wesen des Christentums" waren für ihn und Turgenjew die „neuen Sterne". Für Bakunin wurde die „Religion zur Politik und die Politik zur Religion".

Nachdem Bakunin sich entschlossen hatte, niemals wieder nach Rußland zurückzukehren, sich selbst zu expatriieren und sich einer Sache zu widmen, die nur in Europa zu lösen sei, „ein neues Leben zu beginnen, um andere befreien zu können", schrieb er Ende November 1842 an Turgenjew nach Berlin: „Lebe wohl, Freund! Wir werden uns lange nicht sehen. Wir gehen auf völlig getrennten, entgegengesetzten Wegen weiter; vergiß mich nicht – ich werde Dich niemals vergessen ... Wenn Du mich vergißt, werde ich denken, Du bist gestorben. Es ist gut, daß wir uns nochmals gesehen haben, wir haben einander erkannt, und ich bin überzeugt, wo und unter welchen Umständen wir uns auch begegnen, wir werden uns als Freunde die Hand drücken." Ende Dezember 1842 mußte Bakunin, auf den die russische Gesandtschaft wegen seines Umgangs mit Herwegh und Arnold Ruge aufmerksam geworden war, aus Dresden flüchten. Er ging mit dem aus Berlin ausgewiesenen Herwegh von Leipzig aus über Straßburg in die Schweiz. Turgenjew war bereits Anfang des Monats mit Bakunins Bruder Pawel nach Petersburg zurückgekehrt. Die zeitweilig so enge Verbindung mit Michail Bakunin und seiner Familie lockerte sich bald, doch half er später dem aus sibirischer Haft entflohenen Bakunin, als er 1861 in London bei Herzen Aufnahme gefunden hatte, mehr als einmal aus finanzieller Not. Er vergaß die Freundschaft nicht, die ihm in seiner Jugend so viel bedeutet hatte.

Fünf Jahre später, von Januar bis Mai 1847, besuchte Turgenjew die preußische Hauptstadt ein weiteres Mal. In einem „Brief aus Berlin" im Märzheft der Petersburger Zeitschrift „Sowremennik" (Der Zeitgenosse), in der bereits seine ersten Skizzen aus den „Aufzeichnungen eines Jägers" erschienen waren, stellte er eine völlige Veränderung des studentischen Lebens in Berlin fest. Die harten polizeilichen Maßnahmen zu erwähnen, die ab 1843 jede freiheitliche Regung innerhalb der Burschenschaften zerschlagen hatten, verbot sich von selbst, sein „Brief" hätte die Zensur nicht passiert. Nichts mehr, so schrieb Turgenjew, sei zu spüren von der Ungeduld, mit der man zu seiner Zeit die Professoren erwartet und ihnen Ovationen bereitet hätte, nichts mehr von der Begeisterung, die allein die Nennung des Namens von Karl Werder hervorgerufen hätte, nichts mehr von der Begeisterung für Bettina von Arnim. Die literarische, theoretische, philosophische und phantastische Epoche des deutschen Lebens sei vorbei. Nur Feuerbach habe man nicht vergessen. Turgenjew unterstrich, ohne es so klar auszudrücken, daß an Stelle des Theoretisierens eine gespannte, hoffnungsträchtige, auf die Tat orientierte Stimmung im vorrevolutionären Berlin eingezogen sei. „Alles ist von einer unbestimmten Erwartung erfüllt", heißt es in seinem „Brief", und „alles schaut nach vorn".

Der eigentliche Anlaß dieses Aufenthalts in Berlin war das Gastspiel der berühmten Sängerin Pauline Viardot-Garcia. Sie zog den Dichter, seit er sie im Jahre 1843 zum erstenmal in Petersburg hatte singen hören, unwiderstehlich in ihren Bann. Die mit dem zwanzig Jahre älteren französischen Übersetzer und Kunstkritiker Louis Viardot verheiratete Spanierin, eine Schülerin von Franz Liszt, beeinflußte Turgenjews Entwicklung als Schriftsteller in bedeutendem Maße. In ihrem Kreis fand er eine anregende geistige Atmosphäre und die Welt der Musik, deren er für sein Schaffen bedurfte. Sie und Viardot führten ihn in die spanische Literatur ein, die er, wie auch die Sprache, gründlich studierte, so daß er schon 1847 Calderón im Original zu lesen vermochte. Als Turgenjews Mutter, erbost, daß der Sohn seine Stellung im Petersburger Innenministerium aufgab, ihm alle finanziellen Mittel entzog, nahmen ihn die Viardots 1846 gastlich auf ihrem Landsitz Courtavenel bei Paris auf, den der Dichter später als seine literarische Wiege bezeichnet hat. Pauline Viardot inspirierte ihn, sie war seine Muse, doch zugleich eine unbestechliche Kritikerin, ihr Beifall oder ihre Ablehnung bestimmten seine Meinung über die eigenen Werke. 1907 schrieb Eugen Zabel, der 1880 die Musik in Turgenjews Werken untersucht hat: „Sie erwarb sich aber auch ein nicht genug anzuerkennendes Verdienst um die Literatur dadurch, daß sie den Dichter immer wieder zum Schreiben anspornte. Von Hause aus liebte es Turgenjew weit mehr, auf die Jagd zu gehen, zwischen wogenden Kornfeldern spazieren zu wandern, mit Leuten aus dem Volk zu plaudern oder sich an der feinsten Blüte literarischer und künstlerischer Kultur im Verkehr mit schönen

Frauen und geistreichen Männern zu berauschen als den Tag über am Schreibtisch zu sitzen und die Gestalten seiner Phantasie in festgeformten Kompositionen zu Papier zu bringen." Diese Neigung zur Passivität bekämpfte Pauline Viardot energisch mit ihrer vielseitigen Bildung, ihrem unermüdlichen Tatendrang, ihrem Ehrgeiz und Temperament.

Sosehr Turgenjew auch von Pauline Viardot und ihrem Kreis in Anspruch genommen war, fand er doch genügend Zeit für andere Begegnungen. Ende Februar 1847 traf er sich mehrmals mit Herzen, dem einstigen Haupt des zweiten Moskauer Studentenzirkels der dreißiger Jahre, der mit seiner Familie auf dem Wege ins Exil in Berlin Station machte. Im Café Stehely lernte er den Verfasser der „Schwarzwälder Dorfgeschichten", Berthold Auerbach, kennen. Der alte Bekannte Müller-Strübing führte ihn in das von Gustav Julius geleitete Lesekabinett „Berliner Zeitungshalle" ein, das im März 1848 zu einer Zentrale der Revolution wurde. Hier begegnete er dem Zeichner und Journalisten Ludwig Pietsch, der später zu seinen engsten deutschen Freunden zählte, ihm in den sechziger Jahren die Verbindung zu so manchem Vertreter des deutschen Geisteslebens, wie Theodor Storm, Adolph Menzel, dem Bildhauer Reinhold Begas und dem Literaturkritiker Julian Schmidt, knüpfen half und sich unermüdlich für Turgenjews literarische Werke einsetzte.

Im Mai 1847 schließlich traf der schwerkranke Belinski, aus Petersburg kommend, zu seinem einzigen, von W. P. Botkin und anderen Mitgliedern des ehemaligen Moskauer Stankewitsch-Kreises finanzierten Europa-Aufenthalt ein. Hier in Berlin begann die letzte Etappe einer Freundschaft, die für Turgenjews schriftstellerisches Verantwortungsbewußtsein so entscheidend war. Der „bedeutendste Kritiker seiner Zeit", wie ihn Turgenjew in seinen „Erinnerungen an Belinski" bezeichnete, dieser „Idealist und Negativist", dessen Ideal man „Wissenschaft, Fortschritt, Humanität, Zivilisation", ja „Revolution" nannte, hatte von dem Augenblick an, da ihm der Dichter im Jahre 1843 sein Manuskript des Poems „Parascha" zur Begutachtung brachte, seinen „maltschik" (Jungen) beeinflußt, dessen Blick geschärft, ihn zum Fleiß ermahnt und liebevoll kritisiert.

Wenige Monate nachdem sie sich 1843 kennengelernt hatten, schrieb Belinski Mitte April an Botkin: „Ich habe mich mit Turgenjew angefreundet. Er ist ein ungewöhnlich kluger und überhaupt ein guter Mensch. Die Unterhaltungen und Streitgespräche mit ihm haben mich abgelenkt … Turgenjew hat viel Humor … Rußland versteht er. In allen seinen Urteilen ist Charakter und Sinn für Realität zu erkennen. Er ist ein Feind alles Unbestimmten, wozu ich auf Grund einer Schwäche des Charakters, einer unklaren Natur und einer ungünstigen Entwicklung ziemlich neige."

Besorgt kümmerte sich Turgenjew in Berlin um seinen kranken Freund, er reiste mit ihm nach Dresden, um das dortige Gastspiel Pauline Viardots nicht zu versäumen, und begleitete ihn dann zur Kur nach Salzbrunn. Sein Eifer hielt jedoch nicht lange an: Noch vor Beendigung der Kur verließ er Salzbrunn, um Pauline Viardot nach London zu folgen. Turgenjew erwähnt diese Episode in seinen Erinnerungen nur mit wenigen Worten. Ein anschauliches Bild gibt dagegen P. W. Annenkow, der dritte im Salzbrunner Bunde, in seinem Buch „Das bemerkenswerte Jahrzehnt. 1838–1848". Er schildert, wie Turgenjew und Belinski die Öde des Kurorts durch Wiederaufnahme der schon in Petersburg geführten Dispute zu beleben suchten und wie der Kritiker bestrebt war, den Dichter mit diesen Gesprächen aufzumuntern. Turgenjew aber sagte dem anderen mitunter sehr grausame Wahrheiten, „besonders hinsichtlich Belinskis Unfähigkeit, sich im Leben zurechtzufinden, und seines mangelnden Verständnisses für dessen reale Grundlagen …". Vielen Freunden, so meint Annenkow, seien Turgenjews radikale Umschwünge in der Wahl seiner Beschäftigungen und Interessen, seine Fähigkeit, von einer Handlung zur andern, von einem Lager, einem Ideenkreis zum anderen überzugehen, ein Rätsel gewesen. Sie hätten ihn deshalb oft als leichtsinnig und charakterschwach bezeichnet. Um solche Vorurteile abzubauen, schreibt Annenkow: „Turgenjews Jugendzeit ist voller Beispiele solcher unerwarteter Abwendungen von einem ursprünglichen Vorhaben … Turgenjew konnte damals nicht lange bei einem Entschluß und bei einem Gefühl verweilen – aus der Befürchtung heraus, sich zu lange aufzuhalten und das Leben selbst zu versäumen ... Er wurde von einer Art nervöser Unruh ergriffen, wenn er das Getöse des Lebens nur aus der Ferne hörte. Er strebte unaufhörlich zu den verschiedensten Zentren, wo das Leben noch stärker brodelte; er brannte darauf, eine möglichst große Anzahl von Charakteren und Typen ... zu erkennen ... Im Rausch der Jugend schien es ihm noch, als könne er alle möglichen Wesensarten erproben und die soliden Eigenschaften des Schriftstellers mit solchen vereinen, die einem den Ruf eines Siegers auf allen Schlachtfeldern einbringen. Dies verebbte bald unter dem Einfluß der Jahre wie auch der Arbeit an sich selbst ... unter dem Einfluß der Erkenntnis seiner literarischen Bestimmung."

Als Turgenjew alles durchkostet, alles vielmals durchlitten hatte, entwickelte sich aus dieser jugendlichen Unrast seine Forderung an die Schriftsteller nach Allseitigkeit und Wahrheit. Im Januar 1857, als der dritte Teil von Tolstois autobiographischer Trilogie „Kindheit, Knabenjahre, Jugendzeit" im „Sowremennik" erschien, schrieb er zum Beispiel dem um zehn Jahre Jüngeren im Hinblick auf dessen Hang zu starren philosophischen Abstraktionen: „Nach links zu schauen ist genauso angenehm wie nach rechts – nirgends ist eine Sackgasse, überall finden sich ‚Perspektiven'! ... Für Systeme schwärmt nur, wer die ganze Wahrheit nicht zu fassen vermag, wer sie am Schwanz fangen will; ein System ist gleichsam der Schwanz der Wahrheit."

Turgenjews Fähigkeit, sich in die unterschiedlichsten Gedankengänge hineinzuversetzen, sie sich zeitweilig zu eigen zu machen, ist auch die Ursache für seinen engen Kontakt zu den verschiedenartigsten Charakteren, deren Denken und Handeln er nachzufühlen vermochte. Jahrelang unterhielt er, der Westler, gute Beziehungen zu den slawophilen Schriftstellern I. S. und K. S. Aksakow. Auch der vorwiegend poetische Fragen erörternde Briefwechsel zwischen dem Realisten Turgenjew und seinem „Opponenten", dem L'art-pour-l'art-Dichter A. A. Fet, findet darin seine Erklärung.

Die Briefe der fünfziger Jahre, die mit Ausnahme der Briefe aus den Jahren 1857/58 vorwiegend in Rußland geschrieben wurden, spiegeln unter anderem auch die menschliche und künstlerische Krise wider, die der Dichter auf der Suche nach einer neuen, den Rahmen der „Aufzeichnungen eines Jägers“ sprengenden Manier zu schreiben durchlebte. Er glaubte zeitweilig, seine schriftstellerische Begabung habe sich erschöpft, Arbeitsunlust quälte ihn. „Die Zeit der Selbsttäuschung“ sei vorbei, konstatierte der Fünfunddreißigjährige, und von „einer Zeit heftigen Zweifelns an sich selbst abgelöst worden“. Dieser Zweifel aber lautete: „Bin ich zu etwas Großem, Ausgeglichenem fähig? Werden mir die einfachen, klaren Linien liegen?“ Das Mißlingen des geplanten Romans „Zwei Generationen“ schien diese selbstkritische Frage zu beantworten. Erlebnisse in den Beziehungen zu Pauline Viardot, die den Umständen gemäß leidvoll sein mußten, zerbrachen überdies den Glauben an ein eigenes Glück. Erst Ende der fünfziger Jahre überwand der Dichter diese moralische und physische Krise. Im April 1859 gestand Turgenjew dem auf seine literarischen Erfolge eifersüchtigen Schriftsteller I. A. Gontscharow, der ihm vorwarf, er würde ihm die Themen stehlen: „Ich kann doch nicht ad infinitum die ‚Aufzeichnungen eines Jägers‘ wiederholen! Und das Schreiben aufgeben möchte ich auch nicht. So bleibt mir nur, Romane zu schreiben, in denen ich ohne Anspruch auf Ganzheit und Geschlossenheit der Charaktere oder auf tiefgründiges und allseitiges Eindringen ins Leben aussprechen kann, was mir in den Sinn kommt ... Was immer ich schreibe, es kommt eine Reihe von Skizzen heraus.“

Privates Leid verbarg Turgenjew, der sein Herz tot, sein ganzes vergangenes Leben wertlos wähnte, unter einer Eisschicht; mit einem zu Stein erstarrten Herzen glaubte er, wenigstens „weiterexistieren“ zu können. In einem Brief an die Gräfin Lambert bekennt er Anfang der sechziger Jahre: „Ich fühle mich wie ein längst gestorbenes, gleichsam einer fernen Vergangenheit angehörendes Wesen, doch als ein Wesen, das sich die lebendige Liebe zum Guten und Schönen bewahrt hat, die nichts Persönliches mehr enthält ... Vielleicht bin ich sogar besser geworden und reiner?“

Und doch entringt sich Turgenjew – aller Entsagungsbereitschaft zum Trotz – an diesem Wendepunkt seines Lebens, der ihn vernichtet findet von der Erkenntnis der eigenen Grenzen und der Begrenztheit alles Menschlichen überhaupt, das anklagende und verzweifelte „Es ist genug!". Dieser Aufschrei einer nach Unsterblichkeit und Einmaligkeit dürstenden Künstlerseele, die „das Licht, das den Farben Bedeutung und Kraft verleiht", in sich verlöschen fühlt, ist zugleich ein Schlußstrich, dem der Dichter den bezeichnenden Untertitel „Bruchstück aus den Aufzeichnungen eines verstorbenen Künstlers" (1862–1864) gab. Zuvor schon hatte er in der phantastischen Erzählung „Visionen" (1855–1863) der Menschen „kleinliches, eintöniges Treiben, ihren lächerlichen Kampf gegen das Unabwendbare und Unabänderliche" und sein eigenes qualvolles Zusammenfahren beim „bloßen Gedanken an das Nichts, an die Auflösung" beklagt. Im Brief vom 8. Dezember 1863 an Botkin bezeichnet er diese Erzählung als „eine Folge des wirklich bedrückenden und düsteren Übergangsstadiums" seines Ichs. Gereift, geläutert – verwundet, aber ohne Bitterkeit und ohne Bedauern – gelangte Turgenjew in den nun folgenden Jahren zu größter Schöpferkraft. Die seit 1855 erscheinenden Romane trugen ihm bald den Titel eines „Chronisten seiner Zeit", später wegen seiner genauen Beobachtung der russischen Gesellschaft gar den eines „Propheten" ein.

Die beiden letzten Jahrzehnte seines Lebens verbrachte der Schriftsteller in einer unzertrennlichen Freundes- und Lebensgemeinschaft mit der Familie Viardot in Baden-Baden, London und Paris. Der Anteil von Briefen an Deutsche, Franzosen, Engländer und Amerikaner, mit denen er jeweils in ihrer Muttersprache korrespondierte, nimmt immer mehr zu. Die Briefe an russische Zeitgenossen lassen sich in solche unterteilen, die an Emigranten im Ausland gerichtet sind, wie zum Beispiel an Herzen, mit dem er allen politischen Meinungsverschiedenheiten zum Trotz befreundet blieb, oder an den Volkstümler P. L. Lawrow und an Freunde in Rußland wie Botkin oder J. P. Polonski. Das briefliche Gespräch bietet jetzt oft die einzige Möglichkeit, sich in der Muttersprache auszudrücken, deren Klang und Gebrauch der freiwillig im Ausland Lebende schmerzlich vermißte. Im Gegensatz zu den oft seitenlangen, mit philosophischen Erörterungen und Betrachtungen über das eigene Ich angefüllten Briefen der Jugendzeit sind Turgenjews Briefe nun meist von sachlicher Kürze. Viele betreffen die Veröffentlichung seiner Werke in Rußland, Verwaltungsangelegenheiten seines Gutes im Gouvernement Orjol oder Probleme der Übersetzung seiner Werke.

Während seines Aufenthalts in Deutschland spielen die Herausgabe der ersten deutschen, von Friedrich Bodenstedt besorgten zweibändigen (1864/65) und die seit 1869 von Erich Behre verlegte zwölfbändige Ausgabe sowie die von Moritz Hartmann aus dem Französischen übersetzten und in verschiedenen Zeitschriften publizierten Romane und Erzählungen eine wichtige Rolle. Der Adressatenkreis des Dichters beschränkte sich jedoch nicht nur auf die in unserer Auswahl aufgeführten deutschen und österreichischen Partner, Turgenjew korrespondierte auch mit dem Maler Adolph Menzel, den Schriftstellern Friedrich Spielhagen und Gustav Freytag sowie mit dem Literaturkritiker Julian Schmidt. Diese in deutscher Sprache abgefaßten Briefe sind entweder verlorengegangen (wie zum Beispiel auch die französischen an Prosper Mérimée) oder noch nicht zugänglich wie die Briefe an Julian Schmidt.

In Deutschland und Österreich wurden Turgenjews Romane und Erzählungen seit der zweiten Hälfte der sechziger Jahre begeistert aufgenommen und vielfach kopiert. Otto Glagau befaßte sich schon 1872 in seinem Buch „Die russische Literatur und Iwan Turgenjew" in einem Kapitel mit Turgenjews Nachahmern, und Wilhelm Goldbaum schrieb 1879 in der Zeitschrift „Mehr Licht" einen ausführlichen Artikel über „Turgenjews deutsche Jünger". Zu Turgenjews Lebzeiten fühlten sich unter anderen Ferdinand von Saar, Marie von Ebner-Eschenbach, Paul Heyse und Theodor Fontane seinem Schaffen verpflichtet, in neuerer Zeit Thomas Mann, Hermann Hesse und Arnold Zweig.

In Frankreich war der russische Dichter, seit Prosper Mérimée 1854 die französische Ausgabe der „Aufzeichnungen eines Jägers" besprochen hatte, das Vorbild namhafter Schriftsteller, die auch als seine Briefpartner auftraten. Gustave Flaubert gestand 1863 seinem späteren hilfreichen Freund und Wahlverwandten, dieser sei „schon lange sein Lehrer". Auch Guy de Maupassant bezeichnete sich als einen Schüler Turgenjews, der ihm „Lektionen in künstlerischer Wahrheit" erteilt habe. Alphonse Daudet und Edmond de Goncourt bewunderten besonders die Naturschilderungen des russischen Kollegen. Der Literaturkritiker und Geschichtsphilosoph Hippolyte Taine nannte Turgenjew 1873 in einem Brief an den dänischen Kritiker Georg Brandes einen „Schriftsteller ersten Ranges", und nach Erscheinen der Erzählung „Die lebende Reliquie" im Jahre 1874 hielt er ihn sogar für den „größten Künstler, den die Welt seit dem alten Griechenland kennengelernt hat". Die von Turgenjew bewunderte Schriftstellerin George Sand, die er in seinen letzten Lebensjahren oft in Nohant besuchte, faßte 1874 die Meinung ihrer französischen Kollegen in den Worten zusammen: „Wir alle sind bei Ihnen in die Schule gegangen."

In England bemühte sich sein Londoner Briefpartner, der Bibliothekar des Britischen Museums William Ralston, um die Verbreitung der russischen Literatur, insbesondere der Werke Turgenjews. Nach dem Tode des Dichters erschien eine erste, von Constance Garnett übersetzte Ausgabe von Werken Turgenjews (1894–1899): sie begeisterte John Galsworthy so sehr, daß er der Übersetzerin zum Dank einen seiner frühen Romane widmete. In dieser Widmung gab er der Überzeugung Ausdruck, Turgenjew habe „weit mehr auf den Westen Einfluß genommen als der Westen auf ihn". Schon 1883 hatte Georg Brandes, dem auch die Übersetzungen in skandinavische Sprachen, darunter die seit 1856 erschienenen dänischen, gut bekannt waren, mit vollem Recht sagen können, kein russischer Dichter sei bisher in Europa so gelesen worden wie Turgenjew.

In einem Aufsatz über den Schriftsteller stellte der Amerikaner Henry James fest, Turgenjew übe nicht nur auf Europa, sondern auch auf Amerika einen „bleibenden künstlerischen Einfluß" aus. Hier entstand – nach Aussagen der englischen Schriftstellerin George Eliot – ähnlich wie in Dänemark eine Art „Turgenjew-Schule", zu der damals unter anderen Bret Harte, Hamlin Garland und Stephen Crane gehörten. Der Einfluß läßt sich bis zu Ernest Hemingway verfolgen. Turgenjew selbst kannte die amerikanische Literatur gut: sein Lieblingsautor war Nathaniel Hawthorne; aber auch die Werke von Henry W. Longfellow, Walt Whitman, Bret Harte, Harriet Beecher-

Stowe und seiner Briefpartner Henry James, William Dean Howells und Hjalmar Boyesen gehörten zu seiner ständigen Lektüre. Letztere waren selbst „Turgenjew-Jünger" und setzten sich seit Anfang der siebziger Jahre in zahlreichen Artikeln für die Popularisierung des russischen Dichters in Amerika ein, nachdem 1867 als erster Roman „Väter und Söhne" in New York erschienen war.

Alle, die Turgenjew in jenen Jahren kannten, bewunderten nicht nur sein schriftstellerisches Können, sondern vor allem seine menschliche Vollkommenheit, die weite und freie Denkweise, die Vielfalt seiner Interessen, die an allen Kulturstätten Europas geschulte Bildung, die einzigartige Würde und klare Ruhe sowie die Bescheidenheit. Als hervorstechendstes Merkmal seines Charakters galt jedoch in späteren Jahren Turgenjews Güte. Ständig ist er in seinen Briefen damit beschäftigt, die Angelegenheiten anderer in Ordnung zu bringen, sich für sie bei einflußreichen Bekannten zu verwenden oder russischen Emigranten Stellungen zu verschaffen. Mit Rat und Tat unterstützte er den Volkstümler Lawrow bei der Herausgabe von Zeitschriften. Mit dieser Fürsorge für andere gelang es dem alternden Dichter, das Fehlen eines eigenen Familienglücks zu verwinden und den Gedanken zu unterdrücken, ein Wesen zu sein, „das wie ein Uhrpendel ständig zwischen zwei gleich garstigen Empfindungen hin und her schwankt: dem Lebensüberdruß und der Todesfurcht".

Die Hauptsorge des alternden Turgenjew aber galt der russischen Literatur. Beunruhigt schaute er nach jungen Talenten aus, und geduldig beantwortete er jede Anfrage, was und wie man schreiben solle, sofern er nur aus den Zeilen literarische Begabung und einen ehrlichen Willen spürte. Bezeichnend dafür sind seine Briefe an W. M. Garschin. Ihn hielt er für einen der bedeutendsten jungen Schriftsteller seiner Heimat, der zu den größten Hoffnungen berechtigte. Durch ermunternde Worte suchte er den psychisch Leidenden, den er persönlich nicht kannte, aufzurichten; er lobte seine Arbeiten und wies ihn auf seine Verantwortung hin, da er berufen sei, „eine sichtbare Spur" in der russischen Literatur zu hinterlassen. Auch Saltykow-Stschedrin redete Turgenjew 1882 ins Gewissen, er solle sich nicht durch Haß und Neid der Mitmenschen von seinem Weg als satirischer Schriftsteller Rußlands abbringen lassen. Am rührendsten aber kommt diese Sorge um die russische Literatur in Turgenjews Verhältnis zu seinem einstigen Freund und späteren Widersacher Tolstoi zum Ausdruck. Nach sechzehn Jahren des Zerwürfnisses hatte ihm dieser im April 1878 die Hand zur Versöhnung gereicht. „Da ich Ihre Gutherzigkeit kenne", schrieb Tolstoi, „bin ich fest überzeugt, Ihre feindlichen Gefühle gegen mich sind noch früher verflogen als die meinen ... Ich habe nicht vergessen, daß ich Ihnen meinen literarischen Ruf verdanke, und auch nicht, wie Sie meine schriftstellerische Arbeit und mich geliebt haben." Schon immer mit Tolstois Aufstellen von philosophischen Systemen unzufrieden, fürchtete Turgenjew seit dessen Absage an die Literatur zugunsten einer „welterneuernden" Religionslehre, dem Vaterland könnte ein großer Künstler verlorengehen. Kurz vor seinem Tode beschwor er Tolstoi, sich wieder der literarischen Arbeit zuzuwenden. Leider war es Turgenjew nicht mehr vergönnt, Tolstois späte große literarische Leistungen, die in dem Roman „Auferstehung" gipfelten, mitzuerleben.

Die Nachricht von Turgenjews Tod im September 1883 erschütterte seine Freunde und Verehrer in Rußland und in der ganzen Welt. Tolstoi, zu dieser Zeit selbst in dem Gedanken an den Tod befangen, setzte sich, betroffen vom Hinscheiden des Freundes, noch einmal intensiv mit dessen Leben und Werk auseinander. Am 30. September 1883 schrieb er an seine Frau: „Immer muß ich an Turgenjew denken, und ich habe ihn schrecklich gern, bedaure ihn und lese ihn unaufhörlich. Die ganze Zeit bin ich mit ihm zusammen." Die schönsten und treffendsten Worte über ihn äußerte er aber einige Monate später, im Januar 1884, in einem Brief an den Verleger A. N. Pypin: „Das Wichtigste an ihm ist seine Wahrheitsliebe ... Turgenjew ist ein vortrefflicher Mensch (nicht sehr tief, sehr schwach, aber gütig, ein guter Mensch), der gut spricht und immer genau das sagt, was er denkt und fühlt ... und deswegen ist Turgenjews Einfluß auf unsere Literatur der allerbeste und fruchtbarste gewesen. Er hat gelebt, gesucht und in seinen Werken ausgesprochen, was er gefunden hat – alles, was er gefunden hat.

Er hat sein Talent (die Fähigkeit, gut darzustellen) nicht darauf verwandt, seine Seele zu verbergen, wie dies gewöhnlich getan wurde und wird, sondern darauf, sie ganz nach außen zu kehren."

Dezember 1975 *Christa Schultze*

Anmerkungen

Die Textgrundlage der hier vorgelegten Auswahl von 320 Briefen Turgenjews bilden die dreizehn Bände „Briefe", die von 1961 bis 1968 im Institut für russische Literatur der Akademie der Wissenschaften der UdSSR in Leningrad im Rahmen der Gesamtausgabe der Werke und Briefe I. S. Turgenjews erschienen sind und die 7000 Briefe enthalten. Herangezogen wurden darüber hinaus der von Alexandre Zviguilsky 1971 editierte Band „Nouvelle correspondance inédite" (Neuer unveröffentlichter Briefwechsel) und die von Hans von Rimscha 1970 in den „Jahrbüchern für Geschichte Osteuropas" publizierten 55 Briefe Turgenjews an Erich Behre.

Die von Turgenjew in einer Fremdsprache verfaßten Briefe sind am Schluß des jeweiligen Briefes durch Sternchen gekennzeichnet: die deutschen durch einen, die französischen durch zwei und die englischen durch drei. Deutsche Textstellen innerhalb der fremdsprachigen Briefe wurden kursiv gesetzt und auch mit einem Sternchen versehen.

Die Orthographie der deutsch geschriebenen Briefe wurde modernisiert, sprachliche und grammatikalische Eigenheiten sind jedoch beibehalten worden. Die deutsche Schreibweise der russischen Eigennamen und geographischen Namen richtet sich nach der Umschrift von Professor Dr. Wolfgang Steinitz.

Die Datierung der im Ausland geschriebenen Briefe erfolgte nach dem Gregorianischen Kalender. Bei den in Rußland geschriebenen Briefen steht in Klammern das Datum des Julianischen Kalenders, der bis zur Oktoberrevolution in Rußland gültig war.

Ch. Sch.

1

N. W. Stankewitsch – Nikolai Wladimirowitsch Stankewitsch (1813–1840); war einer der führenden Köpfe eines Moskauer philosophischen Studentenzirkels der dreißiger Jahre des vorigen Jahrhunderts. Turgenjew lernte ihn während seines Studiums in Berlin 1838/39 kennen und traf ihn im März/April 1840 in Rom, wo sich der an Schwindsucht erkrankte Stankewitsch vor seinem Tode aufhielt. Er ist der Prototyp für die Gestalt des Pokorski in Turgenjews Roman „Rudin".

Maison garnie – (franz.) Pension.

nach einem anstrengenden Tag – Turgenjew war am Tag zuvor, von Rom kommend, in Neapel eingetroffen.

Jefremow – Alexander Pawlowitsch Jefremow (1814–1876), Lehrer für Geographie an der Moskauer Universität, Freund Stankewitschs; studierte von 1839 bis 1843 in Berlin Geographie. Turgenjew lernte ihn 1840 in Italien kennen.

Wer einmal in Neapel gewesen ist ... – Richtig: „daß er nie ganz unglücklich werden konnte, weil er sich immer wieder nach Neapel dachte". – Goethe, „Reise nach Italien" (zweiter Teil).

Djakowa – Warwara Alexandrowna Djakowa (geb. 1812), ältere Schwester M.A.Bakunins; hielt sich 1840 in Italien auf, um in der Nähe des todkranken Stankewitsch zu sein, der mit ihrer verstorbenen Schwester (vgl. Anm. 4 zu Brief 4) verlobt gewesen war.

San Carlo – Berühmtes, 1737 erbautes Theater in Neapel.

Statuen der Balbi – Porträtstatuen römischer Konsuln aus der Familie Balbus, die etwa 40 v. u. Z. aus Spanien eingewandert war.

Schuschu – Alexandra Nikolajewna Bachmetjewa (1823–1901), Kinderschriftstellerin; lebte 1840 mit ihren Eltern (vgl. Anm. 5 zu Brief 3) in Rom, wo Turgenjew sich in sie verliebte. Er widmete ihr zwei Gedichte.

2

A. P. Jefremow – Vgl. Anm. 4 zu Brief 1.

In Wiesbaden angekommen ... – Scherzhafte Abwandlung von Puschkins Gedicht „In Ishora angekommen".

Karl Borromäus – Carlo Graf Borromeo (1538–1584), Erzbischof von Mailand, Stifter des Borromeischen Bundes zur Verteidigung des katholischen Glaubens; wurde 1610 heiliggesprochen. Seine Statue wurde 1697 von dem Bildhauer Cerani in Bronze gegossen und auf einem Hügel am Lago Maggiore aufgestellt.

sacco di vuotte – (ital.) mit leerem Sack.

„Pfui! Soviel Prosa auf die Dauer!" – Puschkin, „Eugen Onegin" (Fragmente aus Onegins Reise).

3

T. N. Granowski – Timofej Nikolajewitsch Granowski (1813–1855). Historiker, ab 1839 Professor an der Moskauer Universität, Freund N. W. Stankewitschs. Turgenjew kannte ihn seit 1835.

Bellawsky ... Trithen ... Matthiesen – Theodor von Bellawsky, Franz Heinrich Trithen und Georg Matthiesen, russische Studenten; studierten zur gleichen Zeit wie Turgenjew an der Berliner Universität. Die Schreibweise der Namen erfolgte nach eigenhändiger Eintragung in das Immatrikelverzeichnis der Berliner Universität.

Stankewitsch – Vgl. Anm. 1 zu Brief 1.

Markow – Alexej Tarassowitsch Markow (1802–1878), Historienmaler.

Chowrins – Nikolai Wassiljewitsch Chowrin und seine Frau Marja Dmitrijewna. Turgenjew kannte sie von Moskau her.

die Tochter – A. N. Bachmetjewa (vgl. Anm. 9 zu Brief 1).

„in cold obstruction" – (engl.) in kalter Starre. – Shakespeare, „Maß für Maß" (3. Akt, 1. Szene).

„Du bleibst doch immer, was du bist" – Goethe, „Faust" (1. Teil, 2. Szene).

Werder – Karl Werder (1806–1893), Professor für Philosophie an der Berliner Universität, Hegelianer; übte Anfang der vierziger Jahre auf die russischen Studenten einen bedeutenden Einfluß aus.

Altenstein – Karl Altenstein (1770–1840), ab 1817 preußischer Minister für Volksbildung; setzte sich für die Entwicklung von Literatur und Wissenschaft ein.

Ladenberg – Adalbert Ladenberg (1798–1855), ab 1840 preußischer Minister für Volksbildung. Es hieß, er sei nicht der Sohn von Philipp Ladenberg (1769–1847), sondern von Karl Altenstein.

König – Friedrich Wilhelm III. von Preußen (1770–1840).

Die Löwe – Sophie Löwe (1811–1866), Opernsängerin; trat in den vierziger Jahren an der Berliner Oper auf.

Besser – Karl Heinrich Besser (1808–1848), Inhaber der Besserschen Buchhandlung in Berlin, wo sich die Berliner Gelehrtenwelt traf.

Buchdruckerfest – Wurde zum 400. Jahrestag der Erfindung der Buchdruckerkunst gefeiert.

In Mainz – Wirkungsstätte von Johann Gutenberg (1394–1468), dem Erfinder der Buchdruckerkunst.

pulcinello – Komische Figur des frühen italienischen Theaters (16./17. Jh.); trat in einer schwarzen Halbmaske auf.

le roi de Naples se précautionne – (franz.) der König von Neapel greift zu Vorsichtsmaßnahmen.

Mirabeau – Honoré-Gabriel Mirabeau (1749–1791), französischer Staatsmann, Redner und Publizist.

Ludwig Achim von Arnim – (1781–1831), Schriftsteller, Hauptvertreter der deutschen Romantik; entwirft in seinem unvollendeten Roman „Die Kronenwächter. Erster Band. Bertholds erstes und zweites Leben“ (1817) ein kulturhistorisches, jedoch phantastisch-bizarres Bild der Epoche der frühbürgerlichen Revolution. Er schuf mit diesem Romanfragment die Grundlage des deutschen historischen Romans.

Marggraff – Hermann Marggraff (1809–1864), Schriftsteller; leitete ab 1853 die „Blätter für literarische Unterhaltung“.

Marlow – F. Marlow, Pseudonym für Hermann Ludwig Wolfram-Müller (1807–1852), Lyriker.

Mundt – Theodor Mundt (1808–1861), Professor für Literatur, Schriftsteller; schrieb Kritiken, Erzählungen; veröffentlichte Literaturgeschichten.

Dräxler-Manfred – Karl-Ferdinand Dräxler-Manfred (1806–1879), Lyriker und Novellist.

Le Glay – André-Joseph Le Glay (1785–1863), französischer Historiker und Archäologe. Sein Buch „Maximilien Ier. Empereur d'Allemagne“ (Maximilian I. Kaiser von Deutschland) war 1839, „Maximilien Ier et Marguerita d'Autriche“ (Maximilian I. und Margarete von Österreich) 1840 erschienen.

Draschussow – Alexander Nikolajewitsch Draschussow (1816–1890), Professor für Physik und Astronomie an der Moskauer Universität.

Kiril Tabalenkow – Leibeigener Diener von Turgenjews Mutter.

Jefremow – Vgl. Anm. 4 zu Brief 1.

4

T. N. Granowski – Vgl. Anm. 1 zu Brief 3.

Stankewitsch – Vgl. Anm. 1 zu Brief 1.

Mme. Djakowa – Vgl. Anm. 6 zu Brief 1.

Schwester der Djakowa – Ljubow Alexandrowna Bakunina (1811–1838), ältere Schwester M. A. Bakunins; war mit Stankewitsch verlobt.

Kljuschnikow – Iwan Petrowitsch Kljuschnikow (1811–1895), Lyriker, Mitglied des Stankewitsch-Kreises und ehemaliger Lehrer Turgenjews. Turgenjew zitiert hier aus dessen Gedicht „Auf den Tod des Mädchens“.

Berta – Berta Sauer; Stankewitsch srand während seines Aufenthalts in Berlin 1838/39 in Beziehung zu ihr.

Werder – Vgl. Anm. 9 zu Brief 3.

Frolows – Nikolai Grigorjewitsch Frolow und seine Frau Jelisaweta Pawlowna. Frolow stand dem Stankewitsch-Kreis nahe. Er diente

Turgenjew als Vorbild für die Titelgestalt der Skizze „Der Hamlet des Kreises Stschigry".

Kenneys – Marja Pawlowna Kenney, eine Schwester J. P. Frolowas, und ihr Mann.

Jefremow – Vgl. Anm. 4 zu Brief 1.

Newerow – Januari Michailowitsch Newerow (1810–1893), Pädagoge, Freund Stankewitschs und Granowskis; studierte zur gleichen Zeit wie Turgenjew (1838/39) in Berlin.

Bakunins – Alexander Michailowitsch Bakunin (1768–1854) und seine Frau Warwara Alexandrowna (1792–1864), M. A. Bakunins (vgl. Anm. 1 zu Brief 5) Eltern; lebten auf dem Gut Premuchino im Gouvernement Twer; hatten sechs Söhne und vier Töchter.

„Der Tod" – Dieses Stankewitsch gewidmete Gedicht wurde 1895 in einer von Otto Gildemeister herausgegebenen Sammlung von Werders Gedichten veröffentlicht.

Rahel – Rahel Varnhagen von Ense, geb. Lewin (1771–1833).

5

M. A. Bakunin – Michail Alexandrowitsch Bakunin (1814–1876), Revolutionär; seit 1840 mit Turgenjew bekannt; studierte 1840/41 mit ihm in Berlin Philosophie und wohnte mit ihm in der Mittelstraße 60. Bakunin entwickelte sich später zum Anarchisten. Die Titelgestalt von Turgenjews Roman „Rudin" trägt Züge Bakunins.

Jefremow – Vgl. Anm. 4 zu Brief 1.

Fouqué – Friedrich Fouqué de la Motte (1777–1843), romantischer Schriftsteller; schrieb Romane, Dramen und Kunstmärchen, in denen er feudale Gesinnung und christlich-pietistische Moral propagierte. Sein bekanntestes Werk ist das Kunstmärchen „Undine".

Jefremytsch – A. P. Jefremow.

in etwa zehn Tagen zurück zu sein – Turgenjew kehrte erst Anfang November 1840 nach Berlin zurück.

Schicksal ... in Gestalt eines alten, häßlichen Weibes – Diese Vorstellungen tauchen fast 40 Jahre später in Turgenjews Gedicht in Prosa „Die Alte" (1878) wieder auf.

Hexe von Kiew – Anspielung auf Gogols Erzählung „Der verschwundene Brief" aus den „Abenden auf dem Weiler bei Dikanka".

Warwara Alexandrowna – W. A. Djakowa (vgl. Anm. 6 zu Brief 1).

Pogrebow – Nikolai Pogrebow; studierte von 1839 bis 1841 an der Berliner Universität Jura.

6

A. P. Jefremow – Vgl. Anm. 4 zu Brief 1.
mein letzter Brief – Gemeint ist Brief 5.
Bakunin – Vgl. Anm. 1 zu Brief 5.
morgigen Zeremonie – Anspielung auf die offiziellen Feierlichkeiten in Berlin anläßlich der Krönung Friedrich Wilhelms IV. von Preußen (1795–1861).
badauderie – (franz.) Maulaffen-Feilhalterei.
pour fêter dignement ce grand jour – (franz.) um diesen großen Tag würdig zu feiern.
Warwara Alexandrowna – W. A. Djakowa (vgl. Anm. 6 zu Brief 1).
„O du, von keinem Raum umschlossen, lebend'sa Geist im Weltenall" – Parodie auf den Beginn von Gawrila Romanowitsch Dershawins (1743–1816) Ode „Gott" (1784). Dershawin verkörpert in seinem dichterischen Schaffen, in dem häufig satirische Ausfälle gegen Bestehendes anzutreffen sind, den Übergang des russischen Klassizismus zur Romantik.
Baja – Stadt südwestlich von Neapel; war in der Antike ein berühmter und prächtiger Badeort.
Corona di ferro – (ital.) Eiserne Krone.
Skatschkow – Alexander Skatschkow; studierte 1840/41 an der Berliner Universität Philosophie.
quos ego! – (lat.) Ich werd Euch! – Vergil, „Aeneis".

7

A. P. Jefremow – Vgl. Anm. 4 zu Brief 1.
M. A. Bakunin – Vgl. Anm. 1 zu Brief 5.
Skatschkow – Vgl. Anm. 11 zu Brief 6.
Rötscher – Heinrich Theodor Rötscher (1803–1871), Theaterwissenschaftler; schrieb Abhandlungen über die Theorie der Schauspielkunst. 1837 erschien der erste Teil seiner „Abhandlungen zur Philosophie der Kunst" und von 1841 bis 1846 in drei Teilen seine „Kunst der dramatischen Darstellung".
„Logik" – Gemeint sind Karl Werders auf Hegel gegründete Vorlesungen über Logik, die 1840 als Buch erschienen.
Sand – George Sand, eigentlich Aurore Dudevant (1804–1876), französische Schriftstellerin, Freundin Pauline Viardots. Turgenjew wurde Mitte der vierziger Jahre mit ihr bekannt. – Ihr Roman „La dernière Aldini" (Die letzte Aldini) war 1837 erschienen.

Souvestre – Emile Souvestre (1806–1854), französischer Schriftsteller; sein Roman „Mémoires d'un sans-culotte bas-breton" (Memoiren eines Sansculotten aus der Niederbretagne) war 1840 erschienen.

Karr – Alphonse Karr (1808–1890), französischer humoristisch-sentimentaler Schriftsteller, Mitarbeiter des „Figaro" u. a. Zeitungen.

Dumas – Alexandre Dumas der Ältere (1802–1870); sein Roman „Le Capitaine Pamphile" (Kapitän Pamphile) war 1840 erschienen.

8

Alexej Bakunin – Alexej Alexandrowitsch Bakunin (1823–1882), jüngster Bruder M. A. Bakunins, Jurist.

Alexander Bakunin – Alexander Alexandrowitsch Bakunin (1821 bis 1908), jüngerer Bruder M. A. Bakunins; nahm als Offizier am Krimkrieg teil, wurde später Reformpolitiker.

Goethes Briefe an die Stolberg – Gemeint ist die Ausgabe „Goethes Briefe an die Gräfin zu Stolberg", die 1842 in Stuttgart erschienen war.

Philosophieprüfung – Dieses Examen fand am 20. (8.) April 1842 statt.

Rshewski – Wladimir Konstantinowitsch Rshewski (1811–1885), Inspektor des Moskauer Kadettenkorps.

Kljuschnikow – Vgl. Anm. 5 zu Brief 4.

Mein Bruder – Nikolai Sergejewitsch Turgenjew (1816–1879), Staatsbeamter; war seinem jüngeren Bruder Iwan Sergejewitsch zeitlebens sehr zugetan, ohne jedoch dessen literarische Interessen zu teilen.

Descartes – René Descartes (1596–1650), französischer rationalistischer Philosoph, Mathematiker und Physiker; gehört zu den Begründern der modernen Philosopie.

Grund – Friedrich Wilhelm Grund (1791–1874), Komponist und Musiklehrer.

Tatjana Alexandrowna – T. A. Bakunina (1815–1871), jüngste Schwester M. A. Bakunins. Turgenjew hatte nach seiner Rückkehr aus Deutschland im Herbst 1841 eine Liebesromanze mit ihr. Als er die Beziehung zu ihr löste, war das Verhältnis zur ganzen Familie Bakunin belastet. Dieses Erlebnis beeinflußte seine Erzählung „Ein Briefwechsel" (1844/45) und „Andrej Kolossow" (1844).

Addio, signori miei … – (ital.) Lebt wohl, meine Herren, Sie, Alexeo … oder Allessio oder Alexis, und Sie, Alexander, und alle anderen.

9

P. A. Bakunin – Pawel Alexandrowitsch Bakunin (1820–1900), jüngerer Bruder M. A. Bakunins. Turgenjew verbrachte im Herbst 1842 mit ihm und M. A. Bakunin einige Zeit in Dresden.

Michel – M. A. Bakunin (vgl. Anm. 1 zu Brief 5).

Ist er in Zürich? – M. A. Bakunin hielt sich damals in Zürich auf.

Alexej – A. A. Bakunin (vgl. Anm. 1 zu Brief 8).

Deinen Schwestern – W. A. Djakowa (vgl. Anm. 6 zu Brief 1) und T. A. Bakunina (vgl. Anm. 10 zu Brief 8).

10

Pauline Viardot – Pauline Viardot-Garcia (1821–1910), französische Sängerin, Gesangslehrerin und Komponistin; stammte aus einer bekannten spanischen Musikerfamilie; trat zwischen 1839 und 1861 auf allen Bühnen Europas auf; heiratete 1840 ihren Impresario, den französischen Schriftsteller Louis Viardot. Turgenjew lernte sie während ihrer ersten Rußlandtournee 1843 in Petersburg kennen, seine Freundschaft zu ihr und ihrer Familie verwandelte sich in den sechziger Jahren in eine Lebensgemeinschaft. Pauline Viardot übte großen Einfluß auf Turgenjews schriftstellerisches Schaffen aus.

Eugène – Eugène Pizzolato, genannt Pizzo, italienischer Sänger; trat in den vierziger Jahren in Petersburg auf.

„Allgemeine Theater Zeitung“ – „Allgemeine Theaterzeitung und Unterhaltungsblatt für Freunde der Kunst, Literatur und des geselligen Lebens“; erschien ab 1823 in Wien unter der Redaktion von Adolf Bäuerle.

Romeo – Männliche Hauptrolle der Oper „Julia und Romeo“ des italienischen Komponisten Niccolo Vaccai (1790–1848).

die „Stadt“ – Gemeint ist das von Franz Schubert im August 1828 vertonte Gedicht Heinrich Heines „Am fernen Horizonte“, das als Nr. XI in der 2. Abteilung von Schuberts „Schwanengesang“ Aufnahme fand.

„Ya se ha muerto“ – (span.) Sie ist schon tot.

Album … „La Chapelle“ – 1843 war in Paris das erste Album mit fünf Kompositionen von Frau Viardot unter dem Titel „L'Oiseau d'or“ (Der Goldvogel) erschienen. „La Chapelle“ ist ihre Vertonung von Ludwig Uhlands Lied „Die Kapelle“ (1805).

„L'Ombre et le Jour“ – (franz.) Die Finsternis und der Tag; Gedicht des französischen Schriftstellers Edouard Turquéty (1807–1867).

„Adieux aux beaux jours“ – (franz.) Abschied von schönen Tagen; Gedicht eines unbekannten Verfassers.

Ihrer Mutter – Joaquina Garcia (1780–1864), spanische Sängerin.

Ihrem Kind – Louise Héritte (1841–1918), Pianistin, Komponistin und Gesangslehrerin.

Monsieur de Calembourg – Sergej Sergejewitsch Wolkow (1813–1882), Gutsbesitzer, Musikliebhaber.

Viardot – Louis Viardot (1800–1883), französischer Schriftsteller, Kunstkritiker und Übersetzer, Gatte Pauline Viardots; übertrug gemeinsam mit Turgenjew Werke von Gogol (1845), Turgenjew (1858) und Puschkin (1862) ins Französische.

Ministerium des Innern – Turgenjew diente von Juni 1843 bis April 1845 in Petersburg im Ministerium des Innern.

11

A. A. Bakunin – Vgl. Anm. 1 zu Brief 8.

Bekanntschaft mit Ihrer Familie – Turgenjew spielt hier auf die Lösung seiner Beziehung zu T. A. Bakunina an.

Pawel – Pawel Alexandrowitsch Bakunin (vgl. Anm. 1 zu Brief 9).

Tatjana Alexandrowna – T. A. Bakunina (vgl. Anm. 10 zu Brief 8).

verlasse ich Rußland – Turgenjew erhielt im Februar 1845 einen zweimonatigen Urlaub, den er in Moskau verbrachte; Anfang Mai fuhr er nach Paris.

meine Mutter – Warwara Petrowna Turgenjewa (1780–1850), Gutsbesitzerin; war eine überzeugte Anhängerin der Leibeigenschaft. Turgenjew hatte ein sehr kühles Verhältnis zu ihr; er zeichnete ihren despotischen Charakter in vielen Skizzen und Novellen. In der Erzählung „Erste Liebe“ gestaltete er u. a. ihre Beziehung zu dem erheblich jüngeren Mann, Sergej Nikolajewitsch Turgenjew (1793–1834), dem Vater des Dichters.

Büchlein – Gemeint ist vermutlich Turgenjews Poem „Das Gespräch“, das im Januar 1845 als Einzelausgabe erschien.

12

W. G. Belinski – Wissarion Grigorjewitsch Belinski (1811–1848), revolutionär-demokratischer Literaturkritiker; lernte Turgenjew Anfang 1843 kennen; übte – besonders während ihres gemeinsamen Aufenthaltes in Deutschland im Jahre 1847 – starken Einfluß auf dessen Schaffen aus. Turgenjew schrieb „Erinnerungen an Belinski“ (1869). Er wünschte, neben Belinski begraben zu werden.

Nekrassow – Nikolai Alexejewitsch Nekrassow (1821–1878), revolutionär-demokratischer Lyriker; gab die Zeitschrift „Sowremennik“ (vgl. Anm. 6 zu Brief 15) heraus, deren Mitarbeiter Turgenjew bis 1860 war. Turgenjew lernte Nekrassow Mitte der vierziger Jahre kennen und war bis 1861 eng mit ihm befreundet.

durch meinen Bruder – Nikolai Sergejewitsch Turgenjew (vgl. Anm. 7 zu Brief 8).

„Gutsbesitzer“ – Poem Turgenjews; erschienen 1846 in dem von N. A. Nekrassow herausgegebenen „Petersburger Almanach“.

„Otetschestwennyje sapiski“ – (russ.) Vaterländische Annalen; literarisch-politische Monatsschrift, erschien von 1820 bis 1884 in Petersburg; war in den vierziger Jahren unter W. G. Belinskis Mitarbeit eine der bedeutendsten russischen Zeitschriften. Ab 1868 leiteten N. A. Nekrassow und M. J. Saltykow-Stschedrin die Zeitschrift und machten sie zum führenden Organ der revolutionär-demokratischen Ideen.

Aufsätze Kirejewskis – Iwan Wassiljewitsch Kirejewski (1806–1856), slawophiler Publizist; sein Artikel „Überblick über den gegenwärtigen Zustand der Literatur“ erschien in den drei ersten Heften des „Moskwitjanin“ von 1845. Turgenjew schrieb den beabsichtigten Beitrag nicht.

„Moskwitjanin“ – (russ.) Der Moskauer; literarische Zeitschrift slawophiler Richtung, erschien in Moskau von 1841 bis 1856.

„Eine kurze Liebe“ – „Andrej“; erschienen 1846 im Januarheft der „Otetschestwennyje sapiski“ unter dem Titel „Eine kurze Liebe“.

der Plan – Vermutlich trug sich W. G. Belinski schon zu dieser Zeit mit dem Plan, den Almanach „Leviathan“ herauszugeben, um sich von dem Herausgeber der „Otetschestwennyje sapiski“, A. A. Krajewski, unabhängig zu machen. Dieser Plan wurde jedoch nie verwirklicht.

13

Pauline Viardot – Vgl. Anm. 1 zu Brief 10.

Arbeit – Gemeint ist vermutlich Turgenjews Rezension zu S. A. Gedeonows historischem Drama „Ljapunows Tod“ (1846).

Ihre Entscheidung – Frau Viardot sollte eventuell eine Gastrolle an der Petersburger Oper im Winter 1846/47 übernehmen. Sie kam jedoch erst 1853 wieder nach Petersburg.

Solowoi – Michail Fjodorowitsch Petrowo-Solowowo, genannt Solowoi (1813–1885), Gutsbesitzer und Rittmeister.

Courtavenel – Landsitz der Familie Viardot, 50 km von Paris entfernt.

große Arbeit – Gemeint ist vermutlich Turgenjews Erzählung „Der Raufbold“, die 1847 in den „Otetschestwennyje sapiski“ (Vaterländische Annalen) erschien.

Frau Mutter – Joaquina Garcia (vgl. Anm. 10 zu Brief 10).

Maurice Sand – (1823–1889), französischer Schriftsteller, Maler und Illustrator, Sohn der französischen Schriftstellerin George Sand. Turgenjew hatte ihn 1845, als er sich zwischen Juni und November in Frankreich aufhielt, bei der Familie Viardot kennengelernt.

Ihren Bruder – Manuel Garcia (1805–1906), spanischer Professor für Musik am Pariser, später am Londoner Konservatorium, Gesangspädagoge und -theoretiker.

daß Sie abgereist sind – Pauline Viardot hatte ihr Gastspiel in Petersburg Ende Februar 1846 wegen einer starken Erkältung abbrechen müssen.

Ihren Mann – Louis Viardot (vgl. Anm. 13 zu Brief 10).

Artikel Ihres Mannes – „Eine Osternacht unter dem Kreml von Moskau“; erschienen im April 1846 in der seit 1843 bestehenden Pariser Wochenschrift „L’Illustration“ (Die Illustration).

14

W. G. Belinski – Vgl. Anm. 1 zu Brief 12.

Tjutschew – Nikolai Nikolajewitsch Tjutschew (1815–1878), Übersetzer und Mitarbeiter der „Otetschestwennyje sapiski“ (vgl. Anm. 5 zu Brief 12), gehörte in den vierziger Jahren zum Kreis um Belinski. 1852/53 verwaltete er auf Turgenjews Bitte hin dessen Gut Spasskoje.

an Ihrem Verlust – Belinskis Sohn Wladimir, dessen Taufpate Turgenjew war, war im Säuglingsalter gestorben.

Sie werden … aufbrechen können – Belinski reiste am 18. Mai 1847 mit dem Dampfer von Kronstadt nach Stettin.

am Kai zu treffen – Belinski und Turgenjew trafen sich erst in Berlin in Turgenjews Wohnung.

Marja Wassiljewna – Marja Wassiljewna Belinskaja (1812–1890), Belinskis Frau.

15

W. G. Belinski – Vgl. Anm. 1 zu Brief 12.

Schönlein – Johann Lukas Schönlein (1793–1864), Berliner Arzt.

fahren wir nach Schlesien – Turgenjew begleitete den an Schwindsucht erkrankten Belinski Anfang Juni 1847 zu einer sechswöchigen Kur nach Salzbrunn (Schlesien).

Nekrassow – Vgl. Anm. 2 zu Brief 12.

mein Versprechen – Turgenjew hatte Nekrassow für den „Sowremennik" einen Artikel über die deutsche Literatur und ein Poem versprochen, aber nichts geschickt.

„Sowremennik" – (russ.) Der Zeitgenosse; literarisch-politische Zeitschrift, erschien von 1836 bis 1866 in Petersburg; wurde Ende der fünfziger Jahre zum Publikationsorgan der revolutionären Demokraten. Bedeutende russische Schriftsteller wie L. N. Tolstoi, A. I. Herzen, F. M. Dostojewski, W. G. Belinski zählten zu ihren Mitarbeitern. Turgenjew zog sich 1860 von der Zeitschrift zurück, weil es zwischen ihm und den für die Zeitschrift maßgeblichen Mitarbeitern N. G. Tschernyschewski, N. A. Dobroljubow und N. A. Nekrassow zu Mißverständnissen kam.

16

M. W. Belinskaja – Vgl. Anm. 6 zu Brief 14.

zunächst Dresden besuchen – Belinski und Turgenjew verließen Berlin am 25. Mai und fuhren nach einem eintägigen Aufenthalt in Leipzig für sechs Tage nach Dresden, wo zu der Zeit Frau Viardot ein Konzert gab.

pour remettre à M. Belinski – (franz.) zur Weitergabe an Herrn Belinski.

zum ständigen Aufenthalt in Schlesien – Vgl. Anm. 3 zu Brief 15.

Ihre Schwester – Agrafena Wassiljewna Orlowa.

Ihre Kleine – Belinskis Tochter Olga (geb. 1845).

17

W. G. Belinski – Vgl. Anm. 1 zu Brief 12.

Sie fahren nach Rußland – Belinski verließ am 23. September Paris, hielt sich bis zum 1. Oktober in Berlin auf und traf am 6. Oktober (24. September) 1847 mit dem Dampfer in Kronstadt ein.

Annenkow – Pawel Wassiljewitsch Annenkow (1812–1887), Literaturkritiker, Puschkin-Biograph und Herausgeber einer Puschkin-Ausgabe;

besuchte Turgenjew und Belinski, mit denen er eng befreundet war, um den 10. Juni 1847 in Salzbrunn; übernahm nach Turgenjews Abreise aus Salzbrunn Anfang Juli die Betreuung des kranken Belinski und begleitete ihn nach Paris.

Dr. Tirat – Leiter eines Sanatoriums für Lungenkranke in dem damals außerhalb von Paris gelegenen Ort Passy. Belinski verbrachte auf Annenkows Rat hin einige Zeit in diesem Sanatorium, wo sich sein Zustand erheblich besserte.

leichtsinniger Mensch – Im Dezember 1844 hatte Belinski in einem Brief an Turgenjew, in dem er dessen Poem „Das Gespräch" (1845) lobt, gemeint, nur „müßige Bummler" seien zu dergleichen fähig. Vermutlich spielt Turgenjew hier auf diese Äußerung an.

in der Zwischenzeit – Gemeint ist die Zeit seit Anfang Juli, als Turgenjew Belinski in Salzbrunn verlassen hatte. In Paris und Passy sahen sich die beiden hin und wieder, doch hielt sich Turgenjew meistens auf dem Landsitz der Viardots in Courtavenel auf.

zwei große Skizzen geschrieben ... die alten – Die zwischen 1847 und 1852 entstandenen 22 Skizzen wurden von Turgenjew zuerst einzeln in der Zeitschrift „Sowremennik" (Der Zeitgenosse) mit dem Untertitel „Aus den Aufzeichnungen eines Jägers" veröffentlicht. 1852 erschienen sie in Buchform. In den siebziger Jahren kehrte der Dichter zu diesem Genre zurück und schrieb 3 weitere Skizzen, die zusammen mit den 1852 veröffentlichten die vollständige Fassung der „Aufzeichnungen eines Jägers" darstellen. – Mit den alten Skizzen sind „Das Kontor" und „Der Gutsvogt" gemeint.

Nekrassow – Vgl. Anm. 2 zu Brief 12.

in Petersburg zu erscheinen – Turgenjew kam erst im Juni 1850 nach Petersburg, als Belinski nicht mehr am Leben war.

18

W. G. Belinski – Vgl. Anm. 1 zu Brief 12.

„Sowremennik" – Vgl. Anm 6 zu Brief 15.

Nekrassow – Vgl. Anm. 2 zu Brief 12.

sein Gedicht – „Fahr ich des Nachts durch finstre Gassen"; erschienen 1847 im Septemberheft des „Sowremennik".

„Der dumme Kerl ..." – Alexander Sergejewitsch Gribojedow (1795 bis 1829), „Verstand schafft Leiden" (4. Aufzug, 4. Auftritt).

Krupow – Gemeint ist A. I. Herzens Roman „Doktor Krupow", der ebenfalls 1847 im Septemberheft des „Sowremennik" erschienen war.

die Briefe ... Aufsatz über Humboldt – Im Oktoberheft des „Sowremennik" von 1847 waren A. I. Herzens „Briefe aus der Avenue Marigny", W. P. Botkins „Briefe über Italien" und N. G. Frolows Artikel „Alexander von Humboldt und sein ‚Kosmos'" veröffentlicht worden.

Ihren Aufsatz – „Antwort an den ‚Moskwitjanin'"; erschienen 1847 im Novemberheft des „Sowremennik".

meinen „Auszügen" – Gemeint sind die Skizzen „Das Kontor" und „Der Gutsvogt" aus den „Aufzeichnungen eines Jägers" (vgl. Anm. 7 zu Brief 17).

Herren Herausgeber – N. A. Nekrassow und Iwan Iwanowitsch Panajew (1812–1862), Schriftsteller und Publizist.

Michelets Geschichte – Gemeint ist der zweite, 1847 in Paris erschienene Band der „Histoire de la Révolution française" (Geschichte der französischen Revolution) des französischen Historikers Jules Michelet (1798–1874).

eines Greises – Fabian Pillé (1772–1855), französischer Journalist; setzt sich in der 1847 erschienenen Broschüre „Le Robespierre de M. de Lamartine" (Der Robespierre des Herrn de Lamartine) mit Alphonse de Lamartines (vgl. Anm. 11 zu Brief 73) „Histoire des Girondins" (Geschichte der Girondisten) auseinander.

Frau de Girardin – Delphine de Girardin (1804–1855), französische Schriftstellerin. Ihre Tragödie „Cléopâtre" (Kleopatra) war im November 1847 im Théâtre Français in Paris aufgeführt worden.

Théophile Gautier – (1811–1872), französischer Schriftsteller; schrieb Gedichte, Erzählungen und Theaterkritiken. Er hatte Frau de Girardins Tragödie im Feuilleton der Zeitung „La Presse" gerühmt.

eine Frau, die zwei Männer ... verdaut hat – Gemeint ist die ägyptische Königin Kleopatra, Geliebte des Cäsar und des Antonius, die sich, von Oktavian besiegt, 30 v. u. Z. vergiftete.

eine kleine Erzählung ... zwei größere – Im Februarheft des „Sowremennik" von 1848 erschienen insgesamt sechs Skizzen aus dem Zyklus „Aufzeichnungen eines Jägers" (vgl. Anm. 7 zu Brief 17): „Das Himbeerwasser", „Der Kreisarzt", „Der Birjuk", „Lebedjan", „Tatjana Borissowna und ihr Neffe" und „Der Tod".

Herzen – Alexander Iwanowitsch Herzen (1812–1870) revolutionär-demokratischer Schriftsteller, Publizist und Kritiker; war mehrfach verbannt und emigrierte im Februar 1847 zunächst nach Paris, dann in die Schweiz, 1852 nach London, wo er mit N. P. Ogarjow die russischsprachigen Zeitschriften „Kolokol" (Die Glocke) und „Poljarnaja swesda" (Der Polarstern) herausgab. Turgenjew lernte ihn 1842 in Moskau kennen. – Herzen befand sich anläßlich einer Italienreise seit Ende November 1847 in Rom.

„Petuschkow" – Erzählung; war im Septemberheft des „Sowremennik" von 1847 für das Jahr 1848 angekündigt worden; erschien 1848 im Septemberheft.

„Almanach" ... *„Maskenball"* – Der als Beilage zum „Sowremennik" geplante „Illustrierte Almanach" wurde von der Zensur verboten, das Poem „Ein Maskenball" nicht geschrieben.

„Slawophilentum und Realismus" – Turgenjew schrieb diesen Artikel nicht.

19

Pauline Viardot – Vgl. Anm. 1 zu Brief 10.

Erfolge in Hamburg – Pauline Viardot trat im Dezember 1847 in Hamburg als Valentine in Giacomo Meyerbeers (1791–1864) Oper „Die Hugenotten" auf.

Madame Garcia – Joaquina Garcia (vgl. Anm. 10 zu Brief 10).

quebradura – (span.) Bruch.

mehrere ... abgeschlossen – Gemeint sind Skizzen zu den „Aufzeichnungen eines Jägers" (vgl. Anm. 7 zu Brief 17).

meine Verleger – Vgl. Anm. 10 zu Brief 18.

„La Vida es Sueño" – (span.) Das Leben, ein Traum; Stück des spanischen Dramatikers Pedro Calderón de la Barca (1600–1684).

Hamlet – Turgenjew vergleicht hier zum erstenmal William Shakespeares Hamlet mit einem Helden der spanischen Literatur; dieser Vergleich führte Ende der fünfziger Jahre zu dem Aufsatz „Hamlet und Don Quijote".

„El Magico prodigioso" – (span.) Der wundertätige Magus; von Pedro Calderón de la Barca.

„Le Banc d'huîtres" – (franz.) Die Austernbank; Stück der französischen Vaudevilleschreiber Louis-François Clairville (1811–1879) und Philippe-François Dumanoir (1806–1865).

Scribe – Eugène Scribe (1791–1861), französischer Dramatiker; verfaßte über 50 Opernlibretti, darüber hinaus zusammen mit seinen Mitarbeitern mehr als 400 Theaterstücke sowie Romane und Erzählungen. Sein bekanntestes Werk ist die Komödie „Ein Glas Wasser".

„Vögel" oder die „Frösche" – Komödien des griechischen Dichters Aristophanes (etwa 445–386 v. u. Z.), den Turgenjew sehr schätzte und den er hier der Scribeschen Schule als beispielhaft gegenüberstellt.

sind Sie ... in Berlin – Frau Viardot traf nach Gastrollen in Dresden und Hamburg am 25. Dezember 1847 in Berlin ein.

Que Dios bendiga – (span.) Gott segne Sie.

20

Georg Herwegh – (1817–1874), revolutionärer Lyriker; wohnte im Herbst 1842 in Dresden zusammen mit M. A. und P. A. Bakunin in einer Wohnung, wo er auch Turgenjew kennenlernte. Aus Deutschland ausgewiesen, lebte er 1848 in Paris und stand in engem Kontakt zu Turgenjew und der Familie A. I. Herzens.

Emma Herwegh – (1817–1904), Tochter des Berliner Kaufmanns Siegmund; seit März 1843 Frau von Georg Herwegh. Turgenjew lernte sie 1838/39 in Berlin durch J. M. Newerow kennen.

Berlin sei in der Gewalt des Volks – Turgenjew spricht hier von den Ereignissen in Berlin nach dem 18. März 1848.

nach Spandau geflüchtet – Nicht der König Friedrich Wilhelm IV. von Preußen, sondern der Kronprinz Wilhelm war am 19. März in die Festung Spandau und von dort über Hamburg nach England geflüchtet.

kann... nicht heraufkommen – Turgenjew wohnte damals im selben Haus wie die Familie Herwegh.

21

Emma Herwegh – Vgl. Anm. 2 zu Brief 20.

heute früh angekommen – Turgenjew hatte eine Reise durch Frankreich unternommen.

Ihren Mann – Georg Herwegh (vgl. Anm 1 zu Brief 20).

porteur – (franz.) Überbringer.

neue Adresse Herzens – A. I. Herzen (vgl. Anm. 17 zu Brief 18) war Anfang November 1848 in den Boulevard Madeleine gezogen.

kriegerischen Horaz – Horaz Herwegh; Georg Herweghs fünfjähriger Sohn.

22

A. A. Krajewski – Andrej Alexandrowitsch Krajewski (1810–1889), von 1839 bis 1868 Herausgeber der Zeitschrift „Otetschestwennyje sapiski" (vgl. Anm. 5 zu Brief 12), von 1862 bis 1884 Herausgeber der Zeitung „Golos" (Die Stimme); war ein geschäftstüchtiger Unternehmer.

Untergang des unglückseligen „Gnadenbrots" – Die Aufführung sowie die Veröffentlichung von Turgenjews Komödie „Das Gnadenbrot" (1848) war von der Theaterzensur „wegen Beleidigung der Sittlichkeit und des Adelsstandes" verboten worden.

Stschepkin – Michail Semjonowitsch Stschepkin (1788–1863), Schauspieler; spielte die männlichen Hauptrollen in Turgenjews Stücken; war mit dem Dichter befreundet.

„Der Junggeselle" – Komödie Turgenjews; wurde 1849 beendet und im selben Jahr im Septemberheft der „Otetschestwennyje sapiski" veröffentlicht.

für Stschepkins Benefizvorstellung – Gemeint ist Stschepkins Antrittsvorstellung am Petersburger Alexander-Theater am 26. Oktober 1849.

„Tagebuch eines überflüssigen Menschen" – Erschien zuerst 1850 im Aprilheft der „Otetschestwennyje sapiski".

„Eine Abendgesellschaft" – Unvollendete Komödie.

„Der Student" – Wurde am 3. April 1850 beendet und wegen Zensurschwierigkeiten erst 1855 im Januarheft des „Sowremennik" (Der Zeitgenosse) unter dem Titel „Ein Monat auf dem Lande" veröffentlicht.

Meyerbeers „Prophet" – Die erste Aufführung der Oper „Der Prophet" von Giacomo Meyerbeer (1791–1864) mit Frau Viardot in der Rolle der Fides fand in der Pariser Grand Opéra am 16. April 1849 statt. Turgenjew beendete seinen Artikel über die Oper erst Anfang 1850; er erschien 1850 im Februarheft der „Otetschestwennyje sapiski".

23

Pauline Viardot – Vgl. Anm. 1 zu Brief 10.

Viardot – Vgl. Anm 13 zu Brief 10.

Jean – Diener der Viardots; stand Turgenjew auf dem Landsitz der Familie Viardot in Courtavenel zur Verfügung.

den „Propheten" – Oper von Giacomo Meyerbeer (1791–1864); Frau Viardot sang im Juli 1849 in London die Rolle der Fides.

Müller – Hermann Müller-Strübing (1812–1893), Altphilologe; wurde 1835 als einer der Rädelsführer des Sturms auf die Frankfurter Hauptwache (1833) zum Tode verurteilt, 1840 begnadigt; lebte bis 1848 in Berlin, wo der flüchtige M. A. Bakunin bei ihm Unterschlupf fand; ging nach der Revolution nach Paris. Ab 1852 hielt er sich in London auf, wo er sich mit wissenschaftlichen Arbeiten befaßte. Turgenjew lernte ihn um 1840 in Berlin kennen, erneuerte die Bekanntschaft während seines Berliner Aufenthalts 1847 und kam mit ihm in den sechziger Jahren in Baden-Baden zusammen.

Lamoricière – Christophe-Louis de Lamoricière (1806–1865), französischer General; seine Entsendung als außerordentlicher Gesandter an den Petersburger Hof am 13. Juli 1849 bezweckte die Anerkennung der Französischen Republik durch den russischen Zaren; sie geschah zur Zeit der Intervention zaristischer Truppen gegen die aufständischen Ungarn und schloß so jede Hilfeleistung von seiten Frankreichs für die Aufständischen aus. Sie erregte den Unwillen aller fortschrittlichen Kreise.

Roger – Gustave-Hippolyte Roger (1815–1879), französischer Sänger; sang in Paris die männliche Hauptpartie in Giacomo Meyerbeers Oper „Der Prophet".

„O Gott, trifft denn Dein Blitz das Haupt der Frevler nicht!?" – Arie aus Giacomo Meyerbeers Oper „Der Prophet" (2. Akt, letzte Szene).

„Der Mensch ist nicht geboren, frei zu sein" – Goethe, „Torquato Tasso" (2. Aufzug, 1. Auftritt).

24

A. I. Herzen – Vgl. Anm. 17 zu Brief 18.

in völliger Einsamkeit – Turgenjew lebte damals auf dem Landsitz der Viardots in Courtavenel.

von einem Deiner Pläne – Herzen beabsichtigte, Pierre-Joseph Proudhon (1809–1865) bei der Herausgabe der demokratischen Tageszeitung „La Voix du Peuple" (Die Stimme des Volkes) mit einer größeren Geldsumme zu unterstützen.

in der Schweiz – Herzen war nach seiner Teilnahme an einer Demonstration gegen Louis-Napoléon in Paris im Juli 1849 gezwungen gewesen, nach Genf zu gehen. Er kehrte im Januar 1850 nach Paris zurück.

Deine Frau – Natalja Alexandrowna Herzen (1817–1852).

Herwegh – Georg Herwegh (vgl. Anm. 1 zu Brief 20) hatte im Juli 1849 zusammen mit Herzen Paris verlassen. Beide lebten mit ihren Familien in Genf.

Gletscherwanderung – Diese mit Georg Herwegh unternommene Besteigung des Monte Rosa beschreibt Herzen in seinen „Memoiren" (Mein Leben, fünfter Teil, Kapitel 38).

25

Emma Herwegh – Vgl. Anm. 2 zu Brief 20.

Chopins Beisetzung – Frédéric Chopin (geb. 1810) war am 17. Oktober 1849 in Paris gestorben. Die Beisetzungsfeierlichkeiten, bei denen auf seinen Wunsch Mozarts „Requiem" gesungen wurde, fanden am 30. Oktober statt. Pauline Viardot sang eine der Solopartien.

26

A. I. Herzen – Vgl. Anm. 17 zu Brief 18.

nach Deiner Abreise – Herzen hatte sich von Paris nach Nizza begeben.

Fräulein Ern – Marja Kasparowna Ern (1822–1916); war eng mit Herzen befreundet und zeitweilig Erzieherin seiner Kinder.

Rothschild – Gemeint ist das Bankhaus Rothschild.

mais le vin est tiré ... – (franz.) aber der Wein ist entkorkt, man muß ihn trinken.

in den Anzeigenteil des „Journal des Débats“ – 1789 gegründete Pariser Abendzeitung, nach 1830 Organ der liberalen Opposition. – Turgenjew wollte auf den Anzeigenteil dieser Zeitung zurückgreifen, da mit dem politischen Emigranten Herzen ein offener Briefwechsel von Rußland aus nicht möglich war.

que M. Louis Morisset de Caen – (franz.) daß Herr Morisset aus Caen.

Ogarjow – Nikolai Platonowitsch Ogarjow (1813–1877), revolutionär-demokratischer Dichter, Freund und Kampfgefährte Herzens; übersiedelte 1856 zu ihm nach London. Turgenjew kannte Ogarjow seit Anfang der vierziger Jahre.

Deiner Frau – Natalja Alexandrowna Herzen (1817–1852).

Herwegh und seine Frau – Vgl. Anm. 1 und 2 zu Brief 20.

27

N. M. Stschepkin – Nikolai Michailowitsch Stschepkin (1820–1885), Sohn des Schauspielers M. S. Stschepkin; gab im April 1851 in Moskau einen literarischen Almanach „Der Komet“ heraus.

Granowski – Vgl. Anm. 1 zu Brief 3.

Tjutschew – Vgl. Anm. 2 zu Brief 14.

„Zwei Frauen“ – Gemeint ist die Komödie „Ein Monat auf dem Lande“ (vgl. Anm. 8 zu Brief 22); Turgenjews Versuch, die in Petersburg von der Zensur verbotene Komödie unter diesem neuen Titel in Stschepkins Almanach herauszubringen, schlug ebenfalls fehl.

„Das Gespräch auf der großen Landstraße“ – Einakter Turgenjews; erschienen 1851 in Stschepkins Almanach „Der Komet“.

„Zwei Gutsbesitzer“ – Skizze aus dem Zyklus „Aufzeichnungen eines Jägers“ (vgl. Anm 7 zu Brief 17).

Michail Semjonowitsch – M. S. Stschepkin (vgl. Anm. 3 zu Brief 22).

28

Pauline Viardot – Vgl. Anm. 1 zu Brief 10.

mein Bruder – Nikolai Sergejewitsch Turgenjew (vgl. Anm. 7 zu Brief 8).

meine Mutter – Warwara Petrowna Turgenjewa (vgl. Anm. 6 zu Brief 11).

meinen Bruder und mich zu ruinieren – Die ohnehin kühlen Beziehungen W. P. Turgenjewas zu ihren beiden Söhnen verschlechterten sich in ihren letzten Lebensjahren noch, da der älteste gegen ihren Willen ihre ehemalige Kammerzofe heiratete und Turgenjew ihrem Befehl, aus dem Ausland zurückzukehren und sich von den Viardots zu trennen, nicht gehorchte. Sie entzog ihren Söhnen jede geldliche Unterstützung.

seine Frau – Anna Jakowlewna Turgenjewa (gest. 1872).

Tjutschew – Vgl. Anm. 2 zu Brief 14.

29

I. S. Aksakow – Iwan Sergejewitsch Aksakow (1823–1886), slawophiler Dichter und Publizist. Turgenjew unterhielt in den fünfziger Jahren, vor allem während der Verbannung auf sein Gut Spasskoje (vgl. Anm. 6 zu Brief 30) freundschaftliche Beziehungen zu ihm und dessen Familie.

Ihrem Sammelband – Aksakow hatte Turgenjew Anfang Dezember 1851 aufgefordert, für den von ihm geplanten „Moskauer Sammelband" etwas zu liefern; in dem 1852 erschienenen Band ist jedoch nichts von Turgenjew enthalten.

aus dem Notizbuch meines Großvaters – Gemeint sind die Aufzeichnungen eines Vorfahren Turgenjews aus dem Adelsgeschlecht der Olenins. Turgenjew schickte sie Aksakow als Ersatz für eine eigene Arbeit; sie erschienen jedoch nicht im „Moskauer Sammelband", sondern erst 1870 in der geschichtswissenschaftlichen Zeitschrift „Russki archiv" (Russisches Archiv).

das gewisse Lied – Es handelt sich um ein gegen die Regierung gerichtetes Lied der Sekte der Begunen, das Aksakow im Januar 1852 Turgenjew durch Vermittlung zukommen ließ.

Ihrem verehrten Vater ... „Jagdaufzeichnungen" – Sergej Timofejewitsch Aksakow (1791–1859), Romanschriftsteller und Wegbereiter des Realismus in der Prosa; wurde vor allem durch seine „Familienchronik" bekannt. Aksakow hatte im Frühjahr 1852 in Moskau die „Aufzeichnungen eines Jägers aus dem Gouvernement Orenburg" erscheinen lassen. Turgenjew besprach sie im Januar 1853 im „Sowremennik" (Der Zeitgenosse).

Bruder – Gemeint ist Konstantin Sergejewitsch Aksakow (1817–1860), slawophiler Schriftsteller und Publizist.

30

J. M. Feoktistow – Jewgeni Michailowitsch Feoktistow (1829–1898), Journalist und Historiker, Mitarbeiter des „Sowremennik" (vgl. Anm. 6 zu Brief 15) und der „Otetschestwennyje sapiski" (vgl. Anm. 5 zu Brief 12). Turgenjews Beziehungen zu ihm brachen Ende der sechziger Jahre ab.

meine Freunde – Gemeint ist neben Feoktistow W. P. Botkin, der Turgenjew ebenfalls aus Moskau brieflich über Gogols Tod unterrichtet hatte.

Botkin – Wassili Petrowitsch Botkin (1811–1869), Schriftsteller, Kritiker und Publizist, Freund Belinskis; Turgenjew lernte ihn 1842 kennen und befreundete sich mit ihm.

um den 10. April in Moskau – Turgenjew kam zur angegebenen Zeit nicht nach Moskau.

ein Gedicht ... Nekrassow – Gemeint sind N. A. Nekrassows (vgl. Anm. 2 zu Brief 12) Verse „Dem Dichter, der voll Zartgefühl / Niemals von Zorn getrieben, dichtet", denen er später den Titel „Zum Todestag Gogols" gab. Sie erschienen 1852 im Märzheft des „Sowremennik", ohne Hinweis, daß sie Gogol gewidmet waren.

paar Worte ... geschrieben – Der Abdruck von Turgenjews Artikel über Gogol in den „Peterburgskije wedomosti" (Petersburger Nachrichten) wurde von der Petersburger Zensur verboten. Unter dem Titel „Brief aus Petersburg" erschien er dann am 25. (13.) März 1852 in den „Moskowskije wedomosti" (Moskauer Nachrichten). Er war der Anlaß für Turgenjews Verhaftung und für die anschließende Verbannung auf sein Gut Spasskoje (1852–1854).

der Gräfin – Jelisaweta Wassiljewna Salias de Tournemir, Pseudonym Jewgenija Tur (1815–1892), Schriftstellerin und Publizistin. Turgenjew hatte Anfang der fünfziger Jahre in ihrem literarischen Salon Feoktistow kennengelernt. Sie ist der Prototyp für die Gestalt der Suchantschikowa in seinem Roman „Rauch".

31

Pauline Viardot – Vgl. Anm. 1 zu Brief 10.

diesen Brief so fortzusetzen – Der Brief war bereits am 4. März begonnen worden.

Gogol ist in Moskau gestorben – Gogol war am 4. März (21. Februar) 1852 gestorben.

Ihnen sind ja nur ... bekannt – Pauline Viardot kannte die von Turgenjew in Gemeinschaft mit Louis Viardot (vgl. Anm. 13 zu Brief 10) übersetzte Ausgabe von Gogols „Nouvelles russes" (Russische Novellen), Paris 1845. Sie enthält „Taras Bulba", „Aufzeichnungen eines Wahnsinnigen", „Die Kalesche", „Altväterische Gutsbesitzer" und „Der Wi".

Mérimée – Prosper Mérimée (1803–1870), französischer Schriftsteller; hatte im November 1851 in der Pariser „Revue des Deux Mondes" (Revue beider Welten) einen großen, doch etwas oberflächlichen Artikel über Gogols „Nouvelles russes", über den Roman „Die toten Seelen" und über die Komödie „Der Revisor" veröffentlicht.

32

S. T. Aksakow – Vgl. Anm. 5 zu Brief 29.

I. S. Aksakow – Vgl. Anm. 1 zu Brief 29.

K. S. Aksakow – Vgl. Anm. 6 zu Brief 29.

Für Ihre Anteilnahme – S. T. Aksakow hatte Turgenjew brieflich sein Mitgefühl wegen der Verhaftung und Verbannung (vgl. Anm. 6 zu Brief 30) ausgesprochen.

Nasimow – Wladimir Iwanowitsch Nasimow (1802–1874), Vorsitzender des Moskauer Zensurkomitees; hatte Turgenjews Brief über Gogols Tod (vgl. Anm. 6 zu Brief 30) zum Druck in den „Moskowskije wedomosti" (Moskauer Nachrichten) zugelassen.

Mussin-Puschkin – Michail Nikolajewitsch Mussin-Puschkin (1795–1862), Vorsitzender des Petersburger Zensurkomitees.

von ferne gesehen habe – Turgenjew schreibt hierüber in seinen „Literatur- und Lebenserinnerungen" im Kapitel „Gogol", Mussin-Puschkin habe die ganze Angelegenheit als ausgesprochene Gehorsamsverweigerung von seiner Seite dargestellt, er habe ihn angeblich zu sich kommen lassen und ihm das Verbot des Zensurkomitees mitgeteilt; in Wirklichkeit habe er (Turgenjew) Mussin-Puschkin nie zu Gesicht bekommen und auch keine Auseinandersetzung mit ihm gehabt.

„Sowremennik" – Vgl. Anm. 6 zu Brief 15.

Artikel über ... Ihr ... Buch – Vgl. Anm. 5 zu Brief 29.

Aufsatz über Dershawin – S. T. Aksakows Buch „Eine Familienchronik" enthält einen Abschnitt „Bekanntschaft mit Dershawin".

„Sammelband" – Vgl. Anm. 2 zu Brief 29.

Lieder – Gemeint sind die im „Moskauer Sammelband" von 1852 erschienenen Volkslieder.

Kirscha Danilows Sammlung – „Alte russische Gedichte"; 1818 war in Moskau die zweite Auflage der in der zweiten Hälfte des 18. Jahrhunderts entstandenen Sammlung erschienen.

Chomjakows Gedicht – Im „Moskauer Sammelband" von 1852 war das Gedicht des slawophilen Dichters und Publizisten Alexej Stepanowitsch Chomjakow (1804–1860) „Wir sind ein auserwähltes Geschlecht" abgedruckt.

ore rotundo – (lat.) hier svw. feierlich.

eine kleine ... Sache – Gemeint ist die Erzählung „Mumu", die im April/Mai 1852 geschrieben wurde. Da der zweite „Moskauer Sammelband" von der Zensur verboten wurde, erschien sie 1854 im Märzheft des „Sowremennik".

Ketscher – Nikolai Christoforowitsch Ketscher (1809–1886), Moskauer Arzt, Shakespeare-Übersetzer, Freund von Turgenjew, W. G. Belinski, N. W. Stankewitsch und A. I. Herzen. Turgenjew lernte ihn 1843 kennen und übertrug ihm 1852 das Veröffentlichungsrecht für die „Aufzeichnungen eines Jägers".

Sacharow – Iwan Petrowitsch Sacharow (1807–1863), Ethnograph; gab 1838/39 in fünf Teilen „Lieder des russischen Volkes" und 1841 „Russische Volksmärchen" heraus.

Terestschenko – Alexander Wlassjewitsch Terestschenko (1806–1865), Ethnograph; gab 1848 in sieben Teilen die „Lebensformen des russischen Volkes" heraus.

Snegirjow – Iwan Michailowitsch Snegirjow (1793–1868), Zensor, Archäologe und Folklorist; verfaßte 1837 bis 1839 ein Buch über russische Volksfeiertage.

e tutti quanti – (ital.) und alle anderen.

Wasska Buslajew – Einer der Helden der von Kirscha Danilow gesammelten russischen Bylinen.

Sabelin – Iwan Jegorowitsch Sabelin (1820–1908), Historiker und Archäologe.

Ihre Komödie – Gemeint ist K. S. Aksakows Komödie „Fürst Lupowizki", die 1851 geschrieben, aber erst 1856 veröffentlicht wurde.

33

P. W. Annenkow – Vgl. Anm. 3 zu Brief 17.

Ihr Brief – Annenkow hatte Turgenjew in einem Brief vom 24. (12.) Oktober 1852 aufgefordert, aller Autoreneitelkeit zu entsagen und anstelle der bisherigen Skizzen und Erzählungen einen Roman zu schreiben, in dem er die Personen und Ereignisse völlig beherrsche und nicht plötzlich, wie er es so liebe, irgendwelche Originale auftauchen lasse.

triples extraits – (franz.) dreifache Extrakte.

zu mir kommen – Annenkow kam damals nicht nach Spasskoje.

Tjutschews – N. N. Tjutschew (vgl. Anm. 2 zu Brief 14) und seine Frau Alexandra Petrowna (1822–1883).

Puschkins Biographie – Annenkow stellte für die Einleitung der 1854 bis 1858 von ihm herausgegebenen siebenbändigen Puschkin-Ausgabe „Materialien zur Biographie A. S. Puschkins" zusammen.

ex abrupto – (lat.) jäh abbrechend.

Shukowskis Bericht über Puschkins Tod – Gemeint ist ein Brief des romantischen Dichters Wassili Andrejewitsch Shukowski (1783–1852) an Puschkins Vater, in dem die offizielle verharmlosende Version über den Tod des Dichters, der in Wirklichkeit 1837 durch Hofintrigen zu einem Duell gezwungen worden war, vertreten wird und in dem von einer angeblichen Versöhnung des Sterbenden mit dem Zaren Nikolai I. die Rede ist.

34

I. S. Aksakow – Vgl. Anm. 1 zu Brief 29.

dumme Stelle – In der Skizze „Der Freisasse Owsjanikow" aus dem Zyklus „Aufzeichnungen eines Jägers" (vgl. Anm. 7 zu Brief 17) hatte Turgenjew in der Gestalt des Slawophilen Ljuboswonow den Bruder des Adressaten, K. S. Akrasow, karikiert.

Ketscher – Vgl. Anm. 17 zu Brief 32.

Slawophile – (griech.) Slawenfreund; Anhänger einer zunächst liberalen, später reaktionären Richtung des russischen gesellschaftlichen Denkens um die Mitte des 19. Jahrhunderts. Die Slawophilen lehnten im Gegensatz zu den Westlern für Rußland jede bürgerlich-kapitalistische Entwicklung ab und beriefen sich auf die bäuerliche Urwüchsigkeit und die religiösen Besonderheiten (den griechisch-orthodoxen Glauben) Rußlands.

„Chor und Kalinytsch" – Erste Skizze aus dem Skizzenzyklus „Aufzeichnungen eines Jägers" (vgl. Anm. 7 zu Brief 17).

Ihren Bruder – K. S. Aksakow (vgl. Anm. 6 zu Brief 29).

was Sie über die „Aufzeichnungen eines Jägers" sagen – Aksakow hatte sich am 16. (4.) Oktober 1852 brieflich teils positiv, teils ablehnend über die Buchausgabe der „Aufzeichnungen" geäußert.

Sergej Timofejewitsch – S. T. Aksakow (vgl. Anm. 5 zu Brief 29).

„Mumu" – 1856 erschienene Erzählung Turgenjews.

„Die Herberge" – Erzählung Turgenjews; wurde Ende November 1852 beendet und zum erstenmal 1855 im Novemberheft des „Sowremennik" (Der Zeitgenosse) veröffentlicht.

eines großen Romans – Gemeint ist der unvollendete Roman „Zwei Generationen".

„Ein Briefwechsel" – Erzählung; Turgenjew begann sie 1844 unter dem Eindruck seiner Beziehung zu Tatjana Bakunina (vgl. Anm. 10 zu Brief 8), beendete sie aber erst im Dezember 1854. Sie erschien 1856 im Januarheft der „Otetschestwennyje sapiski" (Vaterländische Annalen).

Aufsatz über das Buch Ihres Vaters – Vgl. Anm. 5 zu Brief 29.

Beitrag im „Moskauer Sammelband" – Aksakows Bruder Konstantin Sergejewitsch hatte im „Moskauer Sammelband" von 1852 einen Artikel über die Lebensgewohnheiten der Slawen des Altertums veröffentlicht.

Bemerkung über die Sprache der Bauern – Aksakow hatte in dem Brief vom 16. (4.) Oktober 1852 beanstandet, daß Turgenjews Bauern den Dialekt von Orjol sprechen.

35

P. W. Annenkow – Vgl. Anm. 3 zu Brief 17.

meines Romans – Gemeint ist der unvollendete Roman „Zwei Generationen".

Ketscher – Vgl. Anm. 17 zu Brief 32.

„Die Nichte" – Roman Jewgenija Turs (vgl. Anm. 7 zu Brief 30); Turgenjew hatte den Roman im Januarheft des „Sowremennik" (Der Zeitgenosse) von 1852 ein wenig ironisch besprochen.

der alte Aksakow – Vgl. Anm. 5 zu Brief 29.

Übersetzung des „Don Quijote" – Die von Turgenjew geplante Übersetzung von Miguel de Cervantes Saavedras Buch kam nicht zustande. 1860 beendete er jedoch den schon 1850/51 konzipierten Aufsatz „Hamlet und Don Quijote".

die Ausgabe – Gemeint ist die siebenbändige Ausgabe der Werke A. S. Puschkins, die Annenkow zwischen 1854 und 1857 herausgab.

Iwan Pawlowitsch – I. P. Arapetow (1811–1887), Bekannter Turgenjews; er beendete die Moskauer Universität zusammen mit A. I. Herzen und N. P. Ogarjow; später war er Mitglied der Kommission zur Vorbereitung der Leibeigenschaftsreform von 1861. Prototyp des Pamponski in Turgenjews Erzählung „Stilles Leben".

Äschen – Ein lachsartiger Fisch.

Kokorew ... „Sawuschka" – Iwan Timofejewitsch Kokorew (1826–1853), Schriftsteller; seine Erzählung „Sawuschka" war 1852 im „Moskwitjanin" (Der Moskauer) erschienen. Turgenjew äußerte sich über sie in seinem Vorwort zu Berthold Auerbachs Roman „Das Landhaus am Rhein" (1868).

36

N. A. Nekrassow – Vgl. Anm. 2 zu Brief 12.

das Buch Bergs – Der Journalist und Übersetzer Nikolai Wassiljewitsch Berg (1823–1884) hatte 1854 in Moskau eine Sammlung „Lieder verschiedener Völker" herausgegeben.

Kosma Prutkow – Gemeint ist die von dem Dramatiker Alexej Konstantinowitsch Tolstoi (1817–1875) und seinen Vettern Alexej Michailowitsch Shemtschushnikow (1821–1908) und Wladimir Michailowitsch Shemtschushnikow (1830–1884) Anfang der fünfziger Jahre geschaffene fiktive Dichtergestalt. Kosma Prutkow, ein Aufschneider und Kriecher, gibt in Fabeln und Satiren pathetische Plattheiten von sich.

„Knabenjahre" – Zweiter Teil von Lew Nikolajewitsch Tolstois autobiographischer Trilogie „Kindheit, Knabenjahre, Jugendzeit". Er erschien 1854 im Oktoberheft des „Sowremennik" (vgl. Anm. 6 zu Brief 15).

an Graf Tolstoi – Walerjan Petrowitsch Tolstoi (1813–1865), Schwager von L. N. Tolstoi. Die Verwandtschaft zwischen den beiden Tolstoi-Linien war sehr entfernt.

Schwester des Verfassers – Marja Nikolajewna Tolstaja (1830–1912), Schwester von L. N. Tolstoi; ihre Ehe mit W. P. Tolstoi zerbrach 1858. Turgenjew war eng mit ihr und ihrem Mann befreundet und oft Gast auf deren Gut Prokowskoje. Sie ist der Prototyp der Wera Jelzowa in Turgenjews Erzählung „Faust".

ins Ausland fahren – Die von Nekrassow beabsichtigte Auslandsreise fand erst 1856 statt.

Annenkow – Vgl. Anm. 3 zu Brief 17.

erste ... Hälfte seiner Arbeit – Der erste Band von Annenkows Puschkin-Ausgabe erschien 1854.

Porfiri – Porfiri Timofejewitsch Kudrjaschow, außerehelicher Sohn von Turgenjews Vater mit einer Leibeigenen; betreute Turgenjew während dessen Berliner Studentenzeit; wurde später Heilgehilfe auf dem Gut von Turgenjews Mutter und nach deren Tod Zahnarzt.

Afanassi – Afanassi Timofejewitsch Alifanow, leibeigener Jäger der Turgenjews. Er ist als Jermolai in die „Aufzeichnungen eines Jägers" (vgl. Anm. 7 zu Brief 17) eingegangen.

Kolbassin – Dmitri Jakowlewitsch Kolbassin (1827–1890), ein Freund Turgenjews; besorgte die verlegerischen Geschäfte des „Sowremennik".

37

N. A. Nekrassow – Vgl. Anm. 2 zu Brief 12.

„Sowremennik" – Vgl. Anm. 6 zu Brief 15.

einen Beitrag – Gemeint ist Turgenjews Komödie „Ein Monat auf dem Lande", die 1855 im Januarheft des „Sowremennik" erschien.

Erzählung Karatejews – Gemeint ist die Erzählung von Turgenjews Gutsnachbarn Wassili Wladimirowitsch Karatejew (1830–1859) „Eine Moskauer Familie", die jedoch nicht gedruckt wurde. Turgenjew verarbeitete das Sujet später in seinem Roman „Vorabend" (1861).

die Tolstois – Vgl. Anm. 5 und 6 zu Brief 36.

„Knabenjahre" – Vgl. Anm. 4 zu Brief 36.

unser Guter – P. W. Annenkow (vgl. Anm. 3 zu Brief 17).

hübsches Format – Gemeint ist das Format von P. W. Annenkows Puschkin-Ausgabe.

Muchortow – Sachar Nikolajewitsch Muchortow (gest. 1876), ein Bekannter Turgenjews; besaß ein Gut im Gouvernement Orjol; heiratete im November 1854.

Drushinin – Alexander Wassiljewitsch Drushinin (1824–1864), Schriftsteller, Übersetzer und Kritiker, Mitarbeiter des „Sowremennik".

Fet – Afanassi Afanassjewitsch Fet (1820–1892), Lyriker; Turgenjew hatte ihn 1853 während seiner Verbannung (vgl. Anm. 6 zu Brief 30) kennengelernt. Ihre ein Jahrzehnt währenden freundschaftlichen Beziehungen gründeten sich vor allem auf literarischen Gedankenaustausch.

Delwig – Alexander Antonowitsch Delwig (1818–1882), Stabskapitän.

des Dichters – Anton Antonowitsch Delwig (1798–1831), einer der engsten Freunde Puschkins und sein Lyzeumskamerad.

Baratynskis Briefe – Gemeint sind die Briefe des Dichters Jewgeni Abramowitsch Baratynski (1800–1844) an Anton Antonowitsch Delwig.

38

A. N. Ostrowski – Alexander Nikolajewitsch Ostrowski (1823–1886), Dramatiker. Turgenjew lernte ihn Anfang der fünfziger Jahre kennen; er besprach Ostrowskis Drama „Die arme Braut“ 1852 im „Sowremennik“ (vgl. Anm. 6 zu Brief 15) und propagierte seine Dramen in Frankreich.

meinem Besuch – Turgenjew weilte im Januar 1855 zum Jubiläum der Moskauer Universität in Moskau und besuchte bei der Gelegenheit Ostrowski.

Herrn Gorbunow – Iwan Fjodorowitsch Gorbunow (1831–1895), Schauspieler. Auf Ostrowskis Bitte hin wollte sich Turgenjew für die Anstellung Gorbunows am Petersburger Alexander-Theater verwenden.

Fjodorow – Pawel Stepanowitsch Fjodorow (1800–1879); war für das Repertoire der Petersburger Theater verantwortlich.

Redakteure des „Sowremennik“ – N. A. Nekrassow (vgl. Anm. 2 zu Brief 12) und Iwan Iwanowitsch Panajew (1812–1862), Schriftsteller und Publizist.

Ihre letzte Komödie – „Lebe nicht so, wie's dir gefällt!“; erschien nicht im „Sowremennik“, sondern im September 1855 im „Moskwitjanin“ (Der Moskauer).

Boklewski – Pjotr Michailowitsch Boklewski (1816–1897), Illustrator; illustrierte Ostrowskis Dramen.

„Armut ist kein Laster“ – Komödie Ostrowskis.

Pissemski – Alexej Feofilaktowitsch Pissemski (1821–1881), sozialkritischer Schriftsteller, Bekannter Turgenjews; greift in seinem Roman „Tausend Seelen“ die Regierung Nikolais I. an.

Sadowski – Prow Michailowitsch Sadowski (1818–1872), Moskauer Schauspieler.

Edelson – Jewgeni Nikolajewitsch Edelson (1824–1868), Moskauer Kritiker.

39

August Viedert – (1829–1888), in Moskau geborener Kritiker und Übersetzer deutscher Abstammung; hielt sich zwischen 1852 und 1857 in Berlin, Leipzig und Dresden auf und übersetzte Werke von Turgenjew, A. W. Kolzow und Gogol, die bis dahin in Deutschland noch unbekannt waren.

Rezensionen – Viedert hatte Turgenjew einen Teil der zahlreichen in der deutschen Presse veröffentlichten, fast ausschließlich positiven

Besprechungen der 1854 in Berlin in seiner Übersetzung erschienenen „Aufzeichnungen eines Jägers" (vgl. Anm. 7 zu Brief 17) zugeschickt.

Nekrassow – Vgl. Anm. 2 zu Brief 12.

fährt er ... ins Ausland – Vgl. Anm. 7 zu Brief 36.

versprochenen Bücher – Viedert hatte um Gogols Werke, aus denen er zu übersetzen beabsichtigte, um Turgenjews 1854 im Septemberheft des „Sowremennik" erschienene Erzählung „Stilles Leben" und um dessen 1855 im Januarheft des „Sowremennik" veröffentlichte Komödie „Ein Monat auf dem Lande" gebeten.

Frieden schließen – Der Friedensvertrag nach dem im Herbst 1853 ausgebrochenen Krimkrieg wurde im März 1856 in Paris geschlossen. Nach dem Tode Nikolais I. im März 1855 hoffte man in Rußland auf einen Friedensschluß.

zweiten Teil Ihrer Übersetzung – Der zweite Teil von Turgenjews „Aufzeichnungen eines Jägers" erschien nicht in der Übersetzung August Viederts, sondern 1855 in der weit schlechteren des Sprachwissenschaftlers August Boltz (1819–1907).

Panajew – Vgl. Anm. 5 zu Brief 38.

„Sowremennik" – Vgl. Anm. 6 zu Brief 15.

Pietsch – Vgl. Anm. 4 zu Brief 102.

40

J. P. Polonski – Jakow Petrowitsch Polonski (1819–1898), Lyriker. Turgenjew lernte ihn 1841 kennen. Seit 1855 war er eng mit ihm befreundet und stand bis zu seinem Tode mit ihm im Briefwechsel.

Danilewski – Grigori Petrowitsch Danilewski (1829–1890), Schriftsteller.

Ihre Ausgabe – Gemeint ist die 1855 in Petersburg erschienene Ausgabe von Gedichten Polonskis; G. P. Danilewski hatte sie auf Polonskis Bitte hin betreut und lediglich einige Umstellungen vorgenommen. Die Ausgabe wurde von den Lesern gut aufgenommen.

Grigorowitsch – Dmitri Wassiljewitsch Grigorowitsch (1822–1899), realistischer Erzähler; Vertreter der Natürlichen Schule; er stellte das Schicksal kleiner Leute, vor allem armer Bauern, in den Mittelpunkt seines Schaffens.

Drushinin – Vgl. Anm. 10 zu Brief 37.

Botkin – Vgl. Anm. 3 zu Brief 30.

Iwan Fjodorowitsch – I. F. Solotarew (1813–1881), ein Freund Polonskis aus ihrer gemeinsamen Dienstzeit im Kaukasus, Mitglied der russischen Geographischen Gesellschaft und Beamter im Innenministerium.

Ihre jüngste Erzählung – „Grunja"; erschien 1855 im Aprilheft des „Sowremennik" (Der Zeitgenosse).

41

L. N. Tolstoi – Lew Nikolajewitsch Tolstoi (1828–1910); war zeitweise eng mit Turgenjew befreundet, der zu den bedeutendsten Förderern seines Talents gehörte. Die Freundschaft zwischen beiden Schriftstellern war später schweren Prüfungen ausgesetzt.

Ihrer Schwester – M. N. Tolstaja (vgl. Anm. 6 zu Brief 36); Turgenjew war Gast auf dem Gut Pokrowskoje.

Ihren „Holzschlag" gewidmet haben – Erzählung Tolstois; erschienen 1855 im Septemberheft des „Sowremennik" (Der Zeitgenosse) mit der Widmung: „I. S. Turgenjew gewidmet". In dem Sammelband „Kriegserzählungen des Grafen L. N. Tolstoi" (1856) entfiel die Widmung.

die Musen dulden nicht nur keine Hast – Abwandlung von Puschkins Gedicht „19. Oktober" (1825).

Nikolai Nikolajewitsch – N. N. Tolstoi (1823–1860), Schriftsteller, ältester Bruder Tolstois.

42

J. J. Lambert – Jelisaweta Jegorowna Lambert (1821–1883). Turgenjew lernte sie 1856 in Petersburg kennen; seinem ausgedehnten Briefwechsel mit ihr vertraute er manche Gedanken an, die in seinen Erzählungen, Romanen und Gedichten in Prosa wieder auftauchen.

Vorgestern bin ich hier angekommen – Turgenjew hatte den Winter 1855/56 in Petersburg verbracht.

du savoir vivre – (franz.) der Lebensart.

Gräfin Tolstaja – Vgl. Anm. 6 zu Brief 36.

Mein Onkel – Nikolai Nikolajewitsch Turgenjew (1795–1881), der Bruder von Turgenjews 1834 verstorbenem Vater. In seiner Kindheit war Turgenjew diesem Onkel sehr zugetan, später gab es Auseinandersetzungen wegen der nachlässigen Verwaltung der Güter, die N. N. Turgenjew von 1853 bis 1867 innehatte.

à bâtons rompus – (franz.) in Bruchstücken.

Frau Werigina – Sofja Jakowlewna Werigina (gest. 1898), eine Freundin Jelisaweta Lamberts.

Adresse Reval – Jelisaweta Lambert verbrachte den Sommer 1856 in Reval.

43

L. N. Tolstoi – Vgl. Anm. 1 zu Brief 41.

bei meiner Abreise – Turgenjew war am 23. Juli 1856 von Spasskoje nach Moskau gefahren und hatte unterwegs bei Tolstois Schwester Station gemacht.

zu Ihrer Schwester – M. N. Tolstaja (vgl. Anm. 6 zu Brief 36).

Jasnaja – Tolstois Gut Jasnaja Poljana im Gouvernement Tula.

Sie das erstemal in Petersburg sah – Tolstoi besuchte Turgenjew zum erstenmal am 1. Dezember 1855 in dessen Petersburger Wohnung an der Fontanka. Bis Mai 1856 waren sie ständig zusammen. Am 10. Mai 1856 schrieb Tolstoi an seine Tante T. A. Jergolskaja: „... und dazu ist nun noch Turgenjew weggefahren, den ich, das fühle ich jetzt, sehr ins Herz geschlossen habe, obwohl wir uns ständig nur stritten." Im Juni 1856 hatte Tolstoi Turgenjew eine Woche auf dem Lande besucht.

„Jugendzeit" – Dritter Teil von Tolstois autobiographischer Trilogie „Kindheit, Knabenjahre, Jugendzeit"; er erschien 1857 im Januarheft des „Sowremennik" (vgl. Anm. 6 zu Brief 15).

Erzählung aus dem Kaukasus – Gemeint ist Tolstois Erzählung „Die Kosaken", die erst 1862 abgeschlossen wurde.

Aufzeichnungen Ihres Bruders – Gemeint sind N. N. Tolstois (vgl. Anm. 5 zu Brief 41) Skizzen „Die Jagd im Kaukasus", die im Februar 1857 im „Sowremennik" erschienen.

meine Erzählung – „Faust"; erschienen 1856 im Oktoberheft des „Sowremennik". Tolstoi bezeichnete sie in seinem Tagebuch Anfang November 1856 als „entzückend".

Fet – Vgl. Anm. 11 zu Brief 37.

Brief von Nekrassow – N. A. Nekrassow (vgl. Anm. 2 zu Brief 12) hatte Turgenjew am 28. August 1856 aus Berlin geschrieben.

Ihrer Tante – Tatjana Alexandrowna Jergolskaja (1792–1874), Tolstois Tante väterlicherseits; vertrat an den elternlosen Tolstoi-Geschwistern Mutterstelle.

44

W. P. Botkin – Vgl. Anm. 3 zu Brief 30.

„Die letzten Blumen ..." – Puschkin, Gedicht ohne Titel (1825).

Plan eines Romans – „Ein Adelsnest"; der Roman wurde erst 1858 geschrieben und erschien Anfang 1859 im „Sowremennik".

„Sowremennik" – Vgl. Anm. 6 zu Brief 15.

Brandus – Pariser Verleger.

Galignani – Gemeint ist die Buchhandlung der Gebrüder Galignani in Paris.

„Peterburgskije wedomosti" – (russ.) Petersburger Nachrichten; offizielle, der Akademie der Wissenschaften gehörende Tageszeitung; erschien von 1728 bis 1917 in Petersburg; wurde von 1851 bis 1862 von A. A. Krajewski (vgl. Anm. 1 zu Brief 22) herausgegeben; zählte zu den heftigsten Gegnern des „Sowremennik". In den sechziger und siebziger Jahren vertrat sie gemäßigte liberale Positionen.

Tschernyschewski – Nikolai Gawrilowitsch Tschernyschewski (1828 bis 1889), revolutionär-demokratischer Schriftsteller, Kritiker und Philosoph.

au jour grand de la publicité – (franz.) an das helle Licht der Öffentlichkeit.

Belinski – Vgl. Anm. 1 zu Brief 12.

manche Seiten – Gemeint ist der fünfte Aufsatz von Tschernyschewskis Artikelserie „Skizzen aus der Gogol-Periode der russischen Literatur", der 1856 im Juliheft des „Sowremennik" erschienen war. Als „rücksichtslos" bezeichnet Turgenjew, daß der Kritiker im sechsten Aufsatz im Septemberheft viele, die die von Belinski propagierten „neuen Ideen" vertreten hätten, namentlich nennt, darunter auch ihn.

Laibow – Pseudonym von Nikolai Alexandrowitsch Dobroljubow (1836–1861), revolutionär-demokratischer Kritiker; arbeitete seit 1856 am „Sowremennik" mit. Im August- und Septemberheft des „Sowremennik" von 1856 war sein Artikel über den „Sobessednik" (Zeitschrift für Liebhaber des russischen Worts) erschienen.

Panajew – Vgl. Anm. 5 zu Brief 38.

entre nous soit dit – (franz.) unter uns gesagt.

diese Rolle – Botkin antwortete hierauf, er halte Turgenjews durch die Abwesenheit Nekrassows hervorgerufene Sorge um den „Sowremennik" für unbegründet.

Il faut que … – (franz.) Es ist nötig, daß Du über alles Deine Hand hältst.

„Faust" – 1856 erschienene Erzählung Turgenjews.

captatio benevolentiae – (lat.) Schmeichelei.

Alexander Iwanytsch – A. I. Herzen (vgl. Anm. 17 zu Brief 18).

Ogarjow – Vgl. Anm. 8 zu Brief 26.

nicht gefallen – Turgenjew hatte Herzen und Ogarjow seine Erzählung „Faust" während eines Aufenthalts in London im August 1856 vorgelesen.

Delaveau – Henri-Hippolyte Delaveau (gest. 1862), französischer Kritiker; übersetzte 1858 mit Turgenjews Unterstützung die „Aufzeichnungen eines Jägers" zum zweitenmal ins Französische.

de Mars – Victor de Mars (gest. 1866), Chefredakteur der Pariser „Revue des Deux Mondes“ (vgl. Anm. 12 zu Brief 45).

Melgunow – Nikolai Alexandrowitsch Melgunow (1804–1867); war in den dreißiger und vierziger Jahren erfolgreich um die Verbreitung russischer Literatur in Deutschland bemüht. Zu seinen zahlreichen deutschen Bekannten gehörte auch Theodor Fontane.

Nekrassow – Vgl. Anm. 2 zu Brief 12.

Fet – Vgl. Anm. 11 zu Brief 37.

Courtavenel – Landsitz der Familie Viardot.

meine Tochter – Pauline Iwanowna Turgenjewa-Bruère (1842-1919), in Rußland geborene Tochter Turgenjews. Turgenjew holte sie 1850 nach Paris. Da sie als außerehelich geborenes Kind nach den damaligen Gesetzen keine vollberechtigte Bürgerin Rußlands war, konnte sie nicht in ihre Heimat zurückkehren.

„Iphigenie“ – Tragödie des französischen Dramatikers Jean-Baptiste Racine (1639–1699).

Frau Viardot – Vgl. Anm. 1 zu Brief 10.

Ostrowski – Vgl. Anm. 1 zu Brief 38.

Pissemski – Vgl. Anm. 9 zu Brief 38.

Grigorjew – Apollon Alexandrowitsch Grigorjew (1822–1864), Dichter und Kritiker; schrieb Artikel über Turgenjew.

Ostrowskis Erzählung – „Sie paßten nicht zusammen!“; erschienen postum.

„Minin“ – Gemeint ist Ostrowskis dramatische Chronik „Kosma Sacharitsch Minin-Suchoruk“, die erst 1861 beendet wurde und 1862 im Januarheft des „Sowremennik“ erschien.

seinen Roman – „Tausend Seelen“; erschienen 1858 in den „Otetschestwennyje sapiski“ (Vaterländische Annalen).

an Tolstoi geschrieben – Vgl. Brief 43.

45

W. P. Botkin – Vgl. Anm. 3 zu Brief 30.

Deine Worte sind Gold – Botkin hatte sich in einem Brief vom 22. (10.) November 1856 enthusiastisch über Turgenjews Erzählung „Faust“ (1856) geäußert.

Annenkow – Vgl. Anm. 3 zu Brief 17.

Merck – Johann Heinrich Merck (1741–1791), Schriftsteller und Literaturkritiker, Freund Goethes. Der vollständige Titel des angeführten Werkes von Merck lautet: „Ausgewählte Schriften zur schönen Literatur und Kunst. Ein Denkmal.“

„The Confessions of an English Opium-eater“ – (engl.) Die Beichte eines englischen Opium-Essers; dieses Buch des englischen Schriftstellers und Literaturhistorikers Thomas De Quincey (1785–1859), das 1821 zum erstenmal anonym erschienen war, hatte 1856 eine erweiterte Auflage erfahren.

Sueton – Suetonius Tranquillus Gaius (1. Jahrhundert), römischer Geschichtsschreiber.

Sallust – Sallustius Crispus Gaius (86 bis etwa 35 v. u. Z.), römischer Historiker.

Tacitus – Publius Cornelius Tacitus (etwa 55–118), römischer Geschichtsschreiber.

Titus Livius – (59 v. u. Z.–17), römischer Historiker.

Delaveau – Vgl. Anm. 22 zu Brief 44.

„Faust“ – 1856 erschienene Erzählung.

„Revue des Deux Mondes“ – (franz.) Revue beider Welten; 1828 gegründete Halbmonatsschrift für Politik, Geschichte, Literatur und Kunst; vornehmste Zeitschrift Frankreichs.

de Mars – Vgl. Anm. 23 zu Brief 44.

Frau Viardot – Vgl. Anm. 1 zu Brief 10.

Polonski – Vgl. Anm. 1 zu Brief 40.

Tolstoi – Vgl. Anm. 1 zu Brief 41.

nach Moskau geschrieben – Gemeint ist ein Brief Turgenjews an Tolstoi vom 28. November 1856 aus Paris.

„Jugendzeit“ – Dritter Teil von Tolstois autobiographischer Trilogie „Kindheit, Knabenjahre, Jugendzeit“.

Deine Worte über Tolstoi – Botkin hatte in einem Brief vom 22. (10.) November 1856 an Turgenjew über Tolstoi geäußert, er sei „besser, d. h. einfacher, wahrhaftiger und bewußter“ geworden und seine innere Unruhe lege sich.

Nekrassows Erfolg – Nekrassow (vgl. Anm. 2 zu Brief 12) hatte eine Ausgabe seiner Gedichte herausgegeben.

„Sowremennik“ – Vgl. Anm. 6 zu Brief 15.

„Erzählungen“ – 1856 waren Turgenjews „Novellen und Erzählungen“ in drei Bänden herausgekommen.

Melgunow – Vgl. Anm. 24 zu Brief 44.

46

I. I. Panajew – Vgl. Anm. 5 zu Brief 38.

große Erzählung – Gemeint ist Turgenjews Roman „Ein Adelsnest“ (1859).

„Hamlet und Don Quijote" – Aufsatz Turgenjews; wurde erst Ende 1859 beendet und 1860 im Januarheft des „Sowremennik" veröffentlicht. Zuvor hatte ihn Turgenjew im Januar 1860 in einer Versammlung zugunsten der Gesellschaft zur Unterstützung hilfsbedürftiger Schriftsteller und Gelehrter als Rede vorgetragen.

eine kleine Erzählung – Dieses Vorhaben wurde nicht verwirklicht.

Drushinin – Vgl. Anm. 10 zu Brief 37.

„Biblioteka dlja tschtenija" – (russ.) Lesebibliothek; literarische Monatsschrift; erschien von 1834 bis 1865 in Petersburg; erlangte in den dreißiger Jahren große Verbreitung. Von 1856 bis 1860 versuchte zunächst A. W. Drushinin, später A. F. Pissemski und D. D. Boborykin sie wieder zu beleben.

zwei Bücher Tolstois – Gemeint sind die beiden ersten Teile der autobiographischen Trilogie „Kindheit, Knabenjahre, Jugendzeit", die 1856 in Petersburg als Buch erschienen waren, ferner der Sammelband „Kriegserzählungen des Grafen L. N. Tolstoi".

„Sowremennik" – Vgl. Anm. 6 zu Brief 15.

im „Faust" enthaltenen Druckfehler – Eine Druckfehlerberichtigung zu Turgenjews Erzählung „Faust" erschien 1856 im Dezemberheft des „Sowremennik".

Longinow – Michail Nikolajewitsch Longinow (1823–1875), Literaturwissenschaftler; stand in den fünfziger Jahren dem „Sowremennik" nahe; ging später ins reaktionäre Lager über.

Redakteur der „Moskowskije wedomosti" – Gemeint ist der Journalist und Literaturhistoriker Walentin Fjodorowitsch Korsch (1828–1883), der bis 1862 Redakteur der „Moskowskije wedomosti" (Moskauer Nachrichten) war, einer Tageszeitung, die von 1756 bis 1917 in Moskau erschien. Ursprünglich fortschrittlich, befand sie sich seit den sechziger Jahren in den Händen extrem rechter Kreise.

Katkow ... „Visionen" – Michail Nikiforowitsch Katkow (1818 bis 1887), Publizist und Redakteur des „Russki westnik" (Russischer Bote) und ab 1863 der „Moskowskije wedomosti"; hatte in den „Moskowskije wedomosti" im November 1856 behauptet, daß Turgenjew seine im Oktober 1856 im „Sowremennik" erschienene Erzählung „Faust" dem „Russki westnik" für 1857 versprochen habe, unter dem Titel „Visionen". Turgenjews Brief an den Redakteur der „Moskowskije wedomosti" vom 16. (4.) Dezember 1856 erschien dort am 18. Dezember 1856 und im „Sowremennik" 1857 im Januarheft. Die Erzählung „Visionen" wurde erst 1864 in F. M. Dostojewskis Zeitschrift „Epocha" veröffentlicht.

„Jugendzeit" – Dritter Teil von Tolstois autobiographischer Trilogie „Kindheit, Knabenjahre, Jugendzeit".

Tolstoi – Vgl. Anm. 1 zu Brief 41.

diese Gemeinheit – Turgenjew war an einem Blasenleiden erkrankt (vgl. Brief 44).

unangenehme Geschichte – Das Bestehen des „Sowremennik" war durch den von N. G. Tschernyschewski veranlaßten Abdruck der Gedichte „Dichter und Bürger", „Das vergessene Dorf" und „Auszüge aus den Reisenotizen des Grafen Garanski" aus N. A. Nekrassows 1856 erschienener Gedichtsammlung gefährdet gewesen.

Lashetschnikow – Iwan Iwanowitsch Lashetschnikow (1792–1868), Schriftsteller; war von 1856 bis 1858 im Zensurkomitee tätig. Nach dem Anstoß erregenden Abdruck von Nekrassows Gedichten wurde er mit der Zensur des „Sowremennik" beauftragt.

Aufsatz über den gegenwärtigen Stand der französischen Literatur – Dieser Aufsatz wurde nicht geschrieben.

47

L. N. Tolstoi – Vgl. Anm. 1 zu Brief 41.

Botkin – Vgl. Anm. 3 zu Brief 30.

Ihrer Schwester – M. N. Tolstaja (vgl. Anm. 6 zu Brief 36).

„Faust" – 1856 erschienene Erzählung.

Frau Viardot – Vgl. Anm. 1 zu Brief 10.

Ihr Mann – Louis Viardot (vgl. Anm. 13 zu Brief 10).

„Kindheit und Knabenjahre" – Erster und zweiter Teil von Tolstois autobiographischer Trilogie, die 1856 als Einzelausgabe in Petersburg erschienen waren.

Ihren Bruder – N. N. Tolstoi (vgl. Anm. 5 zu Brief 41).

„Sowremennik" – Vgl. Anm. 6 zu Brief 15.

liebes Mädchen – Jekaterina Nikolajewna Mestscherskaja (1838–1874), die Tochter des ständig in Paris lebenden Fürsten N. I. Mestscherski.

gescheiter Mann – Heinrich Bernhard Oppenheim (1819–1880); gab nach der Revolution von 1848 in Berlin die radikale Zeitung „Die Reform" heraus und mußte emigrieren; war mit A. I. Herzen bekannt. 1860 kehrte er nach Preußen zurück, wo er wenig später in den Reichstag gewählt und Bismarck-Anhänger wurde.

Ah! le lecteur français … – (franz.) Ach, der französische Leser würde das nicht zulassen!

48

W. N. Kaschperow – Wladimir Nikititsch Kaschperow (1827–1894), Komponist, Schüler M. I. Glinkas. Turgenjew hatte ihn Anfang 1857 in Berlin an Glinkas Krankenbett kennengelernt.

Glinkas Tod – Michail Iwanowitsch Glinka (1804–1857) war am 15. Februar in Berlin in Kaschperows Armen gestorben.

Gribowski – Pjotr Michailowitsch Gribowski (gest. 1900), ein Bekannter Turgenjews.

Nekrassow – Vgl. Anm. 2 zu Brief 12.

Frau Viardot – Vgl. Anm. 1 zu Brief 10.

Tolstoi ... ist hier – Lew Nikolajewitsch Tolstoi (vgl. Anm. 1 zu Brief 41) hatte Ende Februar 1857 seine erste Europareise angetreten; er hielt sich bis zum 8. April in Paris auf und fuhr von dort in die Schweiz.

Stolewski – Gutsbesitzer aus Simbirsk, ein Freund W. N. Kaschperows und P. M. Gribowskis.

49

P. W. Annenkow – Vgl. Anm. 3 zu Brief 17.

Tolstoi ... ist abgereist – Vgl. Anm. 6 zu Brief 48.

Rousseau – Jean-Jacques Rousseau (1712–1778); französischer Schriftsteller und Philosoph.

Basta cosi! – (ital.) Genug davon!

Komödie Ostrowskis – „Ein einträglicher Posten"; erschienen 1857 im ersten Heft der literarischen Zeitschrift „Russkaja besseda" (Russisches Gespräch).

glaube ich nicht an eine Zukunft Ostrowskis – Turgenjew setzte sich trotz dieser Äußerung sehr für die Werke Ostrowskis ein und unterstützte ihre Übersetzung ins Französische.

Aufsätze über Stankewitsch – Gemeint ist Annenkows Artikelserie „N. W. Stankewitsch. Eine biographische Skizze", die im Februar 1857 in der literarisch-politischen Monatszeitschrift „Russki westnik" (vgl. Anm. 3 zu Brief 62) erschien.

diese Briefe – Gemeint sind Briefe von N. W. Stankewitsch (vgl. Anm. 1 zu Brief 1), die in der Einzelausgabe der Artikelserie von Annenkow publiziert wurden.

Nekrassow – Vgl. Anm. 2 zu Brief 12.

A. J. Panajewa – Awdotja Jakowlewna Panajewa (1819–1893), Schriftstellerin, Gattin I. I. Panajews (vgl. Anm. 5 zu Brief 38); lebte von 1845 bis 1863 mit Nekrassow zusammen.

Mérimée – Prosper Mérimée (vgl. Anm. 5 zu Brief 31) machte Ende Februar 1857 Turgenjews Bekanntschaft. Er übersetzte einige seiner Erzählungen ins Französische.

Drushinin – Vgl. Anm. 10 zu Brief 37.

en grand – (franz.) im Großen.

Kisseljow – Pawel D. Kisseljow (1788–1872), Teilnehmer des Vaterländischen Krieges von 1812; war von 1856 bis 1862 Gesandter in Paris.

Fürst Orlow – Nikolai Alexejewitsch Orlow (1827–1885), General und Diplomat.

Wassiljew – Josif Wassiljewitsch Wassiljew (1821–1881), Kirchenvorsteher der russischen Gesandtschaft in Paris.

„Fiammina" – Drama des französischen Schriftstellers und Dramatikers Mario Uchard (1824–1893), wurde im März 1857 in Paris aufgeführt.

„Question d'Argent" – (franz.) Die Geldfrage; Komödie A. Dumas' des Jüngeren; wurde am 31. Januar 1857 in Paris uraufgeführt.

Gräfin Lambert – Vgl. Anm. 1 zu Brief 42.

50

M. N. Tolstaja – Vgl. Anm. 6 zu Brief 36.

will noch einen ganzen Monat bleiben – Turgenjew verließ Sinzig bereits am 31. Juli 1857 und fuhr über Baden-Baden nach Frankreich.

vom Grafen – W. P. Tolstoi (vgl. Anm. 5 zu Brief 36).

Olga Petrowna – O. P. Ochotnitzkaja; lebte auf dem Gut der Tolstois.

Nikolai Nikolajewitsch – N. N. Tolstoi (vgl. Anm. 5 zu Brief 41).

„Erzählungen" – Vgl. Anm. 8 zu Brief 43.

Lew – L. N. Tolstoi (vgl. Anm. 1 zu Brief 41).

Nekrassow – Vgl. Anm. 2 zu Brief 12.

Frau Panajewa – Vgl. Anm. 10 zu Brief 49.

soit dit entre nous – (franz.) unter uns gesagt.

Viardots Gut – Gemeint ist der Landsitz Courtavenel von Louis Viardot (vgl. Anm. 13 zu Brief 10).

„Sowremennik" – Vgl. Anm. 6 zu Brief 15.

Prusse Rhénane ... – (franz.) Rheinpreußen, Sinzig bei Remagen am Rhein.

Nikitin – Arkadi Pawlowitsch Nikitin, Maler; studierte mit Hilfe eines Stipendiums der russischen Akademie der Künste fünf Jahe im Ausland Aquarellmalerei.

Thackeray – William M. Thackeray (1811–1863), englischer Schriftsteller.

51

Pauline Viardot – Vgl. Anm. 1 zu Brief 10.

kleine Paul – Paul Viardot (1857–1941), Geiger, Sohn Pauline Viardots.

Übersetzers des „Don Quijote" – Louis Viardot (vgl. Anm. 13 zu Brief 10).

Allons enfants de la patrie – Anfangsworte der Marseillaise.

Allah il Allah … – (arab.) Es gibt nur einen Gott, und Mohammed ist sein Prophet.

52

P. W. Annenkow – Vgl. Anm. 3 zu Brief 17.

Korsch – W. F. Korsch (vgl. Anm. 11 zu Brief 46) gab seit Januar 1857 die literarische Zeitschrift „Atenej" (Das Athenäum) heraus.

einen Brief schreiben – Annenkow hatte in einem Brief vom 27. Oktober 1857 Turgenjew gebeten, für Korschs „Atenej" über seine französischen und englischen Bekanntschaften zu berichten. Turgenjew schrieb nur den Artikel „Aus dem Ausland. Erster Brief", der 1858 in Nr. 6 des „Atenej" erschien.

„Sowremennik" – Vgl. Anm. 6 zu Brief 15.

Nekrassow – Vgl. Anm. 2 zu Brief 12.

Iwanow – Alexander Andrejewitsch Iwanow (1806–1858), Maler; lebte ständig in Rom. Über seine Begegnung mit ihm berichtete Turgenjew in „Eine Fahrt nach Albano und Frascati (Erinnerungen an A. A. Iwanow)" (1861).

sein Bild – Gemeint ist A. A. Iwanows Gemälde „Wie Christus dem Volk erscheint".

Brüllow – Karl Pawlowitsch Brüllow (1799–1852), Maler; sein bekanntestes Gemälde „Der letzte Tag von Pompeji" entstand 1834.

Marlinismus – Turgenjew bezieht sich auf Alexander Alexandrowitsch Bestushew-Marlinski (1797–1837), Dekabrist, Schriftsteller, der in den dreißiger Jahren durch seine romantische Prosa bekannt wurde. Turgenjew lehnte ihn wegen einer gewissen Manieriertheit und Rhetorik ab.

des Fürsten Gagarin – Grigori Grigorjewitsch Gagarin (1810–1893), Maler, Architekt und Kunstwissenschaftler; versuchte eine pseudobyzantinische Malerei und Architektur einzuführen.

Sorokin – Jewgraf Semjonowitsch Sorokin (1821–1892), Maler; lebte damals in Italien.

Botkin – Vgl. Anm. 3 zu Brief 30.

Olga Alexandrowna – O. A. Turgenjewa (1836–1872), entfernte Verwandte Turgenjews.

Tscherkasskis – Wladimir Alexandrowitsch Tscherkasski (1824–1878) und seine Frau Jelisaweta Alexejewna Tscherkasskaja (1825–1888), Kinderschriftstellerin.

siebten Puschkinband, Stankewitschs Briefwechsel und Ihren Brief über Gogol – Gemeint sind der Zusatzband zu Annenkows Puschkin-Biographie (vgl. Anm. 6 zu Brief 33), sein Buch „N. W. Stankewitsch. Sein Briefwechsel und seine Biographie" (1857) und der Artikel „Erinnerungen an Gogol", dessen zweiter Teil 1857 im Novemberheft der „Biblioteka dlja tschtenija" (vgl. Anm. 6 zu Brief 46) erschien.

Kolbassins – Jelisej Jakowlewitsch Kolbassin (1831–1885), Schriftsteller, und sein Bruder D. J. Kolbassin (vgl. Anm. 12 zu Brief 36).

tramontano – Kalter Nordwind in Italien.

Tolstoi – Vgl. Anm. 1 zu Brief 41.

seine Schwester – M. N. Tolstaja (vgl. Anm. 6 zu Brief 36).

sein letztes Werk – Gemeint ist Tolstois Erzählung „Luzern", die 1857 im Septemberheft des „Sowremennik" erschienen war.

Gräfin Lambert – Vgl. Anm. 1 zu Brief 42.

Mommsen – Theodor Mommsen (1817–1903), Historiker und Jurist; seine „Römische Geschichte" war von 1854 bis 1856 in drei Bänden erschienen.

Basunow – Alexander Fjodorowitsch Basunow (1825–1899), Petersburger Verleger und Buchhändler.

meine Erzählungen – „Novellen und Erzählungen"; erschienen 1856 in drei Bänden bei Basunow.

53

J. J. Lambert – Vgl. Anm. 1 zu Brief 42.

„Asja" – Erschienen 1858 im Januarheft des „Sowremennik".

„Sowremennik" – Vgl. Anm. 6 zu Brief 15.

Annenkow – Vgl. Anm. 3 zu Brief 17.

großen Erzählung – Gemeint ist der Roman „Ein Adelsnest" (1859), der viele Gedanken enthält, die Turgenjew in seinen Briefen an die Gräfin Lambert geäußert hat.

Leviathan – Turgenjew vergleicht hier Rußland mit dem in England gebauten großen Dampfer „Leviathan", der später unter dem Namen „Great Eastern" fuhr.

Ihren Sohn – Jakow Josifowitsch Lambert (1844–1861).

Ihren Gatten – Josif Karlowitsch Lambert (1809–1879), General.

Mme. Vériguine – Sofja Jakowlewna Werigina (gest. 1898), eine Freundin von Jelisaweta Lambert.

54

Thomas Carlyle – (1795–1881), englischer Sozialethiker und Geschichtsschreiber, Vertreter eines reaktionären Heroenkultes; führte die deutsche romantische Literatur in England ein. Turgenjew besuchte ihn – wahrscheinlich durch Vermittlung Herzens – während eines Aufenthalts in England Ende Mai 1857.

Botkin – Vgl. Anm. 3 zu Brief 30.

Ausschnitte ... übersetzt hat – Botkin übersetzte Auszüge aus Thomas Carlyles „Vorlesungen über Helden, Heldenverehrung und das Heldentum in der Geschichte", darunter die Abschnitte über Dante und Shakespeare, und veröffentlichte sie 1855 und 1856 im „Sowremennik" (Der Zeitgenosse).

Frau Gemahlin – Jane Baillie Carlyle (1801–1866).

55

A. W. Drushinin – Vgl. Anm. 10 zu Brief 37.

il faut vivre ... – (franz.) er beginnt mit seinem Feind zu leben.

Annenkow – Vgl. Anm. 3 zu Brief 17.

Litterary Fund – (engl.) Literarischer Fonds.

den gewünschten Brief – Gemeint ist Turgenjews Artikel „Ein Essen der Gesellschaft des englischen Litterary Fund", um den ihn Drushinin gebeten hatte und der 1859 in der ersten Nummer der „Biblioteka dlja tschtenija" (Lesebibliothek) gedruckt wurde.

Thackeray – Vgl. Anm. 15 zu Brief 50.

Fet – Vgl. Anm. 11 zu Brief 37.

„Antonius und Cleopatra" und „Julius Cäsar" – Fets Übersetzung der Shakespeare-Dramen erschien 1859 im „Russkoje slowo" (Russisches Wort) und in der „Biblioteka dlja tschtenija" (Lesebibliothek).

„Coriolan" – Drushinins Übersetzung dieses Shakespeare-Dramas erschien 1858 im Dezemberheft der „Biblioteka dlja tschtenija".

Tolstoi – Vgl. Anm. 1 zu Brief 41.

Komitee – Gemeint ist das Adelskomitee des Gouvernements Orjol zur Ausarbeitung von Projekten zur Verbesserung der Lebensbedingungen der Bauern, das im Sommer 1858 gebildet wurde. Turgenjew wurde nicht gewählt.

Tolstois Schwester – M. N. Tolstaja (vgl. Anm. 6 zu Brief 36).

große Arbeit – Gemeint ist der Roman „Ein Adelsnest" (1859).

Botkin – Vgl. Anm. 3 zu Brief 30.

Pissemski – Vgl. Anm. 9 zu Brief 38.

56

L. N. Tolstoi – Vgl. Anm. 1 zu Brief 41.

Beendigung Ihres Romans – Gemeint ist Tolstois Erzählung „Familienglück", die im März 1859 beendet wurde und 1859 im Aprilheft des „Russki westnik" (Russischer Bote) erschien.

Nekrassow – Vgl. Anm. 2 zu Brief 12.

Alexandra Tolstaja – Alexandra Andrejewna Tolstaja (1817–1904), Hofdame, Erzieherin der Zarentochter, Tolstois Großcousine.

Gräfin Lambert – Vgl. Anm. 1 zu Brief 42.

Drushinin – Vgl. Anm. 10 zu Brief 37.

Annenkow – Vgl. Anm. 3 zu Brief 17.

Pissemski – Vgl. Anm. 9 zu Brief 38.

Grigorjew – Apollon Alexandrowitsch Grigorjew (1822–1864), Lyriker und Kritiker.

Galachow – Alexej Dmitrijewitsch Galachow (1807–1892), Literaturhistoriker.

Kawelin – Konstantin Dmitrijewitsch Kawelin (1818–1885), Historiker und Jurist, einer der bedeutendsten Vertreter des liberalen Westlertums. Turgenjew lernte ihn 1843 in Petersburg kennen, beide gehörten zum Kreis um W. G. Belinski.

Kuscheljow – Grigori Alexandrowitsch Kuscheljow-Besborodko (1832 bis 1870); gab von 1859 bis 1862 mit J. P. Polonski als Redakteur die Zeitschrift „Russkoje slowo" (Russisches Wort) heraus.

Polonski – Vgl. Anm. 1 zu Brief 40.

seine Frau – Jelena Wassiljewna Polonskaja (gest. 1860).

Martynow – Alexander Jewstafjewitsch Martynow (1816–1860), Schauspieler; spielte am 11. Februar (30. 1.) 1859 in Petersburg in dem Stück des Schauspielers und Dramaturgen Iwan Jegorowitsch Tschernyschew (1833–1863) „Nicht im Geld ist Glück" die Hauptrolle.

Fet – Vgl. Anm. 11 zu Brief 37.

57

J. J. Lambert – Vgl. Anm. 1 zu Brief 42.

Karatejew – Vgl. Anm. 4 zu Brief 37.

mein früherer Erzieher – Vermutlich Leonti Iwanowitsch Labanow, ein Leibeigener der Familie Turgenjew.

Komitee – Vgl. Anm. 11 zu Brief 55.

Plan ... für einen neuen Roman – „Vorabend"; Turgenjew beendete den Roman 1859. Er erschien 1860 im Februarheft des „Russki westnik" (Russischer Bote).

Erfolg meines Romans – „Ein Adelsnest" (1859).
Ihren Gatten – J. K. Lambert (vgl. Anm. 8 zu Brief 53).
75 Rubel – Jelisaweta Lambert sammelte als Kurator eines Waisenhauses für wohltätige Zwecke.

58

Moritz Hartmann – (1821–1872), österreichischer Lyriker und Erzähler, Abgeordneter der Frankfurter Nationalversammlung; nahm an der Revolution von 1848 teil; ging danach in die Emigration. Erst im Oktober 1868 durfte er auf Grund der Amnestie für politische Emigranten nach Österreich zurückkehren, wo er bis zu seinem Tod in Wien die „Neue Freie Presse" leitete. Turgenjew lernte er Ende 1856 in Paris kennen. Er übersetzte verschiedene seiner Werke aus dem Französischen ins Deutsche. Hartmann war auch mit A. I. Herzen und M. A. Bakunin bekannt.
freundlichen Brief – Gemeint ist Hartmanns Brief vom 16. September 1858.
Schweif des Kometen – Im Jahre 1858 war im europäischen Teil von Rußland von Juli bis Oktober ein Komet am Himmel zu beobachten gewesen.
einen kleinen Roman – „Ein Adelsnest" (1859).
zweier liebenswerter Frauen – Marja Alexandrowna Markowitsch (vgl. Anm. 1 zu Brief 63) und Warwara Jakowlewna Kartaschewskaja (1832–1902). Im Hause der letzteren versammelten sich eine Reihe ukrainischer Schriftsteller.
werde Sie in Paris treffen – Die Begegnung in Paris fand nicht statt.

59

I. A. Gontscharow – Iwan Alexandrowitsch Gontscharow (1812–1891), Schriftsteller, Vertreter des russischen kritischen Realismus. Turgenjew lernte ihn Mitte der vierziger Jahre in Petersburg kennen. Gontscharow bildete sich nach Erscheinen von Turgenjews Roman „Ein Adelsnest" ein, dieser habe ihm seine Ideen gestohlen.
plagiaire – (franz.) Plagiator.
meines neuen Romans – „Ein Adelsnest" (1859).
Annenkow – Vgl. Anm. 3 zu Brief 17.
ad infinitum – (lat.) bis in alle Ewigkeit.
„Aufzeichnungen eines Jägers" – Vgl. Anm. 7 zu Brief 17.
E sempre bene – (ital.) Und ausgezeichnet!

Tolstoi – Vgl. Anm. 1 zu Brief 41.

Talleyrand – Charles-Maurice Talleyrand (1754–1838), französischer Diplomat.

Marienbad ... wohltuende Wirkung – Gontscharow hatte während eines Aufenthaltes in Marienbad 1857 einen großen Teil seines Romans „Oblomow" geschrieben.

Maikowa – Jekaterina Pawlowna Maikowa (1836–1920).

der Bosio – Angelika Bosio (1824–1859), Primadonna der Petersburger Oper.

Graf Kuscheljow – Vgl. Anm. 12 zu Brief 56.

Soljanikow – Pjotr Lukitsch Soljanikow, Beamter; hatte ein Buch über Hegel übersetzt, das 1861 in Petersburg erschien.

60

A. A. Fet – Vgl. Anm. 11 zu Brief 37.

eine armselige Seite – Turgenjew arbeitete an dem Roman „Vorabend" (1860).

Afanassi – A. T. Alifanow (vgl. Anm. 11 zu Brief 36).

Rauch ist alles ird'sche Wesen ... bleiben stet – Auf die Jagd abgewandeltes Zitat aus Friedrich Schillers Gedicht „Das Siegesfest".

Ihre Frau – Marja Petrowna Fet (1828–1894).

Ihre Schwester – Nadeshda Afanassjewna Borissowa (1832–1870).

Borissow – Iwan Petrowitsch Borissow (1832–1871), Turgenjews Freund und Nachbar im Gouvernement Orjol.

seinen Sohn – Pjotr Iwanowitsch Borissow (1858–1888).

„Wremennik" – Einem Gerücht zufolge beabsichtigten die Herausgeber des „Sowremennik" (vgl. Anm. 6 zu Brief 15), diesen aufzugeben und eine Zeitschrift „Wremennik" (Chronik) zu gründen.

meinen Onkel – N. N. Turgenjew (vgl. Anm. 5 zu Brief 42).

Tolstoi – Vgl. Anm. 1 zu Brief 41.

Tolstaja – Vgl. Anm. 6 zu Brief 36.

Drejling – Konstantin Iwanowitsch Drejling (1828–1900); ein Verwandter Fets.

Nekrassow – Vgl. Anm. 2 zu Brief 12.

Nikolai Tolstoi – Vgl. Anm. 5 zu Brief 41.

Porfiri – Vgl. Anm. 10 zu Brief 36.

poste restante – (franz.) postlagernd.

Turgenjews gibt es in Paris – Gemeint sind der nach Paris emigrierte Dekabrist Nikolai Iwanowitsch Turgenjew (1789–1871) und seine zahlreiche Familie, zu der I. S. Turgenjew freundschaftliche Beziehungen unterhielt, sowie der Bruder des Schriftstellers, N. S. Turgenjew, und dessen Frau.

Apollon Grigorjew – Vgl. Anm. 9 zu Brief 56.

61

A. I. Herzen – Vgl. Anm. 17 zu Brief 18.

Tschernyschewski bei Dir war – N. G. Tschernyschewski (vgl. Anm. 8 zu Brief 44) war in der zweiten Junihälfte 1859 in London bei Herzen gewesen, der sich in seiner Londoner Zeitschrift „Kolokol" (Die Glocke) gegen die neue Richtung des „Sowremennik" (vgl. Anm. 6 zu Brief 15) und vor allem gegen N. A. Dobroljubows Artikel „Was ist Oblomowtum?" gewandt hatte.

Kolbassin – J. J. Kolbassin (vgl. Anm. 17 zu Brief 52).

Schenschin – Alexander Alexandrowitsch Schenschin (1812–1860), ein Pariser Bekannter Turgenjews.

Wegelin – Alexander Iwanowitsch Wegelin (gest. 1860); wurde im Zusammenhang mit dem Dekabristenaufstand zu zehn Jahren Verbannung verurteilt; lebte nach 1856 frei im Ausland.

„Poljarnaja swesda" – (russ.) Der Polarstern; literarisch-politischer Almanach; erschien von 1855 bis 1859 und 1861, 1862 sowie 1869 in London, herausgegeben von Herzen und N. P. Ogarjow. In dem Almanach wurden Werke veröffentlicht, die in Rußland verboten waren.

Wolkonski – Fürst Sergej Grigorjewitsch Wolkonski (1788–1865), Dekabrist; war 1857 mit seiner Familie aus der sibirischen Verbannung zurückgekehrt.

Rostowzew – Nikolai Jakowlewitsch Rostowzew (1831–1897), Sohn des Dekabristen Jakow Iwanowitsch Rostowzew (1803–1860).

Ogarjow – Vgl. Anm. 8 zu Brief 26.

seine Frau – Natalja Alexejewna Ogarjowa-Tutschkowa (1829–1913), zweite Frau N. P. Ogarjows, später Lebensgefährtin Herzens.

62

I. S. Aksakow – Vgl. Anm. 1 zu Brief 29.

Ihres ... Herrn Vaters – S. T. Aksakow (vgl. Anm. 5 zu Brief 29).

„Russki westnik" – (russ.) Russischer Bote; 1856 in Moskau von dem Publizisten M. N. Katkow gegründete Zeitschrift, bestand bis 1906; anfänglich gemäßigt liberal, wurde sie nach 1862 zu einen reaktionären Organ.

großen Roman – „Vorabend“ (1860).

Ihre Zeitschrift – „Russkaja besseda“ (Russisches Gespräch), slawophile Zeitschrift, die von 1856 bis 1860 in Moskau erschien, ab 1859 unter J. S. Aksakows Redaktion.

Obrok – Pachtzins der leibeigenen russischen Bauern, der in Form von Natural- oder Geldabgaben zu leisten war.

mein Onkel – N. N. Turgenjew (vgl. Anm. 5 zu Brief 42).

Frau Mutter – Olga Semjonowna Aksakowa (1793–1878).

Konstantin Sergejewitsch – K. S. Aksakow (vgl. Anm. 6 zu Brief 29).

Chomjakow – Vgl. Anm. 14 zu Brief 32.

Jelagins – Alexej Andrejewitsch Jelagin (gest. 1846) und seine Frau Awdotja Petrowna (1789–1877).

63

M. A. Markowitsch – Marija Alexandrowna Markowitsch, Pseudonym Marko Wowtschok (1834–1907), ukrainische Schriftstellerin; schrieb gesellschaftskritische Romane und Erzählungen.

der „Internatsschülerin“ – Erzählung Marko Wowtschoks; erschien 1860 in der Januarnummer der „Otetschestwennyje sapiski“.

„Otetschestwennyje sapiski“ – Vgl. Anm. 5 zu Brief 12.

Snegirjow – Vgl. Anm. 19 zu Brief 32.

Krajewski – Vgl. Anm 1 zu Brief 22.

Beloserski – Wassili Michailowitsch Beloserski (1823–1899), ukrainischer Publizist.

Bogdan – Bogdan Afanassjewitsch Markowitsch (1853–1915), Volkstümler, Sohn M. A. Markowitschs.

Gesellschaft – Gemeint ist die „Gesellschaft zur Unterstützung notleidender Schriftsteller und Gelehrter (Literarischer Fonds)“, die im November 1859 ihre Arbeit aufgenommen hatte.

„Don Quijote und Hamlet“ – Erschienen 1860 (vgl. Anm. 3 zu Brief 46).

meines neuen Romans – „Vorabend“ (1860).

„Russki westnik“ – Vgl. Anm. 3 zu Brief 62.

Schewtschenko – Taras Grigorjewitsch Schewtschenko (1814–1861), ukrainischer Dichter. Turgenjew lernte ihn im Februar 1859 kennen und verwandte sich für die Befreiung seiner Familie aus der Leibeigenschaft.

mißglücktes Poem – „Jurodiwi“; Schewtschenko schrieb nur den Anfang dieses Poems. Turgenjew berichtete später darüber in seinen „Erinnerungen an Schewtschenko“.

Ihren Gatten – Afanassi Wassiljewitsch Markowitsch (1822–1867), ukrainischer Folklorist und Ethnograph.

64

N. J. Makarow – Nikolai Jakowlewitsch Makarow (1828–1892), Journalist, Freund M. A. Markowitschs und T. G. Schewtschenkos; Turgenjew lernte ihn Anfang 1859 im Kreise der in Petersburg lebenden ukrainischen Schriftsteller kennen.

Marja Alexandrowna – M. A. Markowitsch (vgl. Anm. 1 zu Brief 63).

Stankewitschs – Alexander Wladimirowitsch Stankewitsch (1821–1909), Biograph, Bruder von N. W. Stankewitsch, und seine Frau Jelena Konstantinowna.

Botkin – Vgl. Anm. 3 zu Brief 30.

Annenkow – Vgl. Anm. 3 zu Brief 17.

Ihre Schwester und Ihren Schwager – W. J. Kartaschewskaja (vgl. Anm. 5 zu Brief 58) und Wladimir Grigorjewitsch Kartaschewski (gest. 1876); sie weilten zur Kur in Bonn und Aachen.

65

A. A. Fet – Vgl. Anm. 11 zu Brief 37.

Et tu, Fethie! – (lat.) Und du, Fet! – Paraphrase auf Julius Cäsars „Und du, Brutus!"

Ihre Gattin – Marja Petrowna Fet (1828–1894).

Borissow – Vgl. Anm. 7 zu Brief 60.

Tolstois – L. N. Tolstoi (vgl. Anm. 1 zu Brief 41), N. N. Tolstoi (vgl. Anm. 5 zu Brief 41) und M. N. Tolstaja (vgl. Anm. 6 zu Brief 36).

Botkin – Vgl. Anm. 3 zu Brief 30.

letztes Produkt – Gemeint ist die Erzählung „Erste Liebe", die Anfang April 1860 in der „Biblioteka dlja tschtenija" (Lesebibliothek) erschien.

„Vorabend" – 1860 erschienener Roman Turgenjews.

Carl Vogt – (1817–1895), Naturforscher und materialistischer Philosoph.

Garibaldi – Giuseppe Garibaldi (1807–1882), Haupt der italienischen Befreiungsbewegung der sechziger Jahre; hatte im Juni 1860 Palermo eingenommen und befreite bald darauf ganz Sizilien von der Herrschaft der Bourbonen.

Nikolaus Lenau – eigentlich Nikolaus Franz Niembsch von Strehlenau (1802–1850), österreichischer Lyriker. Das zitierte Gedicht stammt aus dem Zyklus „Schilflieder".

„Sturm am Abendhimmel" – Gedicht Fets.

66

J. J. Lambert – Vgl. Anm. 1 zu Brief 42.
meiner Tochter – P. I. Turgenjewa (vgl. Anm. 28 zu Brief 44).
Frau Viardot – Vgl. Anm. 1 zu Brief 10.
Mme. Vériguine – S. J. Werigina (vgl. Anm. 7 zu Brief 42).
N. J. Rostowzew ... Jakow Iwanowitsch – Vgl. Anm. 8 zu Brief 61.
neuen großen Roman – „Väter und Söhne“, erschienen 1862 im „Russki westnik“ (Russischer Bote).

67

A. I. Herzen – Vgl. Anm. 17 zu Brief 18.
Delaveau – Vgl. Anm. 22 zu Brief 44.
Marja Alexandrowna – M. A. Markowitsch (vgl. Anm. 1 zu Brief 63).
Ihr Mann – A. W. Markowitsch (vgl. Anm. 14 zu Brief 63).
Bakunin – Vgl. Anm. 1 zu Brief 5.
Kowalewski – Jegor Petrowitsch Kowalewski (1811–1868), Schriftsteller; war der erste Vorsitzende der „Gesellschaft zur Unterstützung notleidender Schriftsteller und Gelehrter“.
Sohn Marja Alexandrownas – B. A. Markowitsch (vgl. Anm. 7 zu Brief 63).
Hofmann – Karl Karlowitsch Hofmann, Professor für griechische Literatur an der Moskauer Universität, später an der Heidelberger Universität.
Ogarjow – Vgl. Anm. 8 zu Brief 26.
künftigen Schulen ... Projekt – Gemeint ist das Projekt einer Gesellschaft zur Verbreitung der Lese- und Schreibkunst sowie des allgemeinen Grundwissens, in deren Rahmen in ganz Rußland Schulen eingerichtet werden sollten.
Engländerin – Turgenjew hatte sich um eine Erzieherin für Herzens Töchter bemüht.

68

A. A. Fet – Vgl. Anm. 11 zu Brief 37.
Beatus ille, amice Fethie – (lat.) Wie glücklich doch, mein Freund Fet. – Mit „Beatus ille“ beginnt der 2. Vers des 2. Gesanges von Horaz’ „Epoden“. Fet übersetzte diese Gedichte.
warmes Nest – Fet hatte kurz zuvor den Chutor Stepanowka gekauft.
Nikolai Tolstoi – Vgl. Anm. 4 zu Brief 41.
seiner Schwester – M. N. Tolstaja (vgl. Anm. 6 zu Brief 36).
Lew Nikolajewitsch – L. N. Tolstoi (vgl. Anm. 1 zu Brief 41).

Borissow – Vgl. Anm. 7 zu Brief 60.

wann und wo ich ihn wiedersehe – Tolstoi und Turgenjew trafen sich im Februar 1861 in Paris.

meiner Tochter – P. I. Turgenjewa (vgl. Anm. 28 zu Brief 44).

englischen Gouvernante – Mary Innis (gest. 1879).

meinen neuen Roman – „Väter und Söhne" (1862).

Trilunny – Pseudonym des wenig begabten Dichters und Musikkritikers Dmitri Jurjewitsch Struiski (1806–1856). Turgenjew benutzt dessen Pseudonym als Sammelbegriff für abgedankte und nicht mehr zeitgemäße Dichter und bezieht sich auf eine seiner Meinung nach ungerechtfertigte Kritik N. A. Dobroljubows in dem Artikel „Wann endlich kommt der Tag?" zu seinem Roman „Rudin" (1856), in der auch Fet angegriffen und als unmodern bezeichnet wird.

„Lieblichen, geheimnisvollen Reizes" – Fjodor Iwanowitsch Tjutschew (1803–1873), „Herbstabend".

Ihrer Schwester – Nadeshda Afanassjewa Borissowa (1832–1870).

69

J. J. Lambert – Vgl. Anm. 1 zu Brief 42.

„Vous voulez …" – (franz.) Sie wollen meine Briefe zweimal in der Woche bekommen, meine Zerstreutheit ist schuld, daß diese zwei Briefe zu dicht aufeinanderfolgen.

Dawydow – Alexej Iwanowitsch Dawydow, Petersburger Buchhändler; in seiner Buchhandlung auf dem Newski Prospekt befand sich das Büro des „Sowremennik" (vgl. Anm. 6 zu Brief 15).

Annenkow – Vgl. Anm. 3 zu Brief 17.

Grigorowitsch – Vgl. Anm. 4 zu Brief 40.

eines großen Romans – „Väter und Söhne" (1862).

meiner Tochter – P. I. Turgenjewa (vgl. Anm. 28 zu Brief 44).

Ihres Sohnes – J. J. Lambert (vgl. Anm. 7 zu Brief 53).

Ihr Gatte – J. K. Lambert (vgl. Anm. 8 zu Brief 53).

beau-frère – (franz.) Schwager; gemeint ist Generalleutnant Karl Karlowitsch Lambert (1815–1865).

Kotschubej – Nikolai Arkadjewitsch Kotschubej (1827–1865), Gesandtschaftssekretär in Paris.

Wolkonskis Tochter – Gemeint ist Jelena Sergejewna Kotschubej (1835–1916), Tochter des Dekabristen S. G. Wolkonski.

Frau Markowitsch – Vgl. Anm. 1 zu Brief 63.

70

A. I. Herzen – Vgl. Anm. 17 zu Brief 18.

K. Aksakow – K. S. Aksakow (vgl. Anm. 6 zu Brief 29) war am 19. (7.) Dezember 1860 gestorben.

Rjurikowitsch ... Gediminowitsch – Scherzhafte Bezeichnung Herzens für Fürst N. I. Trubezkoi (1807–1874), der in Wirklichkeit vom litauischen Großherzog Gedimin (1316–1341) abstammte.

„Raskolniki" – Gemeint ist die 1860 in London erschienene „Sammlung von Regierungsberichten über die Raskolniki-Bewegung" des Herzen nahestehenden Emigranten und Ethnographen Wassili Iwanowitsch Kelssijew (1835–1872). Raskolnik = (russ.) Abtrünniger; die Raskolniki, auch Altgläubige genannt, lehnten die im 17. Jahrhundert von dem Patriarchen Nikon durchgeführten Kirchenreformen vor allem in der orthodoxen Liturgie ab und hielten fanatisch an den alten kirchlichen Bräuchen, zum Beispiel dem Bekreuzigen mit zwei statt mit drei Fingern, fest. Die Raskolniki wurden von der russischen Staatskirche zu Ketzern erklärt und von den zaristischen Behörden zeitweise grausam verfolgt.

Turgenjew, Fjodor Michailowitsch – (1779–1854), Beamter des Moskauer Generalgouverneurs; war in den dreißiger und vierziger Jahren mit der Beaufsichtigung der Raskolniki-Sekten beauftragt; galt als prinzipienloser und bereicherungssüchtiger Mensch.

Benni – Artur Iwanowitsch Benni (1840–1867), Journalist; verbreitete Herzens Werke illegal in Rußland; wurde 1865 als englischer Staatsangehöriger von dort ausgewiesen.

Olga – Olga Alexandrowna Herzen (1850–1953), Tochter Herzens.

dans mes moyens – (franz.) im Rahmen meiner Fähigkeiten.

„Sowremennik" – Vgl. Anm. 6 zu Brief 15.

Nekrassow – Vgl. Anm. 2 zu Brief 12.

meinen Namen nicht in die Reihe der Mitarbeiter aufnehmen – Diese Bitte äußerte Turgenjew in einem Brief an den Mitherausgeber des „Sowremennik", I. I. Panajew, vom 13. Oktober 1860.

Katkow-Geschichte – Vgl. Anm. 12 zu Brief 46.

Ogarjows Artikel – Gemeint ist vermutlich der Artikel „Zum neuen Jahr", den N. P. Ogarjow (vgl. Anm. 8 zu Brief 26) 1861 in Heft 1 des „Kolokol" (Die Glocke) veröffentlichte.

71

J. J. Lambert – Vgl. Anm. 1 zu Brief 42.

meine Tochter – P. I. Turgenjewa (vgl. Anm. 28 zu Brief 44).

Sesostris – Durch Herodot in die griechische Literatur eingeführter Name eines ägyptischen Königs, auf den die Taten anderer ägyptischer Könige übertragen wurden, so z. B. Sethos' I. (1439–1388 v. u. Z.).

Annenkow – Vgl. Anm. 3 zu Brief 17.

Mejendorf – Alexander Kasimirowitsch Mejendorf (1798–1865), Ökonom; hatte angeregt, Bücher für das Volk zu schreiben, stieß aber bei den Schriftstellern auf kein Entgegenkommen.

Projekt unserer Gesellschaft – Vgl. Anm. 8 zu Brief 63.

Grigorowitsch – Vgl. Anm. 4 zu Brief 40.

Ihrem Sohn und Gatten – J. J. und K. J. Lambert (vgl. Anm. 7 und 8 zu Brief 53).

Thronfolger – Großfürst Nikoalai Alexandrowitsch (1843–1865). Die Gräfin Lambert konnte sich durch ihren Sohn, der ein Spielgefährte des Thronfolgers war, leicht über Neuigkeiten am Hof unterrichten.

72

O. D. Chilkowa – Olga Dmitrijewna Chilkowa (1839–1918), Tochter des Teilnehmers am Vaterländischen Krieg von 1812, D. A. Chilkow; Turgenjew lernte sie Ende der fünfziger Jahre kennen.

mein neuer Roman – „Väter und Söhne" (1862).

im Jahre 1838 – Bevor Turgenjew im Herbst 1838 an der Berliner Universität zu studieren begann, bereiste er Europa, u. a. war er auch in München.

timbre – (franz.) Klang.

Ihrer ... Mutter – Jelisaweta Grigorjewna Chilkowa.

Ihrer Schwester – Pelageja Dmitrijewna Chilkowa.

Ihren Brüdern – Alexander Dmitrijewitsch und Grigori Dmitrijewitsch Chilkow (1836–1885), Zeremonienmeister.

umringt von weiblichem Element – Turgenjew lebte mit seiner Tochter Pauline und deren Gouvernante Mary Innis zusammen.

Marja Alexandrowna Markowitsch – Vgl. Anm. 1 zu Brief 63.

73

A. I. Herzen – Vgl. Anm. 17 zu Brief 18.

eine Tochter – P. I. Turgenjewa (vgl. Anm. 28 zu Brief 44).

die brutalité … – Gemeint ist das grausame Vorgehen russischer Truppen unter dem Kommando von General W. I. Sablozki gegen eine Demonstration polnischer Patrioten in Warschau am 27. Februar 1861.

am 6./18. März die Freiheit zu verkünden – Die Aufhebung der Leibeigenschaft wurde in Rußland am 18. (6.) März 1861 in den Zeitungen bekanntgegeben.

Übergangszeit – In dem Manifest über die Aufhebung der Leibeigenschaft ist von einer Übergangszeit von zwei Jahren die Rede.

„Kolokol" – (russ.) Die Glocke; von A. I. Herzen und N. P. Ogarjow von 1857 bis 1867 in London und Genf herausgegebene Zeitschrift in russischer Sprache.

Delaveau – Vgl. Anm. 22 zu Brief 44.

„Pourquoi, sans Hyppolite …" – (franz.) Wie konnt' er ohne Hippolyt die besten / Die ersten Helden Griechenlands versammeln? – Jean-Baptiste Racine (1639–1699), „Phädra" (2. Aufzug, 5. Auftritt).

Thiers – Louis-Adolphe Thiers (1797–1877), französischer Historiker und reaktionärer Politiker, Gegner Napoleons III.

Guizot – François-Pierre Guizot (1787–1874), französischer Historiker und Politiker.

Lamartine – Alphonse de Lamartine (1790–1869), französischer romantischer Schriftsteller; schrieb neben Betrachtungen über die Vereinsamung der Menschen 1823 eine „Histoire des Girondins" (Geschichte der Girondisten). Turgenjew kannte ihn persönlich.

über den Papst … König von Neapel – Papst Pius IX. (1792–1878) und Franziskus II. (1836–1894) waren beide Gegner der Einigung Italiens.

Napoleon – Napoleon III. (1808–1873).

Lochwizki – Alexander Wladimirowitsch Lochwizki (1830–1884), Advokat.

Żeligowski – Edward Witold Żeligowski (1816–1864), polnischer Revolutionär und Lyriker. Herzen hatte Turgenjew gebeten, ihm durch Żeligowski Nachrichten aus Polen zu übermitteln.

Tolstoi – L. N. Tolstoi (vgl. Anm. 1 zu Brief 41) befand sich damals noch in London und traf sich oft mit Herzen.

74

L. N. Tolstoi – Vgl. Anm. 1 zu Brief 41.

Ihrer Schwester – M. N. Tolstaja (vgl. Anm. 6 zu Brief 36).

Nachrichten aus Rußland – Gemeint ist das Manifest über die Aufhebung der Leibeigenschaft, das am 18. (6.) März 1861 verkündet wurde.

Tochter – P. I. Turgenjewa (vgl. Anm. 28 zu Brief 44).

meinen Onkel – N. N. Turgenjew (vgl. Anm. 5 zu Brief 42).

Obrok – Vgl. Anm. 6 zu Brief 62.

Fet – Vgl. Anm. 11 zu Brief 37.

Borissow – Vgl. Anm. 7 zu Brief 60.

Nikolai – N. N. Tolstoi (vgl. Anm. 4 zu Brief 41) war im Herbst 1860 in Hyères gestorben.

Herzen – Vgl. Anm. 17 zu Brief 18.

Ogarjow – Vgl. Anm. 8 zu Brief 26.

Botkin – Vgl. Anm. 3 zu Brief 30.

Tschitscherin – Boris Nikolajewitsch Tschitscherin (1828–1904), Professor an der Moskauer Universität; lehrte Geschichte des russischen Rechts.

Dolgorukow – Vgl. Anm. 6 zu Brief 83.

„Orpheus“ … „Alceste“ – Opern von Christoph Willibald Gluck (1714 bis 1787).

75

A. I. Herzen – Vgl. Anm. 17 zu Brief 18.

Annenkow – Vgl. Anm. 3 zu Brief 17.

großes Ereignis – Gemeint ist die Aufhebung der Leibeigenschaft.

der Pope – Gemeint ist J. P. Wassiljew (vgl. Anm. 16 zu Brief 49).

Nikolai Iwanytsch Turgenjew – Vgl. Anm. 18 zu Brief 60.

Wolkonski – Vgl. Anm. 7 zu Brief 61.

„Poljarnaja swesda“ … Kapitel über Owen – In Heft 6 des Almanachs „Poljarnaja swesda“ (vgl. Anm. 6 zu Brief 61) waren Ausschnitte aus Herzens „Memoiren“, u. a. das Kapitel über den englischen utopischen Sozialisten Robert Owen (1771–1858), sowie Nikolai Alexandrowitsch Bestushews (1791–1855) „Erinnerungen an Kondrati Fjodorowitsch Rylejew“ (1795–1826), den Anführer des Dekabristenbundes, die Briefe des Dekabristen Michail Sergejewitsch Lunin (1787–1845) aus der sibirischen Verbannung und Verse des Professors für griechische Philologie an der Moskauer Universität Wladimir Sergejewitsch Petscherin (1807–1885) erschienen.

au-dessous de leur réputation – (franz.) unter ihrer Reputation.

Predigt von Pater Bridaine – Gemeint ist die Predigt des französischen Missionars Jacques Bridaine (1701–1767) über die Ewigkeit, gehalten in Paris 1751.

„Kolokol" – Vgl. Anm. 6 zu Brief 73.

Schewtschenko – Vgl. Anm. 12 zu Brief 63.

Kruse – Nikolai Fjodorowitsch Kruse (1823–1901), Beamter des Moskauer Zensurkomitees.

haughty and factious noblesse – (engl./franz.) stolzer und echter Würde.

Muchanow – Pawel Alexandrowitsch Muchanow (1798–1871), Historiker, Vizepräsident des Rats für Volksbildung in Polen.

76

Pauline Turgenjewa-Bruère – Vgl. Anm. 28 zu Brief 44.

„Scènes de la Vie Russe" – (franz.) Szenen aus dem russischen Leben. – Unter diesem Titel waren 1858 in Paris zwei Bände von Werken Turgenjews in französischer Übersetzung erschienen.

Fr. Bodenstedt – Vgl. Anm. 1 zu Brief 81.

Rayer – Pierre-François Rayer (1793–1867), französischer Arzt.

Frau Innis – Mary Innis (gest. 1879), englische Gouvernante Pauline Turgenjewas.

Gräfin Lambert – Vgl. Anm. 1 zu Brief 42.

77

L. N. Tolstoi – Vgl. Anm. 1 zu Brief 41.

Fet – Vgl. Anm. 11 zu Brief 37.

habe ich Sie ... beleidigt – Im Beisein der Familie Fet hatte sich Turgenjew am 8. Juni (27. Mai) 1861 Tolstoi gegenüber zu Unbeherrschtheiten hinreißen lassen, nachdem dieser sich über Turgenjews Forderung an seine Tochter, Wohltätigkeit zu üben, spöttisch geäußert hatte. Tolstoi verlangte daraufhin eine schriftliche Entschuldigung von Turgenjew, die er den Fets vorlegen könne und die Turgenjew ihm nach Bogoslowo schicken sollte. Die Versöhnung der beiden Schriftsteller erfolgte erst 1881.

Iwan Petrowitsch – I. P. Borissow (vgl. Anm. 7 zu Brief 60). Nach dessen Gut Nowosselki war der vorliegende Brief irrtümlich gebracht worden.

Bogoslowo – Poststation, 8 Werst von Spasskoje entfernt.

78

J. J. Lambert – Vgl. Anm. 1 zu Brief 42.

L. N. Tolstoi – Vgl. Anm. 1 zu Brief 41; über das Zerwürfnis Brief 77.

leur date – (franz.) ihr Datum.

79

F. M. Dostojewski – Fjodor Michailowitsch Dostojewski (1821–1881). Turgenjews anfänglich gute Beziehungen zu ihm erlitten 1867 einen Bruch.

„Wremja" – (russ.) Die Zeit; von 1861 bis 1863 von F. M. Dostojewski und seinem Bruder Michail Michailowitsch Dostojewski (1820–1864) in Petersburg herausgegebene literarische Monatsschrift.

mein Roman – „Väter und Söhne" (1862).

„Russki westnik" – Vgl. Anm. 3 zu Brief 62.

„Sowremennik" ... lügt – Vgl. Anm. 6 zu Brief 15; im Juniheft von 1861 waren die unterschiedlichsten Gründe für die Trennung von dem langjährigen Mitarbeiter Turgenjew angegeben worden. Turgenjew betont auch in seinen „Literatur- und Lebenserinnerungen", daß die Initiative zu dieser Trennung von ihm ausgegangen sei.

Brief Nekrassows – Gemeint ist ein Brief N. A. Nekrassows (vgl. Anm. 2 zu Brief 12) vom 27. (15.) Januar 1861.

Dobroljubow – Vgl. Anm. 12 zu Brief 44.

für „Wremja" bestimmte Erzählung – Vermutlich „Visionen"; da die Wremja" jedoch bei Fertigstellung dieser Erzählung (1863) bereits verboten war, erschien sie 1864 in F. M. Dostojewskis Zeitschrift „Epocha".

Polonski – Vgl. Anm. 1 zu Brief 40.

Ihrer Frau – Marija Dmitrijewna Dostojewskaja (1828–1864), Dostojewskis erste Frau.

Wjasemskis Gedicht – Gemeint ist Pjotr Andrejewitsch Wjasemskis (1792–1878) reaktionäres Gedicht „Kennzeichen", das 1861 im Augustheft des „Russki westnik" erschienen war.

80

M. N. Katkow – Vgl. Anm. 12 zu Brief 46.

Pawel Petrowitsch und Basarow ... Odinzowa – Hauptgestalten aus Turgenjews Roman „Väter und Söhne" (1862).

wegen der gegenwärtigen Umstände – Gemeint sind die Studentenunruhen im Herbst 1861 in Rußland, die viele Verhaftungen und die Schließung der Petersburger Universität nach sich zogen.

81

Friedrich Bodenstedt – (1819–1893), Schriftsteller, ab 1854 Professor für altenglische Literatur an der Münchner Universität, Mitglied des „Münchner Dichterkreises", von 1866 bis 1869 Intendant des Meininger Hoftheaters; wurde durch seine „Lieder des Mirza Schaffy" (1851) bekannt; übersetzte Werke von Shakespeare, M. J. Lermontow (1852), A. S. Puschkin (1854/55) und Turgenjew (1864/65)

Vergnügen hatte, Sie zu sehen – Turgenjew war vom 4. bis 7. Mai 1861 in München gewesen und hatte Bodenstedt täglich gesehen.

im nächsten Frühjahr – Turgenjew kam 1862 nicht nach München.

der neuen Ausgabe meiner Werke – Gemeint ist die vierbändige Ausgabe, die 1860/61 in Moskau erschienen war.

umfangreichen Roman – „Väter und Söhne" (1862).

Familie Chilkow – Vgl. Anm. 1 zu Brief 72; die Familie hielt sich seit dem Winter 1860/61 in München auf; Bodenstedt kannte sie von seinem Aufenthalt in Moskau Anfang der vierziger Jahre.

Heyse – Vgl. Anm. 1 zu Brief 84.

die anderen Herren – Turgenjew hatte in München am 6. Mai 1861 bei Bodenstedt den Philosophen und Ästhetiker Moritz Carriere, die Dichter Melchior Meyr und Friedrich Kobell, den Historiker Heinrich von Sybell und den Chemiker Justus Liebig kennengelernt.

82

Friedrich Bodenstedt –Vgl. Anm. 1 zu Brief 81.

so schnell ... geantwortet – Bodenstedt hatte am 24. Dezember 1861 auf Brief 81 geantwortet.

„Sowremennik" – Vgl. Anm. 6 zu Brief 15.

eine meiner Arbeiten – Gemeint ist der Roman „Vorabend" (1860).

„Russki westnik" – Vgl. Anm. 3 zu Brief 62.

einen Artikel von Ihnen – „Die neueste deutsche Literatur seit Heine"; Bodenstedt hatte den Artikel auf Turgenjews Anraten verfaßt; er wurde jedoch nicht gedruckt.

Affäre mit den Studenten – Vgl. Anm. 3 zu Brief 80.

Tod eines ihrer Hauptmitarbeiter – Gemeint ist der revolutionär-demokratische Kritiker Nikolai Alexandrowitsch Dobroljubow (1836–1861), der am 29. (17.) November gestorben war.

einen meiner Freunde – P. W. Annenkow (vgl. Anm. 3 zu Brief 17).

„Wremja" – Vgl. Anm. 2 zu Brief 79.

auch mich zu übersetzen – Unter dem Titel „Edelfrau und Knecht" war im November und Dezember 1861 in der Zeitung „Neues Frankfurter Museum" Turgenjews Erzählung „Mumu" (1854) erschienen. Ebenso wie bei der im Januar 1862 in den „Hamburger Nachrichten" veröffentlichten Erzählung Turgenjews „Jakow Passynkow" (1856) war nur der Familienname Bodenstedt als Übersetzer angegeben. Beide Erzählungen waren jedoch von Mathilde Bodenstedt aus dem Französischen übersetzt und von ihrem Mann, Friedrich Bodenstedt, lediglich redigiert worden.

Übersetzungen ... die hier veröffentlicht werden – Gemeint sind der Roman „Rudin" (1856) und die Erzählungen „Das Tagebuch eines überflüssigen Menschen" (1850) und „Drei Begegnungen" (1852), die 1862 in der französischen Übersetzung von Louis Viardot und Turgenjew in Paris erschienen.

Heyse – Vgl. Anm. 1 zu Brief 84.

schmeichelhafte Gedenken ... seinen Band – Gemeint ist der Band „Neue Novellen", der 1861 in Berlin erschienen war; P. Heyse hatte ihm die Widmung vorangestellt; „Ivan Turgénjeff, dem russischen Meister der Novelle, widmet diese Blätter mit freundlichem Gruß der Verfasser" und ihn nach Rußland geschickt.

Klinksieck ... Franck – Pariser Buchhandlungen.

Chilkows – Vgl. Anm. 1 zu Brief 72; Olga Chilkowa heiratete Ende März 1862 den damaligen russischen Gesandtschaftssekretär in München, Alexander Iwanowitsch Nelidow (1835–1910).

neuer Roman – „Väter und Söhne" (1862).

Ihrer Frau – Mathilde Bodenstedt.

83

A. I. Herzen – Vgl. Anm. 17 zu Brief 18.

„Kolokol" – Vgl. Anm. 6 zu Brief 73.

„Budustschnost" – (russ.) Die Zukunft; Tageszeitung, erschien 1860/61 in Leipzig; ihr eigentlicher Redakteur und der Verfasser der meisten Artikel war P. W. Dolgorukow.

Trübner – Nikolai Trübner (1817–1884), englischer Verleger; gab Herzens Zeitschrift „Kolokol" und den Literaturalmanach „Poljarnaja swesda" (Der Polarstern) heraus.

ci-devant – (franz.) vormaligen.

Dolgorukow – Pjotr Wladimirowitsch Dolgorukow (1816–1868), Publizist; stand dem Zarenhaus nahe; emigrierte 1859 und veröffentlichte in Herzens „Kolokol" „Enthüllungen" über die Zarenfamilie und hohe Adelskreise.

Woronzow – Semjon Michailowitsch Woronzow (1823–1882), Generaladjutant, Sohn des Generalfeldmarschalls M. S. Woronzow (1782–1856); führte einen Prozeß gegen P. W. Dolgorukow.

Golownin – Alexander Wassiljewitsch Golownin (1821–1886), von 1861 bis 1866 Minister für Volksbildung.

Kawelin – Vgl. Anm. 11 zu Brief 56.

meine Arbeit – Gemeint ist der Roman „Väter und Söhne", der 1862 im „Russki westnik" (vgl. Anm. 3 zu Brief 62) erschien.

Nekrassow – Vgl. Anm. 2 zu Brief 12.

„Sowremennik" – Vgl. Anm. 6 zu Brief 15.

mais tu n'est pas dupe – (franz.) aber Du bist nicht angeführt worden.

„Biblioteka" – „Biblioteka dlja tschtenija" (vgl. Anm. 6 zu Brief 46).

Tschitscherin – Vgl. Anm. 13 zu Brief 74.

Bakunin – Vgl. Anm. 2 zu Brief 8.

Michel – M. A. Bakunin (vgl. Anm. 1 zu Brief 5).

Zeichnungsliste – Es handelt sich um eine Geldsammlung zur Unterstützung des aus sibirischer Gefangenschaft geflüchteten M. A. Bakunin.

seine Frau – Antonija Ksawerijewna Bakunina; hielt sich zu dieser Zeit noch in Irkutsk auf.

Botkin – Vgl. Anm. 3 zu Brief 30.

84

Paul Heyse – (1830–1914), Novellist, Romanschriftsteller, Lyriker, Haupt des „Münchner Dichterkreises", erster deutscher Nobelpreisträger für Literatur (1910). Turgenjew lernte ihn am 7. Mai 1861 in München kennen, doch hatte Heyse schon 1854/55 die beiden Bände der deutschen Übersetzung von Turgenjews „Aufzeichnungen eines Jägers" (vgl. Anm. 2 und 7 zu Brief 39) im „Literaturblatt zum Deutschen Kunstblatt" besprochen.

Bodenstedt – Vgl. Anm. 1 zu Brief 81.

mit der Widmung Ihrer reizenden Novellen – Vgl. Anm. 14 zu Brief 82.

„Auf der Alp" – Gemeint ist Paul Heyses Novelle „Auf der Alm".

im Frühjahr in München zu sein – Turgenjew kam 1862 nicht nach München; die beiden Dichter sahen sich erst im August 1869 in München wieder.

85

P. M. Dostojewski – Vgl. Anm. 1 zu Brief 79.
„Väter und Söhne" – 1862 erschienener Roman Turgenjews.
Kolbassin – Vgl. Anm. 17 zu Brief 52.
Pissemski – Vgl. Anm. 9 zu Brief 38.
Basarow – Hauptgestalt aus dem Roman „Väter und Söhne" (1862).
Maikow – Apollon Nikolajewitsch Maikow (1821–1897), russischer Lyriker.
„Visionen" ... zwischen mir und Katkow zur Fehde kam – Vgl. Anm. 12 zu Brief 46.
etwas anderes – Gemeint ist die Erzählung „Genug" (1863).
„Wremja" – Vgl. Anm. 2 zu Brief 79.
„Russki westnik" – Vgl. Anm. 3 zu Brief 62.

86

A. I. Herzen – Vgl. Anm. 17 zu Brief 18.
Basarow – Hauptgestalt aus dem Roman „Väter und Söhne" (1862).
„Liebe, fast hätt' ich's Leidenschaft genannt – Alexander Sergejewitsch Gribojedow (1795–1829), „Verstand schafft Leiden" (4. Aufzug, 4. Auftritt).
Katkow – Vgl. Anm. 12 zu Brief 46.
„Sowremennik" – Vgl. Anm. 6 zu Brief 15.
basta cosi – (ital.) Genug davon.
Mystizismus – Herzen hatte in dem Schluß des Romans „Väter und Söhne" Mystizismus zu erkennen geglaubt.
„Wer darf ihn nennen ..." – Goethe, „Faust" (1. Teil, 2. Szene).
Wenn Du Katkow ... abkanzelst – M. N. Katkow hatte im Februarheft des „Russki westnik" in dem Artikel „Zu welcher Partei gehören wir?" behauptet, es gebe in Rußland keine ernst zu nehmende gesellschaftliche Bewegung und keine politischen Interessen. Herzen antwortete ihm im April 1862 im „Kolokol" (Die Glocke) mit dem Aufsatz „Den Senatoren und Geheimräten des Journalismus", in dem er an die Dekabristen, an N. W. Stankewitsch, W. G. Belinski, M. L. Michailow und andere erinnerte.
Nalbandow – Eigentlich Michail Lasarewitsch Nalbandjan (1829–1866), armenischer revolutionärer Demokrat und Schriftsteller. Turgenjew und er setzten sich für die Rückkehr von M. A. Bakunins Frau aus Sibirien ein.
Brüder Kolbassin – Vgl. Anm. 16 zu Brief 52.

Gräfin Salias – Vgl. Anm. 7 zu Brief 30.

ohne Dich gesehen zu haben – Turgenjew war Mitte Mai 1862 in London bei A. I. Herzen.

87

Pierre-Jules Hetzel – Pseudonym P.-J. Stahl (1814–1886), Pariser Verleger, Kinderschriftsteller. Turgenjew lernte ihn Anfang der sechziger Jahre kennen. Von da an erschienen fast alle französischen Übersetzungen von Turgenjews Werken in Hetzels Verlag.

Depret – Camille Depret (1829–1894), belgischer Konsul in Moskau.

Perrault – Charles Perrault (1628–1703), französischer Schriftsteller; seine im ironischen Ton nacherzählten Volksmärchen erregten großes Aufsehen.

Wolf – Mawriki Ossipowitsch Wolf (1825–1883), Petersburger Verleger und Buchhändler.

Durchreise in Petersburg – Turgenjew reiste am 16. August 1862 über Petersburg und Berlin nach Baden-Baden, wo er sich bis Ende Oktober aufhielt.

meine Arbeit vor dem Herbst abgeschlossen sein – Der Vorschlag, Charles Perraults „Contes de fées" (Feenmärchen) ins Russische zu übersetzen, war von dem Publizisten Nikolai Wassiljewitsch Stscherban (1834–1893) ausgegangen, der 1862 auf Turgenjews Bitte die Korrektur von dessen Roman „Väter und Söhne" (1862) gelesen hatte. Die von Stscherban und Turgenjew (letzterer übersetzte zwei Märchen) übertragenen Perrault-Märchen erschienen erst 1867 in Petersburg mit einem Vorwort von Turgenjew und von ihm redigiert.

88

M. A. Markowitsch – Vgl. Anm. 1 zu Brief 63.

Benni – Vgl. Anm. 6 zu Brief 70.

Żeligowski – Vgl. Anm. 15 zu Brief 73.

Aufsatz über Herzen – A. I. Benni hatte im Juli 1862 in der Zeitschrift „Sewernaja ptschela" Herzen verteidigt, der vom „Russki westnik" (Russischer Bote) angegriffen worden war.

der Zeitschrift – Gemeint ist vermutlich die „Sewernaja ptschela" (Biene des Nordens).

seinen Bruder – Karl Iwanowitsch Benni (geb. 1843), Arzt.

die Trubezkois und Marianna – Gemeint sind der Vertreter der liberalen Adelsopposition Nikolai Iwanowitsch Trubezkoi (1807–1874), seine

Frau Anna Andrejewna (1819–1882) und die in deren Pariser Haus lebende Französin Marianna Turner.

Garibaldi – Vgl. Anm. 10 zu Brief 65; war am 28. August 1862 bei dem Versuch, Rom einzunehmen, von den Truppen des italienischen Königs Victor Emanuel gefangengenommen worden.

„Es sei nicht Wahrheit ..." – Puschkin, „Mozart und Salieri" (erste Szene).

Salieri – Antonio Salieri (1750–1825), italienischer Komponist.

Bakunin – Vgl. Anm. 1 zu Brief 5; er kam Anfang August 1862 nach Paris und kehrte Ende des Monats nach London zurück.

Mickiewicz – Adam Mickiewicz (1798–1855), bedeutendster polnischer Dichter des 19. Jahrhunderts.

P. W. Dolgorukow – Vgl. Anm. 6 zu Brief 83.

89

A. I. Herzen – Vgl. Anm. 17 zu Brief 18.

Luginin – Wladimir Fjodorowitsch Luginin (1834–1911), Doktor der Chemie an der Moskauer Universität, Mitbegründer der russischen Lesestube in Heidelberg; nahm an der revolutionär-demokratischen Bewegung Anfang der sechziger Jahre teil.

Adresse – Gemeint ist eine beabsichtigte Adresse A. I. Herzens, N. P. Ogarjows und M. A. Bakunins an den Zaren Alexander II. (1818–1881) über die Notwendigkeit der Einberufung eines allgemeinen Reichstags im Sinne einer Volksversammlung. Sie wurde jedoch nicht abgeschickt.

im „Kolokol" abgedruckten Briefe – Gemeint sind Herzens Artikel „Ende und Anfang", die von Juli bis September 1862 in der Zeitschrift „Kolokol" (Die Glocke) erschienen.

Warnung erhielt – Vermutlich warnte ihn der russische Gesandte in Frankreich, P. D. Kisseljow (vgl. Anm. 14 zu Brief 49), der sich im August 1862 in Baden-Baden aufhielt. Von Turgenjew erschien im „Kolokol" keine Antwort auf Herzens an ihn gerichteten Artikel „Ende und Anfang".

Obdach der Wogen – Gogol, „Der Revisor" (4. Akt, 13. Auftritt).

Lomonossow – Michail Wassiljewitsch Lomonossow (1711–1865), Reformator der russischen Literatursprache, Forscher und Entdecker.

Slawophilen – Vgl. Anm. 5 zu Brief 34.

par excellence – (franz.) ausgesprochen.

Semstwo – Ein 1864 im zaristischen Rußland geschaffenes Organ der Selbstverwaltung; befaßte sich überwiegend mit Fragen des Handels, der Industrie, der Volksbildung und der Volksgesundheit. Da die

Wahlen auf dem Vermögenszensus beruhten, hatten die adligen Grundbesitzer die Vormachtstellung, so daß alle demokratischen und liberalen Ambitionen dieser Einrichtung zur Farce wurden.

Gentiltheorie Kawelins – Gemeint ist eine Theorie über die Herkunft des Staates, zu deren Verfassern K. D. Kawelin (vgl. Anm. 11 zu Brief 56) gehörte.

Lektüre Stschapows – Gemeint sind die historischen und publizistischen Arbeiten des revolutionären Demokraten Afanassi Prokowjewitsch Stschapow (1830–1876), vor allem sein Ende 1861 erschienener Artikel „Semstwo und Sektenwesen (seit dem 18. Jahrhundert)"; Stschapow wurde wegen seiner politischen Tätigkeit 1862 verhaftet und 1864 nach Sibirien verbannt.

Bakunin in seiner jüngsten Broschüre – Gemeint ist M. A Bakunins (vgl. Anm. 1 zu Brief 5) Broschüre „Romanow, Pugatschow oder Pestel?"

Dixi et animam meam salvavi – (lat.) Ich sprach und meine Seele war gerettet.

M. Besobrasow – Michail Alexandrowitsch Besobrasow (gest. etwa 1888), Kammerherr; überreichte 1859 dem Zaren Alexander II. seine Denkschrift „Bemerkungen über die Wünsche des russischen Adels bei Aufhebung der Leibeigenschaft".

Paskewitsch – Fjodor Iwanowitsch Paskewitsch-Eriwanski, Fürst von Warschau (1823–1903), Generalleutnant, reaktionärer Großgrundbesitzer.

90

M. A. Bakunin – Vgl. Anm. 1 zu Brief 5.

Deiner Frau – Antonija Ksawerijewna Bakunina. Auf Bakunins Bitte hin setzte sich Turgenjew dafür ein, daß ihr die Übersiedlung von Irkutsk nach dem Gouvernement Twer gestattet wurde, wo die Familie Bakunins lebte.

Nalbandow – Vgl. Anm. 10 zu Brief 86.

Herzen – Vgl. Anm. 17 zu Brief 18.

„Kolokol" – Vgl. Anm. 6 zu Brief 73.

Adresse – Vgl. Anm. 3 zu Brief 89.

„Poljarnaja swesda" … Bernard – Bei den 1862 in der Zeitschrift „Poljarnaja swesda" (vgl. Anm. 6 zu Brief 61) erschienenen Berichten handelt es sich um zwei Abschnitte aus Herzens „Memoiren" (Mein Leben, Sechster Teil, 4. und 5. Kapitel). Herzen beschreibt die Londoner Prozesse gegen den französischen Arbeiter Emanuel Barthélemy (etwa 1820–1855) und den französischen Arzt Simon-François Bernard (1817–1862), die beide an der Revolution von 1848 teilge-

nommen hatten und deshalb emigrieren mußten. Barthélemy wurde wegen Mordes zum Tode verurteilt. Der Prozeß gegen Bernard wegen konspirativer Tätigkeit endete mit Freispruch.

91

Friedrich Bodenstedt – Vgl. Anm. 1 zu Brief 81.

Übersetzung meiner Erzählung „Faust" – Bodenstedt hatte Turgenjew im Mai seine Übersetzung von „Faust" zugeschickt, die 1862 im ersten Heft der von Wilhelm Wolfsohn in Leipzig herausgegebenen „Russischen Revue" erschienen war.

Wenn Ihnen dieser Vorschlag … – Bodenstedt willigte in einem Schreiben vom 5. November 1862 in Turgenjews Vorschlag ein. Über die Gründe, die ihn dazu veranlaßten, schrieb er am 11. November 1862 in sein Tagebuch: „Ich habe Unterhandlungen eingeleitet zur Herausgabe einer Übersetzung der Werke Turgéniews. Obgleich seine Novellen vortrefflich sind, würde ich noch etwas Besseres tun können, als sie zu übersetzen, allein ich brauche Geld!" Im April 1863 schloß er mit dem Münchner Verleger Matthias Rieger einen Übersetzer-Vertrag über eine dreibändige Ausgabe von Turgenjews Werken ab, doch es erschienen nur zwei Bände.

unglückseligen Artikel – Gemeint ist Bodenstedts Artikel „Die neueste deutsche Literatur seit Heine" (vgl. Anm. 6 zu Brief 82).

„Sowremennik" – Vgl. Anm. 6 zu Brief 15.

beiden einflußreichsten Redakteure – N. A. Dobroljubow und I. I. Panajew.

zwei andere sind eingekerkert – Gemeint sind der revolutionär-demokratische Kritiker Michail Larionowitsch Michailow (1829–1865), der am 26. (14.) September 1861 verhaftet und 1862 nach Sibirien verbannt wurde, und Nikolai Gawrilowitsch Tschernyschewski (vgl. Anm. 8 zu Brief 44), der am 19. (7.) Juli 1862 festgenommen und im Mai 1864 zum Verlust der Standesehre, zu vierzehn Jahren Zwangsarbeit und zu lebenslänglicher Verbannung nach Sibirien verurteilt wurde.

Erscheinen … eingestellt – Das Ministerium für Volksbildung unter A. W. Golownin hatte den „Sowremennik" im Juli 1862 verboten; er erschien wieder im Jahre 1863.

einen meiner Freunde – P. W. Annenkow (vgl. Anm. 3 zu Brief 17).

P. Heyse – Vgl. Anm. 1 zu Brief 84.

Frau Nelidowa – Vgl. Anm. 1 zu Brief 72 und Anm. 16 zu Brief 82.

In Ihrer Übersetzung – Der Übersetzungsfehler in der Erzählung „Faust" wurde in der geplanten Ausgabe von Turgenjews Werken von Bodenstedt nicht korrigiert.

92

A. I. Herzen – Vgl. Anm. 17 zu Brief 18.

durch Deinen letzten Brief an mich im „Kolokol" – Gemeint ist der sechste Artikel der Serie „Anfang und Ende", der am 1. November 1862 im „Kolokol" (Die Glocke) gedruckt worden war.

„bipèdes" – (franz.) Zweibeiner.

„genus Europaeum" – (lat.) europäisches Geschlecht.

sozial-slawophiles – Vgl. Anm. 5 zu Brief 34.

guilty – (engl.) schuldig.

Panin – Wiktor Nikititsch Panin (1801–1874), reaktionärer Justizminister. Herzen hatte ihn mehrmals im „Kolokol" karikiert.

Der Himmel und Hölle berührte – Schluß von I. I. Dmitrijews Fabel „Eiche und Stock" (1795).

Tschewkin – Konstantin Wladimirowitsch Tschewkin (1802–1875); Staatsbeamter.

93

J. J. Lambert – Vgl. Anm. 1 zu Brief 42.

Ihren Gatten – J. K. Lambert (1809–1879), General.

Graf Karl – Karl Karlowitsch Lambert (1815–1865), Bruder von J. K. Lambert.

Polinka – Turgenjews Tochter Pauline (vgl. Anm. 28 zu Brief 44).

94

A. I. Herzen – Vgl. Anm. 17 zu Brief 18.

Ogarjow – Vgl. Anm. 8 zu Brief 26.

ricanement – (franz.) Hohngelächter.

sans le savoir – (franz.) ohne es zu wissen.

basta cosi – (ital.) genug davon.

Bakst – Wladimir Ignatjewitsch Bakst (1835–1874); nahm an den Studentenunruhen 1861 in Petersburg teil; ging danach ins Ausland und begründete mit anderen die russische Lesestube in Heidelberg.

„Kolokol" – Vgl. Anm. 6 zu Brief 73.

a truism – (engl.) eine allgemeine Wahrheit.

Manifest Bakunins – Im Februar 1862 war die erste Hälfte von M. A. Bakunins (vgl. Anm. 1 zu Brief 5) Aufruf „An alle russischen, polnischen und slawischen Freunde" im „Kolokol" erschienen; die angekündigte Fortsetzung unterblieb.

Deine lieben Töchter – Olga Alexandrowna (1850–1953) und Natalja Alexandrowna Herzen (1844–1936). Auf dem Wege nach Florenz sollten sie Mitte Dezember in Paris Station machen.

95

A. I. Herzen – Vgl. Anm. 17 zu Brief 18.

Rudolf Lindau – (1829–1910), Diplomat und Schriftsteller; lernte Turgenjew in den fünfziger Jahren in Paris kennen. Er vermittelte Theodor Fontane einiges über Turgenjews realistisches Schaffensprinzip.

ein Buch zu schreiben – „Un voyage autour du Japon" (Eine Reise durch Japan); erschienen 1864 in Paris.

im „Kolokol" abgedruckt hast – Herzen brachte diese Berichtigung im „Kolokol" (vgl. Anm. 6 zu Brief 73) vom 15. März 1863. Der Bericht selbst war am 15. Februar 1861 erschienen.

nach Rußland zu kommen – Die offizielle Vorladung vor den Senat wurde Turgenjew durch die russische Gesandtschaft in Paris am 3. Februar 1863 zugestellt.

die Dritte Abteilung – Persönliche Kanzlei des Zaren, die von Nikolaus I. (1796–1855) gegründet worden war zur Bearbeitung von Bittgesuchen, Anzeigen, Bestechungsfällen u. a.; geriet bald in den Ruf, ein Organ der zaristischen Geheimpolizei zu sein.

Zaren – Alexander II. (1818–1881).

Budberg – Andrej Fjodorowitsch Budberg (1817–1881), russischer Gesandter in Paris.

Dolgorukow – Wassili Andrejewitsch Dolgorukow (1803–1868), Kriegsminister, von 1856 bis 1866 Chef der Gendarmerie und Leiter der Dritten Abteilung.

dem Bruder – N. S. Turgenjew (vgl. Anm. 7 zu Brief 8).

Luginin – Vgl. Anm. 2 zu Brief 89.

Adresse – Vgl. Anm. 3 zu Brief 89.

Nitschiporenko – Andrej Iwanowitsch Nitschiporenko (1837–1864), Korrespondent des „Kolokol"; gab nach seiner Verhaftung Einzelheiten über den Londoner Kreis um Herzen, den der 1862 kennengelernt hatte, preis; starb in der Peter-Pauls-Festung.

Benni – Vgl. Anm. 6 zu Brief 70; Turgenjews Verdacht gegen ihn war unbegründet.

96

Gustave Flaubert – (1821–1880); lernte Turgenjew im Februar 1863 in Paris kennen. Die beiden Schriftsteller waren eng miteinander befreundet und standen in regem Briefwechsel. Flaubert machte Turgenjew in den siebziger Jahren mit Guy de Maupassant, Alphonse Daudet und Emile Zola bekannt.

Ihr Lob – Flaubert hatte sich Ende März 1863 in einem Brief enthusiastisch über die 1863 in Paris erschienenen, von H. Delaveau übersetzten Erzählungen Turgenjews geäußert, vor allem über „Vorabend" (1860) und „Erste Liebe" (1860).

in Baden niederzulassen – Vom 3. Mai 1863 bis Ende 1871 war Baden-Baden Turgenjews ständiger Wohnsitz.

ein Buch von mir – Gemeint ist die französische Ausgabe des Romans „Väter und Söhne" (1862), die 1863 unter dem Titel „Pères et Enfants" (Väter und Kinder) mit einem Vorwort von Prosper Mérimée in Paris erschien.

97

F. M. Dostojewski – Vgl. Anm. 1 zu Brief 79.

„Visionen" – Als Turgenjew die Erzählung 1863 beendete, war die „Wremja" bereits verboten, deshalb erschien sie 1864 in Dostojewskis Zeitschrift „Epocha".

„Wremja" – Vgl. Anm. 2 zu Brief 79.

Annenkow – Vgl. Anm. 3 zu Brief 17.

98

A. I. Herzen – Vgl. Anm. 17 zu Brief 18.

abgeschmackte Anekdote – Herzen hatte Turgenjew gegen eine Verleumdung in der slawophilen Zeitung „Den" (Der Tag) in Schutz genommen.

„Kolokol" – Vgl. Anm. 6 zu Brief 73.

folgendes abdrucktest – Herzen kam Turgenjews Wunsch im „Kolokol" vom 1. August 1863 nach.

I. S. Aksakow – Vgl. Anm. 1 zu Brief 29; als damaliger Redakteur der Zeitung „Den" kam er Turgenjews Wunsch nach Richtigstellung ebenfalls nach.

99

Moritz Hartmann – Vgl. Anm. 1 zu Brief 58.

biographische Notizen – Moritz Hartmann verwandte das hier mitgeteilte biographische Material und die Photographie für die Einleitung zu Turgenjews Erzählung „Mumu" (1854), die er aus dem Französischen übersetzt hatte und die 1864 in der Zeitschrift „Freya. Illustrierte Blätter für die gebildete Welt" erschien.

bis 1840 in Berlin – Turgenjew studierte in Wirklichkeit von 1838 bis Mai 1841 in Berlin.

Bakunin – Vgl. Anm. 1 zu Brief 5.

Ministerium des Innern – Turgenjew diente vom Juni 1843 bis April 1845 in Petersburg im Ministerium des Innern.

Belinski – Vgl. Anm. 1 zu Brief 12.

neugegründetes Journal – „Sowremennik" (vgl. Anm. 6 zu Brief 15).

die erste Skizze der Memoiren eines Jägers – „Chor und Kalynitsch" aus dem Skizzenzyklus „Aufzeichnungen eines Jägers" (vgl. Anm. 7 zu Brief 17).

Kaiser Nikolaus – Zar Nikolai I. (1796–1855).

Artikel über Gogol – Vgl. Anm. 6 zu Brief 30.

zwei Brüder – N. S. Turgenjew (vgl. Anm. 7 zu Brief 8) und Sergej Sergejewitsch Turgenjew (1821–1839).

Voilà tout – (franz.) Das ist alles.

Gerkens Gehirn – Der russische Oberleutnant S. P. Gerken war 1863 im Beisein von Moritz Hartmann und Turgenjew in Baden-Baden plötzlich auf der Straße vom Wahnsinn befallen worden und mußte von ihnen in eine Irrenanstalt gebracht werden; er starb dort kurz darauf.

seine Schwiegermutter – Olga F. Trubezkaja.

shake hands – (engl.) Händedruck.

„Pères et Enfants" – Gemeint ist die 1863 erschienene französische Übersetzung von Turgenjews Roman „Väter und Söhne" (1862).

100

W. P. Botkin – Vgl. Anm. 3 zu Brief 30.

Annenkow – Vgl. Anm. 3 zu Brief 17.

Kowalewski – Vgl. Anm. 6 zu Brief 67.

„Visionen" – 1864 erschienene Erzählung Turgenjews.

dissolving views – (engl.) Nebelbilder.

101

A. A. Krajewski – Vgl. Anm. 1 zu Brief 22.

Clara Schumann – (1819–1896), Pianistin und Komponistin, Frau von Robert Schumann. Turgenjew lernte sie im Frühjahr 1847 in Berlin kennen. In den sechziger Jahren begegneten sie sich häufig in Baden-Baden auf den musikalischen Veranstaltungen in der Villa Viardot. Clara Schumann machte Turgenjew auch mit Johannes Brahms bekannt.

Talent Sie ... kennen – Clara Schumann hatte das erste Mal 1844 in Petersburg gastiert.

Dienst, den Sie Frau Schumann erweisen – Krajewski veröffentlichte in den von ihm herausgegebenen „Otetschestwennyje sapiski" (Vaterländische Annalen) und „Peterburgskije wedomosti" (Petersburger Nachrichten) mehrere lobende Artikel über Clara Schumanns Konzerte.

102

Pauline Viardot – Vgl. Anm. 1 zu Brief 10.

Viardot – Vgl. Anm. 13 zu Brief 10.

die Kinder – Louise (vgl. Anm. 11 zu Brief 10), Claudie (1852–1914), Marianne (1854–1913) und Paul Viardot (vgl. Anm. 2 zu Brief 51).

Pietsch – Ludwig Pietsch (1824–1912), Illustrator und Journalist, Berichterstatter der „Vossischen Zeitung"; lernte Turgenjew 1847 durch Vermittlung H. Müller-Strübings (vgl. Anm. 5 zu Brief 23) in Berlin kennen; erneuerte die Bekanntschaft 1863 in Paris; besuchte den Schriftsteller bis 1871 jährlich in Baden-Baden, später in Paris; brachte ihn mit vielen anderen Persönlichkeiten des deutschen Geisteslebens zusammen, z. B. Adolf Menzel und Theodor Storm.

seine Frau – Marie Pietsch (1831–1894).

103

A. I. Herzen – Vgl. Anm. 17 zu Brief 18.

„Kolokol" – Vgl. Anm. 6 zu Brief 73.

„grauhaarige Magdalena ..." – Turgenjew bezieht sich auf folgende Notiz im „Kolokol" vom 15. Januar 1864: „Unser Korrespondent berichtet uns von einer grauhaarigen Magdalena (männlichen Geschlechts), die an den Zaren geschrieben hat, sie habe Schlaf und Appetit, ihre Ruhe, ihre weißen Haare und Zähne verloren, weil sie

sich gräme über dessen Unkenntnis von der über sie gekommenen Reue, infolge deren sie alle Verbindungen mit den Jugendfreunden abgebrochen habe."

Bakunin – Vgl. Anm. 1 zu Brief 5.

unangenehme Situation – Einer der Hauptanklagepunkte, derentwegen Turgenjew nach Rußland zum Verhör beordert worden war, betraf die materielle Unterstützung, die er M. A. Bakunin und dessen Frau hatte angedeihen lassen (vgl. auch Brief 90).

Nikolai Pawlowitsch – Zar Nikolai I. (1796–1855), der Turgenjews Verbannung nach Spasskoje 1852 wegen seines Artikels anläßlich von N. W. Gogols Tod gutgeheißen hatte.

Brief an den Zaren – Gemeint ist Turgenjews Brief an den Zaren Alexander II. vom 3. Februar 1863.

Zweimal ... mich schriftlich an Eure Majestät wenden zu dürfen – Turgenjew meint hier seinen Brief vom 9. Mai (27. April) 1852 an den damaligen Thronfolger Alexander, den er wegen seiner Verbannung nach Spasskoje schrieb, und sein Schreiben vom 17. (5.) März 1859 wegen einer Angelegenheit, die den Redakteur der in Petersburg erscheinenden polnischen Zeitung „Słowo" (Das Wort) betraf, der wegen seiner Teilnahme an der polnischen Befreiungsbewegung verhaftet worden war. Der Redakteur wurde daraufhin am 25. März freigelassen.

Vollendung eines großen Werks – Gemeint ist die Aufhebung der Leibeigenschaft.

104

Moritz Hartmann – Vgl. Anm. 1 zu Brief 58.

Die beiden ... Übersetzungen – Gemeint sind Turgenjews Erzählungen „Mumu" (1854) und „Der Kreisarzt" (1848), die Hartmann 1864 aus dem Französischen übersetzt hatte und die in der Zeitschrift „Freya. Illustrierte Blätter für die gebildete Welt" erschienen waren.

biographische Notiz – Vgl. Anm. 2 zu Brief 99.

einen russischen Freund – P. W. Annenkow (vgl. Anm. 3 zu Brief 17); er besuchte Turgenjew Mitte Juli 1864 in Baden-Baden.

Swerbejews – Alexander Nikolajewitsch Swerbejew (1835–1917), in den sechziger Jahren Beamter der russischen Gesandtschaft in Stuttgart, und seine Frau Wera Fjodorowna. Das Ehepaar war sowohl mit Turgenjew als auch mit Hartmann bekannt.

ein krankes Kind – Heinrich Hartmann (geb. 1859), der im März 1864 an Scharlach erkrankt war und im September 1865 an den Folgen der Krankheit starb.

Rubinstein – Anton Grigorjewitsch Rubinstein (1829–1894), Komponist und Pianist.

schönen Libretto – Hartmann verfaßte das Libretto zu Anton Rubinsteins Oper „Roswitha".

mein Haus – Turgenjew bezog sein 1867 fertiggestelltes Haus in Baden-Baden, Tiergartenstraße 3, erst im April 1868.

Ihre ... Frau – Bertha Hartmann (1839–1916).

kommen Sie nach Baden – Hartmann kam Mitte August 1864 nach Baden-Baden.

105

Friedrich Bodenstedt – Vgl. Anm. 1 zu Brief 81.

Ihre Vorrede – Gemeint ist Bodenstedts Vorwort zum ersten Band der „Erzählungen von Iwan Turgenjew", der im November 1864 in München herauskam (vgl. Anm. 3 zu Brief 91).

wenig beschwerlichen Verbannung – Vgl. Anm. 6 zu Brief 30; Bodenstedt entsprach Turgenjews Wunsch und gab dessen Äußerung fast wörtlich wieder.

Jäger-Skizzen – Gemeint sind Turgenjews „Aufzeichnungen eines Jägers" (vgl. Anm. 7 zu Brief 17).

jetzigen Kaisers – Zar Alexander II. (1818–1881).

ob ich nicht im Ausland auf immer bleiben sollte – Bodenstedt verwendete in seinem Vorwort auch diese Angaben; er schrieb: „Die Jagdskizzen wurden größtenteils während der Jahre 1847–1849 in Paris geschrieben, zu einer Zeit, wo der Verfasser infolge – hier nicht näher zu erörternder – trüber Erfahrungen und Gemütsstimmungen, die auch einen leisen Schatten der Wehmut über seine Skizzen werfen, mit dem Gedanken umging, sich ganz im Auslande niederzulassen. Doch trug die tiefwurzelnde Liebe zur Heimat den Sieg davon."

Die Bogen des „Wirtshaus" – Gemeint sind die Korrekturfahnen von Bodenstedts Übersetzung der Erzählung „Die Herberge" (1855), die unter dem Titel „Das Wirtshaus an der Heerstraße" im ersten Band der „Erzählungen von Iwan Turgenjew" erschien.

„Visionen" – 1864 erschienene Erzählung; Bodenstedt übersetzte sie für den zweiten Band der „Erzählungen von Iwan Turgenjew", der 1865 erschien.

106

P. W. Annenkow – Vgl. Anm. 3 zu Brief 17.
von meinem Onkel – N. N. Turgenjew (vgl. Anm. 5 zu Brief 42).
unglückseligen Bescheinigungen – Gemeint sind die Papiere, die man für die Rückerstattung der Aufkaufsumme für das Land, das nach der Aufhebung der Leibeigenschaft an die Bauern auf Turgenjews Gütern übergegangen war, aus den Staatsgeldern benötigte. – Die Bauern mußten das ihnen zugeteilte Land käuflich von den Gutsbesitzern erwerben. Da sie dazu nicht genügend Mittel besaßen, bekamen die Gutsbesitzer die für den Loskauf des Landes nötige Summe vom Staat vorgeschossen. Diese Summe mußten die Bauern innerhalb von 49 Jahren zurückzahlen.
Hochzeit meiner Tochter – P. I. Turgenjewa (vgl. Anm. 28 zu Brief 44), die am 25. Februar 1865 Gaston Bruère heiratete.
Freunde Viardot – Pauline und Louis Viardot (vgl. Anm. 1 und 13 zu Brief 10).
Bau meines Hauses – Vgl. Anm. 9 zu Brief 104.
Verwaltung meines Gutes – 1867 übernahm Nikita Alexejewitsch Kischinski die Verwaltung von Turgenjews Gütern.
I. I. Maslow – Iwan Iljitsch Maslow (1817–1891); Bekannter Turgenjews.
Bräutigam – Gaston Bruère (1835–1885), Direktor und später Eigentümer einer Glasfabrik in Rougemont, Gatte Pauline Turgenjewas.
Botkin – Vgl. Anm. 3 zu Brief 30.

107

N. S. Turgenjew – Vgl. Anm. 7 zu Brief 8.
meine Tochter – P. I. Turgenjewa (vgl. Anm. 28 zu Brief 44).
Gaston Bruère – Vgl. Anm. 9 zu Brief 106.
ob Du nicht bereit wärest – N. S. Turgenjew entsprach der Bitte seines Bruders.
„prenez mon ours“ – (franz.) nehmen Sie *meinen* Bären; ständig wiederholte Wendung aus E. Scribes Vaudeville „Bär und Pascha“ (1820).
Anna Jakowlewna – A. J. Turgenjewa, N. S. Turgenjews Frau.
une fois donnés – (franz.) auf einmal gezahlt.

108

Moritz Hartmann – Vgl. Anm. 1 zu Brief 58.

Madame Viardot ... Gefälligkeit – Pauline Viardot (vgl. Anm. 1 zu Brief 10) war von der Stuttgarter Künstlergesellschaft „Bergwerk", deren Mitglied Moritz Hartmann war, eingeladen worden, bei einem Konzert zu Ehren Franz Schuberts am 31. Januar 1865 mitzuwirken.

ich komme mit nach Stuttgart – Turgenjew kam am 30. Januar 1865 für einige Tage nach Stuttgart. – Moritz Hartmann machte bei dieser Gelegenheit den Schriftsteller mit dem von diesem verehrten (vgl. Brief 104) schwäbischen Dichter Eduard Mörike bekannt.

6 Gedichte von Mörike – Insgesamt vertonte Frau Viardot mehr als sechs Gedichte von Mörike, u. a.: „Nixe Binsefuß", „Das verlassene Mägdlein", „In der Frühe", „Der Gärtner", „Die Soldatenbraut", „Agnes", „Jung Volkers Lied" und „Heimweh".

sie ihm vorsingen zu können – Die Zusammenkunft mit Mörike fand erst am 5. April 1865 im Hause Moritz Hartmanns statt. Mörike schrieb darüber in seinem Notizkalender: „Bei Moritz Hartmann mit Gretchen zum Kaffee, wo Frau Viardot-Garcia uns von meinen Liedern nach eigener Komposition vorsingt. Iwan Turgineff war dabei u. a."

109

Moritz Hartmann – Vgl. Anm. 1 zu Brief 58.

Ihrer Frau – Bertha Hartmann (1839–1916).

ich komme Mittwoch früh nach Stuttgart – Turgenjew kam am Mittwoch, dem 5. April 1865, für drei Tage nach Stuttgart.

Madame Viardot ... im Theater singt – Pauline Viardot (vgl. Anm. 1 zu Brief 10) sang am 6. April am Stuttgarter Hoftheater die Rolle der Rosine in Gioacchino Rossinis (1792–1868) Oper „Der Barbier von Sevilla".

Entrevue – (franz.) Begegnung.

Entrevue mit Mörike – Vgl. Anm. 5 zu Brief 108.

Auskunft über drei Häuser – Moritz Hartmann beabsichtigte damals, in Baden-Baden ein Haus zu kaufen und sich dort anzusiedeln; der Plan zerschlug sich jedoch.

110

Theodor Storm – (1817–1888); war durch Ludwig Pietschs (vgl. Anm. 4 zu Brief 102) Vermittlung vom 5. bis 13. September 1865 Turgenjews Gast in Baden-Baden gewesen.

Ihre hübsche Gabe – Gemeint ist der Band „Drei Märchen von Theodor Storm", der mit der Jahreszahl 1866 soeben in Hamburg erschienen war.

mein Gast müssen Sie im kommenden Jahr sein – Storm kam nicht wieder nach Baden-Baden.

„graue Stadt am Meere" – Gemeint ist Husum; Anspielung auf Storms Gedicht „Du graue Stadt am Meer".

Familie Viardot – Pauline und Louis Viardot (vgl. Anm. 1 und 13 zu Brief 10).

Ihres herben Verlustes – Gemeint ist der Tod von Storms Frau Constanze.

an meinen Verleger ... die beiden Bändchen – Matthias Rieger hatte 1864/65 die beiden Bände „Erzählungen von Iwan Turgenjew" herausgegeben (vgl. Anm. 3 zu Brief 91).

„Chansons des rues et des bois" – (franz.) Lieder der Straßen und der Wälder; erschienen 1865 in Paris.

111

M. N. Katkow – Vgl. Anm. 12 zu Brief 46.

„Lazarillo de Tormes" – Mit diesem 1554 anonym erschienenen Werk, das man früher dem Schriftsteller Don Diego Hurtado de Mendoza (1503–1575) zuschrieb, wurde in der spanischen Literatur die Gattung des Schelmenromans eröffnet.

Gil Blas – Gemeint ist Alain-René Lesages (1668–1747) dreiteiliger Roman „Die Geschichte des Gil Blas", dessen realistisch-satirisch gezeichneter Titelheld, ein Diener, in der Literatur oft nachgeahmt wurde.

„Westnik" – „Russki westnik" (vgl. Anm. 3 zu Brief 62).

„Peterburgskije wedomosti" – Vgl. Anm. 7 zu Brief 44; Turgenjews Erzählung „Der Hund" erschien am 12. April 1866.

Dostojewskis Roman – Gemeint sind die ersten sieben Kapitel von „Schuld und Sühne".

112

A. A. Fet – Vgl. Anm. 11 zu Brief 37.

Würde eines Abgeordneten – Fet war in die örtliche Selbstverwaltung des Gouvernements Orjol gewählt worden.

Wassili Petrowitsch – W. P. Botkin (vgl. Anm. 3 zu Brief 30).

Ihre Briefe – 1863/64 waren von A. A. Fet im „Russki westnik" (vgl. Anm. 3 zu Brief 62) Briefe unter dem Titel „Aus dem Dorf" erschienen. Die erwartete Fortsetzung blieb aus.

Von den zwei mir zugesandten Gedichten – Gemeint sind „An F. I. Tjutschew", das 1866, im zweiten Heft des „Russki westnik" erschien, und „An die Gräfin S. A. Tolstaja", das auf Grund von Turgenjews Kritik umgearbeitet wurde und 1883 in einer Gedichtsammlung Fets erschien.

Tjutschew – Fjodor Iwanowitsch Tjutschew (1803–1873), Lyriker; seine Natur- und Liebesgedichte gehören zu den bedeutendsten Leistungen der russischen Poesie im 19. Jahrhundert. Turgenjew lernte ihn Anfang der fünfziger Jahre kennen und schätzte ihn sehr.

„Ein Augenblick ist mein gewesen" – Puschkin, „An **" (1825).

Frau Engelhardt – Sofja Wladimirowna Engelhardt (1828–1894), Schriftstellerin.

Viardots – Pauline und Louis Viardot (vgl. Anm. 1 und 13 zu Brief 10).

„Westnik Jewropy" – (russ.) Europäischer Bote; von M. M. Stassjulewitsch 1866 gegründete politisch-historische Monatsschrift mit Literaturteil; bestand bis 1918. In den sechziger und siebziger Jahren vertrat die Zeitschrift allgemein liberale Tendenzen. Turgenjew spricht vom Wiedererscheinen der Zeitschrift, da sie offiziell als die Fortsetzung einer 1802 von dem Schriftsteller N. M. Karamsin gegründeten galt. Ab 1866 veröffentlichte Turgenjew die meisten seiner Werke in dieser Zeitschrift.

Kostomarow – Nikolai Iwanowitsch Kostomarow (1817–1885), Historiker und Schriftsteller, einer der ständigen Hauptmitarbeiter des „Westnik Jewropy".

Dostojewskis „Schuld und Sühne" – Vgl. Anm. 6 zu Brief 111.

„Das Jahr 1805" – Gemeint ist der zweite Teil von L. N. Tolstois Roman „Krieg und Frieden", der 1866 im Februarheft des „Russki westnik" erschienen war.

113

Pierre-Jules Hetzel – Vgl. Anm. 1 zu Brief 87.

Brief von ... Mérimée – Gemeint ist ein Brief vom 6. Juni 1866.

Monsieur de Mars – Vgl. Anm. 23 zu Brief 44; in der von ihm herausgegebenen Zeitschrift „Revue des Deux Mondes“ (Revue beider Welten) erschien im Heft vom 15. Juni 1866 Turgenjews phantastische Erzählung „Visionen“ (1864) in französischer Übersetzung.

Einzelausgabe – Gemeint ist „Nouvelles Moscovites“ (Moskauer Novellen); der 1869 erschienene Band enthält außer den genannten Erzählungen Turgenjews noch „Der Brigadier“ (1868) und „Die Geschichte des Leutnants Jergunow“ (1868).

1. „Der Jude“, 2. „Petuschkow“, 3. „Asja“ – Die ersten beiden Erzählungen (1847 und 1848) waren 1862 in der „Revue nationale“ (Nationale Rundschau) erschienen. „Asja“ (1858) war am 1. Oktober 1858 in der „Revue des Deux Mondes“ veröffentlicht worden.

Pagonkin – Übersetzer.

„Der Hund“ – Erschienen 1866; wurde Anfang November 1866 in der Zeitung „Le Nord“ veröffentlicht.

Kinder der Viardots – Vgl. Anm. 3 zu Brief 102.

den ersten Kanonenschuß – Der österreichisch-preußische Krieg begann am 17. Juni 1866.

114

O. A. Nowikowa – Olga Alexejewna Nowikowa (1840–1925), Publizistin; lebte viel in England und schrieb über englisch-russische Beziehungen; Turgenjew verfolgte ihre Tätigkeit mit Interesse. 1859 lernte sie in Dresden durch die Dichterin Karoline Pawlowa-Jaenisch den von ihr als Schriftsteller verehrten Berthold Auerbach kennen.

„Dieser Dienst ...“ – Zitat aus einem Märchen des Dichters Pjotr Pawlowitsch Jerschow (1815–1869).

Auerbach – Berthold (1812–1882); wurde durch seine „Schwarzwälder Dorfgeschichten“ und als Herausgeber von „Auerbachs Volkskalender“ bekannt; lernte Turgenjew vermutlich schon 1847 in Berlin kennen. Beide begegneten sich zwischen 1865 und 1871 in Baden-Baden und Berlin. – Die im Brief erwähnte Begegnung hatte im September 1865 in Baden-Baden stattgefunden.

seines Romanes – „Auf der Höhe“; erschien ohne Auerbachs Wissen Anfang 1867 in russischer Übersetzung in der Wochenschrift „Nowy russki basar“ (Neuer russischer Basar); die erste Buchausgabe erfolgte noch im selben Jahr.

Koshantschikow – Dmitri Jefimowitsch Koshantschikow (gest. 1877), Petersburger Buchhändler und Verleger.
meine literarische Arbeit – Gemeint ist der Roman „Rauch" (1867).
Ihrem Gemahl – Iwan Petrowitsch Nowikow, General.

115

W. P. Botkin – Vgl. Anm. 3 zu Brief 30.
N. W. Chanykow – Nikolai Wladimirowitsch Chanykow (1822–1878), Geograph, Ethnograph und Orientforscher; lebte seit 1860 in Paris.
Pietsch – Vgl. Anm. 4 zu Brief 102.
Kowalewski – Vgl. Anm. 6 zu Brief 67.
Frau Raschet – Vgl. Anm. 1 zu Brief 117.
Abert – Johann Josef Abert (1832–1915), Komponist und Kapellmeister an der Stuttgarter Oper.
Frau Viardot – Vgl. Anm. 1 zu Brief 10.
zugunsten der Geschädigten – Gemeint sind die durch den österreichisch-preußischen Krieg (1866) Geschädigten.
Brief ... von Mérimée – Prosper Mérimée hatte am 21. August 1866 an Turgenjew geschrieben.
meiner ins Französische übersetzten Arbeiten – Vgl. Anm. 5 zu Brief 113.
Frau Abasa – Julija Fjodorowna Abasa (1830–1915), Sängerin.
Frau Nowikowa – Vgl. Anm. 1 zu Brief 114.
Gontscharow – Vgl. Anm. 1 zu Brief 59.

116

William Ralston – (1828–1889), englischer Folklorist, Kritiker und Literaturhistoriker; arbeitete als Bibliothekar am Britischen Museum; schrieb insbesondere über russische Schriftsteller; übersetzte Turgenjews Roman „Ein Adelsnest"; besuchte den russischen Dichter in Baden-Baden, Paris und Bougival sowie 1870 in Rußland; traf sich des öfteren mit ihm in England.
„Fortnightly Review" – (engl.) Halbmonatsrundschau; Ralston hatte 1866 in der Nummer 6 dieser Zeitschrift unter dem Titel „Ein russischer Dichter" einen Artikel über Alexej Wassiljewitsch Kolzow (1809–1842) veröffentlicht. Mit der Übersendung dieses Artikels an Turgenjew begann beider Bekanntschaft.
Belinski – Vgl. Anm. 1 zu Brief 12.

Burns – Robert Burns (1759–1796), schottischer Lyriker; der Vergleich zwischen Kolzow und Burns, den Ralston in seinem Artikel angestellt hatte, war bereits des öfteren gezogen worden; auch Turgenjew hatte 1860 zeitweilig über Kolzow und Burns schreiben wollen.

Pissemski – Vgl. Anm. 9 zu Brief 38.

Gontscharow – Vgl. Anm. 1 zu Brief 59.

Mister Lewes – George Henry Lewes (1817–1878), englischer Philosoph und Schriftsteller; schrieb 1855 die Biographie „Das Leben Goethes".

117

N. N. Raschet – Natalja Nikolajewna Raschet (1830–1894); lebte von 1860 bis 1872 in Deutschland, Frankreich und in der Schweiz; lernte Anfang der sechziger Jahre Turgenjew in Paris kennen; stellte auf Turgenjews Veranlassung 1862 die Verbindung M. A. Bakunins zu seiner Familie in Rußland her.

Hartmann – Vgl. Anm. 1 zu Brief 58.

Krais – Felix Krais (1821–1907), Verleger, Freund M. Hartmanns; in seinem Verlag erschien u. a. die von Hartmann redigierte Zeitschrift „Freya. Illustrierte Blätter für die gebildete Welt".

vortreffliche Übersetzung meiner Erzählung – Gemeint ist Hartmanns Übersetzung aus dem Französischen von „Pjotr Petrowitsch Karatajew" (1847) in Nummer 12 der „Freya" von 1866.

Karl Mayer – (1819–1889), Verleger, Sohn des Lyrikers Karl Mayer (1786–1870), der zum „Schwäbischen Dichterkreis" gehörte.

„Stuttgarter Beobachter" – Vgl. Anm. 6 zu Brief 136.

Bodenstedtschen Übersetzung – Vgl. Anm. 3 zu Brief 91.

Manja – Marja Wladimirowna Welichowa (1854–1921), Tochter N. N. Raschets.

118

Pauline Viardot – Vgl. Anm. 1 zu Brief 10.

Erfolg der Lesung – Gemeint ist Turgenjews Lesung seines Romans „Rauch" (1867) vor den Petersburger Freunden, die er anschließend in Moskau wiederholte.

wie in Berlin – Turgenjew war, bevor er am 8. März nach Petersburg abreiste, in Berlin mit Pauline Viardot zusammen gewesen.

Katkow – Vgl. Anm. 12 zu Brief 46.

meinen neuen Verwalter – Nikita Alexejewitsch Kischinski (gest. 1888).

Frau Abasa – Vgl. Anm. 11 zu Brief 115.

Rubinstein – Vgl. Anm. 7 zu Brief 104; gab 1867 seine Stellung als Direktor des Petersburger Konservatoriums auf.

Miljutin – Nikolai Alexejewitsch Miljutin (1818–1872), Freund Turgenjews; nahm aktiven Anteil an den Vorbereitungen zur Aufhebung der Leibeigenschaft 1861.

Ernest – Ernest Héritte de la Tour, Diplomat, Gatte Louise Viardots (vgl. Anm. 11 zu Brief 10), die ihn 1866, mit ihrem zweijährigen Sohn verlassen hatte.

„Russki westnik" – Vgl. Anm. 3 zu Brief 62.

Haldenwang – Bankier in Baden-Baden.

Viardot – Vgl. Anm. 13 zu Brief 10.

119

Pauline Viardot – Vgl. Anm. 1 zu Brief 10.

Der Druck – Gemeint ist der Abdruck des Romans „Rauch" (1867) im „Russki westnik" (Russischer Bote).

eterni Dei! – (ital.) ewige Götter!

Ihr Herrscher – Napoleon III. (1808–1873).

Weltausstellung – Sie fand im Juni 1867 in Paris statt.

Viardot – Vgl. Anm. 13 zu Brief 10.

120

Pauline Viardot – Vgl. Anm. 1 zu Brief 10.

Stufenjahr – Turgenjew folgt hier der Vorstellung, daß im Leben des Menschen jedes 7. Jahr von besonderer Bedeutung ist. Er war 1867 sieben mal sieben, also 49 Jahre alt.

Lesung – Vgl. Anm. 2 zu Brief 118.

Katkow – Vgl. Anm. 12 zu Brief 46.

meines unglückseligen Romans – Gemeint ist „Rauch"; erschienen 1867 im „Russki westnik" (vgl. Anm. 3 zu Brief 62).

meinen Onkel – N. N. Turgenjew (vgl. Anm. 5 zu Brief 42), dem Turgenjew die Verwaltung seiner Güter entziehen wollte.

Königin von Preußen – Augusta (1811–1890), Gattin Wilhelms I.

Ihr Militärmarsch – „Marche militaire"; erschienen als königlich-preußischer Armeemarsch Nr. 203 bei Bote und Bock in Berlin.

Weltausstellung – Sie fand im Juni 1867 in Paris statt.

Gérard – E. Gérard, Pariser Musikverleger.

Verleger in Berlin – Gemeint ist der Musikverlag Bote und Bock.

121

W. P. Botkin – Vgl. Anm. 3 zu Brief 30.
Berichterstatter – Ludwig Pietsch (vgl. Anm. 4 zu Brief 102).
Napoleon – Napoleon III. (1808–1873).
Annenkow – Vgl. Anm. 3 zu Brief 17.
Rede des Königs – Gemeint ist die Rede des preußischen Königs Wilhelms I. am 17. April 1867 in Berlin aus Anlaß der Schließung des Norddeutschen Bundes.

122

W. P. Botkin – Vgl. Anm. 3 zu Brief 30.
Krieg ... unvermeidlich ist – Vgl. Anm. 3 zu Brief 123.
Graf Flemming – Albert von Flemming (geb. 1813), Kammergerichtsassessor, später preußischer Gesandter am badischen Hof.
Miljutin – Vgl. Anm. 8 zu Brief 118.
Viardots – Pauline und Louis Viardot (vgl. Anm. 1 und 13 zu Brief 10).
Annenkow – Vgl. Anm. 3 zu Brief 17.

123

Moritz Hartmann – Vgl. Anm. 1 zu Brief 58.
Madame Raschet – Vgl. Anm. 1 zu Brief 117.
der Frieden ist gesichert – Durch den Abzug der in Luxemburg stationierten preußischen Truppen war die Gefahr eines Krieges zwischen Frankreich und Preußen vorläufig beseitigt.
Ihrer lieben Frau – Bertha Hartmann (1839–1916).
ménages – (franz.) Familien.
ein Artikel von Ihrer Feder – „Ivan Tourgenew"; veröffentlicht in den in Hildburghausen erscheinenden „Ergänzungsblättern zur Kenntnis der Gegenwart" am 3. August 1868.
Gefasel – das Lamartine über mich expektoriert hat – Turgenjew bezieht sich auf Alphonse de Lamartines (vgl. Anm. 11 zu Brief 73) Artikel „Iwan Turguéneff", der 1866 im Band 22 seines „Cours familier de littgérature" (Literaturkursus für Familien) in zwei „Lektionen" und 1867 im Band 23 in einer „Lektion" erschienen war und die erste ausführliche Biographie Turgenjews in französischer Sprache darstellte. Trotz sachlicher Fehler trug der Artikel erheblich zur Verbreitung von Turgenjews Schaffen in Frankreich bei.
„Entretiens" – (franz.) Unterhaltungen.

„pas de nouvelles – bonnes nouvelles" – (franz.) keine Neuigkeiten – gute Neuigkeiten.

„Pères et Enfants" – Gemeint ist die französische Übersetzung von Turgenjews Roman „Väter und Söhne" (1862), die 1863 in Paris erschienen war.

Catherinens Glück – Gemeint ist die gut verlaufene Entbindung von Jekaterina Nikolajewna Orlowa (1840–1875). Hartmann war in den fünfziger Jahren in Paris ihr Privatlehrer gewesen.

Königs der Belgier – Leopold II. (1835–1909), ab 1865 König von Belgien.

Orlow – Nikolai Alexejewitsch Orlow (1827–1885). General und Diplomat.

Prinz Dolgorukow – Vgl. Anm. 6 zu Brief 83.

124

A. I. Herzen – Vgl. Anm. 17 zu Brief 18.

„alea jacta est" – (lat.) der Würfel ist gefallen.

Lamartine – Vgl. Anm. 11 zu Brief 73.

neuen Werks – Gemeint ist der Roman „Rauch", der 1867 als Buch erschienen war.

in Deinem letzten Brief – Gemeint ist ein Brief Herzens vom 10. April 1864.

zugunsten der im Polenkrieg Verwundeten – Gemeint sind Geldspenden für die russischen Soldaten, die 1863 während des polnischen Aufstandes verwundet worden waren.

„Moskowskije wedomosti" – Vgl. Anm. 11 zu Brief 46.

Fürst Dolgorukow – Vgl. Anm. 6 zu Brief 83.

auf dem brennenden Schiff – Der Dampfer, mit dem Turgenjew im Mai 1838 nach Deutschland kam, war in Brand geraten. Dostojewski karikierte Turgenjews Verhalten in seinem Roman „Die Dämonen"; Turgenjew selbst diktierte Frau Viardot auf dem Totenbett in französischer Sprache „Ein Schiffsbrand auf dem Meere".

Slawophile – Vgl. Anm. 14 zu Brief 34.

Heidelberger Arabesken – Gemeint sind die in Heidelberger Emigrantenkreisen spielenden Szenen des Romans „Rauch" (1867).

„schlürf in vollen Zügen …" – Puschkin, „Eugen Onegin" (2. Kapitel, Strophe 39).

125

P. W. Annenkow – Vgl. Anm. 3 zu Brief 17.

„Brigadier" – Erzählung Turgenjews; erschien 1868 im Januarheft des „Westnik Jewropy" (Europäischer Bote).

„Rauch" – Roman Turgenjews (1867).

F. I. Tjutschew – Vgl. Anm. 6 zu Brief 112. Tjutschew antwortete 1867 auf Turgenjews Roman mit einem Gedicht „Rauch" und einem Epigramm „Der Rauch des Vaterlandes ist uns süß und angenehm!"

Potugin – Gestalt aus dem Roman „Rauch".

Pogodin – Michail Petrowitsch Pogodin (1800–1875), Professor für Geschichte an der Moskauer Universität, Herausgeber des „Moskwitjanin" (Der Moskauer); trat im Mai 1867 mit Reden auf dem slawischen Kongreß in Moskau auf.

Kawelin – Vgl. Anm. 11 zu Brief 56.

Ihrer lieben Gattin – Glafira Alexandrowna Annenkowa (1831–1899).

126

W. P. Botkin – Vgl. Anm. 3 zu Brief 30.

Schuyler – Eugen Schuyler (1840–1890), amerikanischer Diplomat, Schriftsteller und Übersetzer; verfaßte Erinnerungen an L. N. Tolstoi.

vier Exemplare von „Väter und Söhne" – Gemeint ist die von Turgenjew autorisierte, von Schuyler übersetzte Ausgabe „Fathers and Sons", die 1867 in New York erschienen war.

„Le Dernier Sorcier" – (franz.) Der letzte Zauberer; Operette von Pauline Viardot, Text von Turgenjew; wurde im Haustheater von Frau Viardot in Baden-Baden aufgeführt.

Frau Viardot – Vgl. Anm. 1 zu Brief 10.

Frau Schumann – Vgl. Anm. 2 zu Brief 101.

Rubinstein – Vgl. Anm. 7 zu Brief 104.

Rosenhain – Jakob Rosenhain (1813–1894), Pianist und Komponist.

Levi – Hermann Levi (1839–1900), Dirigent, von 1864 bis 1872 Kapellmeister am Karlsruher Hoftheater.

auf einer Bühne zu spielen – „Der letzte Zauberer" wurde am 8. April 1869 im Weimarer Theater aufgeführt.

Chorley – Henry Fothergill Chorley (1808–1872), englischer Musikkritiker und Historiker. Turgenjew lernte ihn Ende der vierziger Jahre in Paris kennen.

mein lieber Onkel – N. N. Turgenjew (vgl. Anm. 5 zu Brief 42).

Broschüre von Ambros – Gemeint ist die Broschüre des Musikhistorikers August Wilhelm Ambros (1816–1876) „Kulturhistorische Bilder aus dem Leben der Gegenwart“; Botkin hatte Turgenjew in einem Brief vom 25. September 1867 empfohlen, den darin enthaltenen Artikel „Robert Schumanns Tage und Werke“ zu lesen.

Miljutin – Vgl. Anm. 8 zu Brief 118.

Fürst Tscherkasski – Wladimir Alexandrowitsch Tscherkasski (1824 bis 1878).

Samarin – Juri Fjodorowitsch Samarin (1819–1876), Publizist; hatte an den Vorbereitungen zu der Leibeigenschaftsreform von 1861 teilgenommen.

Iwan Pawlytsch – I. P. Arapetow (vgl. Anm. 8 zu Brief 35).

127

N. Ch. Ketscher – Vgl. Anm. 17 zu Brief 32.

F. I. Salajew – Fjodor Iwanowitsch Salajew (1820–1879), Moskauer Verleger der Werke Turgenjews.

Karlsruher Ausgabe – In Karlsruhe war 1865 in russischer Sprache eine fünfbändige Ausgabe der Werke Turgenjews, herausgegeben von den Brüdern Salajew, in der Hasperschen Druckerei gedruckt worden.

Druck der neuen Ausgabe – Die zweite von den Brüdern Salajew in Moskau herausgegebene Ausgabe der Werke Turgenjews erschien in acht Bänden zwischen 1868 und 1871.

die beiden Bürden – Ketscher hatte bei der ersten russischen Buchausgabe von „Rauch“ (1867) und bei der Erzählung „Die Geschichte des Leutnants Jergunow“ (1868) Korrektur gelesen.

128

Moritz Hartmann – Vgl. Anm. 1 zu Brief 58.

meinem Buche – Gemeint ist die französische Übersetzung von Turgenjews Roman „Rauch“ (1867), die 1867 unter dem Titel „Fumée“ in Paris erschienen war. Turgenjew hatte das Buch am 8. Februar 1868 an Hartmann geschickt.

„Väter und Kinder“ – Gemeint ist der Roman „Väter und Söhne“ (1862).

Daß Sie den „Überflüssigen“ übersetzt haben – Gemeint ist Turgenjews Erzählung „Tagebuch eines überflüssigen Menschen“ (1850), die, „mit besonderer Erlaubnis des Verfassers nacherzählt von M. Hartmann“, im April 1869 in „Westermanns Jahrbuch der illustrierten Monatshefte“ erschien.

den „Antschar“ in den „Scènes de la Vie Russe“ – Turgenjews Erzählung „Stilles Leben“ (1854) war unter dem Titel „L'Antchar“ 1858 im zweiten Band der „Scènes de la Vie Russe“ (Szenen aus dem russischen Leben) erschienen.

Familie Viardot – Pauline und Louis Viardot (vgl. Anm. 1 und 13 zu Brief 10).

Ihre liebenswürdige Frau – Bertha Hartmann (1839–1916).

129

Berthold Auerbach – Vgl. Anm. 3 zu Brief 114.

das Buch, das ich Ihnen geschickt habe – Vgl. Anm. 2 zu Brief 128.

Stassjulewitsch – Michail Matwejewitsch Stassjulewitsch (1826–1911), Publizist und Historiker; gab seit 1866 die politisch-historische Monatsschrift „Westnik Jewropy“ (vgl. Anm. 10 zu Brief 112) heraus.

Popularität Ihres Namens bei uns – Auerbachs „Dorfgeschichten“ waren in Rußland seit den vierziger Jahren mehrmals übersetzt worden.

ein zu umfangreiches Werk von Ihnen – Gemeint ist der Roman „Das Landhaus am Rhein“; Auerbach hatte für den Abdruck in Stassjulewitschs Zeitschrift „Westnik Jewropy“ 50 Taler pro Druckbogen nach der deutschen Buchausgabe gefordert, was bei dem russischen Zeitschriftenformat mehr als die doppelte Summe bedeutet hätte. Am 5. Juni 1868 wurde das Honorar auf 133⅓ Taler festgelegt.

einen Artikel über Sie – 1868 sandte Turgenjew eine mit weitgehender Unterstützung L. Pietschs verfaßte Vorrede zur russischen Ausgabe von Auerbachs Roman „Das Landhaus am Rhein“ für das Septemberheft des „Westnik Jewropy“ an Stassjulewitsch.

Frau Viardot – Vgl. Anm. 1 zu Brief 10.

Wir arbeiten jetzt an einer dritten Operette ... zwei ersten – „L'Ogre“ (Der Menschenfresser, 1868), „Trop de femmes“ (Zuviel Frauen, 1867) und „Le Dernier Sorcier“ (Der letzte Zauberer). Turgenjew hatte den Text zu diesen Operetten in französischer Sprache verfaßt.

130

Erich Behre – (1832–1881), Buchhändler und Verleger; gab zwischen 1869 und 1884 in Mitau (heute Lettische SSR) in zwölf Bänden „Iwan Turgenjews Ausgewählte Werke“, die erste große Turgenjew-Ausgabe in deutscher Sprache, heraus; gehörte einer weitverzweigten Verlegerfamilie an, die auch in Hamburg ihren Sitz hatte.

3 Exemplare von „Rauch" ... Der Herr Übersetzer – Turgenjews Roman „Rauch" (1867) erschien 1868 im Verlag von E. Behre in der deutschen Übersetzung von Friedrich Cziesch. Turgenjew hatte in einem Schreiben vom 11. Dezember 1867 an Behre diese Übersetzung, die als Vorabdruck im Oktober und November 1867 in der „Rigaschen Zeitung" erschienen war und die der Dichter damals als „ziemlich gelungen" bezeichnet hatte, autorisiert.

in der Hartmannschen Übersetzung – Moritz Hartmann hatte den Roman „Rauch" aus dem Französischen übersetzt und in der Wochenausgabe der Augsburger „Allgemeinen Zeitung" zwischen dem 10. April und 10. Juli 1868 veröffentlicht.

Die Vorrede ... die 6000 Rubel – In dem „Riga, im März 1868" datierten Vorwort von Fr. Cziesch heißt es, „daß das Werk des gefeierten russischen Romandichters von der Redaktion jener Moskauschen Monatsschrift" (gemeint ist der „Russki westnik") „mit 6000 Rubeln bezahlt worden sei".

Ihren Vorschlag – Wie Hans von Rimscha in der Einleitung zu seiner 1970 erschienenen Publikation „Turgenjews Briefe an E. Behre" mitteilt, hatte Behre vorgeschlagen, auch die künftigen Werke Turgenjews in deutscher Übersetzung herauszubringen. Nachdem die in seinem Verlag erschienene Einzelausgabe von „Rauch" Turgenjews Unwillen erregt hatte, erweiterte er wenig später seinen Vorschlag dahingehend, ebenfalls die bereits deutsch vorliegenden Werke, einschließlich der zu revidierenden Übersetzung von „Rauch", herauszugeben.

131

Moritz Hartmann – Vgl. Anm. 1 zu Brief 58.

unserer dritten Operette – „L'Ogre" (Der Menschenfresser).

die Übersetzung – Gemeint ist Hartmanns Übersetzung von „Rauch" (vgl. Anm. 3 zu Brief 130).

Separatausgabe meines Romans – Gemeint ist Friedrich Czieschs Übersetzung von „Rauch" (vgl. Anm. 2 zu Brief 130).

dem Verleger – Erich Behre (vgl. Anm. 1 zu Brief 130).

könnte ich nicht dagegen ... protestieren – Die „Kölnische Zeitung" brachte am 6. Juni 1868 eine kurze Notiz, daß Turgenjew in einem Brief an M. Hartmann „dessen Übersetzung seines neuesten Romans ‚Rauch' als ausgezeichnet anerkennt, dagegen sich aufs bitterste über die in Mitau herausgekommene Übersetzung beschwert".

Frau und Kind – Bertha Hartmann (1839–1916) und Ludo Moritz Hartmann (1865–1924), Historiker, Professor in Wien.

132

Pauline Viardot – Vgl. Anm. 1 zu Brief 10.

in diesem Hotel – Turgenjew war wie gewöhnlich in Berlin im Hotel „St. Petersburg" abgestiegen.

Pietsch – Vgl. Anm. 4 zu Brief 102.

Romanzen – Turgenjew übertrug den Text einiger deutscher Gedichte, die Frau Viardot vertont hatte, ins Russische, so z. B. von Goethe, E. Mörike und E. Geibel. Sie erschienen zwischen 1869 und 1874 in Petersburg.

Libretti – Vgl. Anm. 8 zu Brief 129.

Naïna – Gestalt aus Pauline Viardots Operette „L'Ogre" (Der Menschenfresser).

Menzel – Adolph Menzel (1815–1905); Turgenjew hatte den Maler durch Vermittlung L. Pietschs 1864 oder 1865 in Berlin kennengelernt und schätzte ihn sehr.

Lessing – Julius Lessing (1843–1908), ab 1872 Direktor des Berliner Kunstgewerbemuseums und Professor für Geschichte des Kunstgewerbes an der Technischen Hochschule Berlin. Turgenjew hatte ihn als Berichterstatter der „Nationalzeitung" im Juni 1867 auf der Pariser Weltausstellung kennengelernt. Lessing war anschließend in Baden-Baden Gast der Familie Viardot gewesen.

Auerbach – Vgl. Anm. 3 zu Brief 114.

Viardot – Vgl. Anm. 13 zu Brief 10.

Didie – Claudie Viardot (1852–1914).

133

Pauline Viardot – Vgl. Anm. 1 zu Brief 10.

Auerbach – Vgl. Anm. 3 zu Brief 114.

seinen Roman – „Das Landhaus am Rhein".

Pietsch – Vgl. Anm. 4 zu Brief 102.

Frau Pietsch – Marie Pietsch (1831–1894).

Micawber – Gestalt aus Charles Dickens' Roman „David Copperfield"; gemeint ist damit Ludwig Pietsch, der – nach Turgenjews Worten – „beständig zwischen der tiefsten Verzweiflung und dem höchsten Jubel oszilliert".

R. Begas – Reinhold Begas (1831– 1911), Berliner Bildhauer, Professor an der Berliner Kunstakademie.

Donatello – (1386–1466), italienischer Bildhauer.

seine Frau – Nina Auerbach, Schwester des österreichischen Dichters Heinrich Lorm (Landesmann).

Gounod – Charles-François Gounod (1818–1893), französischer Komponist.

Julian Schmidt – Heinrich Julian Schmidt (1818–1886), Literaturkritiker und Literaturhistoriker; schrieb viele Besprechungen zu Werken Turgenjews.

Graefe – Albrecht Graefe (1828–1870), bekannter Berliner Augenarzt.

die Begas – Reinhold Begas und seine Brüder Oskar und Adalbert, die ebenfalls bildende Künstler waren.

Braun – Karl Braun (1822–1893); leitete bis 1880 die Nationalliberale Partei.

Haus im Tiergarten – Gemeint ist Turgenjews Haus in der Tiergartenstraße in Baden-Baden.

Paul Meyerheim – (1842–1915), Tier- und Genremaler.

Knaus – Ludwig Knaus (1829–1910), Porträt- und Genremaler.

„L'Ogre" – Vgl. Anm. 8 zu Brief 129.

„Athenaeum" – „The Athenaeum"; in London erscheinende Zeitschrift für englische und ausländische Literatur, Wissenschaft und schöne Künste. Am 6. Juni 1868 war dort eine anonyme Rezension zur Moskauer Ausgabe von Turgenjews Roman „Rauch" (1867) erschienen.

Manuel – Manuel Garcia (vgl. Anm. 9 zu Brief 13); lebte damals in London.

„Revue des Deux Mondes" – Vgl. Anm. 12 zu Brief 45.

„Jergunow" – Gemeint ist die französische Übersetzung der Erzählung „Die Geschichte des Leutnants Jergunow" (1868).

fahren Sie nach München – Frau Viardot beabsichtigte, zur geplanten Erstaufführung von R. Wagners Oper „Die Meistersinger von Nürnberg" nach München zu fahren.

des Sultans – Abd-ul-Aziz (1830–1876), ab 1861 türkischer Sultan. Frau Viardot sammelte Photographien berühmter Persönlichkeiten.

134

Pauline Viardot – Vgl. Anm. 1 zu Brief 10.

in der Partitur – Gemeint ist die Partitur von Richard Wagners Oper „Die Meistersinger von Nürnberg"; die Oper war am 21. Juni 1868 in München uraufgeführt worden.

letzte Roman von Lew Tolstoi – „Krieg und Frieden".
Viardot – Vgl. Anm. 13 zu Brief 10.
Die Königin – Augusta von Sachsen-Weimar (1811–1890), Gattin Wilhelms I.
„Krakamiche" – Gemeint ist Pauline Viardots Operette „Der letzte Zauberer", deren Hauptgestalt Krakamiche heißt.

135

M. M. Stassjulewitsch – Vgl. Anm. 3 zu Brief 129.
Vorwort zu Auerbachs Roman – Vgl. Anm. 6 zu Brief 129.
Auerbach – Vgl. Anm. 3 zu Brief 114.
dreimal geschrieben – Es ist ein Brief Turgenjews an Berthold Auerbach vom 27. September 1868 überliefert, in dem er bittet, das Manuskript des Romans „Das Landhaus am Rhein" für den Abdruck im „Westnik Jewropy" (Europäischer Bote) an Stassjulewitsch zu schicken.
nicht in „Neue Freie Presse" erschienen – Das „Landhaus am Rhein" erschien ab September 1868 als Erstdruck in der Wiener Zeitung „Die Presse".
„Westnik Jewropy" ... Aufsatz von mir – Gemeint sind Turgenjews „Erinnerungen an Belinski", die 1869 im Aprilheft des „Westnik Jewropy" (vgl. Anm. 10 zu Brief 112) erschienen.

136

Moritz Hartmann – Vgl. Anm. 1 zu Brief 58.
eine neue Novelle – Gemeint ist die Erzählung „Eine Unglückliche", die 1869 im Januarheft des „Russki westnik" (Russischer Bote) erschien. Ungeachtet der Bedenken Turgenjews erschienen schon 1869 zwei deutsche Übersetzungen.
lugubre – (franz.) schauerlich.
Operetten von Frau Viardot – Vgl. Anm. 8 zu Brief 129.
Karl Mayer, dem Sohne des Dichters – Vgl. Anm. 5 zu Brief 117.
eines Blatts – Gemeint ist die Stuttgarter demokratische Tageszeitung „Der Beobachter. Ein Volksblatt aus Schwaben". Der Roman „Väter und Söhne" (1862) war dort in Fortsetzungen vom 30. September bis 31. Dezember 1865 unter dem Titel „Väter und Kinder" erschienen.
ein deutscher Buchhändler – Erich Behre (vgl. Anm. 1 zu Brief 130).

eine kleine Auswahl meiner Sachen – Die von E. Behre veranstaltete erste umfangreiche deutsche Ausgabe von „Iwan Turgenjews Ausgewählten Werken“ belief sich schließlich auf zwölf Bände.
meinen „Chien“ – Gemeint ist die Erzählung „Der Hund“ (1866).
Ihre Frau – Bertha Hartmann (1839–1916).

137

Erich Behre – Vgl. Anm. 1 zu Brief 130.
„Väter und Söhne“ – Roman Turgenjews (1862).
Karl Mayer – Vgl. Anm. 5 zu Brief 117.
Moritz Hartmann – Vgl. Anm. 1 zu Brief 58; übersetzte außer dem Roman „Rauch“ die Erzählungen „Mumu“, „Der Kreisarzt“, „Pjotr Petrowitsch Karatejew“, „Die Herberge“, „Drei Begegnungen“ und „Tagebuch eines überflüssigen Menschen“ aus dem Französischen.
Meine Novelle – Gemeint ist „Eine Unglückliche“ (1869).
wie groß Sie ... die Ausgabe machen wollen – Vgl. Anm. 8 zu Brief 136.

138

Ludwig Friedländer – (1824–1909), Altphilologe, Verfasser einer vierbändigen „Sittengeschichte Roms“, Professor an der Königsberger Universität.
Aufsatz in der „Allgemeinen Zeitung“ – Friedländer hatte am 3. August 1868 in der Augsburger „Allgemeinen Zeitung“ unter einem Korrespondenzzeichen den Aufsatz „Iwan Turgenew“ veröffentlicht. Anscheinend hatte er sich in einem Brief an Turgenjew als Verfasser zu erkennen gegeben.
Französisch sind erschienen – Bei den angegebenen französischen Titeln handelt es sich um folgende Werke Turgenjews:

1. „Aufzeichnungen eines Jägers“
2. „Szenen aus dem russischen Leben“ – 2 Bde. (enthält: „Der Raufbold“, „Die drei Porträts“, „Mumu“, „Die Herberge“, „Zwei Freunde“, „Stilles Leben“, „Ein Briefwechsel“, „Faust“, „Ein Ausflug in die Waldregion“, „Jakow Passynkow“, „Das Frühstück beim Adelsmarschall“, „Das Gnadenbrot“)
3. „Neue Szenen aus dem russischen Leben“ (enthält: „Vorabend“, „Erste Liebe“)
4. „Rudin“, „Drei Begegnungen“, „Tagebuch eines überflüssigen Menschen“

5. „Ein Adelsnest"
6. „Väter und Söhne"
7. „Rauch"
„Petuschkow", „Der Jude", „Asja", „Visionen", „Der Hund", „Die Geschichte des Leutnants Jergunow", „Der Brigadier" – Die letztgenannten Erzählungen erschienen 1869 unter dem Titel „Nouvelles Moscovites" (Moskauer Novellen) bei P.-J. Hetzel in Paris (vgl. Brief 113). Friedländer besprach diese Ausgabe in dem Artikel „Neue Novellen von Turgenjew" in der Beilage der Augsburger „Allgemeinen Zeitung" vom 17. Juli 1869.

139

Charles-Augustin Sainte-Beuve – (1804–1869), französischer Kritiker und Schriftsteller. Turgenjew begegnete ihm im März 1869 in Paris, als jener schon schwerkrank war.

140

Jakob Caro – (1835–1904), ab 1869 Professor für neuere Geschichte in Breslau; schrieb eine Geschichte Polens in fünf Bänden (1863–1888).

Ihre Broschüre „Lessing und Swift" – Gemeint ist Caros im Dezember 1868 mit der Jahreszahl 1869 erschienene Studie über Nathan den Weisen. Caro entwickelt darin den Gedanken, daß Lessing, schon 20 Jahre bevor er in Boccaccios „Decamerone" eine Anregung zur Ringparabel fand, durch das Studium von Jonathan Swifts Leben auf das Thema der Bruder-Schwester-Liebe und durch dessen „Märchen von der Tonne" auf die philosophische Idee des „Nathan" gestoßen sei.

er scheint es selbst ... zu fühlen – Lessing schreibt im Hunderttersten, -zweiten, -dritten und -vierten Stück (den 19. April 1768) des zweiten Bandes der „Hamburgischen Dramaturgie": „Ich bin weder Schauspieler, noch Dichter. Man erweiset mir zwar manchmal die Ehre, mich für den letztern zu erkennen. Aber nur, weil man mich verkennt ... Ich fühle die lebendige Quelle nicht in mir ..."

dem ruhigen Lächeln – Caros Abhandlung über Lessing endet mit den Worten: „denn das Kostbarste und Edelste an ihm war doch – sein Lächeln".

Briefe – und die Klotzschen Abfertigungen – Gemeint sind Lessings „Literaturbriefe" (1759/1760), seine „Briefe antiquarischen Inhalts" und die Abhandlung „Wie die Alten den Tod gebildet". In den beiden letzten Arbeiten führt Lessing seine Polemik gegen den Hallenser Hofrat und Lehrer der Beredsamkeit Christian Adolf Klotz (1738–1771) besonders heftig.

Redakteur des „Westnik Jewropy" – M. M. Stassjulewitsch (vgl. Anm. 3 zu Brief 129). Eine Rezension des Buches von Caro erschien im „Westnik Jewropy" (vgl. Anm. 10 zu Brief 112) nicht.

141

Erich Behre – Vgl. Anm. 1 zu Brief 130.

Stuttgarter Übersetzung der „Väter und Söhne" – Vgl. Anm. 6 zu Brief 136.

Ludwig Pietsch – Vgl. Anm. 4 zu Brief 102.

„Jergunow" – Gemeint ist die Erzählung „Die Geschichte des Leutnants Jergunow", die im Januarheft des „Russki westnik" von 1868 erschienen war.

die französische Übersetzung – Vgl. Anm. 4 zu Brief 96.

mea culpa – (lat.) ich bin schuldig.

die Vorrede – Turgenjew schickte die Vorrede zum 1. Band seiner „Ausgewählten Werke" am 24. Februar 1869 an Pietsch mit der Bitte, den deutschen Stil zu verbessern. Pietsch nahm jedoch keine Änderungen vor. Turgenjews Vorrede enthält den viel zitierten Satz: „Ich verdanke zu viel Deutschland, um es nicht als mein zweites Vaterland zu lieben und zu verehren."

„Russki westnik" – Vgl. Anm. 3 zu Brief 62.

142

N. N. Raschet – Vgl. Anm. 1 zu Brief 117.

„Minnesänger" – Die Karlsruher Aufführung von Richard Wagners Oper „Die Meistersinger von Nürnberg" fand am 29. Januar 1869 statt.

Shemtschushnikow – Alexej Michailowitsch Shemtschushnikow (1821 bis 1908), Schriftsteller, in den fünfziger Jahren Mitarbeiter des „Sowremennik" (Der Zeitgenosse); lebte von 1865 bis 1884 im Ausland und verkehrte viel mit Turgenjew.

Manja und Lenotschka – Marija Wladimirowna (1854–1921) und Jelena Wladimirowna Raschet (gest. 1889), N. N. Raschets Töchter.

143

Ludwig Pietsch – Vgl. Anm. 4 zu Brief 102.
einen lächerlichen Verleger – E. Behre (vgl. Anm. 1 zu Brief 130).
Ausgabe meiner „Ausgewählten Schriften“ – Vgl. Anm. 8 zu Brief 136.
eine Übersetzung jenes Romans – Vgl. Anm. 6 zu Brief 136.
mea culpa – (lat.) durch meine Schuld.
das kann ich nicht – wie Schumann singt – In Robert Schumanns Liebeslied „Dir zu eröffnen mein Herz“ wird der Schluß „und kann es nicht“ viermal wiederholt.
gratis pro Deo – (lat.) umsonst für Gotteslohn.
pour le Roi de Prusse – (franz.) für den König von Preußen.
Sie können auch abschlagen – Pietsch übernahm die Revision sowohl des Romans „Väter und Söhne“ als auch anderer Erzählungen der von Behre herausgegebenen Turgenjew-Ausgabe.

144

A. I. Herzen – Vgl. Anm. 17 zu Brief 18.
„Poljarnaja swesda“ – Vgl. Anm. 6 zu Brief 61.
Nikolai – Zar Nikolai I. (1796–1855).
Botkin – Vgl. Anm. 3 zu Brief 30.
Miljutin – Vgl. Anm. 8 zu Brief 118.
Totleben – Eduard Iwanowitsch Totleben (1818–1884), Ingenieur; leitete die Befestigung von Sewastopol und führte im Krimkrieg (1853 bis 1856) eine erfolgreiche Verteidigung gegen die englisch-französische Armee.
„Westnik Jewropy“ – Vgl. Anm. 10 zu Brief 112.
„Erinnerungen an Belinski“ – Sie waren im Aprilheft des „Westnik Jewropy“ von 1869 erschienen.

145

A. I. Herzen – Vgl. Anm. 16 zu Brief 18.
Deines Sohnes – Alexander Alexandrowitsch Herzen (1839–1906), Physiologe. Turgenjew kannte ihn schon als Kind und verfolgte später seine wissenschaftlichen Arbeiten.
ballon d'essai – (franz.) Versuchsballon.
Schuwalow – Pjotr Andrejewitsch Schuwalow (1827–1889), von 1866 bis 1873 Chef der Gendarmerie und Leiter der Dritten Abteilung.

Kelssijew – Wassili Iwanowitsch Kelssijew (1835–1872), Schriftsteller und Ethnograph; lebte ab 1859 in der Emigration, wo er Herzen nahestand; schwor 1867 seiner revolutionären Tätigkeit ab und erlangte die Verzeihung der zaristischen Regierung.

die Familie – Gemeint ist das russische Herrscherhaus.

méfait – (franz.) Freveltat.

Alexandra Fjodorowna – Russische Zarin (1798–1860), Frau Nikolais I. und Schwester des preußischen Königs Friedrich Wilhelm III.; Herzen hatte sie 1857 im „Kolokol" verspottet.

Pogodin – Vgl. Anm. 6 zu Brief 125; hatte 1869 Herzen in Montreux überreden wollen, nach Rußland zurückzukehren.

„Birshewyje wedomosti" – (russ.) Börsennachrichten; gemäßigt liberale Tageszeitung, erschien mit Unterbrechungen von 1861 bis 1917. In Nr. 44 waren die Gerüchte über Herzens beabsichtigte Rückkehr nach Rußland und Verleumdungen über ihn verbreitet worden.

Bakunin – Vgl. Anm. 1 zu Brief 5. Turgenjew hatte ihn Mitte Mai 1862 in London gesehen.

eine solche Demonstration – Turgenjew bezieht sich auf M. A. Bakunins Reden auf dem Kongreß der Friedens- und Freiheitsliga in Bern, die auch im „Kolokol" (Die Glocke) veröffentlicht waren. Bakunin schlug darin vor, das sozialistische Programm anzunehmen und alle Religionen zu verneinen.

gouvernement fort – (franz.) starke Regierung.

congrégationiste – (franz.) Angehöriger einer Gemeinschaft; M. A. Bakunin verwandte dieses Wort nicht.

146

Erich Behre – Vgl. Anm. 1 zu Brief 130.

das II. Bändchen – Der zweite Band der von Behre herausgegebenen zwölfbändigen Turgenjew-Ausgabe mit „Eine Unglückliche", „Die Geschichte des Leutnants Jergunow", „Ein Briefwechsel" und „Asja" erschien im Juli 1869.

weder „Faust" noch „Visionen" – Vgl. Anm. 2 zu Brief 91 und Anm. 8 zu Brief 105.

„Mumu" ist ... erschienen – Vgl. Anm. 2 zu Brief 99.

für das 3. Bändchen ... Das IV. Bändchen – Der dritte Band der von Behre herausgegebenen zwölfbändigen Turgenjew-Ausgabe mit „Rudin", „Drei Begegnungen" und „Mumu" erschien 1870, ebenso der vierte Band mit „Ein Adelsnest" und „Drei Porträts".

Übersetzung von P. Fuchs – Gemeint ist die 1862 erschienene Ausgabe „Das adelige Nest", aus dem Russischen übersetzt von Paul Fuchs.

Lankenau – H. von Lankenau; seine Übersetzungen wurden in den „Didaskalia. Blätter für Geist, Gemüt und Publizität" veröffentlicht: „Rauch" 1867 und „Ein russischer Landedelmann" 1869.

147

Ludwig Friedländer – Vgl. Anm. 1 zu Brief 138.

2. Bändchen – Vgl. Anm. 2 zu Brief 146.

von einer alten Jugenderinnerung hinreißen lassen – Ludwig Pietsch (vgl. Anm. 4 zu Brief 102) berichtet in seinen „Erinnerungen an Iwan Turgenjew" im September 1883 in der „Vossischen Zeitung", daß sich Turgenjews Erzählung „Eine Unglückliche" fast wider Willen des Schriftstellers entwickelt habe, aus „einem Erlebnis in seinen Studentenjahren und einer ihm fest eingeprägten Szene, der Figur eines verlassenen Mädchens in einer Fensternische".

sie ins Französische zu übersetzen – „Eine Unglückliche" erschien 1873 unter dem Titel „L'Abandonnée" in dem Erzählungsband „Étrange histoire" (Eine seltsame Geschichte).

Ihre Bekanntschaft zu machen – Zu einer ersten Begegnung zwischen Turgenjew und Friedländer kam es im September 1869 in Baden-Baden; ein zweites Mal sahen sie sich im Oktober 1871.

freundlich zugeschickte Beilage – In der Beilage der Augsburger „Allgemeinen Zeitung" vom 17. Juli 1869 war Friedländers Artikel „Neue Novellen von Turgenjew" erschienen.

„Asja" – 1858 erschienene Erzählung Turgenjews (vgl. Anm. 2 zu Brief 146).

148

Julius Rodenberg – (1831–1914), Schriftsteller und Journalist; gab mit Ernst Dohm seit 1868 die Zeitschrift „Der Salon für Kunst, Literatur und Gesellschaft", später die „Deutsche Rundschau" heraus.

Erscheinen im „Salon" – „Eine seltsame Geschichte" erschien 1869 in Leopold Kaysslers (vgl. Anm. 3 zu Brief 149) Übersetzung unter dem Titel „Eine wunderliche Geschichte" im Oktoberheft des „Salons".

P. Heyse – Vgl. Anm. 1 zu Brief 84.

in einer russischen Revue abdrucken zu lassen – Das russische Original der Erzählung erschien erst 1870 im Januarheft des „Westnik Jewropy" (Europäischer Bote).

meine Novelle ins Russische zu übersetzen – Turgenjews Befürchtungen bewahrheiteten sich: In der Zeitung „Golos" (Die Stimme) erschien am 22. Dezember 1869 eine Rückübersetzung, der die Veröffentlichung im „Salon" zugrunde gelegen hatte.

149

A. F. Pissemski – Vgl. Anm. 9 zu Brief 38.

deutsche Übersetzung Ihrer „Tausend Seelen" – Pissemskis Roman in vier Teilen war 1869 in der Übersetzung von Leopold Kayssler in Berlin mit der Jahreszahl 1870 erschienen.

Kayssler – Leopold Kayssler (1828–1901), Berliner Journalist, Mitarbeiter der Zeitschrift „Der Salon für Kunst, Literatur und Gesellschaft", Übersetzer aus dem Russischen; verfaßte Untersuchungen über die russische Sprache; leitete seit Ende der sechziger Jahre die Zeitung „Die Post".

P. W. Annenkow – Vgl. Anm. 3 zu Brief 17.

„Sarja" ... Ihren Roman – In der Zeitschrift „Sarja" (Die Morgenröte) erschien 1869 Pissemskis Roman „Menschen der vierziger Jahre".

„Erinnerungen" – Gemeint sind Turgenjews aus mehreren Kapiteln bestehende „Literatur- und Lebenserinnerungen"; sie wurden als Einleitung zur russischen achtbändigen Ausgabe der Werke Turgenjews, die zwischen 1868 und 1871 bei den Brüdern Salajew erschien, erstmals geschlossen veröffentlicht.

„Eine seltsame Geschichte" – Vgl. Anm. 2 und 4 zu Brief 148.

Eine weitere Erzählung – „Ein König Lear der Steppe"; erschienen 1870 im Oktoberheft des „Westnik Jewropy" (Europäischer Bote).

Ihre Söhne ... Ihrer lieben Gemahlin – Nikolai Alexejewitsch (1852 – 1874) und Pawel Alexejewitsch Pissemski (1850–1910) sowie Jekaterina Pawlowna Pissemskaja (1829–1891).

Maslow – Vgl. Anm. 8 zu Brief 106.

150

Ludwig Friedländer – Vgl. Anm. 1 zu Brief 138.

„Wunderliche Geschichte" – Erzählung Turgenjews (vgl. Anm. 2 und 4 zu Brief 148).

einige Zusätze – Friedländer berichtet über diese „Zusätze" 1905 in seinen „Erinnerungen" im Zusammenhang mit Turgenjews „großer künstlerischer Gewissenhaftigkeit": „Zugleich mit einem Abzug der

1869 in Rodenbergs ‚Salon' erschienenen ‚Wunderlichen Geschichte' sandte er mir zehn Änderungen und Zusätze, die ihm nachträglich eingefallen waren ..." Diese Zusätze, die Turgenjew in deutscher Sprache zu einigen Partien seiner Erzählung schrieb und die sich heute zusammen mit Turgenjews Briefen an Friedländer in der Deutschen Staatsbibliothek Berlin befinden, sind leider bei den Übersetzungen der „Seltsamen Geschichte" nie berücksichtigt worden.

Ihren Aufsatz – Gemeint ist vermutlich Friedländers Artikel „Über die antike Kunst im Gegensatz zur modernen".

Romanzen der Frau Viardot – Ein Album mit von Frau Viardot (vgl. Anm. 1 zu Brief 10) vertonten Romanzen war 1869 in Petersburg erschienen.

Claudia – Claudie Viardot (1852–1914).

möchten alle wohl nach Weimar gehen – Turgenjew und die Familie Viardot hielten sich von Februar bis Mai 1870 in Weimar auf, wo sich damals eine ausgezeichnete Ausbildungsstätte für Maler befand.

Die Drostesche Novelle – „Die Judenbuche". Friedländer hatte 1868 in seinem Aufsatz „Iwan Turgenew" (vgl. Anm. 2 zu Brief 138) auf eine Geistesverwandtschaft zwischen Turgenjew und Annette von Droste-Hülshoff (1797–1848) hingewiesen.

151

Erich Behre – Vgl. Anm. 1 zu Brief 130.

vorläufigen Publikation meiner Novelle „Am Vorabend" – Der Roman erschien als Vorabdruck in der „Rigaschen Zeitung" vom 11. Juni bis 3. August 1870 und in dem Stuttgarter illustrierten Volksblatt „Buch der Welt" 1871 in den Nummern 1 bis 18.

„Rudin" – 1856 erschienener Roman Turgenjews.

zum dritten Bändchen – Vgl. Anm. 5 zu Brief 146.

152

A. F. Pissemski – Vgl. Anm. 9 zu Brief 38.

Julian Schmidt – Vgl. Anm. 11 zu Brief 133.

Kayssler – Vgl. Anm. 3 zu Brief 149.

Ihrer „Tausend Seelen" – Vgl. Anm. 2 zu Brief 149.

eine Übersetzung des „Aufgewühlten Meeres" – Kayssler übersetzte diesen antinihilistischen Roman, der 1867 im 4. Band von A. F. Pissemskis

Werken erschienen war, und veröffentlichte ihn 1872 in der Zeitung „Die Post".

Stellowski – Fjodor Timofejewitsch Stellowski (gest. 1875), Verleger.

Manche Ihrer Gestalten werden eines Dickens und Thackeray und so für würdig befunden – Turgenjew bezieht sich auf eine anonyme Rezension zu „Tausend Seelen" in der „Vossischen Zeitung" vom 6. Oktober 1869, in der Pissemskis Gestalten mit denen von Balzac, Dickens und Thackeray verglichen werden.

153

A. F. Onegin – Eigentlich Alexander Fjodorowitsch Otto (1845–1925); nahm den Namen von Puschkins Held aus dem Poem „Eugen Onegin" an, da ihn seine außereheliche Geburt belastete; begab sich 1869 ins Ausland und lebte ab 1880 ständig in Paris; gründete dort das Puschkin-Museum, das er später dem Puschkin-Haus der Akademie in Leningrad vermachte. Mit Turgenjew, für den er einige Zeit die Aufgaben eines Sekretärs erfüllte, wurde er 1869 bekannt. Anfang 1870 lebte er in London. Er ist der Prototyp des Neshdanow in Turgenjews Roman „Neuland".

Belinski – Vgl. Anm. 1 zu Brief 12.

Shukowski – Pawel Wassiljewitsch Shukowski (1845–1912), Architekt, Sohn des romantischen Dichters W. A. Shukowski (1783–1852); war eng mit Turgenjew befreundet.

„Aus Anlaß von ‚Väter und Söhne'" – Der 1869 geschriebene Artikel wurde mit in die „Literatur- und Lebenserinnerungen" (vgl. Anm. 6 zu Brief 149) aufgenommen.

good spirits – (engl.) gute Stimmung.

Ralston – Vgl. Anm. 1 zu Brief 116.

154

P. W. Annenkow – Vgl. Anm. 3 zu Brief 17.

Herzen – Vgl. Anm. 17 zu Brief 18.

nicht länger in Paris bleiben – Turgenjew hatte sich vom 12. bis 21. Januar in Paris aufgehalten.

Sein Sohn – A. A. Herzen (vgl. Anm. 2 zu Brief 145).

Natalja – Natalja Alexandrowna Herzen (1844–1936).

einen Freund – Maxim Ducamp (1822–1894), französischer Schriftsteller.

Troppman – Jean-Baptiste Troppman, französischer Maschinist; wurde am 19. Januar 1870 in Paris wegen Mordes guillotiniert. Turgenjew beschrieb diesen Vorgang in der Skizze „Die Hinrichtung Troppmans“, die 1870 im Juniheft des „Westnik Jewropy“ (Europäischer Bote) erschien und später in die „Literatur- und Lebenserinnerungen“ aufgenommen wurde.

„I have supp'd full of horrors“ – (engl.) Ich habe mit dem Graun zur Nacht gespeist. – Shakespeare, „Macbeth“ (5. Aufzug, 5. Szene).

Brief über Polonski … „Peterburgskije wedomosti“ – Turgenjews Bemerkungen über J. P. Polonskis (vgl. Anm. 1 zu Brief 40) Gedicht „Die Möwe“ war als „Brief an den Redakteur“ in den „Peterburgskije wedomosti“ (vgl. Anm. 7 zu Brief 44) vom 20. (8.) Januar 1870 erschienen.

155

Gustave Flaubert – Vgl. Anm. 1 zu Brief 96.

Julian Schmidt – Vgl. Anm. 11 zu Brief 133.

„Éducation sentimentale“ – (franz.) Erziehung der Gefühle; dieser Roman Flauberts war 1869 in einer zweiten Fassung erschienen.

„Westnik Jewropy“ – Vgl. Anm. 10 zu Brief 112.

den zweiten und letzten Teil des Artikels – Gemeint ist der Artikel des Publizisten Alexej Sergejewitsch Suworin (1834–1912) „Die französische Gesellschaft in dem neuen Roman Gustave Flauberts“.

„Antoine“ – Gemeint ist der Roman „La Tentation de Saint Antoine“ (Die Versuchung des heiligen Antonius), der 1874 in einer zweiten Fassung erschien.

Last Ihrer Vergangenheit – 1856 war Flaubert ein Prozeß wegen Gefährdung der öffentlichen Sittlichkeit gemacht worden, auf Grund seines Romans „Madame Bovary“.

el hombre debe ser feroz – (span.) ein Mann muß mutig sein.

kleines Stück – Gemeint ist Prosper Mérimées französische Übersetzung der Erzählung „Eine seltsame Geschichte“ (1870).

„Revue des Deux Mondes“ – Vgl. Anm. 12 zu Brief 45.

etwas „Konsequenterem“ – Gemeint ist die Erzählung „Ein König Lear der Steppe“ (1870).

Madame Sand – George Sand; vgl. Anm. 6 zu Brief 7.

Ducamp – Vgl. Anm. 6 zu Brief 154.

Familie Husson – Jean-Christophe-Armand Husson (1809–1874), französischer Beamter, Freund M. Ducamps, und seine Frau Adèle (geb. 1822).

156

Leopold Kayssler – Vgl. Anm. 3 zu Brief 149.
Pissemski – Vgl. Anm. 9 zu Brief 38.
„Saturday Review“ – (engl.) Rundschau am Sonnabend; am 20. November 1869 war dort u.a. Kaysslers Übersetzung von Pissemskis Roman „Tausend Seelen“ besprochen worden.
Übersetzung des „Aufgewühlten Meeres“ – Vgl. Anm. 5 zu Brief 152.
„Kosaken“ des Grafen L. Tolstoi – Vermutlich hatte Turgenjew die 1862 erschienene Erzählung Kayssler zugeschickt, in der Hoffnung, daß dieser sie übersetze.
größere Novelle – „Ein König Lear der Steppe“ (1870).
„Westnik Jewropy“ – Vgl. Anm. 10 zu Brief 112.
Erfahrung mit dem „Golos“ – Vgl. Anm. 5 zu Brief 148.

157

Erich Behre – Vgl. Anm. 1 zu Brief 130.
Dr. Berkholz – Georg Berkholz (1817–1886), Rigaer Stadtarchivar; sah die Übersetzungen der von E. Behre herausgegebenen zwölfbändigen Turgenjew-Ausgabe durch.
Pietsch – Vgl. Anm. 4 zu Brief 102.
französische Übersetzung ... eine englische – Der Roman „Ein Adelsnest“ war 1861 unter dem Titel „Une nichée de gentils-hommes“ in Paris veröffentlicht worden, die englische Ausgabe erschien 1869 in London.
Ralston – Vgl. Anm. 1 zu Brief 116.
von ... Paul Fuchs besorgte – Vgl. Anm. 6 zu Brief 146.
im dritten Bändchen – Vgl. Anm. 5 zu Brief 146.

158

A. M. Shemtschushnikow – Vgl. Anm. 3 zu Brief 142.
Plätzchen nach Ihrem Geschmack – Shemtschushnikow lebte damals in Wiesbaden.
faits et gestes – (franz.) Taten.
Herzen – Vgl. Anm. 17 zu Brief 18.
Troppman – Vgl. Anm. 7 zu Brief 154.
Viardots – Pauline und Louis Viardot (vgl. Anm. 1 und 13 zu Brief 10).
älteste Tochter – Claudie Viardot (1852–1914).

A. Tolstoi – Alexej Konstantinowitsch Tolstoi (1817–1875), Dramatiker.

Ihren Bruder Wladimir – Wladimir Michailowitsch Shemtschushnikow (1830–1884), Schriftsteller.

le jeu ne vaut pas la chandelle – (franz.) das Spiel verlohnt nicht das Licht.

„Peterburgskije wedomosti“ ... Epigramme ... „Zentaur“ – In den „Peterburgskije wedomosti“ (vgl. Anm. 7 zu Brief 44) waren im Mai 1870 von Shemtschushnikow 15 Epigramme auf Persönlichkeiten der Gegenwart und der Schluß eines großen Gedichts, „Der Zentaur“, der vor allem gegen M. N. Katkow (vgl. Anm. 12 zu Brief 46) gerichtet war, erschienen.

Frau Raschet – Vgl. Anm. 1 zu Brief 117.

Ihrer Gemahlin – Jelisaweta Alexejewna Shemtschushnikowa (1833 bis 1875).

159

P. W. Annenkow – Vgl. Anm. 3 zu Brief 17.

meine Korrespondenzabsichten – Dieser Brief wurde unter Weglassung des Anfangs und des Schlusses als erster Bericht Turgenjews über den französisch-preußischen Krieg in den „Peterburgskije wedomosti“ (Petersburger Nachrichten) im August 1870 veröffentlicht.

Moltke – Helmuth von Moltke (1800–1891), preußischer Feldmarschall.

Kaiser der Franzosen – Napoleon III. (1808–1873).

seinem Sprößling – Eugène-Louis Bonaparte (1856–1879).

preußischen Kronprinzen – Friedrich Wilhelm (1831–1888), ab 1888 Kaiser Friedrich III.

Mac-Mahon – Maurice de Mac-Mahon (1808–1893), französischer Marschall, von 1873 bis 1879 Präsident der Republik Frankreich; kapitulierte 1870 bei Sedan; warf den Aufstand der Kommune nieder.

preußische König – Wilhelm I. (1797–1888), ab 1871 deutscher Kaiser.

n'a plus raison d'être – (franz.) hat kein Existenzrecht.

„Le Figaro“ – Pariser Morgenzeitung; erschien ab 1854; in den siebziger Jahren führendes antisozialistisches Boulevardblatt mit starker Neigung zu konservativ-klerikaler Politik.

„La Liberté“ – (franz.) Die Freiheit; Pariser Abendzeitung nationalistischer Richtung, gegründet 1866.

E. de Girardin – Emile de Girardin (1806–1881), französischer Journalist; gründete 1867 die „Liberté“.

„Le Temps“ – (franz.) Die Zeit; eine der angesehensten Pariser Abendzeitungen gemäßigt republikanischer Richtung; erschien von 1861 bis 1942.

„Journal officiel" – (franz.) Regierungsorgan; erschien ab 1868 in Paris.

„Le Soir" – (franz.) Der Abend; konservative Abendzeitung; erschien ab 1867 in Paris.

Pierre Bonaparte – Pierre-Napoléon Bonaparte, Vetter Napoleons III.

Noir – Victor Noir (1848–1870), französischer Journalist.

„Le Gaulois" – (franz.) Der Gallier; monarchistisch-klerikale Tageszeitung; erschien von 1868 bis 1929 in Paris.

Est-tu fatigué, mon enfant? – (franz.) Bist du müde, mein Kind?

Kaiserin Eugénie – Eugénie de Montijo (1826–1920), Frau Kaiser Napoleons III.

unsittlichen Faktum – Gemeint ist die Regierung Napoleons III., der sich 1852 durch einen Staatsstreich zum Kaiser hatte ausrufen lassen.

Ollivier – Emile Ollivier (1825–1913), französischer Advokat und Politiker; bildete 1870 das erste parlamentarische Ministerium Napoleons III.

Grammont – Antoine, Herzog von Grammont (1819–1889), Diplomat, 1870 Minister für auswärtige Angelegenheiten in der Regierung Ollivier.

160

P. W. Annenkow – Vgl. Anm. 3 zu Brief 17.

„Peterburgskije wedomosti" – Vgl. Anm. 7 zu Brief 44.

meinen ersten Brief – Gemeint ist Brief 159.

Napoleon – Napoleon III. (1808–1873).

Mac-Mahon – Vgl. Anm. 7 zu Brief 159.

Proklamation der Republik – Nach der Niederlage der französischen Truppen bei Sedan, am 1. September 1870, war am 4. September in Paris die Republik ausgerufen und eine Nationalregierung gebildet worden.

Straßburg zerstört – Die mehrtägige Bombardierung Straßburgs im August 1870 bezeichnete auch Friedrich Engels als sinnlos.

basta cosi! – (ital.) genug davon!

ins reine geschriebene Erzählung – „Poch, poch, poch!"; erschienen 1871 im Januarheft des „Westnik Jewropy".

„Westnik Jewropy" – Vgl. Anm. 10 zu Brief 112.

„König Lear" – Gemeint ist Turgenjews Erzählung „Ein König Lear der Steppe" (1870).

161

Paul Heyse – Vgl. Anm. 1 zu Brief 84.

Ihre freundliche Zusendung – Paul Heyse hatte Turgenjew im Frühjahr 1870 den 4. Band seiner „Dramatischen Dichtungen" zugeschickt, der u. a. das Drama „Die Göttin der Vernunft" enthält.

der Verleger – E. Behre (vgl. Anm. 1 zu Brief 130).

Die Novelle – Gemeint ist der Roman „Ein Adelsnest" (1859), der 1870 im 4. Band von Turgenjews „Ausgewählten Werken" erschienen war.

meine früheren lieben Deutschen – Turgenjew billigte die Fortsetzung des Krieges nach der gewonnenen Schlacht bei Sedan nicht; er wandte sich hier und andernorts entschieden gegen den Anspruch der Deutschen auf Elsaß und Lothringen.

162

Theodor Storm – Vgl. Anm. 1 zu Brief 110.

das 4. Bändchen – Vgl. Anm. 5 zu Brief 146.

„Rudin" – Roman Turgenjews; Turgenjew hatte Storm den 3. Band seiner „Ausgewählten Werke" am 21. Februar 1870 zugeschickt.

Pietsch – Vgl. Anm. 4 zu Brief 102; war als Berichterstatter der „Vossischen Zeitung" den preußischen Truppen auf ihrem Vormarsch nach Frankreich gefolgt. Von Straßburg aus machte er Mitte Oktober einen Abstecher nach Baden-Baden.

163

Pauline Viardot – Vgl. Anm. 1 zu Brief 10.

Viardot – Vgl. Anm. 13 zu Brief 10.

beiden Kleinen – Marianne (1854–1913) und Paul Viardot (1857–1941).

„Turcaret" – 1709 geschriebene Komödie des französischen Dichters Alain-René Lesage (1668–1747).

Frisson – A. Frisson (gest. 1882), Hausarzt der Familie Viardot.

in Courtavenel ist alles dahin – Gemeint ist der ehemalige Landsitz der Familie Viardot, der von den preußischen Truppen eingenommen worden war.

Schwabe – Londoner Bekannte A. I. Herzens.

cowl – (engl.) Schornsteinkappe.

Leslie – Henry David Leslie (1822–1896), englischer Komponist.

at home – (engl.) zu Hause.

„Joe Anderson, my Jo" – Gedicht des schottischen Lyrikers Robert Burns (1759–1796). Turgenjew bezieht sich auf die letzten vier Zeilen: Jetzt trotten wir bergab, John, / Ach deine Hand mir gib, / In einem Grab wir schlafen, John, / John Anderson, mein Lieb.

164

Pauline Viardot – Vgl. Anm. 1 zu Brief 10.

Eckerts – Karl Eckert (1820–1879), Komponist und Kapellmeister an der Berliner Oper, und seine Frau Kathi (gest. Mai 1881).

Fräulein Asten – Anna Schultzen von Asten, Sängerin, Schülerin von Frau Viardot.

Fräulein Brandt – Marianne Brandt (1842–1921), Solistin an der Berliner Oper von 1868 bis 1886, Schülerin von Frau Viardot.

Komtesse Flemming – Vermutlich eine Verwandte des preußischen Gesandten im Herzogtum Baden, Albert Flemming (vgl. Anm. 3 zu Brief 122).

Fräulein Murjahn – Magdalene Murjahn, Schülerin von Frau Viardot; war 1869/70 am Karlsruher Theater engagiert und spielte dort bei der Aufführung des „Letzten Zauberers" (vgl. Anm. 8 zu Brief 129) am 28. Januar und 1. Februar 1870 die Rolle der Zaubererstochter Stella.

Frau von Hülsen – Helene von Hülsen (geb. 1829), Schriftstellerin, Frau des Direktors der Berliner Oper Botho von Hülsen (1815–1886).

Frau Harriers-Wippern – Sängerin an der Berliner Oper.

Frau Voggenhuber – Vilma von Voggenhuber, von 1872 bis 1888 Kammersängerin an der Berliner Oper.

Duo aus „Figaros Hochzeit" – Gemeint ist das Duett der Gräfin und Susannes aus dem dritten Akt.

„Mignon" – Oper des französischen Komponisten Charles-Louis-Ambroise Thomas (1811–1896).

Frau Lucca – Pauline Lucca (1841–1908), österreichische Sängerin; sang bis 1872 an der Berliner Oper.

commonplace – (engl.) gewöhnlich.

Fräulein Nilsson – Christine Nilsson (1843–1921), schwedische Sängerin.

Guillard – Léon Guillard (1816–1878), französischer Dramatiker.

die Königin – Augusta von Sachsen-Weimar (1811–1890), Gattin Wilhelms I.

neuen kleinen Geschichte – Gemeint ist vermutlich die Erzählung „Das Ende Tschertopchanows", die 1874 in die „Aufzeichnungen eines Jägers" aufgenommen wurde.

165

Gustave Flaubert – Vgl. Anm. 1 zu Brief 96.

die Meldung – Ende April 1871 war durch viele europäische Zeitungen fälschlich die Meldung vom Tode der Sängerin Pauline Viardot gegangen und ihr Alter mit 54 Jahren angegeben worden.

Frau Viardot – Vgl. Anm. 1 zu Brief 10.

wenn es dann noch ein Paris gibt – Turgenjew bezieht sich auf die Ereignisse im Zusammenhang mit der Pariser Kommune vom 18. März bis Ende Mai 1871.

„Antoine" – Gemeint ist Flauberts Roman „La Tentation de Saint Antoine" (Die Versuchung des heiligen Antonius).

meine Freunde – Pauline und Louis Viardot (vgl. Anm. 1 und 13 zu Brief 10).

Madame Flaubert – Anna Justina Flaubert (1793–1872), Flauberts Mutter.

Ducamp – Vgl. Anm. 6 zu Brief 154; befand sich zur Zeit der Kommune in Paris

166

A. A. Fet – Vgl. Anm. 11 zu Brief 37.

Iwan Petrowitsch – I. P. Borissow (vgl. Anm. 7 zu Brief 60).

Nikolai Tolstoi – Vgl. Anm. 4 zu Brief 41.

Petja – Pjotr Iwanowitsch Borissow (1858–1888), Sohn I. P. Borissows.

Marja Petrowna – Marja Petrowna Fet (1828–1894), Fets Frau.

„ist segensreich …" – G. R. Dershawin (vgl. Anm. 8 zu Brief 6), „Der Morgen".

167

Pauline Viardot – Vgl. Anm. 1 zu Brief 10.

Commémoration – (franz.) Gedächtnisfeier; gemeint ist die Gedächtnisfeier anläßlich des 100. Geburtstages des englischen Schriftstellers Walter Scott (1771–1832).

cheers – (engl.) Beifall.

Fragment – Gemeint ist ein Ausschnitt aus der „Edinburgh Evening Courant" (Edinburgher Abendzeitung) vom 10. August 1871.

Benson – englischer Bekannter Turgenjews; hatte den Dichter in sein Landhaus „Allean House" bei Pitlochry zur Jagd eingeladen.

Auber – Daniel-François Auber (1782–1871), französischer Komponist.

168

A. A. Fet – Vgl. Anm. 11 zu Brief 37.
Walter-Scott-Jubiläum – Vgl. Anm. 2 zu Brief 167.
a distinguished novelist – (engl.) ein ausgezeichneter Novellist.
grouse – (engl.) Waldhuhn.
lieben ... Leuten – Gemeint ist das Ehepaar Benson (vgl. Anm. 5 zu Brief 167).
Petja – P. I. Borissow (vgl. Anm. 4 zu Brief 166).
manches berechtigte Wort – Turgenjew hatte den dreizehnjährigen P. I. Borissow am 15. Juli 1871 sanft zurechtgewiesen, weil er ihm nicht über seinen eben verstorbenen Vater, sondern nur über die siegreichen deutschen Soldaten geschrieben hatte.
Swinburne – Algernon Charles Swinburne (1837–1909), englischer Lyriker und Kritiker.
über Tolstoi keine Nachrichten – Über L. N. Tolstoi ging das Gerücht, er sei wie seine beiden verstorbenen Brüder an Tuberkulose erkrankt.
großen Roman – „Krieg und Frieden".
Marja Petrowna – Marja Petrowna Fet (1828–1894), Fets Frau.

169

A. A. Fet – Vgl. Anm. 11 zu Brief 37.
Tolstoi besser geht – Vgl. Anm. 9 zu Brief 168.
neuen Gesetze – Gemeint ist die Reform für die mittleren Ausbildungsstätten von 1871, wonach Absolventen der Realschulen der Besuch von Universitäten versagt blieb.
Fair play – (engl.) faires Spiel.
Katkow – Vgl. Anm. 12 zu Brief 46; hatte in den von ihm herausgegebenen „Moskowskije wedomosti" (Moskauer Nachrichten) das klassische Bildungssystem verteidigt.
einen Menschen gehaßt – Vermutlich Zar Nikolai I. (1796–1855).
Girardin – Vgl. Anm. 12 zu Brief 159.
Bulgarin – Faddej Benediktowitsch Bulgarin (1789–1859), reaktionärer Schriftsteller und Herausgeber.
Il s'en fout ... – (franz.) Er pfeift darauf, und ich pfeife darauf, daß er darauf pfeift.
meines Onkels – N. N. Turgenjew (vgl. Anm. 5 zu Brief 42).
„Dann rollen wir ..." – Puschkin, „Der Wagen des Lebens".
Marja Petrowna – Marja Petrowna Fet (1828–1894), Fets Frau.
Petja – P. I. Borissow (vgl. Anm. 4 zu Brief 166).

170

P. W. Annenkow – Vgl. Anm. 3 zu Brief 17.

„Peterburgskije wedomosti“ – Vgl. Anm 7 zu Brief 44.

Dargomyshskis „Steinernem Gast“ – Alexander Sergejewitsch Dargomyshskis (1813–1869) Oper „Der steinerne Gast“ lag der Text von Puschkins gleichnamigem Poem zugrunde.

meiner Erzählung – „Frühlingsfluten“; erschienen 1872 im Januarheft des „Westnik Jewropy“.

„Russki westnik“ – Vgl. Anm. 3 zu Brief 62; im Januar- und Februarheft waren die beiden ersten Teile der „Dämonen“ erschienen, in denen Dostojewski den meist im Ausland lebenden Schriftsteller Karmasinow u. a. sagen läßt, daß ihm die Kanalisationsfrage in Karlsruhe wichtiger sei als die Reform in Rußland. Ebenso parodiert er in Kapitel 11 die Erzählung „Visionen“, der er den Titel „Merci“ gibt.

Geld zurückzahlen – Dies geschah im Juli 1875.

N. I. Turgenjew ... Artikel – Gemeint ist der 1871 im Dezemberheft des „Westnik Jewropy“ (vgl. Anm. 10 zu Brief 112) erschienene Artikel „Nikolai Iwanowitsch Turgenjew“, in dem N. I. Turgenjew (vgl. Anm. 18 zu Brief 60) einer der bedeutendsten und edelsten russischen Männer genannt wird.

171

N. W. Chanykow – Vgl. Anm. 2 zu Brief 115.

eben dieses Buch – Chanykow hatte für seine Übersetzung von Karl Ritters „Erdkunde von Asien“ ein weiteres Werk dieses Autors benötigt.

Frau Viardot – Vgl. Anm. 1 zu Brief 10.

Ritter – Karl Ritter (1779–1859), Professor für Geographie an der Berliner Universität, Mitglied der Akademie der Wissenschaften.

Gans – Eduard Gans (1797–1839), Philosoph, Historiker und Jurist, ab 1826 Professor an der juristischen Fakultät der Berliner Universität.

Ranke – Leopold Ranke (1795–1886), Historiker.

A. Böck – Philipp August Böck (1785–1867), Philologe.

Zumpt – Karl Gottlieb Zumpt (1792–1849), Philosoph, Professor an der Berliner Universität.

172

Edmond de Goncourt – (1822–1896), französischer Schriftsteller, Mitbegründer des naturalistischen Romans; schrieb zusammen mit seinem Bruder Jules de Goncourt (1830–1870).

Flaubert – Vgl. Anm. 1 zu Brief 96.

Mademoiselle Mathilde – Mathilde Bonaparte (1820–1904).

Geschichte von Demailly – Gemeint ist der Roman „Charles Demailly" der Gebrüder Goncourt.

173

Théophile Gautier – (1811–1872), französischer Schriftsteller und Kritiker.

Diner – Das Diner hatte am 2. März stattgefunden, außer Turgenjew hatte E. de Goncourt daran teilgenommen.

Salon – Gemeint sind die alljährlichen Kunstausstellungen in Paris, die bis 1848 im Salon carré des Louvre stattfanden und danach im Industriepalast.

Blanchard – Edouard-Théophile Blanchard (1844–1879), französischer Genre- und Porträtmaler. Zu seinen Hauptwerken zählt das Bild „Courtisane" (1872).

174

W. W. Stassow – Wladimir Wassiljewitsch Stassow (1824–1906), Kunst- und Musikkritiker, ab 1872 Leiter der Kunstabteilung der Petersburger Öffentlichen Wissenschaftlichen Bibliothek, Mitglied der Akademie der Künste und der Akademie der Wissenschaften. Turgenjew lernte ihn 1867 kennen.

„Steinernen Gast" – Oper von A. S. Dargomyshski (vgl. Anm. 3 zu Brief 170).

Ary Scheffer – (1795–1858), französischer Historien- und Genremaler; war mit der Familie Viardot (vgl. Anm. 1 und 13 zu Brief 10) befreundet.

Kaulbach – Wilhelm Kaulbach (1805–1874), neoklassizistischer Historienmaler.

Delacroix – Victor-Eugène Delacroix (1798–1863), französischer Maler.

Repins Bild – Gemeint ist Ilja Jefimowitsch Repins (1844–1930) Gemälde „Slawische Komponisten".

„Slawischen Basar" – Restaurant in Moskau, für dessen Konzertsaal I. J. Repins Gemälde bestellt worden war.

„Mit gier'ger Hand ..." – Goethe, „Faust" (1. Teil, 1. Szene).

Balakirew – Mili Alexejewitsch Balakirew (1837–1910), Pianist und Komponist.

Brüllow – Karl Pawlowitsch Brüllow (1799–1852), Maler.

Kukolnik – Nestor Wassiljewitsch Kukolnik (1809–1868), reaktionärer Schriftsteller und Dramatiker.

Antokolski – Mark Matwejewitsch Antokolski (1843–1902), Bildhauer.

175

Gustave Flaubert – Vgl. Anm. 1 zu Brief 96.

meiner Tochter – P. I. Turgenjewa-Bruère (vgl. Anm. 28 zu Brief 44).

Viardots – Pauline und Louis Viardot (vgl. Anm. 1 und 13 zu Brief 10).

Madame Sand – Vgl. Anm. 6 zu Brief 7; schrieb unter dem Einfluß von Turgenjews „Aufzeichnungen eines Jägers" das Turgenjew gewidmete Drama „Pierre Bonin".

heilige Antonius – Anspielung auf Flauberts Roman „La Tentation de Saint Antoine" (Die Versuchung des heiligen Antonius).

mein Gemälde – Gemeint ist E.-T. Blanchards Gemälde „Courtisane", das Turgenjew erworben hatte.

176

F. N. Turgenjewa – Fanny Nikolajewna Turgenjewa (1835–1890), Tochter N. I. Turgenjews (vgl. Anm. 18 zu Brief 60); Turgenjew begegnete ihr im Hause ihres Vaters in Paris.

Monsieur de Loménie – Louis-Léonard Loménie (1815–1878), französischer Schriftsteller, Professor des Collège de France. Turgenjew traf ihn am 18. Oktober 1872 in Paris.

meiner Tochter – P. I. Turgenjewa (vgl. Anm. 28 zu Brief 44); Turgenjews Enkelin Jeanne wurde am 18. Juli 1872 geboren.

Vert-Bois – Villa der Familie N. I. Turgenjew bei Bougival in der Nähe von Paris.

Briefe von Mérimée – Es sind 95 Briefe Mérimées an Turgenjew erhalten, die 1952 vollständig publiziert wurden.

Rabelais – François Rabelais (1494–1553), französischer Schriftsteller.

Nikolai Iwanytsch – N. I. Turgenjew.

den Band – „Lettres d'Alexandre Tourguéneff à son frère Nicolas" (Briefe Alexander Turgenjews an seinen Bruder Nikolai); erschienen 1872 bei Brockhaus in Leipzig.

„Westnik Jewropy" – Vgl. Anm. 10 zu Brief 112.

Frau Mutter – Klara Turgenjewa (1814–1891).

Gambettistischen Regime – Léon-Michel Gambetta (1838–1882), Jurist, Führer der bürgerlich-republikanischen Partei, die die Mehrheit in der französischen Regierung hatte, 1881/82 Ministerpräsident; organisierte 1870/71 als Innen- und Kriegsminister die nationale Verteidigung der Dritten Republik.

177

Emile Durand – (1838–1900), französischer Journalist und Übersetzer; lebte bis 1872 in Petersburg; übertrug mehrere Werke Turgenjews ins Französische.

Hetzel – Vgl. Anm. 1 zu Brief 87; 1873 erschien in Hetzels Verlag die von Durand übersetzte Erzählung Turgenjews „Frühlingsfluten" (1872).

Monsieur Franceschi ... im Büro des „Nord" – „Frühlingsfluten" war in der belgischen Zeitung „Le Nord" im Juli und August 1872 ohne Turgenjews Erlaubnis in Franceschis Übersetzung erschienen.

„Revue Universelle" – (franz.) Universal Rundschau; literarisch-wissenschaftliche Zeitschrift, erschien ab 1859 in Paris.

Erzählungen des Grafen Tolstoi – Gemeint ist der Band „Das neue Alphabet. Russische Lesebücher", in dem der „Gefangene im Kaukasus" und „Gott sieht die Wahrheit" enthalten sind. Die erste Erzählung war 1872 im Heft 2 der Petersburger slawophilen Monatsschrift „Sarja" (Die Morgenröte) vorabgedruckt worden. Durand hatte offenbar die Absicht, sie zu übersetzen.

178

P. W. Annenkow – Vgl. Anm. 3 zu Brief 17.

Alexej Shemtschushnikow – Vgl. Anm. 3 zu Brief 142.

Die Erzählung – „Das Ende Tschertopchanows"; wurde 1874 in den Skizzenzyklus „Aufzeichnungen eines Jägers" aufgenommen.

„Westnik Jewropy" – Vgl. Anm. 10 zu Brief 112.

eines gewissen D. S. – Dmitri Iwanowitsch Stachejew (1840–1918); seine Erzählung war 1872 im Septemberheft des „Westnik Jewropy" erschienen.

„Otetschestwennyje sapiski" – Vgl. Anm. 5 zu Brief 12.

Katkow – Vgl. Anm. 12 zu Brief 46.

Chanykow – Vgl. Anm. 2 zu Brief 115.

Vorgängen in Elsaß und Lothringen – Die Einwohner Elsaß-Lothringens, die sich nicht für die französische Nationalität entschieden hatten, wurden ab 1. Oktober als Deutsche gezählt.

Gambetta – Vgl. Anm. 11 zu Brief 176.

Timaschow – Alexander Jegorowitsch Timaschow (1818–1893), Generaladjutant, von 1868 bis 1877 Innenminister. Turgenjew nennt ihn „den badischen General“ in Erinnerung an seine Generäle im Roman „Rauch“ (1867). Timaschow hatte in Paris an einem Essen bei Thiers (vgl. Anm. 9 zu Brief 73) teilgenommen und unbedachte Äußerungen getan.

Familie Viardot – Pauline und Louis Viardot (vgl. Anm. 1 und 13 zu Brief 10).

Glafira Alexandrowna – G. A. Annenkowa (1831–1899), Annenkows Frau.

Netschajew – Sergej Gennadjewitsch Netschajew (1847–1883), Angehöriger eines revolutionären Studentenzirkels, Anhänger M. A. Bakunins; war an dem Fememord an dem Studenten I. I. Iwanow beteiligt; konnte ins Ausland fliehen; wurde am 14. August 1872 in Zürich verhaftet und im Oktober als Kriminalverbrecher an die russische Regierung ausgeliefert.

Conversations-Haus – Gemeint ist die Lesehalle in Baden-Baden.

179

George Sand – Vgl. Anm. 6 zu Brief 7.

Die Kleinen – Claudie (1852–1914) und Marianne Viardot (1854–1913).

Nohant gesehen ... zu haben – Turgenjew war am 3. Oktober 1872 zum erstenmal in Nohant gewesen.

Lolo – Aurora Sand, Enkelin von George Sand.

180

Gustave Flaubert – Vgl. Anm. 1 zu Brief 96.

Gautier ... unser Diner – Vgl. Anm. 1 und 2 zu Brief 173.

Madame Sand – Vgl. Anm. 6 zu Brief 7.

etiam si omnes, ego non – (lat.) wenn auch alle, ich nicht. – Turgenjew bezieht sich hier auf das Matthäus-Evangelium (26, 33).

Sardou – Victorien Sardou (1831–1908), französischer Dramatiker.

Vacquerie – Auguste Vacquerie (1818–1895), französischer Dramatiker und Journalist, Freund Victor Hugos.

Cambronne – Pierre-Jacques-Etienne Cambronne (1770–1842), französischer General; soll, als er nach der Schlacht bei Waterloo aufgefordert wurde, sich zu ergeben, das Wort „Merde“ (Scheiße) ausgestoßen haben.

taedium vitae – (lat.) Widerwille gegen das Leben.

„Antoine" – Gemeint ist Flauberts Roman „La Tentation de Saint Antoine" (Die Versuchung des heiligen Antonius).

181

M. A. Miljutina – Marja Agejewna Miljutina (1834–1903), Frau von Turgenjews Freund N. A. Miljutin (vgl. Anm. 8 zu Brief 118). Turgenjew war seit den fünfziger Jahren mit den Miljutins bekannt und las in ihrem Haus oft seine Werke vor.

„Visionen" – 1864 erschienene Erzählung Turgenjews.

in den „Dämonen" – Vgl. Anm. 5 zu Brief 170.

Netschajew – Vgl. Anm. 14 zu Brief 178.

„Epocha" – 1864/65 von F. M. Dostojewski und seinem Bruder Michail herausgegebene literarische Monatsschrift konservativer Richtung.

182

Paul Heyse – Vgl. Anm. 1 zu Brief 84.

„Ausgewählten Werke" – Vgl. Anm. 8 zu Brief 136.

böses Blut in Deutschland gemacht haben – Turgenjews spöttische Darstellung deutscher Offiziere, des Theaters in Karlsruhe und eines deutschen Handlungsgehilfen in der Erzählung „Frühlingsfluten" (1872) war keineswegs unbeabsichtigt, sondern die Folge persönlicher Erlebnisse, vor allem aber seiner sich wandelnden Einstellung zu Deutschland, dessen zunehmender Chauvinismus ihn abstieß.

denselben Vorwurf – Turgenjew bezieht sich hier vor allem auf die Reaktion eines Teils des russischen Publikums auf seinen Roman „Rauch" (1867).

zeigen Sie mir … den Empfang – Heyse schickte als Antwort auf diesen Brief am 25. Februar 1873 den 1. und 6. Band der von ihm zusammen mit Hermann Kurz herausgegebenen Reihe „Novellenschatz des Auslandes". In diesen Bänden waren Turgenjews Erzählungen „Faust" (1856) und „Erste Liebe" (1860) enthalten.

nach Marienbad … nach München – Turgenjew reiste nicht nach Marienbad, sondern im Juni 1873 über Baden-Baden, München und Wien nach Karlsbad; er besuchte Heyse in München am 11. Juni.

183

M. M. Stassjulewitsch – Vgl. Anm. 3 zu Brief 129.
Heines ... „Deutschland" – Gemeint ist „Deutschland – ein Wintermärchen".
W. M. Michailow – Wladimir Michailowitsch Michailow, Pseudonym Sajesshi (1811–etwa 1888).
„Westnik Jewropy" – Vgl. Anm. 10 zu Brief 112.
die von Wodowosow – Gemeint ist eine von der Zensur stark entstellte Übersetzung des „Wintermärchens" von Wassili Iwanowitsch Wodowosow (1825–1886), die 1861 in den „Otetschestwennyje sapiski" (Vaterländische Annalen) erschienen war.
Nikolai – Zar Nikolai I. (1796–1855).
lieber zurücknehmen – W. M. Michailows Übersetzung erschien nicht im „Westnik Jewropy", sondern erst 1875 in Leipzig mit einem Vorwort von Turgenjew vom Dezember 1874.

184

W. A. Zurikowa – Warwara Alexandrowna Zurikowa (geb. 1851), Schriftstellerin aus Turgenjews Heimatgouvernement Orjol; sie gab ihre Anonymität erst Anfang 1883 auf. Turgenjew schrieb ihr postlagernd.
„Stilles Leben" – 1854 erschienene Erzählung Turgenjews.

185

P. L. Lawrow – Pjotr Lawrowitsch Lawrow (1823–1900), Soziologe und Publizist, Ideologe und Mitglied der aus der Narodnikibewegung (Volkstümlerbewegung) hervorgegangenen revolutionären Organisation „Semlja i wolja" (Land und Freiheit), später „Narodnaja wolja" (Volkswille); lebte in der Emigration, wo er häufig Turgenjew begegnete, mit dem er in regem Briefwechsel stand.
„Prawitelstwenny westnik" – (russ.) Regierungsbote; offizielle Regierungszeitung, die von 1869 bis 1917 in Petersburg erschien.
russische Kolonie in Zürich – Durch die Maßnahmen der russischen Regierung von Anfang Juni 1873 löste sich die russische Kolonie in Zürich tatsächlich auf; ein Teil der Studenten kehrte nach Rußland zurück, ein Teil ging an andere europäische Universitäten.
l'homme propose ... – (franz.) der Mensch denkt, aber M. N. Longinow lenkt.

M. N. Longinow – Vgl. Anm. 10 zu Brief 46; Turgenjew vermutet hier, daß Longinow, der damals Chef des Hauptpresseamtes war, die Verfügung über die russischen Studenten in Zürich verfaßt habe.

186

Ferdinand Löwe – (geb. 1809), ab 1838 Konservator an der Bibliothek der Akademie der Wissenschaften in Petersburg, Übersetzer aus dem Russischen und Estnischen; stammte aus Hamburg.

einen Teil der Werke von Graf L. Tolstoi – Turgenjew schickte Löwe den 1. Band der bis dahin einzigen russischen Ausgabe von Lew Tolstois „Gesammelten Werken" (1864), der außer der autobiographischen Trilogie „Kindheit, Knabenjahre, Jugendzeit" die Erzählungen „Der Morgen eines Gutsbesitzers", „Aufzeichnungen eines Markörs", „Luzern", „Albert" und „Zwei Husaren" enthält.

Behre – Vgl. Anm. 1 zu Brief 130.

In München sehe ... ich Paul Heyse – Turgenjew besuchte Paul Heyse (vgl. Anm. 1 zu Brief 84) am 11. Juni in München.

„Novellenschatz des Auslands" – Vgl. Anm. 5 zu Brief 182.

mit Mörike die Ehre Ihrer Widmung ... zu teilen – Löwe stellte seinem Buch „Krylofs sämtliche Fabeln. Aus dem Russischen übersetzt und mit einer Einleitung begleitet von F. Löwe" (Leipzig 1874) die Widmung voran: „Den Herren Eduard Mörike und Iwan Turgenief achtungsvoll gewidmet".

187

Josef Dessauer – (1798–1876), österreichischer Liederkomponist; vertonte u. a. slawische Volkslieder; war mit Pauline Viardot und George Sand seit Anfang der vierziger Jahre, als er in Paris lebte, eng befreundet. Turgenjew lernte er im August 1863 in Baden-Baden kennen; Dessauer war 1873 fast völlig erblindet.

gestern nicht gekommen bin – Turgenjew hatte gleich nach seiner Ankunft in Wien am 12. Juni Dessauer einen Besuch abgestattet und ihm offensichtlich einen weiteren für den nächsten Tag versprochen.

mein letztes Buch – Gemeint ist der 7. Band von „Iwan Turgenjews Ausgewählten Werken", in dem 1873 der Roman „Rauch" erschienen war.

Frau Viardot – Vgl. Anm. 1 zu Brief 10.

nach Karlsbad abgehen zu können – Turgenjew traf am 20. Juni 1873 in Karlsbad ein.

188

P. L. Lawrow – Vgl. Anm. 1 zu Brief 185.

„An die russischen Studentinnen ...“ – Gemeint ist Lawrows Rede gegen die Anordnung der russischen Regierung betreffs der Züricher Studenten (vgl. Anm. 3 zu Brief 185); war als Broschüre gedruckt worden.

Michail Longinow – Vgl. Anm. 5 zu Brief 185.

Bleiben Sie in Zürich? – Lawrow blieb bis März 1874 in Zürich und ging dann nach London.

Züricher russische Kolonie – Vgl. Anm. 3 zu Brief 185.

Wyrubow – Grigori Nikolajewitsch Wyrubow (1843–1913), positivistischer Philosoph und Naturforscher; lebte seit 1864 im Ausland; gab von 1875 bis 1879 die Werke A. I. Herzens heraus; er traf sich im Juni 1873 in Zürich mit Lawrow und kehrte dann nach Paris zurück.

189

Pauline Viardot – Vgl. Anm. 1 zu Brief 10.

Doktor – Josef Seegen (1822–1904), von 1853 bis 1884 Arzt in Karlsbad, seit 1859 gleichzeitig Professor der Balneologie an der medizinischen Fakultät in Wien.

seine Frau – Hermine Seegen.

Herrn von Saar – Ferdinand von Saar (1833–1906), österreichischer Novellist und Lyriker; sein Schaffen war von Turgenjew beeinflußt.

Ketten – Henri Ketten, Pianist.

W. Busch – Wilhelm Busch (1832–1908).

Stockhausen – Julius Stockhausen (1826–1906), Bariton, Schüler von Pauline Viardots Bruder Manuel Garcia, später Dirigent.

Papini – Guido Papini (1847–1912), italienischer Geiger und Komponist.

Sergej Wolkow – Vgl. Anm. 12 zu Brief 10.

Viardot – Vgl. Anm. 13 zu Brief 10.

„Westnik Jewropy“ – Vgl. Anm. 10 zu Brief 112.

„Nymphe Echo“ – Gemälde des französischen Genremalers Joseph-Viktor Ranvier (1832–1896), dem L. Viardot eine Inschrift geben wollte.

Ovid – Naso Publius Ovidius (43–etwa 18 v. u. Z.), römischer Dichter.

„Die Geburt des Reims“ – Gemeint ist Puschkins Gedicht „Der Reim“ (1832).

si Dios quiere – (span.) Wenn Gott will.

Frau Abasa – Vgl. Anm. 11 zu Brief 115.

190

P. W. Lawrow – Vgl. Anm. 1 zu Brief 185.
Programm Ihrer zukünftigen Zeitschrift – Das Programm von Lawrows „Wperjod" war 1873 in Zürich als Broschüre erschienen.
appréhension – (franz.) Besorgnis.
ipso facto – (lat.) an der Sache.
„Wperjod" – (russ.) Vorwärts; Zeitschrift der Narodowolzen, des revolutionären Flügels der Volkstümlerbewegung; erschien ab 13. August 1873 in Zürich, von 1874 bis 1877 in unregelmäßiger Folge in London.
Immatrikulation der Studentinnen – In der „Kölnischen Zeitung" vom 11. Juni 1873 wurde in einem anonymen Artikel aus Berlin gefordert, die Traditionen der deutschen Universitäten zu wahren und die russischen Studentinnen aus Zürich (vgl. Anm. 3 zu Brief 185) nicht zu immatrikulieren.

191

Gustave Flaubert – Vgl. Anm. 1 zu Brief 96.
laudari a laudato viro – (lat.) Lob aus dem Munde dessen, den Du selbst lobst.
„Antoine" – Gemeint ist der Roman „La Tentation de Saint Antoine" (Die Versuchung des heiligen Antonius).
all das zu sagen – Flaubert hatte sich in einem Brief an Turgenjew vom 2. August 1873 begeistert über dessen französische Ausgabe der Erzählung „Frühlingsfluten" (1872) geäußert.
hiesigen Freunden – Pauline und Louis Viardot (vgl. Anm. 1 und 13 zu Brief 10).
Nohant – Landsitz von George Sand.

192

P. W. Annenkow – Vgl. Anm. 3 zu Brief 17.
kleine Beitrag – Gemeint ist der Artikel „Turgenjew in Deutschland", der 1872 in Nr. 22 der Zeitschrift „Europa" erschien.
Namen meiner „Epigonen" – Otto Glagau zählte in seinem Buch „Die russische Literatur und Iwan Turgenjew" (1872) im Kapitel „Turgenjews Nachahmer" Karl Detlef und Leopold von Sacher-Masoch zu den „Turgenjew-Jüngern".
Herr „Postny" in „Delo" – Turgenjew bezieht sich auf den Aufsatz „Aufgaben der revolutionären Propaganda in Rußland" des Volkstümlers

Pjotr Nikititsch Tkatschew (1844–1885), Pseudonym Postny, im Dezemberheft der radikal-demokratischen Monatsschrift „Delo" (Die Tat) von 1872, in dem Turgenjew vorgeworfen wird, daß er mit seinen künstlerischen Experimenten ungestraft seine Freunde beleidigen würde, doch er habe keine „Freunde, die er beleidigen könnte".

Le système de compensations! – (franz.) Das System der Kompensationen!

Tjutschew – Vgl. Anm. 6 zu Brief 112.

„Westnik Jewropy" – Vgl. Anm. 10 zu Brief 112.

Madame Anstett – Minna Anstett (1818–1900), Besitzerin des Hauses in Baden-Baden, in dem Turgenjew von April 1863 bis März 1868 gewohnt hatte. Turgenjew hatte zu ihr ein herzliches Verhältnis.

193

George Sand – Vgl. Anm. 6 zu Brief 7.

meine Bücher gefallen – George Sand hatte sich in einem Brief vom 1. September 1873 über die französische Ausgabe von Turgenjews „Frühlingsfluten" (1872) geäußert.

Madame Viardot – Vgl. Anm. 1 zu Brief 10.

Viardot – Vgl. Anm. 13 zu Brief 10.

Paul – Paul Viardot (vgl. Anm. 2 zu Brief 51).

194

A. A. Fet – Vgl. Anm. 11 zu Brief 37.

George Sand – Vgl. Anm. 6 zu Brief 7.

„In jeden Quark ..." – Goethe, „Faust" (Prolog im Himmel).

take me as I am – (engl.) nehmen Sie mich, wie ich bin.

Aksakow – Vgl. Anm. 6 zu Brief 29.

Chomjakow – Vgl. Anm. 14 zu Brief 32; gemeint ist sein Gedicht „Die Insel" (1836).

Slawophilentum – Vgl. Anm. 4 zu Brief 34.

Basarow – Hauptgestalt aus Turgenjews Roman „Väter und Söhne" (1862); das Zitat entstammt dem 21. Kapitel, dem Gespräch Basarows mit Arkadi.

Prinzipien von 1792 – Gemeint ist das Jahr, in dem Frankreich Republik wurde, nachdem 1789 die Deklaration der Menschenrechte verkündet und alle alten Privilegien abgeschafft worden waren.

Spanien – Infolge revolutionärer Ereignisse in Spanien hatte der spanische König 1873 dem Thron entsagt.

Katkow – Vgl. Anm. 12 zu Brief 46.

die badischen Generale – Turgenjew bezieht sich auf Gestalten aus seinem Roman „Rauch“ (1867).

M. N. Longinow – Vgl. Anm. 5 zu Brief 185.

Vergil – Eigentlich Publius Vergilius Maro (70–19 v. u. Z.), römischer Epiker.

„per amica silentia lunae“ – (lat.) durch das schweigende Dämmern des Mondes; Vergil, „Aeneis“ (Buch 2, Strophe 255).

könnte von Tjutschew sein – Turgenjew bezieht sich auf F. I. Tjutschews (vgl. Anm. 6 zu Brief 112) Gedicht „Silentium“ (1832).

„futura jam pallida morte“ – (lat.) umweht vom Schauer des nahenden Todes; Vergil, „Aeneis“ (Buch 4, Strophe 644).

Ovid – Naso Publius Ovidius (43–etwa 18 v. u. Z.), römischer Dichter.

dem jungen Viardot – Paul Viardot (vgl. Anm. 2 zu Brief 51).

daß Lew Tolstoi keinen Haß – Vgl. Anm. 3 zu Brief 77.

einen großen Roman – „Anna Karenina“.

Marja Petrowna – M. P. Fet (1828–1894), Fets Frau.

Petja – P. I. Borissow (vgl. Anm. 4 zu Brief 166).

195

P. N. Polewoi – Pjotr Nikolajewitsch Polewoi (1839–1902), Schriftsteller, Literaturhistoriker; schrieb mehrere Artikel und eine Biographie über Turgenjew, die in die 2. Auflage seiner russischen Literaturgeschichte einging. Turgenjew hatte ihm eine biographische Skizze versprochen.

„Niwa“ – (russ.) Die Flur; im Februar 1872 war hier eine Studie über Turgenjew erschienen.

Pjotr Turgenjew – Pjotr Nikititsch Turgenjew (gest. 1606).

falschen Demetrius – Lshedmitri I. (gest. 1606), Abenteurer, Günstling der polnischen Schlachta; gab sich als Sohn des Zaren Iwan IV. (1530–1584) aus.

Jakow Turgenjew – Jakow Gawrilowitsch Turgenjew (geb. etwa 1658), Höfling Peters I.

Stankewitsch – Vgl. Anm. 1 zu Brief 1.

T. Granowski – Vgl. Anm. 1 zu Brief 3.

Michail Bakunin – Vgl. Anm. 1 zu Brief 5.

seine Mutter – W. P. Turgenjewa (vgl. Anm. 6 zu Brief 11).

Slawophilen – Vgl. Anm. 4 zu Brief 34.

Aksakows – Vgl. Anm. 1, 5 und 6 zu Brief 29.

Chomjakow – Vgl. Anm. 14 zu Brief 32.

Kirejewskis – Iwan Wassiljewitsch Kirejewski (1806–1856) und sein Bruder Pjotr Wassiljewitsch (1808–1856).
„Aufzeichnungen eines Jägers“ – Skizzenzyklus (vgl. Anm. 7 zu Brief 17).
Baden-Baden endgültig verlassen – Endgültig hatte Turgenjew Baden-Baden erst im Herbst 1871 verlassen.

196

Erich Behre – Vgl. Anm. 1 zu Brief 130.
Pietsch – Vgl. Anm. 4 zu Brief 102.
der Übersetzung – Gemeint ist die deutsche Übersetzung der „Aufzeichnungen eines Jägers“, die 1875 im 8. und 9. Band der von Behre herausgegebenen „Ausgewählten Werke“ Turgenjews unter dem Titel „Skizzen aus dem Tagebuch eines Jägers“ erschien.
er geht ... nach Petersburg – Pietsch berichtete vom 21. Januar bis 1. Februar 1874 in der „Vossischen Zeitung“ von der Vermählung der Tochter Zar Alexanders II. mit dem zweiten Sohn der englischen Königin Viktoria.
der „Vossischen Zeitung“ – Bis 1912 eigentlich „Königlich privilegierte Zeitung von Staats- und gelehrten Sachen“; älteste, 1704 gegründete Zeitung Berlins, die 1751 in den Besitz von Christian Friedrich Voß überging; bestand bis 1934.
carte blanche – (franz.) weiße Karte; hier svw. unbeschränkte Vollmacht.

197

William Ralston – Vgl. Anm. 1 zu Brief 116.
Mr. Holts ... Brief – Turgenjew hatte am 6. Februar 1874 von dem ihm unbekannten amerikanischen Verleger Henry Holt einen Brief erhalten, der ihn über die von Holt unternommenen ersten Einzelausgaben seiner Werke in Amerika unterrichtete und dem ein Scheck in Höhe von 1 000 Francs beigefügt war.
Almanach ... eine Skizze – Gemeint ist der Almanach „Skladtschina“ (Beitrag), der 1874 erschien; er enthielt Turgenjews Erzählung „Die lebende Reliquie“, die ab 1880 in den Skizzenzyklus „Aufzeichnungen eines Jägers“ (vgl. Anm. 7 zu Brief 17) einging.
die Güte haben, es zu übersetzen – Ralstons Übersetzung der Erzählung erschien 1876 in Heft 12 der amerikanischen Zeitschrift „Scribner's Monthly“ (Scribner's Monatsschrift) unter dem Titel „The Living Mummy“.

Chanykow – Vgl. Anm. 2 zu Brief 115.

Ihrer Vorlesungen – Ralston hielt im Frühjahr 1874 an der Universität Oxford vier Vorlesungen über russische Geschichte der Frühzeit, die auch als Buch erschienen.

Iwan III. ... Schrecklichen – Iwan Wassiljewitsch III. (1440–1505), russischer Zar, Großvater von Zar Iwan Wassiljewitsch IV., dem Schrecklichen (1530–1584).

Übersetzung von „Lisa" – Gemeint ist Ralstons Übersetzung von Turgenjews Roman „Ein Adelsnest" (1859), die 1869 in London erschienen war. Eine zweite Auflage kam erst 1884 heraus.

198

Hjalmar Boyesen – (1848–1895), amerikanischer Schriftsteller und Professor; geboren in Norwegen, lebte er seit 1869 in Amerika; lernte Turgenjew 1873 in Paris kennen; veröffentlichte eine Reihe von Artikeln über ihn in amerikanischen Zeitschriften.

Buch von Mr. Howells – Gemeint ist vermutlich der Roman des amerikanischen Schriftstellers William Dean Howells (vgl. Anm. 1 zu Brief 210) „A Chance Acquaintance" (Eine zufällige Bekanntschaft), der 1873 erschienen war.

Ihr Buch – Gemeint ist die Erzählung „Gunnar, a Tale of Norse Life" (Gunnar, eine Erzählung aus dem norwegischen Leben), die 1874 in Boston erschien und Turgenjew gewidmet war.

199

Paul Heyse – Vgl. Anm. 1 zu Brief 84.

Ihren Roman – „Kinder der Welt" (1873); erschien noch im selben Jahr in der Übersetzung von E. Sysojewa in Petersburg in zwei Bänden.

aveugle qui ne la voit pas – (franz.) blind, wer es nicht sieht.

Flauberts neuestes Werk – Gemeint ist der Roman „La Tentation de Saint Antoine" (Die Versuchung des heiligen Antonius), der 1874 in einer zweiten Fassung erschien.

ich Sie aufsuchen werde – Dieser beabsichtigte Besuch fand nicht statt.

Frau Heyse – Anna Heyse, Heyses zweite Frau.

200

Paul Lindau – (1839–1919), Schriftsteller, Dramatiker, Literatur- und Theaterkritiker; leitete von 1872 bis 1881 die Wochenschrift „Die Gegenwart“ und von 1877 bis 1904 die Monatsschrift „Nord und Süd“.

Richard und Rudolf – Gemeint sind der Diplomat Richard Lindau (1831 bis 1900) und der Schriftsteller Rudolf Lindau (1829–1910), mit denen Turgenjew in den fünfziger Jahren in Paris bekannt geworden war.

„La Tentation de St-Antoine“ – (franz.) Die Versuchung des heiligen Antonius; Roman von G. Flaubert.

eine Rezension seines Werkes … von Ihrer Feder – Paul Lindau kam Turgenjews Wunsch nach und veröffentlichte im September 1874 in der „Gegenwart“ eine Artikelserie über das Gesamtschaffen von Flaubert.

201

Heinrich Laube – (1806–1884), Schriftsteller, Dramatiker, Theaterintendant, von 1849 bis 1867 Direktor des Wiener Burgtheaters; gründete 1872 das Wiener Stadttheater. Turgenjew lernte ihn im Juli 1873 in Karlsbad im Hause des Arztes Josef Seegen kennen; er traf ihn dort auch im Juni 1875

„La Tentation de St-Antoine“ – (franz.) Die Versuchung des heiligen Antonius; Roman von G. Flaubert.

Nach Berlin und München habe ich geschrieben – Gemeint sind die Briefe 199 und 200.

komme ich nach Karlsbad – Turgenjew hielt sich 1874 vom 3. bis 26. August in Karlsbad auf.

202

George Sand – Vgl. Anm. 6 zu Brief 7.

Plauchut – Edmond Plauchut (1814–1909), französischer Schriftsteller, Freund von George Sand.

Rollinat – Charles Rollinat, Bekannter von George Sand; übersetzte die zu Turgenjews Skizzenzyklus „Aufzeichnungen eines Jägers“ (vgl. Anm. 7 zu Brief 17) gehörende Skizze „Der Birjuk“ ins Französische.

meine „Reliquie“ – Gemeint ist die Erzählung „Die lebende Reliquie“ (1874); sie war in der Übersetzung von E. Durand am 8. April 1874 unter dem Titel „Les Reliquies vivantes“ in der Pariser Abendzeitung „Le Temps“ (Die Zeit) erschienen.

Viardot – Vgl. Anm. 13 zu Brief 10.

203

Gustave Flaubert – Vgl. Anm. 1 zu Brief 96.

K. Frenzel – Karl Frenzel (1827–1914), Schriftsteller, von 1861 bis 1908 Leiter des Feuilletons und Theaterkritiker der Berliner „Nationalzeitung". Sein Artikel über Flauberts Roman „La Tentation de Saint Antoine" (Die Versuchung des heiligen Antonius) erschien in der Nummer vom 13. Mai 1874.

Julian Schmidt – Vgl. Anm. 11 zu Brief 133.

Ludwig Pietsch – Vgl. Anm. 4 zu Brief 102.

204

Pauline Viardot – Vgl. Anm. 1 zu Brief 10.

Viardot – Vgl. Anm. 13 zu Brief 10.

die Tochter von Pietsch – Anna Pietsch (geb. etwa 1850), L. Pietschs älteste Tochter.

Pietsch – Vgl. Anm. 4 zu Brief 102.

Menzel – Adolph Menzel (1815–1905).

„Mateo Falcone" von Mérimée – 1829 erschienene Novelle.

das Original in dem Band Chamisso – Gemeint ist Adalbert von Chamissos (1781–1838) Gedicht „Mateo Falcone, der Korse", das 1830 entstanden war, jedoch nach der Vorlage von Mérimées Novelle.

Frau Abasa – Vgl. Anm. 11 zu Brief 115.

Frau Muchanow – Marie Muchanow-Kalergis (1822–1874), Schülerin Chopins und Freundin Liszts; lebte 1863/64 in Baden-Baden, wo Turgenjew sie kennenlernte.

Sic transit! – (lat.) So geht es hin!

Johansen – August Fjodorowitsch Johansen (1829–1875), Petersburger Musikverleger; in seinem Verlag erschienen Frau Viardots Musikalben; hier sind die von ihr vertonten „Fünf Gedichte von Goethe, Puschkin, Mörike, Geibel und Pohl" (1874) gemeint.

den „Jüngling" – Gemeint ist Puschkins „Der Jüngling und das Mädchen" (1835).

„Rosenzeit" – Gemeint ist das von Frau Viardot vertonte Gedicht E. Mörikes, das 1871 bei Johansen erschienen war.

Sollogub – Wladimir Alexandrowitsch Sollogub (1814–1882), realistischer Erzähler, Vertreter der Natürlichen Schule; stand dem Kreis um den Literaturhistoriker W. G. Belinski nahe, geriet aber später unter den Einfluß der Slawophilen (vgl. Anm. 4 zu Brief 34).

Frau Saburow – Natalja Wladimirowna Saburowa.

205

Emile Zola – (1840–1902). Turgenjew lernte ihn 1872 bei Flaubert kennen und war bis zu seinem Tode mit ihm befreundet.

der bestehenden internationalen Gesetze – Gemeint ist der unzureichende Schutz des literarischen Eigentums. Ein internationaler Kongreß zu diesem Thema fand 1878 unter aktiver Beteiligung Turgenjews statt.

„Conquête de Plassans“ – (franz.) Die Eroberung von Plassans; Roman Zolas.

Herausgeber – M. M. Stassjulewitsch (vgl. Anm. 3 zu Brief 129).

„La Curée“ – (franz.) Die Beute; Roman Zolas.

Ihre Werke in seiner Zeitschrift – In Stassjulewitschs „Westnik Jewropy“ (vgl. Anm. 10 zu Brief 112) erschien im Oktober 1874 eine Wiedererzählung des Romans „Die Eroberung von Plassans“ von A. N. Engelhardt.

Der Roman, an dem Sie gerade schreiben – „Die Sünde des Abbé Mouret“.

„Antoine“ – Gemeint ist der Roman „La Tentation de Saint Antoine“ (Die Versuchung des heiligen Antonius).

kuriose Wendung – Vermutlich denkt Turgenjew hier an die Aktivitäten der monarchistischen Kräfte in Frankreich.

206

P. W. Annenkow – Vgl. Anm. 3 zu Brief 17.

Frau Anstett – Vgl. Anm. 8 zu Brief 192.

den geplanten … Roman – „Neuland“; erschien 1877 in den beiden ersten Heften des „Westnik Jewropy“ (vgl. Anm. 10 zu Brief 112).

Aksakows – Vgl. Anm. 1, 5 und 6 zu Brief 29.

Aufsatz über ihren Vater und ihre Familie – Turgenjew beabsichtigte seit 1869 einen Aufsatz über die Aksakows zu schreiben, er wurde jedoch nicht beendet.

Salajew – Vgl. Anm. 2 zu Brief 127.

inédit – (franz.) unveröffentlicht.

der „Lebenden Reliquie“ – Erzählung Turgenjews (1874).

„Es rattert“ – Erschienen in Band 1 der von den Brüdern Salajew herausgegebenen Werke Turgenjews (Moskau 1874).

„Punin und Baburin“ – Erschienen 1874 im Aprilheft des „Westnik Jewropy“.

Pissemski – Vgl. Anm. 9 zu Brief 38.

seiner Frau – Jekaterina Pawlowna Pissemskaja (1829–1891).

beider Sohn – Pawel Alexejewitsch Pissemski (1850–1910), Dozent an der Moskauer Universität.

ein solches Unglück – Pissemskis Sohn Nikolai hatte im Februar 1874 im Alter von 22 Jahren sein Leben durch Selbstmord beendet.

Gontscharow – Vgl. Anm. 1 zu Brief 59.

ils sont déflorés – (franz.) ihnen ist der Reiz der Neuheit genommen.

207

Hermine Seegen – Gattin des Arztes Josef Seegen (vgl. Anm. 2 zu Brief 189); lebte im Sommer in Karlsbad, im Winter in Wien; verbreitete Turgenjews Werke in ihrem großen österreichischen Bekanntenkreis.

Alea jacta est! – (lat.) Die Würfel sind gefallen.

Frau Hartmann – Bertha Hartmann (1839–1916), Gattin des 1872 verstorbenen Moritz Hartmann (vgl. Anm. 1 zu Brief 58).

die Korrekturbogen durchzusehen – Gemeint sind die Korrekturbogen zu Turgenjews Skizzenzyklus „Aufzeichnungen eines Jägers" (vgl. Anm. 3 zu Brief 196).

künftiges Jahr ... nach Karlsbad Anfang Mai – Turgenjew hielt sich 1875 vom 4. Juni bis 14. Juli in Karlsbad auf.

208

A. P. Filossofowa – Anna Pawlowna Filossofowa (1837–1912); nahm aktiv an der russischen Frauenbewegung teil. Turgenjew lernte sie Anfang der siebziger Jahre in Petersburg kennen.

Tagebuch – Anna Filossofowa hatte Turgenjew ihr Tagebuch und Aufzeichnungen ihr bekannter Studenten aus der Volkstümlerbewegung geschickt, damit er sich ein Bild von den „neuen Menschen" machen könne.

Dechterew – Wladimir Gawrilowitsch Dechterew (1853–1903), Psychiater; war 1874 als Medizinstudent Sekretär einer Gesellschaft zur Unterstützung studierender Frauen. Er ist der Prototyp für die satirische Gestalt des Briefschreibers Kisljakow in dem Roman „Neuland" (1877).

Ditjatin – Iwan Iwanowitsch Ditjatin (1847–1892), Professor der Rechtswissenschaft.

der russische „Leo" – W. G. Dechterew; Turgenjew spielt auf die Gestalt des Leo in Friedrich Spielhagens Roman „In Reih und Glied" an, der von den russischen Volkstümlern mit Begeisterung gelesen wurde.

Basarow – Hauptgestalt aus Turgenjews Roman „Väter und Söhne" (1862).

Katkow – Vgl. Anm. 12 zu Brief 46.

Louis Blanc – (1811–1882), französischer Utopist, Historiker und Politiker; war 1848 Mitglied der Regierung.

„Aufzeichnungen eines Jägers" – Skizzenzyklus (vgl. Anm. 7 zu Brief 17).

„Rudin" – 1856 erschienener Roman.

„Ein Adelsnest" – 1859 erschienener Roman.

„Vorabend" – 1860 erschienener Roman.

„Väter und Söhne" – 1862 erschienener Roman.

son siège est fait – (franz.) ihr Standpunkt ist festgelegt.

„Poch, poch, poch" – Erzählung; erschienen 1871 im Januarheft des „Westnik Jewropy" (Europäischer Bote).

meinen Roman – „Neuland" (1877).

Belletristen des „Delo" – Mitarbeiter der radikal-demokratischen Monatsschrift „Delo" (Die Tat) waren damals u. a. die Schriftsteller P. D. Boborykin, W. I. Nemirowitsch-Dantschenko und K. M. Stanjukowitsch.

„Menschen besonderer Art" – Anspielung auf N. G. Tschernyschewskis Bezeichnung der Gestalt Rachmetows in seinem Roman „Was tun?".

209

A. P. Filossofowa – Vgl. Anm. 1 zu Brief 208.

Basarow – Hauptgestalt aus Turgenjews Roman „Väter und Söhne" (1862).

W. Dechterew – Vgl. Anm. 3 zu Brief 208.

Ihres Sohnes – Wladimir Wladimirowitsch Filossofow (1858–1929); emigrierte nach 1917 und wurde Direktor des Versailler Museums.

Ragosin – Jewgeni Iwanowitsch Ragosin (1843–1906), Redakteur der Zeitschrift „Nedelja" (Die Woche); arbeitete mit A. P. Filossofowa gemeinsam im Petersburger Hilfskomitee für die Hungernden.

210

William Dean Howells – (1837–1920), amerikanischer Schriftsteller, Kritiker, in den siebziger Jahren Redakteur der Zeitschrift „Atlantic Monthly"; schrieb mehrere Artikel über Turgenjew, von dem er in seinem literarischen Schaffen beeinflußt war.

„Their Wedding Journey" – (engl.) Ihre Hochzeitsreise; 1872 erschienener Roman.
„A Chance Acquaintance" – (engl.) Eine zufällige Bekanntschaft; 1873 erschienener Roman.
„Venetian Life" – (engl.) Venezianisches Leben; 1866 erschienene Reiseerinnerungen.

211

Emile Zola – Vgl. Anm. 1 zu Brief 205.
Stassjulewitsch – Vgl. Anm. 3 zu Brief 129.
Geschäft ... ist eingeleitet – Durch Turgenjews Vermittlung zwischen Zola, Stassjulewitsch und dem Pariser Buchhändler und Verleger Georges Charpentier (1846–1905) wurde Zolas Roman „Die Sünde des Abbé Mouret" 1875 im Januar-, Februar- und Märzheft des „Westnik Jewropy" (Europäischer Bote) noch vor dem Erscheinen in Charpentiers „Bibliothèque" veröffentlicht.
Generalprobe – Zolas Lustspiel „Les Héritiers Rabourdin" (Die Erben Rabourdins) wurde am 3. November 1874 in Paris uraufgeführt.

212

Erich Behre – Vgl. Anm. 1 zu Brief 130.
Korrekturbogen der „Jägerskizzen" – Vgl. Anm. 3 zu Brief 196.
et sic in infinitum – (lat.) und so bis ins Unendliche.
Ludwig Pietsch – Vgl. Anm. 4 zu Brief 102.
Julian Schmidt – Vgl. Anm. 11 zu Brief 133.
Professor Friedländer – Vgl. Anm. 1 zu Brief 138.
Frau Professorin H. Seegen – Vgl. Anm. 1 zu Brief 207.
Paul Heyse – Vgl. Anm. 1 zu Brief 84.
Professor Lübke – Wilhelm Lübke (1826–1893), Kunsthistoriker, Professor in Stuttgart. Turgenjew hatte ihn in Karlsbad kennengelernt.

213

P. L. Lawrow – Vgl. Anm. 1 zu Brief 185.
Übersendung der Broschüren – Gemeint sind P. N. Tkatschews (vgl. Anm. 4 zu Brief 192) Artikel „Aufgaben der revolutionären Propaganda in Rußland" und Lawrows Entgegnung darauf, die beide 1874 als Broschüren in London erschienen waren.

Ihrer Zeitschrift ... den dritten Band – Gemeint ist Nr. 3 der Zeitschrift „Wperjod" (vgl. Anm. 5 zu Brief 190).

Lopatin – German Alexandrowitsch Lopatin (1845–1918), Volkstümler; hatte Turgenjew 1873 in Paris kennengelernt.

214

P. W. Annenkow – Vgl. Anm. 3 zu Brief 17.

in Ihrer Oase – Annenkow war nach einem dreiwöchigen Aufenthalt in Paris nach Baden-Baden zurückgekehrt.

Perikles – (490–429 v. u. Z.), griechischer Staatsmann.

Charlamow – Alexej Alexandrowitsch Charlamow (1842–1922), Maler; er beendete Turgenjews Porträt noch 1875.

M. J. Saltykow – Michail Jewgrafowitsch Saltykow-Stschedrin (1826–1889), revolutionär-demokratischer Schriftsteller; gehörte neben Gogol zu den bedeutendsten Satirikern der klassischen russischen Literatur.

Herwegh – Vgl. Anm. 1 zu Brief 20.

Leontjew – Pawel Michailowitsch Leontjew (1822–1874), Professor für klassische Philologie, Archäologe, Mitarbeiter des „Russki westnik" (Russischer Bote).

Shukowski – Vgl. Anm. 3 zu Brief 153.

W. Korsch ... Herausgabe einer Zeitschrift – Korsch (vgl. Anm. 11 zu Brief 46) hatte 1875 vorübergehend die Absicht, in Baden-Baden eine russischsprachige konstitutionelle Zeitschrift herauszugeben.

Zolas Roman – „Die Sünde des Abbé Mouret" (vgl. Anm. 3 zu Brief 211).

Rousseau – Théodore Rousseau (1812–1867), französischer Maler, den Turgenjew besonders schätzte.

Dupré – Jules Dupré (1811–1889), französischer Maler.

Ihre Gattin – Glafira Alexandrowna Annenkowa (1831–1899).

215

M. M. Stassjulewitsch – Vgl. Anm. 3 zu Brief 129.

erst war es Zola – Vgl. Anm. 3 zu Brief 211.

H. Taine – Hippolyte Taine (1828–1893), französischer Historiker und Literaturtheoretiker; lernte Turgenjew Anfang der siebziger Jahre bei G. Flaubert kennen und zollte dessen Schaffen große Anerkennung.

„L'Ancien Régime" – Gemeint ist das Geschichtswerk „Les Origines de la France: L'Ancien Régime" (Die Ursprünge Frankreichs: Das An-

cien Régime), das 1876 in Paris erschien; es wurde nicht im „Westnik Jewropy" veröffentlicht.

„Westnik Jewropy" – Vgl. Anm. 10 zu Brief 112.

Zolas Feuilleton – Gemeint sind die „Pariser Briefe", die Zola durch Turgenjews Vermittlung im „Westnik Jewropy" veröffentlichte.

Wegen der anderen Punkte – Gemeint ist die Bezahlung von Zolas Feuilletons im „Westnik Jewropy".

Das Manuskript – Gemeint ist Turgenjews Erzählung „Die Uhr", die 1876 im Januarheft des „Westnik Jewropy" erschien.

216

A. F. Pissemski – Vgl. Anm. 9 zu Brief 38.

Kayssler – Vgl. Anm. 3 zu Brief 149.

„Vossischen Zeitung" – Vgl. Anm. 5 zu Brief 196.

Schreiben an Julian Schmidt – Gemeint ist ein mit Karlsbad, den 9. Juli 1875 datiertes Empfehlungsschreiben für Pissemskis Sohn Pawel Alexejewitsch (1850–1910) an Julian Schmidt (vgl. Anm. 11 zu Brief 133).

Aufsatz über „Tausend Seelen" – Gemeint ist der Artikel „Turgenjew und Pissemski", der im 4. Band von J. Schmidts „Charakterbildern aus der zeitgenössischen Literatur" (Leipzig 1875) erschien.

Ihrer lieben Gattin – Jekaterina Pawlowna Pissemskaja.

A. K. Tolstoi – Alexej Konstantinowitsch Tolstoi (1817–1875), Dramatiker.

einen „russischen literarischen Abend" – Diese Veranstaltung, auf der Turgenjew und A. K. Tolstoi aus ihren Werken lasen, fand in Karlsbad am 13. Juli 1875 statt.

217

George Sand – Vgl. Anm. 6 zu Brief 7.

meinen alten Freunden – Gemeint ist die Familie Viardot.

unerquicklichen Lage – G. Flauberts angeheirateter Neffe, Ernest Commanville, hatte Bankrott gemacht.

Balandard – Name einer der Puppen, die in Nohant für ein Marionettentheater angefertigt wurden.

218

P. L. Lawrow – Vgl. Anm. 1 zu Brief 185.

Ihres jungen Freundes – Sergej Michailowitsch Stepnjak-Krawtschinski (1851–1895), Schriftsteller und Publizist, Volkstümler; lebte zeitweise in der Emigration. Sein Märchen „Die Weise Naumowna" war 1875 im „Wperjod" (Vorwärts) in London erschienen.

219

P. L. Lawrow – Vgl. Anm. 1 zu Brief 185.

Elukubration – (lat.) mühevoll ausgearbeitete Abhandlung.

ingénieuse idée – (franz.) ausgezeichnete Idee.

Nikolai Gawrilowitsch – N. G. Tschernyschewski (vgl. Anm. 8 zu Brief 44); war 1864 zu 14 Jahren Verbannung verurteilt worden. Das Gespräch drehte sich um eines der Projekte, ihn aus der Verbannung zu befreien.

Dechterew – Vgl. Anm. 3 zu Brief 208.

220

J. I. Ragosin – Vgl. Anm. 6 zu Brief 209.

junger Freund – Wladimir Wladimirowitsch Passek (1841–1880), Jurist und Dichter.

„Wie der Vogel singt ..." – Goethe, „Der Sänger".

W. Kurotschkin – Wassili Stepanowitsch Kurotschkin (1831–1875), Satiriker, Übersetzer und Journalist.

221

J. P. Wrewskaja – Julija Petrowna Wrewskaja (1841–1878), Bekannte Turgenjews; arbeitete als Krankenschwester im Russisch-Türkischen Krieg von 1877/78; starb an Typhus in Bulgarien. Turgenjew widmete ihr eins seiner „Gedichte in Prosa".

Prinz von Wales – Albert Eduard, Prinz von Wales (1841–1910), ältester Sohn der Königin Viktoria von England, von 1901 bis 1910 König Eduard VII.

„O wehmütige Zeit ..." – Puschkin, „Herbst".

A. K. Tolstoi – Alexej Konstantinowitsch Tolstoi (1817–1875), Dramatiker.

des „literarischen Abends" – Vgl. Anm. 8 zu Brief 216; Julija Wrewskaja war damals von Marienbad nach Karlsbad herübergekommen.

einige Zeilen – Turgenjews Nekrolog „Aus Anlaß des Todes von Graf A. K. Tolstoi" erschien 1875 im Novemberheft des „Westnik Jewropy" (vgl. Anm. 10 zu Brief 112).

seine Witwe – Sofja Andrejewna Tolstaja (1825–1895).

ceci est strictement entre nous – (franz.) dies streng unter uns.

Frau Viardot – Vgl. Anm. 1 zu Brief 10.

Frau Skobeljowa – Olga Nikolajewna Skobeljowa (1823–1880), Bekannte Turgenjews.

Sollogub – Vgl. Anm. 14 zu Brief 204.

Saltykow (Stschedrin) – Vgl. Anm. 5 zu Brief 214.

Belinski – Vgl. Anm. 1 zu Brief 12.

D. Obolenski – Dmitri Alexandrowitsch Obolenski (1822–1881), Beamter im Staatsdienst.

„Wie ich im Scherz ..." – Puschkin, „Eugen Onegin" (6. Kapitel, Vers 44).

222

Edmond de Goncourt – Vgl. Anm. 1 zu Brief 172.

Viardot – Vgl. Anm. 13 zu Brief 10.

Auskünfte ... Maße der Bilder – Goncourt benötigte sie für einen Katalog der Bilder des Malers Pierre Prudhon (1758–1823), der 1876 erschien.

Flaubert ... hebt ... den Kopf – Vgl. Anm. 3 zu Brief 217.

seiner Nichte – Carolina Commanville (1846–1931).

Zolas ... Feuilleton – Gemeint ist der Artikel „Die Romane der Brüder Goncourt", der 1875 im Septemberheft des „Westnik Jewropy" (Europäischer Bote) erschien.

„Germinie Lacerteux" und „Renée Mauperin" – Romane Goncourts; der erste erschien 1875 gekürzt im Oktoberheft des „Westnik Jewropy", der zweite 1876 in den „Otetschestwennyje sapiski" (Vaterländische Annalen).

223

M. J. Saltykow-Stschedrin – Vgl. Anm. 5 zu Brief 214.

Goncourt – Vgl. Anm. 1 zu Brief 172.

„Otetschestwennyje sapiski" – Vgl. Anm. 5 zu Brief 12.

Goncourts Roman – „La Fille Elisa" (Das Mädchen Elisa).

Dostojewskis „Jüngling" – Der Roman erschien 1875 in mehreren Fortsetzungen in den „Otetschestwennyje sapiski".

„Koronat“ – 16. Skizze von Saltykow-Stschedrins „Wohlgesinnten Reden“; erschien 1875 im Novemberheft der „Otetschestwennyje sapiski“.

Sollogub – Vgl. Anm. 14 zu Brief 204.

kleine Erzählung – „Die Uhr“ (1876).

224

P. W. Annenkow – Vgl. Anm. 3 zu Brief 17.

Stassjulewitsch – Vgl. Anm. 3 zu Brief 129.

Manuskript – Gemeint ist Turgenjews Erzählung „Die Uhr“ (1876).

Bessonow – Pjotr Alexejewitsch Bessonow (1828–1898), Slawist, von 1869 bis 1878 Sekretär der „Gesellschaft für Freunde der russischen Literatur“.

Slawophilen – Vgl. Anm. 5 zu Brief 34.

eine Ehrung zurückweist – In den „Moskowskije wedomosti“ (vgl. Anm. 11 zu Brief 46) war eine Notiz veröffentlicht worden, derzufolge im Winter 1876 die „Gesellschaft für Freunde der russischen Literatur“ zu Ehren der Dichter Turgenjew, Gontscharow und Tolstoi eine Feier verantalten wollte. Turgenjew hatte in einem Brief an Bessonow vom 5. Dezember 1875 eine solche Ehrung, die er nur verstorbenen Dichtern zuerkannte, abgelehnt.

Versailles – Das um 1700 erbaute, 20 km von Paris entfernte Schloß war seit 1871 Sitz der Regierung.

il n'y a que ... – (franz.) In Frankreich geschieht nichts außer Unvorhergesehenem.

Broglie – Albert de Broglie (1821–1901), französischer Politiker, Historiker und Journalist, seit 1871 Mitglied der Nationalversammlung, Führer der Monarchisten; trat in einigen seiner Werke für die katholischen Interessen und den konstitutionellen Liberalismus ein; stürzte 1873 Louis Thiers und versuchte die Monarchie wiederzuerrichten; verlor im März 1875, nachdem die Republik durch eine neue Verfassung bestätigt war, seinen Ministerposten.

Gambetta – Vgl. Anm. 11 zu Brief 176.

Jules Simon – (1814–1896), Republikaner und Mitglied der Opposition im 2. Kaiserreich, von 1871 bis 1873 Minister für Volksbildung, 1876/77 Premier- und Außenminister.

Buffet – Louis-Joseph Buffet (1818–1898), von 1873 bis 1875 Präsident der französischen Nationalversammlung, Vertreter des rechten Zentrums.

Versammlung – Gemeint ist die französische Nationalversammlung.

Littré – Maximilien-Paul-Emile Littré (1801–1881), französischer Positivist, Physiologe und Lexikograph, Mitglied der Linken; gab im Jahre 1867 mit G. N. Wyrubow (vgl. Anm. 6 zu Brief 188) in Paris die „Revue de Philosophie positive" (Zeitschrift für positive Philosophie) heraus.

Dupanloup – Felix-Antoine Dupanloup (1802–1878), französischer Professor für Theologie; gründete 1877 die klerikale Zeitung „La Défense" (Die Verteidigung).

Es geschehen Zeichen und Wunder – Gemeint ist der Sieg der Republikaner bei den Senatswahlen.

Rshewskis – W. K. Rshewski (vgl. Anm. 5 zu Brief 8) und seine Frau.

Pletnjowa – Alexandra Wassiljewna Pletnjowa (1826–1901), zweite Frau des Dichters und Kritikers Pjotr Alexandrowitsch Pletnjow (1792 bis 1865).

Shukowski – Vgl. Anm. 3 zu Brief 153.

Chanykow – Vgl. Anm. 2 zu Brief 115.

Charlamow – Vgl. Anm. 4 zu Brief 214.

kleine Erzählung der Lwowa – „Das Dörfchen Malinowka"; Jelisaweta Wladimirowna Lwowa hatte die Erzählung 1875 unter dem Pseudonym O. Scheleschowskaja im Novemberheft des „Westnik Jewropy" (Europäischer Bote) veröffentlicht.

225

M. J. Saltykow-Stschedrin – Vgl. Anm. 5 zu Brief 214.

Nikolai – Zar Nikolai I. (1796–1855).

Paul de Kock – (1794–1871), französischer Schriftsteller.

von Ihrem Entwurf – Saltykow-Stschedrin verwirklichte dieses Vorhaben nicht.

„Unter Verwandten" – Gemeint ist der zweite Teil von Saltykow-Stschedrins „Wohlgesinnten Reden", der 1880 mit weiteren 6 Skizzen als Roman unter dem Titel „Die Herren Golowljow" erschien.

une trouvaille – (franz.) ein glücklicher Fund.

„Väter und Söhne" – 1862 erschienener Roman Turgenjews.

meinen großen Roman – „Neuland" (1877).

Basarow – Hauptgestalt aus Turgenjews Roman „Väter und Söhne" (1862).

Erzieher des Thronfolgers – Turgenjew bezieht sich auf eine Bemerkung Saltykow-Stschedrins, der ihm seine Weichheit und Duldsamkeit vorgehalten – Eigenschaften, die er nicht für fortschrittlich hielt – und gefragt hatte, warum er nicht Erzieher des Thronfolgers wäre.

öffentlich in meinen „Erinnerungen" – Gemeint ist der Artikel „Aus Anlaß der ‚Väter und Söhne'" in den 1869 erschienenen „Literatur- und Lebenserinnerungen" (vgl. Anm. 6 zu Brief 149).

I. A. Gontscharow – Vgl. Anm. 1 zu Brief 59.

kommen Sie ... hierher – Saltykow-Stschedrin kam am 18. April 1876 nach Paris.

226

Hippolyte Taine – Vgl. Anm. 3 zu Brief 215.

Ihr Buch – Vgl. Anm. 4 zu Brief 215.

227

Emile Zola – Vgl. Anm. 1 zu Brief 205.

auf einer musikalisch-literarischen Matinee – Auf der am 24. April 1876 stattfindenden Matinee sang Frau Viardot (vgl. Anm. 1 zu Brief 10) russische Romanzen; Turgenjew las aus dem Skizzenzyklus „Aufzeichnungen eines Jägers" und Zola aus dem Roman „Das Glück der Familie Rougon".

228

M. M. Stassjulewitsch – Vgl. Anm. 3 zu Brief 129.

Dramas von Hebbel – Gemeint ist Christian Friedrich Hebbels (1813 bis 1863) „Maria Magdalena".

P. W. Grigorjew – Prokofi Wassiliskowitsch Grigorjew (1844–1913), Journalist und Übersetzer, Mitarbeiter der Volkstümlerzeitschrift „Nabat" (Alarm).

„Westnik Jewropy" – Vgl. Anm. 10 zu Brief 112; Grigorjews Übersetzung erschien nicht.

Übersetzungen aus Heine ... J. Miljutin – Gemeint sind „Lyrisches Intermezzo" und „Buch der Lieder", die 1876 im Maiheft des „Westnik Jewropy" erschienen, in der Übersetzung des Publizisten und Juristen Juri Nikolajewitsch Miljutin (1856–1912).

N. A. Miljutin – Vgl. Anm. 8 zu Brief 118.

Flauberts Legende – „La Légende de St Julien l'Hospitalier" (Die Legende von Sankt Julian dem Gastfreien); erschien 1877 in Turgenjews Übersetzung im Aprilheft des „Westnik Jewropy".

Briefe Puschkins – Erschienen 1877 mit einem Vorwort von Turgenjew im Januar- und Märzheft des „Westnik Jewropy".

Gräfin Merenberg (Dubelt) – Natalja Alexandrowna Merenberg, in erster Ehe Dubelt (1836–1913), Tochter Puschkins. Turgenjew traf sie am 1. Juni 1876 in Wiesbaden.

Annenkow – Vgl. Anm. 3 zu Brief 17.

Zola das Manuskript seiner Chronik übergeben – Gemeint ist vermutlich das Manuskript der „Pariser Briefe“, die im „Westnik Jewropy“ erschienen waren.

seinen Roman – „L'Assommoir“ (Der Totschläger); war 1876 in der französischen Zeitung „Bien Public“ (Das Gemeinwohl) in Fortsetzungen erschienen.

Charpentier – George Charpentier (1846–1905), Pariser Buchhändler und Verleger.

229

A. S. Suworin – Alexej Sergejewitsch Suworin (1834–1912), Journalist, ab 1876 Herausgeber der Zeitung „Nowoje wremja“ (Die neue Zeit).

Zolas Roman – Vgl. Anm. 12 zu Brief 228.

monatlichen Brief im „Westnik Jewropy“ – Gemeint sind Zolas „Pariser Briefe“, die durch Turgenjews Vermittlung seit 1875 im „Westnik Jewropy“ (vgl. Anm. 10 zu Brief 112) erschienen. Im Rahmen dieser „Briefe“ machte Zola das russische Publikum mit seinem Roman „Der Totschläger“ bekannt.

„Nowoje wremja“ – (russ.) Die neue Zeit; Tageszeitung, erschien von 1868 bis 1917 in Petersburg, wurde unter Leitung Suworins zu einem reaktionären Presseorgan.

Sacher-Masoch – Leopold von Sacher-Masoch (1836–1895), österreichischer Schriftsteller; wurde 1866 durch die Erzählung „Don Juan von Kolomea“ bekannt. Ferdinand von Saar bezeichnete ihn 1876 als Turgenjews „talentvollsten Jünger“, Wilhelm Goldbaum 1879 als Turgenjews „genialsten Schüler“.

Saltykow – M. J. Saltykow-Stschedrin.

etwas mit – Gemeint ist die Erzählung „Der Traum“, die 1877 in der „Nowoje wremja“ erschien.

230

P. M. Tretjakow – Pawel Michailowitsch Tretjakow (1832–1898), Moskauer Kaufmann, Bildersammler, Mäzen, Begründer der Tretjakow-Galerie in Moskau.

Ihre Gattin – Wera Nikolajewna Tretjakowa (1844–1899), Pianistin.

Werestschagin – Wassili Wassiljewitsch Werestschagin (1842–1904), Maler. 1876 fand in Moskau eine Ausstellung seiner Bilder statt.

Miklucho-Maklai – Nikolai Nikolajewitsch Miklucho-Maklai (1846 bis 1888), weitgereister Naturwissenschaftler, Verfasser von Reiseberichten; unternahm vor allem Reisen durch den Vorderen Orient, Afrika, Asien, Australien. Turgenjew lernte ihn im März 1870 in Weimar kennen und bemühte sich des öfteren um materielle Unterstützung der Expeditionen des Gelehrten.

A. A. Mestscherski – Alexander Alexandrowitsch Mestscherski (geb. 1844), Sekretär der statistischen Abteilung der russischen Geographischen Gesellschaft.

Mikluchos Mutter – Jekaterina Semjonowna Miklucho-Maklai.

K. D. Kawelin – Vgl. Anm. 11 zu Brief 56.

K. T. Soldatenkow – Kosma Terentjewitsch Soldatenkow (1818–1901), Moskauer Verleger.

Pjotr Petrowitsch Semjonow – P. P. Semjonow-Tjan-Schanski (1827–1914), Geograph, Botaniker und Entomologe.

231

Gustave Flaubert – Vgl. Anm. 1 zu Brief 96.

Patmos – Griechische Insel.

mein Bruder – N. S. Turgenjew (vgl. Anm. 7 zu Brief 8).

mein Verwalter – N. A. Kischinski (vgl. Anm. 5 zu Brief 118).

Tod von Madame Sand – George Sand (vgl. Anm. 6 zu Brief 7) war am 7. Juni 1876 gestorben. Turgenjew schrieb aus diesem Anlaß einen Brief an die Redaktion der Zeitung „Nowoje wremja" (Neue Zeit), der unter dem Titel „Einige Worte über George Sand" am 15. Juni 1876 veröffentlicht wurde.

„Figaro" – Vgl. Anm. 10 zu Brief 159.

„Sankt Julien" – Vgl. Anm. 7 zu Brief 228.

Hassan – In der Nacht vom 15. zum 16. Juni 1876 hatte ein Offizier der türkischen Armee namens Hassan, der Herkunft nach ein Tscherkesse, den türkischen Außenminister und den Kriegsminister getötet.

Ihre Nichte und deren Gatten – Carolina (vgl. Anm. 5 zu Brief 222) und Ernest Commanville (vgl. Anm. 3 zu Brief 217).

232

W. A. Panajew – Walerian Alexandrowitsch Panajew (1824–1899), Ingenieur; schrieb Bücher über ökonomische und politische Fragen; beabsichtigte 1876, eine französisch-russische politische Zeitschrift herauszugeben, und wandte sich mit der Bitte an Turgenjew.

L. Blanc – Vgl. Anm. 8 zu Brief 208; die Zeitschrift „L'Homme libre" (Der freie Mensch), die er mit starker finanzieller Beteiligung W. A. Panajews herausgab, bestand nur zwei Monate.

„Républic Française" ... „Rappel" ... „Droits de l'Homme" – (franz.) Die französische Republik... Das Signal... Die Menschenrechte; französische Zeitschriften.

Viardot – Vgl. Anm. 13 zu Brief 10.

seinen Sohn – Paul Viardot (vgl. Anm. 2 zu Brief 51).

233

Paul Lindau – Vgl. Anm. 1 zu Brief 200.

mein großer... Roman – „Neuland" (1877).

„Europäischer Bote" – „Westnik Jewropy" (vgl. Anm. 10 zu Brief 112).

meiner Novelle – „Der Traum"; sie erschien im Januar 1877 in den „Peterburgskije wedomosti" (Petersburger Nachrichten).

was mir schon geschehen ist – Vgl. Anm. 5 zu Brief 148.

erscheinen ... in der „Gegenwart" und im „Temps" – „Der Traum" erschien 1877 – von Paul Lindau aus dem Französischen übersetzt – in der ersten und zweiten Januarnummer der „Gegenwart" und Ende Januar 1877 im Pariser „Le Temps" (Die Zeit).

234

Johannes Mannhardt – (1840–1909), Lehrer in Husum, Freund Theodor Storms. Storm hatte ihm ein Empfehlungsschreiben an Turgenjew mitgegeben, als er im Oktober 1876 in Paris französische Sprachstudien betreiben wollte, sich aber seinen Lebensunterhalt verdienen mußte.

Rudolf Lindau – Vgl. Anm. 1 zu Brief 236.

235

Theodor Storm – Vgl. Anm. 1 zu Brief 110.

Ihre reizende Novelle – „Aquis submersus" (1877).

mein Buch – Gemeint ist der 1876 in Paris unter dem Titel „Les Reliquies vivantes" (Die lebende Reliquie) erschienene Erzählungsband, der außer der Titelerzählung die Erzählungen „Die Uhr", „Punin und Baburin" u. a. enthält.

Ihren Meisterschuß – In einem Brief an L. Pietsch vom 15. November 1876 nannte Turgenjew Storms Novelle „fein und poetisch – nur hie und da ein bißchen peinlich"; am 28. Dezember 1876 rief er sogar aus: „... um Gottes willen, wie ist es möglich, z. B. den Knaben kurz *vor* seinem Ertrinken vom Paradies und Engeln singen zu lassen! – Das erste beste Kinderliedlein würde zehnmal mehr Wirkung machen."

Mannhardt – Vgl. Anm. 1 zu Brief 234.

ein Roman von mir – „Neuland" (1877).

bald ins Deutsche übersetzt sein wird – Von „Neuland" gab es 1877 bereits fünf deutsche Übersetzungen.

Pietsch – Vgl. Anm. 4 zu Brief 102.

236

Rudolf Lindau – (1829–1910), Diplomat und Schriftsteller; lernte Turgenjew, der ihn sehr schätzte, in den fünfziger Jahren in Paris kennen; festigte diese Bekanntschaft während seiner Tätigkeit an der deutschen Botschaft in Paris (1871–1878). Als Schriftsteller ist Lindau seiner eigenen Aussage nach stark von Turgenjew beeinflußt.

die kleine Erzählung – „Der Traum" (1876).

die Ihr Bruder ... fordert – Turgenjew hatte Paul Lindau (vgl. Anm. 1 zu Brief 200) versprochen, ihm die französische Übersetzung der Erzählung „Der Traum" zuzuschicken (vgl. Brief 233).

Fürstin Urussow – Marija Sergejewna Urussowa.

„L'Ami Fritz" – (franz.) Freund Fritz; das Schauspiel der beiden Schriftsteller Erckmann und Chatriens wurde im Dezember 1876 in der Pariser Comédie Française gespielt.

das Original – Gemeint ist die für „Le Temps" (Die Zeit) bestimmte französische Fassung von „Der Traum".

französische Publikation – Vgl. Anm. 6 zu Brief 233.

was mir schon zwei Mal passiert ist – Turgenjew denkt hier an die Rückübersetzung der Erzählung „Eine seltsame Geschichte" (1870) aus dem „Salon“ (vgl. Anm. 5 zu Brief 148) und „Es klopft“ aus „Le Temps“ (Die Zeit).

Arbeit, die ich Ihnen aufbürde – R. Lindau fügte diesem Brief, den er aus Paris an seinen Bruder Paul nach Berlin weiterleitete, den Nachsatz hinzu: „Ich habe ... an der Abschrift gearbeitet. Anbei was wir heute fertig bekommen haben; genug für eine Nummer – der Rest morgen. Es ist eine langweilige Arbeit und sie kommt mir nicht gelegen und Turgenjew ist etwas sans gêne“ (ungeniert), „sie mir aufzubürden.“

237

K. D. Kawelin – Vgl. Anm. 11 zu Brief 56.

Stassjulewitsch – Vgl. Anm. 3 zu Brief 129.

Mein Roman – „Neuland“ (1877).

d'un repoussoir – (franz.) eines Kontrastes.

Potechins Roman – Gemeint ist Alexej Antipowitsch Potechins (1829 bis 1908) Roman „Die Kranke“, der 1876 im Februar- und Märzheft des „Westnik Jewropy“ (Europäischer Bote) erschienen war.

Geschichte vor der Kasaner Kathedrale – Am 18. (6). Dezember 1876 hatte vor der Kasaner Kathedrale in Petersburg eine Demonstration von Volkstümlern und Arbeitern stattgefunden. Turgenjew befürchtete, dieses Ereignis könnte der Zensur Anlaß geben, den 2. Teil seines Romans „Neuland“, der 1877 im Februarheft des „Westnik Jewropy“ erscheinen sollte, zu verstümmeln.

Ihre Tochter – Sofja Konstantinowna Brüllowa (1851–1877), Pädagogin, Kritikerin; als sie 1877 starb, schrieb Turgenjew ihr einen Nekrolog.

Brüllow – Pawel Alexandrowitsch Brüllow (1840–1914), Künstler, Gatte S. K. Brüllowas.

238

J. P. Wrewskaja – Vgl. Anm. 1 zu Brief 221.

meines Romanes – „Neuland“ (1877).

Nekrassow – Vgl. Anm. 2 zu Brief 12. Turgenjew besuchte den Sterbenden im Juni 1877; im Gedenken daran schrieb er das Gedicht in Prosa „Das letzte Wiedersehen“.

„Kein Mensch ist schuldig“ – Richtig: „Kein Mensch ist sündig“. – Shakespeare, „König Lear“ (4. Akt, 6. Szene).

„Lasciate ogni speranza“ – (ital.) Laßt alle Hoffnung fahren. – Dante Alighieri, „Göttliche Komödie“ (Hölle, III. Gesang, Zeile 9).

„Frère, il faut mourir" – (franz.) Bruder, man muß sterben; Grußformel asketischer Trappisten-Mönche.

Toporow – Alexander Wassiljewitsch Toporow (1831–1887), Bekannter Turgenjews; erledigte für ihn einen Teil der geschäftlichen Angelegenheiten in Petersburg.

„Und all das ..." – G. P. Dershawin (vgl. Anm. 8 zu Brief 6), „Der Morgen".

239

M. F. De-Pule – Michail Fjodorowitsch De-Pule (1822–1885), Kritiker und Publizist, Redakteur mehrerer Zeitschriften; schrieb u. a. ein Buch über A. W. Kolzow.

Pawlenkow – Lew Nikolajewitsch Pawlenkow, ein Verwandter De-Pules.

Kolzow – Alexej Wassiljewitsch Kolzow (1809–1842), Lyriker; schrieb Gedichte mit volksliedhaftem Charakter, in denen er das Leben der Bauern schildert.

„Erinnerungen" – In seinen „Literatur- und Lebenserinnerungen" (1869) berichtet Turgenjew über seine Begegnung mit Kolzow im Jahre 1837.

Belinski – Vgl. Anm. 1 zu Brief 12.

die Persönlichkeit Kolzows ... idealisiert – Turgenjew bezieht sich auf Belinskis Vorwort „Über Leben und Werke Kolzows" zu einer Ausgabe von Gedichten Kolzows (1846).

A. I. Herzen – Vgl. Anm. 17 zu Brief 18.

im Aufsatz Serebrjanskis – Gemeint ist der Artikel des Dichters und Kolzow-Biographen Andrej Porfirjewitsch Serebrjanski (1808–1838) „Gedanken über Musik" (1838), den Belinski in seinem Vorwort als ein „musikalisches Werk" bezeichnete.

240

Henry James – (1843–1916); lernte Turgenjew 1875 in Paris kennen und begegnete ihm bis 1882 des öfteren in Frankreich und England; verfaßte mehrere Artikel über Turgenjew und seine Werke.

Ralston – Vgl. Anm. 1 zu Brief 116.

Prinzessin Urussow – Marija Sergejewna Urussowa.

Shukowski – Vgl. Anm. 3 zu Brief 153.

bei den Turgenjews ... Nikolai Turgenjew – Gemeint sind die Hinterbliebenen des 1872 verstorbenen N. I. Turgenjew (vgl. Anm. 18 zu Brief 60).

leading thought – (engl.) Leitgedanke.

„Fils du Pope“ – Gemeint ist die französische Übersetzung von Turgenjews „Erzählung des Vaters Alexej“, die Ende Januar 1877 in „La République des Lettres“ (Die Republik der Wissenschaften) erschienen war.

a ghastly story – (engl.) eine Schauergeschichte.

mein Roman – „Neuland“ (1877); die französische Übersetzung erschien in „Le Temps“ (vgl. Anm. 13 zu Brief 159).

„L'Assommoir“ – (franz.) Der Totschläger; Roman Zolas.

„Punch“ – Seit 1841 bestehende englische humoristische Zeitschrift.

Königin Victoria – Victoria I. Alexandrina, Königin von Großbritannien und Irland (1819–1901).

blue devils – (engl.) blaue Teufel; hier svw. böse Geister, Schwermut.

dritte Legende – Gemeint ist Flauberts Roman „Hérodias“.

Légende des Siècles“ von V. Hugo – Gemeint ist der zweite Teil von Victor Hugos Versepos „Die Legende der Jahrhunderte“; der erste Teil war 1859 erschienen.

241

Marie von Ebner-Eschenbach – (1830–1916).

Herrn von Tornauw – Fjodor Fjodorowitsch Tornau (1810–1890), General; nahm am Krimkrieg teil; lebte in den siebziger Jahren in Wien; hielt sich Anfang März 1877 in Paris auf und besuchte Turgenjew.

Ihr Buch – Gemeint ist vermutlich der Roman „Bôzena“ (1876), der stark von Turgenjews Schaffen beeinflußt war.

242

J. P. Polonski – Vgl. Anm. 1 zu Brief 40.

„Durchs Fenster ...“ – Polonski, „An I. S. Turgenjew“; das Gedicht wurde 1879 zum erstenmal veröffentlicht.

meine arme Freundin – Pauline Viardot (vgl. Anm. 1 zu Brief 10).

im „Propheten“ – Vgl. Anm. 9 zu Brief 22.

Nähe des Krieges – Rußland erklärte der Türkei am 24. April 1877 den Krieg.

243

William Ralston – Vgl. Anm. 1 zu Brief 116.

„Revue des Deux Mondes“ – Vgl. Anm. 12 zu Brief 45.

„Le Nihilisme en Russie“ – (franz.) Der Nihilismus in Rußland.

Alf. Rambaud – Alfred Rambaud (1842–1905), französischer Historiker.

Leroy-Beaulieu – Anatole Leroy-Beaulieu (1842–1912), französischer Publizist und Historiker; schrieb mehrere Bücher über Rußland.

Prozeß gegen die Revolutionäre – Gemeint ist der „Prozeß der fünfzig“, der vom 21. Februar bis 14. März 1877 stattfand. Angeklagt waren die revolutionären Volkstümler, darunter viele Frauen. Der Prozeß bestätigte auf sensationelle Weise den kurz vorher erschienenen Roman „Neuland“, den Turgenjew der russischen revolutionären Jugend widmete, deren Opfermut und Idealismus ihn beeindruckte, obwohl er die Methoden des Terrors nicht akzeptierte.

Maschurina ... Marianna – Hauptgestalten aus Turgenjews Roman „Neuland“ (1877).

Verse von Mlle. Figner – Gemeint sind nicht Verse der Volkstümlerin Lidija Nikolajewna Figner (1853–1920), die zu den Angeklagten des „Prozesses der fünfzig“ gehörte, sondern ein Gedicht des Advokaten Alexander Lwowitsch Borowikowski (1844–1905), der als Verteidiger in diesem Prozeß auftrat.

Zwilenew – Nikolai Fjodorowitsch Zwilenew (1852–etwa 1931), Volkstümler, Angeklagter im „Prozeß der fünfzig“.

Solomin – Gestalt aus „Neuland“ (1872).

244

Emile Zola – Vgl. Anm. 1 zu Brief 205.

Kessel voll Wasser – Turgenjew bezieht sich auf die heftigen Diskussionen, die der Prozeß gegen die fünfzig Revolutionäre und Volkstümler (vgl. Anm. 6 zu Brief 243) hervorgerufen hatte.

Themen – Gemeint sind Themen für Zolas „Pariser Briefe“ im „Westnik Jewropy“ (Europäischer Bote).

Artikel über die Militärs – „Erinnerungen an Kriegsepochen“; erschienen 1877 im Juniheft des „Westnik Jewropy“.

Stassjulewitsch – Vgl. Anm. 3 zu Brief 129.

Madame Zola – Alexandrina Zola (1839–1925), Zolas Frau.

Ihres Londoner Freundes – Jules Vallès, Pseudonym Jean La Rue (1832 bis 1885), französischer Schriftsteller und Journalist; lebte in England;

war wegen Beteiligung an der Pariser Commune in Abwesenheit zum Tode verurteilt worden; kehrte 1880 nach Paris zurück. Turgenjew vermittelte ihm im Frühjahr 1877 die Londoner Berichterstattung für die Zeitung „Slowo" (Das Wort).

245

J. I. Blaramberg – Jelena Iwanowna Blaramberg (1846–1923), Schriftstellerin und Übersetzerin. Turgenjew verfolgte ihre Laufbahn mit Interesse. Im Sommer 1877 war sie Gast auf seinem Gut Spasskoje in Orjol.

Stschepkin – Nikolai Alexandrowitsch Stschepkin (1850–1914), Landwirt, Enkel des Schauspielers M. S. Stschepkin (vgl. Anm. 3 zu Brief 22); verwaltete von 1876 bis 1883 Turgenjews Gut.

„Westnik Jewropy" – Vgl. Anm. 10 zu Brief 112.

mit Ihrem Roman – „Ohne Schuld schuldig"; war mit Turgenjews Unterstützung unter dem Pseudonym E. Ardow im „Westnik Jewropy" erschienen.

Stassjulewitsch – Vgl. Anm. 3 zu Brief 129.

seine Frau – Ljubow Issaakowna Stassjulewitsch (gest. 1917)

„Aufzeichnungen eines Jägers" – Vgl. Anm. 7 zu Brief 17.

Frau Jakuschkina – Jelisaweta Mardarjewna Jakuschkina (1836–1893), Gutsnachbarin Turgenjews im Gouvernement Orjol.

unsere Kriegsangelegenheiten – Gemeint ist der Russisch-Türkische Krieg 1877/78; im Sommer 1877 befanden sich die russischen Truppen auf dem Rückzug.

Krimfeldzug – Auf dem Pariser Frieden, der den Krimkrieg (1853–1856) beendete, verlor Rußland die Donaumündung und das Recht, eine Flotte im Schwarzen Meer zu halten.

Frau Viardot – Vgl. Anm. 1 zu Brief 10.

Luise – Louise Héritte (vgl. Anm. 11 zu Brief 10) war eine Freundin J. I. Blarambergs.

246

Gustave Flaubert – Vgl. Anm. 1 zu Brief 96.

Madame Commanville – Carolina Commanville (1846–1931), Flauberts Nichte.

Sarah Bernhardt – (1844–1923), französische Schauspielerin.

„Le Nabab" … von Daudet – Alphonse Daudets Roman „Der Nabob" war Ende November 1877 erschienen.

Brief zu schreiben – Vgl. Brief 247.
Jules Simon – Vgl. Anm. 11 zu Brief 224.
Mac-Mahon – Vgl. Anm. 7 zu Brief 159.

247

Alphonse Daudet – (1840–1897); lernte Turgenjew zwischen 1868 und 1870 in Paris kennen, wurde durch dessen Vermittlung 1878 ständiger Mitarbeiter der „Nowoje wremja" (Neue Zeit), verfaßte eine Skizze „Turgenjew in Paris".
Ihr Buch – Gemeint ist der Roman „Der Nabob".
unsere Diners – Diese Diners, an denen Turgenjew, Zola, Flaubert, Daudet und E. de Goncourt teilnahmen, fanden seit 1874 statt.
„Fromont et Risler" – Gemeint ist Daudets Roman „Fromont junior und Risler senior", der 1874 erschienen war.
a confirmed invalid – (engl.) einen chronischen Invaliden.
Madame Daudet – Julie Daudet (1847–1940), Schriftstellerin.

248

N. S. Turgenjew – Vgl. Anm. 7 zu Brief 8.
von Onkels – N. N. Turgenjew (vgl. Anm. 5 zu Brief 42).
Nekrassow – Vgl. Anm. 2 zu Brief 12.
Briefe Puschkins – Vgl. Anm. 8 zu Brief 228.
Gräfin Merenberg – Vgl. Anm. 9 zu Brief 228.
„Westnik Jewropy" – Vgl. Anm. 10 zu Brief 112.
ihre Mutter – Natalja Nikolajewna Puschkina (1812–1863), Puschkins Frau.
ältere Tochter – Marija Alexandrowna Puschkina (1832–1919).
General Gartung – Leonid Nikolajewitsch Gartung, Generalmajor, wurde 1877 wegen Wechselunterschlagung angeklagt; erschoß sich nach der Urteilsverkündung.

249

Henry James – Vgl. Anm. 1 zu Brief 240.
Ihr Buch – Gemeint ist vermutlich der Essayband „French Poets and Novelists" (Französische Dichter und Erzähler, 1878), der auch eine Skizze über Turgenjew enthält.

über den Frieden – Gemeint ist der Frieden, der nach dem Russisch-Türkischen Krieg (1877/78) am 3. März 1878 in San Stefano geschlossen wurde. Der Friedensvertrag sah die Vereinigung aller bulgarischen Gebiete zu einem selbständigen Staat vor und sprach Rußland die Donaumündung zu. Unter dem Druck von England und Österreich, die das Erstarken Rußlands auf dem Balkan fürchteten, wurde im Juni 1878 auf dem Berliner Kongreß der Vertrag revidiert. – Zu einem Krieg zwischen England und Rußland kam es nicht.

Salons und der Weltausstellung – Die Pariser Gemäldeausstellung (Salon) fand jedes Jahr im Mai statt; die Weltausstellung wurde am 1. Mai 1878 eröffnet.

„So leb denn wohl, ...“ – François Rabelais (1494–1553), „Gargantua et Pantagruel“ (Erstes Buch, 27. Kapitel).

Fürstin Urussow – Marija Sergejewna Urussowa.

Shukowski – Vgl. Anm. 3 zu Brief 153.

Ralston – Vgl. Anm. 1 zu Brief 116.

250

Rudolf Lindau – Vgl. Anm. 1 zu Brief 236.

Ihres Bruders – Paul Lindau (vgl. Anm. 1 zu Brief 200).

eine Nummer der „Moskauer Zeitung“ – Gemeint sind die „Moskowskije wedomosti“ (vgl. Anm. 11 zu Brief 46), die am 24. April 1878 längere Inhaltsangaben und wörtliche Auszüge aus der westeuropäischen Presse über den Prozeß gegen Wera Sassulitsch brachten.

Sassulitsch – Wera Iwanowna Sassulitsch (1851–1919), Volkstümlerin; hatte am 5. Februar 1878 auf den Polizeihauptmann von Petersburg, Fjodor Fjodorowitsch Trepow (1812–1889), ein Attentat verübt, um gegen dessen Strafmaßnahmen für politische Gefangene zu protestieren. In dem Mitte April 1878 stattfindenden Prozeß wurde sie von den Geschworenen freigesprochen.

wegen dieses „Seherblicks“ – Turgenjew schrieb am 30. April 1878 an M. M. Stassjulewitsch: „Die Geschichte mit der Sassulitsch hat zweifellos ganz Europa in Erregung versetzt ... Aus Deutschland erhielt ich das hartnäckige Angebot, einen Artikel über diesen Prozeß zu schreiben, weil man in allen Zeitschriften eine enge Verbindung zwischen Marianne aus ‚Neuland‘ und der Sassulitsch sieht – und ich erhielt sogar die Bezeichnung: der Prophet.“

mich bei Ihrem Bruder zu entschuldigen – Rudolf Lindau fügte diesem an seinen Bruder Paul in Berlin weitergeleiteten Brief den Nachsatz hinzu: „Lieber Paul, ich war noch bei Turgenjew. Aber er will absolut nicht. Ich habe mein Bestes getan." Anstelle des von Turgenjew erbetenen Artikels brachte Paul Lindau am 11. Mai 1878 in der „Gegenwart" einen Aufsatz von F. von Holtzendorff „Die Freisprechung der Wera Sassulitsch".

251

P. W. Annenkow – Vgl. Anm. 3 zu Brief 17.

russische Ausstellung – Gemeint ist die russische Exposition auf der Pariser Weltausstellung, die am 1. Mai 1878 eröffnet wurde.

russisch-orientalische Frage – Vgl. Anm. 3 zu Brief 249.

Araktschejew – Alexej Andrejewitsch Araktschejew (1769–1834), grausamer Günstling Zar Alexanders I.

Makarewitsch – Anna Moissewna Makarewitsch (1853–1925); studierte von 1871 bis 1873 in Zürich; wurde 1878 wegen Organisierung einer russischen Sektion der Bakuninschen „Internationale" in Paris aus Frankreich ausgewiesen; war später in der italienischen sozialistischen Bewegung tätig.

Bakunin – Vgl. Anm. 1 zu Brief 5.

Lawrow – Vgl. Anm. 1 zu Brief 185.

juge d'instruction – (franz.) Untersuchungsrichter.

Fürst Orlow – Nikolai Alexejewitsch Orlow (1827–1885), General und Diplomat.

Costa – Andrea Costa (1851–1910), italienischer Politiker; wurde 1882 erster sozialistischer Abgeordneter und 1909 Vizepräsident der Kammer.

Pissemski – Vgl. Anm. 9 zu Brief 38.

Aufsatz in „Unsere Zeit" – Gemeint ist Waldemar Kaweraus Artikel „Iwan Turgenjew. Ein Beitrag zu seiner Charakteristik", der 1878 in der seit 1857 im Leipziger Verlag F. A. Brockhaus herausgegebenen Monatsschrift „Unsere Zeit" erschien.

„Nowoje wremja" – Vgl. Anm. 4 zu Brief 229.

Prozeß gegen die Sassulitsch ... „Neuland" – Vgl. Anm. 4 und 5 zu Brief 250.

Redakteur der „Gegenwart" – Paul Lindau (vgl. Anm. 1 zu Brief 200).

Katkow – Vgl. Anm. 12 zu Brief 46.

M. Saltykow – Vgl. Anm. 5 zu Brief 214.

„Schatten, der dem Rauch entflieht" – Aus einem 1848 entstandenen Gedicht F. I. Tjutschews.

252

L. N. Tolstoi – Vgl. Anm. 1 zu Brief 41.
Ihren ... Brief – Tolstoi hatte am 18. (6.) April 1878 aus Jasnaja Poljana an Turgenjew geschrieben, ihn um Verzeihung gebeten und sich der einstigen Unterstützung und Freundschaft Turgenjews erinnert.
feindselige Gefühle – Vgl. Anm. 3 zu Brief 77.

253

Gustave Flaubert – Vgl. Anm. 1 zu Brief 96.
Internationalen Kongreß – Der Internationale Literarische Kongreß war unter dem Vorsitz von V. Hugo am 11. Juni 1878 eröffnet worden. Er bezweckte die Ausarbeitung internationaler Gesetze zum Schutz des literarischen Eigentums. Die geschilderte Sitzung fand am 21. Juni statt.
Kommission – Turgenjew war Vizepräsident der Kommission, die sich mit Fragen des internationalen Autorenrechts befaßte.
H. Martin – Henri Martin (1810–1883), französischer Historiker, Politiker, Republikaner; wurde am 13. Juni 1878 zum Miglied der Académie Française gewählt, wobei er den Platz A. Thiers (vgl. Anm. 9 zu Brief 73) einnahm, den auch H. Taine (vgl. Anm. 3 zu Brief 215) erstrebt hatte.

254

L. N. Tolstoi – Vgl. Anm. 1 zu Brief 41.
Meinungsverschiedenheiten – Vgl. Anm. 3 zu Brief 77.
A. N. Pypin – Alexander Nikolajewitsch Pypin (1833–1904), Literaturhistoriker, Folklorist, ab 1898 Mitglied der Akademie; war von 1866 bis 1904 Redakteur des „Westnik Jewropy“ (Europäischer Bote).
„Russkaja biblioteka“ – (russ.) Russische Bibliothek; in dieser von M. M. Stassjulewitsch und A. N. Pypin seit 1874 herausgegebenen Reihe wurden ausgewählte Werke russischer Schriftsteller veröffentlicht. Der 6. Band (1876) war Turgenjew gewidmet, der 8. (1878) Saltykow-Stschedrin, der 9. (1879) erschien mit Auszügen aus Werken Tolstois.

255

William Ralston – Vgl. Anm. 1 zu Brief 116.
B. Hall – William Henry Bullock-Hall (1836–1904).
was Sie über Graf L. Tolstoi wissen wollen – Ralston benötigte für seinen Artikel „Count Leo Tolstoy's novels" (Graf Lew Tolstois Romane), der 1879 in der literarischen Monatsschrift „The Nineteenth Century" (Das neunzehnte Jahrhundert) veröffentlicht wurde, Angaben über Leben und Werk des Schriftstellers.
Jasnaja Poljana – L. N. Tolstois Landgut.
H. Gréville – Henry Gréville, Pseudonym von Alice Durand (1842–1902), französische Schriftstellerin, Gattin E. Durands (vgl. Anm. 1 zu Brief 177). Ralston hatte 1878 im 4. Band von „The Nineteenth Century" einen Artikel „Henry Gréville's sketches of Russian Life" (Henry Grévilles Skizzen aus dem russischen Leben) veröffentlicht.

256

L. N. Tolstoi – Vgl. Anm. 1 zu Brief 41.
Jasnaja Poljana – Tolstois Landgut.
William Ralston – Vgl. Anm. 1 zu Brief 116; Tolstoi lehnte Ralstons Bitte in einem Brief vom 27. Oktober 1878 aus Bescheidenheit ab.
„Kosaken" in englischer Übersetzung – Gemeint ist Eugen Schuylers (1840–1890) Übersetzung, die 1873 in London und 1878 in New York unter dem Titel „The Cossacks" erschien.
Aufsatz über „Krieg und Frieden" – Vgl. Anm. 3 zu Brief 255.
„Kosaken" auch in französischer Übersetzung – Gemeint ist Jelisaweta Iwanowna Mengdens (1822–1902) Übersetzung, die ohne Wissen Tolstois angefertigt wurde und in der in Petersburg herausgegebenen französischsprachigen Zeitschrift „Journal de St-Pétersbourg" im August und September 1878 erschien.
Frau Viardot – Vgl. Anm. 1 zu Brief 10.
besten Roman – „Krieg und Frieden" (1868/69).

257

Edmond de Goncourt – Vgl. Anm. 1 zu Brief 172.
Zigeunernamen – Goncourt benötigte sie für seine Zirkusnovelle „Die Brüder Zemganno" (1879). Den Namen Stepanida gab er der Mutter der Brüder; der Satz „Stepanida, auf französisch Etienette, die man

bei ihrem heimatlichen Kosenamen Steucha nannte ... geht auf Turgenjews Information zurück.

Diner – Vgl. Anm. 3 zu Brief 247.

258

George Eliot – (1819–1880), englische Schriftstellerin; lebte ab 1854 mit George Henry Lewes (vgl. Anm. 7 zu Brief 116) zusammen, den Turgenjew bereits 1838 in Berlin kennengelernt hatte und mit dem er auch in den siebziger Jahren zusammengetroffen war.

259

Gustave Flaubert – Vgl. Anm. 1 zu Brief 96.

Premiere von „L'Assommoir" – Zolas Roman „Der Totschläger" war in bearbeiteter Form am 19. Januar 1879 uraufgeführt und als Sieg des Naturalismus auf dem Theater gefeiert worden.

meines Bruders – N. S. Turgenjew (vgl. Anm. 7 zu Brief 8).

seiner Frau – Anna Jakowlewna Turgenjewa (gest. 1872).

Ihre Arbeit – Gemeint ist Flauberts Romanfragment „Bouvard et Pécuchet" (Bouvard und Pécuchet).

260

G. O. Ginzburg – Gorazi Ossipowitsch Ginzburg (1833–1909), Petersburger Bankier, Mäzen und Organisator der in seinem Pariser Haus tagenden „Gesellschaft zur gegenseitigen Unterstützung russischer Künstler in Paris", deren Sekretär Turgenjew zeitweilig war.

Pawlowski – Aron Jakowlewitsch Pawlowski (geb. 1856), Landwirt; nahm an der revolutionären Bewegung der siebziger Jahre teil; flüchtete 1877 nach Amerika und kam 1879 nach Paris. Turgenjew vermittelte ihm die Ausbildung an einer Landwirtschaftsschule in Montpellier, später am Institut Nationale Agronomique in Paris. In den achtziger Jahren ging er nach Argentinien.

Bruder – Issaak Jakowlewitsch Pawlowski (1853–1924); schrieb Erinnerungen an Turgenjew.

261

Pauline Turgenjewa-Bruère – Vgl. Anm. 28 zu Brief 44.

meines Bruders – N. S. Turgenjew (vgl. Anm. 7 zu Brief 8).

Stelle für meinen Freund Flaubert – Turgenjew hatte sich zusammen mit Zola und H. Taine für Flaubert um die Stelle eines Bibliothekars an der Bibliothèque Mazzarini bemüht.

262

Pauline Viardot – Vgl. Anm. 1 zu Brief 10.

immer besser, wie bei Nicolet – Sprichwörtlich gewordener Ausspruch über den Zirkusdirektor Jean-Baptiste Nicolet (1728–1796), der reich an Einfällen war und großen Zulauf hatte.

Die Soirée für die unbemittelten Studenten – Diese literarisch-musikalische Abendveranstaltung hatte am 16. (4.) März 1879 stattgefunden. Turgenjew las aus dem Skizzenzyklus „Aufzeichnungen eines Jägers" die Skizze „Der Gutsvogt".

speech – (engl.) Rede.

Rektor der Universität – Nikolai Sawwitsch Tichonrawow (1832–1893), Literaturhistoriker.

Monsterdiner ... morgigen Ansprache – Dieses Abschiedsessen aus Anlaß von Turgenjews Abreise nach Petersburg fand am 18. (6.) März 1879 statt. In seiner Ansprache gab Turgenjew u. a. der Hoffnung Ausdruck, daß „neue Granowskis und neue Belinskis erstehen mögen".

Freitag letzte Lesung – Am 21. (9.) März 1879 las Turgenjew auf einer von der „Gesellschaft zur Unterstützung notleidender Schriftsteller" in Petersburg organisierten Abendveranstaltung aus den „Aufzeichnungen eines Jägers".

263

P. L. Lawrow – Vgl. Anm. 1 zu Brief 185.

Lopatin – Vgl. Anm. 5 zu Brief 213. Turgenjew hatte ihn während seines Aufenthalts in Petersburg von der beabsichtigten Verhaftung, die am 6. April (25. März) 1879 stattfand, in Kenntnis gesetzt.

Abasa – Nikolai Sawwitsch Abasa (1839–1901), Leiter der Hauptabteilung für Presseangelegenheiten.

Alexander Nikolajewitsch – Zar Alexander II. (1818–1881).

264

Moritz Necker – (geb 1857), österreichischer Kritiker, ab 1905 Lehrer für Dramaturgie an der Schauspielschule des Wiener Konservatoriums, ab 1912 Mitarbeiter des „Neuen Wiener Tagblatts"; schrieb u. a. über Johann Nestroy (1891), Marie von Ebner-Eschenbach (1900) und Franz Grillparzer (1903).

zwei Nummern des „Literatur-Blatts" – In dem in Wien und Leipzig herausgegebenen „Literaturblatt" war am 29. März und 5. April 1879 „Ivan Turgenjew. Eine Porträtstudie" erschienen.

265

Victor Hugo – (1802–1885). Turgenjew lernte ihn in den siebziger Jahren in Paris kennen.

H. Boyesen – Vgl. Anm. 1 zu Brief 198.

Guernsey – Englische Insel, 48 km vor der französischen Küste; Hugo hatte dort einen Teil seiner Emigration während des zweiten Kaiserreichs verbracht.

266

P. W. Annenkow – Vgl. Anm. 3 zu Brief 17.

Frau Anstett – Vgl. Anm. 8 zu Brief 192.

Maspero – Gaston Maspero (1846–1916), französischer Ägyptologe.

Maslow – Iwan Iljitsch Maslow (1817–1891), Bekannter Turgenjews.

Sammlung meiner Werke – Gemeint ist die 4. Ausgabe der Werke Turgenjews, die 1880 im Verlag von F. I. Salajew in Moskau erschien.

Einladung – Turgenjew war zu einem internationalen literarischen Kongreß nach London eingeladen worden.

Allen meinen Leuten – Gemeint ist die Familie Viardot.

Arapetow – Vgl. Anm. 8 zu Brief 35.

Jules Vallès – Vgl. Anm. 7 zu Brief 244; der erste, in der englischen Emigration geschriebene Teil seiner autobiographischen Trilogie „Jacques Vingtras" war 1879 unter dem Titel „L'Enfant" (Das Kind) erschienen.

267

B. A. Tschiwilew – Boris Alexandrowitsch Tschiwilew (geb. 1845), Journalist, Pariser Korrespondent russischer Zeitungen.

Zeremonie in Oxford – Die Feierlichkeit fand am 18. Juni 1879 statt.

commemoration – (engl.) Gedenkfeier; hier im Sinne von Feierlichkeit gebraucht.

„Times" – Seit 1788 erscheinende größte englische Tageszeitung; sie berichtete am 19. Juni 1879 über die Oxforder Zeremonie.

schwedische Erbprinz – Gustav V. Adolf, König von Schweden (1858 bis 1950).

Zar Alexander – Alexander I. (1777–1825).

in meinem Namen – Tschiwilew verwandte Turgenjews Mitteilungen in einem Feuilleton „Brief aus Paris. Iwan Sergejewitsch in Oxford", das in Form eines Berichtes eines sowohl ihm als auch Turgenjew bekannten Augenzeugen in der Odessaer „Prawda" (Die Wahrheit) vom 8. Juli (26. Juni) 1879 erschien.

„Juriash" – Gemeint ist der im Departement Isère gelegene Landsitz Uriage des Barons Uri Ossipowitsch Ginzburg, des Bruders G. O. Ginzburgs (vgl. Anm. 1 zu Brief 260).

268

A. W. Toporow – Vgl. Anm. 7 zu Brief 238.

Aufsatz über „Ljapunow" – Gemeint ist Turgenjews Rezension zu Stepan Alexandrowitsch Gedeonows (1815–1878) Drama „Der Tod Ljapunows", die 1846 im Augustheft der „Otetschestwennyje sapiski" (vgl. Anm. 5 zu Brief 12) erschienen war.

die übrigen Beiträge im „Sowremennik" – Gemeint sind die Besprechungen „‚Generalleutnant Patkul' von N. Kukolnik" (1847), „Einige Worte über die neue Komödie von Herrn Ostrowski, ‚Die arme Braut'" (1852), „‚Aufzeichnungen eines Jägers aus dem Gouvernement Orenburg' von S. Aksakow" (1853) und „Einige Worte über F. I. Tjutschews Gedichte" (1854); erschienen im „Sowremennik" (vgl. Anm. 6 zu Brief 15).

Aufsatz über Granowski … über die „Nichte" – Gemeint sind der Nekrolog „Zwei Worte über Granowski" und die Besprechung von J. Turs Roman „Die Nichte" (vgl. Anm. 4 zu Brief 35).

den ersten Band meiner Ausgabe – Vgl. Anm. 5 zu Brief 266.

Frau Abarinowa – Antonina Iwanowna Abarinowa (1842–1901), Petersburger Schauspielerin.

meines hiesigen Freunde – Pauline und Louis Viardot (vgl. Anm. 1 und 13 zu Brief 10).

Frau Sawina – Vgl. Anm. 1 zu Brief 280.

über Schiller und Byron habe ich … geschrieben – Gemeint ist die Besprechung von F. Millers Übersetzung von Schillers „Wilhelm Tell", die 1843 im Dezemberheft der „Otetschestwennyje sapiski" erschienen war; eine Besprechung einer Byron-Übersetzung ist nicht bekannt.

über W. I. Dal – Gemeint ist die Besprechung der Erzählungen und Märchen des Schriftstellers und Ethnographen Wladimir Iwanowitsch Dal, Pseudonym Kosak Luganski (1801–1872), die 1847 im Januarheft der „Otetschestwennyje sapiski" erschienen war.

über Puschkin – Turgenjews Erinnerungen zufolge hielt er im Jahre 1859 zwei Vorlesungen über Puschkin in Petersburg.

Gortschakow – Michail Iwanowitsch Gortschakow (1838–1910), Professor für Kirchenrecht an der Petersburger Universität.

meinem Verwalter – N. A. Stschepkin (vgl. Anm. 2 zu Brief 245).

269

P. L. Lawrow – Vgl. Anm. 1 zu Brief 185.

Ihre Nachricht – Lawrow hatte Turgenjew mitgeteilt, daß die Anschuldigungen gegen den verhafteten G. A. Lopatin (vgl. Anm. 2 zu Brief 263) für ein Todesurteil ausreichten.

Orlow – Vgl. Anm. 15 zu Brief 49.

Großfürst Konstantin – Konstantin Nikolajewitsch (1827–1892), zweiter Sohn Zar Nikolais I.; seit 1873 Präsident der russischen Musikalischen Gesellschaft.

270

Ernest Renan – Joseph-Ernest Renan (1823–1892), französischer Philosoph, Religionshistoriker und Orientalist; wurde bekannt vor allem durch seine fünfbändige „Geschichte des Volkes Israel" und seine „Geschichte der Entstehung des Christentums"; lernte Turgenjew 1878 kennen; hielt in seiner Eigenschaft als Mitglied der Académie Française diesem nach seinem Tod eine Gedenkrede.

Die Fragen stammen von … einem ehemaligen Volksbildungsminister – A. W. Golownin (vgl. Anm. 8 zu Brief 83) hatte Turgenjew am 28. Juli 1879 gebeten, die Namen von Renans Vorgängern zu ermitteln, die dieser bei seiner Antrittsrede in der Académie Française am 3. April

1879 traditionsgemäß mit Lob bedacht hatte, ohne jedoch die noch Lebenden beim Namen zu nennen.

Ihren letzten Band – Gemeint ist der 6. Band von „Histoire des origines du christianisme. L'Eglise chrétienne" (Geschichte der Entstehung des Christentums. Die christliche Kirche), der 1879 in Paris erschienen war.

271

Ihres Herrn Gemahls – Ferdinand Lotheissen (1833–1887), österreichischer Literaturhistoriker; gab u. a. zwischen 1877 und 1884 eine Geschichte der französischen Literatur im 18. Jahrhundert heraus. Ferdinand Lotheissen und seine Frau hatten Turgenjew Ende September 1879 in Bougival aufgesucht, aber nicht angetroffen.

nächsten Frühling nach Wien – Diese Reise fand nicht statt.

Frau Hartmann und ihren Ludo – Vgl. Anm. 7 zu Brief 131.

272

P. L. Lawrow – Vgl. Anm. 1 zu Brief 185.

Chamerot – George Chamerot (geb. 1845), französischer Druckereibesitzer, Gatte Claudie Viardots (1852–1914).

Humbert – Gustave-Amadée Humbert (1822–1894), französischer Jurist und Politiker, 1882 Justizminister, 1890 Präsident des Rechnungshofes.

comme le loup blanc – (franz.) wie den weißen Wolf.

273

Julius Rodenberg – Vgl. Anm. 1 zu Brief 148.

kleine von der „Nouvelle Revue" veröffentlichte Skizze – „Monsieur François (Souvenir de 1848)"; erschienen 1879 im Dezemberheft der Pariser Zeitschrift „La Nouvelle Revue" (Die neue Rundschau).

Beitrag für Ihre „Rundschau" – „Monsieur François. Eine Erinnerung aus dem Jahre 1848" erschien, aus dem Französischen übersetzt, in Rodenbergs „Deutscher Rundschau" im Januar 1880.

274

Julius Rodenberg – Vgl. Anm. 1 zu Brief 148.

gewünschte Auskunft – Sie betraf Einzelheiten in der französischen Übersetzung von Turgenjews Skizze „Monsieur François (Souvenir de 1848)".

L'adjonction des capacités – Diese Wendung wurde in der „Deutschen Rundschau" mit „Hinzufügung neuer Wählerklassen" übersetzt.

V. Considérant – Victor Considérant (1808–1893), französischer Sozialistenführer.

Fourier – François-Marie-Charles Fourier (1772–1835), französischer utopischer Sozialist.

„Charivari" – Seit 1832 bestehendes französisches Witzblatt.

Grandville – Jean Grandville (1803–1847), Karikaturist; zeichnete treffende Darstellungen des politischen Lebens.

Vanitas vanitatum – (lat.) Alles ist eitel!

Il m'en est arrivé de toutes couleurs – Dieser Satz wurde in der „Deutschen Rundschau" mit „Und da habe ich alles Mögliche durchgemacht" übersetzt.

Casseuses d'ailes – Diese Wendung wurde mit „Flügelbrecherinnen" übersetzt.

275

Anatole France – (1844–1924); lernte Turgenjew Anfang 1876 in Paris kennen und schrieb 1877 einen Artikel über ihn in „Le Temps" (Die Zeit) sowie 1883 einen Nekrolog.

„La Guerre et la Paix" – (franz.) Krieg und Frieden; I. I. Paskewitschs Übersetzung war 1879 in Petersburg erschienen; eine Besprechung von France ist nicht bekannt.

276

L. N. Tolstoi – Vgl. Anm. 1 zu Brief 41.

Übersetzung von „Krieg und Frieden" – Vgl. Anm. 2 zu Brief 275.

„Merci de m'avoir fait lire ..." – (franz.) „Dank für die Möglichkeit, den Roman von Tolstoi zu lesen. Das ist erstklassig! Was für ein Künstler und was für ein Psychologe! Die beiden ersten Bände sind großartig; aber der dritte bedeutend schwächer. Er wiederholt sich! und er philosophiert! Man fühlt ihn selbst zu sehr, den Autor und den Russen, während man vorher die Natur und die Humanität gespürt

hat. Manchmal erinnert er mich an Shakespeare. Während des Lesens stieß ich Schreie des Entzückens aus ... und die Lektüre ist lang.

Ja, das ist gut! Sehr gut!"

en somme – (franz.) im großen und ganzen.

Tschaikowski – Nikolai Wassiljewitsch Tschaikowski (1850–1926), Volkstümler; organisierte die Studentengruppe der „Tschaikowzi"; emigrierte 1874 nach Frankreich.

Kinen – Pariser Bankier.

Ausschnitt aus ... „XIX. Siècle" – Turgenjew hatte dem Redakteur der Zeitschrift „Le XIX. Siècle" (Das 19. Jahrhundert) Edmond About (1828–1885) ein Exemplar der französischen Übersetzung von „Krieg und Frieden" und einen Brief mit Bemerkungen über den Roman geschickt. Diesen am 23. Januar 1880 in „Le XIX. Siècle" abgedruckten Brief hatte Turgenjew Tolstoi mitgeschickt.

277

Gustave Flaubert – Vgl. Anm. 1 zu Brief 96.

was Sie über Tolstois Roman sagen – Vgl. Anm. 3 zu Brief 276.

den zweiten Roman – „Anna Karenina".

„La Guerre et la Paix" – Vgl. Anm. 2 zu Brief 275.

Flaubertus dixit – (lat.) Flaubert hat gesagt.

Ihre Biedermänner – Gemeint ist Flauberts Romanfragment „Bouvard et Pécuchet" (Bouvard und Pécuchet).

278

Pauline Viardot – Vgl. Anm. 1 zu Brief 10.

Annenkow – Vgl. Anm. 3 zu Brief 17.

Fräulein Bertha – Bertha Viardot, eine Schwester von Louis Viardot.

Marianne – Marianne Duvernoix (1854–1913), jüngste Tochter von Pauline Viardot.

Heiligenthal – Arzt in Baden-Baden.

Zeppelin – Ferdinand von Zeppelin (1838–1917), Erbauer des Starrluftschiffes (1900).

Fräulein Marx – Besitzerin einer Buchhandlung und eines Lesesaals in Baden-Baden.

Rimembranza! – (ital.) Gedächtnisfeier.

Frau Anstett – Vgl. Anm. 8 zu Brief 192.

Louise und Hirter – Ehemalige Bedienstete der Viardots in Baden-Baden.

„Wie Götter in den tiefen Himmeln ruhn" – Puschkin, „Der geizige Ritter" (2. Szene).

279

Carolina Commanville – Vgl. Anm. 5 zu Brief 222.

Ihres Onkels – Gustave Flaubert.

Feuilleton einer Zeitschrift – Die Nachricht vom Tode Flauberts hatte Turgenjew der Zeitung „Golos" (Die Stimme) vom 14. (2.) Mai 1880 entnommen.

des Romans, der ihn getötet hat – „Bouvard et Pécuchet" (Bouvard und Pécuchet); erschien 1881 unvollendet in „La Nouvelle Revue" (Die neue Rundschau).

280

M. G. Sawina – Marija Gawrilowna Sawina (1854–1915), Petersburger Schauspielerin; lernte Turgenjew 1879 kennen; begegnete ihm in Petersburg, Spasskoje, Paris und Bougival; verkörperte die weiblichen Hauptrollen in seinen Stücken.

Puschkinfeier – Am 18. (6.) Juni 1880 wurde in Moskau ein Puschkin-Denkmal enthüllt; Turgenjew hielt am 19. Juli eine „Rede über Puschkin".

le verrou est tiré – (franz.) der Riegel ist vorgeschoben.

281

M. M. Stassjulewitsch – Vgl. Anm. 3 zu Brief 129.

zu einer Ausstellung nach Wien – Gemeint ist die Wiener Weltausstellung im Jahre 1873.

„Westnik Jewropy" – Vgl. Anm. 10 zu Brief 112.

Puschkinfeierlichkeiten – Vgl. Anm. 2 zu Brief 280.

I. Aksakows Rede ... Dostojewskis Festrede – Die Zeitung „Golos" (Die Stimme) hatte I. S. Aksakows (vgl. Anm. 1 zu Brief 29) Auftreten im Anschluß an Dostojewskis Rede anläßlich der Errichtung eines Puschkin-Denkmals in Moskau dahingehend kommentiert, daß mit Dostojewski beide Seiten einverstanden seien, die Slawophilen (I. S. Aksakow) und die Westler (Turgenjew). – Der „Westnik

Jewropy" brachte Turgenjews in diesem Brief geäußerte Entgegnung im Juliheft von 1880.

Aleko ... Tatjana – Hauptgestalten aus Puschkins Poem „Die Zigeuner" und aus dem Roman in Versen „Eugen Onegin".

Slawophilen – Vgl. Anm. 4 zu Brief 34.

282

W. M. Garschin – Wsewolod Michailowitsch Garschin (1855–1888), Schriftsteller; nahm am Russisch-Türkischen Krieg 1877/78 teil; gestaltete in seinen Werken das Thema des Krieges und die geistige Krise der russischen Intelligenz in den siebziger und achtziger Jahren. Turgenjew schätzte ihn sehr.

G. I. Uspenski – Gleb Iwanowitsch Uspenski (1843–1902), Schriftsteller; beschrieb vor allem das harte Leben der Bauern nach der Leibeigenschaftsreform von 1861.

Ihrem ersten Auftreten – Garschins erste Erzählung „Vier Tage" war im Oktober 1877 in den „Otetschestwennyje sapiski" (Vaterländische Annalen) erschienen.

„Der Krieg und die Menschen" – Gemeint ist „Die Menschen und der Krieg"; von diesem geplanten Zyklus war 1880 nur die Skizze „Der Bursche und der Offizier" in „Russkoje bogatstwo" (Russischer Reichtum) erschienen.

Warwara Wassiljewna Ladyshenskaja – (1854–1936), Schriftstellerin. Turgenjew lernte sie 1880 in Spasskoje kennen.

283

J. S. Garschina – Jekaterina Stepanowna Garschina (1828–1897).

Wsewolod – W. M. Garschin (vgl. Anm. 1 zu Brief 282).

Jewgeni – Jewgeni Michailowitsch Garschin (1860–1931), Pädagoge, Literaturhistoriker. Turgenjew lernte ihn im August 1881 in Spasskoje kennen.

einen kranken Landsmann – S. P. Gerken (vgl. Anm. 13 zu Brief 99).

Pawel Wassiljewitsch Annenkow – Vgl. Anm. 3 zu Brief 17.

Ihre endgültige Entscheidung – W. M. Garschin kam in eine Privatanstalt in Petersburg.

284

M. G. Sawina – Vgl. Anm. 1 zu Brief 280.

ob sie bald heiraten – Marija Sawina heiratete im Juli 1882 Nikita Nikititsch Wsewoloshski (1846–1896), den Neffen des Direktors der Petersburger Hoftheater.

Arbeit begonnen – Gemeint ist die Skizze „Alte Porträts“, die 1881 in Nummer 1 und 4 von M. M. Stassjulewitschs Zeitschrift „Porjadok“ (Die Ordnung) erschien.

285

Guy de Maupassant – (1850–1893); lernte Turgenjew um 1876 in Paris kennen und kam ihm nach Flauberts Tod näher; widmete ihm seinen Erzählungsband „La Maison Tellier“ (Das Haus Tellier); war in seinem Schaffen von Turgenjew beeinflußt.

diesen Artikel über mich – „L'Inventeur du mot Nihilisme“ (Der Erfinder des Wortes Nihilismus); erschienen am 21. November 1880 in „Le Gaulois“ (Der Gallier).

Barbey d'Aurevilly – Jules Barbey d'Aurevilly (1808–1889), französischer Schriftsteller; 1880 war sein Buch „Goethe und Diderot“ erschienen.

dii minorum gentium – (lat.) Göttern geringerer Abstammung.

286

Edmond de Goncourt – Vgl. Anm. 1 zu Brief 172.

seines Monuments – Dieses Denkmal wurde erst 1890 in Flauberts Geburtsort Rouen errichtet.

Lapierre – Louis-Emile Lapierre (1818–1886), französischer Historien- und Landschaftsmaler.

Hérédia – José-Maria de Hérédia (1842–1905), französischer Lyriker, ab 1895 Mitglied der Académie Française.

Gille – Philippe Gille (1831–1901), französischer Bühnendichter und Publizist, Literaturkritiker von „Le Figaro“.

„Figaro“ – Vgl. Anm. 10 zu Brief 159.

Karl XII. – (1682–1718), schwedischer König.

287

G. I. Uspenski – Vgl. Anm. 2 zu Brief 282.

„Russkoje bogatstwo“ – (russ.) Russischer Reichtum; seit 1880 in Petersburg erscheinende Zeitschrift der liberalen Volkstümler, wurde von 1892 bis 1918 von J. M. Garschin (vgl. Anm. 3 zu Brief 283) herausgegeben.

meine Puschkinrede – Vgl. Anm. 2 zu Brief 280. Turgenjew bezieht sich auf Uspenskis 1880 im Juniheft der „Otetschestwennyje sapiski“ veröffentlichten Artikel „Die Puschkinfeier“.

Ihre letzten Skizzen – „Im Heimatland“ und „Der Knabe, der nicht lernen wollte“; erschienen 1880 im Dezemberheft der „Otetschestwennyje sapiski“.

„Otetschestwennyje sapiski“ – Vgl. Anm. 5 zu Brief 12.

chef-d'œuvre – (franz.) Meisterwerk.

Ihrer Gattin – Alexandra Wassiljewna Uspenskaja (1845–1906), Übersetzerin.

288

M. M. Stassjulewitsch – Vgl. Anm. 3 zu Brief 129.

„Porjadok“ – (russ.) Die Ordnung; von Januar 1881 bis Januar 1882 unter der Redaktion von Stassjulewitsch herausgegebene politische und literarische Zeitung.

„Boule-de-Suif“ – (franz.) Fettklößchen; Novelle.

chef-d'œuvre – (franz.) Meisterwerk.

„Revue politique et littéraire“ – (franz.) Politische und literarische Rundschau; 1863 in Paris gegründete Zeitschrift; bestand bis 1939.

im „Porjadok“ zu veröffentlichen – „Die Geschichte einer Magd“ wurde nicht für „Porjadok“ übersetzt.

Wyrubow – Vgl. Anm. 6 zu Brief 188.

Fouquier – Jacques-François Fouquier (1838–1901), französischer Publizist, Pariser Korrespondent von „Porjadok“. Stassjulewitsch fand seine Honorarforderungen zu hoch.

Kawelin – Vgl. Anm. 11 zu Brief 56. Turgenjews Brief an ihn vom 10. März 1881 ist überliefert.

289

J. S. Garschina – Vgl. Anm. 1 zu Brief 283.

Wsewolod – W. M. Garschin (vgl. Anm. 1 zu Brief 282).

wo er sich jetzt aufhält – W. M. Garschin verbrachte das ganze Jahr 1881 und die erste Hälfte 1882 im Süden Rußlands auf dem Gut seines Onkels Akimow.

290

Guy de Maupassant – Vgl. Anm. 1 zu Brief 285.

man hat übersetzt – 1881 waren von Maupassant die Erzählung „En famille" (Unter uns) in „Porjadok" (Die Ordnung) und die zwei Skizzen „Sur l'eau" (Auf dem Wasser) und „A printemps" (Im Frühling) in Heft 7 der Zeitschrift „Sobranije inostrannych romanow, powestej i rasskasow w perewode na russki jasyk" (Sammlung ausländischer Romane, Novellen und Erzählungen in russischer Übersetzung) erschienen.

langen Artikel – Gemeint ist German Awgustowitsch Laroschs „Guy de Maupassant, ein Schriftsteller aus Flauberts Schule"; erschienen Anfang August 1881 in der „Nowaja gaseta" (Neue Zeitung), die für kurze Zeit die vorübergehend eingestellte „Golos" vertrat.

„Golos" – (russ.) Die Stimme; gemäßigt liberale Tageszeitung, erschien in Petersburg.

291

Henry James – Vgl. Anm. 1 zu Brief 240.

hier eingetroffen – Turgenjew war für zwei Wochen zur Jagd auf dem Landsitz seines englischen Freundes William Henry Bullock-Hall (1836–1904) eingeladen.

292

Julius Rodenberg – Vgl. Anm. 1 zu Brief 148.

das größere Werk – Gemeint ist vermutlich der von Turgenjew seit Mitte 1881 geplante, aber nicht mehr ausgeführte Roman über die westeuropäische und russische revolutionäre Bewegung.

J. Schmidt – Vgl. Anm. 11 zu Brief 133. Turgenjew hatte ihn auf der Rückreise von Petersburg nach Paris im September 1881 in Berlin getroffen.

Geistergeschichte – Gemeint ist vermutlich die nicht ausgeführte Erzählung „Silajew".

Pietsch – Vgl. Anm. 4 zu Brief 102.

Skizzen in „Macmillans Magazine" – Gemeint sind Turgenjews „Alte Porträts" (1881), die in der Übersetzung von C. E. Turner unter dem Titel „Sketches and Reminiscences" 1881 in der genannten Zeitschrift erschienen waren.

eine französische Übersetzung – Gemeint ist E. Durands Übersetzung der „Alten Porträts", die im Mai 1881 in der „Revue politique et littéraire" (vgl. Anm. 5 zu Brief 288) unter dem Titel „Vieux portraits. Souvenirs d'enfance" erschienen war.

eine deutsche Zeitung eine Version der beiden Skizzen – Gemeint ist die Berliner Zeitung „Die Tribüne", wo die „Alten Porträts" im Feuilletonteil vom 12., 14. und 19. September 1881 in einer Übersetzung aus dem Französischen von A. H. unter dem Titel „Gestalten aus meiner Jugend. 1. Telegin und Paulowna" und „Gestalten aus meiner Jugend. 2. Iwan Sukhikh" erschienen. Der Redakteur der „Tribüne", Heinrich Homberger, hatte Turgenjew brieflich am 3. Juni 1881 um Erlaubnis zu dieser Veröffentlichung gebeten.

eine 3. Skizze – „Ein Verzweifelter"; erschien 1882 im Januarheft des „Westnik Jewropy" (Europäischer Bote). Turgenjew schickte den russischen Korrekturbogen um Weihnachten 1881 an Rodenberg, der die Skizze 1882 in der Januarnummer der „Deutschen Rundschau" in der Übersetzung von L. Kayssler unter dem Titel „Der Verzweifelte. Aus eigenen und fremden Erinnerungen" veröffentlichte.

293

J. P. Polonski – Vgl. Anm. 1 zu Brief 40.

Ralston – Vgl. Anm. 1 zu Brief 116.

Solotarjow – Iwan Fjodorowitsch Solotarjow (1813–1881), Freund Polonskis, Mitglied der russischen Geographischen Gesellschaft; war am 26. Oktober nach einer Reise nach Batumi verstorben.

Awenarius – Wassili Petrowitsch Awenarius (1839–1923), Schriftsteller.

Kladistschew – Dmitri Petrowitsch Kladistschew (1838–1903), Generalleutnant, in den neunziger Jahren Gouverneur von Rjasan.

Shosefina Antonowna – Shosefina Antonowna Polonskaja (1844–1920), Polonskis Frau.

294

Eugen Zabel – (1851–1924), Literatur- und Theaterkritiker, Mitarbeiter der Berliner „Nationalzeitung"; bearbeitete Turgenjews Szenen und Komödien für die deutsche Bühne.

Nummer der „Musikwelt" – Zabel hatte am 15. Oktober 1881 in der Berliner „Musikwelt – Musikalische Wochenschrift für die Familie und den Musiker" einen Artikel „Die Musik in Iwan Turgenjews Werken" veröffentlicht.

„Unsere Zeit" – Seit 1857 im Leipziger Verlag F. A. Brockhaus erscheinende Monatsschrift.

die „autobiographischen" Mitteilungen der „Tribüne" – In der „Tribüne" war nichts Autobiographisches erschienen, sondern 2 Skizzen (vgl. Anm. 8 zu Brief 292).

literarische Erinnerungen – „Literatur- und Lebenserinnerungen".

295

K. N. Boborykin – Konstantin Nikolajewitsch Boborykin (1829–1904), seit 1875 Gouverneur von Orjol.

Silberman – Jakow Issajewitsch Silberman, Bildhauer, Schüler und Gehilfe M. M. Antokolskis, vorübergehend Sekretär der „Gesellschaft zur gegenseitigen Hilfe russischer Künstler in Paris"; begleitete 1880 Antokolskis Arbeiten zu einer Ausstellung von Paris nach Petersburg.

Antokolski – Mark Matwejewitsch Antokolski (1843–1902), Bildhauer; fertigte 1880 eine Büste Turgenjews an; war mit diesem zusammen einer der Hauptinitiatoren der „Gesellschaft zur gegenseitigen Hilfe russischer Künstler in Paris".

296

Emile Zola – Vgl. Anm. 1 zu Brief 205.

Werestschagin – Wassili Wassiljewitsch Werestschagin (1842–1904), realistischer Schlachtenmaler; lernte Turgenjew 1878 kennen, der ihn bei der Anfang Dezember 1881 in den Redaktionsräumen von „Le Gaulois" (Der Gallier) eröffneten Ausstellung unterstützte.

297

A. A. Fet – Vgl. Anm. 11 zu Brief 37.

der „Faust" – Gemeint ist der erste Teil von Fets „Faust"-Übertragung, der 1882 in Moskau erschienen war.

die Tolstois – Gemeint sind L. N. Tolstoi und seine Familie, die den Winter in Moskau verbrachten.

Ihre Gemahlin – Marja Petrowna Fet (1828–1894).

Ihr „Kaktus" – Erzählung; erschienen 1881 in der Novembernummer des „Russki westnik" (Russischer Bote).

Tolstois Aufsatz – Gemeint ist vermutlich die „Beichte", die in den Jahren 1879 bis 1881 entstand.

298

Sh. A. Polonskaja – Shosefina Antonowna Polonskaja (1844–1920), J. P. Polonskis Frau.

Borja – Boris Jakowlewitsch Polonski (1875–1923), Bankangestellter, J. P. Polonskis Sohn.

Meinen „Verzweifelten" – Gemeint ist die Skizze „Ein Verzweifelter" (1882).

„Westnik Jewropy" – Vgl. Anm. 10 zu Brief 112.

„Revue politique et littéraire" – Vgl. Anm. 5 zu Brief 288.

„Alte Porträts" – 1881 erschienene Skizze Turgenjews.

Jakow Petrowitsch – J. P. Polonski (vgl. Anm. 1 zu Brief 40).

das „Lied" – Gemeint ist die Erzählung „Das Lied der triumphierenden Liebe", die 1881 im Novemberheft des „Westnik Jewropy" erschienen war.

Marianne – Marianne Duvernoix (1854–1913), Pauline Viardots Tochter.

299

J. P. Polonski – Vgl. Anm. 1 zu Brief 40.

Deiner Frau – Shosefina Antonowna Polonskaja (1844–1920).

Der Ruin meiner Tochter – Durch den Konkurs ihres Mannes war auch Pauline Turgenjewa-Bruères (vgl. Anm. 28 zu Brief 44) Vermögen verloren; aus Angst vor den Gläubigern verließ sie mit den beiden Kindern ihren Mann; Turgenjew unterstützte sie.

ihrem Mann – Gaston Bruère (vgl. Anm. 9 zu Brief 106).

Rousseau – Théodore Rousseau (1812–1867), französischer Landschaftsmaler; gemeint ist eine Waldlandschaft in der Mittagsglut.

Die „Grille" – Gemeint ist Polonskis Poem „Die Grille" (1859); eine französische illustrierte Ausgabe kam zu Lebzeiten Turgenjews nicht zustande.

Ralston – Vgl. Anm. 1 zu Brief 116.

Dein Stück – Gemeint ist ein unveröffentlichtes Drama Polonskis.

im „Verzweifelten" – Gemeint ist Turgenjews Skizze „Ein Verzweifelter" (1882).

Marianne – Marianne Duvernoix (1854–1913), Pauline Viardots Tochter.

Taine – Vgl. Anm. 3 zu Brief 215.

meine beiden Sachen – Gemeint sind die Skizzen „Alte Porträts" (1881) und „Ein Verzweifelter" (1882).

300

P. L. Lawrow – Vgl. Anm. 1 zu Brief 185.

Falls Sie noch nicht abgereist sind – Auf Antrag der russischen Regierung hatte man Lawrow aus Paris ausgewiesen; bis zur Abreise war ihm eine Frist von nur drei Tagen gestellt worden. Lawrow machte von Turgenjews Vermittlung keinen Gebrauch.

Camescasse – Jean-Louis Camescasse (1838–1897), von 1881 bis 1885 Polizeipräfekt von Paris.

„nous ne demandons ..." – (franz.) Wir kommen ihm sehr gern entgegen – und wenn er einen Aufschub von einigen Tagen braucht.

„Tu l'as voulu, George Dandin" – (franz.) So hast du es haben wollen, George Dandin; Molière, „George Dandin oder Der geprellte Ehemann" (1. Akt, 9. Szene).

Gambetta – Vgl. Anm. 11 zu Brief 176.

301

W. M. Garschin – Vgl. Anm. 1 zu Brief 282.

Jewgeni – J. M. Garschin (vgl. Anm. 3 zu Brief 283).

dieses Jahr nun – Garschin besuchte im Sommer 1882 Spasskoje, doch konnte Turgenjew wegen seiner inzwischen ausgebrochenen Krankheit die Reise in die Heimat nicht mehr unternehmen; er lernte Garschin nicht persönlich kennen.

302

Pauline Turgenjewa-Bruère – Vgl. Anm. 28 zu Brief 44.
den Kindern – Jeanne Bruère (1872–1952) und George Bruère (1875–1924).
Viardot – Vgl. Anm. 13 zu Brief 10.
Marianne – Marianne Duvernoix (1854–1913), Pauline Viardots Tochter.
Deinen Mann – Gaston Bruère (vgl. Anm. 9 zu Brief 106); Pauline Bruère hatte mit den Kindern ihren Mann nach seinem Konkurs verlassen.

303

D. W. Grigorowitsch – Vgl. Anm. 4 zu Brief 40.
I. Maslow – Iwan Iljitsch Maslow (1817–1891), Bekannter Turgenjews.
Wunder vollbracht – Grigorowitsch hatte den überaus schreibfaulen I. I. Maslow dazu bewogen, den Eingang des von Turgenjew erhaltenen Bordeaux-Weins zu bestätigen.
S. M. Tretjakow – Sergej Michailowitsch Tretjakow (1832–1898), Moskauer Kaufmann, Sammler westeuropäischer Malerei, Bruder von P. M. Tretjakow (vgl. Anm. 1 zu Brief 230).
meinen Rousseau – Vgl. Anm. 5 zu Brief 299.
M. G. Sawina – Vgl. Anm. 1 zu Brief 280.
Charcot – Jean-Martin Charcot (1825–1893), französischer Neurologe.

304

A. N. Weljaminow – Alexander Nikolajewitsch Weljaminow (etwa 1868 bis etwa 1909); studierte 1882 Rechtswissenschaft in Petersburg, war später Vizegouverneur in Minsk.
„Westnik Jewropy" – Vgl. Anm. 10 zu Brief 112.
Ihre Angelegenheit – Weljaminow hatte Turgenjew brieflich gefragt, wo und wie ein Mensch im Leben eine alles erfüllende Tätigkeit finden kann, und die Meinung geäußert, das Streben nach einem allgemeinen Ideal müsse in unserer Welt letztlich doch ohne Resultat bleiben.

305

L. N. Tolstoi – Vgl. Anm. 1 zu Brief 41.
Ihr Brief mich gerührt hat – Tolstoi hatte Anfang Mai 1882, nachdem er von Turgenjews Krankheit erfahren hatte, an diesen geschrieben:

„Ich habe gespürt, wie sehr ich Sie liebe. Habe gespürt, daß es ein großer Schmerz für mich sein würde, wenn Sie vor mir stürben."

306

P. W. Annenkow – Vgl. Anm. 3 zu Brief 17.

gemeinschaftlichen Brief – Turgenjew hatte wegen des Verkaufs seiner Werke außer Annenkow auch M. M. Stassjulewitsch (vgl. Anm. 3 zu Brief 129), G. O. Ginzburg (vgl. Anm. 1 zu Brief 260) und A. N. Pypin (vgl. Anm. 3 zu Brief 254) um Rat gefragt und eine gemeinschaftliche Antwort bekommen.

Toporow – Vgl. Anm. 7 zu Brief 238.

Salajew – Fjodor Iwanowitsch Salajew (1820–1879), Moskauer Verleger Turgenjews.

Samarski – Wladimir Wassiljewitsch Samarski-Bychowez (1837–1902), Advokat.

307

M. G. Sawina – Vgl. Anm. 1 zu Brief 280.

Familie Viardot – Pauline und Louis Viardot (vgl. Anm. 1 und 13 zu Brief 10).

308

W. M. Garschin – Vgl. Anm. 1 zu Brief 282.

Ihr Bruder – J. M. Garschin (vgl. Anm. 3 zu Brief 283).

Ihre kleine Erzählung – Vermutlich „Das, was nie war" (1882), die erste Erzählung, die Garschin nach seiner Erkrankung geschrieben hatte.

Erzählung, die seinerzeit im „Russkoje bogatstwo" erschienen ist – Gemeint ist die Skizze „Der Bursche und der Offizier" (1880).

309

A. W. Toporow – Vgl. Anm. 7 zu Brief 238.

Dumnow – Wladimir Wassiljewitsch Dumnow.

Salajew – Fjodor Iwanowitsch Salajew (1820–1879), Moskauer Verleger Turgenjews.

Stassjulewitsch – Vgl. Anm. 3 zu Brief 129.

„Die Familie Aksakow und die Slawophilen" – Dieser Aufsatz erschien nicht.

„Literatur- und Lebenserinnerungen" – Waren den drei letzten Ausgaben von Turgenjews Werken (1869, 1874 und 1880) vorangestellt.

liebenswürdiges Anerbieten – M. M. Stassjulewitsch hatte sich einverstanden erklärt, die Korrektur der 5. Ausgabe von Turgenjews Werken zu lesen.

Samarski – Wladimir Wassiljewitsch Samarski-Bychowez (1837–1902), Advokat.

310

Bernhard von Uexküll – Freiherr, 1840/41 Studienkollege Turgenjews an der Berliner Universität; schrieb 1884 „Erinnerungen an Turgenjew".

Où sont les neiges d'antan? – (franz.) Wo ist der Schnee vom vorigen Jahr? – François Villon, „Ballade von den edlen Frauen vergangener Zeiten".

Bakunin –Vgl. Anm. 1 zu Brief 5.

faciant meliora potentes! – (lat.) Wer kann, soll es besser machen!

ihres alten Familienbesitzes – Gemeint ist das in Livland gelegene Gut Fickel.

311

W. M. Garschin – Vgl. Anm. 1 zu Brief 282.

Ihr Buch – Gemeint ist vermutlich die erste Ausgabe der Erzählungen Garschins, die 1882 in Petersburg erschien.

Frau Mutter – Jekaterina Stepanowna Garschina (1828–1897).

der Literatur wiedergeschenkt – Garschin vollendete Ende September 1882 seine Erzählung „Aus den Erinnerungen des Gemeinen Iwanow".

Geschichte eines Offiziersburschen – Gemeint ist die Skizze „Der Bursche und der Offizier" (vgl. Anm. 4 zu Brief 282).

Bewohner von Spasskoje – Garschin hielt sich als Gast auf Turgenjews Gut Spasskoje auf.

Ihrer „Nacht" – Gemeint ist die Erzählung „Eine Nacht" (1880).

312

P. W. Annenkow – Vgl. Anm. 3 zu Brief 17.

Orabi – Ahmed Orabi Pascha, Führer der nationalen Partei Ägyptens; befehligte die ägyptische Armee im Aufstand gegen die Engländer im September 1882; wurde von den Engländern besiegt.

Fejgin – Julija Nikolajewna Fejgin (gest. 1882), Schauspielerin; debütierte im Winter 1881/82 an der Pariser „Comédie-Française"; nahm sich am 10. September 1882 wegen eines Liebesverhältnisses das Leben.

Zensurkomitee – Gemeint sind die seit dem 1. März 1881, dem Attentat auf Zar Alexander II., verschärften Pressebestimmungen in Rußland.

„Nach dem Tode" – Gemeint ist „Nach dem Tode (Klara Militsch)"; erschienen 1883 im Januarheft des „Westnik Jewropy".

„Westnik Jewropy" – Vgl. Anm. 10 zu Brief 112.

„Gedichte in Prosa" – Unter diesem Titel erschien 1882 im Dezemberheft des „Westnik Jewropy" eine Reihe von lyrischen Skizzen.

conditio sine qua non – (lat.) unabdingbare Bedingung.

Stassjulewitsch – Vgl. Anm. 4 zu Brief 129.

cette publication intempestive – (franz.) diese Publikation nicht zeitgemäß.

status quo – (lat.) unveränderte Lage.

313

Nikolai Alexandrowitsch – N. A. Stschepkin (vgl. Anm. 2 zu Brief 245).

314

M. J. Saltykow-Stschedrin – Vgl. Anm. 5 zu Brief 214.

„Otetschestwennyje sapiski" – Vgl. Anm. 5 zu Brief 12.

„Zeitgenössische Idylle" – Satirischer Roman; 1882 waren im Septemberheft der „Otetschestwennyje sapiski" die Kapitel 12 bis 15 erschienen.

vis comica – (lat.) Kraft des Komischen.

Michailowskis Aufsatz über Dostojewski – Gemeint ist der Artikel des Volktümlers und Literaturkritikers Nikolai Konstantinowitsch Michailowski (1842–1904) „Ein grausames Talent", der im September- und Oktoberheft der „Otetschestwennyje sapiski" erschien.

Marquis de Sade … „Tourments et Supplices" – Donatien-Alphonse de Sade (1740–1814), Verfasser pervers-erotischer Romane, u. a. „Tourments et Supplices" (Foltern und Leibesqualen).

Dostojewski malt in einem seiner Romane – Gemeint ist die Szene „Stawrogins Beichte" („Dämonen", zweiter Teil, neuntes Kapitel), in der Stawrogin, bereits zum Mißbrauch eines zwölfjährigen Mädchens entschlossen, dessen Mutter veranlaßt, das Kind „bis aufs Blut" zu prügeln.

P. W. Annenkow – Vgl. Anm. 3 zu Brief 17.

Belinski – Vgl. Anm. 1 zu Brief 12.

Jasykow – Michail Alexandrowitsch Jasykow (1811–1885), Direktor einer Glasfabrik; gehörte in den vierziger Jahren zum Kreis um Belinski und den „Sowremennik" (Der Zeitgenosse).

Maslow – Iwan Iljitsch Maslow (1817–1891), Bekannter Turgenjews.

W. Garschin ... eine Novelle – Gemeint ist W. M. Garschins (vgl. Anm. 1 zu Brief 282) Erzählung „Aus den Erinnerungen des Gemeinen Iwanow" (1882).

315

Ludwig Pietsch – Vgl. Anm. 4 zu Brief 102.

meine neue Novelle – „Nach dem Tode (Klara Militsch)" (1883).

im „Europäischen Boten" – Vgl. Anm. 10 zu Brief 112.

französische Übersetzung – Sie erschien unter dem Titel „Après la mort" am 15. Januar 1883 in „La Nouvelle Revue Française" (Neue französische Rundschau).

können sich ... an die Übersetzung machen – Pietschs Übersetzung aus dem Französischen wurde zwischen dem 18. Januar und 3. Februar 1883 in 15 Fortsetzungen in dem von Arthur Levysohn herausgegebenen „Berliner Tageblatt" unter dem Titel „Nach dem Tode" veröffentlicht.

Viardotsche Familie – Pauline und Louis Viardot (vgl. Anm. 1 und 13 zu Brief 10) sowie die verheirateten Töchter Claudie und Marianne mit ihren Kindern.

316

Jeanne Bruère – (1872–1952), Enkelin Turgenjews; bewahrte die Andenken an ihren Großvater und übergab der UdSSR über 350 Briefe ihres Großvaters an ihre Mutter Pauline Turgenjewa-Bruère zur Veröffentlichung.

317

Emile Zola – Vgl. Anm. 1 zu Brief 205.
Ihren Roman – „Paradies der Damen".
Pawlowski – Vgl. Anm. 3 zu Brief 260.

318

L. B. Bertenson – Lew Bernardowitsch Bertenson (1850–1929), Arzt, den u. a. Tolstoi, Polonski, Grigorowitsch und Nadson konsultierten; er gründete in Rußland die Liga zum Kampf gegen die Tuberkulose.
Charcot – Jean-Martin Charcot (1825–1893), französischer Neurologe.
Jaccoud – François-Sigismond Jaccoud (1830–1913), französischer Arzt.
Polonskis – J. P. Polonski (vgl. Anm. 1 zu Brief 40) und seine Frau Shosefina Antonowna Polonskaja (1844–1920).

319

Ludwig Pietsch – Vgl. Anm. 4 zu Brief 102.
Fräulein Arnholdt – Luisa Arnholdt, Gouvernante, später Wirtschafterin der Familie Viardot. Turgenjew diktierte ihr seine Briefe, als er nicht mehr schreiben konnte.
„Dichtungen in Prosa" ... W. Henckel – Gemeint sind die lyrischen Skizzen „Gedichte in Prosa" (1882); die deutsche Übertragung von Wilhelm Henckel (1825–1910), der vor allem Dostojewski und Tolstoi übersetzte, war im Januar 1883 unter dem Titel „Senilia. Dichtungen in Prosa" erschienen.
Ihrer Übersetzung des „Nach dem Tode" – Gemeint ist Turgenjews Erzählung „Nach dem Tode (Klara Militsch)" (vgl. Anm. 5 zu Brief 315).
Dohm – Ernst Dohm (1819–1883), Schriftsteller, Übersetzer, politischer Satiriker, seit 1849 Leiter des „Kladderadatsch".
Wagner – Richard Wagner (1813–1883).
hiesigen Familie – Pauline und Louis Viardot (vgl. Anm. 1 und 13 zu Brief 10).

320

L. N. Tolstoi – Vgl. Anm. 1 zu Brief 41.
névralgie stomacale goutteuse – (franz.) gichtige Magenneuralgie.
Ihre Frau – Sofja Andrejewna Tolstaja (1844–1919).

Namen- und Werkregister

Die Kursivziffern bezeichnen den Adressaten

Inhalt

1862

1863

1864

1869

1870

1871

1872

1873

1876

1877

1878

1879

1880

1881

1882

Turgenjew, Ges. Werke in Einzelb. 1–10
ISBN 3-351-02280-8
Turgenjew, Briefe
ISBN 3-351-02290-5

1. Auflage 1994

Einbandgestaltung Ute Henkel
Druck und Binden Kösel GmbH, Kempten
Printed in Germany